金融犯罪辩护丛书

证券业犯罪
风险防范与罪刑适用

ZHENGQUANYE FANZUI
FENGXIAN FANGFAN YU ZUIXING SHIYONG

韩哲　李鄂贤◎著

中国金融出版社

责任编辑：王雪珂
责任校对：潘　洁
责任印制：陈晓川

图书在版编目（CIP）数据

证券业犯罪风险防范与罪刑适用（Zhengquanye Fanzui Fengxian Fangfan yu
Zuixing Shiyong）／韩哲，李鄂贤著．—北京：中国金融出版社，2018.4
（金融犯罪辩护丛书）
ISBN 978－7－5049－9466－0

Ⅰ.①证…　Ⅱ.①韩…②李…　Ⅲ.①证券交易—金融犯罪—预防犯罪—
中国②证券交易—金融犯罪—刑罚—法律适用—中国　Ⅳ.①D924.334

中国版本图书馆 CIP 数据核字（2018）第 033796 号

出版
发行　**中国金融出版社**

社址　北京市丰台区益泽路 2 号
市场开发部　（010）63266347，63805472，63439533（传真）
网 上 书 店　http://www.chinafph.com
　　　　　　（010）63286832，63365686（传真）
读者服务部　（010）66070833，62568380
邮编　100071
经销　新华书店
印刷　保利达印务有限公司
尺寸　169 毫米×239 毫米
印张　29.75
字数　557 千
版次　2018 年 4 月第 1 版
印次　2018 年 4 月第 1 次印刷
定价　95.00 元
ISBN 978－7－5049－9466－0
如出现印装错误本社负责调换　联系电话（010）63263947

《证券业犯罪风险防范与罪刑适用》

韩　哲　李鄂贤　著

总　序

　　习近平总书记指出，金融是国家重要的核心竞争力，金融制度是经济社会发展中重要的基础性制度，金融安全是国家安全的重要组成部分。近些年来，我国金融业迎来了快速发展期，已经形成了以银行、证券、保险、信托为主体，其他相关金融为补充的金融体系。

　　首先，近年来银行业的发展和监管取得良好成效。经银行业监督管理委员会审批成立的商业银行自身得到良好的发展，同时对传统银行业务范围进行有益地补充。中国人民银行和银行业监督管理委员会根据我国经济形势变化，不断加强金融宏观调控和审慎监管，着力防范金融风险，保障了金融体系稳定。其次，随着我国经济体制改革的逐步深化，证券业积极创新和稳步发展。宏观经济快速增长，上市公司股权分置改革。证券公司综合治理等多项基础性制度改革工作基本完成，历史遗留的一些突出制度障碍和市场风险得以化解，我国资本市场发生转折性变化，已初步建立多层次资本市场体系，沪港通、深港通开通并正常运行，宏观经济"晴雨表"作用日渐显现。再次，保险业始终坚持围绕中心、服务大局、深化改革、加强监管，保险监管和保险行业面貌发生了深刻变化，各方面工作取得突破性进展。最后，互联网金融产业的迅猛发展成为一大亮点，以第三方支付、P2P贷款模式、小贷模式、众筹融资、余额宝模式等多种形式，以比特币等数字货币为代表的互联网货币爆发，从某种意义上来说，比其他任何互联网金融形式都更具颠覆性。大数据金融则集合海量非结构化数据，通过对其进行实时分析，为互联网金融机构提供客户全方位信息，通过分析和挖掘客户的交易和消费信息掌握客户的消费习惯，并准确预测客户行为，使金融机构和金融服务平台在营销和风险控制方面有的放矢，形成了一批国内著名的互联网金融巨头。值得一提的是，金融科技进入到3.0阶段，科技对金融的变革程度更深，以大数据、人工智能和区块链等更为前沿的技术作为支撑。人工智能依赖于神经网络的发展，使深度学习成为可能，将有望更好地解决了金融领域中一些痛点问题，如个性化服务、信息不对称等。新金融体系以虚拟方式替代物理方式，在支付、借贷、证券交易和发行、保险、资管、风控与征信等领域，金融科技开始以科技的驱动逐步变革金融，重构金融生态圈。

　　与此同时，金融行业乱象频生，E租宝、泛亚等各类跑路事件、非法集资案件引发的社会热点事件频频见诸报端，被害人人数众多，财产损失惨重，严重影响社会稳定。近期，金融犯罪的总体发案数量称上升趋势，其中非法集资案件呈大幅增长，证券、期货领域等新型犯罪层出不穷，银行业信用卡犯罪仍然占据数量优势，骗取贷款犯罪有所抬头，外汇领域地下钱庄及洗钱犯罪比较突出，金融领域职务犯罪重大案件多发。我们发布的《2017 度中国金融犯罪研究报告》统计显示，排名前十位的金融犯罪分别是：信用卡诈骗罪（47%）、非法吸收公众存款罪（29%）、骗取贷款、票据承兑、金融票证罪（6%）、妨害信用卡管理罪（5%）、保险诈骗罪（3%）、出售、购买、运输假币罪（2%）、贷款诈骗罪（2%）、票据诈骗罪（2%）、持有、使用假币罪（2%）、违法发放贷款罪（1%）。金融犯罪不仅严重破坏了国家金融监管秩序，严重损害广大公众的财产权益，而且危害国家金融安全，严重阻碍国家金融秩序的健康发展，造成社会极大的不稳定。

十八大以来，党中央对金融改革和金融监管提出一系列的要求。为治理互联网金融领域乱象，2016 年 4 月，国务院部署开展了互联网金融风险专项整治工作，集中整治违法违规行为，防范和化解互联网金融风险，但是，整治效果未达到预期目标。2017 年 6 月，中国人民银行等国家十七部门联合印发了《关于进一步做好互联网金融风险专项整治清理整顿工作的通知》，通知明确将专项整治工作延长一年。2017 年 7 月 14 日至 15 日，第五次全国金融工作会议在北京举行，与以往不同，本次会议由习近平总书记主持，同时有五名政治局常委出席，规格空前，充分了决策层对金融工作和金融安全的重视程度。

2017 年全国金融工作会议召开后，中国人民银行、银监会、证监会、保监会等金融监管机构于第一时间召开会议，传达金融工作会议精神，部署本系统重点监管工作。特别需要关注的是，"两高一部"也相继迅速出台相关文件、召开系统工作会议，积极贯彻落实中央金融工作会议精神。最高人民法院发布了《进一步加强金融审判工作的若干意见》。最高人民检察院相继发布《关于认真贯彻落实全国金融工作会议精神加强和改进金融检察工作的通知》和《关于办理涉互联网金融犯罪案件有关问题座谈会纪要》。公安部专门召开落实金融工作会议精神会，提出具体工作要求，一方面，针对经济金融犯罪呈现出的新情况新特点，要充分运用大数据技术提高预测预警预防能力，有效提高打击防范的智能化水平，努力做到早识别、早预警、早发现、早处置，为防止发生系统性金融风险提供支持保障；另一方面，针对涉众型、风险型经济犯罪牵涉面大、跨地域广的特点，要坚持上下联动、多警合成、区域协同，创新建立一体化打击犯罪新机制，着力提高打击经济金融领域犯罪效能。

从目前中央精神要求和监管态势来看，金融业的强监管时代已经到来。隐藏在金融行业中的违法违规行为将逐步暴露在阳光之下。与此同时，金融行业及从业人员面临的刑事风险将逐步升高，金融行业刑事案件进入高发期将成为大概率事件。以我国金融中心上海为例，据 2017 年 7 月发布的《上海金融检察白皮书》显示，上海市金融犯罪涉案人数上升，非法集资案件高发，涉互联网金融领域刑事风险上升。总体来看，原因有二：一方面，从案件新增量看，强监管背景下公安机关、司法机关对金融违法犯罪打击力度加大，金融刑事案件发案量增大；另一方面，从存量案件转化看，由于以往监管机构与公安机关、司法机关衔接不畅，一些涉嫌刑事犯罪的违法行为经监管机构行政处罚后即被终结程序。随着"行刑衔接"机制逐步完善，金融行业行政违法案件的刑事转化率也将逐步提高。为了维护金融安全，必须深化金融改革，加强金融监管，科学防范金融风险，强化安全能力建设。除此之外，维护金融安全必须依靠法治，通过法律手段保障金融安全，尤其是运用刑事法手段保护金融安全显得尤为重要。

北京市雨仁律师事务所刑事合规部律师团队致力于金融犯罪的辩护和刑事风控工作，近年来承办了大量的金融犯罪案件，其中不乏一些新型案件，比如全国第一案——违法运用资金案，涉及保险资金运用方面的问题，争议很大，最终取得良好的辩护效果。我们在办理案件的同时，还成立了专门的金融犯罪研究院，对金融犯罪进行了系统研究，深入探究了金融安全与刑事法保护的关系，总结了证券、基金、期货、银行、保险、外汇等金融领域办案经验，编写出版了《金融犯罪辩护丛书》。本丛书共五本，分别是《金融犯罪法规汇编与常见诉讼文书》《金融犯罪典型判例》《银行业犯罪风险防范与罪刑适用》《证券业犯罪风险防范与罪刑适用》《保险业犯罪风险防范与罪刑适用》。

总体来看，本丛书具有三大特点：

一是内容全面详实。丛书全面梳理了金融行业法律、法规、部门规章和行业规范性文件，精心筛选了金融犯罪典型案例，深入研究了证券、期货、银行、保险行业等领域犯罪理论问题。比如，在《证券业犯罪风险防范和罪刑适用》研究中，探究了证券期货犯罪司法认定中存在的疑难问题，研究了证券期货犯罪中刑法条文的适用范围和介入程度问题，以及行政违法性与刑事违法性的关系问题。真正实现跨专业、跨学科研究，克服当前绝大部分著作将"疑难"问题仅停留在罪与非罪、此罪与彼罪分析方面的局限性。

二是体例新颖合理。丛书既包括了金融刑事法规汇编和常见诉讼文书，又包括了典型判例解析，并对针对证券、期货、银行、保险犯罪的理论进行深入研究，按照法规—案例—理论的体系安排丛书的编写体系。另一方面，对于每本书又有自己独特的编写体例。比如，关于《金融犯罪法规汇编与常见诉讼文书》的体例，就是按照金融犯罪类型和法律法规效力的双层逻辑整理编写；另外，关于《金融犯罪典型判例》一书，则按照案例导读、刑法规定、立案追诉标准、案情摘要、焦点问题和专家提示的体例编写，全面归纳案件焦点，准确分析刑法适用，提出专家建议。再比如，关于《证券业犯罪风险防范与罪刑适用》的体例，突破了目前学界通行的"案例＋法律法规汇编""理论＋刑法基本问题（或部分理论争议问题）""刑法基本问题＋法律法规汇编"等的体例，创新地采用了证券期货犯罪理论、刑法疑难问题、典型司法案例解析相结合的行文体例。这种体例安排，不仅便于读者学习研究，而且符合金融犯罪实务工作者的办案实际。

三是研究深入浅出。丛书立足于服务金融犯罪案件办理，方便公检法律办案实操，注重刑法理论与司法实践的融合，遵循从理论到实践、实践到理论的研究路径，以办案人的视角出发，深度研究金融犯罪问题。在保险犯罪研究中，丛书以投保方、保险机构、保险从业人员和保险监管人员为主体开展深入研究，深入分析了投保方保险诈骗罪的五种疑难情形，归纳了散见于刑法分则中关于保险机构实施的罪名，将保险机构犯罪归纳为保险资质类、保险资金类和保险运营类。通过对疑难复杂问题的细致剖析，践行了深入研究，浅显表达的研究理念。

如果说琳琅满目的金融法律书籍在锦上添花方面各显神通，那么，本套丛书则在雪中送炭方面傲然独立！前者助力成功者走向梦想的巅峰，后者则警示成功者如何避免攀登高峰时坠落万劫不复的深渊，如何在坠落中力挽狂澜……彼此交流，共同成长！

关注我们，时刻坚守底线思维！

牢记我们，可以远离地狱之灾！

珍惜我们，才能拥有真正的幸福与成功！

作为不苟言笑的沉稳老友，我们相互携手，且行且珍惜！

是为序！

栾政明

2018 年 3 月 10 日于北京雨仁律师事务所

前　　言

　　近年来，我国资本市场快速发展，证券期货市场也迎来了空前繁荣的局面。与此同时，大量的证券期货违法犯罪也不断涌现，犯罪活动日趋复杂多样。金融资管领域利用未公开信息交易多发高发，内幕交易、操纵市场等典型犯罪更趋复杂、新型，利用新媒体编造传播虚假信息，甚至从事"抢帽子"操纵和上市公司财务造假手法隐蔽，涉案环节从 IPO 向并购重组蔓延。证券期货犯罪严重危害投资者利益，破坏了金融管理秩序。

　　为治理证券期货行业违法犯罪乱象，证监会加大了对行业的监管力度，先后开展会计师、评估机构等中介机构违法违规专项执法行动、IPO 欺诈发行及信息披露违法违规专项执法行动、市场操纵违法专项执法行动及打击防范利用未公开信息交易违法行为专项执法行动等专项治理行动。公安部构建了"上下联动、区域协同、多警合成"的打击证券犯罪的新格局，确定辽宁省公安厅经侦总队、上海市公安局经侦总队等五个单位为证券犯罪办案基地。同时，证监会与公安部加强协作，进一步形成打击证券期货犯罪的合力。例如，积极落实"两法衔接"，及时移送涉嫌犯罪案件与线索，支持公安机关刑事追责，联合组织打击证券期货违法犯罪执法培训班，提高查办证券期货犯罪能力。

　　证券期货违法犯罪治理已成为重大现实问题，深入研究证券期货犯罪治理问题已迫在眉睫。但是，由于证券期货所涉问题专业性极强，具有跨专业、跨学科的特点，因此，刑法理论与实务研究面临相当大的困难和挑战。

　　总体来看，目前，证券期货犯罪理论研究取得了一定的科研成果。但是，仍存在有待进一步完善的地方，主要表现为：一是研究成果的总体数量偏低。与传统类型的犯罪相比，证券期货犯罪更具有动态性特征，一方面，证券期货的种类和范围从来都不是一个静止的概念，它随着社会经济的发展而不断变化；另一方面，证券期货犯罪是典型的法定犯，而相关法律、法规、部门规章变动较为频繁。正因其具有这样的特点，也就决定了当前证券期货犯罪的出版著作和学术论文数量较少，有影响力成果更是的屈指可数。二是研究成果的深度有待提升。一方面，部分研究立足于法律法规本身，仅从形式上分析刑法问题，一定程度上割裂了行政违法与刑事违法之间的关系；另一方面，部分研究拘泥于刑法基本问题的阐释，涉及专业性、理论性较强的内容则没有深入展开，无法透彻地解决司法实务中的疑难问题。三是研究成果的学科一体化程度有待加深。从实际研究的情况看，绝大部分研究集中在实体法上，对于程序法的研究相对匮乏。即便存在程序法研究，也仅停留在侦查取证等技术型方面。另外，与其他学科的一体化整合缺乏有力举措，如刑事政策学、犯罪学、金融学等相关学科研究还有待进一步加强。四是理论与实务研究两极分化现象明显。有的研究仅立足于刑法理论，解决了不少证券期货犯罪中的伪问题；有的研究则仅立足于案例汇编及形式阐释，无法进行深刻地说理论证。

在吸收既有研究成果精华的基础上，结合证券期货案件办理实际情况，本书系统性地研究了我国证券期货犯罪的理论与实务疑难问题。与既往研究不同，本书具有三个特点：一是系统性研究。本书进一步加强了刑法理论与司法实践的融合，首次采用了证券期货犯罪理论、刑法疑难问题、典型司法案例解析、相关犯罪法律法规选编相结合的行文体例。从理论到实践、实践到理论的方法，深入浅出地阐述了我国证券期货犯罪问题。二是深度性研究。目前的绝大部分著作所论述的"疑难"问题仅停留在罪与非罪、此罪与彼罪的分析方面；即便有相关著作提出了疑难问题，也是匆匆几笔带过。本书深入研究了证券期货犯罪中所存在的疑难问题，首次实现了"证券期货"与"证券期货犯罪"的深度交融。进一步回答了证券期货犯罪中刑法条文的适用范围和介入程度问题，以及行政违法性与刑事违法性的关系问题。三是时效性研究。写作过程中，在理论研究的基础上，根据最新司法实务观点倾向以及最新法律法规动向，分析与解决了实际问题、热点问题等，突出了"重实践、抓热点"的研究特色。

当然，本书的研究也存在两方面的缺憾：一是前瞻性研究尚需加强，对于一些新型犯罪缺乏一定的理论性与预见性，如对二板市场的理论准备不足；二是精细化研究尚需加强，对于专业性较强的领域，还须更为深入地储备理论知识与实践经验，以便于更好地解决实际问题。

由于时间与精力相对有限，文中难免有不妥、疏漏或者有待完善之处，还望各位读者评判指正！

韩　哲

2018 年 3 月 12 日于西城区金融街

目　　录

第一章

证券期货犯罪背景研究

第一节　证券期货的概念与变迁

一、证券期货概念的界定

（一）证券的定义

语境不同，"证券"所表达的含义也不尽相同。关于"证券"概念的界定，一直以来都是一个存在较大争议的问题。尽管我国《证券法》已明确规定了证券的种类和范围（有限列举＋兜底条款），但该规定并没有对"证券"含义本身作出界定。之所以难以给"证券"下一个较为精准的定义，这是因为证券的种类和范围从来都不是一个静止的概念，它是随着社会经济的发展而不断变化。不过，这并不意味着可以搁置对该问题的进一步探讨和研究。从法律适用的视角看，一方面，随着时代的不断发展变化，证券所演变出的衍生品该如何适用法律，这是一个司法实践亟须回答的问题；另一方面，证券及证券关系是一种特殊的经济现象，证券法有特别规定时，优先适用证券法，没有特别规定时，应当由民商事普通法来调整，二者之间总存在选择适用的问题。因此，当前如何界定"证券"的内涵和外延，就成为科学规范证券法律关系的关键。下文将从理论和法律层面阐述"证券"的定义，以期望能够更深一层次把握立法原意和立法精神。

1. 理论层面

（1）广义的"证券"

理论上对证券大致存在三种见解：其一为"证明或设定权利说"，根据《辞海》对证券的描述看，证券是指以证明或设定权利为目的所作成的凭证。[①] 按该说法，证券所涵盖的范围较大，有表示商品所有权的证券，如提单等；有表示财产所有权、收益请求权或债权的证券，如股票、无限股东出资证、公债券等。其二为"结合说"，该说认为证券的使用本身具有双重含义，它有时指的是描述民事权利的物质载体，有时也指载体所承载的民事权利。在此意义上，证券是民事权利和民事权利载体的结合物。[②] 以股票为例，其物质属性体现在股票的实物券，它构成了股东财产所有权的组成部分；其权利属性体现在股东的股东权，即通过股票所确认的股东对公司所享有的资产受益、重大决策和选择管理者等权利。其三为"书证说"，该说认为证券与普通书证是种属关系，证券是记载着

---

① 参见：汉语辞海（缩印本）[M]. 上海辞书出版社，1998：348.
② 符启林主编. 证券法：理论·实务·案例 [M]. 法律出版社，2007：2.

民事财产权利的特殊书证。① 依其功能可划分为金券，如邮票和印花；资格证券，如银行存折和车船票；有价证券，如货币和商品证券。

（2）狭义的"证券"

理论通说所指的证券一般为狭义的证券，即有价证券中的资本证券，它主要为股权证券和债券证券，即股票和债券。② 股票，它是指股份公司公开发行的、用以证明投资者的股东身份和权益，并以此获得股息和红利的凭证。③ 股票持有者（即股东）实际上享有股份公司的所有权，参与股东大会行使自己的权利，并凭借股票参与股息、红利的分配。股票具有收益性、风险性、参与性、永久性、流动性和伸缩性的特点，其本身没有价值，是股份公司为筹集资本所发行的证书。债券，它是指各类经济主体为筹措资金而向投资者出具的、承诺按一定的利率支付利息、到期还本付息的债券债务凭证。④ 相比股票而言，债券的发行主体较为广泛，如各级政府、企业和金融机构等。债券也是有价证券的一种，也具备了收益性、风险性、流动性等特征。但其自身也有特殊的性质，如有期性、偿还性和安全性等特点。

2. 法律层面

（1）域外《证券法》关于"证券"的规定

从世界范围的视角看，多数国家和地区的证券法都对证券的范围作出了相关规定。这些规定通常是按照"功能标准"对证券进行的不完全列举。⑤ 以美国为例，早在20世纪30年代初期，美国就制定了《证券法》和《证券交易法》。这两个文本都对证券作出了较为一致的规定，证券是指"任何票据、股票、国库券、债券、无担保债券、任何利润分享协议的利息或参与证、从属信托证、公司设立前的证书或认股证、可转让股权、投资合同、表决权信托证、存股证、石油、天然气或其他矿藏权利的未分割的部分利益，任何证券、存款证、一组证券或指数（包括任何利益或基于价值所生利益）的任何卖出期权、买入期权、跨期买卖或优先权、在全国性证券交易所交易的与外汇相关的任何卖出期权、买入期权、买入卖出选择权或优先权、或者总而言之，通常称为'证券'的任何利益或工具、或上述任何一种的利益证书或参与证书、或上述任何一种暂时

---

① 曾宪义、王利明主编．证券法［M］．中国人民大学出版社，2008：6.

② 刘宪权．证券期货犯罪理论与实务［M］．商务印书馆，2006：2. 王晨．证券期货犯罪的认定与处理［M］．知识产权出版社，2008：2. 武英芝．证券与期货［M］．中国财政经济出版社，2012：2.

③ 姚铮．证券与期货［M］．清华大学出版社，2008：3.

④ 姚铮．证券与期货［M］．清华大学出版社，2008：30.

⑤ 功能性标准，是指按照某种权利证书是否符合证券的基本属性和功能来判断其应否归属于证券，而不是按照该种证书是否被冠以证券之名而进行判断。所谓不完全列举，是指证券法只能列举证券的主要和常见类型，而无法全部列举各种证券形式。

或临时证书、或接收、担保、认购或购买的授权或权利证书"。① 从上述的规定看，美国相关法律对证券的范围作出了最大限度的列举，既包括了资本证券，也包括了货币证券。之所以列举范围最广，主要出自两方面原因，一是美国的证券市场成熟程度相对较高；二是美国是判例法国家，证券的内涵和外延能够随着市场经济发展而由判例解释进行扩充。至于其他国家和地区，法律上关于证券范围的规定基本采取了限定列举的方式，证券法上的证券基本是指资本证券，如日本将证券的外延限定于资本证券，排除了票据（当然也考虑了金融商品的时代性，在原则之外也作出了相关规定）。

（2）我国《证券法》关于"证券"的规定

我国《证券法》第二条规定："在中华人民共和国境内，股票、公司债券和国务院依法认定的其他证券的发行和交易，适用本法；本法未规定的，适用《中华人民共和国公司法》和其他法律、行政法规的规定。政府债券、证券投资基金份额的上市交易，适用本法；其他法律、行政法规另有规定的，适用其规定。证券衍生品种发行、交易的管理办法，由国务院依照本法的原则规定。"从上述的规定可以看出，我国《证券法》并没有对证券下定义，对证券的范围也采用了限定列举的方式进行划分。根据《证券法》的规定，我国证券主要包括股票、公司债券、国务院依法认定的其他证券、政府债券、证券投资基金份额。这里需要进一步说明的两组表达：一是"国务院依法认定的其他证券"的认定；二是"证券衍生品种"的含义。关于第一组表达，我国《证券法》"兜底"规定"国务院依法认定的其他证券"，一方面，这样的规定可以适应证券市场发展的实际需求，随时对证券的范围进行更新补充；另一方面，由于没有统一的认定标准，难免造成认定过程中的不确定和不一致性，导致法律适用上的不统一的格局。为了能够进一步明确法律规定的内涵，这里总结了实践中常出现的几种情况：一是，国务院直接制定、发布行政法规认定的其他证券；二是，国务院授权机构制定、发布行政规章认定的其他证券；三是，国务院或者其授权机构在个案中认定的其他证券。关于第二组表达，我国《证券法》采用了"证券衍生品种"的表述，但却没有规定"证券衍生品种"的含义。理论上，证券衍生品种是指由基本证券派生出来或者说衍生出来的证券，如证券期货、证券期权、认股权证、存托凭证（DR）等。② 具体而言，在证券型衍生品依托于基本的证券（如股票和债券等），如果失去该依托，衍生证券也就不复存在。③

---

① ［美］托马斯·李·哈森. 证券法［M］. 张学安，等译. 中国政法大学出版社，2003：23-24.

② 符启林主编. 证券法：理论·实务·案例［M］. 法律出版社，2007：9.

③ 金融衍生产品一般可分为证券型衍生品种与契约型衍生品种，在解释上，一般认为"证券衍生品种"主要指证券型衍生产品，而不包括契约型衍生产品（主要指期货衍生品种）。

（二）期货的定义

关于"期货"（期货合约的简称）概念的界定，同样也是一个存在争议的问题。不论是学理上还是法律上，对"期货"的含义都有着不同的见解。下文将分两个层次进行简要介绍。

1. 学理界定

理论上对期货大致存在三种见解：其一为"远期交易说"，如美国学者 Robert E. Fink 和 Robert B. Febuniak 认为"期货交易是买卖各方根据约定俗成的交易规则，在指定的时间和地点，就特定商品的数量和质量所达成的交货和提货协议"。[①] 根据该说法，期货交易合约与远期交易合同并没有实质性差别，因为交易所允许的远期交易合同也可以在交易所签订。其二为"标准化合约说"，如我国学者杨永清认为"期货合约是期货交易所设计的在法定地点的以法定的方式签订的其主要目的并不在于实物或金融证券交割的一种高度标准化的合约"。[②] 根据该观点，期货交易合约与远期交易合同存在区别，但否定了期货市场中实物交割现象的存在。其三为"综合说"，如有学者认为"期货交易（Futures Trading）是指交易者在交易所内以公开集中竞价的方式买卖标准化的期货合约，买卖双方根据合约条款的规定，在未来某一特定时间和地点，按照合约成交的价格买卖某一特定数量和质量的资产或与某一资产有关的指标"；[③] 又如其他学者认为"期货是由期货交易所设计，主管部门批准，期货投资者依法在期货市场上买卖的，约定在将来某一时间交付某种商品的标准化合约"；[④] 再如"是期货交易所统一制定的、规定在将来某一特定的时间和地点交割一定数量和质量实物商品或金融商品的一种标准化的衍生品合约，杠杆性（也就是保证金制度）及当日无负债结算是其主要特征"。[⑤] 理论上通常所说的期货，一般可以为"综合说"所涵盖。

2. 法律定位

（1）域外相关法律关于"期货"的规定

期货，一般简称为期货合约，英文称作"Futures Contract"，日语称作"先物契约"。它是民事合同中的一种，但其自身也具有特殊性，如它与现货交易合同、远期交易合同和证券均存在较大的差别。期货是商品经济发展到一定阶段的产物，具有时代性特征。在现代西方发达国家经济中，期货市场的地位日趋

---

① Robert E. Fink and Robert B. Febuniak：《Futures Trading》，New York Institute of Finance Practice，1988：10.

② 杨永清. 论期货合约的概念［J］. 法学研究，1995（3）：32.

③ 姚铮. 证券与期货［M］. 清华大学出版社，2008：384.

④ 孙大雄. 期货犯罪研究［M］. 华中师范大学出版社，2006：2.

⑤ 杨阳. 期货及衍生品与证券的概念界定［J］. 清华金融评论，2015（6）：79.

重要。纵观世界各国和地区的相关立法，很少针对"期货"的定义做出规定。绝大多数国家和地区的相关立法基本上都采用了"列举＋兜底"的方式界定了"期货"的范围，如美国颁布的《期货交易法》《商品交易法》等和日本颁布的《商品交易所法》均没有在立法层面规定期货合约的定义。这样的规定主要考虑了期货的时代性特征，使得期货的内涵和外延能够随着市场经济发展而由判例解释进行扩充。这里一部法律值得关注，即新加坡颁布的《期货交易法》，首次对"期货"的定义作了明确规定。该法的第一部分第二条规定："'期货合约'是指一种合约的效果：a. 按照交易所或期货市场上的业务规则或实践确立的条款或条件，一方同意于将来特定时间以届时应支付的特定价格向另一方支付特定商品或特定数量的特定商品。或者 b. 通过受特定数量的特定商品在合约成立时的价格与在将来特定时间交割时的价格之间的差价（这种差价是于合约成立时按照期货交易所的交易规则或实践所确定的），双方当事人可以解除其合约中规定的义务。"①

（2）我国行政法规关于"期货"的规定

当前，我国暂未出台关于期货的基本法律，期货市场的规制主要依靠行政法规、规章以及一些规范性文件。其中，最为重要的是，2007 年国务院颁布的《期货交易管理条例》，该条例先后在 2012 年、2013 年以及 2016 年完成了三次修订。虽然《期货交易管理条例》性质上仅属于行政法规，其效力层级不高，但该条例在我国期货市场法制轨道上依然发挥着重要作用。关于"期货"的定义，在《期货交易管理条例》中并没有明确规定。条例第二条规定："本条例所称期货交易，是指采用公开的集中交易方式或者国务院期货监督管理机构批准的其他方式进行的以期货合约或者期权合约为交易标的的活动。本条例所称期货合约，是指期货交易场所统一制定的、规定在将来某一特定的时间和地点交割一定数量标的物的标准化合约。期货合约包括商品期货合约和金融期货合约以及其他期货合约。本条例所称期权合约，是指期货交易场所统一制定的、规定买方有权在将来某一时间以特定价格买入或者卖出约定标的物（包括期货合约）的标准化合约。"可以看出，条例中所规定的标的物仅限定了其大致的范围，至于期货的衍生品种更是没有进一步说明。该做法同样是参照了美日等国家通行的手段，即采用"列举＋兜底"的方式界定"商品"以适应不断变化的商品经济需求。

二、法与证券期货的变迁

证券期货作为特殊的商品，必须通过发行和转让才能实现自身的价值。在

---

①　王鑫、秦瑞亭. 新加坡1986年《期货交易法》述评［J］. 法学天地，1995（2）：39.

其实现自身价值的过程中，它又必然要依赖于特定的市场（证券期货交易关系的总和）。换句话说，研究证券期货的变迁史实质上谈的是证券期货交易关系的起源和发展。具体而言，证券期货市场的形成是社会化大生产和商品经济发展到一定阶段的产物，该市场本身有着普通市场的一般共性，也存在自身的特点。从行业风险等级的角度看，证券期货市场是一个高风险市场，也是一个涉及多方投资者利益的特殊市场。在风险和利益共存的环境下，尤其是在全球化时代中，证券期货市场的健康、稳定发展就成为一个重要的时代性议题。

（一）证券市场的产生与发展

1. 证券市场的产生

广义的证券市场是市场主体、交易对象和交易场所的总称。[①] 证券的产生有着悠久的历史，但证券交易的出现并不意味着证券市场的形成。证券市场的产生根植于一定的社会条件和经济基础。早在自由资本主义时期，西欧就已经出现了简易的证券交易行为。伴随着股份公司的出现、政府债券的发行以及信用制度的建立，证券交易市场才逐步形成。

（1）股份公司的出现

15 世纪初期，由于海上贸易存在巨大的风险，个人涉外经营难以应对来自海上复杂多变的情况，股份制应运而生。一般认为，世界上最早的股份制公司是 1600 年成立的英国东印度公司。该公司首次以公开募集的方式筹集了大量资金进行海外贸易，大大降低了由一人经营所带来的投资风险。由于股份制带来了安全与效益，其他领域也纷纷效仿新的公司组织形式，由此掀起了成立股份公司的浪潮。证券的产生主要依赖于股份公司股票的发行，随着证券交易的进一步发展，专门提供发行和交易的中介机构即证券交易所也相继诞生。最具有标志性的事件是 1602 年荷兰阿姆斯特丹股票交易所的成立。此后，规范化的股票发行集资也就成为公司资本来源的主要方式，这就为证券市场的形成提供了一定的客观物质基础。

（2）早期政府债券的发行

债券作为另一种基本的证券品种，其发行市场与股票的发行市场有着相类似的特征。债券的出现最早可以追溯到 16 世纪初期，当时德国政府迫于财政压力，首次发售了一批政府公债。虽然募集资金的规模不大，但这一举动开创了政府通过发行公债向公众筹集资金的先例。在政府公债发行上，最具代表性的国家是英国。有关资料显示，在其证券市场上，最早交易的就是政府债券。在17 世纪末，英国政府就开始向民间筹集资金，仅到了 1816 年其公债发行数额已

---

① 符启林主编. 证券法：理论·实务·案例 [M]. 法律出版社，2007：23.

经高达 9 亿英镑。随着英国政府公债发行制度的进一步完善，大大促进了政府债券的流通。现在英国的证券市场就有着"金边债券"的美称。与股票发行不同的是，政府公债的发行主体为政府，其最大的特点就是安全程度较高而且收益水平较有保障。早期政府公债的发行是政府筹集资金的重要途径，这在一定程度上也促进了证券市场的形成。

（3）信用制度的建立

随着社会商品经济的迅速发展，货币资本与企业资本出现了分离。此时，货币资本本身就获得了独立流通的特性。以信用制度为基础的货币资本就成为直接融资的基本手段。伴随信用制度的长足发展，更多的货币和储蓄转化为货币资本进入证券市场，进一步促进了证券交易。与此相对应的是，大量的信用机构也由单一的中介信用发展成为直接信用，即直接投资企业使金融资本渗透到股份公司。因此可以说，信用制度的发展是证券市场的有力杠杆，很大程度上加速了证券市场的形成。

2. 证券市场的发展

从世界证券市场发展的总体历程看，其大致经历了三个阶段。

（1）自由放任阶段

古典经济学理论一直强调市场自身的调控能力，认为自由放任是市场解决资源配置的唯一办法。古典经济学家亚当·斯密在其著作《国富论》中提出了"经济人"[①] 的概念，并认为"经济人"在没有法律干涉的情况下，它能够实现资源的最佳配置。[②] 更有学者认为"最繁荣的社会必定是不受形式拘束的社会。"[③] 在自由市场机制的影响下，证券市场的初期阶段也取得了较大的发展。从证券市场发行总量看，20 世纪初，世界证券发行金额已达到约 6 000 亿法郎。从证券市场结构看，发行种类已从单一的政府公债向股票与公司债券转变，据统计它们约占证券发行总额的 60%。

（2）法治干预阶段

1929—1933 年，全球爆发了一场规模最大的世界性经济危机。这次危机也严重影响了证券市场，如 1929 年美国证券市场上发生的"黑色星期二"事件。[④]

---

① 根据该说法，"人"可以被设定为以谋私为目的的"经济人"。

② ［英］亚当·斯密. 国民财富的性质与原因的研究（下卷）［M］. 郭大力、王亚南译. 商务印书馆，1974：199.

③ ［法］萨伊. 政治经济学概论［M］. 陈福生、陈振骅译. 商务印书馆，1963：197.

④ 1929 年 10 月 29 日，纽约证券交易所里所有的人都陷入了抛售股票的旋涡中。股指从之前的 363 点最高点骤然下跌了平均 40 个百分点，成千上万的美国人眼睁睁地看着他们一生的积蓄在几天内烟消云散。这是美国证券史上最黑暗的一天，是美国历史上影响最大、危害最深的经济事件，其影响波及西方国家乃至整个世界。此后，美国和全世界进入了长达 10 年的经济大萧条时期。因此，1929 年 10 月 29 日这一天被视为大萧条时期开启的标志性事件，由于正值星期二，所以那一天被称为"黑色星期二"。

此次经济危机彻底动摇了人们对自由市场的信心。在沉痛的教训中，人们也认识到完全的自由市场机制将会给证券市场乃至整个资本主义市场带来毁灭。如在自由放任阶段的证券市场中，由于缺乏相关法律、法规的调控，证券行业呈现出无序竞争的局面，证券欺诈和证券投机现象十分猖獗，严重影响了证券市场的健康发展，甚至影响到了实体经济。对此，世界各国政府纷纷开始制定证券市场法律法规和设立管理机构，最大限度地规范和限制证券的发行和交易活动。如美国在 20 世纪 30—40 年代就颁布了一系列证券法，包括《证券法》《证券交易法》《公共事业控股公司法》《信托契约法》《投资公司法》和《投资顾问法》等。

（3）走向现代化阶段

20 世纪 70 年代以来，世界证券市场进入了高速发展阶段。一方面，这应归功于各国政府为证券市场的运行创造了良好的法制环境；另一方面，更得益于互联网技术的普及和经济全球化的扩张。具体而言，互联网技术的普及对证券行业现有的商业模式带来深刻的影响：其一，电子网络交易取代了传统交易方式，有效地降低了资金供需双方在交易过程中的信息不对称，从而降低交易成本。其二，电子网络交易促使全球证券市场更加紧密地联系起来，24 小时全球网上电子交易成为可能，交易突破了时间和地域的限制。其三，电子网络交易进一步重构了资本市场投融资格局，在证券市场中，资金中介将不再需要，取而代之的可能将是一个既不同于商业银行间接融资、也不同于资本市场直接融资的第三种金融运行机制，可称之为"互联网金融模式"。另外，经济全球化强劲的扩张趋势也给证券行业带来了巨大变革。20 世纪 90 年代中期，证券市场迎来了历史性变革。全球各大证券交易所出现了合并、重组的浪潮，这一变革反映了证券市场正以惊人的速度朝着单一市场方向迈进。

3. 我国证券市场发展概况

新中国的证券市场发展主要经历了两个阶段。

（1）新中国成立初期阶段

1949—1958 年，天津证券交易所和北京证券交易所宣告成立（后两所合并为津京证券交易所）。虽然津京证券交易所存在历史不长，但为我们今天的证券市场的发展提供了宝贵经验，特别是在国债发行方面，1959—1978 年停止了全国性的公债发行，但允许地方在必要的时候发行建设公债。

（2）改革开放阶段

1978—1990 年，我国证券市场逐步恢复生机，各种证券累计发行达到 2 861 亿元。1990 年和 1991 年，上海证券交易所和深圳证券交易所分别成立，宣告我国证券市场进入快速发展阶段。1998 年，《证券法》的出台以及监管机构重构标志着我国证券市场走向法制化。2004 年和 2005 年，中国证券市场先后启动了股权分置改革，使我国证券市场迎来了全流通时代，揭开了中国证券市场发展的新篇章。2009 年，深圳正式启动了创业板市场，促进了我国多层次资本市场的建立。2010 年，沪深两交易所正式启动了融资融券交易，使我国证券市场走向双向新时代，具有划时代意义。经过几十年的发展，当下我国证券市场已成为社会主义市场经济体制的重要支柱。

（二）期货市场的产生与发展

1. 期货市场的产生

从广义上看，期货市场是指期货交易所、期货经纪公司、期货交易结算所和具体从事期货交易的各交易主体的总称。[①] 期货的产生也有着很长的历史，但期货交易的出现并不意味着期货市场的形成。期货市场是商品生产和商品交易发展到一定阶段的产物。早在公元前 5 世纪前后，古希腊和古罗马就已经出现了简易的期货交易行为。随后，伴随着商品经济的进一步发展，专门从事期货交易的机构也相继成立，期货市场才逐步形成。

（1）远期交易的集中化

期货市场的产生萌芽于古希腊和古罗马时期。那时就已经出现中央交易所、易货交易、货币制度，形成了按照既定时间和场所开展的正式交易活动，以及签订远期交货合约的做法。[②] 如在罗马帝国鼎盛时期，中央交易所曾设立在罗马议会大厦广场。尽管这些文明古国已衰败，但建立中央交易所的基本原理却延续下来。这些古国文明消亡以后，具有远期交易性质的商品买卖出现在 13 世纪。在农产品收获之前，农民和城里的商人达成预购农产品的约定，等待收获以后再交付产品。这种交易日后逐步发展成为有组织的市场。随着交通、通信的改进以及现代化城市的兴起，远期交易进一步发展成较为集中的市场贸易。具体而言，公元 1215 年，英国就正式规定对外贸易的季节性交易会。在商品交易中，外国商人提前预购商品的做法已较为普遍。即双方在现货合约的基础上，开始出现了以商品样品来签订远期合约，并预先支付一笔定金，待货物运到交付时再结清全部货款，交易即告完成。在随后的贸易中，由于买卖双方为了进一步规避商品价格波动所带来的风险，往往在货物交付之前就转售了买卖合同。对此，来自各地的商人还专门成立了一个公会，对会员买卖合同出具公正和担保。至此，具有早期意义上的期货市场雏形初步形成。总的来说，贸易方式的长期演变尤其是远期交易的集中化，在一定程度上为期货市场的形成奠定了基础。

---

① 孙大雄. 期货犯罪研究［M］. 华中师范大学出版社，2006：5.
② ［美］卡塔尼亚（Patrick J·Catania）主编. 商品期货交易手册［M］. 鹿建光、瞿秀芳，等译. 中国对外经济贸易出版社，1990：1.

（2）期货交易所的成立

一般认为，1848 年美国芝加哥商品交易所的成立是近代期货市场形成的标志。该交易所的业务范围主要涉及谷物期货的经营，它是近代意义上第一所商品交易所。具体而言，在 19 世纪中叶，芝加哥依靠自身得天独厚的地理位置成为全美最大的谷物集散中心。然而，由于当时受到供求关系矛盾的影响，交易的市场秩序十分混乱。在收获季节，大量的农产品短时间内被运到了芝加哥，导致了农产品供过于求的局面，甚至出现大量粮食倾倒在大街上，致使农业生产遭受严重损害。而在冬春两季，由于供货奇缺，农产品价格连连暴涨，致使众多加工商纷纷濒临倒闭，同时也使消费者受到损失。为了有效应对农产品的供求矛盾，储运经销应运而生。当地经销商开始在交通要道上建设仓库，以便在收获季节时买进农产品，待冬春两季再运往芝加哥销售。但由于当时的仓储技术的落后以及交通的不便利，当地经销商仍然无法全面摆脱冬春季节价格波动的各种风险。对此，他们提前和买方签订了来年交货的远期合同。随着农产品交换的不断发展，1848 年由美国 82 位商人组成的团队发起了组建世界上第一个中心交易场所——芝加哥期货交易所（The Chicago Board of Trade，CBOT），又称之为芝加哥谷物交易所。该期货交易所旨在进一步促进芝加哥商业发展，为买卖双方提供见面、交货的场所。虽然芝加哥交易所采用的是远期合约交易方式，但合约中并没有对商品的质量、交货期限设定标准化规定。严格意义上讲，并不具有现代意义上"期货交易所"特征。不过，总的来说，芝加哥期货交易所的成立，对世界期货市场的形成产生了重要影响。

2. 期货市场的发展

随着交易市场规模的壮大、商品交易量的上升以及商品交易品种的增加，期货合约买卖日渐变得复杂。为了能使交易适应市场经济发展，1865 年，芝加哥期货交易所正式制定了期货合约的标准化协议《共同法则》，并推出了第一个标准化的期货合约，即事先对商品质量、数量、付款条件、交货地点和时间等方面做出统一性规定。期货交易合约标准化的制定具有重要意义，其可以堪称为期货市场的第一次变革。另外，在制定合约标准化的同时，芝加哥交易所也出台了保证金规则以保障交易安全。又随着期货交易的深入发展，期货市场中所运用的结算规则出现了较大的问题。起初，芝加哥期货交易所采用的结算方式是环形结算法，但这种结算方法既繁琐又困难以致无法简便快捷地完成交易。1923 年，芝加哥交易所结算公司成立。它的成立标志着期货市场进入现代化发展时期，可谓是期货市场上第二次变革。至此，现代意义上的期货交易所已完整呈现出来。1972 年，由于受到世界金融体制的改革影响，期货市场取得了历史性进展。芝加哥商业交易所成立了历史上第一个外汇期货，标志着金融期货的诞生。新型交易品种的推出迅速占领了期货交易市场的半壁江山，打破了以往农产品、工业产品占主要地位的市场格局。金融期货交易迎来了新时代，主导期货市场的第三次变革。1973年，芝加哥期权交易所正式宣告成立，至此期货市场发展又突破了一个新的层次。目前，国际期货市场上大部分期货交易品种都引进了期权交易方式。进入20世纪80年代，世界期货市场的发展又呈现出许多新特点：其一，期货交易中心日趋集中。国际中心包括了芝加哥、纽约、伦敦和东京；区域中心包括了欧洲大陆、新加坡、韩国和中国香港。其二，金融期货交易扩张趋势强劲。自90年代以来，金融期货就成为世界期货市场上成交量最大的品种。尤其是近几年，全球金融期货交易量就占据了世界期货交易总量的约90%。其三，期货交易所改制成为潮流。当前，期货市场上的竞争十分激烈，迫使一些交易所开始实行改革。如2000年，芝加哥商业交易所改制成为美国第一家公司制交易所，其他较为著名的还有中国的香港交易及结算所有限公司等。其四，交易方式的技术性革新。受到互联网和经济全球化的深刻影响，期货交易方式不断创新，如实现了电子化交易，全球进入了24小时无时空限制的期货交易时代。这一项技术的革新，使得期货市场交易得到了空前的发展。

3. 我国期货市场发展概况

我国期货市场起步较晚，萌芽于晚清时期并在民国时代有了一定的发展。新中国成立以后，由于当时受到社会主义计划经济体制的影响，期货市场一度处于冻结状态。我国当代意义上的期货市场诞生于改革开放之后。在社会主义市场经济体制下，我国期货市场的发展主要经历了三个阶段。

（1）筹备试点阶段

1984年以后，由于国家实行价格双规制，相关改革尚处于探索阶段，市场价格起伏不定。为有效解决价格波动问题，国家开始了期货市场的试点工作。1988年，第七届全国人大第一次会议通过的《政府工作报告》明确指出了"加快商业体制改革，积极发展各类批发贸易市场，探索期货交易"。至此，我国期货市场发展开启了新纪元。1988年，期货市场研究小组宣告成立，随后分别形成了《关于期货市场制度研究的报告》[1] 和《关于结合国情试办期货市场的报告》[2]。后经国务院批准，1990年，郑州粮食批发市场成立。在交易过程中，逐渐发展出远期合约。1991年，深圳有色金属交易所成立并推出了中国第一个商品期货标准合约——特级铝期货标准合同。1992年，我国第一家期货经纪公司成立——广东万通期货经纪公司。期货交易所和经纪公司的创建，标志着我国

---

① 中国证监会期货部、中国期货业协会编. 中国期货市场发展研究报告 [M]. 中国财政经济出版社，2004：31.

② 常清. 中国期货市场发展的战略研究 [M]. 经济科学出版社，2001：127.

当代意义上的期货市场形成。

（2）无序发展阶段

由于我国大多数期货交易所都是中央部门或者地方政府审批或主办，这就决定了政府在中国期货市场建设中起着主导作用。在当时环境下，政企不分的现象十分严重，以致期货市场的管理十分混乱，再加上利益驱动以及法律法规的不健全，我国期货市场呈现出无序发展的局面。据统计，我国期货市场起步两年多时间（1992—1994 年）就相继成立了 40 多家交易所，相当于世界其他国家商品交易所的总和。① 这些交易所上市的品种大多重复，甚至一些不符合期货特点的商品也被列入交易范围，如"西瓜期货"。另外，到 1993 年底，全国期货经纪公司就有 300 多家。这些公司在运作过程中出现了很多问题，违规违法现象盛行，引起了不少经济纠纷案件。总的来说，在这一发展阶段，我国期货市场陷入盲目发展状态。

（3）法制建设阶段

针对国内期货市场无章可循、无法可依的局面，国务院授权证监会开始对期货市场进行大规模整治。此项工作共经历了两次整顿（前后历时 7 年），对我国期货市场的发展产生深远影响。在整治的过程中，期货市场相关的法律法规也逐步形成体系并走向完善，有效地规范着市场运行。如 1994 年我国出台了第一部地方期货法规《河南省期货市场管理条例（试行）》、1994 年国务院证券委员会颁布了《期货经营机构从业人员管理暂行办法》、1995 年国家工商行政管理局颁布的《经纪人管理办法》、1999 年国务院颁布的《期货交易管理暂行条例》以及相配套的《期货交易所管理办法》《期货经纪公司管理办法》《期货经纪公司高级管理人员任职资格管理办法》和《期货业从业人员资格管理办法》等。同年，全国人大常委会通过了《中华人民共和国刑法修正案》，首次动用刑罚手段惩治期货市场有关犯罪行为。2007 年国务院正式颁布《期货交易管理条例》（截至 2017 年底经历了三次修正）。2014 年，有关部门正式启动了《中华人民共和国期货法》的起草工作。2017 年，有关人大代表建议将《中华人民共和国期货法》列入本年全国人大的工作。作为我国期货市场位阶最高的法律，如该法能顺利出台，将标志着我国期货市场法制化走向新的高度。

第二节　证券期货犯罪的违法性考察

当前，我国社会治理的法治路径采用的是二元化模式，即根据社会危害行

---

① 欧阳日辉. 中国期货市场发展的制度分析［M］. 重庆出版社，2005：90.

为的严重程度区分违法与犯罪进而分配不同的责任。可以说，行政违法①与刑事违法是同一违法行为在量上的差异化表现。具体而言，刑事犯是指违反以基本生活秩序的保持作为目的而制定的法规的行为；行政犯是指违反以达到特定的行政目的而制定的法规的行为即违反派生性生活秩序的行为。② 对于我国证券期货运行中的违法性行为（包括违法与犯罪），我国现行法制体系也是采取了该治理模式。

一、证券期货违法与犯罪行为的界分

（一）违法行为

1. 违法行为的范围

违法行为有各种各样的情况：一是违反民事、经济类法律规范的行为；二是违反行政法或者行政管理类法律规范的行为；三是违反刑事法律的行为。而证券期货运行中的违法行为仅指第二种情形。需要强调的是，虽然证券期货违法行为也会部分涉及民事赔偿责任，但这里的违法行为也不属于第一种情形。因为此处的责任是违反公法所引起的，不同于单纯由私法（如民法）产生的纠纷。③

2. 法律规范违反的类别

针对证券期货违法行为，我国现行法律规范有着相对完善的规定：一是全国人大常委会颁布的基本法律，如《中华人民共和国证券法》；二是最高人民法院和最高人民检察院制定的相关司法解释，如《关于办理内幕交易、泄露内幕信息刑事案件具体应用法律若干问题的解释》和《关于审理期货纠纷案件若干问题的规定》等；三是国务院制定的行政法规，如《股票发行与交易条例》《企业债券管理条例》和《期货交易管理条例》等；四是相关部门和机构制定的规章、规范性文件，如证监会颁布的《上市公司信息披露管理办法》《公司债券发行与交易管理办法》和《期货交易所管理办法》等，证券交易所发布的《上市公司股权分置改革业务操作指引》等。

3. 常见的几种违法行为

证券期货违法行为多种多样，常见的几种类型有：一是交易型违法行为，包括利用内幕信息和操纵市场两种情形。具体而言，利用内幕信息主要指内幕交易和泄露内幕信息的违法行为。前者是指内幕人员利用掌握的、尚未公开的

---

① 这里的行政违法是从广义上理解的，主要是指公权力对私权利的干预，不仅包括违反行政法律法规，也涵盖了违反行政管理类有关的法律法规，如证券法、环境保护法。

② 黄明儒. 论行政犯与刑事犯的区分对刑事立法的影响 [J]. 刑法论丛，2008（13）：175－176.

③ 我国《期货交易管理条例》等相关法律规范针对期货违法行为暂没有涉及民事责任。

可能影响证券期货价格重要信息或者其他人员利用非法获取的内幕信息从事交易的行为。后者是指知悉证券、期货交易内幕信息的知情人员或者非法获取内幕信息的其他人员，向他人泄露该内幕信息，使该人利用内幕信息从事内幕交易的行为。操纵市场主要是指利用资金、信息和职权等优势，影响证券期货市场价格，诱使投资者买卖证券期货，扰乱证券期货市场秩序的行为。二是欺骗型违法行为，包括不真实披露和欺诈客户两种情形。具体而言，不真实披露主要指信息披露义务人（包括机构）违反证券期货法律法规有关规定，在证券期货发行或者交易过程中，对重大事件或者即时行情做出不真实披露的行为。欺诈客户主要指在证券期货交易及相关活动中，证券期货有关机构及其从业人员故意告知客户虚假事实或者向客户隐瞒真实情况，损害其合法权益的行为。三是其他类型（行政管理秩序）违法行为，包括未经批准或者非法设立、经营证券期货交易所、公司及相关业务行为，伪造、变造有价证券债券、期货经营许可证行为，编造并传播证券期货交易虚假信息行为等（此处不一一列举）。

4. 法律责任的类型

证券期货违法行为的法律责任主要有两种：一是民事责任（不包括期货），如《证券法》第七十六条第三款规定："内幕交易行为给投资者造成损失的，行为人应当依法承担赔偿责任。"二是行政责任，如《证券法》二百零三条规定："违反本法规定，操纵证券市场的，责令依法处理非法持有的证券，没收违法所得，并处以违法所得一倍以上五倍以下的罚款；没有违法所得或者违法所得不足三十万元的，处以三十万元以上三百万元以下的罚款。"《期货交易管理条例》第六十七条规定："期货公司有下列欺诈客户行为之一的，责令改正，给予警告，没收违法所得，并处违法所得 1 倍以上 5 倍以下的罚款；没有违法所得或者违法所得不满 10 万元的，并处 10 万元以上 50 万元以下的罚款；情节严重的，责令停业整顿或者吊销期货业务许可证；……"

（二）犯罪行为

1. 犯罪行为的范围

犯罪不同于一般违法行为，它是违反了刑法即触犯刑律的行为。具体而言，根据我国《刑法》的规定，[①] 犯罪是指触犯刑律而应受到刑罚处罚的危害社会的

---

① 《刑法》第十三条："一切危害国家主权、领土完整和安全，分裂国家、颠覆人民民主专政的政权和推翻社会主义制度，破坏社会秩序和经济秩序，侵犯国有财产或者劳动群众集体所有的财产，侵犯公民私人所有的财产，侵犯公民的人身权利、民主权利和其他权利，以及其他危害社会的行为，依照法律应当受刑罚处罚的，都是犯罪，但是情节显著轻微危害不大的，不认为是犯罪。"

行为。① 犯罪行为具有以下三个基本特征：一是犯罪是危害社会的行为，即具有一定的社会危害性；二是犯罪是触犯刑律的行为，即具有刑事违法性；三是犯罪是应当受到刑罚处罚的行为，即具有应受惩罚性。这三个基本特征可将犯罪与不犯罪、犯罪与其他违法行为从总体上区分开来。

2. 法律规范违反的类别

与一般违法行为不同，证券期货犯罪违反的是刑法有关规定。在我国，刑法的渊源主要有刑法典、刑法修正案、单行刑法和附属刑法。刑法典又称为《中华人民共和国刑法》（以下简称《刑法》），它是由全国人大常委会制定的基本法律。刑法修正案是对《刑法》的修改、补充而形成的，它也是由全国人大常委会通过的刑法文件。单行刑法是规定某一类犯罪及其法律后果的刑事法律（全国人大常委会通过的），我国目前没有关于期货类犯罪的单行刑法。附属刑法是在非刑事法律中附带的刑事责任的条款，如《公司法》第二百一十二条规定："构成犯罪的，依法追究刑事责任。"总而言之，证券期货犯罪行为只限定在触犯刑法的范围。

3. 刑法规定的几种犯罪行为

我国现行《刑法》关于证券期货犯罪的条文有 8 个，涉及罪名共 11 个。它们分别是：第一百六十条规定的欺诈发行股票、债券罪；第一百六十一条违规披露、不披露重要信息罪；第一百六十九条之一规定的背信损害上市公司利益罪；第一百七十八条第一款和第二款规定的伪造、变造国家有价证券罪和伪造、变造股票、公司、企业债券罪；第一百七十九条规定的擅自发行股票、公司、企业债券罪；第一百八十条第一款和第二款规定的内幕交易、泄露内幕信息罪和利用未公开信息交易罪；第一百八十一条第一款和第二款规定的编造并传播证券、期货交易虚假信息罪和诱骗投资者买卖证券、期货合约罪；第一百八十二条规定的操纵证券、期货市场罪。

4. 法律责任的类型

与一般违法行为不同，证券期货犯罪所承担的是刑事责任。刑罚处罚是与一般违法行为区分的重要标志。证券期货犯罪所处刑罚具有以下特点：一是处罚严厉性。针对证券期货违法行为，相关法律规范涉及的人身责任多为警告；而刑法所涉及的人身责任则为拘役或者有期徒刑，有的犯罪刑期甚至可以达到无期徒刑。二是处罚长期性。针对证券期货违法行为，相关法律规范涉及的财产责任多为行政罚款；而刑法所涉及的财产责任则为并处罚金。具体而言，行政罚款可以因某些因素终止执行而不了了之；而罚金则不同，在判处的罚金无法执行的情况下，并不会因此终止执行。相反，人民法院在任何时候发现被执

---

① 高铭暄、马克昌主编. 刑法学（第七版）［M］. 北京大学出版社，2016：45 - 48.

行人有可供执行的财产时，会随时进行追缴。

二、证券期货犯罪的违法性本质探析

（一）理论定位

所谓犯罪的违法性本质，即探寻的是用"违反实定法"以外的实质根据来说明违法性问题。关于违法性的本质，理论上一直是一个存在较大争议的话题。一种观点认为，违法性的实质是对法益的侵害与威胁，……刑法之所以以刑罚禁止某种行为，是因为它侵害或者威胁了法益，所以侵犯法益是违法性的本质。① 另一种观点认为，违法性的本质是行为具有严重的社会危害性。② 目前，法益侵害理论在学界仍占据重要地位，而社会危害性理论的反驳辩护也颇有见地。持法益侵害观点的人认为，社会危害性理论存在最大的缺陷在于其判断标准的模糊性。由于认识主体的差异性，对于同一种行为是否具有社会危害性的判断很可能是不同的。如果在司法实践中贯彻社会危害性理论，必然会导致罪刑法定原则遭到践踏。如有学者指出："社会危害性说不仅通过其'犯罪的本质'的外衣为突破罪刑法定原则的刑罚处罚提供一种貌似具有刑法色彩的理论根据，而且也在实践中对于国家法治起着反作用。"③ 持社会危害性理论的人反驳道，对社会危害性理论的担忧也无法让我们回避这样一个问题：犯罪的实质是什么？以法益侵害说为支撑的犯罪形式概念不可能很透彻地回答这个问题，即它无法说明刑法为什么将某种行为规定为犯罪。如果要真正解决该问题，那就不可避免地要从法律之外去寻找根据。另外，对社会危害性理论持否定态度的观点或多或少孤立、片面地评价其判断标准，即将其作为认定行为是否构成犯罪的唯一尺度。相比而言，笔者认为后一种观点相对有说服力。刑法之所以将某种行为规定为犯罪，这是因为该行为侵犯了现有的社会秩序（即严重社会危害性），而法益只不过是社会秩序在刑法上的表现。甚至可以进一步说，将法益引入犯罪当中，也只不过让我们更直观地看到了犯罪的法律（形式）特征。因此，相对于法益侵害说，社会危害性理论更能说明犯罪违法性的本质问题。在证券期货犯罪行为中，具有严重的社会危害性固然是其违法性本质，但由于此类犯罪又有别于传统的自然犯④，易受到法益侵害学说的影响。具体而言，证券期货犯罪是典型的法定犯（行政犯），即它是严重违反国家行政管理中的禁止

---

① 张明楷. 刑法学（第四版）[M]. 法律出版社，2011：111.

② 赵秉志主编. 当代刑法学 [M]. 中国政法大学出版社，2009：92.

③ 李海东. 刑法原理入门 [M]. 法律出版社，1998：8.

④ 自然犯也称刑事犯，是指行为本身由于明显违反公共善良风俗和人类伦理而自然蕴涵罪恶性的犯罪，如故意杀人罪、强奸罪和抢劫罪等。

性规范的现代型犯罪。虽然证券期货犯罪的产生、发展与国家行政管理中的法律法规有着极其紧密地联系，但实际上该类犯罪侵犯了现有的社会秩序，社会危害性仍是其违法性本质特征。

（二）实践考量

一般来说，犯罪客体是社会危害性考量的重要标准。所谓犯罪客体，是指我国刑法保护的、为犯罪行为所侵犯的社会关系。[①] 社会关系是人类在共同生存中逐渐形成的人与人之间的相互关系。这种关系既包括了物质关系（经济基础），也包括了思想关系（上层建筑）。刑法作为惩治犯罪的必要手段，通过刑罚处罚犯罪分子以达到对社会关系的保护。社会关系涉及各方面、各领域，而刑法所保护的仅仅只是其中最重要的一部分。在证券期货犯罪中，其行为所侵犯的是刑法所保护的社会市场经济秩序。对于证券期货犯罪所侵犯的具体客体是单一客体还是复杂客体，理论上存在不同认识。一类观点认为，证券期货犯罪行为侵犯了交易市场的正常管理秩序；另一类观点认为，证券期货犯罪行为侵犯的是广大投资者的合法权益；还有一类观点认为，证券期货犯罪行为既侵犯了交易市场的正常管理秩序，也侵犯了广大投资者的合法权益。相比较而言，折中观点较为可取。因为证券期货市场的正常管理秩序和广大投资者的合法权益是紧密联系的：一方面，行为违反相关管理秩序就必然导致损害特定投资者；另一方面，行为侵犯特定投资者并构成犯罪时，其必然也破坏了相关的管理秩序。具体而言，证券期货犯罪是具有严重社会危害性的行为，表现在以下两方面：一是它严重损害了证券期货市场的正常管理秩序。证券期货市场既具有筹集资金、配置资源和分散风险等机能，也具有足以影响国家实施经济宏观调控的能力。证券期货犯罪行为扰乱了交易市场的有序运转，使其市场严重丧失优化资源配置之功能，甚至由此引发金融危机。二是它严重损害了广大投资者的合法权益。证券期货犯罪行为的特点是凭借资金、权利等优势进行交易，而交易相对方总是处于弱势地位。在这种相对不安全的交易环境下，广大投资者的合法权益无法得到保障。对于投资者而言，轻则退出交易市场，重则面临倒闭、破产，有时甚至会激化一些社会矛盾。投资信心一直以来都是交易市场乃至整个市场经济发展的重要因素。2007—2009 年全球爆发的金融危机就是最好的例证。2007 年 8 月 9 日，金融危机开始浮现。自次级房屋信贷危机爆发后，投资者开始对按揭证券的价值失去信心，引发流动性危机。即使多国中央银行多次向金融市场注入巨额资金，也无法阻止这场金融危机的爆发。直到 2008 年 9 月 9 日，这场金融危机开始失控，并导致多间相当大型的金融机构倒闭或被政府接

[①]　高铭暄、马克昌主编．刑法学（第七版）[M]．北京大学出版社，2016：53.

管。据有关机构估算，自 2007 年以来，金融海啸给世界经济造成的损失可能达到 200 万亿美元。[1] 由此可见，实践中证券期货犯罪带来的严重社会危害性不容忽视。

三、关于证券期货犯罪的违法性认识问题

在证券期货犯罪中，违法性认识错误是犯罪成立的主观阻却为事由之一。违法性认识错误主要有两种情况：一是法律认识错误；二是事实认识错误。由于证券期货犯罪认定的复杂性，在实践中应当注意区分情况予以考量。

（一）法律认识错误

法律认识错误有两种情形：一是行为人误以为自己的行为是违法，由于没有客观的危害行为，固不以犯罪处理；二是行为人误以为自己的行为是合法的，由于客观上实施了危害行为，固不影响犯罪成立。第一种情形较为简单，限于篇幅不在此展开。针对第二种情形，以往都是根据"不知法不赦"的原则进行犯罪认定，即行为人即便不知自己的行为违法，也可以成立故意。当前，我国刑法理论对此有不同认识：一是不必要说，即认为即便行为人不知道行为的违法性，也不阻却故意的成立。[2] 二是必要说，即认为犯罪故意的成立必须具备违法性的认识。[3] 三是折中说，刑法中的社会危害性具备刑事违法性特征，刑事违法性可以通过社会危害性反映出来，在认定故意时只需明确行为人对社会危害性是否有认识即可。[4] 相比较而言，折中观点较为可取，但需要区分实践中的不同情形。一般情况下，社会危害性和刑事违法性是一致的，但也不能过于绝对。因为，二者评价的标准和基础可能不一样。社会危害性为实质性评价，而违法性则是形式评价。更何况社会危害性属于历史范畴，它包含了主观因素，而违法性是以客观法规范为前提。我们不能因为行为人有社会危害性认识就推定其必然具有违法性认识。总的来说，在坚持"不知法不赦"原则的前提下，应当具体区分实践中出现的不同情况：一是行为人在具备违法性认识可能性的情形下，由于过失没有认识到，此时不阻却故意的成立；二是行为人在明显缺乏违法性认识可能性的情形下，此时应做无罪处理。

（二）事实认识错误

法律认识错误解决的是行为是否成立犯罪的问题，而事实认识错误则要回答的是犯罪种类、形态的认定问题，即探讨的是犯罪成立情形下，当出现主客

---

① 参见：《金融危机给全世界造成 200 万亿美元的损失》，http://finance.ifeng.com/roll/20100402/2003804.shtml，访问日期：2017 年 3 月 28 日。

② 杨春洗、杨敦先主编. 中国刑法论 [M]. 北京大学出版社，1998：108.

③ 赵秉志主编. 犯罪总论问题探索 [M]. 法律出版社，2003：227 - 228.

④ 马克昌主编. 犯罪通论 [M]. 武汉大学出版社，1999：336 - 337.

观认识不一致时，行为人是否成立故意犯罪、是既遂还是未遂的问题。事实认识错误分为两种情形：一是同一犯罪构成内的错误，即行为人认识的事实与实际发生的事实虽然不一致，但没有超出同一犯罪构成范围；二是不同犯罪构成间的错误，即行为人认识的事实与实际发生的事实不一致，而且分别属于不同的犯罪构成。针对第一种情形，如行为人欲诱骗甲买卖证券，误将乙当作甲而进行诱骗。一种观点认为，行为人对甲成立诱骗投资者买卖证券罪未遂，对乙则认定为过失诱骗投资者买卖证券（由于该罪主观方面为故意，固不构成犯罪），最终以本罪的未遂处罚。这样的认定方法存在一定问题。由于行为人的认识错误属于同一犯罪构成，其主观上诱骗了"人"，客观上也诱骗了"人"，应构成本罪的既遂。针对第二种情形，如行为人欲泄露证券内幕信息，误将虚假信息当作真实信息而进行编辑并传播。此时，行为人的认识错误属于不同犯罪构成，即泄露内幕信息罪和编造并传播证券交易虚假信息罪。在具体认定中，行为人构成泄露内幕信息罪未遂，不构成编造并传播证券交易虚假信息罪（过失的行为无罪）。假设编造并传播证券交易虚假信息罪的主观方面存在过失，则行为人构成泄露内幕信息罪未遂，又构成过失编造并传播证券交易虚假信息罪，此时应以想象竞合的方式予以处理，择一重罪处罚。

第三节　证券期货犯罪的立法沿革

一、域外证券期货犯罪的立法概况

（一）证券犯罪

20 世纪 30 年代以前，西方国家就出现了有关证券犯罪的早期立法。由于当时西方国家正处于自由资本主义时期，各资本主义国家施行自由放任的政策发展社会经济。其中，最能体现市场经济特点的证券市场也不例外。在这种情况下，证券市场上很难形成系统性的法律管理体系。西方国家有关证券的刑事立法尚处在萌芽阶段。1720 年，英国爆发了著名了"南海公司事件"，① 造成了股

---

① 1720 年，英国一些商人和贵族成立了一家南海公司。他们通过贿赂国会议员等非法手段，获得许多海外贸易和经销国债等方面的特权，致使该公司的股票价格由年初的每股 228.5 英镑，迅速上升到 7 月的 1 000 英镑。但好景不长，他们贿赂国会议员内幕很快被揭露，该公司的信誉及经营状况一落千丈，股票价格到年底已跌至每股 125 英镑。广大被愚弄与欺骗的投资公众遭受严重损失，有的甚至家破人亡；而那些公司内幕人士由于了解内幕及时地将股票出手，所以不但没有受到损失，反而发了横财。由于当时的英国并没有股票交易的相关法规，因而不能对上述内幕交易者绳之以法，使得越来越多的投机者纷纷效法南海公司，通过种种手段巧取豪夺。大批股票投资者上当受骗、被盘剥一空，有的甚至倾家荡产，走投无路之下就去干起杀人越货、拦路抢劫的事情。股票市场的混乱不堪使得整个社会秩序也动荡不安。

价暴涨暴跌，引起了近代金融危机。为了应对证券市场日益严重的欺诈行为，英国国会专门通过了世界上第一部证券交易法规——《泡沫法案》。由于当时英国还未出台专门的证券法，对于一些较为严重的证券交易违法行为的认定和处罚，也仅仅是参照诈骗罪的相关规定处理。如该法案规定了：无经营资质的企业私自募股的，可以将其认定为妨害公众的行为，处以监禁、罚金或者没收财产。在证券刑事立法中，另一个具有代表性意义的国家是美国。与英国相比，美国关于证券犯罪的立法相对完善也极具有特色。在自由资本主义发展后期，证券交易中欺诈现象严重泛滥，证券市场几乎近于崩溃。为保护公众投资利益不受欺诈，1911 年美国堪萨斯州通过了一部著名且影响深远的《蓝天法》。该法律的核心是在公开发行股票、债券等有价证券时必须向公众充分披露相关的信息。在这部法律中，有关证券刑事立法的规定标志着证券交易市场法治化进一步增强，为日后确立刑法调整证券市场奠定了基础。

20 世纪 30 年代以后，特别是受到 1929—1933 年资本主义世界经济危机的影响，西方国家社会经济的发展转入了政府干预阶段。至此，证券行业也开始迈进了法治化建设时代。以美国为例，1933 年，美国出台了一部最具世界各国证券市场监管立法的法律典范——《证券法》。这部法律规定了一系列反诈骗禁止性条款，包括了普通证券诈骗罪和特殊证券诈骗罪相关条文。在普通证券诈骗罪中，主要明确了股票运行中各种欺骗行为，如使用任何计划、方案或计谋进行诈骗、重大事实的不真实披露以及从事与诈骗有关的商业活动等。在特殊诈骗罪中，明确规定了几种禁止性犯罪行为，如出售未注册证券、注册登记中虚假说明以及不正当推销证券等。对于以上这些诈骗行为，该法都规定了相应的刑事责任（最高刑可达 5 年有期徒刑或 1 万美元罚金）。1934 年，美国又出台了一部《证券交易法》，该法第一次以国家证券立法的形式规定了证券犯罪的范围、刑罚以及诉讼程序。在 1933 年《证券法》的基础上，《证券交易法》进一步完善了证券犯罪的相关规定，如严格限定证券发行价格、严厉打击出于特殊意图的操纵股市行为以及严密文件报告提交的范围等。在证券犯罪的刑事立法中，美国先后通过了一系列法律完善了相关罪名的规定，如 1935 年的《公共事业控股公司法》、1939 年的《信托契约法》、1940 年的《投资公司法》、1984 年的《内幕交易制裁法》以及 1988 年的《内幕交易与证券欺诈执行法》等。

（二）期货犯罪

美国是世界上较早发展期货市场的国家之一，目前期货市场上也形成了一套较为完善的法律制度。1922 年，美国第一部正式为全国统一的期货法律出台——《谷物期货交易法》，标志着美国期货市场进入了法制化轨道。1936 年，美国国会将《谷物期货交易法》更名为《商品交易法》，并进行了相应的补充。

这部法律严格了期货交易的管理，对一些严重的场外交易行为规定了刑事责任。1978年，在整合之前的相关法律后，美国国会出台了《期货交易法》并经历1982年、1986年、1990年和1994年的几次修订。目前，《期货交易法》是美国涉及期货交易刑事规则最为完备的法律。该法第9条专门规定了期货犯罪的刑事处罚问题，如进一步明确了期货犯罪的各类主体、进一步将期货犯罪区分为重罪与轻罪两大类等。重罪主要包括了欺诈客户罪、内幕交易罪、挪用保证金罪、操纵市场罪、虚假陈述罪和侵占财产罪；轻罪主要包括了过度投机罪、从事冲洗交易、交叉交易等犯罪。对期货犯罪的处罚，重罪最高刑可达5年有期徒刑或者100万美元罚金（个人违法可达50万美元）；轻罪最高刑为1年有期徒刑或者50美元罚金。

以该法第9条E款为例："①委员会的任何委员或其雇员和代理人凭借其职业和地位获取会影响或倾向影响商品期货或商品价格的尚未公开的资料，并有意透露该资料以帮助他人直接或间接参与商品期货交易，实际商品交易或贸易中通常所知的诸如"期权""特许权""优遇""竞价""出价""卖出""买入""先期担保""拒绝担保"性质的交易，或贸易中所知的诸如保证金账户、保证金合同、起杠杆作用的账户、起杠杆作用的合同的标准合同项下的商品交付事务，或委员会认为具有标准合同相同功能和作用的合同、账户、协议、方案、计划中的商品交付事务，或执行已上市的实质上已被运用的与标准合同相似性质的交易。②任何人从委员会的委员或其雇员和代理人处获取信息并利用该商品期货交易、实际商品交易信息，或通常交易中所知的具有"期权""特许权""优遇""竞价""出价""卖出""买入""先期担保""拒绝担保"性质的交易信息，或通常交易中所知的保证金账户、保证金合同、起杠杆作用的账户、起杠杆作用的合同的标准合同项下的商品交付事务信息，或委员会认为能起标准合同作用和功能的合同、账户、协议、方案、计划中的商品交付事务的信息，或已上市的或实际上已被运用的与标准合同相似性质的交易信息，将受到重罚，处以10万美元以下的罚款或5年以下的监禁，或予以并处，并附加审案费用。"[1] 另外，除了人身刑和罚金刑以外，该法还对某些犯罪设置了资格刑，如可判处5年内禁止以任何方式利用或者参与期货交易市场。在期货犯罪的刑事立法中，美国先后又通过了《2008年CFTC重新授权法》、2010年的《金融改革法案》等法律，进一步补充和修改了有关期货交易的相关规定。

二、我国证券期货犯罪立法改革的实质性进展

在改革开放以前，我国证券期货市场发展十分不发达，相关的法律法规也

---

① 刘宪权. 证券期货犯罪理论与实务［M］. 商务印书馆，2006：22 –23.

不尽完备。我国真正意义上的证券期货犯罪立法是在改革开放以后形成。通过多年的立法改革，我国证券期货犯罪的立法工作取得了实质性进展。

（一）证券犯罪

我国证券犯罪的刑事立法主要由刑法典、刑法修正案、单行刑法和附属刑法构成。

1. 刑法典

1979 年《刑法》第一次规定了证券有关犯罪（唯独一条），如第一百二十三条规定："伪造支票、股票或者其他有价证券的，处七年以上有期徒刑，可以并处罚金。"随后在 1997 年《刑法》中，一次性规定了 7 个条文，共涉及 9 种犯罪行为，分别为：第一百六十条规定的欺诈发行股票、债券行为，第一百六十一条规定的违规披露、不披露重要信息行为，第一百七十八条规定的伪造、变造国家有价证券行为和伪造、变造股票、公司、企业债券行为，第一百七十九条规定的擅自发行股票、公司、企业债券行为，第一百八十条规定的内幕交易、泄露内幕信息行为，第一百八十一条规定的编造并传播证券交易虚假信息行为和诱骗投资者买卖证券行为，第一百八十二条规定的操纵证券市场行为。对这些犯罪行为，刑法都规定了人身刑和财产刑。

2. 刑法修正案

2006 年《刑法修正案（六）》进一步修改、补充了刑法有关证券犯罪的规定，共 4 个条文，涉及 4 种犯罪行为，分别为：第一百六十一条修改了犯罪主体、扩大了信息披露的范围和增设了犯罪情节，增设第一百六十九条之一——"背信损害上市公司利益罪"，第一百八十二条将"操纵证券期货价格"修改为"操纵证券期货市场"、细化了犯罪行为方式和加重了刑罚处罚，增设第一百八十五条之一——"背信运用受托财产罪"。2009 年《刑法修正案（七）》进一步修改和补充了刑法关于证券犯罪的规定，共 1 个条文，涉及 2 种犯罪行为，具体为：第一百八十条第一款细化了犯罪行为方式，在该条中增设一款作为第四款——"利用未公开信息交易罪"。

3. 单行刑法

为了能更好地配合 1994 年 7 月 1 日开始施行的《公司法》，1995 年 2 月 28 日全国人大常委会通过了《关于惩治违反公司法的犯罪决定》。该决定第三条增加规定了禁止制作虚假的招股说明书、认股书、公司债券募集办法发行股票、公司债券的行为。第四条加重了对违规披露、不披露重要信息行为的处罚，将"并处或者单处罚金"修改为"可以并处罚金"。第七条加重了对擅自发行股票、公司、企业债券行为的处罚（同第四条），同时进一步明确了有关主管部门的范围（限于公司法规定的）。第八条对有关国家工作人员从事证券犯罪的行为进行单独规定和处罚。

4. 附属刑法

1994 年 7 月 1 日,《公司法》开始施行。该法第一次以附属刑法的方式规定了公司运行中所出现的有关证券犯罪。我国《公司法》第二百零七条、第二百零九条、第二百一十条、第二百一十二条、第二百二十条和第二百二十一条分别对欺诈发行股票、公司债券行为,擅自发行股票、公司债券行为,重要信息披露行为,股份发行申请行为和募集股份、股票上市、债券发行行为附加了刑事责任条款(1999 年、2005 年、2013 年三次修正均无增加)。1999 年 7 月 1 日,《证券法》开始施行。该法第一次较为系统地规定了证券运行中的法律责任。其中,涉及刑事责任的条款多达 18 个(2004 年、2013 年、2014 年三次修正案共增加 1 条刑事责任条文)。2004 年 6 月 1 日,《证券投资基金法》开始施行。该法涉及证券犯罪的刑事条款共 11 个(2012 年该法修正后增加 1 个)。另外,还有一些行政法规等规范中也有关于证券犯罪的刑事责任条款,但从严格意义上讲,并不属于附属刑法。

(二) 期货犯罪

由于我国期货市场起步较晚,至今还未出台关于期货的基本法律。在期货犯罪的刑事立法中,仅有刑法典予以规定(3 个条文,无单行刑法和附属刑法)。为了能够更好地了解我国期货犯罪的立法沿革,本书将融入相关的行政规范进行介绍(由于涉及的行政规范繁多,本书只介绍一些具有代表忄的文件)。

1. 行政规范

最早关于期货犯罪的部门规章是 1993 年国家工商行政管理局颁布的《期货经纪公司登记管理暂行办法》。规章第十条规定:"对期货经纪公司有违反该暂行办法第七条和第十条的规定,触犯刑律构成犯罪的,应当及时将案件移送司法机关处理。"最早关于期货犯罪的规范是 1994 年出台的第一部地方性期货法规——《河南省期货市场管理条例(试行)》(现已失效),如条例第八十六条第二款规定:"期货交易所工作人员违反本条例规定的,……构成犯罪的,依法追究刑事责任。"同年,国务院证券委员会随即出台了第一部全国性期货法规《期货经营机构从业人员管理暂行办法》(现已废止),如办法第二十一条规定:"从业人员在从业期间有下列行为,……构成犯罪的,依法移交司法部门追究刑事责任。"1997 年出台的《证券、期货投资咨询管理暂行办法》也有相类似的刑事责任条款。1999 年,我国期货法制建设进入一个新阶段。其间有关部门颁布了《期货交易管理暂行条例》以及与之相配套的四个办法,为期货交易的行为刑法化奠定了基础。其中,条例最大的亮点在于系统地规定了欺诈客户、内幕交易、泄露内幕信息和操纵市场等行为(第六十条至六十二条),并附加了相关的刑事责任条款。2001 年，国务院办公厅颁布了《关于严厉打击以证券期货投资为名进行违法犯罪活动的通知》，进一步打击非法从事或变相从事期货交易、非法经营境外期货和外汇期货业务活动，涉嫌犯罪的以非法经营罪立案查处。2007 年，国务院正式颁布了《期货交易管理条例》（该条例经历了 2012 年、2013 年和 2016 年三次修订）。修正后的条例最大特点在于进一步扩大了相关期货违法行为的刑事责任范围，如条例第七章第七十九条规定："违反本条例规定，构成犯罪的，依法追究刑事责任。"具体而言，条例相关刑事责任涉及期货公司设立及相关行为、欺诈客户、内幕交易、泄露内幕信息、操纵市场、交割仓库、国有机构企业及相关部门违法行为、境外交易、交易场所设立和中介机构行为等。

2. 刑法典

为了迎合《期货交易管理暂行条例》打击犯罪的需要，1999 年《刑法修正案》修改、补充了 1997 年《刑法》有关期货犯罪的 4 个条文。在《刑法修正案（草案）》说明中，有关部门提议："《关于惩治期货犯罪的决定（草案）》对擅自设立期货交易所、期货经纪公司的行为，期货交易中的内幕交易行为，编造并传播期货交易虚假信息以及诱骗投资者买卖期货的行为，操纵期货交易价格的行为和非法从事期货交易等行为，规定为犯罪。考虑到上述规定与刑法中对证券犯罪的规定相类似，根据一些常委委员、部门和专家的意见，法律委员会建议将这类犯罪与证券犯罪合并规定，对刑法第一百七十四条、第一百八十条、第一百八十一条、第一百八十二条作出修改、补充。"[①] 具体而言，第一百七十四条的金融机构范围补充了证券交易所、期货交易所、证券公司和期货经纪公司等；其余三条则在相关法条中增添"期货"二字。2006 年《刑法修正案（六）》进一步修改、补充了 1997 年《刑法》4 个条文，分别为：第一百六十一条扩大了违规披露、不披露重要信息罪的犯罪主体，增设第一百六十九条之一——"背信损害上市公司利益罪"，第一百八十二条将"操纵证券、期货价格"修改为"操纵证券、期货市场"并加重了刑罚处罚，增设第一百八十五条之一——"背信运用受托财产罪"。2009 年《刑法修正案（七）》再次修改、补充了刑法关于期货犯罪的规定，共 1 个条文，涉及 2 种犯罪行为，具体为：第一百八十条第一款细化了犯罪行为方式；在该条中增设一款作为第四款——"利用未公开信息交易罪"。

---

① 高铭暄、赵秉志. 新中国刑法立法文献资料总览（第二版）[M]. 中国人民公安大学出版社，2015：781.

第二章

证券期货犯罪概述

第一节　证券期货犯罪的概念

"概念乃是解决法律问题所必需的和必不可少的工具。没有限定严格的专门概念，我们便不能清楚地和理性地思考法律问题。没有概念，我们便无法将对法律的思考转变为语言，也无法以一种可理解的方式把这些思考传达给他人。"[①]由于"证券"和"期货"概念的动态性，世界上大多数国家和地区的刑事法律并没有对证券期货犯罪的概念做出较为统一性规定。不过，这并不意味着无须对该类犯罪的概念进行科学界定。因为该类犯罪的内涵与外延是我们研究证券期货犯罪的一个前提性条件。目前，刑法理论对该问题已有所研究并出现了较多的争议，归纳起来大致有以下两类。

一、广义学说的定位

（一）关于证券犯罪

"广义说"认为，证券犯罪是指所有与证券有关的犯罪，包括违反有关证券法律规定，情节严重的行为，如操纵市场行为、内幕交易行为等；也包括与证券发行和交易有关的诈骗、贿赂、挪用公款等犯罪。[②] 有学者甚至认为，"只要与证券有关的犯罪都属于证券犯罪，包括含有证券因素的盗窃、抢劫、诈骗、敲诈勒索等行为"。[③] 不过，也有学者提出"将滥用证券管理职权罪的渎职罪归入证券犯罪，则既失去了把证券犯罪作为一类独立犯罪进行理论研究的实际意义，也失去了此类犯罪与其他刑事犯罪区别的界限。证券渎职犯罪侵害的主要客体是公务人员的廉洁性和国家机关的正常管理活动，而证券犯罪侵害的主要不是国家机关的正常管理活动，而是证券发行与交易的正常管理活动"。[④] 还有学者认为，"证券犯罪不是一切与证券或证券市场有关的犯罪，科学界定证券犯罪概念时应当坚持两个基本标准：一是从刑法规定的犯罪构成的角度来认定，其中主要看危害行为所侵害的客体特征。证券犯罪必须以证券和证券市场的管理秩序为侵害的客体或主要客体。如不能把盗窃证券的行为认定为证券犯罪，也不能把非法侵入他人股票账户给他人造成损失的行为认定为证券犯罪。二是必须正确把握证券犯罪的经济性特征，即证券犯罪是一种以欺诈为核心内容的

---

① ［美］E. 博登海默. 法理学：法律哲学与法律方法 ［M］. 邓正来译. 中国政法大学出版社，1999：486.
② 李文胜、张文. 试论我国刑法典目前应规定的几种证券犯罪 ［J］. 中外法学，1997（1）：92.
③ 薛伟宏，等. 股票案件的诉讼与审理 ［M］. 人民法院出版社，1996：134.
④ 卢勤忠. 我国证券犯罪的立法完善思考 ［J］. 铁道警官高等专科学校学报，2004（1）：13.

滥用信息或者资源优势的犯罪。如利用信息优势进行的内幕交易行为和利用资金资源优势进行的操纵市场行为"。[①]

（二）关于期货犯罪

"广义说"认为，期货犯罪是指发生在期货领域的所有犯罪。[②] 如有学者认为，"期货犯罪是指发生在期货领域的各种犯罪行为，即相关期货犯罪"。[③] 还有的学者认为，"期货犯罪是指与期货市场或与期货交易有关的一切犯罪"。[④] 可以看出，广义的期货犯罪涵盖范围十分宽广，包括了一般性期货犯罪和专业性期货犯罪。从这个角度而言，该类犯罪涵盖了期货运行中有关的所有犯罪，即包括了所有直接或者间接危害期货市场管理秩序的犯罪行为。具体而言，广义的期货犯罪不仅包括了专门发生在期货市场中的犯罪（如操纵期货市场、内幕交易、泄露内幕信息、私下对冲、散布虚假信息等行为），还包括了一些特定主体在期货领域内的有关犯罪行为（如国家工作人员的贪污、贿赂和侵占等传统型犯罪行为）。

二、狭义学说的界定

（一）关于证券犯罪

"狭义说"认为，证券犯罪仅指证券发行、交易及相关活动中的犯罪（证券法规中所应规定和包含的犯罪），它是指证券发行人、证券管理机构、证券监督机构、证券服务机构、投资基金管理公司、证券自律性管理机构以及其他组织，证券业从业、管理人员以及其他人员，违反证券法规从事证券的发行、交易、管理或其他相关活动，严重破坏证券市场的正常管理秩序，侵害证券投资者的合法权益，应受刑法处罚的行为。[⑤] 如有学者认为，"股票债券的发行人、经营者、管理者、中介组织、投资者在证券发行或交易市场，围绕着证券、信息、资金而实施的，危害证券监管制度、信息公开、保密制度、交易操作制度、投资者合法利益的滥用权力、信息优势的犯罪"。[⑥] 也有学者认为，"证券犯罪仅指证券发行、交易及相关活动中的犯罪（证券法规中所应规定和包含的犯罪），是指证券发行人、证券机构、证券管理人员、证券从业人员或者其他人员，以获取非法利益为目的，违反证券管理法规，在证券发行、交易及相关活动中从事

① 金泽刚. 打击证券犯罪的价值选择与现实思考 [J]. 江苏警官学院学报，2004（4）：120.
② 俞利平、王良华. 期货犯罪法律探析 [J]. 福建公安高等专科学校学报，2000（6）：24.
③ 陈文飞. 期货犯罪透视 [M]. 法律出版社，1998：41.
④ 贾敏. 论期货犯罪 [J]. 社会科学研究，2000（5）：94.
⑤ 张光金、谢国庆. 证券犯罪刍议 [J]. 现代法学，1998（5）：95.
⑥ 白建军. 证券犯罪与新刑法 [J]. 中国法学，1998（3）：111.

内幕交易、操纵股市、欺诈客户、虚假陈述等情节严重的行为。严格意义上的证券犯罪，所指的应该是这一类犯罪"。[①] 还有学者认为，"证券发行人、证券经营机构、证券管理机构、证券监督机构等组织及证券从业人员或相关人员，违反有关证券法规，在证券的发行、交易、中介等环节中为了自己或他人获取经济利益或避免损失实施的严重破坏证券市场管理秩序、侵害投资者合法权益而应受到刑法处罚的行为"。[②]

（二）关于期货犯罪

"狭义说"认为，期货犯罪是指期货市场的管理机构、期货经营机构以及其他机构、期货业从业人员、管理人员及其他人员，违反期货法规，故意非法从事期货的买卖、管理或其他相关活动，破坏期货市场正常秩序，侵害投资者合法权益，情节严重的行为。[③] 如有学者认为，"期货犯罪是指行为人在期货交易、经纪代理及相关活动中，违反期货管理规定，实施了破坏期货市场秩序，情节严重的行为"。[④] 也有学者认为，"期货犯罪是指期货业有关机构及其相关人员为谋取非法经济利益，违反期货业法律法规，非法从事期货的买卖、管理或其他相关活动，破坏期货市场的正常秩序，侵害期货投资者的合法权益，情节严重，依法应当受到刑法处罚的行为"。[⑤] 也有学者认为，"期货犯罪则是指期货市场中新出现的专业犯罪，是发生在期货市场且为期货交易所特有的犯罪"。[⑥] 还有学者认为，根据"定义不宜过宽原则以及力求简洁要求"，即行为主体可以不在定义中出现，进而主张"期货犯罪是指违反期货交易法规，破坏期货市场正常管理秩序，侵害投资者的合法权益，情节严重的行为"。[⑦]

三、相关评析

（一）"广义说"的缺陷

综上所述，"广义说"是以证券期货的犯罪对象或者其犯罪所涉及的因素为标准来界定此类犯罪的。虽然这样的界定方式能够便于简洁明了地认识该类犯罪，但在实际运用中却有不少问题：一是使得证券期货犯罪的理论研究难度加大，并且会使该理论研究失去自身的价值。证券期货犯罪作为一类独立的犯罪

① 郑金火. 证券犯罪探析 [J]. 检察理论研究，1995（2）：46.
② 顾肖荣、张国炎. 证券期货犯罪比较研究 [M]. 法律出版社，2003：3.
③ 彭真明. 期货犯罪论 [J]. 中央检察官管理学院学报，1997（2）：62.
④ 曲伶俐. 期货犯罪立法探析 [J]. 山东法学，1999（6）：20.
⑤ 王向阳、刘航. 期货犯罪的界定和处罚方式探讨 [J]. 华中理工大学学报（社会科学版），1997（2）：81.
⑥ 刘宪权. 证券期货犯罪理论与实务 [M]. 商务印书馆，2006：53.
⑦ 孙大雄. 期货犯罪研究 [M]. 华中师范大学出版社，2006：75.

有着与其他犯罪不同的法律特点，如将一些职权犯罪甚至是盗窃、抢劫、诈骗等行为划入该类犯罪的范围，那么会不必要地增加理论研究难度，同时也会使该类犯罪失去与普通犯罪的界限。二是使得证券期货犯罪的概念更加模糊不清，无法从本质上加以认识。广义学说对证券期货犯罪的定位显然忽略了犯罪构成中客体要件的基本属性，这必然导致概念本身具有模糊性和不确定性。三是不符合刑事立法技术和立法精神。如按照该学说对证券期货犯罪概念的界定，那么此类犯罪将散乱分布至刑法分则各个章节之中。这样的做法并不符合我国刑法典的体例安排，也不便于司法实务进行准确定罪量刑。

（二）"狭义说"的不足

综上所述，"狭义说"是从证券期货的犯罪构成出发，以一类犯罪的同类客体来界定犯罪的概念。这样的做法既符合长期以来我国刑法理论，也符合《刑法》分则中一贯坚持的有关犯罪分类依据的具体要求。相对于"广义说"而言，"狭义说"界定概念的内涵与外延更加清晰，从而使其与其他传统型犯罪区分开来。不过，"狭义说"对证券期货概念的界定也存在一定的不足之处：一是概念中的客观行为方面表述不够精准（如相关行为），以致此类犯罪在我国《刑法》分则中的范围无法统一，也不够准确。如有学者认为："我国刑法中的证券犯罪实际应包括：①欺诈发行股票、债券罪；②提供虚假财会报告罪；③擅自设立金融机构罪；……"① 其中，将第二项和第三项等罪名划入证券犯罪的范围较为牵强，在一定程度上偏离了类罪研究的基本方向。例如，提供虚假财会报告的行为并不必然或者直接导致扰乱证券市场正常管理秩序，更何况公司、企业也有上市和非上市之区分。二是"狭义说"内部也存在意见分歧，不便于理论展开深入研究。如在概念中是否引入犯罪主体、如何周延犯罪主体以及是否加入刑罚处罚性等问题。

（三）小结

通过上述的分析，可以得出以下结论：随着研究的深入化和认识的科学化，"广义说"已逐渐不符合理论和实务发展需求；相对于"广义说"而言，"狭义说"能够较为清楚地划定证券期货犯罪概念的内涵和外延，但需要做进一步地修改和补充。本书认为，所谓证券、期货犯罪，是指行为人违反证券、期货法规，从事证券、期货的发行、交易、管理或者其他直接相关活动，严重破坏证券、期货市场的正常管理秩序，侵害投资者的合法权益，应受刑罚处罚的行为。界定理由如下：一是将证券期货犯罪概念进行统一表述便于理论研究，同时也具备了法律基础。证券和期货有着密切的关系，二者在犯罪及犯罪构成要件上

---

① 刘宪权. 证券期货犯罪理论与实务 ［M］. 商务印书馆，2006：51.

大部分相同或相似（行为方式、市场危害几乎相同），不同的仅仅只是发生领域不同（犯罪对象）。更何况在 1999 年《刑法修正案（草案）》说明中，有关部门也明确了这一点，并将期货与证券犯罪进行合并规定。[①] 二是将概念中的"其他相关活动"加入"直接"二字，有利于进一步准确划定证券期货犯罪在《刑法》分则中的范围。根据该表述，我国刑法中证券期货犯罪实际包括以下 12 个罪名：欺诈发行股票、债券罪；违规披露、不披露重要信息罪；背信损害上市公司利益罪；伪造、变造国家有价证券罪；伪造、变造股票、公司、企业债券罪；擅自发行股票、公司、企业债券罪；内幕交易、泄露内幕信息罪；利用未公开信息交易罪；编造并传播证券、期货交易虚假信息罪；诱骗投资者买卖证券、期货合约罪；操纵证券、期货市场罪和背信运用受托财产罪。

第二节　证券期货犯罪的特点

一、一般性特征

（一）犯罪的法定性

证券期货犯罪是市场经济发展到一定阶段的必然产物，此类犯罪只发生在特定的时空范围之内。在各个历史时期和地域中，证券期货犯罪的存在样态也有所不同。具体而言，过去可能不认为是犯罪，现在则构成犯罪；有的国家和地区认为是犯罪，有的却认为只是一般的违法行为（甚至不认为是犯罪）。这种时空上的差异性，就决定了该类犯罪的法定性。相对于普通的刑事犯而言，证券期货犯罪属于典型的法定犯。它并不是以违反基本生活秩序（伦理道德）为核心的犯罪，而是严重违反以达到特定的行政目的而制定的法规的行为。换句话说，行为严重违反证券期货法规是构成此类犯罪的前提性条件。如果行为轻微违反或者没有违反相关法规，那么自然也不能以犯罪论处。

（二）犯罪的复杂性

与传统型犯罪相比，证券期货犯罪呈现出两个特殊之处：一是犯罪的专业性极强。证券期货作为金融领域的新兴行业，其不仅涉及多个学科知识（金融学、会计学等），而且也涉及了许多精细的专业业务。大多数刑法学者和司法实务工作人员极度缺乏行业知识与经验，以致给理论研究和司法审判带来了很大困难。二是犯罪的隐蔽性较高。从事证券期货犯罪的行为人往往具有特定的身

---

① 高铭暄、赵秉志. 新中国刑法立法文献资料总览（第二版）［M］. 中国人民公安大学出版社，2015：781.

份和地位，他们通常可以利用自己的职务便利以及资源优势进行犯罪而不容易被察觉。另外，此类犯罪行为人通常具有较高的教育程度且具备专业性知识，精通证券期货运行中的特点和机制。当他们进行犯罪时，很难使一般受害者和侦查机关发现。例如，周建明利用虚假申报手段操纵证券市场的案件①，其操作手段非常容易蒙蔽投资者，连续挂出大单，制造股票被热捧的假象，等投资者纷纷追进以后再迅速撤单，在股价被拉升到一定位置以后，以更高的价格出货。

（三）犯罪的信息网络化

在互联网金融时代，证券期货犯罪的信息网络化趋势强劲。信息欺诈、信息操纵、信息滥用是互联网金融时代下证券（期货）犯罪的主要类型。② 证券期货传统犯罪的网络异化严重阻碍了市场信息效率，并对相关市场的正常管理秩序和广大投资者的资产安全造成了巨大冲击。特别是云计算技术广泛运用以后，证券期货市场信息高速运转的同时又使得市场信息效率的保护更加困难。由于刑事立法的相对滞后与网络证券（期货）监管制度的阙如，网络证券（期货）在快速发展的同时滋生着相关的（新型）违法犯罪行为。③ 如在证券期货领域发生的网络预备行为、网络中立帮助行为等，传统的证券期货犯罪规定难以进行规制。

二、法律性特征

（一）犯罪的本质特征

根据我国刑法第十三条的规定，犯罪是指触犯刑律而应受到刑罚处罚的危害社会的行为。证券期货作为一类独立的犯罪同样也具备了犯罪的本质性特征。该特征具体体现在以下三个方面：一是证券期货犯罪行为具有严重的社会危害性。所谓社会危害性，即指行为对刑法所保护的社会关系造成或可能造成这样或那样损害的特性。④ 社会危害性的轻重大小主要由行为所侵犯的客体、行为造成的后果和行为人自身情况所决定。具体而言，在证券期货犯罪中，行为侵犯的客体包括了证券期货市场的正常管理秩序和投资者的合法权益。行为造成的后果一般为经济损失，且牵涉面极广、金额巨大，如堪称中国股市第一的中科操纵股票价格案就是适例，该案涉案金额高达 54 亿余元，波及全国 20 多个省、自治区、直辖市，100 余家单位及个人、120 多家证券营业部卷入其中。行为人

---

① 经中国证监会查明，在 2006 年 1～11 月，周建明利用在短时间内频繁申报和撤销申报手段操纵"大同煤业"等 15 只股票价格，违法所得达到 1 762 239.85 元。

② 刘宪权. 互联网金融时代证券犯罪的刑法规制 [J]. 法学，2015（6）：83.

③ 杨程、刘坤. 网络证券犯罪及刑事救济路径研究 [J]. 中国刑警学院学报，2017（2）：22.

④ 高铭暄、马克昌主编. 刑法学（第七版）[M]. 北京大学出版社，2016：45.

犯罪一般是有预谋的故意犯罪，且再次犯案的概率较大。二是证券期货犯罪行为具有刑事违法性。违法行为有各种各样的情况：一种是违反民事、经济类法律规范的行为；另一种是违反行政法或者行政管理类法律规范的行为；还有一种是违反刑事法律的行为。而证券期货运行中的犯罪行为仅指第三种情形。具体而言，轻微违反证券期货法律法规的行为一般不构成犯罪，属于行政违法的范畴；严重违反证券期货法律法规的行为也不一定构成犯罪，如果行为没有触及刑事法律，自然也不认为是犯罪；只有当严重违规行为触犯了刑法有关证券期货犯罪行为的规定时，才能够被认定为犯罪。换句话说，在证券期货运行中，行政违法性判断是刑事违法性判断的前提，刑事违法性判断又相对独立于行政违法性判断。如有学者就指出，"对于法定犯而言，行政违法性是第一层次判断，刑事违法性是第二层次判断。第二层次判断依赖于第一层次的判断，但是经过第一层次判断得出的肯定结论，并不能直接推导出第二层次的结论"。[①] 三是证券期货犯罪行为具有刑罚处罚性。有学者认为，"应受刑罚惩罚性是犯罪的法律后果，将其列为犯罪的基本特征之一并无必要"。[②] 在证券期货犯罪理论研究中，也有不少学者持该观点。从法律逻辑角度来看，确无必要将应受刑罚惩罚性作为一个独立特征。但是，该特性所引发的法律后果又是区别于其他一般违法行为的重要特点。因此，将其纳入犯罪的一个基本特征并无不妥，也能够让我们充分认识犯罪这一现象。证券期货犯罪属于典型的法定犯，应受刑罚惩罚性是其区别于一般证券期货违规违法行为的重要标志。

（二）犯罪的构成要件特征

证券期货犯罪的本质特征充分说明了这一类犯罪本身的严重社会危害性。在证券期货的运行中，判断某一违规违法行为是否构成犯罪，还得从犯罪的构成要件具体加以分析。换句话说，犯罪概念说明的是什么是犯罪，而犯罪构成则要回答的问题是犯罪是如何成立的。所谓犯罪构成，是指依照我国刑法规定，决定某一具体行为的社会危害性及其程度而为该行为构成犯罪所必需的一切客观和主观要件的有机统一。[③]

1. 证券期货犯罪的客体

犯罪客体是我国刑法所保护的、为犯罪行为所侵犯的社会关系。犯罪客体是构成犯罪的必备要件之一。理论通说认为，证券期货犯罪侵害的客体是证券期货市场的正常管理秩序和投资者的合法权益。其中，证券期货市场的正常管理秩序是主要客体，投资者的合法权益为次要客体。我国刑法将该类犯罪设置

---

① 时延安. 行政处罚权与刑罚权的纠葛及其厘清 [J]. 东方法学，2008（4）：103.
② 马克昌主编. 犯罪通论 [M]. 武汉大学出版社，1999：16－18.
③ 高铭暄、马克昌主编. 刑法学（第七版）[M]. 北京大学出版社，2016：50.

于公司、企业管理秩序和金融管理秩序中，正是基于这样的考虑。

2. 证券期货犯罪的客观方面

犯罪客观方面，是指刑法所规定的、说明行为对刑法所保护的社会关系造成损害的客观外在事实特征。证券期货犯罪的客观方面表现在行为人违反证券、期货法规，从事证券、期货的发行、交易、管理或者其他直接相关活动，严重破坏证券、期货市场的正常管理秩序，侵害投资者的合法权益的行为。该类犯罪的客观方面具体体现在以下几个点：一是危害行为。有学者认为，"证券期货犯罪的形式一般均表现为作为……现有刑法有关规定不存在不作为形式"。① 笔者认为，这样的观点明显不能成立。证券期货犯罪行为一般表现为作为，但也不排除不作为的存在（不纯正不作为犯）。犯罪行为有作为与不作为之分，作为是指行为人实施了违反禁止性规范的危害行为；不作为是指行为人负有实施某种行为的特定法律义务，能够履行而不履行的危害行为。其中，不作为有纯正不作为与不纯正不作为之区分。不纯正不作为犯，是指以不作为的方式实施了作为的犯罪。在证券期货犯罪中，并不能一概否定它的存在。如依法负有信息披露义务的公司，由于公司自身财务会计系统出错，能够及时纠正却不纠正而故意向股东和社会公众提供虚假的或者隐瞒重要事实的财务会计报告，严重损害股东或者其他人利益的行为。二是危害结果。这里主要是指狭义的危害结果，即作为构成要件的结果。单纯的构成要件结果并不是犯罪成立的依据，而是判断直接故意犯罪停止形态的标准（这一点需要加以注意）。证券期货犯罪所表现出的法定结果主要有严重损害他人利益、犯罪数额、犯罪情节和其他后果等。三是因果关系。刑法上的因果关系指的是危害行为与危害结果二者引起与被引起的关系。在证券期货犯罪中，由于此类犯罪不同于传统型犯罪（证券期货市场的复杂性），因果关系问题往往难以确定而给定罪带来了困难。有学者主张引进美国的"推定信赖原则"加以解决，即控方只需要证明被告对投资者的计划有影响，就可以推定被告的证券期货犯罪行为与投资者的受害结果之间具有因果关系。② 从目前我国证券期货市场投资主体的构造看，在司法实践中运用该原则解决因果关系问题确实很有必要。

3. 证券期货犯罪的主体

我国刑法中的犯罪主体，是指实施危害社会的行为并依法应负刑事责任的自然人和单位。证券期货犯罪的主体既有自然人，也包括了单位。我国刑法中有12个罪名涉及证券期货犯罪，其中纯正单位犯罪的有2个，不纯正单位犯罪的有10个。纯正单位犯罪分别是违规披露、不披露重要信息罪和背信运用受托

---

① 刘宪权. 证券期货犯罪理论与实务 [M]. 商务印书馆，2006：65.
② 顾雷. 证券违规犯罪新趋势与认定处罚 [M]. 经济日报出版社，2002：157.

财产罪；不纯正单位犯罪分别是欺诈发行股票、债券罪，背信损害上市公司利益罪，伪造、变造国家有价证券罪，伪造、变造股票、公司、企业债券罪，擅自发行股票、公司、企业债券罪，内幕交易、泄露内幕信息罪，利用未公开信息交易罪，编造并传播证券、期货交易虚假信息罪，诱骗投资者买卖证券、期货合约罪，操纵证券、期货市场罪。对单位犯罪的，我国刑法采用的双罚制进行处罚，即对单位判处罚金的同时也处罚单位的直接责任人员。对自然人犯罪的，刑法规定了拘役、有期徒刑、无期徒刑和罚金刑。

4. 证券期货犯罪的主观方面

犯罪的主观方面，是指犯罪主体对自己的行为及其危害社会的结果所抱的心理态度，主要包括了罪过、犯罪目的以及动机等因素。证券期货犯罪的罪过形式一般表现为直接故意，但也不排除间接故意的存在（如泄露内幕信息罪）。具体而言，行为人明知自己的行为会发生危害证券期货市场的正常管理秩序和投资者的合法权益的结果，并且希望或者放任这种结果的发生。至于过失行为，则不成立此类犯罪。关于证券期货犯罪的目的，理论上一般认为行为人具有谋取利益或者减少损失等目的。

第三节　证券期货犯罪的分类

关于证券期货犯罪的类型，世界各国和地区的立法都有着各式各样的划分，如在美国证券期货犯罪立法中，反欺诈条款几乎占据半壁江山，其规制范围基本覆盖了市场交易的全部流程。由于我国证券期货犯罪的刑事立法起步较晚，该类犯罪的罪名设置较少，其主要分布在刑法分则第三章破坏社会主义市场经济秩序罪之中。根据我国理论通说对此类犯罪的定义以及立法中具体个罪的特点，按照不同的标准，证券期货犯罪可以进行如下划分。

一、依据犯罪行为方式划分

从目前我国刑法分则规定的证券期货犯罪来看，其犯罪行为方式主要有以下4种情形：一是欺诈型犯罪。该类型犯罪主要采用了欺诈手段进行作案，如《刑法》第一百六十条规定的欺诈发行股票、债券罪，第一百六十九条之一规定的背信损害上市公司利益罪，第一百八十一条第二款规定的诱骗投资者买卖证券、期货合约罪，第一百八十五条之一第一款规定的背信运用受托财产罪。二是交易型犯罪。该类型犯罪主要发生在证券期货市场交易中，如《刑法》第一百七十九条规定的擅自发行股票、公司、企业债券罪，第一百八十条第一款规定的内幕交易、泄露内幕信息罪，第一百八十条第二款规定的利用未公开信息交易罪，第一百八十二条规定的操纵证券、期货市场罪。三是信息型犯罪。该类型犯罪主要破坏了证券期货市场上的信息监管制度，如《刑法》第一百六十一条规定的违规披露、不披露重要信息罪和第一百八十一条第一款规定的编造并传播证券、期货交易虚假信息罪。四是伪造、变造型犯罪。该类型犯罪主要侵害了有关证券（期货）发行管理秩序，如《刑法》第一百七十八条第一款和第二款规定的伪造、变造国家有价证券罪，伪造、变造股票、公司、企业债券罪。

二、依据犯罪主体不同划分

从我国刑法分则规定的证券期货犯罪来看，其犯罪主体具有多样性，主要涉及了五类行为人：一是发行人实施的犯罪。这类犯罪主体一般为公司、企业、事业单位、社会团体和政府等有关单位和个人。刑法分则涉及该类犯罪的有欺诈发行股票、债券罪，违规披露、不披露重要信息罪，内幕交易、泄露内幕信息罪和擅自发行股票、公司、企业债券罪。二是经营者实施的犯罪。这类犯罪主体一般是涉及承销、自营或者代理业务的证券期货公司、交易所和营销商等单位和个人。刑法分则涉及该类犯罪的有利用未公开信息交易罪、诱骗投资者买卖证券、期货合约罪和背信运用受托财产罪。三是中介服务机构实施的犯罪。这类犯罪主体一般为从事证券期货的融资、投资咨询、发行交易策划、资信评估、清算交割等业务的有关单位和个人。刑法分则涉及该类犯罪的有伪造、变造国家有价证券罪，伪造、变造股票、公司、企业债券罪和利用未公开信息交易罪。四是监管者实施的犯罪。这类犯罪主体一般是负有管理和监督职责的单位和个人。刑法分则涉及该类犯罪的有利用未公开信息交易罪和诱骗投资者买卖证券、期货合约罪。五是投资者或者持有者实施的犯罪。这类犯罪主体一般为拥有股票、债券等单位和个人。刑法分则涉及该类犯罪的有内幕交易、泄露内幕信息罪、编造并传播证券、期货交易虚假信息罪和操纵证券、期货市场罪。

三、依据市场运行阶段划分

从证券期货市场的运行阶段来看，证券期货犯罪大致可以分为发行、交易和监管3个特定流程：一是发行阶段实施的犯罪。所谓证券期货的发行，指的是发行证券期货的公司或其承销机构等，为了筹措资金，依照法定程序向投资人要约并出售代表一定权利的资本证券的行为。二是交易阶段实施的犯罪。所谓证券期货的交易，指的是证券期货所有人将已经发行并交付的资本证券有偿转让给他人的法律行为。刑法分则涉及该类犯罪的有诱骗投资者买卖证券、期货合约罪，擅自发行股票、公司、企业债券罪，内幕交易、泄露内幕信息罪，利用未公开信息交易罪和操纵证券、期货市场罪。三是监管阶段实施的犯罪。

所谓证券期货的监管，指的是证券期货监督管理部门根据证券期货相关法律法规对证券期货的发行和交易实施的监督管理，以确保证券期货市场的有序运行。刑法分则涉及该类犯罪的有利用未公开信息交易罪和诱骗投资者买卖证券、期货合约罪。

第三章

证券期货犯罪的现状及趋势

随着我国改革开放的不断深化与发展，金融领域各项活动也日益活跃。作为金融行业经济的核心和杠杆——证券期货市场，也随之出现了空前繁荣局面。当前，证券期货市场经济的安全运营几乎成为世界所有国家及地区共同关注的焦点。然而，在这种背景下，各种证券期货犯罪也随之不断涌现，其带来的社会危害性正不断恶化与加剧。现阶段有必要对该类犯罪的现状及趋势进行充分、深入研究，以便更好地为打击日益猖獗的证券期货犯罪做好导向。

第一节　证券期货犯罪的现状分析

近些年来，我国证券期货市场发展速度较快，大量违规违法行为也随之频频发生。不过，相关的证券期货刑事犯罪却少之又少。从理论上来讲，这样的发展现状与当前证券期货市场发展水平并不相吻合，更无法准确地解释该市场中所出现的违规违法盛行现象。因此，本章节会借用部分证券期货违规违法相关数据，以透视该类犯罪的基本现状。

一、犯罪黑数较大，移送刑事立案数量偏低

根据 2016 年度证监会发布的稽查执法情况通报，我国证券期货犯罪刑事立案的案件总数仅有 45 起。这与大量存在的证券期货违规违法现象相比存在一定的差距。具体而言，2016 年证监会系统共受理了违规违法有效线索 603 件，启动调查的有 551 件。[①] 其中，新增立案案件 302 件，比前三年平均案件数量增长 23%；新增涉外案件 178 件，同比增长 24%；办结立案案件 233 件，累计对 393 名涉案当事人采取了限制出境措施，冻结涉案金额达 20.64 亿元；55 起案件依法移送公安机关追究刑事责任，公安机关已对其中 45 起案件启动立案侦查程序。图 3-1 为 2013—2016 年度证监会办理案件总体情况。

从上述有关数据和图 3-1 可以看出，目前我国证券期货犯罪存在较大的黑数，刑事立案案件数量的比例明显偏低，以致大量的犯罪行为逃离刑事法网。司法实践中出现这种现象主要有以下几方面原因：一是专业办案力量相对薄弱，严重影响案件有效办理。2003 年 12 月，公安部证券犯罪侦查局正式成立。该局在北京、大连、上海、武汉、成都和深圳六地设立直属分局，实行垂直管理体制，各分局直接对公安部证券犯罪侦查局负责。虽然办案机构和体制初具规模，但与证监会稽查办案相关部门相比，公安部证券犯罪侦查局的办案力量仅约占其十分之一。客观上办案力量的不匹配，使其很难有效应对证券期货犯罪的高

---

① 参见：《2016 年度证监会稽查执法情况通报》，http://www.csrc.gov.cn/pub/newsite/jcj/gzdt/201702/t20170227_312733.html，访问日期：2017 年 4 月 6 日。

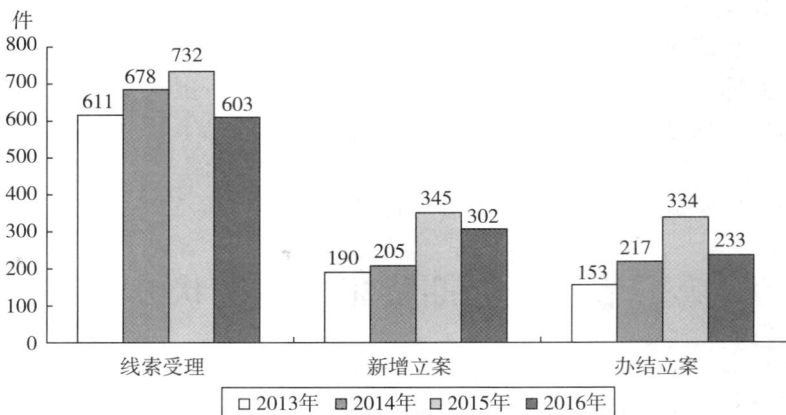

图 3 - 1 2013—2016 年案件总体情况

发态势，严重制约了刑事侦查人员办理案件的效率和效果。二是案件移送立案的条件过高，导致许多刑事案件搁浅。公安机关立案的条件为"案件基本事实清楚，基本证据确实充分"。由于证监会仅属于行政机关，其并没有像公安机关一样拥有传唤、讯问等技侦手段。对于一些案件特别是内幕交易案，证监会很难及时查实相关信息记录、落实当事人口供等，最终导致了大量该移送立案的案件搁浅。另外，即使证监会突破难关顺利移送案件，由于证券期货犯罪具有极强的时效性，公安机关也很容易错过办理案件的最佳时机。三是移送刑事立案以后，案件办理的效果不符合预期。由于地方公安机关专业水平参差不齐以及受地方某些因素的干扰，有一部分案件移交地方办理后，不予刑事立案的案件也不占少数。如在 2016 年，证监会将 55 起案件依法移送公安机关追究刑事责任后，公安机关最终对其中 45 起案件启动立案侦查程序。换句话说，每年约有 20% 或者更多的案件没有进入刑事程序。

二、传统类型案件居高不下，新型犯罪手法不断翻新

根据 2016 年度证监会发布的稽查执法情况通报，作为传统类型违规违法案件的信息披露违法、内幕交易、操纵市场立案案件共计 182 件，占案件总量的 63%，上述类型案件分别占比为 24%、21%、15%，居于案发数量前三位。其中，信息披露违法涉及的中介机构新增立案案件 25 件，同比增长 67%；在操纵市场案件中，出现了信息操纵、跨市场操纵、国债期货合约操纵、跨境操纵等多起首例案件，呈现了传统案件加速演变、更趋复杂的特点；对利用未公开信息交易股票行为打击力度的持续提升，新增"老鼠仓"立案案件 28 起，同比增长 87%；查办 14 起新三板领域违法案件，占新增立案案件总量的 5%，涵盖财

务造假及信息披露违法、操纵股价等多种违法行为。图 3 - 2 为 2015 年和 2016 年证监会立案案件结构图：

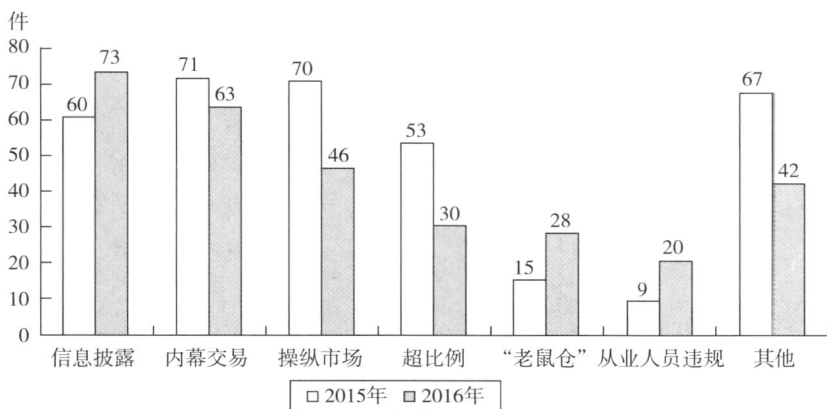

图 3 - 2　2015—2016 年立案案件类型分布

　　从上述有关数据可以看出，传统类型违法行为仍居案件总量的前三位。相应地，在证券期货刑事犯罪中，违规披露、不披露重要信息，内幕交易、泄露内幕信息和操纵证券、期货市场等犯罪行为也仍然处于高发态势。这三类犯罪行为几乎占据了证券期货犯罪案件总量的绝大部分。出现这样的现象，很大一部分原因可以归结于刑事法网不够严密，相关立法规定较为模糊且严重滞后。正是出于这样的原因，很多人便不断飞蛾扑火式地挑战法律底线，谋非法之利益。当然，冲击法网的人过多，也会有部分人不幸落网。不过，有相当一部分犯罪行为人却逍遥法外。当前，新型犯罪手法的不断翻新更是加剧了此类现象的发生，特别是对上述三类犯罪而言更是雪上加霜。以操纵证券、期货市场罪为例，从近几年证监会查处的行政处罚案件看，新型的操纵手法主要有以下几种情形：一是蛊惑交易操纵。行为人通过编造、传播或者散布不确定、不完整的重要信息（并非完全虚假），影响证券期货市场交易价格或者成交量，买入或者卖出相关证券期货。二是行为型交易操纵。即借洽谈或者签订股权转让、资产重组等协议之名影响证券期货市场交易价格或者成交量，行操纵证券期货市场之实。三是"抢帽子"交易操纵。行为人通过公开评价、预测或者投资预测，影响证券期货市场交易价格或者成交量，买入或者卖出相关证券期货。四是影响特定价格交易操纵。即在计算相关证券的参考价格、结算价格、参考市值的特定时间或者在即将收市时通过拉抬、打压或者锁定手段，影响相关证券及其衍生的金融工具的参考价格、结算价格，买入或者卖出相关证券期货。对上述新型操纵证券期货市场的犯罪行为，目前刑法并没有很好地细化相关规定以致难以追究相应的刑事责任。如 2010 年公安部、最高人民检察院发布的《关于公安机关管辖的刑事案件立案追诉标准的规定（二）》仅规定了上述几种犯罪行为的追诉标准，并没有实质上解决该问题。

三、涉案主体更加复杂，共同作案特征明显

根据 2016 年度证监会发布的稽查执法情况通报，有关案件查处工作已向并购重组、新三板、基金、债券、期货等多领域和交易、托管、审计、评估等多环节大幅延伸。上市公司高管及其亲属仍然是内幕交易的主要群体，中介机构从业人员、公职人员以及银行、保险、信托从业人员也有涉案其中。市场操纵主体涉及了个人大户、新三板挂牌公司、券商、信托、私募基金等主体，机构违法主体所占比例明显上升。利用未公开信息交易的主体从公募基金向私募基金、证券、保险多个行业蔓延，从投资环节向研究、交易、托管多个环节延伸。知名财经媒体机构及工作人员因编造传播虚假信息被依法查处。各领域、各环节的涉案主体类型和数量在持续增加。

从上述有关数据可以看出，我国证券期货违法主体具有多样性并有日渐扩张趋势。从违法的主体类型看，既有单位，也有自然人；既有具有特定身份的违法主体，也有一般违法主体。相应地，在证券期货刑事犯罪中，该类犯罪主体也呈现出日益复杂化的特点。当前，我国证券期货犯罪主体正逐步深入各行业各领域，这给犯罪的具体认定带来了不少困难，如罪与非罪、此罪与彼罪等区分问题。另外，涉案主体的复杂化，也使得共同完成作案的概率大幅度提升，严重危害了证券期货市场的安全运行。在证券期货犯罪中，数行为人共同作案的现状已较为普遍，当然也给司法实践带来了一些难题，如无特定身份者是否可构成有特定身份要求的证券期货犯罪的实行犯？对此，持肯定观点的学者认为，"在某些情况下，不能排除无身份者与有身份之人可以构成真正身份犯的共同实行犯"。[①] 持否定观点的学者认为，"具有特定身份的人与没有特定身份的人之所以不能构成法律要求犯罪主体具有特定身份的犯罪的共同实行犯，就在于没有特定身份的人不可能实施法律要求犯罪主体具有特定身份的犯罪的实行行为"。[②] 本书认为，否定的观点较为可取。之所以会有这样的争议，很可能是证券期货领域的特殊性引起。由于证券期货行业的专业性，各项业务的分工十分精密。精细化的分工既具有特殊个性，也具有一般共性。这种特点也就使得证券期货犯罪中的"帮助"行为变得难以辨别。应当肯定的是，虽然行业中某些帮助行为确实起到了很大作用、社会危害性也特别大，但这并不能从根本上改

---

① 冯英菊. 共同犯罪的定罪与量刑 [M]. 人民法院出版社，2002：271.
② 陈兴良. 共同犯罪论 [M]. 中国社会科学出版社，1992：356 - 357.

变我国共同犯罪理论关于该问题的一贯做法。在司法实践中，对该问题应注意把握两点：一是应准确地、完整地理解犯罪实行行为的本质内涵；二是结合证券期货行业的特殊性，准确地、完整地理解"帮助"行为对犯罪实行行为的影响程度（并作为量刑时加以考虑）。以诱骗投资者买卖证券、期货合约罪为例，行为人帮助证券期货交易所的工作人员实施了有关诱骗投资者买卖证券期货合约的行为。此时应从两方面进行判断：一方面，犯罪的实行行为（罪质行为）应是诱骗投资者的行为；二是犯罪的"帮助"行为是否对实行行为产生实质性的影响。如果行为人既提供了虚假信息也实施了相关诱骗行为，该行为人也只能成立有特定身份者犯罪的共犯。

四、涉案金额不断创新高，金融风险境遇加剧

2000 年以前，我国证券期货犯罪案件的案值一般在几千元、几万元之间，上百万元的仅为个别现象。2000 年以后，该类犯罪的案值呈直线上升趋势，一般为几十万元、几百万元、几千万元，上亿元的也不占少数，严重破坏了证券期货市场的正常管理秩序和广大投资者的合法权益。

如 2011 年北京市第二中级人民法院宣判的国内第一例操纵证券市场罪案件（"抢帽子"交易操纵）："被告人汪建中在担任北京首放投资顾问有限公司负责人期间，于 2006 年 7 月至 2008 年 3 月间，先后利用本人及他人身份证开立并实际控制沪、深证券账户。2007 年 1 月 9 日至 2008 年 5 月 21 日间，被告人汪建中采取先买入工商银行、中国联通等 38 只股票，并在公司例会上，要求分析师在股评分析报告中加入推荐其买入股票的信息和让分析师将上述股票作为个股加入到掘金报告中。后利用首放公司名义通过新浪网、搜狐网、上海证券报、证券时报等媒介对外推荐先期买入的股票，并在股票交易时抢先卖出，人为影响上述股票的交易价格，获取非法利益。据中国证监监督管理委员会统计，在首放公司推荐股票的内容发布后，相关 38 只股票交易量在整体上出现了较为明显的上涨。汪建中采取上述方式操纵证券市场 55 次，累计买入成交额人民币 52.6 亿余元，累计卖出成交额人民币 53.8 亿余元，非法获利 1.25 亿会元归个人所有。"[①]

又如 2015 年最高人民法院宣判的国内第一大的"老鼠仓"案——利用未公开信息交易案："2011 年 3 月 9 日至 2013 年 5 月 30 日期间，马乐担任博时基金管理有限公司旗下博时精选股票证券投资基金经理，全权负责投资基金投资股

---

① 参见：《汪建中操纵证券市场案》，http://www.pkulaw.cn/case/pfnl_ 19703248&0219839.html? keywords = % E6% 93% 8D% E7% BA% B5% E8% AF% 81% E5% 88% B8% E5% B8% 82% E5% 9C% BA&match = Exact，访问日期：2017 年 4 月 7 日。

票市场，掌握了博时精选股票证券投资基金交易的标的股票、交易时点和交易数量等未公开信息。马乐在任职期间利用其掌控的上述未公开信息，操作自己控制的金某、严某进、严某雯三个股票账户，通过临时购买的不记名神州行电话卡下单，从事相关证券交易活动，先于、同期或稍晚于其管理的博时精选基金账户，买卖相同股票76只，累计成交金额人民币10.5亿余元，非法获利人民币19 120 246.98元。"①

从上述两个司法案例可以看出，证券期货犯罪的涉案金额有不断上升的趋势。虽然该类刑事案件大部分已经被侦破，但是其所涉及的大量资金和财物往往被犯罪人转移或者挥霍而无法追回。这不仅给国家和人民带来了重大损失，也会成为诱发金融风险和社会不稳定的根源。

五、信息网络化犯罪现象突出，查处难度较大

随着信息网络技术的发展，当前互联网金融已是大势所趋，它正逐步渗透到金融市场的各个领域，不仅影响了传统的银行市场，更是深入了新兴的证券期货市场。不可否认的是，在互联网金融时代下，证券期货市场获得了空前的繁荣与发展。与此同时，金融行业的信息网络化也给违法犯罪注入了新鲜的血液。如有学者提到，"互联网的兴起与发展为证券犯罪提供了成本更低、速度更快、效应更强的信息效率干扰渠道。随着移动互联网、云计算等信息技术不断深入社会与经济生活，微信、微博、推特、轻博客等自媒体成为主要社交网络，股吧、门户网站、专业金融网站的财经论坛、手机证券投资理财应用等成为投资者重要的信息获取渠道，由证券违法犯罪行为控制的市场信息可以随时随地且更为精准地投放给市场参与者。互联网金融创新使得证券犯罪的信息效率干扰行为更为效率化，可以直接影响到证券市场参与者对资本要素配置的决策判断"。② 目前，证券期货犯罪的信息网络化现象十分凸显，如上文提到的"汪建中操纵证券市场案"（信息操纵）和"马乐利用未公开信息交易案"（信息滥用）就是适例。

在司法实践方面，证券期货犯罪的信息网络化也给刑事侦查带来了很大的难题。具体而言：一是发现难。与传统型犯罪相比，信息网络犯罪的作案手段极具隐蔽性且具有较大的迷惑性。有关犯罪的事实通常要等到实际损害结果发生才能被发现，证券期货领域犯罪更是如此。二是取证难。如在2011年宣判的

---

① 参见：《检例第 24 号：马乐利用未公开信息交易案》，http：//www. pkulaw. cn/case/pfnl_1970324845309370. html？keywords = % E5% 88% A9% E7% 94% A8% E6% 9C% AA% E5% 85% AC% E5% BC%80% E4% BF% A1% E6% 81% AF% E4% BA% A4% E6% 98% 93% E6% A1% 88&match = Exact，访问日期：2017年4月7日。

② 刘宪权. 互联网金融时代证券犯罪的刑法规制［J］. 法学，2015（6）：84.

"带头大哥 777"一案中，有关调查组就新形势下证券犯罪执法问题提出了 4 个问题：其一为证据保全问题。由于网络证据的不稳定性，一旦稍有时间间隔，网页就很可能被删除。其二为涉案犯罪主体身份问题。由于网络的虚拟性，通常在网上登记的资料真伪难辨。其三为被害人身份问题。由于相关交易都是通过 QQ、微信等虚拟聊天工具完成，很难及时查明投资者身份。其四为聊天记录问题。在尚未刑事立案阶段，一般调查行为很难获得相关公司、企业授权查询聊天记录。即便进入立法阶段，相关聊天记录也很可能被删除。三是认定难。由于相关法律法规的滞后性，立法中规定的行为边界已有一部分不能适应当前互联网犯罪的变化，导致了一些新类型案件认定上存在较大困难。

第二节　证券期货犯罪的趋势预警

一、犯罪形式日趋专业化、组织化和智能化

　　证券期货市场交易活动不同于一般的商品交易，它综合了财务、税收、会计、金融、经营管理和贸易等多方面经济专业问题。相比较而言，证券期货犯罪的行为人通常是接受了高等教育的群体。从该类犯罪案件的相关统计数据看，一些大案要案的作案主体一般都是本科学历，有的甚至是硕士、博士研究生学历。这类犯罪行为人通常具备了较强的金融专业、计算机专业的知识，有的甚至研究并掌握了相关的法律法规，具有一定的反侦查能力。具体而言，在证券期货犯罪中，这类作案主体熟悉证券期货市场交易的各种运行方式以及各个操作环节的特点。他们通常都是有预谋的犯罪，其犯罪活动策划精密且具有极强的隐蔽性，给案件的侦破和审理工作带来了极大的困难。因此，一般不具有上述专业知识的人员不可能进入证券期货行业，更不用说能实施有关的证券期货等金融活动犯罪行为。另外，证券期货行业的专业性在某种程度上决定了该类犯罪的组织化。由于证券期货犯罪涉及多行业、多领域问题（如一只股票从发行到上市交易，需要涉及上市公司、证券公司、会计师事务所、律师事务所、证券交易所、证券登记结算公司等多个环节，各环节环环相扣，缺一不可），通常情况下一个犯罪分子无法完成金融领域内的全部犯罪行为。从近几年有关该类犯罪的特征看，犯罪行为一般表现为内外勾结共同完成作案，并且这种作案方式成功率非常高、造成的社会危害也相当严重。在证券期货犯罪中，除了具有专业性和组织性的特点外，犯罪的智能化同样也增加刑事侦查的难度。目前，金融电子化已成为现代金融行业的重要标志，这种特征在证券期货领域表现得尤其突出。不过，金融电子化在给证券期货市场带来交易便捷的同时，也带来了更大的风险，证券期货犯罪手段更是层出不穷。近些年来，从有关部门查处

的该类犯罪看，不论是犯罪方式还是犯罪过程，都日益呈现出高科技化特点。如有的犯罪行为人利用计算机对股票、债券进行伪造、变造；有的则利用信息网络编造并传播虚假的证券期货交易信息；更有的是利用计算机信息技术对市场重要信息和交易数据进行篡改、删除等。通常这类运用高科技的犯罪是难以被察觉和及时查处的。与此同时，随着证券期货发行、交易过程中电子化、计算机化程度的提高，该类犯罪行为基本上能够实现"无纸化"作案。这同样给刑侦工作带来了极大的不便利。如在操纵证券交易价格的犯罪中，犯罪分子往往以口头形式，私下秘密与他人串通，以事先约定的时间、价格和方式相互进行证券交易，影响证券交易价格或者证券交易量，侦察机关要想取得证据证明犯罪嫌疑人实施了这一犯罪行为，是非常困难的。

二、违法"再犯率"奇高，严重挑战刑法底线

在我国证券期货行业，市场上存在着大量的违规违法行为。与传统类型的违法行为相比，证券期货市场中行为人的违法"再犯率"现象十分严重。以操纵证券期货市场案件为例，2016 年 11 月，为了保持对操纵市场违规违法行为打击的高压态势，维护证券期货市场稳定健康发展，证监会稽查部门决定部署开展"打击市场操纵违法行为专项执法行动"，将 16 起涉嫌市场操纵案件纳入此次专项打击行动中。同时，证监会正式发布了关于《打击市场操纵违法行为专项执法行动案件部署情况》的通报。这是证监会继部署 IPO 欺诈发行及信息披露违规违法专项执法行动后，再一次开展的专项执法活动。本次通报着重分析了当前我国证券期货市场交易操纵的新特点和发展趋势。其中一个特点为："个别违法主体曾多次被稽查部门查处或者被交易所采取自律监管措施，屡教不改，恣意妄为，违法违规主观恶性强。"[①] 由此可见，在操纵证券期货市场中，违法主体的"再犯化"趋势已经成为较为突出的问题。放眼整个证券期货市场，相关违法主体的"再犯化"更是令人担忧。根据以往的不完全统计，在 600 多个违规违法案例中，有 57 个是二次处罚案例，其中再犯两次以上的高达 26 个。按照这个比例计算，证券期货市场中违规违法的"再犯率"达到了 10% 左右。相关研究还表明，证券公司的"再犯率"最高，而且大部分违规违法的再犯行为都由证券公司实施。从证券期货市场运行阶段看，大多数的违法再犯行为发生在二级市场，如证券经营机构诱骗投资者买卖证券、内幕交易、操纵市场、编造虚假信息扰乱市场、证券公司挪用股民保证金，以及证券经营机构混合操作等。在这些研究数据的背后，我们可以清楚地看到这样一个事实：有相当一部

---

① 参见：《证监会通报打击市场操纵违法行为专项执法行动案件部署情况》，http://www.csrc. gov. cn/pub/newsite/jcj/gzdt/201612/t20161205_ 307204. html，访问日期：2017 年 4 月 7 日。

分违法主体经常游走于刑法的底线之上。具体而言，由于我国关于证券期货犯罪的刑事立法起步较晚，因而各方面规定还不够全面和详尽，如有些犯罪的行为边界较为模糊等。因此，部分违法主体为了追求更大的利益（主要原因），不惜铤而走险再次挑战刑法的底线。不过，这些"准犯罪"行为也随时可能转变为犯罪行为，首例"汪建中操纵市场案"就是适例。从这个层面上讲，证券期货市场上潜在的犯罪形势较为严峻。

三、犯罪面临跨境跨国趋势的严峻考验

随着世界经济的全球化发展，金融领域的跨境跨国活动也正以汹涌澎湃之势迅猛发展。在金融业务、金融政策等方面，世界各国和地区相互交往与协调、相互渗透与扩张、相互竞争与制约已发展到了相当水平，进而使全球金融形成一个联系密切、不可分割的整体。金融全球化不仅成为世界经济发展最为关键的一个环节，同时也成为最为敏感的一个环节。金融全球化促使资金在全世界范围内重新配置，一方面使欧美等国的金融中心得以蓬勃发展，另一方面也使发展中国家，特别是新兴市场经济国家获得了大量急需的经济发展启动资金。可以说，世界经济的发展离不开金融全球化的推动。

金融全球化在给证券期货市场带来新活力的同时，也带来了更高的风险，证券期货犯罪正面临着跨境跨国趋势的严峻考验，首例"沪港通"跨境操纵案就是适例。在该案件中，唐某博等人涉嫌操纵"沪股通"标的股票"小商品城"（7.530，0.00，0.00%），非法获利4 000余万元。在本案调查期间，证监会根据其他线索，同步查实了唐某博等人涉嫌利用资金优势、持股优势操纵其他5只内地股票，非法获利近2.5亿元的另一起操纵案件。2010年以来，唐某博及其关联人员唐某子、袁某林等人因操纵市场、超比例持股未披露等违法违规活动被证监会多次调查和处罚。此次唐某博等人利用在香港和内地开立的证券账户，内外配合，通过制造人为的交易价格和交易量，误导其他投资者参与交易，实施跨境操纵。两起案件非法获利近3亿元，其行为严重破坏了市场秩序、严重损害了其他投资人利益，市场危害巨大，影响十分恶劣。此案是2014年11月"沪港通"开通两年来查处的首例跨境操纵市场案件，是对"沪港通"项下证券执法合作机制的一次实战检验。中国证监会和香港证监会于2014年10月17日共同签署了《沪港通项目下加强监管执法合作备忘录》，建立了涵盖线索与调查信息通报、协助调查、联合调查、文书送达、协助执行、投资者权益损害赔偿、执法信息发布等各个执法环节的全方位合作关系，以更有效打击跨境违法违规行为，进一步加强跨境执法合作，共同维护两地市场秩序，平等保护两地投资者合法权益。在当前金融全球化的大趋势之下，我国证券期货市场与世界实现了互联互通。相当一部分犯罪分子极有可能绕道境外实施反向行动，以更加隐

蔽的方式实施证券期货犯罪。因此,有效保障证券期货市场互联互通机制的平稳推进,防范和打击跨境跨国操纵市场、内幕交易和虚假陈述等各类违法犯罪行为,是我国与世界各国共同面临的一项重要执法任务。

四、犯罪被害人涉及面日趋广泛且不特定

随着信息网络技术的不断发展,证券市场上的发行、交易也普遍实现了无纸化、信息网络化的变革。目前,我国证券期货市场基本上都采用了网上交易。投资者足不出户便可在设有证券期货营业部的全国 1 000 多个县、市、区的上千家有关网点开立有关账户进行交易,即可以通过电话、移动通讯工具、互联网等方式在全国各地进行证券期货交易。另外,与世界主要发达国家和地区相比,我国证券期货市场起步较晚,各方面制度建设不规范、不健全,中小投资者的规模堪称世界第一。以股票交易为例,有关数据显示,目前我国股市中有 2 亿名左右的股民。在我国特有的差序格局文化背景下,中小投资者好打听"内幕",好"跟庄",投机意识极强已成为不争的事实。[①] 一旦打听到有关上市公司并购、重组等"内幕"消息,部分中小投资者便会大举跟进并影响其他投资者的交易。正是由于证券期货市场的信息网络化和大规模中小投资者的过度投机两方面原因,使得证券期货犯罪的被害人涉及面日趋广泛与不特定。具体而言,一是与传统类型的犯罪相比,证券期货犯罪的被害人并不仅局限于个别区域,而是广泛分布在全国各个省、市、区、乡镇地区,影响人数众多且地域广泛;二是证券期货犯罪的被害人也不局限于个别群体,而是涉及多行业、多领域的从业人员,危害性较大。

此外,证券期货犯罪本身的特点也决定了该类犯罪会侵害广大投资者的合法权益。以 2009 年宣判的"董正青等内幕交易、泄露内幕信息案"为例,"2006 年 2 月至 5 月间,被告人董正青任广发证券总裁期间,利用其个人直接主导广发证券借壳上市工作的职务便利,多次将广发证券借壳延边公路上市的内幕信息透露给被告人董德伟,并指使董德伟买入和卖出延边公路股票。被告人董德伟利用该内幕信息,通过其控制的股票资金账户大量买卖延边公路股票,共投入资金人民币 7 000 余万元,买入延边公路股票 1 457 万多股,在股价升高后卖出获利人民币 5 000 多万元,并将本金和账面盈利全部提取现金,共计人民币 1 亿多元。其中,被告人董正青和董德伟在经中国证券监督管理委员会认定的价格敏感期内,买入延边公路股票 536.67 万股,买入金额 2 595.47 万元人民币,卖出 1 607.34 万股,卖出金额 8 809.67 万元人民币,账面盈利 2 284.64 万元人民币。2006 年 5 月,被告人董正青又将内幕信息透露给被告人赵书亚。赵

---

① 王崇青. 全流通时代的证券犯罪问题研究 [M]. 中国人民公安大学出版社,2014:19.

书亚即利用该内幕信息，通过其控制的股票资金账户，筹集资金 200 多万元购买延边公路股票。经中国证券监督管理委员会认定，被告人赵书亚在价格敏感期内买入延边公路股票 49.81 万股，买入金额 242.78 万元人民币，卖出 29.49 万股，卖出金额 182.49 万元人民币，账面盈利 101.73 万元人民币"。① 在该案中，无数持有"ST 延边路"股票的投资者的合法资产被冻结在股市中无法流通并且迅速贬值。由于涉案被害人牵涉众多投资者，给社会稳定带来了很大冲击。

五、新型犯罪不断涌现，刑事立法面临挑战

随着改革开放的不断发展，我国证券期货行业也迎来了空前繁荣的局面。与此同时，证券期货市场上也滋生了大量的犯罪现象。有些不法商人巧取豪夺，严重破坏了证券期货市场的正常管理秩序和广大投资者的合法权益。为了有效打击和防范此类犯罪行为，1997 年《刑法》将欺诈、发行股票、债券行为，违规披露、不披露重要信息行为，伪造、变造国家有价证券行为，伪造、变造股票、公司、企业债券行为，擅自发行股票、公司、企业债券行为，内幕交易、泄露内幕信息行为，编造并传播证券交易虚假信息行为，诱骗投资者买卖证券行为以及操纵证券市场行为纳入刑法的视野。进入 2000 年以后，为应对我国证券期货市场上出现的新型犯罪行为，2006 年《刑法修正案（六）》和 2009 年《刑法修正案（七）》进一步修改、补充了相关证券期货犯罪的规定，如将背信损害上市公司利益行为规定为犯罪，进一步规范上市公司高管权利和义务；将背信运用受托财产行为规定为犯罪，以规制多年以来证券期货公司挪用客户资金的现象；又如将利用未公开信息交易行为规定为犯罪，以打击近年来证券期货市场上频发的"老鼠仓"行为。

虽然我国刑法对上述犯罪行为进行了总体规制，但由于立法的抽象性和滞后性，其很难有效应对当前我国证券期货市场上不断出现的新型犯罪行为。以首例"汪建中操纵证券市场案"为例，汪建中在担任首发公司负责人期间，于 2006 年 7 月至 2008 年 5 月间，用本人及亲戚朋友的名义，开设多个证券账户，采用先买入低价股票，然后以公司名义在网站及上海证券报等媒介对外推荐该股票，人为影响股票交易价格，而当大量股民争相购买该股票，致使股票价格高升时，汪建中本人及亲戚朋友立即高价抛出，非法获利 1.25 亿元人民币。2008 年 11 月，汪建中在合肥老家被查获归案。2011 年 8 月，北京市第二中级人民法院宣判其构成操纵证券市场罪，依法判处有期徒刑七年，罚金约 1.25 亿元

---

① 参见：《董正青等犯内幕交易、泄露内幕信息一案》，http：//www.pkulaw.cn/case/pfnl_ 1970 324840422338. html？keywords =% E8% 91% A3% E6% AD% A3% E9% 9D% 92&match = Exact，访问日期：2017 年 4 月 7 日。

人民币。本案争议的焦点在"抢先交易"的行为是否构成刑法第一百八十二条规定的操纵证券市场罪。问题是，该罪所列举的犯罪情形并没明确"抢先交易"的行为，只是将"以其他方法操纵证券、期货市场的"规定为兜底条款。为打击此类"抢先交易"行为，最高检、公安部在 2010 年出台了《关于公安机关的刑事立案追诉标准的规定（二）》。其中，该规定的第三十九条第七项明确了该种犯罪行为。值得注意的是，本案中，行为人的犯罪行为是发生在 2006 年 7 月至 2008 年 5 月。换句话说，该犯罪行为发生在最高检、公安部在 2010 年出台了《关于公安机关的刑事立案追诉标准的规定（二）》之前，但法院于 2011 年 8 月认定了行为人构成操纵证券市场罪。从法律的角度讲，法院的判决应该是依据了刑法中"以其他方法操纵证券、期货市场"的规定进行定罪量刑，否则将违背刑法罪刑法定原则。不过，值得一提的是法院的判决或多或少受到了公安机关追诉标准相关规定的影响。对于这种牵强的判决，也只能归结于刑法立法的模糊性和滞后性。类似的新型犯罪行为也不少，如"老鼠仓"行为、行为型交易操纵行为和关联交易行为等，目前的刑法规定都很难以准确认定。可以说，证券期货新型犯罪的不断涌现给我国当前的刑事立法带来了新挑战。

第四章

证券期货犯罪的成因及防范

证券期货犯罪是社会经济发展到一定阶段的特有现象，这一类犯罪行为给市场经济带来了负面影响，特别是严重危害了证券期货市场正常的管理秩序和广大投资者的合法权益。在运用刑法手段应对证券期货犯罪的同时，我们也不能忽视从经济学、犯罪学等角度研究该类犯罪。唯有全方位地了解该类犯罪发生的成因，才能更好地有效防范犯罪。

第一节　证券期货犯罪的成因分析

一、根本原因——经济利益的追逐

英国著名经济学家亚当·斯密认为："人是理性的，追求个人经济利益，是人类一切活动的根本，是人的本能要求。经济人的这种利己本能形成一种不可抗拒的自然的经济力量，是无法限制的。"[①] 尤其在市场经济体制下，这种现象特征表现得更加明显。时下，我国已经完成了由传统的计划经济体制向市场经济体制的转变。在经济体制转型的过程中，整个社会价值观也在悄然发生变化，即人们更加注重自己经济利益的获取。正如马克思所说："人们奋斗所争取的一切都同他们的利益有关。"[②] 另外，由于证券期货市场本身运行的特殊性，快速便捷的可观收益性是其重要属性，而大多数可观性收益又恰恰是在投机中产生。当然，在证券期货市场上，高收益性与高风险性往往是并存的。人们在选择投机追逐经济利益的同时，也需要及时做出规避风险的理性行动。由于证券期货市场的复杂多变性，对大多数人而言，要做到这一点是相当困难的。在可观利益的驱动下，多数人往往会选择越轨行为，即通过不正当手段获取利益。当经济利益远远超越了人们预期成本时，行为人通常会做出一些违法行为，甚至是犯罪行为。简而言之，用经济学相关理论可以概括为：当犯罪的预期利润超过了预期成本时，犯罪通常会发生。

虽然证券期货犯罪的根本原因在对于经济利益的追逐，但也不能忽略了影响犯罪能够顺利完成的两点相关因素：一是噪声（Noise Trading）交易理论。该

---

① ［美］加里·S. 贝尔. 人类行为的经济分析［M］. 王业宇、陈琪译. 上海三联书店，1993：55－56.

② 参见：马克思全集第1卷［M］. 人民出版社，1972：82.

理论是对有效市场假说的批评而形成的。[①] 噪声交易理论研究的是在信息不对称的情况下，具有信息优势或劣势的交易者的各自行为特征及其对价格的影响。[②] 信息劣势者所掌握的信息可能是与证券期货价值无关，也可能是相关违法犯罪者人为制造，这两类信息被认为是有效市场运行的"噪声"。对于绝大多数投资者而言，他们一般只能根据市场中的一些政策、股评甚至无用或者虚假信息等"噪声"做出投资决策。正是由于这种普遍现象的存在，不少追逐经济利益的犯罪分子才能借此乘虚而入，顺利完成相关犯罪。二是羊群行为（Herding Behavior）理论。在金融市场中，羊群行为是一种在已有的社会公共信息（市场压力、市场价格、政策面、技术面、基本面）下，市场参与者观察他人行动并受其影响从而放弃自己的信念，做出与他人相似行为的现象。[③] 在我国证券期货市场上，羊群行为效应的发生较为普遍，甚至无法轻易扭转。该效应的盛行有以下两点原因：一方面，我国证券期货市场上信息不对称现象十分严重，资源劣势的人往往只能跟随主流做出决策，即便拥有个人理性决策也很容易被集体意见所动摇；另一方面，在某些情况下，投资者采取羊群策略也不失为明智之举，即跟随主流意见行动通常可以节省信息成本，有时还可以偶尔提高投资决策的准确性和收益回报。正是这种现象普遍成风，以致被不少追逐经济利益的犯罪分子所利用进而完成犯罪。

二、重要原因——刑事法制的不完善

证券期货犯罪产生的一个重要原因是现阶段我国刑事法制的不完善，如有些刑法条文对某种犯罪行为规定得较为抽象，一些行为人就肆无忌惮地挑战法律底线，实施相关的犯罪行为。由于我国证券期货市场起步较晚，相应的立法也较为迟缓，尤其是在刑事立法方面表现突出。具体而言，关于证券期货犯罪的立法，我国大体经历了 3 次修法：1997 年《刑法》对证券期货犯罪进行了较

---

① 理论认为，金融市场上金融资产的价值是由众多市场交易者的交易行为所表现出来的，交易者依据各自对信息的收集与分析预测进行交易。基于有效市场假说的传统金融理论认为，由于交易者都试图收集和研究信息并从中取得超额回报，所以与金融资产价格相关的所有信息能够完全充分地反映在价格上，该价格基本上接近于金融资产的内在价值。但是其理论基于几个重要的前提假设：信息是无成本的，所有交易者同时接受信息，所有市场参与者都是理性的并且追求效用最大化。然而，在一个现实的金融市场中，信息的收集是需要花费成本的，不同交易者基于自身情况的限制，收集、分析信息的能力存在差异，交易者在市场上所占有的信息也是不完全的、不充分的。因此，基于这一前提下的交易所形成的价格也是不充分和不完全的，金融资产的价值存在一定的偏差。而对如何产生这一偏差的研究导致了噪声交易理论的产生。

② 张泉清、崔林. 噪声交易理论与对我国证券市场异象的博弈分析［J］. 中国市场，2006（2）：78.

③ 刘杰. 羊群行为理论：概念、原因及对证券市场的影响——基于经济学文献的分析［J］. 世界经济情况，2009（4）：90.

大的补充，共 7 个条文，涉及 9 种犯罪行为；2006 年《刑法修正案（六）》进一步修改、补充了刑法有关证券犯罪的规定，共 4 个条文，涉及 4 和犯罪行为；2009 年《刑法修正案（七）》进一步修改和补充了刑法关于证券犯罪的规定，共 1 个条文，涉及 2 种犯罪行为。截至目前，我国刑法关于证券期货犯罪的规定总共涉及 12 个罪名，具有一定的规模性。不过，与我国证券期货市场发展速度及规模相比，刑事法制方面相对滞后，明显存在诸多的不足之处。

一方面，刑事立法存在不完善。具体体现在以下两点：一是刑法与相关的行政法律法规之间存在协调性较差的问题。证券期货犯罪属于典型的法定犯，行政违法性是构成犯罪的前提性条件。因此，两者之间的立法协调性就成为关键问题。由于我国证券期货的行政立法较为庞杂，涉及数十部规范、上千个条文、上万种违法行为，刑事立法的具体规定很难做到一一周全。如《证券法》所规定的要追究刑事责任的证券犯罪与《刑法》中所规定的证券犯罪的具体罪名就不完全吻合；有许多按《证券法》规定构成犯罪应依法追究刑事责任的行为，但在《刑法》条文中却无明文规定。二是刑法某些规定较为模糊。如刑法第一百八十条规定的内幕交易、泄露内幕信息罪，虽然 2012 年"两高"颁布了《关于办理内幕交易、泄露内幕信息刑事案件具体应用法律若干解释》，进一步细化了刑法关于该罪的规定，但对于与内幕信息知情人员联络、接触或者"明知"为内幕信息情形下非法获取内幕信息人员的认定，在司法实践中还是存在较大困难；又如第一百八十二条规定的操纵证券、期货市场罪，其中"以其他方法操纵证券、期货市场"的规定非常模糊，首例"汪建中操纵证券市场案"就是适例。

另一方面，刑事司法存在不完善。具体体现在以下两点：一是刑事立案的被动性。在证券期货犯罪领域，司法机关发言权较小，相反，证监会成为"统领全局"的主力军。司法机关往往只是配合有关行政机关进行立案侦查。据证监会发布的数据看，其每年向公安机关移送刑事案件的数量似乎值得怀疑，2015 年移送了 55 件，2016 年也恰好移送了 55 件。由于证券期货犯罪的专业性较强，立案侦查机关很难主动立案，以致有部分犯罪分子脱逃法网产再次犯罪。二是司法独立性受干扰。在证券期货领域，这种干扰司法独立的现象尤其突出。从经济发展的角度看，上市公司一般都是地方的龙头企业。这些大公司往往是纳税大户，它们成为地方财政收入的主要来源。一旦这些上市公司及其相关人员追求刑事责任，必然会造成地方财政出现严重困难，甚至会引起大量失业和社会不稳定等问题。因此，一些地方政府都会动用一切手段极力保护它们，以致很多案件不能走进司法程序。这也很可能是证券期货犯罪"黑数"存在的重要原因之一。

三、直接原因——行政监管的有限性

证券期货犯罪产生的一个直接原因是行政监管的有效性，这也是该类犯罪本身具有特点所决定。作为典型的法定犯，其构成犯罪的基础是行为违法行政法律法规。如果在第一个环节没有把好关，那么犯罪就会大量产生。因此，对证券期货违规违法行为的有效监管是抑制该类犯罪的金钥匙。然而，目前我国关于证券期货的行政监管极其有限，具体体现在以下三个方面。

一是监管层深陷角色危机。目前，我国证监会具有三大职能，即监督、管理和维持市场稳定。从理论上讲，证监会这三大职能之间存在极大的不合理性。从监督和管理方面看，证监会既是证券期货市场的监督机构，又是管理机构（包括法律法规制定和实施）。简而言之，证监会要对自己的管理活动进行监督。从逻辑上讲，证监会并不会否定自己的管理活动，即对违规违法行为打击总是有所保留的，否则就是管理失职。从法治的角度讲，也不符合权利制衡的当代趋势。另外，在承担监督和管理职责的同时，证监会实际上还承担着维持市场稳定的重任，如市场的形象、国家的财税、券商的生存、企业融资等。为了能够实现这一重任，又不破坏监管秩序，通常证监会选择妥协。当证券期货市场较为低迷时，证监会会适当放松监管尺度；当该市场较为活跃时，则会加大监管力度。总的来说，目前监管层的角色冲突不得不令人担忧。

二是监管层坠入裙带主义。公开、公平、公正是证券期货业监管的三大原则。其中，公正原则要求监管者制定的规章、政策应给社会和投资者提供平等的规范和保护；监管者执行和解释法律，应严格按照法律的本意和宗旨做出严谨、合理的解释；监管者在查处和追究市场违规行为时，应准确地适用法律。[1]目前，监管层与业界之间并没有保持适当的距离，容易导致过度的酌情行政的倾向。一方面，在国有股市的大背景下，监管层与券商往往是合作关系。在多数情况下，券商不仅要充当被监管对象，偶尔也会充当"准监管者"（与监管层合作管理市场）。另一方面，通常情况下，监管层成为券商、基金公司重要人才的输送地。由于监管层与业界的收入存在巨大的落差，监管层人员相继投奔业界的势头仍在持续。这些脱离人员往往在监管层拥有一定的背景和资源，势必会给监管带来一定不良影响。总的来说，目前监管层与业界的裙带关系值得我们反思。

三是监管层饱受地方干预。党政不分、地方行政干预是证券期货行业比较突出的问题，严重影响监管力度。曾经就有干部指出（原证监会法律部主任）："我们查处严重的违规、甚至是犯罪行为，但这些公司全都是当地的功臣公司，

---

[1] 郭峰. 中国证券监管与立法 ［M］. 法律出版社，2000：256.

经济发展上的功臣。这是很特殊的一个情况。……这些犯罪实际上是损害了其他地区其他人的利益，却给当地经济带来了利益，促进了当地经济的发展、企业的发展。……我记得有个省有个案子，我们移送以后，公安部交当地公安厅去查，基本查完了，意见也很明确，基本认定是操纵市场。但是当时一个分管的（副）省长，他压着你就不让动，公安厅根本就不敢动，案子一放就是几年。类似的情况非常普遍，这都是我们现行的体制（造成的）。我也不知道什么时候能够解决这个问题，反正我们很头疼。我们头疼无所谓，查完后我们回到北京啥事都没有了，但当地配合我们查的这些同志怎么办呢？各种各样的玻璃小鞋给你穿着，让你不明不白的，非常难受。这都是很现实的问题。……目前，我国设立了证券犯罪侦查局，下设六个分局，北京、上海、深圳、大连、成都、武汉，想通过这种垂直的系统来加大查处力度，实际上暗含着，或者说明含着一种意思，就是排除地方的行政干预。但目前人员很有限，说实在的，他们每个分局十来个人，如果不借助当地公安的力量，根本查不了这些案子。"[1]

四、间接原因——股权分置的不合理

我国股权分置是社会转型下的产物。20世纪90年代，我国正处于朝着市场经济体制转型的特殊时期，在证券期货市场中，国企改革也面临着"姓资姓社"的困难抉择。为了能够经受意识形态的质疑而取得合法地位，为了能够赢得在"不争论"中生存和发展的空间，中国的证券市场不得不竭力自我证明确实姓"社"，而且具有发展和壮大公有制的独特功能，于是，中国股市便成为世界上独一无二的建立在以国有企业为主导的公有制基础上的资本市场，股权分置是其基础性制度安排。[2]

股权分置给我国证券期货市场带来了深远影响，使其承载了更多、更重的非市场功能。证券期货市场实际上成为一架围绕国有大中型企业运转的庞大输血机器。当前，不少国有企业所掌控的非流通股份使得证券期货违法犯罪行为大量滋生。具体而言，和世界各国一样，我国目前实行的是IPO的股票发行方式。[3] 然而，我国IPO发行方式与国外IPO发行方式（同股同权同价，不会存在股票之间的"超"溢价的问题）存在本质上的差别。在我国股票市场上，存在非流通股和流通股。在非流通股中（国有企业），由于其股票不能流通和及时变

---

① 参见：《证券犯罪新视界》（德恒刑事法论坛第三十七讲），http://www.bjdhtylaw.com/html/dhlt/xsfllt/67.html，访问日期：2017年4月10日。

② 毛玲玲. 证券市场刑事责任研究［M］. 法律出版社，2009：69.

③ 即在原发起股东的原股份之外再另外发行一部分股份供人认购的发行方式，也就是在100%之外再发行百分之多少的发行方式。股票发行后，再按新股份公司的全部股份100%计算，原有股东的股份随之降低。因此，这种发行方式相当于原发起股东出让了自己的一部分股份，供新股东认购。

现，持有股权的股东（大多都是国有资产管理的行政部门）最关心的问题并不是市场价格，而是自己手中净资产的多少。为了能够使净资产不断增加，证券期货市场上的"权利寻租"问题也就成了普遍现象。以国有企业上市公司恶意"圈钱"为例，为了能达到原始发起股东净资产的增加，不惜以各种欺诈手段发行高溢价股；又如上市公司通常以内部信息为"权利诱饵"进行"权利寻租"，与相关机构或者大庄家联手操纵市场。当然，这些构成犯罪所承担的刑事责任大多不会落实到各大股东。这也是由于股权分置下国有企业法人虚有性所造成。从表面上看，这些欺诈发行股票、内幕交易和操纵市场的犯罪行为似乎来自公司法人，却忽略了凌驾于公司法人治理权之上的行政体制。正是出于这种原因，使得国有上市公司的恶意"圈钱"行为以及由其引起的大量关联犯罪层出不穷。

五、心理原因——法定犯的危害性"难辨"

刑法理论上有自然犯和法定犯的区分。自然犯是明显违反伦理道德的传统型犯罪，如故意杀人犯罪。随着现代社会的发展，涉及或者需要专业知识的社会生活领域越来越多，范围也不断扩展，人类进行生产和生活的各种风险也在增多，国家也就会为避免或者降低这些风险而更多地根据特定技术规范或者某些专业知识将严重的违规行为规定为具体犯罪，这些不以道德规范为基础的犯罪就属于法定犯。[1] 正因为如此，自然犯的违法性容易被一般人认识（不借助法律便可认识），法定犯的违法性可能难以被一般人认识（通常需要借助法律来认识）。[2]

由于法定犯的社会危害性难以辨别，以致白领犯罪更容易得到社会的宽容，甚至得到立法的宽宥。与传统的自然犯相比，法定犯所造成的社会危害并没有诸如暴力犯罪那样场面直观。该类犯罪人通常不会被公众所排斥，相反，有时甚至会被崇拜。当然，犯罪行为人自身也同样难以认识其行为的社会危害性。从社会心理学的角度看，这种"伪认知"在一定程度上加剧了该类犯罪的发生，尤其在证券期货市场上更为突出。曾经就有干部指出（原证监会法律部主任）："我们查处严重的违规、甚至是犯罪行为，但这些公司全都是当地的功臣公司，经济发展上的功臣。这是很特殊的一个情况。因为其他的犯罪，不管是杀人也好、放火也好，人人痛恨；但无论是欺诈发行也好、操纵市场也好，这些人获得了利益以后，实际上是损害了其他地区其他人的利益，却给当地经济带来了利益，促进了当地经济的发展、企业的发展……再加上实际处刑没有超过三年的，而且案件调查本身一两年的比较多，宣判的时候很多人就已经出来了，遭

---

① 黄晓亮. 法定犯及其社会危害性的认定 [N]. 检察日报，2008 - 11 - 17.
② 张明楷. 刑法学 [M]. 法律出版社，2011：95.

一两年的罪，然后拿了几千万元舒舒服服地过日子去了。这种示范效应，让大家都觉得无所谓，而且也不丢人啊，不像杀人放火卖淫嫖娼还让人在当地抬不起头来，我还是我啊！现在就是这种情况，确实很难解决这个问题。"① 正是由于这种犯罪心理，才使得证券期货犯罪现象日益严重。

第二节　证券期货犯罪的防治对策

通过上述对证券期货犯罪的成因分析，造成该类犯罪屡禁不止的原因在于多方面。相应地，在证券期货犯罪的防治对策上，我们应该注重全方位考量。只有从社会各个方面着手，综合考虑预防和打击证券期货犯罪可能的方式方法，才能更好地实现预防和控制此类犯罪的最终目标。

一、加强惩治力度，提高犯罪成本

通过上文的分析，即当犯罪的预期利润超过了预期成本时，犯罪通常会发生。一般认为，"市场活动中的经济犯罪本质上是一种超越市场规范的界限而牟取超额利润的经济行为。在行为的发生过程中，经济犯罪在很大程度上是通过行为人预先的利弊权衡与理性计算后付诸实施的，而不是凭一时冲动发生的激情犯罪。此行为人从本质而言属于理性经济人的范畴，因极端自利，有理性而触犯刑律，从而成为经济犯罪人。"② 在经济犯罪领域，刑事法律制裁的严厉性往往是犯罪成本中最为重要的考量因素。行为人在犯罪之前，他们都会计算因犯罪行为而接受法律制裁所要付出的代价。刑罚作为法律制裁中最为严厉的方法，运用该方法能够在很大程度上威慑经济犯罪行为人。然而，在证券期货犯罪中，经济利益的吸引已远远超过刑罚的威慑力，刑罚在超额利润面前总是被认为是微不足道的犯罪成本。因此，刑罚的科学设置显得尤为重要。当前，证券期货犯罪的刑罚科学设置就成为提高该类犯罪成本的关键因素。

具体而言，体现在以下两个方面：一是刑罚的严厉性。刑罚设置的过于严厉，它会导致公众的不满和抵制，从而引起刑罚功能的下降。相反，如果严厉性不足，则会激发犯罪人的蔑视心理，不足以形成威慑效果。因此，刑罚设置的严厉性应体现出"严"与"厉"两者间的机动协调。储槐植教授认为："'严而不厉'的刑法结构是符合人类发展的一种必然趋势，它应该是符合现代社会的一个发展的标准，是刑法结构发展的一个范式（model）。当代世界多数国家，

① 参见：《证券犯罪新视界》（德恒刑事法论坛第三十七讲），http://www.bjdhtylaw.com/html/dhlt/xsfllt/67.html，访问日期：2017年4月10日。

② 伍幅瑾. 经济犯罪的成本分析与预防［J］. 政治与法律，2003（1）：94.

尤其是经济发达、法制水平高的国家和地区包括港澳台，他们的刑法结构都是'严而不厉'。"① 目前，虽然我国的刑法总体上还处于"厉而不严"，但近些年特别是刑法修正案（八）和（九）以来，刑法"严而不厉"的发展趋势日益明显，可以说，我们的刑法正走向现代化。② 因此，"严而不厉"也应当是我国证券期货犯罪立法的必然趋势。二是刑罚的必定性。刑法学之父贝卡里亚曾指出："对于犯罪最强有力的约束力量不是刑罚的严酷性，而是刑罚的必定性，……它的确定性也比联系着一线不受处罚希望的可怕刑罚所造成的恐惧更令人印象深刻。因为，即便是最小的恶果，一旦成了确定的，就总令人心悸。然而，希望——这一天赐物，往往在我们心中取代一切，它常常使人想入非非，吝啬和软弱所经常容许的不受处罚更加使它具有力量。"③ 换而言之，罪犯所面临的恶果越大，他们就越敢于规避刑罚。因此，在证券期货犯罪立法中，应当考虑刑罚与罪行两者间的协调性问题。总的来说，刑罚的严厉性和必定性是犯罪成本的主要构成部分。只有科学合理地设置刑罚，才能有效地降低犯罪率乃至遏制犯罪的发生。

二、严密刑事法网，完善司法机制

虽然我国关于证券期货犯罪的立法初具体系，但与该市场发展的速度和水平相比，仍存在一定的差距。当前，严密证券期货犯罪的刑事法网应做到以下两个方面：一是进一步加强刑法与相关法律法规之间的衔接性。值得一提的是，立法者似乎回避了该问题。以证券法某一具体规定为例，在 1998 年颁布的《证券法》中，关于"证券公司承销或者代理买卖未经核准擅自公开发行的证券"的违法行为，具体条文中的后半段规定了"构成犯罪的，依法追究刑事责任（属于附属刑法的范畴）"。该条文的规定一直沿用到了 2013 年第二次修正案颁布以前。在这将近 15 年中，由于其具体规定的刑事责任条款在刑法中并无相对应的犯罪规定，导致了该附属刑法条款基本上处于虚置状态。为了缓解这种立法尴尬局面，2013 年第二次修正案将《证券法》中所有关于附属刑法的具体条款表述全部删除，并将其统一迁至该法第二百三十一条的规定中（即违反本法规定，构成犯罪的，依法追究刑事责任）。这样的做法表面看起来最大限度地衔接了刑法相关规定，但实质上是立法对"衔接性"问题的妥协（即删除与刑法无对应犯罪规定的附属刑法）。事实上，该违法行为已具备了严重的社会危害性，立法删除其刑事责任条款确有不妥。当前，应当加快证券期货犯罪的刑事

① 储槐植. 走向刑法的现代化［J］. 井冈山大学学报（社会科学版），2014（4）：6.
② 李鄂贤、徐颖. 我国教唆犯法律性质新论［J］. 刑法论丛，2016（3）：254.
③ ［意］切萨雷·贝卡里亚. 论犯罪与刑罚［M］. 黄风译. 北京大学出版社，2008：62.

立法以解决与相关法律法规的协调性问题，如可在刑法中增设非法承销证券、期货罪。二是进一步增设新罪名和细化刑法相关规定的行为方式。近年来，有关证券期货犯罪的行为方式可谓层出不穷。以致按照目前的刑法规定不能有法有据地进行定罪，"汪建中操纵证券市场案"就是适例。理论上对于证券期货犯罪的立法应采用"经验型立法"还是"超前型立法"存在诸多争议。经验型立法者认为，应该采取"成熟一条制定一条"的路径。如有学者指出："立法者应该把自己看作一个自然科学家。他不是在制造法律，不是在发明法律，而仅仅是在表述法律，他把精神关系的内在规律表现在有意识的现行法律之中。"① 超前型立法者认为，刑事立法不仅要强调实践性，更要重视超前性。如果片面注重解决当前成熟问题，那么刑法无法适应犯罪新情况。本书认为，超前型刑事立法不仅具有理论根据，更具有法律基础。如 1997 年《刑法》一次性规定了 7 个条文，共涉及 9 种犯罪行为，而当时我国《证券法》并未出台。值得肯定的是，当时立法的超前性无疑给刑法打击证券期货犯罪提供了有力保障。因此，当前立法应进一步增设新罪名和细化相关犯罪的行为方式，以适应该类犯罪出现的新情况。

另外，为进一步有效地打击证券期货犯罪，在刑事司法方面，应进一步落实司法机制的完善。党的十八届四中全会《决定》指出，法律的生命力在于实施，法律的权威也在于实施。全面推进依法治国，重点就在于保证法律严格实施，做到严格执法。"全面推进依法治国，是由立法、执法、司法、守法等诸多环节组成的完整链条。随着中国特色社会主义法律体系的形成，有法可依的问题总体上解决了，执法越来越成为整个法治建设链条中最关键的环节。如果在这个环节掉了链子，立法的意义就会大打折扣，同时也会对司法和守法带来严重影响。"② 具体而言，在证券期货犯罪的司法实践中，应做到以下两个方面：一是加强司法工作人员业务培训，争取刑事立案主动权。一方面，公检法部门应定期开展关于证券期货犯罪的专业业务培训，组织相关司法工作者进行跨学科、跨专业的学习和研究，特别是需掌握纷繁复杂的证券期货相关法律法规以及其他方面的程序、技术等内容。另一方面，公检法部门应定期委派部分司法工作人员到证监会监管部门进行实践锻炼，以便更好地熟悉证券期货的查处工作。通过理论和实践的结合，进一步提高司法工作人员的办案能力，力争刑事立案主动权，以打破证监会在证券期货犯罪领域中"一统天下"的局势。二是强化司法机关打击证券期货犯罪的主体地位。2013 年，党的十八届三中全会通过了《中共中央关于全面深化改革若干重大问题的决定》，提出要"推进法治中

---

① 参见：马克思恩格斯全集［M］. 人民出版社，1972：183.

② 参见：法律的生命力在于实施——怎样严格推进执法［N］. 光明日报，2015－02－09.

国建设"，并提出司法改革方面三个主要任务，即"确保依法独立公正行使审判权检察权""健全司法权力运行机制"和"完善人权司法保障制度"。在司法改革的背景下，应当把握改革契机，推动司法机关依法独立行使职权。在证券期货领域，司法的地方化使得法院对地方党政产生依附性。对此，应当进一步淡化司法独立的政治色彩，构建以依法独立行使职权为核心的司法独立，并排斥案外因素的影响，以司法的法律效果为根本追求。①

三、分离行政权力，强化查处力度

从上文的论述可以看出，权力过于集中是影响行政监管的重要因素。当前，科学定位证监会的行政职能是有效打击违法犯罪行为的有力保障。"一提到分权制衡，在中国语境下很容易让人联想到美国的三权分立。其特点是强调三权之间的分立与制衡，即三权之间互相独立、牵制和平衡，任何一方都拥有制约他方的权力，三权保持着一种相对稳定的三角形对称格局，这就是被人们称颂的对称性制衡权力格局。然而，随着时代的变迁，分权制衡理论在各国政治实践中逐渐演绎出形形色色的新形式，即便是在实行三权分立最为典型的美国，其对称性权力格局也早已退出了历史舞台，取而代之的是行政权凸显、立法权和司法权相对弱化的非对称性制衡权力格局。"②

就目前的情况而言，证监会不仅拥有行政监管权，而且拥有规章制定权，……《证券法》第一百七十九条第一款已赋予了中国证监会非常广泛的职权，使证监会成为一个"大权独揽"的机构。③ 尤其是在证监会承担更多的发展职能下，这就进一步恶化了其监督（执法权）与管理（立法权）两者间的关系。从1994年3月12日中国证券市场第一次大规模的救市行动开始，"政策市"就一直形影相随：面对股票价格的波动，证监会毫不吝惜手中的监管（监督和管理）资源，监管权威一次又一次地遭践踏，监管信用一次又一次地被破坏，公平和公正的投资环境一次又一次地沦丧。④ 因此，现阶段有必要重新划分证监会的权力范围。具体而言，证监会要转变以往以创造优良的政绩为目标，以做大市场的规模为导向的错误取向，逐步扭转股市由"政策市"向"经济市"转变。在适当时机，循序渐进地分离证监会监督与管理权力，如可将其规章制定权交由机构以外的其他部门独立负责。这样一来，证监会也能集中所有力量更好地履行监督职责，进一步强化对证券期货市场中违法行为的查处力度，有效防范

---

① 陈卫东. 司法机关依法独立行使职权研究 [J]. 中国法学，2014（2）：20.
② 虞崇胜、郭小安. 非对称性制衡：权力制衡模式发展的新趋势和新特点 [J]. 理论探索，2008（4）：1.
③ 王建文. 中国证监会的主体属性与职能定位：解读与反思 [J]. 法学杂志，2009（12）：41－43.
④ 张辉. 中国证监会职能的定位：监管与发展 [J]. 郑州航空工业管理学院学报，2008（1）：97.

犯罪行为发生。另外，证监会在分离职能权力的同时也应当注重自身机构的独立性。当前，迫切需要健全证券市场监管体制，推进监管机构改革，保证证监会享有独立的财权与人事权，使其在证券市场上的权力与地位至高无上，以此保障证监会的权威性，进一步克服地方政府干扰。

四、深化股权改革，严惩"权力寻租"

随着证券期货市场经济的深入发展，股权分置格局已不能完全适应资本市场改革开放和稳定发展的迫切需求。早在 1998 年下半年到 1999 年上半年，为了推进国有企业改革发展的资金需求和完善社会保障机制，有关部门开始了国有股减持的探索性尝试。但由于实施方案与市场预期存在差距，试点很快被停止。2001 年 6 月 12 日，国务院颁布《减持国有股筹集社会保障资金管理暂行办法》也是该思路的延续。但同样由于市场效果不理想，于当年 10 月 22 日宣布暂停。2004 年 1 月，股权分置改革问题被正式提上议程。国务院正式发布了《国务院关于推进资本市场改革开放和稳定发展的若干意见》。该意见中明确提出了"积极稳妥解决股权分置问题，对上市公司转让非流通股份的行为进行适当的限制和规范，尽快消除股权分置现象，保证国有资产的完整性"。随后，证监会于2005 年出台了《关于上市公司股权分置改革试点有关问题的通知》，标志着股权分置改革进入了新阶段。2007 年，股权分置改革计划基本完成，这是我国资本市场上一场重大的制度变革。经相关学者研究发现，股权分置改革后上市公司治理水平显著得到了提高，已实施股权分置改革的公司比尚未实施股权分置改革的公司在治理水平上有更大的提高。[①]

总体而言，股权分置改革开启了我国证券期货市场的"全流通时代"，加深了资本市场的市场化程度。然而，在后股改时代，股权分置改革并没有完全落实到位，尤其表现在股改承诺方面，如履行期限的不明确性、履行标的模糊性以及实际履行的延迟性等。当前，我国股改正处于攻关阶段，进一步深化股权分置改革显得尤其重要。值得关注的是，在股改过程中，证券期货市场中的"权力寻租"行为也正悄然发生异化。"作为一场席卷整个市场的制度性变革，股改带动了监管模式的根本性演变，也使关联交易和大股东角色受到一定影响。……作为大股东掏空手段的角色已在股改后逐渐淡化。取而代之的可能是大股东内幕交易或市场操纵。……随着股票全流通的逐步实现，大股东进行内幕交易、市场操纵的动机可能更强，例如通过资产重组注入进行操纵，可以先把优质资产转移出去令股价下跌，控制之后再注入优质资产进行抬高股价进行交易；

---

① 石美娟、童卫华．机构投资者提升公司价值吗——来自后股改时期的经验证据［J］．金融研究，2009（10）：151.

或者进行选择性信息披露。有些上市公司为配合大股东的资本运作，根据大股东的意图对上市公司的资产、业绩、经营环境进行倾向性披露，为大股东的资本运作创造有利的交易环境；在信息披露对象上，将部分重大的未公开信息事先透露给机构投资者。"① 因此，从犯罪预防的角度看，进一步深化股权分置改革势在必行。

五、强化法制观念，充分认知危害

相对于法定犯而言，传统的自然犯表现出较大的社会危害性。但不可否认的是，法定犯本身也是一种具有严重社会危害性的犯罪，更不能因其难以"辨别"而否定它的存在。当前，科学认知证券期货犯罪的社会危害性有助于进一步强化公众特别是相关证券期货从业人员的法制观念，进而防范该类犯罪的频繁发生。根据我国刑法理论通说，行为具有一定的社会危害性，是犯罪最本质的特征。社会危害性的轻重大小主要由以下三个方面决定：一是行为侵犯的客体；二是行为的手段、后果以及时间、地点；三是行为人的情况及其主观因素。

如何考察证券期货犯罪的社会危害性？具体而言应从以下三方面考量：一是要运用历史的观点看问题。社会危害性是一个历史的范畴。社会发展了，社会条件变化了，社会危害性也随之发生变化。同一种行为，在这一时期符合社会发展的要求，就允许做；在另一时期，有害于社会发展，就不允许做。特别是对于证券期货犯罪这类法定犯而言，更是如此。例如，在 20 世纪 90 年代后期，由于我国证券行业获得了飞速发展，1997 年《刑法》将各种违规违法行为规定为犯罪就是适例。二是要运用全面的观点看问题。社会危害性是由多种因素决定的。衡量社会危害性的大小，不能只看一种因素，如危害结果，而是要全面综合各种主客观情况。不仅要看到有形的、物质性的危害，还要看到对社会经济政治、对人们的社会心理带来的危害。在证券期货犯罪中，我们不仅要看到犯罪行为直接造成的损失，特别是给投资者直接带来的损失，还应看到其给证券期货市场带来的实际危害以及给人们正常的社会生活所带来的冲击。例如，被称为中国证券市场"第一号大案"的"中科事件"中的操纵行为，其涉案资金高达 54 亿元，差点引发一场股灾而导致社会出现动乱，对社会的影响具有强烈的震撼性。三是要运用透过现象抓住事物本质的观点看问题。与传统类型犯罪相比，证券期货犯罪的社会危害性在时空上所反映出来的特征并不完全一致。如果仅从该类犯罪的相关交易等活动本身进行考察，那么很难正确认知其社会危害性。如有德国学者在分析传统诈骗罪与金融犯罪的区别时指出："实

---

① 张海燕、贾宁、匡芳. 后股改时代的关联交易及大股东角色的蜕变 [J]. 清华大学学报（哲学社会科学版），2010 (6)：130 – 139.

践已经表明尽管刑法典传统的诈骗犯罪规定，依然是追究经济犯罪的主要基础之一，但已不足以对经济犯罪中的某些新的现象进行惩处。特别是诈骗的犯罪规定主要针对个人一目了然的经济案件设置的，并且是为了保护个人财产，在保护个人财产方面虽然可以将其视为法治及其效果的合理代表，但它还是管不了这样的问题，即无名的犯罪方式和现代生活中错综复杂的经济网络的背后隐藏着的犯罪行为，如果任其蔓延，经济制度重要部位的正常运转就会受到威胁。"① 因此，在分析证券期货犯罪的社会危害性时，不能仅从相关犯罪活动本身进行考察，而是应在此基础上着重考量犯罪行为给证券期货市场的正常管理秩序和投资者的合法权益所带来的危害性。

---

① 转引自刘远. 金融诈骗罪研究 ［M］. 中国检察出版社，2002：167.

第五章

欺诈发行股票、债券罪

第一节　罪名、犯罪构成及立案追诉标准

一、概念与罪名渊源

（一）概念

欺诈发行股票、债券罪，是指在招股说明书、认股书、公司、企业募集办法中隐瞒重要事实或者编造重大虚假内容，发行股票或者公司、企业债券，数额巨大、后果严重或者有其他严重情节的行为。

（二）罪名渊源

1979 年《刑法》对欺诈发行股票、债券行为没有规定。1994 年 7 月 1 日，《公司法》开始施行。该法第一次以附属刑法的方式规定了公司运行中所出现的有关欺诈发行股票、债券的行为。其中，第二百零七条规定："制作虚假的招股说明书、认股书、公司债券募集办法发行股票或者公司债券的，责令停止发行，退还所募集资金及其利息，处以非法募集资金金额百分之一以上百分之五以下的罚款。构成犯罪的，依法追究刑事责任。"为了能更好地配合 1994 年 7 月 1 日开始施行的《公司法》，1995 年 2 月 28 日全国人大常委会第十二次会议通过了《关于惩治违反公司法的犯罪决定》（单行刑法）。该决定第三条规定："制作虚假的招股说明书、认股书、公司债券募集办法发行股票或者公司债券，数额巨大、后果严重或者有其他严重情节的，处五年以下有期徒刑或者拘役，可以并处非法募集资金金额百分之五以下罚金。单位犯前款罪的，对单位判处非法募集资金金额百分之五以下罚金，并对直接负责的主管人员和其他直接责任人员，依照前款规定处罚，处五年以下有期徒刑或者拘役。"1997 年修订《刑法》时进一步吸收了上述有关规定，并在行为方式、法律后果等方面进行了修改补充。即现行《刑法》第一百六十条规定："在招股说明书、认股书、公司、企业债券募集办法中隐瞒重要事实或者编造重大虚假内容，发行股票或者公司、企业债券，数额巨大、后果严重或者有其他严重情节的，处五年以下有期徒刑或者拘役，并处或者单处非法募集资金金额百分之一以上百分之五以下罚金。单位犯前款罪的，对单位判处罚金，并对其直接负责的主管人员和其他直接责任人员，依照前款规定处罚，处五年以下有期徒刑或者拘役。"根据最高法《罪名规定》和最高检《罪名意见》的规定，司法上将其解释为：欺诈发行股票、债券罪。

二、本罪的犯罪构成要件

（一）本罪的客体

本罪侵犯的客体是国家有关公司、企业发行股票、债券的管理秩序。何为

相关"发行管理秩序"？具体而言，公司、企业发行股票、债券的管理秩序具体体现在有关法律、法规和规章之中。根据相关规定，股票、债券的发行管理秩序涉及以下内容：一是公开披露所有相关信息，如公告招股说明书并制作认股书、如实说明募集资金办法及用途等；二是符合发行的实质条件，如发行人的财产状况、资产结构、运作规范、盈利记录、财务会计情况、资金投向、利率水平等；三是符合发行的形式条件，如报送文件须包括真实的财务会计报告、招股说明书、股东大会决议、公司营业执照、公司章程、募集债券办法、资产评估和验资报告等。总而言之，凡是违反上述有关发行管理规定的犯罪行为，都可以视为对国家有关公司、企业发行股票、债券的管理秩序的侵犯。

（二）本罪的客观方面

本罪的客观方面表现为在招股说明书、认股书、公司、企业募集办法中隐瞒重要事实或者编造重大虚假内容，发行股票或者公司、企业债券，数额巨大、后果严重或者有其他严重情节的行为。

1. 行为人实施了在招股说明书、认股书、公司、企业募集办法中隐瞒重要事实或者编造重大虚假内容的行为

所谓招股说明书，简称招股书，是指股份有限公司发行股票时，就发行中的有关事项向公众做出披露，并向非特定投资人提出购买或销售其股票的要约邀请性文件。招股说明书的审批，一般由政府授权部门进行。我国《公司法》第八十六条的规定：招股说明书应当附有发起人制定的公司章程，并载明下列事项：①发起人认购的股份数；②每股的票面金额；③无记名股票的发行总数；④募集资金的用途；⑤认股人的权利、义务；⑥本次募股的起止期限及逾期未募足时认股人可以撤回所认股份的说明。

所谓认股书，是指由认股人（即投资者）在认购股份时所签订的表示购买一定数额股份的承诺性文件。认股书本质上一种购买合同。我国《公司法》第八十五条规定：发起人向社会公开募集股份，必须公告招股说明书，并制作认股书。认股书应当载明本法第八十六条所列事项，由认股人填写认股数、金额、住所，并签名、盖章。认股人按照所认购股份数缴纳股款。

所谓公司债券募集办法，是指公司在募集资金时所需要对有关事项说明的法定文件。我国《公司法》第一百五十四条规定：发行公司债券的申请经国务院授权的部门核准后，应当公告公司债券募集办法。公司债券募集办法中应当载明下列主要事项：①公司名称；②债券募集资金的用途；③债券总额和债券的票面金额；④债券的利率确定方式；⑤还本付息的期限和方式；⑥债券担保情况；⑦债券的发行价格、发行的起止日期；⑧公司净资产额；⑨已发行的尚未到期的公司债券总额；⑩公司债券的承销机构。

所谓企业债券的募集办法，是指企业在募集资金时所需要对有关事项说明的法定文件。我国《企业债券管理条例》第十三条规定：企业发行企业债券应当制定发行章程（即募集办法）。发行章程应当包括下列内容：①企业的名称、住所、经营范围、法定代表人；②企业近3年的生产经营状况和有关业务发展的基本情况；③财务报告；④企业自有资产净值；⑤筹集资金的用途；⑥效益预测；⑦发行对象、时间、期限、方式；⑧债券的种类和期限；⑨债券的利率；⑩债券的总面额；⑪还本付息方式；⑫审批机关要求载明的其他事项。

所谓隐瞒重要事实或者编造重大虚假内容，是指在股票、公司、企业债券的发行过程中，行为人违反有关法律法规的规定，故意对招股说明书、认股书、公司、企业募集办法中对发行有重要影响的事项做出不真实反映或者虚假陈述的行为。所谓"重要事实"，是指能够影响一般投资者做出投资或者不投资，大量投资或者少量投资决策的，真实反映投资对象的信息。所谓"重大虚假内容"，是指行为人编造有关上述"重要事实"的信息。具体而言，除了上文所列举的具体事项外，还包括诸如故意隐瞒或者虚构公司债务、同业竞争情况、缩小风险因素、正在进行的重大诉讼等内容。

2. 行为人实施了发行股票或者公司、企业债券，数额巨大、后果严重或者有其他严重情节的行为

这里的发行股票或者公司、企业债券，是指行为人依照法定程序向证券主管部门提交有关申报材料后，获得批准发行的情形。

具体而言，股票原始发行的，应向证监会报送募股申请和下列文件：①公司章程；②发起人协议；③发起人姓名或者名称，发起人认购的股份数、出资种类及验资证明；④招股说明书；⑤代收股款银行的名称及地址；⑥承销机构名称及有关的协议。依法聘请保荐人的，还应当报送保荐人出具的发行保荐书。法律、行政法规规定设立公司必须报经批准的，还应当提交相应的批准文件。股票新股发行的，应当向国务院证券监督管理机构报送募股申请和下列文件：①公司营业执照；②公司章程；③股东大会决议；④招股说明书；⑤财务会计报告；⑥代收股款银行的名称及地址；⑦承销机构名称及有关的协议。依照《证券法》规定聘请保荐人的，还应当报送保荐人出具的发行保荐书。公司债券发行的，应当向国务院授权的部门或者国务院证券监督管理机构报送下列文件：①公司营业执照；②公司章程；③公司债券募集办法；④资产评估报告和验资报告；⑤国务院授权的部门或者国务院证券监督管理机构规定的其他文件。依照《证券法》规定聘请保荐人的，还应当报送保荐人出具的发行保荐书。企业债券发行的，应当向审批机关报送下列文件：①发行企业债券的申请书；②营业执照；③发行章程；④经会计师事务所审计的企业近3年的财务报告；⑤审

批机关要求提供的其他材料。企业发行企业债券用于固定资产投资，按照国家有关规定需要经有关部门审批的，还应当报送有关部门的审批文件。

这里的数额巨大、后果严重或者有其他严重情节，是指行为人欺诈发行股票、债券而为犯罪成立的选择性标准。即只要行为人所实施的行为满足三者之一，就构成犯罪。其中，"数额巨大"指的是行为人欺诈发行股票、债券的募集金额巨大。"后果严重"主要指的是行为人欺诈发行股票、债券给国家、社会或者个人带来严重后果，如激化社会矛盾、造成恶劣政治影响、给投资者造成严重经济损失、严重扰乱证券市场的正常管理秩序、引起社会动荡、在国际上造成恶劣影响等。"其他严重情节"主要指的是除数额巨大和后果严重以外的其他影响定罪的情形，如可以包括犯前情节，如在获准发行过程中手段极其卑劣或者其他方面违法犯罪前科；也包括犯中情节，如隐瞒的事实特别重要；还包括犯后情节，如毁灭证据、串供和抗拒审查等。

（三）本罪的主体

本罪的主体为一般主体，即年满 16 周岁、具有刑事责任能力的自然人。单位构成犯罪的，依法追究刑事责任。

（四）本罪的主观方面

本罪的主观方面是故意，包括直接故意和间接故意，即行为人明知在招股说明书、认股书、公司、企业募集办法中隐瞒重要事实或者编造重大虚假内容而发行股票或者公司、企业债券的行为会发生危害国家有关公司、企业发行股票、债券的管理秩序的结果，并且希望或者放任这种结果的发生。如果行为人过失实施了上述行为，则不构成本罪。

三、本罪的立案追诉标准适用指南

根据 2010 年 5 月最高人民检察院、公安部发布的《关于公安机关管辖的刑事案件立案追诉标准的规定（二）》的规定，本罪的立案标准为：

第五条 在招股说明书、认股书、公司、企业募集办法中隐瞒重要事实或者编造重大虚假内容，发行股票或者公司、企业债券，涉嫌下列情形之一的，应予立案追诉：

（一）发行数额在五百万元以上的；

（二）伪造、变造国家机关公文、有效证明文件或者相关凭证、单据的；

（三）利用募集的资金进行违法活动的；

（四）转移或者隐瞒所募集资金的；

（五）其他后果严重或者有其他严重情节的情形。

第八十九条 对于预备犯、未遂犯、中止犯，需要追究刑事责任的，应予立案追诉。

第九十条　本规定中的立案追诉标准，除法律、司法解释、本规定中另有规定的以外，适用于相应的单位犯罪。

第九十一条　本规定中的"以上"，包括本数。

第二节　司法实务认定中的疑难问题

一、如何认定犯罪成立的"时间点"

关于犯罪成立"时间点"的判断，一直以来是司法认定中的重要难点，也是极容易被忽略的问题。之所以存在这样现象，一方面，由于我国刑法《分则》是以犯罪既遂模式设立，[①] 这就导致了理论上关于犯罪成立"时间点"的判断经常被忽略，甚至是被淡化；另一方面，由于司法实践中大多数直接故意犯罪通常体现出结果犯的特征，以致犯罪成立与犯罪既遂之间的界限不能被正确界定。在司法实践中，对犯罪成立"时间点"的认定不仅涉及具体定罪问题，更是关乎具体量刑问题。具体而言，在定罪方面，行为人是否构成犯罪需准确判断犯罪成立的"时间点"；在量刑方面，犯罪成立的"时间点"又影响着直接故意犯罪的停止形态认定，进而影响刑罚的轻重。因此，对该问题的判断是司法认定中的首要问题。

由于本罪行为方式的复杂性且又融合了法定犯的特殊性质，这就进一步加大了该犯罪成立"时间点"的认定困难。根据我国刑法理论通说的观点，犯罪成立的判断标准在于是否满足刑法分则关于犯罪构成的要件。至于是否要齐备刑法分则的构成要件具体要素则是直接故意犯罪停止形态所需探讨的问题。这是两个不同的问题，不能混淆讨论。具体而言，在欺诈发行股票、债券罪中，只要行为人实施了满足犯罪构成的行为时（不存在违法阻却事由的前提下），即犯罪成立。这里需要注意的是，部分学者甚至包括司法工作人员认为，本罪是结果犯，实际出现数额巨大等结果（或者称情节）才能成立犯罪（即排除了行为人主观上以实施数额巨大为目标的客观欺诈发行的犯罪行为，如犯罪预备、中止、未遂都认为不构成犯罪）。本罪属于结果犯固然正确，却忽略了结果犯的本质属性，即在理论上区分不同犯罪类型所要解决的是我国犯罪既遂形态的认定标准问题[②]。准确地说，数额巨大等结果只是危害行为完成后的具体体现。公

---

① 徐光华．论我国刑法分则的立法模式——犯罪既遂与犯罪成立模式之争［J］．刑法论丛，2009（2）：187.

② 李鄂贤．论我国犯罪类型中危险犯的定位问题［J］．湖南科技学院学报，2016（7）：114.

安机关将其结果作为追诉标准正是考虑了危害行为的抽象性特点。换句话说，追诉标准是事后印证犯罪成立的具体依据（限于直接故意犯罪），而犯罪构成则是犯罪成立判断的核心。另外，成立犯罪与是否需要追诉也不是一个问题。事实上，本书所主张的观点不仅具备理论根据，更是具备了法律基础，如《伪劣商品刑案解释》规定："伪劣产品尚未销售的，货值金额达到《刑法》第一百四十条规定中的'销售金额 3 倍以上的'，以生产、销售伪劣产品罪（未遂）定罪处罚。"总而言之，我们不能混淆一个问题的两个方面。

问题是，如何具体判断本罪行为是否满足构成要件？对此，实践中特别要重视区分不同情况进行分析。

一是从本罪的客观方面行为分析。在犯罪的具体客体、主体和主观方面符合的条件下，犯罪成立的"时间点"具体落在了行为人实施的哪些具体行为上？关于这个问题，理论上有不同的争议。一类观点认为，当行为人实施向有关部门提交不真实申报材料的行为时，即犯罪成立。此时，行为人之前在相关法定文件中隐瞒重要事实或者编造重大虚假内容的行为应被评价为犯罪预备。另一类观点认为，行为人在相关法定文件中隐瞒重要事实或者编造重大虚假内容的行为应当被评价为客观方面中的实行行为。此时，行为人之前的准备活动才是预备行为。本书认为，上述的观点都不准确。具体而言，在犯罪具体客体、主体和主观方面符合的条件下，当行为人实施了在相关法定文件中隐瞒重要事实或者编造重大虚假内容的危害行为时，此时犯罪成立且构成犯罪预备，其犯罪实行行为是向有关部门提交不真实申报材料的行为（具备了侵害法益的紧迫性特征）。理由如下：一方面，对该行为的定性具有法律基础。我国刑法《分则》第二十二条明确规定："为了犯罪，准备工具、制造条件的，是犯罪预备。"其中"为了犯罪"是关键点（主观方面符合的情况下），即只要行为人围绕着该意图实施了一系列准备活动即可被评价为犯罪预备。显然，犯罪预备已然是犯罪成立了，其行为是要被追究相应刑事责任的。不过，也有部分人认为，在司法实践，只要行为人尚未向有关部门提交不真实申报材料，就几乎难以证明其行为是否构成犯罪预备，更谈不上是犯罪成立。这里需要强调的是，并不能因为"难以"或者"无法"证明而否定犯罪事实的客观存在。况且，此处要探讨的是刑法问题而不是刑事诉讼法问题，不能将其混为一谈。可以说，上述的观点是在攻击一个不存在的目标。另一方面，对该行为的定性也具备了理论支撑。从刑法理论关于犯罪成立的要求看，只要行为人实施了符合犯罪构成的行为，即犯罪成立。同样，在犯罪具体客体、主体和主观方面符合的条件下，当行为人实施了在相关法定文件中隐瞒重要事实或者编造重大虚假内容的危害行为时，其可以被评价为刑法意义上的危害行为。具体而言，根据我国刑法理论通说的观点，危害行为是指在人的意志或者意识支配下实施的危害社会的身体动静。①
这一定义说明，作为犯罪客观要件的危害行为具有以下三个特征：一是危害行
为在客观上是人的身体动静；二是危害行为在主观上是基于行为人的意志或者
意识支配下的身体动静；三是危害行为在法律上是对社会有危害的身体动静。
当行为人将欺诈发行股票、债券的犯罪意图转化为现实行为时，则其行为就具
备了危害国家有关公司、企业发行股票、债券管理秩序的特征。因此，当行为
人实施了在相关法定文件中隐瞒重要事实或者编造重大虚假内容的危害行为时，
此时犯罪成立。

　　二是从本罪的主观方面分析。在犯罪具体客体、主体和客观方面符合的条
件下，犯罪成立的"时间点"具体落在了行为人实施的哪些具体行为上？具体
而言，当行为人主观方面"暂时"缺失的情况下，即行为人主观上"只想"
（自认为）实施一般的违法行为，但客观上出现了本罪的犯罪结果，实践中该如
何认定犯罪成立的"时间点"？本书认为，对于该问题应结合法定犯的特征进行
具体分析。如前文所述，相对于普通的刑事犯而言，本罪属于典型的法定犯。
即轻微违反证券期货法律法规的行为一般不构成犯罪，属于行政违法的范畴；
严重违反证券期货法律法规的行为也不一定构成犯罪，如果行为没有触及刑事
法律，自然也不认为是犯罪；只有当严重违规行为触犯了刑法有关证券期货犯
罪行为的规定时，才能够被认定为犯罪。行政违法性判断是刑事违法性判断的
前提，刑事违法性判断又相对独立于行政违法性判断。如有学者就指出，"对于
法定犯而言，行政违法性是第一层次判断，刑事违法性是第二层次判断。第二
层次判断依赖于第一层次的判断，但是经过第一层次判断得出的肯定结论，并
不能直接推导出第二层次的结论"。② 因此，要解决上述提到的问题，首先应该
判断的是行为能否成立犯罪。事实上，针对上述的特殊情形，只要行为人具备
了一般违法的故意，那么也就具备了犯罪的故意。这是由于法定犯本身的特点
所决定。换句话说，当客观上出现犯罪结果时，行为人的犯罪故意与一般违法
故意就具备了包容评价的关系。此时，一般违法故意可以被包容评价为犯罪故
意，至少可以认为是间接故意。从理论上看，上述的特殊情形成立犯罪并没有
不妥。在解决了犯罪能够成立的问题后，接下来就可以对犯罪成立的"时间点"
进行判断。与上文提到的情形一样，在犯罪客体、主体和主观方面符合的条件
下，当行为人实施了在相关法定文件中隐瞒重要事实或者编造重大虚假内容的
危害行为时，此时犯罪成立且构成犯罪预备，其犯罪实行行为是向有关部门提
交不真实申报材料的行为（具备了侵害法益的紧迫性特征）。

①　高铭暄、马克昌主编. 刑法学（第七版）[M]. 北京大学出版社，2016：64-65.
②　时延安. 行政处罚权与刑罚权的纠葛及其厘清 [J]. 东方法学，2008（4）：103.

二、故意遗漏"重大担保"是否构成刑法中的欺诈

从我国《刑法》以及相关法律法规的规定看，欺诈发行股票、债券的行为本质上违反了有关信息披露的义务。在股票、债券的发行环节中，相关信息披露是一般投资者做出投资或者不投资、大量投资或者少量投资决策的重要依据之一。因此，信息披露是整个证券发行中最为关键的部分。

近年来，证券市场上欺诈发行的违法犯罪现象十分严重，继 A 股之后，创业板成为欺诈发行的重灾区。[①] 为进一步严格规范证券发行秩序，2015 年 12 月 30 日，证监会令第 121 号通过了《关于修改〈证券发行与承销管理办法〉的决定》第二十八条的规定："发行人和主承销商在发行过程中，应当按照证监会规定的要求编制信息披露文件，履行信息披露义务。发行人和承销商在发行过程中披露的信息，应当真实、准确、完整、及时，不得有虚假记载、误导性陈述或者重大遗漏。"同日，证监会令第 123 号通过了《关于修改〈首次公开发行股票并在创业板上市管理办法〉的决定》。其中，第三十一条明确规定："中国证监会制定的创业板招股说明书内容与格式是信息披露的最低要求。不论准则是否有明确规定，凡是对投资者做出投资决策有重大影响的信息，均应当予以披露。"从上述的规定可以看出，立法者最大限度地扩张了信息披露的范围，有效地保护了广大投资者的合法权益。

在证券发行的过程中，存在各式各样的欺诈手段。其中，故意遗漏"重大担保"就是较为常见的欺诈方式之一。由于该类型的欺诈方式有其特殊性，有必要在这里进行探讨。以公司债券的发行为例，行为人故意遗漏"重大担保"的行为是否构成刑法中的欺诈？本书认为，对此行为应当区分不同情形进行认定。

情形一：报送审核前，在公司债券募集办法中故意遗漏"重大担保"的行为。

根据我国现行《证券法》第十七条的规定：申请公开发行公司债券，应当向国务院授权的部门或者国务院证券监督管理机构报送下列文件：①公司营业执照；②公司章程；③公司债券募集办法；④资产评估报告和验资报告；⑤国务院授权的部门或者国务院证券监督管理机构规定的其他文件。依照《证券法》规定聘请保荐人的，还应当报送保荐人出具的发行保荐书。其中，债券募集办法是公司公开发行债券的核心文件，该文件对投资者的决策有着直接影响。关于公司债券募集办法的具体规定，体现在了 2015 年 1 月 15 日证监会第 113 号通过的《公司债券发行与交易管理办法》之中。该法第四条规定："发行人及其他

---

① 皮海洲. 创业板为何成为欺诈发行的重灾区 [J]. 金融经济，2016（13）：33 - 34.

信息披露义务人应当及时、公平地履行披露义务，所披露或者报送的信息必须真实、准确、完整，不得有虚假记载、误导性陈述或者重大遗漏。"

从上述的规定可以看出，行为人在公司债券募集办法中故意遗漏"重大担保"的欺诈行为是被明确禁止的。该行为是否构成刑法中的欺诈发行？本书认为，由于担保的特殊性，应区分不同情况加以认定。刑法《分则》第一百六十条中的"隐瞒重要事实"和"编造重大虚假内容"主要是指能够影响一般投资者作出投资决策的情形。如果行为人在公司债券募集办法中故意遗漏"重大担保"的行为根本不影响一般投资者的投资决策（如被担保人提供与其相对应价值的抵押物），那么该行为也自然不构成刑法意义上的欺诈发行。反之，如果行为人在公司债券募集办法中故意遗漏的"重大担保"存在重大瑕疵，严重影响了一般投资者的投资决策，那么该行为就构成了刑法意义上的欺诈发行。

情形二：审核批准后，在债券承销期间故意不及时披露"重大担保"的行为。

从证监会发布的《公开发行证券的公司信息披露内容与格式标准》看，其中第23号文本——《公开发行公司债券募集说明书（2015年修订）》明确了发行人在债券承销期间的信息披露义务。其中，第二十一条第二款规定："发行申请核准后，公司债券发行结束前，发行人发生重大事项，导致可能不再符合发行条件的，应当暂缓或者暂停发行，并及时报告中国证监会。影响发行条件的，应当重新履行核准程序。"第四十五条规定："公开发行公司债券的发行人应当及时披露债券存续期间内可能影响偿债能力或者债券价格的重大事项。重大事项包括：……（五）发行人当年累计新增借款或对外提供担保超过上年末净资产的百分之二十；……（十）保证人、担保物或者其他偿债保障措施发生重大变化；……"

从上述的规定可以看出，行为人在公司债券承销期间不及时披露"重大担保"的欺诈行为是被明确禁止的。虽然在报送相关材料审核时，行为人故意遗漏"重大担保"的行为并不影响投资者的投资决策且通过核准，但对公司债券发行资质的审查不只是停留在提交审核阶段，更是贯穿到了整个债券承销期间。因此，如果行为人所遗漏的"重大担保"事实在承销期间发生了足以影响投资者投资决策的重大变化，那么其不及时披露有关信息的行为就会构成刑法意义上的欺诈发行。针对上述情形，行为人在承销期间应当及时披露有关"重大担保"的以下信息：根据2016年1月17日证监会3号公告发布的《关于公开发行公司债券的上市公司年度报告披露的补充规定》第五项第二款："（一）提供保证担保的，如保证人为法人或者其他组织，应当披露保证人报告期末的净资产额、资产负债率、净资产收益率、流动比率、速动比率等主要财务指示（并注明相关财务报告是否经审计），保证人资信状况、累计对外担保余额以及累计对外担保余额占其净资产的比例；如保证人为自然人，应当披露保证人资信状况、代偿能力、资产受限情况、对外担保情况以及可能影响保证权利实现的其他信息；保证人为发行人控股股东或实际控制人的，还应当披露保证人所拥有的除发行人股权外的其他主要资产，以及该部分资产的权利限制及是否存在后续权利限制安排。上市公司应当着重说明保证人情况与上一年度（或募集说明书）披露情况的变化之处。（二）提供抵押或质押担保的，应当披露担保物的价值（账面价值和评估值，注明评估时点）变化情况，已经担保的债务总余额以及抵（质）押顺序，报告期内担保物的评估、登记、保管等情况。……"

三、如何适用"后果严重""其他严重情节"的定罪标准

从我国刑法《分则》第一百六十条的规定看，"数额巨大""后果严重"或者"有其他严重情节"是刑事立案的三大标准。根据 2010 年 5 月最高人民检察院、公安部发布的《关于公安机关管辖的刑事案件立案追诉标准的规定（二）》第五条规定，涉嫌下列情形之一的，应予以立案追诉：①发行数额在五百万元以上的；②伪造、变造国家机关公文、有效证明文件或者相关凭证、单据的；③利用募集的资金进行违法活动的；④转移或者隐瞒所募集资金的；⑤其他后果严重或者有其他严重情节的情形。从上述的规定看，如果行为人实施犯罪的发行数额没有达到 500 万元，那么也可以适用②～④项中"后果严重"或者"其他严重情节"等情形进行追诉。

问题是，该追诉标准中仅明确列举了三项关于"后果严重""其他严重情节"的具体规定，这与司法实践的追诉情形并不完全一致。具体而言，由于追诉标准中设置了兜底性条款，司法机关可以根据案件的现实情况做出立案的选择。从这个角度看，司法机关拥有一定的司法解释权。当然，这种相对的司法解释权并不是毫无根据地进行追诉，而是根据大量的司法实践形成的。从目前的追诉实践看，本罪的立案标准越趋严格。例如，在 2001 年最高人民检察院、公安部印发的《关于经济案件追诉标准的规定》中（已失效），本罪关于发行数额的规定为 1 000 万元。而现行的《关于公安机关管辖的刑事案件立案追诉标准的规定（二）》将其调整为 500 万元。又如，2008 年最高人民法院、最高人民检察院、公安部、中国证券监督管理委员会联合发布了《关于整治非法证券活动有关问题的通知》，该通知明确要求对非法证券活动进行从严打击。由此可见，本罪中对"后果严重"和"其他严重情节"的适用范围有日渐扩张的趋势。根据司法追诉实践，本书总结了以下几种关于"后果严重"和"其他严重情形"的适用范围（仅作为参考）："①由于欺诈发行股票、公司、企业债券行为，使得该上市公司股票价格严重扭曲，造成上市公司重大经济损失或者倒闭破产的。这种经济损失可以用金钱来衡量，经济损失可考虑在该上市公司股票市值10%

~20%之间；②欺诈发行股票、公司、企业债券数额（巨大），达到公司、企业净资产总额的30%的；③因欺诈发行股票的公司负债经营给其他投资者造成严重经济损失或者因此转入亏损或者濒临倒闭、破产状态、致使众多个人投资者在经济上损失严重。这里的众多个人投资者应为10~50人以上；④因欺诈发行股票、公司、企业债券致使个人投资者生活陷入困境的，或者因其虚假发行行为导致众多购买者重大损失，引起多人上访、游行、闹事，影响社会治安的，造成多名（2名以上）投资者精神失常或者自杀的；⑤与跨国证券犯罪集团联合，在海外证券市场欺诈发行股票、公司、企业债券的，给当地证券市场的正常交易秩序造成严重影响，造成国际证券市场恶劣影响的；⑥由于欺诈发行股票、公司、企业债券行为，引发证券市场其他股票价格剧烈波动，致使该股票呈现连续5个交易日涨停板行情的等……"①

四、本罪与擅自发行股票、公司、企业债券罪的界限

擅自发行股票、公司、企业债券罪，是指未经国家有关主管部门批准，擅自发行股票或者公司、企业债券，数额巨大、后果严重或者有其他严重情节的行为。本罪与擅自发行股票、公司、企业债券罪存在诸多相似之处：一是两罪所侵犯的客体相同，即都是侵犯了国家对发行股票、公司、企业债券的管理秩序；二是两罪的犯罪主体相同，即都为一般主体，包括年满16周岁、具有刑事责任能力的自然人或者单位；三是两罪的主观方面相同，即都是故意犯罪；四是两罪的刑罚种类和幅度相同，即都规定了"处五年以下有期徒刑或者拘役，并处或者单处非法募集资金金额百分之一以上百分之五以下罚金。单位犯前款罪的，对单位判处罚金，并对其直接负责的主管人和其他直接责任人员，处五年以下有期徒刑或者拘役"。

虽然本罪与擅自发行股票、公司、企业债券罪有很多相同之处，但两罪之间存在明显的区别，主要表现在客观方面的不同。欺诈发行股票、债券罪的客观方面表现为：行为人在招股说明书、认股书、公司、企业债券募集办法中隐瞒重要事实或者编造重大虚假内容，以欺骗的方式获得国家有关主管部门的核准发行权；而擅自发行股票、公司、企业债券罪的客观方面表现为：行为人未经国家有关主管部门的核准，私自发行股票、公司、企业债券（其中，私自发行包括未经批准，不具有发行资格而私自发行股票或者公司、企业债券和具有合法发行资格但违反《证券法》等法律法规规定发行股票或者公司、企业债券）。具体而言，在犯罪对象方面，欺诈发行股票、债券罪的犯罪对象主要是招股说明书、认股书、公司、企业债券募集办法；而擅自发行股票、公司、企业

---

① 顾雷．上市公司证券违规犯罪解析［M］．中国人民公安大学出版社，2009：279．

债券罪的犯罪对象主要集中在股票、公司、企业债券等有价证券。在行为方式上，欺诈发行股票、债券罪的行为方式主要是通过在招股说明书、认股书、公司、企业债券募集办法中隐瞒重要事实或者编造重大虚假内容以欺骗国家有关主管部门的核准发行权；而擅自发行股票、公司、企业债券罪的行为方式则主要表现为未经国家有关主管部门的批准，私自或者变相发行股票、公司、企业债券。

由于司法实践的复杂性，关于两罪的界分特别需要注意具体情况具体分析。比如说，行为人不具备法定的发行股票、公司、企业债券资质，在招股说明书、认股书、公司、企业募集办法中隐瞒重要事实或者编造重大虚假内容，以骗取国家有关主管部门核准发行的情形。对于该行为如何认定？是认定为欺诈发行股票、债券罪？还是认定为擅自发行股票、公司、企业债券罪？或者是对两罪进行数罪并罚？本书认为，对于上述情形应运用刑法关于罪数的理论来解决。具体而言，应当以想象竞合犯的处断原则定罪处罚。想象竞合犯，是指基于一个犯意且两种以上罪过支配下（不同罪过同时相互作用）而实施的一个危害行为（行为整体），触犯数个罪名。所谓实施一个危害行为，是指基于同一犯意，在两种以上罪过支配下实施的一个危害行为整体。如行为人甲基于杀死乙的意图朝乙开一枪，打死了乙同时也打伤了丙。在上述情形中，行为人基于欺诈发行证券的犯意，实施了骗取国家有关主管部门核准发行权的行为（实质上是未经批准），既触犯了欺诈发行股票、债券罪，也触犯了擅自发行股票、公司、企业债券罪，构成想象竞合犯。对于想象竞合犯，我国刑法理论界通说主张"从一重处断原则"，即依照行为触犯的数个罪名中法定刑较重的犯罪定罪处罚，而不实行数罪并罚。

五、本罪与集资诈骗罪的界限

集资诈骗罪，是指以非法占有为目的，使用诈骗方法非法集资，骗取集资款数额较大的行为。本罪与集资诈骗罪存在诸多相似之处：一是两罪的犯罪手段相同，即行为人均采用了虚假的手段；二是两罪的犯罪结果相同，即行为人非法向社会公众募集资金；三是两罪都是故意犯罪，即行为人明知自己的行为会发生危害社会的结果，并且希望或者放任这种结果的发生；四是两罪的犯罪主体相同，即为一般主体，包括年满16周岁、具有刑事责任能力的自然人或者单位。

虽然本罪与集资诈骗罪有很多相同之处，但两罪之间存在明显的区别，主要表现在以下几个方面：一是两罪的侵犯客体不同。欺诈发行股票、债券罪所侵犯的客体为国家有关公司、企业发行股票、债券的管理秩序；而集资诈骗罪所侵犯的客体为国家有关金融市场管理秩序和公私财产所有权。二是两罪的客观方面表现不同。欺诈发行股票、债券罪的行为方式仅限于在招股说明书、认股书、公司、企业债券募集办法中隐瞒重要事实或者编造重大虚假为容，以发行股票、公司、企业债券的方式向社会公众募集资金；而集资诈骗罪的行为方式则表现为未经有权机关批准，以诈骗的方法向社会公众非法募集资金。其诈骗方式多种多样，实践中常见的非法集资行为主要有：通过发行有价证券的形式非法集资、通过发行会员证（会员卡、优惠卡）的方式非法集资、通过发行债务凭证的方式非法集资、通过发行受益凭证的方式非法集资、通过发行彩票的方式非法集资、通过签订商品销售等经济合同的方式非法集资、通过将物业、地产等分化，出让其处置权的方式非法集资、通过开发果园或者庄园的形式非法集资、利用传销的方式非法集资、采用秘密串联的方式非法集资、采用民间"会""社"等形式非法集资，以地下银行、地下钱庄形式非法集资。① 三是两罪的主观故意的内容不同。欺诈发行股票、债券罪的主观意图是为了筹集生产、经营资金，并无非法占有公私财物的目的；而集资诈骗罪的主观意图往往是借筹集生产、经营资金之名，行非法占有公私财物之实。在《全国法院审理金融犯罪案件工作座谈会纪要》中，明确指出了以非法占有为目的而非法集资或者在非法集资过程中产生了非法占有他人资金故意的，均构成集资诈骗罪。在司法实践中，要准确判断行为人是否具有非法占有他人财物的意图，需注意以下两点：一方面，要查明行为人在实施发行证券的过程中是否具有一定的盈利或者偿还能力。具体而言，欺诈发行股票、公司、企业债券的行为人在证券发行过程中是具有一定的盈利或者偿还能力的。即使因管理不善或者客观经营环境发生重大变化而导致严重亏损，其公司、企业的厂房、机器设备等固定资产仍使其具备一定的偿还能力。而集资诈骗的行为人根本就不具备盈利或者偿还能力，其经营的基本上是一些"皮包公司""三无公司"。另一方面，要查明行为人如何使用募集到的资金。欺诈发行股票、公司、企业债券的行为人通常将所募集资金用于生产经营等活动；而集资诈骗的行为人往往将所募集资金用于个人挥霍、隐匿、转移或者携款潜逃等，并不会将其资金用于正常的生产经营。四是两罪的构成犯罪数额不同。欺诈发行股票、债券罪的追诉标准为数额巨大，而集资诈骗罪的追诉标准为数额较大。五是两罪的刑罚处罚不同。触犯欺诈发行股票、债券罪的处五年以下有期徒刑或者拘役，并处或者单处非法募集资金金额百分之一以上百分之五以下罚金。单位犯前款罪的，对单位判处罚金，并对其直接负责的主管人员和其他直接责任人员，依照前款规定处罚，处五年以下有期徒刑或者拘役。触犯集资诈骗罪的，处五年以下有期徒刑或者拘役，并处二万元以上二十万元以下罚金；数额巨大或者有其他严重情节的，处五年以

---

① 赵秉志. 金融诈骗罪新论［M］. 人民法院出版社，2001：86－99.

上十年以下有期徒刑，并处五万元以上五十万元以下罚金；数额特别巨大或者有其他特别严重情节的，处十年以上有期徒刑或者无期徒刑，并处五万元以上五十万元以下罚金或者没收财产。

第三节　典型司法案例解析

——云南"绿大地"公司欺诈发行股票案

一、基本案情回顾

2001 年 3 月，云南绿大地生物科技股份有限公司成立，前身为云南河口绿大地实业有限责任公司，是由绿大地原董事长何学葵一手做大的云南绿化苗木种植龙头企业，也是云南首家上市的民营企业。绿大地于 2007 年 12 月 21 日在深圳证券交易所上市。2011 年 3 月 18 日，绿大地公告称其前控股股东、董事长何学葵因涉嫌欺诈发行罪被逮捕，其四名高管也因此涉入其中。

2011 年 9 月 6 日，云南绿大地案件在昆明市官渡区人民法院开庭审理。

经审理查明，2004 年至 2009 年期间，被告人何学葵、蒋凯西、庞明星共同策划让被告单位云南绿大地公司发行股票并上市，由被告人赵海丽、赵海艳登记注册了一批由云南绿大地公司实际控制或者掌握银行账户的关联公司，并利用相关银行账户操控资金流转。云南绿大地公司为达到虚增销售收入和规避现金交易、客户过于集中的目的，在何学葵、蒋凯西、庞明星的安排下，由赵海丽利用银行空白进账单，填写虚假资金支付信息后，私刻银行印章加盖于单据上，伪造了各类银行票证共计 74 张，并采用伪造合同、发票、工商登记资料等手段，少付多列，将款项支付给其控制的公司，虚构交易业务、虚增资产7 011.4万元、虚增收入 29 610 万余元。云南绿大地公司招股说明书中包含了上述虚假内容。2007 年 12 月 21 日被告单位云南绿大地公司在深圳证券交易所首次发行股票并上市，非法募集资金达 3.4629 亿元。2007 年 12 月 21 日云南绿大地公司上市后，依法负有向股东和社会公众如实披露真实信息的义务，但该公司经何学葵、蒋凯西、庞明星共同策划，赵海丽、赵海艳具体实施，采用伪造合同、伪造收款发票等手段虚增公司资产和收入，多次将上述虚增的资产和收入发布在云南绿大地公司的半年报告及年度报告中。

法院经审理后认为，被告单位绿大地公司及五个被告人的行为构成欺诈发行股票罪，依法应予追究刑事责任；同时认为，公诉机关当庭出示的证据证实，绿大地公司虚增资产和虚增营业收入的数额达不到当期披露资产和虚增营业收入总额的 30%，依法不能以违规披露重要信息罪追究被告单位及五个被告人的刑事责任。法院遂于 2011 年 11 月 3 日做出一审判决。

以犯欺诈发行股票罪判处云南绿大地生物科技股份有限公司罚金人民币四百万元；以犯欺诈发行股票罪分别判处被告人何学葵有期徒刑三年，缓刑四年；判处蒋凯西有期徒刑三年，缓刑四年；判处庞明星有期徒刑二年，缓刑三年；判处赵海丽有期徒刑二年，缓刑三年；判处赵海艳有期徒刑一年，缓刑二年。

一审判决生效后，昆明市人民检察院于 2012 年 1 月 20 日向昆明市中级人民法院提起抗诉。

抗诉机关认为，本案持续造假时间长、犯罪性质恶劣、非法募集资金数额特别巨大，社会危害极其严重，判决虽在法定幅度内量刑，但明显偏轻，且未区分五个被告人在犯罪中的地位和作用一律判处缓刑不符合法律规定，仅对绿大地公司判处 400 万元的罚金也明显偏轻，罚不当罪。另外，被告单位绿大地公司在 2007 年至 2009 年的年度财务会计报告中，三次违规披露重要信息，已达到"多次"的立案追诉标准，应当认定被告单位绿大地公司及各被告人构成违规披露重要信息罪。

抗诉机关同时认为，根据《最高人民法院、最高人民检察院、中国证监会关于办理证券期货违法犯罪案件工作若干问题的意见》第十条之规定，涉嫌证券期货犯罪的第一审案件，应由中级人民法院管辖，同级人民检察院负责提起公诉，原审审级违法。

昆明市中级人民法院受理该案后，组成合议庭按审判监督程序依法进行再审。该院经审理后认为：

被告单位云南绿大地公司、被告人何学葵等五人在招股说明书中编造重大虚假内容，发行股票，非法募集资金达 3.4629 亿元，其行为构成欺诈发行股票罪。云南绿大地公司多次违规向社会公众披露虚假信息，严重损害了股东及其他人的利益，何学葵、蒋凯西等五个被告人应对此承担刑事责任。云南绿大地公司伪造银行进账单，故意销毁依法应当保存的会计凭证等行为构成伪造金融票证罪和故意销毁会计凭证罪（2010 年 3 月，在中国证监会立案调查绿大地公司期间，云南绿大地公司为掩盖公司财务造假的事实，在何学葵的指示下，赵海丽将依法应当保存的 66 份会计凭证替换并销毁），何学葵等人分别作为负责的主管人员或其他直接责任人，均应承担相应刑事责任。据此，昆明市中级人民法院作出判决。

以被告单位云南绿大地公司犯欺诈发行股票罪、伪造金融票证罪、故意销毁会计凭证罪，判处罚金 1 040 万元。被告人何学葵犯欺诈发行股票罪、伪造金融票证罪、违规披露重要信息罪、故意销毁会计凭证罪，数罪并罚，决定执行有期徒刑十年，并处罚金 60 万元。被告人蒋凯西犯欺诈发行股票罪、伪造金融票证罪、违规披露重要信息罪，数罪并罚，决定执行有期徒刑六年，并处罚金 30 万元。被告人庞明星犯欺诈发行股票罪、伪造金融票证罪、违规披露重要信息罪，数罪并罚，决定执行有期徒刑五年，并处罚金30万元。被告人赵海丽犯欺诈发行股票罪、伪造金融票证罪、违规披露重要信息罪、故意销毁会计凭证罪，决定执行有期徒刑五年，并处罚金30万元。被告人赵海艳犯欺诈发行股票罪、违规披露重要信息罪，数罪并罚，决定执行有期徒刑二年零三个月，并处罚金5万元。

（案例来源：云南省昆明市中级人民法院网）

二、本案争议焦点及评议

（一）本案的定罪方面是否准确

定罪又称认定犯罪，是指司法机关依照刑事诉讼程序，确定犯罪嫌疑人、被告人的行为与法定的犯罪构成是否相符合的刑事司法活动。定罪与量刑具有密切的联系，正确定罪是正确量刑的前提和保证。[①] 关于本案中的定罪问题，各方有着不同看法。

一类观点认为，在本案再审判决中，对各被告人实行数罪并罚有失偏颇。具体而言，以被告人何学葵为例，再审法院认为该被告触犯了欺诈发行股票罪、伪造金融票证罪、违规披露重要信息罪、故意销毁会计凭证罪，对其实行数罪并罚，决定执行有期徒刑十年，并处罚金60万元。其中，被告人以实施欺诈发行股票为目的，其方法行为（伪造金融凭证）又触犯了刑法中的其他罪名。这类行为是典型的牵连犯，属于刑法中处断的一罪而并非数罪。另外，被告人在被查处期间，故意销毁相关会计凭证属于事后不可罚的行为，不应以数罪论处。

另一类观点认为，在本案再审判决中，对各被告人实行数罪并罚符合刑法有关理论和相关规定。其中，虽然被告人何学葵以实施欺诈发行股票为目的，其方法行为（伪造金融凭证）又触犯了刑法中的其他罪名，但其目的行为与方法行为仅具有逻辑上的牵连关系而并不属于刑法中的牵连犯。这类行为并不能按照处断的一罪进行处罚而应以数罪并罚论处。另外，被告人在被查处期间，故意销毁相关会计凭证又侵犯了新的法益，不属于事后不可罚的行为，应对其实行数罪并罚。

本书认为，后者的观点相对可取，再审法院的定罪方面较为准确。根据我国刑法中数罪并罚的特点，适用数罪并罚的前提是行为人必须犯有数罪。所谓数罪，是指实质上的数罪、或者数个非实质数罪、或者实质上的罪与非实质数罪的结合。实质上的数罪，是指不依附于其他犯罪，刑法能够独立评价的罪；非实质数罪，是指根据刑法学中的罪数理论，即指一行为在刑法上规定为一罪

---

① 赵秉志. 当代刑法学［M］. 中国政法大学出版社，2009：289－293.

或者处理时作为一罪的情形，如继续犯、想象竞合犯、集合犯、结合犯、连续犯、牵连犯、吸收犯。上述争议中所提到的牵连犯正是非实质数罪的范畴，其属于处断的一罪。问题是，如何判断牵连犯的数个行为是否具有刑法意义上的牵连关系？在刑法理论上通常有主观说、客观说和折中说的分歧。① 主观说认为，有无牵连关系应以行为人的主观意思为标准，即行为人主观意思上以手段或结果的关系使其与本罪发生牵连，即为有牵连关系。客观说认为，有无牵连关系应以客观的事实是否具有牵连性质为标准。该说内部又有不同主张：有的认为只有触犯其他罪名的方法行为或者结果行为属于其犯罪构成的一部分，才能认为有牵连关系；有的认为触犯其他罪名的方法行为或者结果行为同所实施的犯罪具有不可分离的关系，就是有牵连关系。折中说认为，本罪与方法行为或者结果行为的牵连关系，应当从主客观两方面考察，即行为人在主观上具有牵连的意思，在客观上具有通常的方法或者结果关系。另外，还有一种颇有见地的学说认为，即类型说，根据刑法规定与司法实践，将牵连关系的手段和目的、原因与结果的关系类型化，只有具有类型化的手段与目的、原因与结果的关系时，才存在牵连关系。② 本书认为，类型说既克服了主观说和客观说的片面性，同时又对折中说界定的牵连关系作了适当限制，较为可取。在本案中，被告人所实施的欺诈发行行为与伪造金融凭证行为并不具有刑法规定和司法实践中的类型化特点。因此，可以认为其目的行为与方法行为不具有刑法意义上的牵连关系，应对两个犯罪行为实行数罪并罚（刑法分则无特别规定的情况下）。事实上，本书的主张也得到了相关刑法规定的支持，如《刑法》第一百九十八条规定，为骗取保险金而故意杀害投保人的（其目的行为与方法行为不具有类型化、通常性特征），依照数罪并罚的规定处罚。另外，事后不可罚行为，是大陆法系刑法学罪数形态类型之一，指在状态犯的场合，利用该犯罪行为的结果的行为，如果孤立来看，符合其他犯罪的构成要件，具有可罚性，但由于被综合评价在该状态犯中，故没必要认定为成立其他犯罪。③ 具体而言，有学者提出："事后不可罚行为是指状态犯的行为人利用前犯罪行为所造成的违法状态，对已受侵害的同一个法益再次实施的可以独立成罪的侵害行为，属实质一罪。事后不可罚行为的法律性质在于，虽然其与前行为触犯了不同的刑法规范，形式上符合数罪的特征，但因为该数罪共用同一个法益，故为不完整的数罪，只论以其中较重一罪，就能完全评价前后行为所实现的不法与罪责内涵。"④ 在本

---

① 高铭暄、马克昌主编. 刑法学（第七版）[M]. 北京大学出版社，2016：195.
② 赵秉志. 刑法总论（第二版）[M]. 中国人民大学出版社，2012：275.
③ 张明楷. 外国刑法纲要 [M]. 清华大学出版社，1999：346.
④ 张莉琼、杨广琦. 论事后不可罚行为的法律性质 [J]. 甘肃社会科学，2011（1）：214.

案中，被告人在被查处期间，故意销毁相关会计凭证又侵犯了新的法益而不是共用的同一法益。因此，其后行为不属于事后不可罚的行为，应对其实行数罪并罚。

（二）本案的量刑方面是否恰当

在本案一审判决中，对云南绿大地公司以及各被告人所判处刑罚是否存在量刑偏轻问题，各方有着较大的争议。① 辩护方团队认为："生效的一审法院判决量刑在法定刑以内，符合法律的规定。认为官渡区法院的判决和国内其他案例的判决也是一致的，符合同案同判。官渡区法院对 5 名被告的定性量刑准确，不存在量刑偏轻。"昆明市检察院公诉人认为："面对如此恶劣的资本市场欺诈行为，官渡区法院的判决偏轻，只是'蜻蜓点水般匆匆掠过'，给予被告人不痛不痒的处罚，这无异于在鼓励造假。"

本书认为，一审法院对被告单位判处 400 万元罚金以及各被告人判处 3 年以下（含本数）有期徒刑并且适用缓刑的裁判确实有不妥之处，具体表现在以下几点：一是有期徒刑刑期不合理。在本案中，各被告人欺诈发行股票的涉案金额高达 3.4629 亿元，属于数额特别巨大且犯罪性质恶劣、波及范围特别广、社会危害性极其严重。针对这种情形，应根据刑法第一百六十条的规定做出顶格处罚，即对部分罪行极其严重的被告人适用五年有期徒刑。另外，一审判决并没有严格区分各被告人在共同犯罪中的地位和作用，量刑方面没有具体体现出主从犯的差异性。二是适用缓刑不符合实质条件。缓刑，是指暂缓刑罚的执行并规定在一定的考验期内实行社区矫正（即对犯罪分子不予以关押的非监禁刑），如果被宣告缓刑者在考验期内没有发现法律规定应当撤销的事由，原判刑罚就不再执行的制度。根据我国《刑法》第七十二条的规定：对于被判处拘役、三年以下有期徒刑的犯罪分子，同时符合下列条件的，可以宣告缓刑，对其中不满十八周岁的人、怀孕的妇女和已满七十五周岁的人，应当宣告缓刑：①犯罪情节较轻；②有悔罪表现；③没有再犯罪的危险；④宣告缓刑对所居住社区没有重大不良影响。在一审判决中，各被告人均被判处了三年以下有期徒刑。虽然各被告人在形式上符合了适用缓刑的条件，但其并不具备适用缓刑的实质条件。一方面，各被告人欺诈发行股票所非法募集的金额高达 3 亿余元且受害者范围特别广泛，其行为不具有犯罪情节较轻的表现；另一方面，在中国证监会立案调查绿大地公司期间，云南绿大地公司为掩盖公司财务造假的事实，在何学葵的指示下，赵海丽将依法应当保存的 66 份会计凭证替换并销毁，其行为也不具有悔罪的表现。因此，一审判决对各被告人适用缓刑存在不当之处。三

---

① 参见："云南绿大地案再审，案件审级存争议"，http：//www.legaldaily.com.cn/gallery/content/2012-03/16/content_3436487.htm，访问日期：2017 年 4 月 28 日。

是罚金数额明显偏低。根据我国《刑法》第一百六十条的规定："在招股说明书、认股书、公司、企业债券募集办法中隐瞒重要事实或者编造重大虚假内容，发行股票或者公司、企业债券，数额巨大、后果严重或者有其他严重情节的，处五年以下有期徒刑或者拘役，并处或者单处非法募集资金金额百分之一以上百分之五以下罚金。单位犯前款罪的，对单位判处罚金，并对其直接负责的主管人员和其他直接责任人员，依照前款规定处罚，处五年以下有期徒刑或者拘役。"在本案中，各被告人欺诈发行股票所非法募集的金额高达 3.4629 亿元。虽然一审法院对"绿大地"公司判处 400 万元罚金基本上符合了刑法规定的最低比例要求，但其罚金数额总体上不能与犯罪分子所犯的罪行相适应。

针对控辩双方关于量刑方面的争议，昆明市中级人民法院进行了再审审理。从再审的结果看，法院重新调整了对被告单位以及各被告人的刑罚处罚，即有条件、有层次地提高了有期徒刑刑期、撤销了对各被告人的缓刑适用和进一步提升了罚金的数额。从总体上看，本案的量刑基本上符合了刑法中的罪责刑相适应原则。

第六章

违规披露、不披露重要信息罪

第一节　罪名、犯罪构成及立案追诉标准

一、概念与罪名渊源

（一）概念

违规披露、不披露重要信息罪，是指依法负有信息披露义务的公司、企业向股东和社会大众提供虚假的或者隐瞒重要事实的财务会计报告，或者对依法应当披露的其他重要信息不按照规定披露，严重损害股东或者其他人利益，或者有其他严重情节的行为。

（二）罪名渊源

1979 年《刑法》对违规披露、不披露重要信息的行为没有规定。为了能够有效地配合 1994 年 7 月 1 日开始施行的《公司法》，1995 年 2 月 28 日全国人大常委会第十二次会议通过了《关于惩治违反公司法的犯罪决定》（单行刑法）。该决定第四条规定："公司向股东和社会公众提供虚假的或者隐瞒重要事实的财务会计报告，严重损害股东或者其他人利益的，对直接负责的主管人员和其他直接责任人员，处三年以下有期徒刑或者拘役，可以并处二十万元以下罚金。"1997 年修订《刑法》时进一步吸收了上述有关规定，并在罚金刑的起点和适用方式上进行了修改补充。即 1997 年《刑法》第一百六十条规定："公司向股东和社会公众提供虚假的或者隐瞒重要事实的财务会计报告，严重损害股东或者其他人利益的，对直接负责的主管人员和其他直接责任人员，处三年以下有期徒刑或者拘役，并处或者单处二万元以上二十万元以下罚金。"随着我国金融市场的逐步发展和完善，司法实践中也出现了一些新情况，亟须更新刑法相关规定。法律委员会经同国务院法制办、中国证监会等部门研究，建议将这一条增加的规定与刑法第一百六十条已有的规定合并。"[①] 即现行《刑法》第一百六十一条的规定为："依法负有信息披露义务的公司、企业向股东和社会大众提供虚假的或者隐瞒重要事实的财务会计报告，或者对依法应当披露的其他重要信息不按照规定披露，严重损害股东或者其他人利益，或者有其他严重情节的，对直接负责的主管人员和其他直接责任人员，处三年以下有期徒刑或者拘役，并处或者单处二万元以上二十万元以下罚金。"2007 年 10 月 25 日，最高人民法院、最高人民检察院发布了《关于执行〈中华人民共和国刑法〉确定罪名的补

---

① 高铭暄、赵秉志. 新中国刑法立法文献资料总览（第二版）［M］. 中国人民公安大学出版社，2015：809.

充规定（三）》，将修改后的《刑法》第一百六十一条的罪名确定为"违规披露、不披露重要信息罪"，取消了"提供虚假财会报告罪"的罪名。

二、本罪的犯罪构成要件

（一）本罪的客体

本罪侵犯的客体是国家关于公司、企业的财会报告及其他重要信息的管理秩序。该相关管理秩序的核心在于信息披露制度。理论上，凡涉及投资者利益的信息均属于信息披露范围之列，可分为证券发行的信息披露和持续性信息披露。法律上，信息披露的范围主要包括了招股说明书、公司债券募集办法、财务会计报告、上市报告文件、年度报告、中期报告、季度报告、临时报告等资料。我国《证券法》第六十三条规定："发行人、上市公司依法披露的信息，必须真实、准确、完整，不得有虚假记载、误导性陈述或者重大遗漏。"

（二）本罪的客观方面

本罪的客观方面表现为向股东和社会大众提供虚假的或者隐瞒重要事实的财务会计报告，或者对依法应当披露的其他重要信息不按照规定披露，严重损害股东或者其他人利益，或者有其他严重情节的行为。

1. 行为人实施了向股东和社会大众提供虚假的或者隐瞒重要事实的财务会计报告的行为

所谓财务会计报告，是指单位会计部门根据经过审核的会计账簿记录和有关资料，编制并对外提供的反映单位某一特定日期财务状况和某一会计期间经营成果、现金流量及所有者权益等会计信息的总结性书面文件。根据我国《公司法》《会计法》以及《企业财务会计报告条例》的规定，财务会计报告主要由会计报表、会计报表附注和财务情况说明组成。其中，会计报表，是指企业以一定的会计方法和程序由会计账簿的数据整理得出，以表格的形式反映企业财务状况、经营成果和现金流量的书面文件，是财务会计报告的主体和核心。企业会计报表按其反映的内容不同，分为资产负债表、利润表、现金流量表、所有者权益（股东权益）变动表。其中，相关附表是反映企业财务状况。经营成果和现金流量的补充报表，主要包括利润分配表以及国家统一会计制度规定的其他附表。会计报表附注，是指为便于会计报表使用者理解会计报表的内容面对会计报表的编制基础、编制依据、编制原则和方法及主要项目等所做的解释。会计报表附注是财务会计报告的一个重要组成部分，它有利于增进会计信息的可理解性，提高会计信息可比性和突出重要的会计信息。财务情况说明，是指对公司、企业生产的基本情况、利润实现和分配情况、资金增减和周转情况、资本结构及变动情况等内容的说明性文件。

所谓提供虚假的财务会计报告，是指行为人所提供的会计报表、会计报表附注和财务情况说明书的内容是伪造、变造的，该虚假的财务报告并不能真实反映公司、企业某一特定日期财务状况和某一会计期间经营成果、现金流量及所有者权益等会计信息。提供虚假财务会计报告的行为是上市公司及有关企业违规披露信息的常见手法之一，其典型的例子为"琼民源案"。在该案中，海南民源现代农业发展股份有限公司所提供年度报告称上一年度实现了5.7亿元的利润收入。但根据证监会调查，该公司的年度报告严重违反会计法和相关证券法律法规。报告所称的5.7亿元利润中有5.4亿元为虚假的。

所谓隐瞒重要事实的财务会计报告，是指行为人所提供的会计报表、会计报表附注和财务情况说明书的内容并没有真实、准确、完整地记载相关重要事实。其中，重要事实一般是指能够影响股东和社会公众做出投资或者不投资，大量投资或者少量投资决策的信息。隐瞒重要事实的财务报告行为也是上市公司及有关企业违规披露信息的常见手法之一，如"北大荒案"。在该案中，北大荒集团累计向公司以外的房地产公司拆借约10亿元，但北大荒集团在相关的财务会计报告中故意隐瞒了该项重要事实，严重损害了投资者的合法权益。

2. 行为人实施了对依法应当披露的其他重要信息不依照规定披露的行为

所谓依法应当披露的其他重要信息，是指相关法律法规等规定的，除财务会计报告以外，其他能够反映公司、企业某一特定日期财务、经营、盈亏、重大人事调整、资本变化、合并分立等重要状况。这些重要信息主要包括中期报告、年度报告、临时报告、公司领导签署报告意见等资料。

所谓不依照规定披露信息，是指行为人违反相关法律法规等规定的内容和方式进行信息披露。具体而言，体现在以下两方面：一是须真实披露信息。我国《证券法》第六十三条规定："发行人、上市公司依法披露的信息，必须真实、准确、完整，不得有虚假记载、误导性陈述或者重大遗漏。"这里的"真实"，是指披露的信息内容必须如实反映发行人、上市公司和证券交易有关的实际情况，不得有虚假记载。这里的"准确"，是指披露信息的文件应当按照规定的格式制作，对有关情况所作的陈述与提供的数据与实际情况应当符合，或者是合乎逻辑的推测，不得有误导性陈述。这里的"完整"，是指披露信息的文件应当齐全，符合法定要求，每份文件的内容应当完整，不得有重大遗漏。二是需按法定形式披露信息。我国《证券法》第七十条规定："依法必须披露的信息，应当在国务院证券监督管理机构指定的媒体发布，同时将其置备于公司住所、证券交易所，供社会公众查阅。"另外，依法披露信息，还应当将有关文件刊载于证监会指定的互联网网站；同时也须将相关文件或者副本报送证监会和证券交易所备案。

3. 行为人实施的上述行为必须达到严重损害股东或者其他人利益，或者有其他严重情节的程度

行为人所实施的违规披露、不披露重要信息的行为必须具有严重的社会危害性。所谓社会危害性，即指行为对刑法所保护的社会关系造成或者可能造成这样或者那样损害的特性。在本罪中，则体现为行为给股东或者其他利益人造成重大经济损失（如50万元），或者是造成其他严重损害（如致使其他上市公司的上市交易被终止或暂停等情节）。

（三）本罪的主体

本罪为单位犯罪，其犯罪主体是依法负有信息披露义务的公司、企业。根据我国相关法律法规等的规定，负有信息披露的公司、企业包括了证券发行人、上市公司、公司债券上市交易的公司以及其他信息披露义务人、银行、基金管理人、基金托管人和其他基金信息披露义务人等。这里需要注意的是，虽然犯罪主体是相关公司、企业，但依法承担刑事责任的是公司直接负责的主管人员和其他直接责任人员。

（四）本罪的主观方面

本罪的主观方面是故意，包括直接故意和间接故意，即行为人明知向股东和社会大众提供虚假的或者隐瞒重要事实的财务会计报告，或者对依法应当披露的其他重要信息不按照规定披露，会发生危害国家关于公司、企业的财会报告及其他重要信息的管理秩序的结果，并且希望或者放任这种结果的发生。如果行为人过失实施了上述行为，则不构成本罪。

三、本罪的立案追诉标准适用指南

根据2010年5月最高人民检察院、公安部发布的《关于公安机关管辖的刑事案件立案追诉标准的规定（二）》的规定，本罪的立案标准为：

第六条 依法负有信息披露义务的公司、企业向股东和社会大众提供虚假的或者隐瞒重要事实的财务会计报告，或者对依法应当披露的其他重要信息不按照规定披露，涉嫌下列情形之一的，应予立案追诉：

（一）造成股东、债权人或者其他人直接经济损失数额累计在五十万元以上的；

（二）虚增或者虚减资产达到当期披露的资产总额百分之三十以上的；

（三）虚增或者虚减利润达到当期披露的利润总额百分之三十以上的；

（四）未按照规定披露的重大诉讼、仲裁、担保、关联交易或者其他重大事项所涉及的数额或者连续十二个月的累计数额占净资产百分之五十以上的；

（五）致使公司发行的股票、公司债券或者国务院依法认定的其他证券被终

止上市交易或者多次被暂停上市交易的；

（六）致使不符合发行条件的公司、企业骗取发行核准并且上市交易的；

（七）在公司财务会计报告中将亏损披露为盈利，或者将盈利披露为亏损的；

（八）多次提供虚假的或者隐瞒重要事实的财务会计报告，或者多次对依法应当披露的其他重要信息不按照规定披露的；

（九）其他严重损害股东、债权人或者其他人利益，或者有其他严重情节的情形。

第八十九条 对于预备犯、未遂犯、中止犯，需要追究刑事责任的，应予立案追诉。

第九十条 本规定中的立案追诉标准，除法律、司法解释、本规定中另有规定的以外，适用于相应的单位犯罪。

第九十一条 本规定中的"以上"，包括本数。

第二节 司法实务认定中的疑难问题

一、如何确定本罪中信息披露的"期间"

信息披露"期间"的确定，决定着本罪成立的范围，即该"期间"是影响罪与非罪、此罪与彼罪的重要界限。如果行为人在本罪的信息披露"期间"以外违规披露、不披露重要信息，则可能不构成犯罪或者是构成其他犯罪。因此，本罪信息披露"期间"的划定是司法实践中最为首要的问题。问题是，本罪的信息披露"期间"能否与《证券法》《上市公司信息披露管理办法》及《证券投资基金信息披露管理办法》等法律法规中所规定的信息披露"期间"保持一致性？如果具有一致性，那么发生在核准发行阶段的违规披露信息行为（已构成欺诈发行）该如何确定具体罪名？即是认定为欺诈发行股票、债券罪，还是认定为违规披露、不披露重要信息罪，还是可以对两罪进行数罪并罚？如果不具有一致性，那么发生在核准发行阶段的违规信息披露行为只追究其欺诈发行股票、债券罪的责任是否会导致量刑偏轻？关于这个问题，应以证券有关法律法规为基础，结合刑法理论与分则体系进行考量。

信息披露是保护投资者合法权益的一项重要制度。根据证券市场运行的不同阶段，信息披露可以分为证券发行的信息披露和持续性的信息披露。证券发行的信息披露，是指发行人为了出售所发行的证券，依照法定条件和程序向投资者发布的相关信息；持续性的信息披露，是指发行人在证券发行后，按时或者及时公开与已发行证券投资价值有关的各种信息。① 我国《证券法》第六十三条也有相关规定："发行人、上市公司依法披露的信息，必须真实、准确、完整，不得有虚假记载、误导性陈述或者重大遗漏。"又如《上市公司信息披露管理办法》第十三条规定："发行人申请首次公开发行股票的，中国证监会受理申请文件后，发行审核委员会审核前，发行人应当将招股说明书申报稿在中国证监会网站预先披露。"第十九条规定："上市公司应当披露的定期报告包括年度报告、中期报告和季度报告。凡是对投资者做出投资决策有重大影响的信息，均应当披露。"从理论和法律上看，证券法律法规意义上的信息披露制度包括了发行阶段和上市阶段。

本罪的信息披露"期间"是否也包含了证券的发行阶段与上市阶段？本书认为，该"期间"必然贯穿证券市场运行的整个阶段，既包括了证券的发行阶段，也包括了证券的上市阶段。理由如下。

从理论上讲，违规披露、不披露重要信息犯罪是典型的法定犯，这就必然决定了刑事立法与相关法律法规需具有最大限度的衔接性和一致性。对于法定犯而言，行政违法性判断是刑事违法性判断的前提，刑事违法性判断又相对独立于行政违法性判断。即行政违法性是第一层次判断，刑事违法性是第二层次判断，第二层次判断依赖于第一层次的判断。如果刑事立法通常不能做到与其相关的法律法规相衔接，那么就会造成大量法定犯的犯罪行为无法准确、及时追究。因此，本罪的信息披露"期间"与相关法律法规的所规定"期间"应是具有一致性的。

从法律上讲，《刑法》第一百六十一条设置的违规披露、不披露重要信息罪的立法宗旨在于保证信息披露制度的正常运行，以保护广大投资者的合法权益。凡是依法负有信息披露义务的行为人，只要该信息对投资者做出投资决策有重大影响的，都必须严格按照法定条件和程序进行信息披露。任何严重违反法律法规的信息披露行为，都是本罪打击的对象。本罪的信息披露"期间"既包括了发行阶段，也涵盖了上市阶段。具体理由有以下两点：一是具备了立法原意基础。2006年4月25日，在第十届全国人民代表大会常务委员会第二十一次会议上，全国法律委员会做出了关于《中华人民共和国刑法修正案（六）（草案）》修改情况的汇报。其第二条指出："草案第一条对刑法第一百六十一条的规定作了修改，增加规定了上市公司不按照规定披露信息的犯罪。有些常委会委员和地方、部门、专家提出，根据公司法、证券法、证券投资基金法等法律规定，负有法定信息披露义务的主体不限于上市公司。发行债券的公司、企业和发售证券基金投资份额的基金管理公司等依法负有信息披露义务的公司、企

① 叶林. 证券法［M］. 中国人民大学出版社，2008：261.

业，不依法披露重要信息，严重损害公众投资者等的利益的，也应作为犯罪追究刑事责任。"虽然在现行《刑法》条文中并没有直接明示信息披露的法定"期间"，但从立法原意上看，该"期间"明确地指明了这一点。二是具备了司法解释基础。根据2010年5月最高人民检察院、公安部发布的《关于公安机关管辖的刑事案件立案追诉标准的规定（二）》的规定，本罪的立案标准第六项也明确了信息披露的法定"期间"，即规定了致使不符合发行条件的公司、企业骗取发行核准并且上市交易的也需追究刑事责任。具体而言，依法负有信息披露义务的行为人，如果在证券核准发行阶段实施了违规披露、不披露重要信息的行为，也需按照本罪追究刑事责任。

因此，不论从理论还是法律上讲，本罪的信息披露"期间"既包含了发行阶段，也包括了上市阶段。至于上述提到的保持信息披露"期间"的一致性所带来的刑法具体罪名认定问题，本书将在下一标题具体展开。

二、在发行阶段"延迟"披露重要信息该定何罪

本标题所要讨论的是，行为人在发行核准阶段故意不披露重要信息（已构成欺诈发行），而是"延迟"到其获得上市资格以后才予以披露的行为。上文已经阐述了本罪的信息披露"期间"既包含了证券发行阶段（一级市场），也包括了证券上市阶段（二级市场）。问题是，该行为应认定为欺诈发行股票、债券罪，还是认定为违规披露、不披露重要信息罪，还是对两罪进行数罪并罚？

在说明该问题之前，有必要正确理解与适用本罪的立案追诉标准中的第六项规定。2010年5月最高人民检察院、公安部发布的《关于公安机关管辖的刑事案件立案追诉标准的规定（二）》的规定。其中，本罪立案标准的第六项规定："致使不符合发行条件的公司、企业骗取发行核准并且上市交易的也需追究刑事责任。"需要强调的是，该项追诉标准并不是既要追究行为人欺诈发行股票、债券罪的刑事责任，也要追究行为人违规披露、不披露重要信息罪的刑事责任。事实上，该项追诉标准要解决的是行为人在证券核准发行阶段违规披露重要信息但又不构成欺诈发行股票、债券罪的刑事责任问题。具体而言，行为人在证券发行核准阶段，以违规披露重要信息（如在招股说明书中隐瞒重要事实）的手段进行欺诈发行。不过，行为人所实施的欺诈发行行为危害性较小，并没有达到该罪的立案追诉标准，即不符合发行数额达到五百万元以上，伪造、变造国家机关公文、有效证明文件或者相关凭证、单据的，利用募集的资金进行违法活动的、转移或者隐瞒所募集资金的、其他后果严重或者有其他严重情节的情形。虽然其行为不构成欺诈发行股票、债券罪，但符合了违规披露、不披露重要信息罪的犯罪构成，依法需要追究刑事责任。实质上，该项追诉标准并不是特别规定而是注意规定。

准确理解与适用了该项追诉标准后，接下来可以进一步说明本标题所要探讨的具体罪名认定问题。首先要明确的是，该情形中"延迟"披露重要信息行为的性质：一是行为人在核准发行阶段不及时披露重要信息（如隐瞒招股说明书中重要事实），该"延迟"披露重要信息的行为构成了欺诈发行；二是行为人在有关证券上市以后将"延迟"的重要信息予以披露，该行为构成了违规披露重要信息，既符合了对依法应当披露的其他重要信息不按照规定披露的行为特征，同时也违反了信息披露的及时性要求，如《上市公司信息披露管理办法》第三条规定："发行人、上市公司的董事、监事、高级管理人员应当忠实、勤勉地履行职责，保证披露信息的真实、准确、完整、及时、公平。"在明确了该情形中"延迟"披露重要信息的行为性质后，接下来就可以进一步解决定罪与量刑的问题。即该行为应认定为欺诈发行股票、债券罪，还是认定为违规披露、不披露重要信息罪，还是对两罪进行数罪并罚？首先可以否定的是，该情形并不能运用数罪并罚的理论解决其刑事责任。上文的司法案例分析已经提到过，我国刑法中数罪并罚适用的前提是行为人必须犯有数罪。所谓数罪，是指实质上的数罪、或者数个非实质数罪、或者实质上的罪与非实质数罪的结合。实质上的数罪，是指不依附于其他犯罪，刑法能够独立评价的罪；非实质数罪，是指根据刑法学中的罪数理论，即指一行为在刑法上规定为一罪或者处理时作为一罪的情形，如继续犯、想象竞合犯、集合犯、结合犯、连续犯、牵连犯、吸收犯。对于行为人在发行核准阶段故意不披露重要信息，而是"延迟"到其获得上市资格以后才予以披露的行为不能构成刑法意义上的数罪。事实上，在该情形中，行为人只实施了一个犯罪行为，却触犯了刑法规定的不同罪名，即属于非实质的数罪。从刑法理论上看，该行为属于典型的想象竞合犯。所谓想象竞合犯，也称想象的数罪，是指一个行为触犯数种罪名的犯罪。① 具体来说，想象竞合犯有以下两个特点：一是行为人只实施了一个行为。所谓一个行为，是指在社会生活的意义上被评价为一个的行为。这里所说的行为不只是狭义的行为，也是包括结果在内的广义的行为。二是一个行为触犯了数个罪名。想象竞合犯只能是一个行为触犯数个罪名，如果是数个行为触犯数个罪名，则是实质上的数罪。为了能更好地理解想象竞合犯的含义，本书将其定义为：基于一个犯意且两种以上罪过（不同罪过同时相互作用）支配下而实施的一个危害行为（行为整体），触犯数个罪名。在本标题所列举的情形中，行为人基于一个欺诈发行的犯意，且在欺诈发行股票、债券罪和违规披露、不披露重要信息罪的两种罪过支配下（不同罪过同时相互作用），实施了一个欺诈发行的危害行为（在发行核准阶段实施的"延迟"披露重要信息行为与在上市交易后予以披露的行

---

① 王作富. 刑法（第五版）［M］. 中国人民大学出版社，2011：143.

为）。对于想象竞合犯，我国刑法理论界通说主张"从一重处断原则"，即依照行为触犯的数个罪名中法定刑较重的犯罪定罪处罚，而不实行数罪并罚。具体而言，欺诈发行股票、债券罪的法定刑为"处五年以下有期徒刑或者拘役，并处或者单处非法募集资金金额百分之一以上百分之五以下罚金"；而违规披露、不披露重要信息罪的法定刑为"对其直接负责的主管人员和其他直接责任人员，处三年以下有期徒刑或者拘役，并处或者单处二万元以上二十万元以下罚金"。相比较而言，欺诈发行股票、债券罪的法定刑重于违规披露、不披露重要信息罪的法定刑。因此，针对在发行核准阶段"延迟"披露重要信息的犯罪行为，应以欺诈发行股票、债券罪进行定罪处罚。

三、对保荐人"未遂"的教唆行为该如何认定

上市保荐（sponsoring），是指有资格的保荐人推荐符合条件的证券上市，并对所推荐的证券发行人所披露信息的质量和所做出的承诺提供法定的持续训示、督促、指导和信用担保的一项制度。[①] 我国《上市公司信息披露管理办法》第五十二条规定："为信息披露义务人履行信息披露义务出具专项文件的保荐人、证券服务机构，应当勤勉尽责、诚实守信，按照依法制定的业务规则、行业执业规范和道德准则发表专业意见，保证所出具文件的真实性、准确性和完整性。"在我国，保荐人所履行的推荐职责行为对于公司能否进入二板市场起着决定性作用。因为在二板市场的上市申请不同于主板市场，实行的是宽松式的核准制，即采用形式审查，没有额度限制。只要有保荐人的推荐，对于公司的上市申请证券主管部门都予以批准。因此，保荐人在信息披露制度中处于非常关键的地位。

"未遂"的教唆，又称教唆未遂，是指行为人教唆他人犯罪，但被教唆人没有实施被教唆的犯罪。如被教唆人接受教唆产生犯意后，又自动放弃犯意，也未进行犯罪预备等。在司法实践中，有关公司为了能够顺利进入二板市场，行为人通常会教唆保荐人对有关重要披露信息发表不真实意见。当然，当保荐人实施了被教唆的犯罪时，行为人与保荐人成立共同犯罪，可对其适用《刑法》第二十九条第一款进行定罪处罚。问题是，当行为人教唆保荐人对有关重要披露信息发表不真实意见，而保荐人没有实施被教唆之罪时，应对行为人如何定罪与量刑？关于这个问题，一直以来都是理论界与实务界难以定论的重大难题。

对于此种情形，多数学者并不主张对行为人适用《刑法》第二十九条第二款："如果被教唆的人没有犯被教唆的罪，对于教唆犯，可以从轻或者减轻处罚"的规定进行定罪量刑。因为，他们认为该条款适用的前提条件是教唆人与

① 符启林主编. 证券法：理论·实务·案例［M］. 法律出版社，2007：99.

被教唆人成立共同犯罪的情形。如张明楷教授认为："该款的基本含义是，如果被教唆的人着手实行犯罪后，由于意志以外的原因未得逞（未遂）或者自动放弃犯罪或者有效地防止结果发生（中止），对于教唆犯，可以从轻或者减轻处罚。"① 由此可见，他们认为只有当教唆人与被教唆人进入实然层面的共同犯罪时，即被教唆人已经着手实行犯罪，才有可能适用《刑法》第二十九条第二款的规定。本书认为，该情形所涉及的核心问题在于如何认定我国教唆犯的法律性质，即教唆犯是具有独立性、还是从属性、还是两重性的问题。持不同的理论立场，适用《刑法》第二十九条第二款规定的方向也是不同的。当然，这也是理论上的解释与适用。该条款究竟如何适用，最终还需取决于立法原意（见下文论述）。②

根据我国《刑法》第二十六条、二十七条、二十八条以及二十九条的规定看，我国《刑法》以"作用为主，兼顾分工情况"将共同犯罪人划分为主犯、从犯、胁从犯和教唆犯。需要强调的是，教唆犯与主犯、从犯、胁从犯不是并列关系，只是考虑到分工情况加以特别设置。我们知道，在共同犯罪中，教唆犯有可能是主犯，也有可能是从犯，既然是这样为何要在主犯、从犯、胁从犯之后单独设定教唆犯？按照作用分类不就可以完成对教唆犯的处罚了吗？从立法层面上看，完全采用作用分类方法似乎确实能够解决对教唆犯的处罚，但是在教唆犯的定罪问题上却会出现一些难题，如在教唆未遂的场合，教唆人与被教唆人不构成共同犯罪③，此时应如何解除教唆者的刑事责任？笔者认为，要寻求该问题的答案还须追溯到对共同犯罪人的分类体制上。一般来说，正犯与共犯区分制会运用共犯从属性说解释其立场，而统一性正犯体制会采用共犯独立性说维持其根基。共犯从属性说认为，没有正犯何来共犯，此时共犯自身的犯罪形态自然也不会存在，即在不构成共同犯罪的场合，处罚教唆未遂没有理论根据。共犯独立性说则认为，共犯并不从属于实行犯，其自身固有的危险性行为是受到处罚的依据，即在不构成共同犯罪的场合，处罚教唆未遂同样符合法律逻辑。而在折中性体制下，我国必然会选择共犯（教唆）二重性说（新论）来论证其立法的根据，即不论在是否构成共同犯罪的场合，处罚教唆犯都是可行的。事实上，教唆未遂的行为具备了社会危害性以及犯罪未遂的一般特征，

---

① 张明楷. 刑法学（第四版）[M]. 法律出版社，2011：378.

② 李鄂贤、徐颖. 我国教唆犯法律性质新论 [J]. 刑法论丛，2016（3）：229-255.

③ 这里需要说明的是：一方面，教唆行为本质上是共同犯罪实施方式中的一种，这种分工（广义的）的行为样态不论共同犯罪是否成立都是客观存在的。正因为如此，刑法才将其规定在"共同犯罪"一节之中。另一方面，在共同犯罪这一章节中也并非此处有这种情况，第二十五条第二款关于共同过失的规定也是与共同犯罪有关，但不成立共同犯罪。因此，将以"分工方式"设定的教唆犯放在共同犯罪章节中是有立法者用意的，主要是为了解决对其定罪的问题，如教唆未遂就是适例。

处罚教唆未遂符合我国立法沿革，也符合世界各国的立法情况。即便是在以区分制为理论根基的国家也有处罚教唆重罪未遂的一般性规定。这种获得分类统一性的折中体制使得在处理共犯的问题上往往会变得相对简单一些。我国采取折中性体制的主要理由（这里仅从立法技术层面分析）：一是，便于人们认识各犯罪参与人在共同犯罪中的影响力。相比而言，在区分制中将共犯人分为正犯、教唆犯和帮助犯，在形式上确实能够精准区分罪责以便于人们认识共同犯罪，但事实上，很多情况中教唆犯和帮助犯的行为社会危害性并不见得比正犯小。①二是，便于解决共同犯罪人定罪的一些问题。在当今采取统一性正犯体制的国家中，它们认为在解决共犯人的定罪问题上根本不存在什么困难。这些国家对处理共犯人的立法使命基本上已完成，不需要再去论证为何共犯没有实施刑法分则的实行行为仍须处罚的问题。我们知道，《意大利刑法典》已经历了几百年的发展历史，处罚共犯的理念早已通过立法循序渐进地铺展开来，这个论证环节随着立法的发展变得不必要。在立法上仅须通过量刑的精细设置便可完成对共犯的处罚。反观我国刑法典的发展，仅有 36 年的历史。现阶段我国立法需要做的是如何在具体层面上来论证处罚共犯的根据，即解释和说明共犯人在共同犯罪中的犯罪行为方式、特征以及与实行犯之间究竟具有何种关系等内容。这个过程是必不可少的，它是立法普及处罚理念的必经阶段。如果不经过这个历程，恐怕国民很难在短时期内接受，这就如我国死刑改革一样需要一个过程。正是如此，现阶段我国刑法采用的是"以作用为主，分工为辅"的折中性共同犯罪人分类模式。这种模式就能很好地帮助人们认识处罚共犯的具体理由。如在教唆未遂的场合，此时教唆者和被教唆者不构成共同犯罪，认定教唆者成立犯罪就会变得很困难，因为被教唆的人根本没有实行刑法分则规定的犯罪。正是考虑到分工（广义的），教唆行为是共同犯罪实施方式的一种（客观存在的），对其定罪的问题就能够得到很好说明，处理共犯理念最终也会铺展开。

我国立法上采取的是折中性共同犯罪人分类体制，这就必然要求对《刑法》第二十九条第一款和第二款做出兼具有从属性和独立性的论断。当然立法上兼顾共同犯罪人的分工情况主要也是为了解决对教唆犯的定罪问题。关于教唆犯的法律属性，本书再结合《刑法》第二十九条的规定做出以下分析说明。

（一）我国《刑法》第二十九条第二款规定

本条第二款规定了"如果被教唆的人没有犯被教唆的罪，对于教唆犯，可以从轻或者减轻处罚"。这一款规定表明了教唆犯既具有从属性，也具有独立性。从属性体现如下：在定罪方面，当被教唆人没有实施被教唆的犯罪（包括

---

①   例如，甲被胁迫在共同犯罪中实施盗窃的行为，而乙主动承担把风的任务，此时很难说乙在共同盗窃中的作用要比实行犯甲小。

犯罪预备），此时教唆人与被教唆人不成立共同犯罪（不包含事实层面的共同犯罪）。正是考虑到了犯罪分子在共同犯罪中的分工（广义的）情况（即教唆行为本质上是共同犯罪实施方式中的一种，这种行为样态不论共同犯罪是否成立都是客观存在的，它显示了该类共犯人在共同犯罪中的地位和所从事的活动，该特性见下方说明①），对教唆人的定罪（犯罪成立和触犯罪名）也要从属于被教唆人所会去实施的被教唆犯罪。独立性体现如下：在量刑方面，在解决了对教唆人的定罪问题后，最终是否要对其进行刑事处罚？基于刑事政策的考虑，立法规定了对教唆人的单独处罚但可以从轻或者减轻刑罚，即该款规定表明对教唆人的处罚不从属于被教唆人，此时教唆犯又具有独立性。

（二）我国《刑法》第二十九条第一款规定

本条第一款前半段规定了"教唆他人犯罪的，应当按照其在共同犯罪中所起的作用处罚"。这一款规定也表明了教唆犯具有从属性和独立性。从属性体现如下：在定罪方面，当教唆人实施了教唆行为时，此种行为已成立犯罪（如上述第二款从属性情形）。但当被教唆人实施了被教唆的特定犯罪时，情况发生了转化，即教唆行为的定罪从属性进入实然的共同犯罪层面。考虑到两者成立共同犯罪关系以及他们在共同犯罪中的分工（狭义的）情况，对教唆人的定罪（适用罪名和犯罪形态）就要从属于被教唆人实际所实施的特定犯罪。独立性体现如下：在量刑方面，为了避免在立法上以分工的方式维持不同犯罪参与人的类型性区别所带来处罚不均衡的现象，对教唆人的处罚主要是依照其在共同犯罪中所起的作用而定，即教唆人通常情况下是作为主犯对待。在这一阶段，对教唆人的处罚又显示出独立性。

从上述的分析路径可以得知，我国《刑法》第二十九条第一款和第二款的规定均显示出教唆犯具有从属性和独立性，即教唆犯两重性。本书所主张的两重性新论与马克昌教授所主张的具体两重性论有两个不同点：一是，研究路径的不同。本书立足于我国折中性共同犯罪人的分类体制进行论证；而后者仅立足于我国《刑法》具体规定本身进行分析。仔细观察可以发现，后者在论述第二十九条第一款时似乎忽略了一个重要的细节，即对教唆人的定罪从属问题。

---

① 从另一个角度观察，第一款的规定正是对该原始特性的进一步延伸，从而难以揭开其真正的面纱。具体来说，通常情况下当成立实然层面的共同犯罪时，才会讨论教唆人的地位和从事的活动。但该逻辑的渊源其实就在于事实层面共同犯罪的教唆行为特性（广义的分工）。因为在第一款中，教唆人无论如何都不会亲自和被教唆人一同参与实行犯罪，对教唆人的定罪与处罚是根据其在共同犯罪中的地位和作用而确定（实际上这也是分工情况的体现，只不过该款对分工做了一个迷惑性的限定）。也就是说，教唆行为本身便是共同犯罪实施方式中一种特殊的存在形式，它是客观存在的。这一点可以说是评价教唆犯罪的核心所在，只是经过第一款的一番加工之后变得不那么容易被发现而已，即该原始特性是具有立法根据的。

在他的论述中，仅阐述了当被教唆人实施了被教唆的犯罪时，二者成立共同犯罪关系。对教唆人的定罪要从属于被教唆人，但并没有说明定罪从属的理由。如果要进行推断的话，那么也只有一个可能的理由：单纯地借用共犯从属性理论来说明立法定罪问题。换言之，对教唆人的定罪说理并没有从体制性规定去解释。以至于张明楷教授对此提出质疑："马先生的观点只是说明，教唆犯与被教唆的人是否成立'共同犯罪'取决于被教唆的人是否实施被教唆的罪，而不是说明教唆行为是否成立'犯罪'也取决于被教唆的人是否实施犯罪。"① 二是，对第二十九条第二款关于教唆犯定位的不同。本书基于体制性规定论证了教唆犯兼具从属性和独立性。后者同样也是借用了共犯独立性说进行阐述，即认为该款只能显现出教唆犯具有独立性的特征。需要补充说明的是，如果上述推断能够成立，那么借用学说解释立法的根据又要如何证实。

在我国提出新的教唆犯两重性解释论能够进一步完善以下相关问题：第一是有利于协调《刑法》总则关于共同犯罪的规定。从体制上解释我国《刑法》第二十九条第二款的规定能够解决该款不属于共同犯罪的问题。不论被教唆人是否实施了被教唆的犯罪，教唆行为本身就是共同犯罪实施方式的一种，它是客观存在的共同犯罪现象。最显著的特征就是要对其行为进行从属性定罪。高铭暄教授也肯定了这一点，他认为："考虑分工情况可以较好地解决教唆未遂的定罪问题，……定罪问题是非常重要的，'共同犯罪'之所以列入'犯罪'，而不列入'刑罚的具体运用'一章，首先就是要解决定罪问题。"② 对该款的解释也并不是只有这一处，第二十五条第二款也承认了共同过失犯罪是客观存在的，只是立法上不以共同犯罪论处而已。③ 这样一来，体制性解释在一定程度上说明了《刑法》第二十五条第二款和第二十九条第二款都是与共同犯罪有关的规定。这不仅协调了刑法总则关于共同犯罪这一章的规定，同时也符合立法的初衷。第二是有利于缓和《刑法》总则关于处罚共同犯罪的矛盾。从《刑法》第二十九条第一款规定看，如果被教唆人实施了被教唆的犯罪且停止于预备阶段，那么教唆人的犯罪形态也是犯罪预备。此时，对教唆人适用第二十二条第二款犯罪预备的规定，即可从轻、减轻或者免除处罚。从第二十九条第二款规定看，当被教唆人没有犯被教唆的罪时，对教唆犯适用从轻或者减轻处罚的规定。不难发现，罪轻者所适用的刑罚要比罪重者要严一些，这明显不符合逻辑。对于这种立法现象，有学者认为："立法不科学而导致的处罚不协调，难以通过解释

①　张明楷. 论教唆犯的性质 [J]. 刑事法评论，2007（2）.

②　高铭暄. 中华人民共和国刑法的孕育诞生和发展完善 [M]. 北京大学出版社，2012：31.

③　侯国云. 过失犯罪论 [M]. 人民出版社，1993：196.

论来解决。"① 刘明祥教授认为："要解决上述处罚不协调的问题，只能是修改刑法的规定，即对单独教唆犯按预备犯的规定处罚（在第二十九条第二款中增补'可以免除处罚'的规定）。"② 笔者认为，这样的论断完全不符合立法原意。事实上，立法者将刑法第 33 次稿中的"可以从轻、减轻或者免除处罚"的规定最终改为"可以从轻或者减轻处罚"是经过深思熟虑的。根据本书的思路可以对上述现象做出相对合理的说明。在第二十九条第二款中，一旦教唆人实施了教唆行为，教唆人就成立犯罪。教唆犯的这种定罪从属特性在第一款中也应该不例外地有所体现。具体而言，在第一款规定中，当教唆人实施了教唆行为时，教唆人成立犯罪并且有适用第二款"可以从轻或者减轻处罚"的机会；但当被教唆人开始实施被教唆的特定犯罪并停止于预备阶段时，之前的教唆行为会发生转化，即该教唆行为进入了实然的共同犯罪层面。随即发生变化的是该行为的客观定罪从属性也相应地进入了实然层面。此时，教唆人的犯罪形态从属于被教唆人，即也停止于预备阶段并对其可以适用"从轻、减轻或者免除处罚"的规定。不难看出，一个是关于犯罪成立所适用的刑罚，另一个是关于犯罪形态所适用的刑罚。要适用哪一个关键还是要取决于立法原意。当年刑法第 33 次稿中的最后改动表明了对实施教唆行为要严厉处罚，如果第一款适用"从轻、减轻或者免除处罚"的规定不能达到罪责刑相适应的话，那么应该适用第二款的处罚规定。同样，在第一款犯罪中止的情形，也可以参照这个立法精神。按照该体制性解释，就不会出现适用刑罚混乱的局面。第三是并不会导致处罚扩大化的危险。基于对第二十九条第二款的体制性解释，是否会带来扩大处罚范围的问题？笔者认为，虽然立法将教唆未遂认定为犯罪，但并不必然导致处罚扩大化的危险。理由如下：一是，可以运用第十三条但书的规定加以解决。该条在认定犯罪的同时做了一个限制，即"情节显著轻微危害不大的，不认为是犯罪"。在认定教唆未遂是否构成犯罪时也必须考虑这个因素。对于教唆轻罪未遂的，一般情况下不能认为构成犯罪，如教唆他人盗窃的行为；而对于教唆重罪未遂的，一般不能适用该条，如教唆他人杀人的行为。二是，还有可能运用第三十七条第一款的规定加以解决。该条在量定刑罚的同时也做了一个限制，即"犯罪情节轻微不需要判处刑罚的，可以免予刑事责任"。某些教唆重罪未遂中也存在一些特殊因素需要考量而予以免除处罚。如在间接教唆的场合，A 以强迫的方式教唆 B 去教唆 C 实施杀人，B 以请求的方式教唆了 C，此时如果不考虑具体情况一律加以处罚，可能会违背罪责刑相适应原则。第四是有利于推动我国刑法走向现代化。总体而言，当今世界各国刑法改革的基本方向是刑事法

① 蔡桂生.《刑法》第 29 条第 2 款的法理分析 [J]. 法学家，2014（1）.

② 刘明祥. 再释"被教唆的人没有犯被教唆的罪——与周光权教授商榷 [J]. 法学，2014（12）.

网严密化、刑罚总量减轻。储槐植教授认为："'严而不厉'的刑法结构是符合人类发展的一种必然趋势，它应该是符合现代社会的一个发展的标准，是刑法结构发展的一个范式（model）。当代世界多数国家，尤其是经济发达、法制水平高的国家和地区包括港澳台，他们的刑法结构都是'严而不厉'。"[①] 目前，虽然我国的刑法总体上还处于"厉而不严"，但近些年特别是刑法修正案（八）和（九）以来，刑法"严而不厉"的发展趋势日益明显。可以说，我们的刑法正走向现代化。在这样的立法环境下，两重性新论是刑法现代化的必然选择。如果仅认为第二十九条第二款具有独立性，就不能很好地说明刑事法网严密化的根据；如果仅认为其具有从属性，就会与刑事法网严密化的发展方向背离。而在折中性体制下，坚持定罪从属与处罚独立的统一有助于刑事法网严密化的建构。再结合第十三条和第三十七条第一款的相关规定，有条件地"不认为是犯罪"或者"免予刑事责任"，就能缓和"严"与"厉"两者间的紧张关系。总之，对两重性的重新解读符合"厉而不严"向"严而不厉"的转化趋势，有利于我国刑法走向现代化。

鉴于本标题所研究的内容涉及了理论和实务中的重大难题，因此用了不少篇幅进行阐述与论证。回归到本标题所提到的问题，即当行为人教唆保荐人对有关重要披露信息发表不真实意见，而保荐人没有实施被教唆之罪时，应对行为人如何定罪与量刑？对该问题应该分两步走：一是根据第二十九条进行分析。此时其教唆行为本质上是共同犯罪实施方式中的一种，这种行为样态不论共同犯罪是否成立都是客观存在的，它显示了该类共犯人在共同犯罪中的地位和所从事的活动。对行为人的定罪（犯罪成立和触犯罪名），也要从属于保荐人所会去实施的被教唆之罪；对于行为人的量刑，基于刑事政策的考虑，可以对其单独量刑但可以从轻或者减轻处罚。二是根据刑法总论条文进行定论。对于教唆轻罪未遂的，可以适用第十三条但书的规定，即"情节显著轻微危害不大的，不认为是犯罪"；对于教唆重罪未遂的，虽然不能适用第十三条，但还可以适用第三十七条第一款的规定，即"犯罪情节轻微不需要判处刑罚的，可以免予刑事责任"（仅适用于特殊情况）。由于违规披露、不披露重要信息罪的法定刑较轻，属于轻罪，因此对上述行为人教唆未遂的行为可以认为不是犯罪。

四、本罪与提供虚假证明文件罪的界限

提供虚假证明文件罪，是指承担资产评估、验资、验证、会计、审计、法律服务等职责的中介组织人员，故意提供虚假证明文件，情节严重的行为。在司法实践中，本罪与提供虚假证明文件罪可能出现交叉之处。比如，上市公司

---

① 储槐植. 走向刑法的现代化 [J]. 井冈山大学学报（社会科学版），2014（4）.

企图提供虚假的或者隐瞒重要事实的年度财务会计报告，为了顺利通过该年度财务会计报告的审计，串通会计事务所，让其出具虚假的审计报告；或者上市公司提供虚假的或者隐瞒重要事实的年度财务会计报告，虽然事前并没有与会计事务所串通，但会计事务所故意提供虚假证明文件的。由于上市公司的行为与会计事务所的行为往往存在密切的联系，因此，当出现上市公司违规披露、不披露重要信息的情况，在对上市公司提供虚假的或者隐瞒重要信息的年度报告的行为进行认定时，以及在对会计事务所出具虚假证明文件的行为进行认定时，可能需要同时考察上市公司和会计事务所的行为，才能准确地认定犯罪和追究刑事责任。

事实上，本罪与提供虚假证明文件罪存在着本质上的区别，而且这种区别具体体现在犯罪构成的各个要件之中，但是由于实践中，扰乱市场经济秩序的行为错综复杂、变化多样，如果不能从根本上把握两个罪名的界限，就很容易产生混淆。要准确地对行为做出认定，就必须把握两罪的本质区别。具体来看，两者存在以下几个方面的区别。第一，犯罪客体不同。本罪的客体是国家关于公司、企业的财会报告及其他重要信息的管理秩序；而提供虚假证明文件罪的客体是国家对于中介服务市场的管理秩序。第二，犯罪的客观方面不同。本罪的客观方面表现为向股东和社会大众提供虚假的或者隐瞒重要事实的财务会计报告，或者对依法应当披露的其他重要信息不按照规定披露，严重损害股东或者其他人利益，或者有其他严重情节的行为；而提供虚假证明文件罪的客观方面表现为提供虚假的中介证明文件，情节严重的行为。简言之，前者涉及的是财务会计报告或者其他应当披露的重要信息，而后者涉及的是对前者的报告或者信息的证明文件，具体包括资产评估报告、验资证明、验证证明、财务会计报告、审计报告以及法律证明文件等。第三，犯罪主体不同。本罪是单位犯罪，本罪的犯罪主体是依法负有信息披露义务的公司、企业；而提供虚假证明文件罪的主体是承担资产评估、验资、验证、会计、审计、法律服务等职责的人员或者单位。虽然后者也可以由单位实施，但应当注意两罪的单位主体在市场中的角色和作用是不同的，这也是区分两个罪名的关键之一。第四，本罪与提供虚假证明文件罪的主观方面都是故意，但二者故意的内容不同。前者是指行为人明知向股东和社会大众提供虚假的或者隐瞒重要事实的财务会计报告，或者对依法应当披露的其他重要信息不按照规定披露，会发生危害国家关于公司、企业的财会报告及其他重要信息的管理秩序，并且希望或者放任这种结果的发生；而后者是指行为人明知提供虚假的中介证明文件会扰乱中介服务市场的秩序，并且希望或者放任这种结果的发生。刑法规定这两个罪名，是用以规制一系列扰乱社会主义市场经济秩序行为中的不同环节的行为。违规披露、不披露重要信息的行为与提供虚假证明文件的行为所处环节不同，发生的时间也往往不同，直接损害的具体法益也不同，但最终都会对我国社会主义市场经济秩序造成破坏。

五、本罪与编造并传播证券交易虚假信息罪的界限

编造并传播证券、期货交易虚假信息罪，是指编造并且传播影响证券、期货交易的虚假信息，扰乱证券、期货交易市场，造成严重后果的行为。本罪与编造并传播证券、期货交易虚假信息罪的相似之处在于，两罪客观方面的行为都可能表现为提供虚假的信息，并且都可能严重损害投资者的合法权益，严重扰乱证券、期货交易市场。因此，在实践中两罪可能出现交叉的情况。比如，上市公司在披露信息时，编造了与证券、期货交易相关的信息，并利用该信息来欺骗投资者，使其购买该公司发行的证券，因此造成投资者的利益遭到严重损害。在这种情形下，该上市公司的行为可能既构成本罪，也构成编造并传播证券、期货交易虚假信息罪。

两罪的主要区别表现在：第一，犯罪客体不同。本罪的客体是国家关于公司、企业的财会报告及其他重要信息的管理秩序；而编造并传播证券、期货交易虚假信息罪的客体是国家对证券、期货交易市场的管理秩序和投资者的合法权益。虽然两罪同属于破坏社会主义市场经济秩序的犯罪，但前者侧重于对公司、企业的管理秩序的规制，而后者侧重于对金融管理秩序的规制。第二，犯罪客观方面不同。本罪的客观方面表现为向股东和社会大众提供虚假的或者隐瞒重要事实的财务会计报告，或者对依法应当披露的其他重要信息不按照规定披露，严重损害股东或者其他人利益，或者有其他严重情节的行为；而编造并传播证券、期货交易虚假信息罪的客观方面表现为编造并传播影响证券、期货交易的虚假信息，扰乱证券、期货交易市场，造成严重后果的行为。虽然两个罪名都可以表现为提供虚假信息的行为，但两者所涉及的信息的内容有明显不同，前者主要是指公司、企业负债或者经营亏损等情况的财务会计报告，以及财务会计报告以外的与公司、企业生产、经营有着重要关系的信息；后者主要是指与证券、期货交易有关的信息。此外，本罪主要是对股东的利益造成损害，而编造并传播证券、期货交易虚假信息罪是向不特定的或者人数较多的投资者传播虚假信息，是对不特定人数或者多数人造成损害。第三，犯罪主体不同。本罪是单位犯罪，本罪的犯罪主体只能是依法负有信息披露义务的公司、企业；而编造并传播证券、期货交易虚假信息罪的主体是普通主体，即任何已满16周岁、具有刑事责任能力的自然人和单位。应当注意的是，并非所有依法负有信息披露义务的公司、企业提供虚假信息的行为，都应该被评价为本罪，当上述公司、企业编造并传播关于证券、期货交易的虚假信息，扰乱证券、期货交易市场时，该公司、企业也可能成为编造并传播证券、期货交易虚假信息罪的主

体。第四，犯罪主观方面不同，虽然两罪都是故意犯罪，但二者故意的内容不同。本罪故意的内容是行为人明知或者应知向股东和社会大众提供虚假的或者隐瞒重要事实的财务会计报告，或者对依法应当披露的其他重要信息不按照规定披露，会发生危害国家关于公司、企业的财会报告及其他重要信息的管理秩序，并且希望或者放任这种结果的发生；而编造并传播证券、期货交易虚假信息罪的故意内容是行为人明知或者应知其编造并传播证券、期货交易虚假信息的行为会发生扰乱证券、期货交易市场的后果，并且希望或者放任这种结果的发生。

第三节　典型司法案例解析
——珠海"博元"公司违规披露重要信息案

一、基本案情回顾

珠海市人民检察院以珠检公诉刑诉〔2016〕132号起诉书指控被告人余蒂妮、伍宝清、张丽萍、陈杰、罗静元犯违规披露、不披露重要信息罪、背信损害上市公司利益罪，于2016年11月3日向本院提起公诉。本院受理后，依法组成合议庭，公开开庭进行了审理。珠海市人民检察院指派代理检察员崔运菲出庭支持公诉，各被告人及其辩护人均到庭参加诉讼。现已审理终结。

经审理查明，博元公司系境内上市公司，博元公司的控股股东系华信泰公司（法定代表人系被告人余蒂妮），全资子公司系信实公司、裕荣华公司（博元公司占60%股份，信实公司占40%股份），李某甲（在逃）和余蒂妮共同管理该公司。此外，李某甲还借用他人身份证注册成立青禧公司和深圳茂盛荣贸易有限公司（以下简称茂盛荣公司），并实际控制该两家公司，利用两家公司进行走账和开展关联业务。

2010年3月，李某甲和余蒂妮夫妇注册成立华信泰公司，并以华信泰公司的名义通过司法拍卖取得博元公司原第一大股东东莞勋达投资有限公司（以下简称勋达公司）3 997万股限售流通股，成为博元公司新的控股股东，取得公司的控制权。由于博元公司原控股股东勋达公司和第二大股东许某曾对股权分置改革后公司2008年、2009年的股改业绩做出承诺，承诺上市公司2008年归属于母公司的所有者净利润不低于4 500万元，2008年、2009年两年累计归属于上市公司普通股股东的净利润不低于10 000万元；实际净利润与承诺净利润之间的差额部分将由勋达公司和许某以现金方式补足，具体支付时间为2009年度报告披露后10日内。2008年归属于上市公司股东的净利润为4 503.36万元，完成了该年的股改业绩承诺。2009年归属于上市公司股东的净利润为负4.72亿元，与其股改业绩承诺的净利润之间的差额为 5.26 亿元。而 2010 年 4 月，勋达公司、许某所持有的限售流通股分别通过司法拍卖、司法划转给华信泰公司、辽源大成公司、林某、黄某 2、吴某甲、吴某乙、王某 3 等 8 名新股东，勋达公司和许某没有按期支付上述股改业绩承诺，8 名新股东必须承接支付上述股改业绩承诺款的义务。2010 年 5 月，广东证监局多次催促，要求控股股东华信泰公司牵头尽快支付和督促林某等 8 名股改义务人支付 5.26 亿元股改业绩承诺款。截至 2011 年 4 月末，尚有 384 528 450 元的股改业绩承诺款没有兑付，其中包括华信泰公司的 1.386 亿元。李某甲、余蒂妮以华信泰公司名义承诺支付并代其他股改义务人支付全部股改业绩承诺款。并称由于博元公司账号被冻结，为保证资金安全，相关款项支付到子公司信实公司和裕荣华公司账号。为了完成股改业绩承诺款的支付，使限售流通股能尽快解禁上市流通，李某甲和余蒂妮、博元公司总裁被告人陈杰共同商议，由李某甲负责筹集款项，华信泰公司代全部股改义务人支付 384 528 450 元股改业绩承诺款。2011 年 4 月 26 日、27 日，由李某甲安排向东莞的龙某借款 1 亿元，由余蒂妮签定借款合同，通过东莞科汇公司等十几家公司和华信泰公司、裕荣华公司之间循环转账，每次转款 9 800 余万元，循环四次累计形成转入华信泰公司 384 528 450 元，从华信泰公司累计转至裕荣华公司账号 384 528 450 元，制造由裕荣华公司代收股改业绩承诺虚构华信泰公司已支付剩余股改业绩承诺款，并已代林某等股改义务人支付共 384 528 450 元股改业绩承诺款的假象，再虚构将 3.84 亿元借款给东莞景瑞公司的方式通过再次循环转账将 1 亿元还款给东莞科汇公司，并制造已将 3.84 亿元用于借款投资理财的假象，以应对广东证监局的检查。被告人陈杰在转款前将上述借款 1 亿元进行循环转账形成 384 528 450 元记录情况告知博元公司的财务总监被告人伍宝清，并与伍宝清共同策划转款的金额，由陈杰带裕荣华公司的出纳被告人罗静元前往中信银行东莞星河支行完成上述转账过程，并由罗静元将进账单交给会计邓某、财务经理被告人张丽萍、财务总监伍宝清等财务人员做账。2011 年 4 月 29 日，博元公司隐瞒上述情况，发布临时公告披露股改业绩承诺已全部缴付至博元公司及其子公司信实公司、裕荣华公司相关账号的虚假信息。

由于广东证监局在对股改业绩承诺款进行检查的过程中不同意将 3.84 亿元款项出借给东莞景瑞公司的操作，为了应对广东证监局，被告人李某甲和余蒂妮向深圳利明泰公司借款 4 亿元存放在裕荣华公司在建设银行深圳分行的账号，制造账上有钱的假象，使用伪造东莞景瑞公司转款到裕荣华公司的银行进账单，虚构已从东莞景瑞公司收回借款 3.84 亿元的事实，并用伪造的进账单、电汇凭证做账。张丽萍根据伪造的银行进账单制作博元公司的合并财务报表，并在合并财务报表上虚假反映已收到股改业绩承诺款 3.84 亿元的事实，导致博元公司虚增银行存款 3.84 亿元，虚增资本公积 3.84 亿元。2011 年 8 月 25 ∃，余蒂妮、伍宝清、张丽萍依据该虚假财务报表制作和发布博元公司的 2011 年半年度报告，对股改业绩承诺款的履行情况进行虚假公告披露。

为掩盖虚假支付股改业绩承诺款的事实，余蒂妮主持召开董事会，决定将股改业绩承诺款用于购买银行承兑汇票以掩盖事实真相。2011 年 12 月，从深圳市鑫海马投资有限公司通过青禧公司转入华信泰公司 1 000 万元，李某甲指使伍宝清将该 1 000 万元通过循环转账形成 37 笔转账记录，虚构购买银行承兑汇票的事实。伍宝清设计转账流程并指使张丽萍、罗静元进行网银操作，在信实公司、华信泰公司和青禧公司之间通过循环转账 37 次，虚构信实公司向青禧公司转账 3.34 亿元，用于向青禧公司购买 37 张面额共 3.47 亿元银行承兑汇票的假象，并出具此制作虚假的财务报表，并在 2011 年年报中进行公告，导致博元公司 2011 年年报虚增应收票据 3.47 亿元，虚增其他流动负债 1 223 万元。

2012 年至 2014 年期间，被告人余蒂妮、张丽萍根据李某甲提供的上述 37 张信实公司买进的虚假银行承兑汇票，按照李某甲的要求多次虚构将上述银行承兑汇票进行贴现、票据置换和支付预付款等交易，并根据李某甲提供的相关置换来的虚假银行承兑汇票进行记账，制作博元公司的虚假财务报表、致使博元公司披露的 2011 年至 2014 年的半年报、年报中虚增资产金额或者虚构利润均达到了当期披露的资产总额或利润总额的 30% 以上。① 博元公司在 2011 年至 2014 年期间的公告和财务会计报告中违规不披露公司的实际控制人还有李某甲，且违规不披露青禧公司为李某甲控制下的关联公司，违规不披露股改款未实际履行等重要信息。

另查明，被告人伍宝清于 2009 年 5 月至 2011 年 8 月任博元公司财务总监，后因故离职后继续在关联公司华信泰公司任职，并实际负责博元公司的财务工作。被告人张丽萍于 2010 年 7 月至 2011 年 8 月任博元公司财务经理，于 2011 年 8 月至 2015 年 1 月任博元公司财务总监，2011 年 12 月 14 日起任博元公司董事。被告人陈杰于 2010 年 4 月至 2011 年 8 月任博元公司总裁，后离职。被告人罗静元于 2009 年 9 月至 2015 年 1 月任信实公司、裕荣华公司出纳，2011 年 12 月 14 日起任博元公司职工监事。还查明，案发后，被告人余蒂妮、伍宝清、张

① 其中 2011 年半年虚增负债为 4 亿元；2011 年年报虚增资产 347 050 000 元（虚增资产 68.67%），虚报负债 12 238 424.68 元；2012 年半年报虚增资产 350 500 000 元（虚增资产 68.56%），虚增负债 8 289 149 元，虚增收入 11 298 987.79 元，虚增利润 11 298 987.79 元；2012 年年报虚增资产 364 558 270 元（虚增资产 61.55%），虚增负债 8 762 592.87 元，虚增收入 18 932 067.19 元，虚增利润 18 932 067.19 元；2013 年半年报虚增资产 378 000 000 元（虚增资产 59.11%），虚增负债 10 172 915 元，虚增收入 13 472 535.51 元，虚增利润 13 472 535.51 元；2013 年年报虚增资产 378 000 000 元（虚增资产 62.25%），虚增负债 10 172 915 元，虚增收入 13 472 535.51 元，虚增利润 13 472 535.51 元；2014 年半年报虚增利润 3 173 984.52 元（虚增利润 1 327.2%），虚构收入 3 173 984.52 元。

丽萍主动到公安机关投案。

本院认为，博元公司作为依法负有信息披露义务的公司，在 2011 年至 2014 年期间向股东和社会公众提供虚假的或者隐瞒主要事实的财务会计报告，或者对依法应当披露的其他重要信息不按照规定披露，严重损害股东或者其他人的利益，情节严重，被告人余蒂妮、陈杰作为公司直接负责的主管人员，被告人伍宝清、张丽萍、罗静元作为直接责任人员，其行为均构成违规披露、不披露重要信息罪。各被告人犯罪事实清楚，证据确实、充分，公诉机关指控的违规披露、不披露重要信息罪成立，予以支持。但公诉机关指控各被告人犯背信损害上市公司利益罪不成立，不予支持。被告人伍宝清犯罪后主动投案，如实供述犯罪事实，系自首，可以从轻处罚。根据被告人伍宝清、张丽萍、陈杰、罗静元的犯罪事实、情节、认罪态度，对其适用缓刑确实不致再危害社会，依法可以宣告缓刑。依照《中华人民共和国刑法》第一百六十一条、第三十一条、第六十七条第一款、第七十二条第一款、第三款、第七十三条的规定，现判决如下：

一、被告人余蒂妮犯违规披露、不披露重要信息罪，判处有期徒刑一年七个月，并处罚金人民币十万元（刑期从判决执行之日起计算。判决执行以前先行羁押的，羁押一日折抵刑期一日，即自 2015 年 8 月 4 日起至 2017 年 3 月 3 日。罚金从判决发生法律效力第二日起一个月内缴纳）。

二、被告人伍宝清犯违规披露、不披露重要信息罪，判处有期徒刑八个月，缓刑一年，并处罚金人民币五万元（缓刑考验期限从判决确定之日起计算。罚金从判决发生法律效力第二日起一个月内缴纳）。

三、被告人张丽萍犯违规披露、不披露重要信息罪，判处有期徒刑七个月，缓刑一年，并处罚金人民币四万元（缓刑考验期限从判决确定之日起计算。罚金从判决发生法律效力第二日起一个月内缴纳）。

四、被告人陈杰犯违规披露、不披露重要信息罪，判处拘役六个月，缓刑六个月，并处罚金人民币三万元（缓刑考验期限从判决确定之日起计算。罚金从判决发生法律效力第二日起一个月内缴纳）。

五、被告人罗静元犯违规披露、不披露重要信息罪，判处拘役三个月，缓刑四个月，并处罚金人民币二万元（缓刑考验期限从判决确定之日起计算。罚金从判决发生法律效力第二日起一个月内缴纳）。

（案例来源：广东省珠海市中级人民法院刑事判决书〔2016〕粤 04 刑初 131 号）

二、本案争议焦点及评议

（一）关于本案的定性问题

本案中，博元公司的行为是否构成违规披露、不披露重要信息罪？本书认为，珠海市中级人民法院的定性是准确的，理由如下：一是行为符合了犯罪的客观要件。被告人所实施的一系列行为有：2011年4月，李某甲与被告人余蒂妮等虚构华信泰公司已代付股改业绩承诺款384 528 450元的事实，并在临时报告、半年报中披露。后为掩盖上述虚假事实，利用1 000万元循环转账，虚构购买37张承兑汇票的事实，并在2011年年报中披露；2012年至2014年期间多次虚构将上述银行承兑汇票进行贴现、票据置换和支付预估款等交易，根据李某甲提供的相关置换来的虚假银行承兑汇票进行记账，制作博元公司的虚假财务报表，致使2012年至2014年半年报、年报不属实。另外，还违规不披露公司实际控制人还有李某甲以及青禧公司也是李某甲控制下的关联公司等信息。这些行为归纳起来有两点：其一，被告人向股东和社会公众提供了虚假的重要财务报表；其二，被告人不按照规定披露依法应当披露的其他重要信息，即披露公司实际控制人及其关联公司。我国《上市公司信息披露管理办法》第二十一条、第二十二条和第三十条均规定了定期报告、临时报告需及时披露持股5%以上股东、控股股东和实际控制人。因此，可以认定被告人所实施的行为具备了本罪客观方面的危害行为特征。另外，被告人所实施的危害行为也侵犯了国家关于公司、企业的财会报告及其他重要信息的管理秩序，即符合了犯罪客体要件。二是行为具备了犯罪的主观要件。被告人明知向股东和社会大众提供虚假的或者隐瞒重要事实的财务会计报告，或者对依法应当披露的其他重要信息不按照规定披露，会发生危害国家关于公司、企业的财会报告及其他重要信息的管理秩序，并且希望或者放任这种结果的发生。另外，被告人是依法负有信息披露义务的上市公司，具备了本罪犯罪主体的特征。三是行为的危害后果印证了本罪的追诉标准。具体而言，被告人的行为符合了2010年5月最高人民检察院、公安部发布的《关于公安机关管辖的刑事案件立案追诉标准的规定（二）》第六条第（一）、（二）、（三）、（五）项应当予以立案的标准。综上所述，被告人的行为构成违规披露、不披露重要信息罪且达到了应当追究其刑事责任的标准。

本案中，博元公司的行为能否构成背信损害上市公司利益罪？珠海市人民检察院公诉机关认为：被告人余蒂妮作为博元公司的实际控制人、董事长，被告人伍宝清、张丽萍、陈杰作为公司的高级管理人员、被告人罗静元作为公司的监事，违背对公司的忠实义务，利用职务便利，操纵上市公司从事损害公司利益的行为，致使上市公司遭受重大损失，应以背信损害上市公司利益罪追究其刑事责任。本书认为，珠海市人民检察院公诉机关的定性是错误的，理由如下：我国《刑法》第一百六十九条之一规定："上市公司的董事、监事、高级管理人员违背对公司的忠实义务，利用职务便利，操纵上市公司从事下列行为之一，致使上市公司利益遭受重大损失的，处三年以下有期徒刑或者拘役，并处或者单处罚金；致使上市公司利益遭受特别重大损失的，处三年以上七年以下有期徒刑，并处罚金：（一）无偿向其他单位或者个人提供资金、商品、服务或者其他资产的；（二）以明显不公平的条件，提供或者接受资金、商品、服务或者其他资产的；（三）向明显不具有清偿能力的单位或者个人提供资金、商品、服务或者其他资产的；（四）为明显不具有清偿能力的单位或者个人提供担保，或者无正当理由为其他单位或者个人提供担保的；（五）无正当理由放弃债权、承担债务的；（六）采用其他方式损害上市公司利益的。"在该案件中，李某甲伙同被告人余蒂妮等人为达到实现股票上市流通的目的，掩盖没有完成 3.84 亿元股改业绩承诺款缴纳的事实，以博元公司实际控制人、高级管理人员的身份，指使财务人员伪造财务报表，实际操纵公司，致使公司被证监部门稽查并被终止上市，客观上损害了博元公司利益，致使其遭受重大损失。表面看起来，博元公司所遭受的重大损失符合了 2010 年 5 月最高人民检察院、公安部发布的《关于公安机关管辖的刑事案件立案追诉标准的规定（二）》第十八条第（六）项规定，即致使公司发行的股票、公司债券或者国务院依法认定的其他证券被终止上市交易或者多次被暂停上市交易的。事实上，构成该罪的核心危害行为处于"缺失"状态，无犯罪行为何来犯罪？具体而言，博元公司被终止上市实质上是违规披露行为所造成危害后果的具体延伸和体现，而非背信损害上市公司利益的犯罪行为所致。退一步讲，根据刑法的体系解释和目的解释的方法，《刑法》第一百六十九条之一所列举的前五项均系公司高级管理人员通过与关联公司不正当交易"掏空"上市公司的行为，第（六）项兜底条款的解释应当采用相当性解释，即限制在其他通过与关联公司不正当交易"掏空"上市公司的行为，而非所有损害公司利益的行为都等同于该罪行为。综上所述，被告人的行为仅构成违规披露、不披露重要信息罪，而不能成立背信损害上市公司利益罪。

（二）关于本案的处罚主体

对单位犯罪，世界各国刑事立法主要有两种原则：一是双罚制，即单位犯罪的，对单位和单位直接责任人员（代表人、主管人员及其他有关人员）均予以刑罚处罚；二是单罚制，即单位犯罪的，只处罚单位或者只处罚单位的直接责任人员；单罚制具体又分为转嫁制和代罚制两种类型：转嫁制是指，单位犯罪的，只对单位予以刑罚处罚而对直接责任人员不予以处罚；代罚制是指，单位犯罪的，只对直接责任人员予以刑罚处罚而不处罚单位。[①] 我国《刑法》第三十一条规定："单位犯罪的，对单位判处罚金，并对其直接负责的主管人员和其他直接责任人员判处刑罚。本法分则和其他法律另有规定的，依照规定。"可

---

① 高铭暄、马克昌主编. 刑法学（第七版）［M］. 北京大学出版社，2016：103.

见，我国刑法对单位犯罪一般采取双罚制为原则，单罚制为例外。根据《刑法》第一百六十一条规定："依法负有信息披露义务的公司、企业向股东和社会大众提供虚假的或者隐瞒重要事实的财务会计报告，或者对依法应当披露的其他重要信息不按照规定披露，严重损害股东或者其他人利益，或者有其他严重情节的，对直接负责的主管人员和其他直接责任人员，处三年以下有期徒刑或者拘役，并处或者单处二万元以上二十万元以下罚金。"可见，本罪的犯罪主体是单位，但实际处罚的是单位直接负责的主管人员和其他直接责任人员。

在本案中，如何确定博元公司犯罪的"直接负责的主管人员和其他直接责任人员"？

在庭审中，各被告人均否认自己为博元公司犯罪的直接负责的主管人员和其他直接责任人员。如被告人余蒂妮及其辩护人称："有多名证人及同案人证实博元公司的实际控制人是李某甲，余蒂妮只是华信泰公司的挂名董事长，不是信实公司、裕荣华公司的实际控制人，其挂名博元公司董事长也是在2011年8月之后。博元公司及其关联公司的大额对公账户支出都是李某甲直接指示财务人员办理，一些重要账户是由李某甲亲自管理，余蒂妮作为董事长事后补签；余蒂妮平时签字报销的都是公司日常开支的费用。"又如被告人伍宝清称："其在2011年8月之后就不在博元公司工作，没有参与博元公司的重大事务。但其作为财务人员，没有尽到应有的职责，愿意承担相应的罪责。其辩护人提出，自2011年8月5日之后，被告人伍宝清离职，不再为博元公司工作，不再是法律上的公司直接负责的主管人员和其他直接责任人员，不符合披露罪的犯罪主体构成要件。请求依法宣告被告人伍宝清无罪。"

本书认为，根据刑法理论以及司法实践经验，所谓"直接负责的主管人员"，是指对单位犯罪负有直接责任的主管人员，而不是犯罪单位的主管人员。在单位犯罪中，成为"直接负责的主管人员"需具备两个必备条件：一是在单位中掌有实际的领导权限的人员；二是必须是与单位犯罪有直接关系。这里需要注意的是，在单位犯罪中负领导责任的人员不一定是单位的主要领导，但他必须是领导机构中的成员，其中大多是主管某方面的工作或某些部门的领导。领导机构和单位犯罪中没有直接关系的其他领导成员，不应该让其承担单位犯罪的刑事责任。所谓"其他直接责任人员"，包括两种情况：一是单位领导人组织、策划了该单位犯罪的场合。在单位领导集体参与决定某一单位犯罪的情形下，"其他直接责任人员"一般指领导集体中主要负责人或者主持人。二是单位领导人事后容许单位犯罪发生的场合。有些单位犯罪，一般由单位中的某个部门或者某些人先行实施，事后报有关领导决定。单位领导事后容许单位犯罪发生的，也应将其列为"其他直接责任人员"。

在博元公司案件中，被告人余蒂妮应当被认定为单位犯罪的"直接负责的主管人员",理由如下:一是被告人是单位犯罪中掌有实际的领导权限的人员。李某甲因为违法犯罪的原因不能担任公司的法定代表人、董事长,而由被告人余蒂妮出面担任,并以法定代表人、董事长的身份履行职责,管理公司的财务,负责签订所有的财务文件,李某甲则作为实际控制人负责公司的重大决策。综合分析被告人余蒂妮作用、地位,其身份非简单的挂名法定代表人、董事长,实际上与其丈夫李某甲共同配合管理公司。二是被告人和单位犯罪有直接关系。被告人余蒂妮作为博元公司的法定代表人、董事长,负责签订所有的财务文件,主持或参加董事会,与其丈夫李某甲共同控制和管理公司。根据同案被告人及证人的言词证据并结合其参加或主持董事会、负责文件及财务凭证的审批还有其手机接收公司的银行账户资金变动短信通知等事实,可以认定其掌握公司的经营情况,并知道公司的违规操作情况。被告人伍宝清应当被认定为单位犯罪的"其他直接责任人员",理由如下:有关证据均显示,被告人伍宝清从博元公司离职后,不再担任博元公司的财务总监。虽然其到关联公司华信泰公司工作,但仍实际负责博元公司财务报表及年报的制定工作。被告人伍宝清2011年8月5日之后虽然名义上的身份是华信泰公司的财务人员,但华信泰公司是博元公司的关联公司,本案涉及虚假兑付股改业绩承诺款的也是华信泰公司,所以无论从其实质作用、地位,还是从其身份看,其都应作为直接责任人员承担相应的罪责。综上所述,珠海市中级人民法院所认定的本案处罚主体是准确的。

第七章

背信损害上市公司利益罪

第一节　罪名、犯罪构成及立案追诉标准

一、概念与罪名渊源

（一）概念

背信损害上市公司利益罪，是指上市公司的董事、监事、高级管理人员违背对公司的忠实义务，利用职务便利，操纵上市公司从事损害上市公司利益并使上市公司利益遭受重大损失的行为。

（二）罪名渊源

我国 1979 年、1997 年《刑法》对背信损害上市公司利益的行为没有规定。最早对该行为有规定的是附属刑法，即 1994 年 7 月 1 日开始施行的《公司法》。其中，第二百一十四条规定："董事、监事、经理利用职权收受贿赂、其他非法收入或者侵占公司财产的，没收违法所得，责令退还公司财产，由公司给予处分。构成犯罪的，依法追究刑事责任。""董事、经理挪用公司资金或者将公司资金借贷给他人的，责令退还公司的资金，由公司给予处分，将其所得收入归公司所有。构成犯罪的，依法追究刑事责任。""董事、经理违反本法规定，以公司资产为本公司的股东或者其他个人债务提供担保的，责令取消担保，并依法承担赔偿责任，将违法提供担保取得的收入归公司所有。情节严重的，由公司给予处分。"由于 1979 年、1997 年《刑法》并没有对背信损害上市公司利益的行为进行规定，造成了当时《公司法》中附属刑法的某些条款处于无法可依的局面。为了能够尽快解决该问题，1995 年 2 月 28 日，第八届全国人民代表大会常务委员会第十二次会议通过了《关于惩治违反公司法的犯罪的决定》（单行刑法），并于同日公布施行。其中，第十条规定："公司董事、监事或者职工利用职务或者工作上的便利，侵占本公司财务，数额较大的，处五年以下有期徒刑或者拘役；数额巨大的，处五年以上有期徒刑，可以并处没收财产。"2005 年 12 月 24 日，第十届全国人民代表大会常务委员会第十九次会议研讨了关于《中华人民共和国刑法修正案（六）（草案）》的说明。其中，第二项第二条指出："有关部门提出，近年来，一些上市公司的管理人员、控股股东、实际控制人，以无偿占用或者明显不公平的关联交易等非法手段，侵占上市公司资产，严重损害上市公司和公众投资者的合法权益。因此对给上市公司造成重大损失的，应当追究刑事责任。法制工作委员会经同有关部门研究，拟在刑法中增加规定，

对有上述严重违法行为的，追究刑事责任。"① 经历了三次草案审议后，2006 年 6 月 29 日《中华人民共和国刑法修正案（六）》正式通过。其中第九条规定，在刑法第一百六十九条后增加一条，作为第一百六十九条之一："上市公司的董事、监事、高级管理人员违背对公司的忠实义务，利用职务便利，操纵上市公司从事下列行为之一，致使上市公司利益遭受重大损失的，处三年以下有期徒刑或者拘役，并处或者单处罚金；致使上市公司利益遭受特别重大损失的，处三年以上七年以下有期徒刑，并处罚金：（一）无偿向其他单位或者个人提供资金、商品、服务或者其他资产的；（二）以明显不公平的条件，提供或者接受资金、商品、服务或者其他资产的；（三）向明显不具有清偿能力的单位或者个人提供资金、商品、服务或者其他资产的；（四）为明显不具有清偿能力的单位或者个人提供担保，或者无正当理由为其他单位或者个人提供担保的；（五）无正当理由放弃债权、承担债务的；（六）采用其他方式损害上市公司利益的。""上市公司的控股股东或者实际控制人，指使上市公司董事、监事、高级管理人员实施前款行为的，依照前款规定处罚。""犯前款罪的上市公司的控股股东或者实际控制人是单位的，对单位判处罚金，并对其直接负责的主管人员和其他直接责任人员，依照第一款的规定处罚。"2007 年 10 月 25 日，最高人民法院、最高人民检察院发布了《关于执行〈中华人民共和国刑法〉确定罪名的补充规定（三）》，将修改后的《刑法》第一百六十一条的罪名确定为"背信损害上市公司利益罪"。

二、本罪的犯罪构成要件

（一）本罪的客体

本罪侵犯的是复杂客体，既侵犯了上市公司正常的经营管理秩序，也侵犯了上市公司和投资者的合法权益。

（二）本罪的客观方面

上市公司的董事、监事、高级管理人员违背对公司的忠实义务，利用职务便利，操纵上市公司从事损害上市公司利益并使上市公司利益遭受重大损失的行为。

1. 行为人违背了对公司的忠诚义务

我国《刑法》第一百六十九条中"忠实义务"的规定属于空白刑法规范。时延安教授指出："承认空白的犯罪构成，是犯罪构成理论对刑法法律中空白罪

---

① 高铭暄、赵秉志. 新中国刑法立法文献资料总览（第二版）［M］. 中国人民公安大学出版社，2015：806.

状存在的一种回应。空白罪状的存在就使得刑法规范表现出明显的开放性，这种开放性不能通过刑法解释来加以主观性的充实，也不可能从刑法规范的内容直接推导出来待补充的部分，而只能从刑法规范指引而导向的行政性法律规范的内容中来填补。"① 因此，该规定中"忠实义务"的内涵必须要参照公司法中关于忠实义务的相关规定。我国《公司法》第一百四十七条第一款规定："董事、监事、高级管理人员应当遵守法律、行政法规和公司规章，对公司负有忠实义务和勤勉义务。"第二款规定："董事、监事、高级管理人员不得利用职权收受贿赂或者其他非法收入，不得侵占公司的财产。"第一百四十八条列举了几种违反对公司忠实义务的行为，包括挪用公司资金；将公司资金以个人名义或者其他个人名义开立账户储存；违反公司章程的规定，未经股东会、股东大会或者董事会同意，将公司资金借贷给他人或者以公司财产为他人提供担保；违反公司章程的规定或者未经股东会、股东大会同意，与本公司订立合同或者进行交易；未经股东会或者股东大会同意，利用职务便利为自己或者他人谋取属于公司的商业机会，自营或者为他人经营与所任职公司同类的业务；接受他人与公司交易的佣金归为己有；擅自披露公司秘密；违反对公司忠实义务的其他行为。从上述法律条文看，相关规定并没有对"忠实义务"的内涵做出定义。根据立法原意及其精神，"忠实义务"是指董事、监事、高级管理人员在经营管理公司时，应毫无保留地为公司最大利益工作，当自身利益与公司整体利益发生冲突时，应以公司利益为先。这里亟须要强调的一点是，在理解"忠实义务"内涵时应以第一百四十七条为实质根据，第一百四十八条为形式根据。否则，将会片面缩小"忠实义务"的范围，也会进一步导致本罪无法准确适用。如经董事会同意向明显不具有清偿能力的个人提供担保的行为，本质上也需将其认定为违背了对公司的忠实义务。

2. 行为人利用职务便利，实施了操纵公司从事损害上市公司利益的行为

所谓"利用职务便利"，是指利用职务上主管、管理、经营、经手公共财物（以下均指公司财产）的权利及方便条件。② 主管，主要是指负责调拨、处置及其他支配公共财物的职务活动；管理，是指负责保管、处理及其他使公共财物不流失的职务活动；经营，是指将公共财物作为生产、流通手段等使公共财物增值的职务活动；经手，是指领取、支出等经办公共财物因而占有公共财物的职务活动。此外，利用职务上的便利，既包括利用本人职务上主管、管理公共财物的职务便利，也包括利用职务上有隶属关系的其他人员的职务便利。利用与职务无关仅因工作关系熟悉作案环境或者易于接近作案目标、凭工作人员身

---

① 时延安. 刑法规范的结构、属性及其在解释论上的意义［J］. 中国法学，2011（2）：108.

② 张明楷. 刑法学（下册）［M］. 法律出版社，2016：1183.

份容易进入某些单位等方便条件非法侵占公共财物的，不能成立本罪。另外，也不是任何利用职务上的便利非法占有公司财产的行为都能成立本罪。只有当行为人现实地对公司财产享有了支配权、决定权或者对具体支配财产的人员处于领导、指示、支配地位，进而利用了职务上的便利的，才能成立本罪。否则，只能认定为盗窃罪、诈骗罪等犯罪。

我国《刑法》第一百六十九条之一规定了以下几种操纵公司损害上市公司利益的行为：

①无偿向其他单位或者个人提供资金、商品、服务或者其他资产的

所谓"无偿"，是指董事、监事、高级管理人员操纵上市公司向其他单位或者个人提供资金、商品或者其他资产，而接受方没有向该上市公司支付对价的情形。其中，对价指的是一方为换取对方提供利益而付出的代价，一般买卖活动中，买方为获得对方的货物而支付价金；而卖方交付货物也是对价。"无偿"是一方支付对价，而对方没有支付对价的情形。所谓"其他单位或者个人"，是指除上市公司外的任何单位或个人，通常是上市公司的关联公司或者董事、监事、高级管理人员、控股股东和实际控制人等。具体而言，"其他单位或者个人"一般表现为上市公司的关联公司或者个人，也包括了与其有关的第三方公司或者个人，即行为人可能为了掩盖自己的目的，而操纵上市公司将资金和商品等资产无偿提供给第三方，再由第三方与关联公司进行再次的利益分配的情形。所谓"资金、商品、服务或者其他资产"，是指公司所有或者经营管理的资金、资产或者是作为公司业务所生产的商品、提供的服务，其他资产还包括知识产权等无形资产。

这是一种最常见的直接占用上市公司资金的行为，它既不以借款方式，也不以贷款方式，而是一种赤裸裸的直接占用，行为方式具体表现为：上市公司的董事、监事、高级管理人员、控股股东和实际控制人，利用对上市公司的控制权或者影响力，将上市公司的资金或者其他资产直接划拨到关联公司供其使用；控股股东、实际控制人以自己或者以关联公司的名义，在无任何交易基础的情况下，占用上市公司资金或者其他资产；在上市公司与关联企业之间进行没有实质交易的资金划拨；由上市公司代关联公司支付费用；由上市公司现金出资、关联方资产出资共同设立子公司，或者通过资产重组，占用上市公司资金等行为。①

②以明显不公平的条件，提供或者接受资金、商品、服务或者其他资产的

这种行为带有一定的隐蔽性，行为人安排的利益输送是以交易的形式进行的，如表面上是在进行资金的有偿借贷、商品的买卖等，也约定有价款等交易

---

① 黄太云. 刑法修正案（六）的理解与适用（上）[J]. 人民检察，2006（14）：49.

条件，貌似正常交易。但是，分析实际交易条件，则是明显不公平的。实质是上市公司以明显不公平的高价收购他人的资产或者接受他人提供的商品、服务，或者使上市公司以明显不公平的低价转让资产，提供商品、服务给他人，从而"掏空"上市公司。这种利益输送在进、出两个环节都可以实现。在进的环节，有意高估交易对价，接受他人的资金、商品、服务；在出的环节，以明显低于市场的价格出售商品，或者将公司优良资产、预期良好的盈利项目，低价转让等。"明显不公平的条件"，主要是指交易价格明显高于、低于市场价格或者资产的实际价值。此外，在付款时间、付款方式等其他交易条件方面，故意做不利于上市公司的安排，也可以达到利益输送的目的。① 目前，刑法对于"明显不公平"的差价并没有规定，具体可以参照 2009 年最高人民法院颁布的《中华人民共和国合同法若干问题的解释（二）》的规定。其中，第十九条规定："对于合同法第七十四条规定的'明显不合理的低价'，人民法院应当以交易当地一般经营者的判断，并参考交易当时交易地的物价部门指导价或者市场交易价，结合其他相关因素综合考虑予以确认。转让价格达不到交易时交易地的指导价或者市场交易价百分之七十的，一般可以视为明显不合理的低价；对转让价格高于当地指导价或者市场交易价百分之三十的，一般可以视为明显不合理的高价。"

③向明显不具有清偿能力的单位或者个人提供资金、商品、服务或者其他资产的

应该说，企业之间正常的相互融资、拆借资金有利于提高企业的经营利润，降低经营成本，是一种正常的经营行为。但前提条件是对方必须具有相应的清偿能力，否则，资金、商品、服务或者其他资产的提供方就会面临得不到清偿的巨大风险。明知单位或者个人（包括其控制的关联公司、上市公司的控股股东和实际控制人）没有清偿能力，而向其提供资金、商品、服务或者其他资产，就可能导致债权无法得到清偿，使上市公司资产无形中减少，经营风险相应扩大，从而损害上市公司利益。② 所谓"清偿"，是指债务人按照合同的约定了结了债务、配合债权人实现债权目的的行为；"清偿能力"，是指用借款偿还期和资产负债率等指标反映偿还借贷的能力。所谓"明显不具有清偿能力"，具体可以参照 2011 年最高人民法院颁布的《中华人民共和国企业破产法若干问题的规定（一）》之规定进行判断。其中，第四条规定："债务人账面资产虽大于负债，但存在下列情形之一的，人民法院应当认定其明显缺乏清偿能力：（一）因资金严重不足或者财产不能变现等原因，无法清偿债务；（二）法定代表人下落不明

---

① 王爱立主编. 中华人民共和国刑法解读（第四版）[M]. 中国法制出版社，2015：333.
② 王鹏祥. 背信损害上市公司利益罪的理解与适用 [J]. 河北法学，2008（11）：133.

且无其他人员负债管理财产，无法清偿债务；（三）经人民法院强制执行，无法清偿债务；（四）长期亏损且经营扭亏困难，无法清偿债务；（五）导致债务人丧失清偿能力的其他情形。"

④为明显不具有清偿能力的单位或者个人提供担保，或者无正当理由为其他单位或者个人提供担保的

这种行为也是"掏空"上市公司资产的常见手法之一。实践中，行为人严重违规对外提供担保，而被担保方往往是明显不具备清偿能力的单位或者个人。在其取得贷款以后，通常是以各种方式转移所贷资金。当被担保方面临破产时，其背负的偿还责任则由提供担保的上市公司承担。全国轰动一时的 ST 猴王担保案就是适例。1998 年至 2000 年间，猴王股份被其控股股东猴王集团违规操纵，向其提供了高达 2.44 亿元的担保。随后，猴王集团申请破产，其对外巨大的偿还责任压在了猴王股份身上。最终，猴王股份因面临高额债务而被宣告退市，由此给上市公司的利益带来了严重损害。本罪的该行为有两种情形：一是向明显不具有清偿能力的单位或者个人提供担保。关于"明显不具有清偿能力"的界定，上文已有详细阐述。二是无正当理由为其他单位或者个人提供担保。关于"无正当理由"的判别，具体可以参照我国 1995 年《担保法》、2003 年证监会、国资委联合发布的《关于规范上市公司与关联方资金往来及上市公司对外担保若干问题的通知》以及 2005 年证监会、银监会联合发布的《关于规范上市公司对外担保行为的通知》。

⑤无正当理由放弃债权、承担债务的

这里的"无正当理由"是指理由不合法、不合理甚或不成立。这里的"放弃债权"是指放弃债之权利，使债务人无须再履行债务。上市公司的债权是公司资产的重要组成部分，其利益归属于上市公司的全体股东。董事、监事、高级管理人员无正当理由放弃债权，使公司预期可得利益灭失，减少了公司积极财产，从而严重损害了上市公司的经济利益。这里的"承担债务"是指无正当理由而随意负担他人债务。该行为也会导致上市公司的负担加重，间接减少上市公司的资产，从而严重损害上市公司的经济利益。总而言之，董事、监事、高级管理人员无正当理由随意放弃上市公司债权、承担不属于上市公司债务的，都可以被认定为背信损害上市公司利益的犯罪行为。

⑥采用其他方式损害上市公司利益的

这是本罪的一项兜底性规定。在 2006 年第十届全国人民代表大会常务委员会第二十二次会议上，全国人大法律委员会委员做了关于《中华人民共和国刑法修正案（六）（草案）》审议结果的报告。其中，第二项指出："草案二次审议稿第九条对上市公司的董事、监事、高级管理人员通过操纵上市公司进行不正当、不公平的关联交易等行为，转移上市公司的资产，掏空上市公司，使上

市公司利益遭受重大损失的犯罪及刑事责任作了规定。有些常委会委员和地方提出，这一条列举了五项具体行为，而随着情况的变化，还可能出现掏空上市公司的新的行为，最好再增加一项兜底性规定。法律委员会经研究，建议在这一条第一款所列举的掏空上市公司的具体行为中，增加一项采用其他方式损害上市公司利益的行为，作为这一款的第六项。"[①] 在司法实践中，根据刑法的体系解释和目的解释的方法，该条款列举的前五项均系公司高级管理人员通过与关联公司不正当交易掏空上市公司的行为，第（六）项兜底条款的解释应当采用相当性解释，即限制在其他通过与关联公司不正当交易掏空上市公司的行为，而非所有损害公司利益的行为。

3. 行为人所实施的上述行为须致使上市公司利益遭受重大损失

如果董事、监事、高级管理人员违背对公司的忠实义务，实施了本罪所列举的犯罪行为并没有造成上市公司利益严重受损，那么也无须追究其本罪的刑事责任。对于一般背信损害上市公司利益的违法行为，可依据相关法律法规进行行政处罚即可。上市公司利益"遭受重大损失"的追诉条件，可以按照 2010 年 5 月最高人民检察院、公安部发布的《关于公安机关管辖的刑事案件立案追诉标准的规定（二）》的具体规定进行判断。

（三）本罪的主体

本罪的主体是公司的董事、监事、高级管理人员。上市公司的控股股东或者实际控制人，指使上市公司的董事、监事、高级管理人员实施上述损害公司行为的，以本罪论处。

（四）本罪的主观方面

本罪的主观方面是故意，包括直接故意和间接故意，即行为人违背对公司的忠实义务，明知利用职务便利，操纵上市公司从事损害上市公司利益的行为，会发生危害上市公司管理秩序和上市公司、投资者合法权益的结果，并且希望或者放任这种结果的发生。如果行为人过失实施了上述行为，则不构成本罪。

三、本罪的立案追诉标准适用指南

根据 2010 年 5 月最高人民检察院、公安部发布的《关于公安机关管辖的刑事案件立案追诉标准的规定（二）》的规定，本罪的立案标准为：

第十八条 上市公司的董事、监事、高级管理人员违背对公司的忠实义务，利用职务便利，操纵上市公司从事损害上市公司利益的行为，以及上市公司的

---

① 高铭暄、赵秉志. 新中国刑法立法文献资料总览（第二版）［M］. 中国人民公安大学出版社，2015：812.

控股股东或者实际控制人，指使上市公司董事、监事、高级管理人员实施损害上市公司利益的行为，涉嫌下列情形之一的，应予立案追诉：

（一）无偿向其他单位或者个人提供资金、商品、服务或者其他资产，致使上市公司直接经济损失数额在一百五十万元以上的；

（二）以明显不公平的条件，提供或者接受资金、商品、服务或者其他资产，致使上市公司直接经济损失数额在一百五十万元以上的；

（三）向明显不具有清偿能力的单位或者个人提供资金、商品、服务或者其他资产，致使上市公司直接经济损失数额在一百五十万元以上的；

（四）为明显不具有清偿能力的单位或者个人提供担保，或者无正当理由为其他单位或者个人提供担保，致使上市公司直接经济损失数额在一百五十万元以上的；

（五）无正当理由放弃债权、承担债务，致使上市公司直接经济损失数额在一百五十万元以上的；

（六）致使公司发行的股票、公司债券或者国务院依法认定的其他证券被终止上市交易或者多次被暂停上市交易的；

（七）其他致使上市公司利益遭受重大损失的情形。

第八十七条 本规定中的"多次"，是指三次以上。

第八十九条 对于预备犯、未遂犯、中止犯，需要追究刑事责任的，予以立案追诉。

第九十条 本规定中的立案追诉标准，除法律、司法解释、本规定中另有规定的以外，适用于相应的单位犯罪。

第九十一条 本规定中的"以上"，包括本数。

第二节　司法实务认定中的疑难问题

一、经过董事会一致"同意"的行为能否构成本罪

我国《刑法》第一百六十九条之一规定背信损害上市公司利益罪，即打击的是上市公司的董事、监事、高级管理人员违背对公司的忠实义务，利用职务便利，操纵上市公司从事损害上市公司利益并使上市公司利益遭受重大损失的行为。本罪的核心要旨为行为人违背对公司的忠诚义务，实施了致使上市公司遭受重大损失的行为。问题是，如果行为人"没有"违背对公司的忠实义务，实际上却致使了上市公司遭受到重大损失，对此应当如何定性？换句话说，经过董事会等法定程序一致"同意"的行为能否构成本罪？

本书认为，要解决上述问题须正确把握"忠实义务"的内涵与外延，即须

厘清《刑法》与《公司法》关于"忠实义务"规定之间的关系问题。上文指出，本罪中"忠实义务"的规定属于空白刑法规范，具体适用须参照我国《公司法》关于"忠实义务"的相关规定。在司法实践中，是否可以认为，只要行为人违背了《公司法》中关于"忠实义务"的"具体"规定，即可以认定其符合了本罪关于"忠实义务"的特征；或者是如果行为人没有违背《公司法》关于"忠实义务"的"具体"规定，能否认定其一定不具备本罪关于"忠实义务"的特点。笔者认为，这种逻辑明显是不能成立的，即不能简单地从形式上去判断二者间的关系。上文章节已对该理论问题进行了论证：行政违法性判断是刑事违法性判断的前提，刑事违法性判断又相对独立于行政违法性判断。如有学者就指出，"对于法定犯而言，行政违法性是第一层次判断，刑事违法性是第二层次判断。第二层次判断依赖于第一层次的判断，但是经过第一层次判断得出的肯定结论，并不能直接推导第二层次的结论"。① 由于我国《公司法》相关规定并没有对"忠实义务"的内涵作出定义，这不得不促使《刑法》对其作出实质性选择，具体论述如下。

关于"忠实义务"的认定，我国《公司法》的相关规定属于形式的判断，而《刑法》第一百六十九条之一的规定属于实质的判断。② 具体而言，我国《公司法》第一百四十七条、第一百四十八条是关于"忠实义务"的规定。其中，虽然第一百四十七条概括性地提出了上市公司董事、监事、高级管理人员负有对公司的忠实义务，并在第一百四十八条后以列举的方式进一步描述了违背对公司忠实义务的行为类型，但是对于"忠实义务"的内涵并没有作出明确界定。从第一百四十八条的规定看，行为类型的特征在于程序判断，其法律术语基本上由诸如"违反公司章程的规定""未经董事会同意""未经股东会或者股东大会"等程序限定的用语构成。这些法律用语的使用，在很大程度上表明《公司法》是从程序限定的层面判别"忠实义务"的违反。形式上判断"忠实义务"的内涵，一定程度上也符合了司法实践的一贯做法。如有学者提出："法院通常不会对被告是否忠实、行为是否合理进行实质性的解释，形式化审查是我国审判实践中最为显著的特点。"③ 相比之下，关于我国《刑法》第一百六十九条之一的规定，其对违背"忠实义务"的审查事实上属于实质性判断。其中，该条款以列举的方式描述了违背忠实义务的行为类型，如"无偿""明显不公平的条件""明显不具有清偿能力""无正当理由"等。这些法律用语的使用，实

---

① 时延安. 行政处罚权与刑罚权的纠葛及其厘清 [J]. 东方法学，2008（4）：103.

② 李军. 背信损害上市公司利益罪中"违背对公司忠实义务"的认定 [J]. 政治与法律，2016（7）：49－59.

③ 邓峰. 公司利益缺失下的利益冲突规则——基于法律文本和实践的反思 [J]. 法学家，2009（4）：79－88.

际上表明本罪是从实质性的层面判别"忠实义务"的违反，即打击的是恶意掏空上市公司经济利益的犯罪行为。综上所述，对于违反"忠实义务"的法律判断，应当以《公司法》相关规定为基础，结合《刑法》有关条文立法宗旨进行全方面考量。

正确把握了《刑法》与《公司法》关于"忠实义务"规定之间的关系后，本标题所提的问题便可迎刃而解。事实上，该问题要探讨的是，行为形式上遵循了《公司法》对"忠实义务"的规定，实质上却具备了《刑法》关于违背"忠实义务"的特征问题。当然，研究该问题的前提条件是行为人不仅实质上违背了对公司的"忠实义务"，而且还必须实施了本罪所列举的掏空上市公司的具体行为。否则，仅违背刑法意义上的"忠实义务"，还不能算得上是犯罪。具体而言，经董事会一致"同意"的行为能否构成本罪？本书认为，解决该问题须注意以下两点：一是如何定准确定性该行为。我国《公司法》第一百四十八条规定了违背对公司"忠实义务"的行为类型。如果行为人所实施行为是经过董事会一致"同意"的，那么可以从形式上认定其"没有"违反《公司法》关于"忠实义务"的规定。其行为最终是否违反本罪规定，还须作进一步的判断。如果经董事会一致"同意"的行为具备了恶意掏空上市公司经济利益的特征，那么可将其认定为严重违背对公司"忠实义务"的犯罪行为。例如，经董事会集体意志决定，向明显不具有清偿能力的单位或者个人提供担保的行为。虽然该行为是经过法定程序作出的集体决策，但实质上损害了上市公司的经济利益。对此，如果符合了本罪相关立案追诉标准，应当对行为人依法追究刑事责任。二是本罪中的单位犯罪是否包含此种情形。一般认为，单位犯罪是由单位集体意志决策下所实施的犯罪行为。如何判断单位意志？有学者指出："要看行为是否为单位代表或者决策机关授意、批准、决定，更要看行为是否为单位谋取利益。因为意志与利益是紧密相联的，意志往往是利益的主观体现，利益往往是意志的根源和归宿；对单位而言，更是如此。"[1] 单位犯罪有其自身的特点，区别于自然人犯罪。如有学者指出："单位是被法律认可为法律主体的由一定的自然人和一定的财产相结合形成的具有一定目的的有机整体，而自然人是被法律认可为法律主体的个体。如果从单位与自然人的犯罪意志相区别的角度去考察单位的犯罪意志，那么单位犯罪意志的本质特征只能是整体性，即单位的犯罪意志虽然来源于单位成员的意志，但其一经形成便已脱离了单位成员，反映的是单位的整体意志，而不仅仅是单位某一成员或者某一部门的意志。单位犯罪意志的整体性，决定了单位犯罪意志的独立性和双重性。单位犯罪意志的独立性，是指单位的整体犯罪意志形成之后，独立于单位成员的意志而存在。单位

---

① 赵秉志主编. 犯罪总论问题探索［M］. 法律出版社，2003：165.

犯罪意志的双重性，是指单位的意志和行为必须通过它的工作人员实施，因而单位犯罪的整体意志来源于它的工作人员的意志，犯罪的整体意志形成之后，又必须传达、贯彻给它的工作人员才能得以实现，因此，单位犯罪的整体意志须演变为单位工作人员的意志。"① 因此，可以认为经董事会一致"同意"的行为不能成立本罪的单位犯罪。该情形中行为人所实施行为并非代表了单位的集体意志，其不具有为单位谋取利益的目的。事实上，该行为是借"单位之名"，行"个人犯罪"之实。对此，该情形不能以单位犯罪论处，需要追究刑事责任的，应以相关自然人所犯罪行定罪处罚。

二、对"无偿捐赠"的行为应当如何定性

根据我国《刑法》第一百六十九条之一的规定，上市公司的董事、监事、高级管理人员违背对公司的忠实义务，利用职务便利，操纵上市公司实施"无偿"向其他单位或者个人提供资金、商品、服务或者其他资产行为而致使上市公司利益遭受重大损失的，依法应当追究其刑事责任。因此，"无偿赠与"是本罪明令禁止的犯罪行为。在当代社会中，"无偿捐赠"却是公司、企业实现现代化经营、管理的通常手段。问题是，"无偿捐赠"行为是否一律构成本罪？对此，应该区分不同情况予以讨论，即不是所有的"无偿捐赠"行为都不认为是犯罪。

在现代社会中，公司不应仅仅作为谋求股东利润最大化的工具，而应视为最大限度顾及和实现包括股东在内的所有利益相关者利益的组织体系或制度安排；公司的权力来源于公司的所有利益相关者的委托，而非只是植根于股东的授予；公司的经营者应对公司的所有利益相关者负责，而不限于仅仅对股东负责。② 因此，"在当代，公司已被作为社会的重要构成部分看待，公司的行为也被当作社会行为来认识，公司及其行为的价值已不仅仅体现为增进微观利益，其经济价值只有在符合或有益于社会整体功利的前提下才能得到肯定性的评价，尽管符合或有益于社会整体功利的标准不可避免地带有一定的主观色彩"。③

"无偿捐赠"是公司承担社会责任的重要形式之一。从长远来看，公司实施捐赠可以改善公司形象，进一步提升公司的获利能力并惠及股东。何为公司的"无偿捐赠"？我国《公益事业捐赠法》第二条界定了公益事业捐赠，即自然人、法人或者其他组织自愿无偿向依法成立的公益性社会团体和公益性非营利的事业单位捐赠财产，并用于公益事业。我国《公司法》虽然没有概念上的界定，

---

① 石磊. 单位犯罪意志研究［J］. 法商研究，2009（2）：69.
② 卢代富. 企业社会责任的经济学与法学分析［M］. 法律出版社，2002：1-2.
③ 卢代富、吴春燕. 企业运行中的国家干预法律制度研究［J］. 现代法学，1998（6）：31.

但也有关于公司承担社会责任的相关规定，其中第五条："公司从事经营活动，必须遵守法律、行政法规，遵守社会公德、商业道德，诚实守信，接受政府和社会公众的监督，承担社会责任。"结合上述法律规定，公司的"无偿捐赠"，是指为了达到社会公益事业目的，以公司的名义将其一定的资产、实物或无形资产自愿无偿地赠与他人的行为。

"无偿捐赠"与"无偿赠与"的行为既有联系，又有差别。根据我国《合同法》第一百八十五条的规定，"无偿赠与"，是指赠与人将自己的财产无偿给予受赠人，受赠人表示接受赠与的合同。"无偿捐赠"与"无偿赠与"的行为具有一定相似性，即都表现为将自己的财产无偿给予他人。不过，二者也存在很大的差别：一是法律关系主体不同。"无偿赠与"是赠与人和受赠人之间的双方法律行为；而在"无偿捐赠"行为中，存在三种主体，即捐赠人、受赠人和受益人。通常情况下，受赠人和受益人往往不是同一主体，当然也不排除捐赠人和受益人合二为一的情形。二是法律关系内容不同。在"无偿赠与"关系中，一旦赠与合同履行完毕，受赠人取得对于受赠财产完全的所有权，可以自由地处分赠与的财产。但是在"无偿捐赠"法律关系中，受赠人对于赠与财产的处分必须尊重捐赠人的意愿，并且符合受赠组织的宗旨和业务范围。三是赠与人所享有的撤销权不同。根据我国合同法的规定，在赠与人赠与财产的权利转移之前，赠与人可以撤销赠与；但是具有救灾、扶贫等社会公益、道德义务性质的赠与合同的赠与人不得在赠与财产权利转移之前撤销赠与；赠与人不交付赠与的财产的，受赠人可以要求交付。

虽然二者存在诸多区别，但由于实践的复杂性，"无偿捐赠"与"无偿赠与"行为通常相互交织、渗透以致难以辨别。因此，有必要进一步区分公司"无偿捐赠"的行为类型。目前，公司"无偿捐赠"大致有三种类型，即利他型、互利型和自利型：一是利他型捐赠，即以促进公共利益为目的的捐赠行为。在该种捐赠模式下，受赠主体对于公司的生存与发展不会产生直接的影响，主要是基于公司的外部原因如政府动员而实施捐赠，如公共灾难救助、扶贫资助、初级教育资助、健康资助等。二是互利型捐赠，即以增进公共利益和公司利益为共同目标的行为。在这种捐赠模式下，公司为了协调与公司有直接利益（如政府、股东、公司的交易商、顾客，员工等）或间接利益（公司潜在的顾客潜在的员工等）影响的人的关系，为了保持与改善公司在市场竞争中的地位而实施捐赠，如支持公司所在社区的发展计划、支持公司员工对社区的志愿服务、支持有利于公司发展的大学的相关研究等。三是自利型捐赠，即以满足公司商业利益而选择性捐赠行为。自利型公司捐赠更加类似于一种商业上的推销方式，是基于公司内部销售的压力而为的捐赠，其结果主要是捐赠方自身受益，如以产品品牌捐赠、公益活动赞助来做实物广告等。

综上所述，本罪中公司的"无偿捐赠"与"无偿赠与"应作出以下两点区分：一是主观目的考察。"无偿捐赠"的行为具备了为公共或者公司谋取利益的意图，而"无偿赠与"的行为意图往往在于个人谋取私利。二是客观结果考察。"无偿捐赠"的行为客观上有利于公共或者公司利益，而"无偿赠与"的行为大多情况下严重损害公司利益。在司法实践中，行为人通常会借助"无偿捐赠"名义实施损害上市公司利益的行为。对此，应当以主客观相统一的方法进行严格考察。具体而言，针对公司"无偿捐赠"行为性质的判断，应当区分不同情况：行为人如果主观上是为公共或者公司谋取利益，客观上也实现了该目的，那么就不能认定其构成本罪；如果行为人主观上是为了公共或者公司利益，客观上却致使了公司利益遭受重大损失，那么也不能认定其构成本罪；如果行为人主观上是为了谋取私利，客观上也致使了公司遭受重大损失，则应当认定其构成本罪。需要注意的是，在第三种情形中，特别是出现互利型、自利型捐赠行为时，在坚持主客观相统一的立场下，应重点分析公司客观利益是否遭受重大损失。

三、如何适用"特别重大损失"的法定刑

根据我国《刑法》第一百六十九条之一的规定，上市公司的董事、监事、高级管理人员违背对公司的忠实义务，利用职务便利，所实施掏空上市公司利益行为致使上市公司利益遭受重大损失的，处三年以下有期徒刑或者拘役，并处或者单处罚金；致使上市公司利益遭受特别重大损失的，处三年以上七年以下有期徒刑，并处罚金。可见，本罪适用的法定刑有两个幅度：一是致使上市公司利益遭受重大损失；二是致使上市公司利益遭受特别重大损失。关于"重大损失"，2010 年 5 月最高人民检察院、公安部发布了《关于公安机关管辖的刑事案件立案追诉标准的规定（二）》，该规定进一步明确了本罪的立案追诉标准，如无偿向其他单位或者个人提供资金、商品、服务或者其他资产，致使上市公司直接经济损失数额在一百五十万元以上的应予以追究刑事责任。关于"特别重大损失"，目前为止相关部门并没有出台司法解释进行界定。在司法实践中，如何准确适用"特别重大损失"的法定刑就成为一个极大的难题。以下就该问题进行探讨，仅供参考。

有观点认为，"特别重大损失"数额应当参照"重大损失"的标准进行确立："作为前提，……须探明本罪起刑点为何为 150 万元。上述司法解释规定本罪起刑点为 150 万元系结合《证券法》相关规定而得出的。根据《证券法》第五十条规定（上市条件），'公司股本总额不少于人民币 3 000 万元'；第六十七条规定了应向公众和证监会告知的重大事件，其中第八项规定，'持有公司 5%以上股份的股东或者实际控制者，其持有股份或者控制公司的情况发生较大变

化'的为重大事件。上市公司的门槛为 3 000 万元，而《证券法》所认定的应
向相关机构报告的有关股权变动的重大事件，为'持有百分之五以上股份的股
东情况有变'。重大事件的发生对于上市公司的影响就达到第一个关口。据此
3 000×5% = 150（万元），即 150 万元以上的变动为上市公司的重大事件，从而
司法解释就把导致上市公司重大事件发生的 150 万元作为本罪的重大损失标准，
系合情合理。……（参照这个方法），根据《证券法》第八十八条的规定，证券
交易中，如投资者持有或者通过协议等其他方式持有一家上市公司已发行股份
的 30%，如该投资者要继续收购的，则该投资者需向该上市公司的所有股东发
出收购全部或部分上市公司股份的要约。当投资者持有的股份达到百分之三十
的时候，上市公司将面临全面收购的问题，这对上市公司具有生死存亡的重大
影响。此时对于上市公司的影响达到第二个关口。而上市公司的最低股本为三
千万元，3 000×30% = 900（万元），即投资者拥有股份的价值达到 900 万元以
上时可能会被强制发出收购要约。由于在《证券法》上 900 万元可能对上市公
司的存续有着极为重大的影响，此时对于刑法而言，宜采纳 900 万元作为本罪
'特别重大损失'的标准。结合《证券法》的规定，使得民商事法律与刑法之间
有机衔接，并且该标准的确定与先前司法解释所给出的标准在设立思路上是一
脉相承。综上，本罪特别重大损失标准宜定为 900 万元。"①

也有观点认为，应当综合考虑"特别重大损失"的数额："司法实践中出现
的背信损害上市公司利益的案件愈来愈多。背信损害上市公司利益罪的立案标
准是什么，该罪法定刑升格的条件是什么，成为司法实践中不得不面对的问
题。"对"致使上市公司利益遭受重大损失"，司法解释有所规定。……该条前
五项确立了 150 万元的数额标准，第六项则把"终止上市交易或多次暂停上市
交易"这一情节作为数额标准的例外。不过，没有明确"特别重大损失"的标
准，笔者建议以司法解释的方式，对背信损害上市公司利益罪的"特别重大损
失"的标准做出明确规定。就数额确定而言，因为上市公司的交易数额基本上
是以千万元甚至上亿元为单位进行交易的，尤其是重大的投资、收购兼并等行
为，很少以几百万元的标的进行，所以"特别重大损失"的数额标准不能太低。
同时，司法解释已经把"致使公司发行的股票、公司债券或者国务院依法认定
的其他证券被终止上市交易或者多次被暂停上市交易的"作为重大损失的标准，
这对如何确定"特别重大损失"的标准是有比较意义的。事实上，如果具备
"被终止上市交易"这一情节的话，那么犯罪行为给上市公司带来的影响是巨大
的，不是单纯的亿元损失可以衡量的。综合以上两个方面的考虑，司法解释可
以考虑将"特别重大损失"的标准界定为 5 000 万元直接经济损失，即扣除已被

---

① 金逸帆. 背信损害上市公司利益罪探析 [D]. 上海大学硕士论文，2015：18 - 19.

上市公司以诉讼等方式追回或司法机关办案追回的部分。①

本书认为，理论上讲第一种观点较为可取。本罪属于典型的法定犯，其"特别重大损失"的标准应当参照有关证券法相关规定制定。在第二种观点中，将"特别重大损失"的数额提升至 5 000 万元并不妥当，其与"重大损失"的第一档法定刑相差过大，不符合量刑均衡原则。另外，也有可能导致打击犯罪的力度减弱。

四、本罪与徇私舞弊低价折股、出售国有资产罪的界限

徇私舞弊低价折股、出售国有资产罪，是指国有公司、企业或者其上级主管部门直接负责的主管人员，徇私舞弊，将国有资产低价折股或者低价出售，致使国家利益遭受重大损失的行为。本罪与徇私舞弊低价折股、出售国有资产罪在客观方面有一些相似之处。比如，徇私舞弊低价折股、出售国有资产罪中的低价出售行为，与本罪中的以明显不公平的条件，提供或者接受资金、商品、服务或者其他资产的行为具有相似性。"以明显不公平的条件"可以表现为多种方式，包括以低于市场价格出售的行为。再如，与徇私舞弊低价折股、出售国有资产罪一样，本罪也通常表现为出于私利、私情，而弄虚作假，实施侵害公司、企业的管理秩序的行为。在实践中，两罪可能出现一定的交叉，例如，国有控股的上市公司中的董事、监事、高级管理人员低价出售公司资产的行为可能同时满足两罪的犯罪构成。

两罪的区别在于以下几个方面：第一，犯罪客体不同。虽然两罪都是对公司、企业管理秩序的侵犯，但具体而言，本罪既侵犯了上市公司正常的经营管理秩序，也侵犯了上市公司和投资者的合法权益；而徇私舞弊低价折股、出售国有资产罪侵犯的是国家对国有公司、企业的管理秩序和国家对国有资产的所有权。第二，犯罪客观方面不同。本罪的客观方面表现为，行为人违背对公司的忠实义务，利用职务便利，操纵上市公司从事损害上市公司利益并使上市公司利益遭受重大损失的行为；而徇私舞弊低价折股、出售国有资产罪的客观方面表现为，行为人出于私利、私情，违反国家关于国有公司、企业资产保护法规的规定，在折股国有资产或者出售国有资产时弄虚作假，低价折合国有公司、企业的出资股份，或者低于实际价值出售国有资产，严重损害国家利益的行为。比较而言，在行为方式上，本罪的方式更加多样，除了接受或提供资金、商品、服务或者其他资产的行为以外，还包括担保行为和放弃债券、承担债务的行为等；而徇私舞弊低价折股、出售国有资产罪仅包括低价折股和低价出售国有资产的行为。第三，犯罪主体不同。本罪的主体是公司的董事、监事、高级管理

---

① 姜涛. 背信损害上市公司利益罪法定刑升格标准需明确［N］. 检察日报，2016 - 02 - 17.

人员。上市公司的控股股东或者实际控制人，指使上市公司的董事、监事、高级管理人员实施上述损害公司行为的，也以本罪论处。而徇私舞弊低价折股、出售国有资产罪的主体是国有公司、企业直接负责的主管人员或者其上级主管部门直接负责的主管人员。第四，立案追诉标准不同。在本罪中，行为人无偿向其他单位或者个人提供资产、商品、服务或者其他资产，以明显不公平条件，提供或者接受资金、商品、服务或者其他资产，向明显不具有清偿能力的单位或者个人提供资金、商品、服务或者其他资产，为明显不具有清偿能力的单位或者个人提供担保，或者无正当理由为其他单位或者个人提供担保，致使上市公司直接经济损失在一百五十万元以上的，致使公司发行的股票、公司债券或者国务院依法认定的其他证券被终止上市交易或者多次被暂停上市交易的，以及其他致使上市公司利益遭受重大损失的情形，应当予以追诉；而行为人徇私舞弊低价折股、出售国有资产，造成国家直接经济损失三十万元以上的，即应予立案追诉。

第三节　典型司法案例解析

——张杰背信损害上市公司利益案

一、基本案情回顾

被告人张杰系上海宽频科技股份有限公司（以下简称上海科技）董事长，因涉嫌挪用资金罪于2006年8月24日被逮捕。上海市浦东新区人民检察院以被告人张杰犯挪用资金罪向上海市浦东新区人民法院提起公诉。

上海市浦东新区法院经审理查明：

2003年7月至8月间，被告人张杰在上海科技大股东南京斯威特集团有限公司（以下简称斯威特集团）实际控制人严晓群的要求下，未经公司董事会同意，并在未告知财务经理胡良资金最终去向的情况下，指使胡良先后两次将上海科技账外账户中的人民币1亿元和6800万元划至上海科技下属南京宽频科技有限公司（以下简称南京宽频）账户。南京宽频的出纳刘琼瑶按张杰指令没有将该两笔钱款入账，而是将其中1亿元划至上海科技下属控股孙子公司南京图博软件有限公司（以下简称南京图博），后经严晓群签字确认将该人民币1亿元划至斯威特集团指定的南京凯克通信技术有限公司（以下简称南京凯克）。事后，严晓群指使斯威特集团出纳王振亚将该1亿元用于投资设立湖南新楚视界公司（以下简称新楚视界）；另6800万元会同南京宽频的人民币200万元，按严晓群要求划至其实际控制的南京罗佛通信技术服务有限公司（以下简称南京罗佛）。斯威特集团得款后，严晓群指使王振亚将该7000万元会同南京信发文化传媒有限公司（以下简称南京信发）和斯威特集团的2 300万元用于收购小天鹅公司的股权。8月29日，南京信发通过南京罗佛，将7 000万元划回南京宽频账户。刘琼瑶经张杰同意和严晓群审批，将该7 000万元划至南京和远咨询服务有限公司（以下简称南京和远）账户，该账户将7 000万元连同南京口岸进出口有限公司（以下简称南京口岸）划入的2 000万元合计人民币9 000万元电汇至上海证券有限责任公司临平路证券营业部，以广州安迪实业投资有限公司（以下简称广州安迪）名义开设账户进行股票买卖。

上海市浦东新区法院审理认为：

被告人张杰身为上海科技董事长，违背对公司的忠实义务，利用职务上的便利，操纵上市公司，无偿地将本单位资金提供给其他单位使用，致使上市公司利益遭受重大损失，其行为已构成背信损害上市公司利益罪。被告人张杰到案后交代态度较好，有一定的悔罪表现，斯威特集团已将占用的上海科技的资金全数归还，上海科技的利益损失得到弥补，酌情从轻处罚。依照《中华人民共和国刑法》第十二条、第一百六十九条之一、第五十三条之规定，判处被告人张杰有期徒刑二年，罚金人民币二千元。

判决后被告人张杰未提起上诉，上海市浦东新区人民检察院也未抗诉。现该案已发生法律效力。

（案例来源：上海市浦东新区人民法院刑事判决书〔2007〕浦刑初字1521号）

二、本案争议焦点及评议

（一）关于本案的定性问题

在本案庭审中，控辩审三方争议的焦点之一在于：如何定性被告人张杰的行为，即行为触犯的是背信损害上市公司利益罪还是挪用资金罪？

公诉机关认为，被告人张杰的行为属于挪用资金罪。具体而言，控方指出，归个人使用的理解，可参照全国人大常委会《关于中华人民共和国刑法第三百八十四条第一款的解释》的相关规定。其中，全国人大常委会讨论了刑法第三百八十四条第一款规定的国家工作人员利用职务上的便利，挪用公款归个人使用的含义问题。解释如下：（一）将公款供本人、亲友或者其他自然人使用的；（二）以个人名义将公款供其他单位使用的；（三）个人决定以单位名义供其他单位使用，谋取个人利益的。为进一步明确第（二）项中以个人名义的含义，《全国法院审理经济犯罪案件工作座谈会纪要》指出：对于行为人逃避财务监管，或者与使用人约定以个人名义进行，或者借款、还款都以个人名义进行，将公款给其他单位使用的，应当认定为以个人名义。本案中张杰挪用资金的行为从形式上看没有表现出明显的以个人名义的特征，但实质上是张杰个人决定、没有向公司财务人员讲明资金具体用途、隐瞒真相的行为，逃避了本公司的财务监管，可以认定为以个人名义，张杰的行为构成挪用资金罪。

辩护方认为，被告人张杰的行为属于背信损害上市公司利益罪。具体而言，辩方指出，挪用资金罪的本质特征是公款私用，本案中是单位之间的民间借贷，资金往来且有审批手续，张杰的行为不符合挪用公款罪中对个人名义含义问题所作的司法解释，虽然在经济审判工作会议纪要中提到对于逃避财务监管的行为以个人名义认定，但对于逃避财务监管的行为目前没有相关论述，实践中也没有此类案例，且此点也没有归入司法解释，仅仅是份会议纪要，对于本案中张杰没有和财务讲明资金具体用途的行为是否就能认定为逃避财务监管，以个人名义借款也难以把握。本案中公款私用的特征不明显，张杰的行为不能以挪用资金罪定罪。按刑法修正案（六）的规定，张杰的行为构成背信损害上市公司利益罪，但是由于张杰的行为发生在刑法修正案（六）施行之前，刑法尚未将此种行为规定为犯罪，张杰的行为不能认定为背信损害上市公司利益罪。

法院认为，被告人张杰的行为既触犯了背信损害上市公司利益罪，同时也触犯了挪用资金罪。事实上，被告人张杰只实施了一个犯罪行为，触犯了刑法中不同罪名，两罪之间属于法条竞合关系。

本书认为，法院对案件的定性较为准确，其理由如下：

1. 被告人张杰所实施行为符合了背信损害上市公司利益罪的犯罪构成

在司法实务中，认定行为是否成立背信损害上市公司利益罪应从以下几方面判断。

一是犯罪客体方面。行为既侵犯了上市公司正常的经营管理秩序，也侵犯了上市公司和投资者的合法权益。本案中，被告人张杰将巨额资金无偿提供给斯威特集体使用，明显侵犯了上市公司正常管理秩序，也侵犯了上市公司和投资者的合法权益。二是犯罪客观方面。被告人张杰违背对公司的忠实义务，利用职务便利，实施了操纵上市公司从事无偿向斯威特集团提供巨额资金的行为，且给上市公司带来重大经济损失。这里的忠实义务，是指董事、监事、高级管理人员对公司事务应忠诚尽力、忠实于公司；当其自身利益与公司利益相冲突时，应以公司的利益为重，不得将自身利益置于公司利益之上；他们必须为公司的利益善意地处理公司事务、处置其所掌握的公司财产，其行使权力必须是为了公司的利益，尤其不得受大股东或者关联企业的支配掏空公司财产、损害公司利益。上海科技也明确将此点纳入本公司章程中。本案中的被告人张杰个人决定将本公司资金挪用给斯威特集团使用的行为即违背了对公司的忠实义务。这里的无偿提供，即向对方提供资金、商品、服务或者其他资产而不要求对方提供对价，严重侵害了上市公司对公司财产的占有、处分和收益权。本案中的张杰作为上海科技的董事长，与上海科技的大股东斯威特集团的实际控制人严晓群利用对上市公司的影响力，在无任何交易基础的情况下，双方之间也没有约定利息等条件，无偿将上市公司资金划拨到关联公司斯威特集团供其使用。这是一种最常见的直接占用上市公司资金的行为，直接侵害了上海科技对公司财产的占有、处分和收益权。三是犯罪主体方面。本罪是特殊主体，只有上市公司的董事、监事、控股股东或实际控制人能够构成本罪。本案中的被告人张杰系上海科技董事长，是由股东大会选举产生的，其主体身份符合此罪。四是犯罪主观方面。本案中，被告人张杰明知自己无偿向斯威特集团提供巨额资金的行为，会发生危害上市公司正常管理秩序以及上市公司、投资者合法权益的结果，并且希望或者放任这种结果的发生。其主观上具备了本罪故意犯罪的特征。

综上所述，被告人张杰的行为符合了本罪的犯罪构成，同时也达到了需要追究刑事责任的情形（即无偿提供资金超过 150 万元的追诉标准，可运用刑法的时间效力原则判断，下文具体阐述）。

2. 被告人张杰所实施行为又符合了挪用资金罪的犯罪构成

在司法实务中，认定行为是否成立挪用资金罪应从以下几方面判断。

根据《刑法》第二百七十二条的规定，挪用资金罪是指公司、企业或者其他单位的人员，利用职务上的便利，挪用本单位资金归个人使用或者借贷他人，数额较大，超过 3 个月未还的，或者虽未超过 3 个月，但数额较大、进行营利活动的，或者进行非法活动的行为。

一是犯罪客体方面。挪用资金罪侵害的客体是单位对财产的占有权、使用权和收益权。归个人使用最本质的特征就是使公款进入流通领域，从而让使用人借以谋利。本案被告人张杰私自指使财务人员将单位资金以借款形式转移到其他单位账户，然后投资建立公司或进行股票交易，均侵犯了公司对资金的占有权、使用权和收益权，符合挪用资金罪的构成要件。二是犯罪客观方面。被告人张杰利用职务上的便利，以个人名义将本单位 1.7 亿元资金借给斯威特集团使用，数额巨大且未归还资金长达 3 年之久。本案争议焦点在于，被告人张杰的行为是否属于以个人名义将资金借给他人使用。如何准确判断"归个人使用"？本书认为，挪用资金罪中"归个人使用"的含义可参照《刑法》第三百八十四条规定的挪用公款罪中"归个人使用"来理解。据了解，全国人大常委会法工委刑法室于 2004 年 9 月 2 日就公安部经济犯罪侦查局《关于挪用资金归个人使用征求意见的函》电话答复：《刑法》第二百七十二条规定的挪用资金罪中的"归个人使用"与《刑法》第三百八十四条规定的挪用公款罪中的"归个人使用"的含义基本相同。庭审中，公诉机关对"归个人使用"的理解与适用是较为准确的。根据 2003 年最高人民法院发布的《全国法院审理经济犯罪案件工作座谈纪要》，其中关于挪用公款罪中"归个人使用"应从实质上理解："以个人名义将公款供其他单位使用的、个人决定以单位名义将公款供其他单位使用，谋取个人利益的。"在司法实践中，对于将公款供其他单位使用的，认定是否属于"以个人名义"，不能只看形式，要从实质上把握。对于行为人逃避财务监管，或者与使用人约定以个人名义进行，或者借款、还款都以个人名义进行，将公款给其他单位使用的，应认定为"以个人名义"。在本案中，从形式上看，张杰将上海科技的资金借给斯威特集团使用，资金支出均通过财务部门予以操作，有上海科技的审批单和斯威特集团的借款凭证，内部手续齐备，款项往来均是单位之间进行的，不符合挪用资金罪所规定的以个人名义进行和归个人使用的特征。从实质上看，张杰对于这两笔资金的支出没有召开董事会告知有关人员，对于资金实际用途也没有向财务经理胡良讲明而予以隐瞒，钱款的支出由张杰个人行为完成（不涉及"个人决定以单位名义"的情形）。张杰随意支配公司资金，将上海科技的资金通过下属子公司层层流转，最终转入大股东账户。由于张杰隐瞒真相的行为，导致本公司的财务制度形同虚设，不能起到相应的监督、制约作用，逃避了财务的监管，实际上就是被告人张杰以个人名义将本单位资金借给其他单位使用的行为，符合挪用资金的法律特征。三是犯罪主体方面。本案中，被告人张杰系上海科技董事长，属于公司的工作人员，符合本罪主体特征。四是犯罪主观方面。本案中，被告人张杰明知利用职务上的便利，以个人名义将本单位 1.7 亿元资金借给斯威特集团使用的行为，会发生危害单位对财产的占有权、使用权和收益权，并且希望或者放任这种结果的发生。其主观上具备了本罪故意犯罪的特征。

综上所述，被告人张杰的行为符合了本罪的犯罪构成，同时也达到了需要追究刑事责任的情形（挪用资金数额巨大，其超过三个月未归还）。

（二）关于本案的法律适用问题

1. 刑法的溯及力问题

刑法的溯及力，是指刑法生效以后，对于其生效以前未经审判或者判决尚未确定的行为是否适用的问题。如果适用，就是有溯及力；如果不适用，就是没有溯及力。我国《刑法》第十二条规定："中华人民共和国成立以后本法施行以前的行为，如果当时的法律不认为是犯罪的，适用当时的法律；如果当时的法律认为是犯罪的，依照本法总则第四章第八节的规定应当追诉的，按照当时的法律追究刑事责任，但是如果本法不认为是犯罪或者处刑较轻的，适用本法。本法施行以前，依照当时的法律已经作出的生效判决，继续有效。"从法律依据看，我国刑法采用的是从旧兼从轻原则，即新法原则上没有溯及力，但新刑法不认为是犯罪或者处罚较轻的，则要按照新法处理。

本案中，被告人张杰所实施的犯罪行为发生在 2003 年 7—8 月，上海市浦东新区人民检察院于 2006 年 8 月 24 日将其逮捕。在上海市浦东新区人民法院审理期间（2007 年），《中华人民共和国刑法修正案（六）》颁布施行（2006 年 6 月 29 日）。被告人张杰属于上述新法生效以前未经审判或者判决尚未确定的情形。如果旧法依法可以认定其构成挪用资金罪，那么可以适用刑法从旧兼从轻原则追究被告人背信损害上市公司利益罪的刑事责任。综合论证以后，被告人张杰所实施的行为既触犯了旧法中挪用资金罪，又触犯了新法中背信损害上市公司利益罪。由于前后两罪都认为是犯罪，在法律适用上应考虑两罪法定刑轻重。挪用资金罪的法定刑为"……数额较大、超过三个月未还的，……处三年以下有期徒刑或者拘役；挪用本单位资金数额巨大的，……处三年以上十年以下有期徒刑"。背信损害上市公司利益罪的法定刑为"……致使上市公司利益遭受重大损失的，处三年以下有期徒刑或者拘役；并处或者单处罚金；致使上市公司利益遭受特别重大损失的，处三年以上七年以下有期徒刑，并处罚金"。针对挪用资金罪，被告人张杰的量刑幅度为"挪用本单位资金数额巨大的，……处三年以上十年以下有期徒刑"。而针对背信损害上市公司利益罪，被告人张杰的量刑幅度为"致使上市公司利益遭受重大损失的，处三年以下有期徒刑或者拘役；并处或者单处罚金"。相比较而言，后罪的法定刑轻于前罪。根据刑法从旧兼从轻原则，应对被告人张杰以背信损害上市公司利益罪进行定罪与处罚。

2. 法条关系竞合问题

本案中，被告人张杰所实施的行为既触犯了挪用资金罪，又触犯了背信损害上市公司利益罪。在法律适用上，是应按照想象竞合犯处理，还是按照法条竞合犯处理，存在一定的争议。

法条竞合犯，是指行为人实施一个犯罪行为同时触犯数个在犯罪构成上具有包容或者交叉关系的刑法规范，只适用其中一个刑法规范的情况。所谓"实施一个犯罪行为"，是指基于一个罪过实施一个危害社会的行为。数个刑法规范可能表现为不同法律中规定的刑法规范，或者表现为同一法律中不同条款规定的刑法规范。不同刑法规范规定了不同的犯罪构成，同时触犯数个刑法规范，也即行为在形式上同时符合数个犯罪构成，因而触犯数个罪名。但是数个犯罪构成之间在法律上具有包容或者交叉关系，即一个犯罪构成在法律上为另一个犯罪构成所全部包容或者部分包容，所以实质上只完全符合一个犯罪构成，因而只适用其中一个刑法规范论处。例如，某甲出于抢劫枪支、弹药的故意，实行了抢劫枪支、弹药的行为，同时触犯了我国《刑法》第一百二十七条第二款规定的抢劫枪支、弹药罪和第二百六十三条规定的抢劫罪，而抢劫枪支、弹药的构成就为抢劫罪的构成所包容，实际上只构成抢劫枪支、弹药罪。

而想象竞合犯，是指基于一个犯意且两种以上罪过支配下（不同罪过同时相互作用）而实施的一个危害行为（行为整体），触犯数个罪名。所谓实施一个危害行为，是指基于同一犯意，在两种以上罪过支配下实施的一个危害行为整体。如行为人甲基于杀死乙的意图朝乙开一枪，打死了乙同时也打伤了丙。例如，甲基于一个杀人的犯意，在两种罪过支配下（杀人故意和伤害故意）实施了一个危害行为整体。一个危害行为触犯了不同罪名，通说理论认为，只有数个不同的罪名，才是数个罪名；数个相同的罪名，如数个杀人罪，罪名仍只是一个。

法条竞合与想象竞合都是一个危害行为，都是触犯数个罪名，但二者存在重大区别：一是罪过、结果个数不同。法条竞合的一个危害行为，只是出于一个罪过并且产生一个结果；想象竞合的一个危害行为，往往是基于数个不同罪过并且产生数个结果。二是发生竞合原因不同。法条竞合是由于法规的错综复杂规定即法律条文内容存在着包容或者交叉关系，以致一个犯罪行为触犯数个刑法规范；想象竞合则是由于犯罪的事实特征，即出于数个不同罪过、产生数个结果，以致一个犯罪行为触犯数个罪名。三是犯罪构成关系不同。法条竞合的一个犯罪行为所触犯的数个刑法规范之间存在着此一规范规定的犯罪构成包容另一个规范规定的犯罪构成的关系；想象竞合的一个犯罪行为所触犯规定的数个罪名的法条不存在上述犯罪构成之间的包容关系。

本书认为，被告人张杰所实施的犯罪行为更符合法条竞合的特征。具体而言，被告人基于一个罪过实施了一个犯罪行为，所触犯数罪名间的犯罪构成具备了包容关系。关于罪过的判断，从形式上看，其行为具备了挪用资金罪和背信损害上市公司利益罪的两个罪过；从实质上看，两罪具备了同一性特征（挪用资金行为与向其他单位无偿提供资金行为具有同质性），即实属于一个罪过（这不同于想象竞合犯，其两种以上罪过是不同性质的，如杀人故意和伤害故意）。关于犯罪行为的判断，本案中，被告人张杰只实施了一个行为，即无偿向斯威特集体提供资金供其使用。关于各犯罪构成关系的判断，被告人张杰无偿向斯威特集体提供资金供其使用的行为包容于挪用资金罪的犯罪构成之中，二者属于特别法与一般法的法条竞合关系。因此，对被告人张杰所实施的犯罪行为应适用法条竞合的原理进行定罪与处罚。

根据我国刑法理论，对于法条竞合犯，在法律适用上应依照"特别法优于普通法的原则"来解决定罪与量刑。问题是，究竟哪个罪名属于"特别法"？由于刑法条文并没具体阐述该问题，须依据刑法相关理论进行判断。对于该问题，理论上也有不同争议。如有学者认为："从法条关系上分析，挪用资金罪与背信损害上市公司利益罪之间属于法条交叉竞合。背信损害上市公司利益罪的犯罪主体包括上市公司的董事、监事、高级管理人员，范围略窄于挪用资金罪。背信损害上市公司利益罪的客观构成要件为利用职务便利，违背忠实义务，以无偿提供资金、担保等明显不对等经济行为方式损害上市公司利益，致使上市公司造成严重损失，其客观犯罪构成要件相对于挪用资金罪更为严格，但在实行行为模式选择上又更为丰富，挪用资金罪的行为方式仅为其中的一种类型。由此可见，两罪在犯罪主体与行为要件方面互为交叉包容，属于静态上的法条交叉竞合关系。上市公司高管利用职务便利挪用公司款项并无偿向其他单位提供资金的，同时符合背信损害上市公司利益罪与挪用资金罪，应当根据法条竞合的处断原理，从一重罪定性，以挪用资金罪论处。"① 经仔细分析可知，论者的核心要旨为挪用资金罪的行为方式是背信损害上市公司利益罪中的一种，其范围窄于后罪，即说明的是挪用资金罪是"特殊法"，背信损害上市公司利益罪是"普通法"。该论断显然不能成立，背信损害上市公司利益罪的行为类型有 6 种，其均属于掏空上市公司利益的行为；而挪用资金罪的行为方式更加多样，并不局限于上述行为。相比较而言，挪用资金罪应包含了背信损害上市公司利益罪的犯罪构成，即挪用资金罪是"普通法"，而背信损害上市公司利益罪是"特殊法"。论证后半段所指出的"应当根据法条竞合的处断原则，从一重罪定性，以挪用资金罪论处"并无根据。对于法条竞合犯，在法律适用上应依照特别法优于普通法的原则解决，并无"从一重定性"之说。因此，对被告人张杰应适用"特别法"，即背信损害上市公司利益罪进行定罪与处罚。

综上所述，本案在法律适用上，根据刑法从旧兼从轻原则以及法条竞合原理，对被告人张杰应以背信损害上市公司利益罪进行定罪与量刑。

---

① 李鹏、樊天忠. 挪用资金罪司法认定中的若干疑难新问题 [J]. 政治与法律，2011（5）：54.

第八章

伪造、变造国家有价证券罪

第一节　罪名、犯罪构成及立案追诉标准

一、概念与罪名渊源

（一）概念

伪造、变造国家有价证券罪，是指伪造、变造国库券或者国家发行的其他有价证券，数额较大的行为。

（二）罪名渊源

1979 年《刑法》只规定了伪造有价证券罪，对于变造有价证券的行为没有规定。其中，第一百二十三条规定："伪造支票、股票或者其他有价证券的，处七年以下有期徒刑，可以并处罚金。"从该规定看，条文中并没有严格区分支票与有价证券的界限，且也只规定了自然人犯罪。1997 年《刑法》修订时对其进行了修改、补充。其中，第一百七十八条第一款规定："伪造、变造国库券或者国家发行的其他有价证券，数额较大的，处三年以下有期徒刑或者拘役，并处或者单处二万元以上二十万元以下罚金；数额巨大的，处三年以上十年以下有期徒刑，并处五万元以上五十万元以下罚金；数额特别巨大的，处十年以上有期徒刑或者无期徒刑，并处五万元以上五十万元以下罚金或者没收财产。"

该条文所涉及修改之处有：一是将 1979 年《刑法》第一百二十三条规定的伪造有价证券罪分解为 1997 年《刑法》第一百七十八条中的第一款和第二款，其中第一款规定的是伪造、变造国家有价证券罪，第二款规定的是伪造、变造股票、公司、企业债券罪；二是严格区分了支票与有价证券的界限，将伪造、变造支票等金融票证的行为单独成罪，规定在《刑法》第一百七十七条；三是增加规定了"变造"国家有价证券的行为；四是对法定刑作出重大调整，即提升了刑期（最高可达无期徒刑）、细化了附加财产刑；五是增加了单位犯罪。根据 1997 年 12 月 11 日最高人民法院发布的《关于执行〈中华人民共和国刑法〉确定罪名的规定》以及 1997 年 12 月 25 日最高人民检察院发布的《关于适用刑法分则规定的犯罪的罪名的意见（根据历次补充规定修正）》，将修改后的《刑法》第一百七十八条的罪名确定为"伪造、变造国家有价证券罪和伪造、变造股票、公司、企业债券罪"，取消了"伪造有价证券罪"的罪名。

二、本罪的犯罪构成要件

（一）本罪的客体

本罪侵犯的客体是国家的有价证券管理秩序。社会主义现代化建设的快速

发展需要大量的资金，在当前国家财政收入还不富裕、资金比较短缺的情况下，为了给国家的经济建设筹集资金，政府每年都要发行大量的国库券和其他证券，这些国家发行的有价证券作为国家债券，以其信誉好、收益可观受到群众的普遍欢迎。但与此同时，也成为一些不法分子瞄准的犯罪目标，他们伪造、变造国库券和国家发行的其他有价证券，严重破坏了国家关于有价证券的管理秩序，必须予以严厉打击。1997年《刑法》修订时，将该罪的刑期从七年有期徒刑提升至无期徒刑便是一个例证。

（二）本罪的客观方面

本罪的客观方面表现为伪造、变造国库券或者国家发行的其他有价证券，数额较大的行为。

1. 行为人实施了伪造、变造国库券或者国家发行的其他有价证券的行为

①关于有价证券

在金融法上，所谓有价证券，是指标有票面金额，代表一定财产所有权或债权的书面凭证。它证明并代表持券人的财产权益，即拥有一定财产所有权或债权。如国库券、公债券、公司债券、股票、提单、① 仓单、汇票、支票、本票等。这类证券本身没有价值，但由于它代表着一定量的财产权利，持有者可凭以直接取得一定量的商品、货币或利息、股息收入，因而客观上也就具有交易价格，故称为有价证券。有价证券可进行金融市场流通转让。② 金融法学根据有价证券的经济功能，将有价证券分为财产证券、货币证券与资本证券。财产证券，是指表示财产权利的证券，如仓单、提单等；货币证券，是指表示一定金额支付的金钱证券，如支票、本票、汇票；资本证券，是指表示一定投资权利的证券，如股票、债券。③

在刑法上，1979年《刑法》与《金融法》上的有价证券外延相同。但1997年《刑法》修订以后，有价证券的范围仅限于"伪造、变造国库券或者国家发行的其他有价证券"。具体而言，一是仓单、提单等物权证券，不属于本罪规定的有价证券。因为这类有价证券，实际上是在商品流通过程中发行的，代表一定量商品请求权的物品凭证。而且，这类物权证券也不是国家发行的有价证券。二是支票、本票、汇票等货币证券，不属于本罪规定的有价证券。因为，刑法第一百九十四条已经将使用伪造、变造的支票、本票、汇票的行为规定为票据诈骗罪。三是股票、债券等资本证券，并非全部属于本罪所规定的有价证券。因为股票都不是国家发行的，债券既可能是国家发行的，也可能是公司、企业

---

① 陈芳、郑景元. 论提单的法律性质［J］. 法学评论，2011（4）：61.
② 张力. 金融法［M］. 法律出版社，1997：640.
③ 施天涛. 商法学［M］. 法律出版社，2004：259.

发行的。

②关于国家发行

这里的"国家"是否包含外国？本书认为，本罪的国家发行并不包含外国。具体而言，从《刑法》第一百七十条、第一百七十八条等相关条文来看，这里的"国家"仅限于中国，而不包括外国。旧《刑法》第一百二十二条规定了"伪造国家货币罪"，对此没有争议解释为伪造中国货币；① 由于外国货币也可能在中国流通，现行《刑法》第一百七十条修改为"伪造货币"，而不限于伪造中国货币。但现行《刑法》第一百七十八条仍然使用了"国家"发行一词，这显然是指我国发行的有价证券。另外，需要注意的是，这里的"国家发行"，不要求在国内上市、流通。换言之，国家发行的但在国外上市、流通的有价证券，也包括在"国家发行的有价证券"之内；而且这里的"国家发行"，也并不仅局限于中央人民政府发行，如代表国家的国家职能部门（如财政部及其有关职能部门）② 和证券承销商等也有发行权。

③关于国库券及国家发行的其他有价证券

所谓"国库券"，是指中央政府为调节国库短期收支差额，弥补政府正常财政收入不足而由国家财政部发行的一种短期或中短期政府债券。所谓"其他有价证券"，是指国家发行的除国库券以外的其他国家有价证券以及国家银行金融债券。目前这类有价证券主要有：国家重点建设债券、国家建设债券、财政债券、特种债券、保值债券、基本建设债券、转换债券等。

④关于伪造、变造

所谓"伪造"，是指行为人按照真实的国库券或者国家发行的其他有价证券的样式、图案、颜色、规格等特征，通过印刷、复印、绘制等制作方法制造出在票面记载等外观形式和表面内容上与真正的票据相同或相近似，达到造假逼真或以假乱真的程度的国家有价证券。一般来讲，这种伪造的国家有价证券只要与真正的国家有价证券的名称和外观接近，能够达到蒙骗社会上一般人的程度即可。

所谓"变造"，是指行为人针对真正的国家有价证券，采取挖补、拼接、涂改、覆盖等方法进行加工处理，从而制造出数量更多、票面价值更大或者票面有效期延长的国家有价证券。这里需要注意以下几点：一是变造的对象必须是真实、有效的国库券或者国家发行的其他有价证券。对明知是假的或已失去效

---

① 林准主编. 中国刑法教程（修订版）[M]. 人民法院出版社，1994：356.

② 1997 年 4 月 10 日，财政部发布的《中华人民共和国国债托管管理暂行办法》规定："中华人民共和国财政部代表中央人民政府发行的以人民币支付的国家公债，包括具有实物券面的有纸国债和没有实物券面的记账式国债。"

力的国库券或者国家发行的其他有价证券进行变造，不构成本罪。二是变造行为所变更的仅是真实有效的国库券或者国家发行的其他有价证券所记载的权利内容，但国库券或者国家发行的其他有价证券的本质并未因之而改变。如将国库券或者国家发行的其他有价证券彻底清除其内容而使之成为一张白纸，而后再仿真作假重新制作"国库券"或者"国家发行的其他有价证券"，则非变造而是伪造。三是变造国库券或者国家发行的其他有价证券一般是为了使有效期延长，或使其升值，如面额增大、数量增加；但从理论上讲，使之有效期缩短，或使之减值的行为，也不失为变造。

2. 行为人实施了数额较大的上述行为

这里的"数额较大"，具体标准可以参见 2010 年 5 月最高人民检察院、公安部发布的《关于公安机关管辖的刑事案件立案追诉标准的规定（二）》第三十二条的规定。不过，需要强调的是，这里的"数额较大"行为并不能从事后单纯的客观结果来认定。言外之意在于，"数额较大"的行为，是指行为人主观上以"数额较大"为犯罪目标，客观上也实施了伪造、变造国库券或者国家发行的其他有价证券"数额较大"的行为，至于能否达到既遂并不是犯罪成立的条件。对于犯罪预备、中止、未遂停止形态的，需要追究刑事责任的，应予以立案追诉。

（三）本罪的主体

本罪的主体为一般主体，即年满 16 周岁、具有刑事责任能力的自然人。单位构成犯罪的，依法追究刑事责任。

（四）本罪的主观方面

本罪的主观方面是故意，包括直接故意和间接故意，即行为人明知伪造、变造国库券或者国家发行的其他有价证券的行为，会发生危害国家有关有价证券的管理秩序的结果，并且希望或者放任这种危害结果的发生。如果行为人过失实施了上述行为，则不构成本罪。

三、本罪的立案追诉标准适用指南

根据 2010 年 5 月最高人民检察院、公安部发布的《关于公安机关管辖的刑事案件立案追诉标准的规定（二）》的规定，本罪的立案标准为：

第三十二条 伪造、变造国库券或者国家发行的其他有价证券，总面额在二千元以上的，应予立案追诉。

第八十九条 对于预备犯、未遂犯、中止犯，需要追究刑事责任的，应予立案追诉。

第九十条 本规定中的立案追诉标准，除法律、司法解释、本规定中另有规定的以外，适用于相应的单位犯罪。

第九十一条　本规定中的"以上"，包括本数。

第二节　司法实务认定中的疑难问题

一、"彩票"能否成为本罪的犯罪对象

根据我国理论通说，犯罪对象是指刑法分则条文规定的犯罪行为所作用的客观存在的具体人或者具体物。[①] 本罪的犯罪对象为国库券或者国家发行的其他有价证券。"彩票"能否包含于国家发行的其他有价证券而成为本罪的犯罪对象，其决定着该犯罪成立的范围。因此，有必要对"彩票"的性质进行准确界定。

（一）理论层面

金融法学理论认为，有价证券具有三个法律特征：①有价证券是表示财产权利的书面凭证，证券记载了权利人的财产权内容。虽然证券持有人并不实际占有财产，但在法律上则拥有相关财产的所有权与债权。②有价证券是证券发行人和证券持有人之间权利义务关系的书面凭证，证券持有人行使权利时必须占有该证券；离开了证券就不可能行使证券记载的权利。③有价证券是可以自由流通转让的书面凭证；受让人取得证券后，便取得了证券规定的全部权利。[②]

民商法学理论认为，彩票具备了有价证券的特征。多数人都支持这一说法，如韩世元教授指出："彩票属于无记名的有价证券，有纸型的彩票既表彰一定的权利，也具有"物"的属性，又可以作为一种合同凭证。彩票所表彰的权利，在开奖之前，属于债权的期待权；开奖后中奖的彩票，其债权期待权转化为实实在在的债权。"[③] 还有学者明确指出："彩票是为了某种特殊筹资目的发行的，印有号码、图形或文字，并设定规则由公众自愿购买，依照随机或者公认的公平方式决定中彩范围，不还本、不计息的有价证券。"[④] 既然民商法理论认为开奖前的彩票都是有价证券，那么将中奖彩票认定为有价证券应当更无疑问。

刑事法学理论认为，即使民商法学否认彩票属于有价证券，也不妨碍刑法学肯定彩票属于有价证券。如张明楷教授明确指出："证券法之所以将流通性作为有价证券的基本特征，是基于证券投资变现性的需要。刑法上禁止伪造、变

---

① 高铭暄、马克昌主编. 刑法学（第七版）［M］. 北京大学出版社，2016：58.

② 张力. 金融法［M］. 法律出版社，1997：466.

③ 韩世元. 彩票的法律性质［J］. 法学，2005（2）：69.

④ 陆露. 欧盟成员国彩票制度启示［N］. 法制日报，2005－04－21.

造和使用伪造、变造的有价证券，是为了保护有价证券的公共信用、公私财产以及证券管理秩序。这种目的的区别，可以使得刑法上的有价证券不同于证券法上的有价证券。国外刑法理论与审判实践也正是这样认识和处理的。从实质上说，发行彩票是一种特殊的再分配手段，表现为将个人消费资金的一部分再集中起来用于社会公益事业，实质是社会财富的第三次分配。换言之，国家是将彩票作为一种金融工具使用的；而刑法中的有价证券正是指作为国家金融工具的一种凭证。在此意义上，也应将彩票认定为刑法上的有价证券。"① 而且，国外审判实践上存在将彩票认定为刑法上的有价证券的判例。②

（二）法律层面

在我国法律规范性文件中，关于彩票的定义发生了如下变化。

2002 年 3 月 1 日，财政部颁布了《彩票发行与销售管理暂行规定》（于 2012 年废止）。其中第二条规定："彩票是国家为支持社会公益事业而特许专门机构垄断发行，供人们自愿选择和购买，并按照事前公布的规则取得中奖权利的有价凭证。"该规定明确指出，彩票是有价证券。

2012 年 3 月 1 日，财政部、民政部和国家体育总局三个部门联合发布的《彩票管理条例实施细则》开始施行（现仍有效）。其中，第二条规定："条例第二条所称凭证，是指证明彩票销售与购买关系成立的专门凭据，应当记载彩票游戏名称，购买数量和金额，数字、符号或者图案，开奖和兑奖等相关信息。"该规定明确指出，在肯定彩票为有价证券的前提下，进一步说明了彩票是有价凭据（凭证），即有价证券等同于有价凭证。如有学者指出："事实上，凭证（voucher）一词并非法学规范术语，通常是指用以证明交易情况及权益归属的书证及文据，学理上习惯将此处的'凭证'理解为'证券'。"③

2013 年 1 月 1 日，财政部发布的《彩票发行销售管理办法》开始施行。其中，第五十九条规定："本办法自 2013 年 1 月 1 日起施行。财政部 2002 年 3 月 1 日发布的《彩票发行与销售管理暂行规定》、2003 年 11 月 13 日发布的《即开型彩票发行与销售管理暂行规定》同时废止。"该办法将《彩票发行与销售管理暂行规定》废止后，条文中并没对彩票下定义。换句话说，彩票作为有价证券的法律根据不存在了。可以肯定的一点是，立法之所以保留了对彩票的定义，是因为目前对彩票性质的争议相当大，即"有价凭证"（证券）和"凭证"的

---

① 张明楷. 有价证券诈骗罪的疑难问题探讨 [J]. 政法论坛（中国政法大学学报），2005（6）：154.

② 参见：日本大阪高等裁判所 1952 年 6 月 28 日判决 [Z]. 载日本《高等裁判所刑事判例集》第 5 卷第 6 号，第 1010 页。

③ 吴勇敏、马俊彦. 彩票合同新解 [J]. 浙江大学学报（人文社会科学版），2015（2）：154.

争论。

不过，上述所施行的部门规章都是依据 2009 年国务院发布的《彩票管理条例》制定的，其法律效力不及于国务院颁布的行政法规。其中，第二条规定指出："本条例所称彩票，是指国家为筹集社会公益资金，促进社会公益事业发展而特许发行、依法销售，自然人自愿购买，并按照特定规则获得中奖机会的凭证。"但耐人寻味的是第四十二条的规定，即间接指明了彩票在"处罚"上又具有"有价证券"的性质。具体而言，第四十五条规定："伪造、变造彩票或使用伪造、变造的彩票兑奖的，依法给予治安管理处罚；构成犯罪的，依法追究刑事责任。"言外之意有两点：一是即使彩票不具有流通性，但对伪造、变造彩票等危害其公共信用、公私财产的行为仍需严厉打击，甚至可以动用刑罚。换句话说，刑法之所以能够和需要介入证券法意义上的有价证券（彩票），是因为刑法禁止伪造、变造有价证券的目的在于保护有价证券的公共信用、公私财产以及证券管理秩序而并非在于其是否具有流通性。二是伪造、变造彩票的严重行为是需要追究刑事责任的。纵观刑法分则所有条文，唯有第一百七十八条规定的伪造、变造国家有价证券罪能对其追究刑事责任。因此，可以断定的是，彩票属于有价证券的一种特殊凭证。至于彩票是否属于国家有价证券，该条例下属的《彩票发行管理办法》第二条明确规定："彩票发行机构按照统一发行、统一管理、统一标准的原则，负责全国的彩票发行和组织销售工作。彩票销售机构在彩票发行机构的统一组织下，负责本行政区域的彩票销售工作。"因此，彩票在法律层面便具有了国家发行有价证券的特征。

综上所述，从理论和法律层面上看，"彩票"都具有国家发行的有价证券的性质。因此，行为人伪造、变造"彩票"的，构成犯罪的，依法应当依据《刑法》第一百七十八条的规定追究其刑事责任。

二、本罪主观上是否需具备特定的犯罪目的

人的任何故意实施的行为，都是在一定动机的支配下，去追求一定的目的。一般地讲，动机是指推动人以其行为去追求某种目的的内在动力或者内心起因，目的是在一定动机的推动下希望通过实施某种行为达到某种目的的心理态度。

就刑法意义而言，犯罪动机是指刺激犯罪人实施犯罪行为已达到犯罪目的的内心冲动或者内心起因；犯罪目的则是指犯罪人希望通过实施犯罪行为达到某种危害社会结果的心理态度。犯罪动机与犯罪目的存在以下区别：一是从内容、性质和作用上看，犯罪动机是表明行为人为什么要犯罪的内心起因，比较抽象，是更为内在的发动犯罪的力量；而犯罪目的则是实施犯罪行为所追求的客观危害结果在主观上的反映，起的是为犯罪定向、确定目标和侵害程度的引导、指挥作用，它比较具体，已经指向外在的具体犯罪对象和客体。二是一种

犯罪的犯罪目的相同，而且除复杂客体以外，一般是一种犯罪一个犯罪目的；同种犯罪的动机则往往因人、因具体案情而异，一罪可有不同的犯罪动机。三是一种犯罪动机可以导致几个或者不同的犯罪目的。四是犯罪动机与犯罪目的在一些情况下所反映的需要不一致。五是一般而言，二者在定罪量刑中的作用有所不同，犯罪目的偏向于影响定罪，犯罪动机偏向于影响量刑。①

犯罪目的对某些犯罪成立有关键影响，如构成诈骗罪就需要行为人主观上具备非法占有为目的。本罪的成立是否也需要行为人主观上具备特定的犯罪目的？对此理论上有不同的争论。一种观点认为，构成本罪，行为人主观上必须具备"以牟取非法利益为目的"。② 另一种观点认为，构成本罪，行为人主观上必须基本具备"以流通使用为目的"。③ 本书认为，以上两种观点皆不可取，理由如下：一是"以牟取非法利益为目的"的不足。该观点主张，构成本罪必须出于牟取非法利益为目的，否则不能成立犯罪。在实践中，行为人实施伪造、变造国家有价证券的行为通常是出于牟取非法利益，但也不能完全排除以下情形，即行为人主观上没有牟取非法利益的目的，实施了伪造、变造国家有价证券行为后，无偿提供给其他单位或者个人使用的情形。因此，"以牟取非法利益为目的"不可取。二是"以流通使用为目的"的不足。该观点主张，构成本罪必须出于以流通使用为目的，否则不能成立犯罪。这里的"流通的目的"，是指行为人意图通过买卖、赠与等方式使伪造、变造的国库券或者国家发行的其他有价证券进行流转；这里的"使用的目的"，则是指行为人意图通过兑换、交易等行使伪造、变造的国库券或者国家发行的其他有价证券。④ 在实践中，行为人实施伪造、变造国家有价证券的行为通常也是以流通使用为目的，但更不能排除以下情形，即行为人伪造、变造国家有价证券的行为并不是以流通使用为目的，而是以实施其他违法犯罪活动为目的的情形。如行为人将伪造、变造的国家有价证券用于对国家机关工作人员行贿，而刑法规定受贿方通常构成受贿未遂（即不需有对价使用价值）。总而言之，上述两种观点并没有从实质上把握本罪的特点。

事实上，行为人成立本罪并不需要具备特定的犯罪目的，理由如下：一是本罪的犯罪客体方面。本罪设立的宗旨在于，最大力度保护国家的有价证券管理秩序不受犯罪行为所侵害。通常情况下，虽然本罪的犯罪目的在于牟取非法利益，但有其他犯罪目的的也可以构成本罪，这也是由于本罪的立法宗旨所决

---

① 高铭暄、马克昌主编. 刑法学（第七版）[M]. 北京大学出版社，2016：120 – 121.

② 周道鸾. 刑法的修改与适用 [M]. 人民法院出版社，1997：403.

③ 曲新久. 金融与金融犯罪 [M]. 中信出版社，2003：166.

④ 莫洪宪、叶小琴. 论伪造、变造国家有价证券罪的若干问题 [J]. 淮阴师范学院学报（哲学社会科学版），2005（3）：319.

定的。只要行为人实施了伪造、变造国家有价证券的行为，严重侵害了本罪所要保护的客体，即可以认定构成本罪。本罪的犯罪目的必要论者认为："对于犯罪目的不要论，这样会将一些不具有社会危害性或社会危害性轻微的伪造、变造国家有价证券行为纳入犯罪圈，是不妥当的，犯罪目的必要论更可取。"[①] 该观点存在严重缺陷，其一，犯罪目的不必要论并没有主张将不具有社会危害性的行为予以入罪。判断行为是否构成犯罪，需要从本罪的犯罪构成来区分而不是仅从有无犯罪目的进行入罪。其二，对于社会危害性轻微的伪造、变造国家有价证券的行为，犯罪目的不必要论更没有主张仅从犯罪目的将其入罪量刑。事实上，该论者讨论的是另一个无关的问题，其在攻击一个不存在的目标。退一步讲，即使该论者的主张正确，刑法本身也并没有对不具有社会危害性或社会危害性轻微的伪造、变造国家有价证券行为予以追究刑事责任。如行为人主观上为了伪造、变造数额巨大（1 000 万元）的国库券，实际结果却伪造、变造了数额很小（1 000 元）的国库券，此时犯罪成立（未遂，一般不予追究刑事责任）。二是刑法分则章节特点方面。立法者将本罪设置于我国《刑法》分则第三章（破坏社会主义市场经济秩序罪）第四节破坏金融管理秩序之中，其立法宗旨在于重点保护经济秩序、管理秩序。至于行为人犯罪的动机、目的是什么，一般都不影响该章节罪名的成立。凡是行为严重侵害了相关管理秩序（不存在违法阻却事由的前提下），都可以认为是犯罪。相比之下，《刑法》分则第五章侵犯财产罪则有很大不同。因为该章所要保护的是公私财产的所有权和使用权等，非法占有为目的是该章犯罪的特殊属性。

综上述诉，成立本罪不需要行为人主观上具备特定的犯罪目的。一般而言，本罪的犯罪目的通常是为牟取非法利益，但具有其他目的的也可以构成本罪。特定犯罪目的不是本罪犯罪成立的必要条件。

三、伪造"作废"或"无客观对应"的国家有价证券该如何定性

伪造、变造"作废"或者"无客观对应"的有价证券，是指根据法律和其他有关规定不能使用的有价证券。本罪中的伪造、变造的犯罪对象必须是真实的国库券或者国家发行的其他有价证券。如果行为人伪造、变造的是"作废"或者"无客观对应"的国家有价证券的，则不能成立本罪。

需要注意的是，该种情形并不属于（对象）不能犯的范畴。这里的不能犯，一般是指成立犯罪，但达不到既遂的情形。如行为人主观上想实施伪造、变造数额巨大且真实对应的国家有价证券，客观上由于技术不够而实施了伪造、变

---

① 莫洪宪、叶小琴. 论伪造、变造国家有价证券罪的若干问题［J］. 淮阴师范学院学报（哲学社会科学版），2005（3）：319.

造"无客观对应"的国家有价证券行为。在行为符合犯罪构成的条件下，应对其以本罪的未遂处罚。在我国刑法中，并不像德国、日本刑法一样存在不能犯未遂和普通未遂的区分。如陈兴良教授指出："社会危害性就不是一种需要独立判断的要素，而是依附于四要件的犯罪构成。根据这一逻辑，四要件的犯罪构成具有形式化的特征。由此反映在不能犯未遂中，需要解决的是在犯罪构成并不完全具备的情况下何以应负刑事责任的问题，而不是不能犯未遂行为是否具有社会危害性的问题，因此只要解决了第一个问题，后一个问题就当然迎刃而解。这样，不能犯未遂和普通未遂（能否未遂）的可罚性根据是完全相同的。由此可见，在四要件的犯罪构成理论中，并不存在不能犯未遂可罚性的特殊根据，因而也就未能形成不能犯与未遂犯的一般理论。"①

伪造、变造"作废"或者"无客观对应"的国家有价证券行为的，不能成立本罪。但由于司法实践中，伪造、变造"作废"或者"无客观对应"的国家有价证券的行为却并不少见。如行为人为了实施普通诈骗罪，通常会伪造、变造"作废"或者"无客观对应"的国家有价证券。正是此种情形与其他犯罪关联性较大，本书认为有必要在这里展开阐述。具体论述详见下文（参见其他作者经典论述）②。

（一）关于使用"作废"的国家有价证券进行诈骗的行为

对于该种情形，刑法理论上有不同认识：第一种观点认为，对这种行为应认定为诈骗罪。③ 第二种观点认为，对这种行为应认定为有价证券诈骗罪。④ 第三种观点认为，如果行为人明知是伪造、变造的无效国家有价证券而行骗，应以诈骗罪论处；如果行为人对伪造、变造的国家有价证券相对应的真实国家有价证券是否失效并不明知而行骗，受害人也不知该类国家有价证券失效而交付财物的，构成诈骗罪的既遂和有价证券诈骗罪的不能犯未遂，应以诈骗罪论处。受害人未受骗的，应以有价证券诈骗罪的未遂论处；使用失效的国家有价证券进行诈骗的，以诈骗罪论处。⑤ 第四种观点认为，如果行为人明知是作废、无效的国家有价证券而利用其进行诈骗活动的，应以诈骗罪论处；如果行为人误将作废、无效的国家有价证券当作伪造、变造的国家有价证券，利用其进行诈骗活动，则认定为有价证券诈骗罪。⑥

---

① 陈兴良. 不能犯与未遂犯——一个比较法的分析 [J]. 清华法学，2011 (4)：20.

② 张明楷. 有价证券诈骗罪的疑难问题探讨 [J]. 政法论坛（中国政法大学学报），2005 (6)：151－153.

③ 程小白、胡晓明. 经济诈骗犯罪及其对策 [M]. 警官教育出版社，1998：342.

④ 魏智彬主编. 证券犯罪认定与侦查. 群众出版社，1999：183.

⑤ 赵秉志主编. 金融诈骗罪新论 [M]. 人民法院出版社，2001：563.

⑥ 赵秉志主编. 金融犯罪界限认定司法对策 [M]. 吉林人民出版社，2000：406.

上述第一、第二种观点是从犯罪构成的客观方面讨论的，在第一种观点看来，作废、无效的国家有价证券不属于伪造、变造的有价证券；第二种观点则认为，作废、无效的国家有价证券也属于伪造、变造的国家有价证券。第三、第四种观点则将客观要素与主观认识相混淆得出了结论。

本书认为，没有进行任何伪造、变造的作废、无效国家有价证券，当然不属于伪造、变造的国家有价证券。因为单纯作废、无效的国家有价证券，是根据法律、法规的相关规定而不能使用的有价证券。既然某种有价证券只是由于法律、法规的相关规定而单纯作废或无效，那么就不能将其认定为伪造、变造的国家有价证券。正如作废、无效的票据不等于伪造、变造的票据，作废的货币不同于伪造的货币一样。对于使用这种作废、无效的国家有价证券进行诈骗活动的，只能认定为普通诈骗罪。当然，如果对作废、无效的国家有价证券进行加工，使之成为外观真实有效的国家有价证券的，则属于伪造、变造国家有价证券；使用这种有价证券进行诈骗活动的，当然构成有价证券诈骗罪。行为人客观上使用了作废、无效的国家有价证券，主观上以为是伪造、变造的国家有价证券的，属于抽象的事实认识错误。由于行为人的客观行为完全不符合"使用伪造、变造的国库券或者国家发行的其他有价证券"的构成要件，当然不可能构成有价证券诈骗罪的既遂与未遂。换言之，对于这种抽象的事实认识错误，应采取法定符合说，在主客观重合的限度内，认定为犯罪既遂。即行为人客观上实施了普通诈骗行为；而使用伪造、变造的国家有价证券诈骗财物的故意，包含了普通诈骗罪的故意内容；或者说，由于行为人主观上存在有价证券诈骗罪的故意，可以将其客观上实施的普通诈骗行为与结果，归责于行为人。所以，在普通诈骗罪的范围内，主客观完全统一，应按普通诈骗罪的既遂处理。[①] 认为上述行为构成有价证券诈骗罪未遂或既遂的观点（上述第三、第四种观点），轻视甚至忽视了客观要件，仅以行为人的主观认识内容确定犯罪性质。本书不赞成这种主观主义立场。

（二）关于使用"无客观对应"的国家有价证券进行诈骗的行为

所谓伪造、变造的无客观对应的国家有价证券，是指某种伪造、变造的国家有价证券，从名称上看属于国家有价证券，但国家根本没有发行过该有价证券的情形。例如，国家根本没有发行"奥运债券"，但王某假冒国家名义制作所谓"奥运债券"用以骗取他人财物。对这种行为应如何处理？

一种观点认为，"无论是伪造的、变造的国家有价证券，还是作废的、无效的国家有价证券，均是以存在真实的国家有价证券为前提的。也正因为存在真

---

① 张明楷. 论金融诈骗罪的事实认识错误［J］. 国家检察官学院学报，2005（4） 111.

实的国家有价证券，行为人使用伪造、变造的国家有价证券进行诈骗活动的，不仅侵犯了公私财产所有关系，而且破坏了国家有价证券管理秩序。行为人捏造根本不存在的国家有价证券或明知是他人捏造的不存在的国家有价证券而予以使用，进行诈骗活动的，其行为只是单纯侵犯了公私财产所有关系，并没有破坏国家的证券管理秩序，因而不构成有价证券诈骗罪，应以诈骗罪论处"。①

本收不赞成这种观点。以伪造为例：①伪造国家发行的有价证券，是指制造外观上足以使一般人误认为是国家发行的有价证券的行为。通常的伪造行为表现为，仿照真实有效的国家有价证券的形状、特征、图案、色彩等制造出与真实有效的国家有价证券的外观相同或者相似的虚假有价证券。在这种情况下，存在与伪造的有价证券相对应的（或相当的）真实有价证券。但是，行为人完全可能自行设计制作出足以使一般人误认为是真实有效有价证券的虚假有价证券，如根据国库券的一般形状、基本特征等自行设计制作出面额较大的虚假国库券。此种情况下，虽然不存在与伪造的有价证券相对应的真实有效的有价证券，但这种虚假的有价证券依然足以使一般人误认为其是真实有效的有价证券。②虽然司法实践中大多表现为伪造和使用客观上存在的国家有价证券，但是，解释者不能将客观事实强加于法律规范，更不能将自己了解的有限的客观事实强加于法律规范。刑法所规定的伪造、变造的国家有价证券，并不限于伪造、变造的有客观对应国家有价证券，既然如此，解释者就不应以有限的客观事实限定法律规范的内容。③认为伪造或者使用伪造的客观上根本不存在的国家有价证券的行为，只是单纯侵犯了公私财产，而没有破坏国家的证券管理秩序的观点，恐怕难以成立。任何伪造足以使一般人误以为是真实有效的有价证券的行为，都破坏了国家的证券管理秩序。基于上述理由，本书认为，使用伪造、变造的无客观对应的国家有价证券骗取财物的，成立有价证券诈骗罪。

四、如何准确定性制造国家有价证券"版样"的行为

在实践中，行为人伪造、变造国家有价证券一般需要相应的"版样"才能顺利完成。通常情况下，制造"版样"行为与本罪的犯罪行为是相分离的。需要明确的是，制造"版样"的行为并不等同于直接伪造、变造国家有价证券的行为。可以肯定的是，制造国家有价证券"版样"行为的社会危害性也并不比本罪的犯罪行为小。问题是，对于制造国家有价证券"版样"的行为该如何定性，目前没有相关的司法解释予以说明。那么可否对于制造相应"版样"的行为直接以本罪追究刑事责任？即参照伪造货币罪的相关司法解释予以定罪处罚（两罪都是破坏金融管理秩序的行为，具有一定的同一性）。

---

① 王晨. 诈骗犯罪研究 [M]. 人民法院出版社，2003：248.

根据 2010 年 5 月最高人民检察院、公安部发布的《关于公安机关管辖的刑事案件立案追诉标准的规定（二）》，伪造货币涉嫌下列情形之一的，应予以立案追诉：……制造货币版样或者为他人伪造货币提供版样的。该司法解释明确指出，对于制造货币版样的行为，可以直接以伪造货币罪进行定罪处罚。本书认为，对于提供国家有价证券"版样"的行为，不能参照伪造货币罪的司法解释进行直接定罪和处罚。虽然两罪都是破坏金融管理秩序的行为，但刑法保护的力度有所侧重。从两罪在《刑法》分则具体章节分布情况看，伪造货币罪置于第四节破坏金融管理秩序罪的首位，而伪造、变造国家有价证券罪则分布在本节的中部。这种论证并不是没有根据，如立法者将危害国家安全罪置于《刑法》分则第一章，其刑法对其保护的力度、强度是不明而喻的。另外，两罪的起刑点也有很大不同。伪造货币罪的法定刑起点为"三年以上十年以下有期徒刑"，而伪造、变造国家有价证券罪的法定刑起点为"三年以下有期徒刑或者拘役，并处或者单处二万元以上二十万元以下罚金"。由此可见，对于制造国家有价证券"版样"的行为，参照适用伪造货币罪的司法解释进行定罪处罚实有不妥。

那么对于制造国家有价证券"版样"的行为应当如何定性？本书认为，在没有出台相关司法解释之前，可以适用刑法总论关于共同犯罪的理论加以解决。

我国《刑法》第二十五条第一款规定："共同犯罪是指二人以上共同故意犯罪。"具体而言，构成共同犯罪，必须具备如下要件①：（一）行为人为二人以上。如果是一个人单独实施犯罪，则不发生共同犯罪问题。（二）共同的犯罪行为。所谓共同的犯罪行为，是指各行为人的行为都是指向同一犯罪，相互联系，相互配合，形成一个统一的犯罪活动整体。①各行为人所实施的行为，必须是犯罪行为，否则不可能构成共同犯罪。②根据分工的不同，共同犯罪行为表现为四种方式：一是实行行为，即实施符合犯罪构成客观方面要件的行为。二是组织行为，即组织、领导、策划、指挥共同犯罪的行为。三是教唆行为，即故意劝说、收买、威胁或者采用其他方法唆使他人故意实施犯罪的行为。四是帮助行为，即故意提供信息、工具或者排除障碍协助他人故意实施犯罪的行为。共同犯罪的共同行为，可能是行为人共同实施实行行为，也可能是分担实施不同的行为，即有人实施实行行为，有人实施组织行为、教唆行为或者帮助行为，这些都是共同犯罪。③共同实施的犯罪是结果犯并发生危害结果时，每一共同犯罪人的行为与危害结果之间都存在因果关系。该因果关系的特殊性在于：共同犯罪行为是围绕一个犯罪目标，互相配合，互为条件的犯罪活动整体，正是这个行为的整体导致了危害结果的发生。（三）共同的犯罪故意。所谓共同的犯

---

① 高铭暄、马克昌主编. 刑法学（第七版）[M]. 北京大学出版社，2016：164 - 166.

罪故意，是指各共同犯罪人认识他们的共同犯罪行为和行为会发生的危害结果，并且希望或者放任这种结果发生的心理态度。一是共同犯罪故意的认识因素，即共同犯罪人认识到自己与他人互相配合共同实施犯罪；认识到自己的行为性质，并且认识到共同犯罪行为的性质；概括地预见到共同犯罪行为与共同危害结果之间的因果关系。二是共同犯罪的意志因素，即共同犯罪人希望或者放任自己的行为引起的结果和共同犯罪行为会发生的危害结果。三是为了成立共同犯罪，共同犯罪人之间必须存在意思联络。

对于制造国家有价证券"版样"的行为，应当区分不同情形予以认定：

（一）事前通谋的情形

如果行为人明知他人将利用"版样"实施伪造、变造国家有价证券的犯罪而仍为其提供的，则行为人与实施犯罪之人构成共同犯罪，应以变造、伪造国家有价证券罪论处。具体而言，行为人符合了共同犯罪的主客观要件：①二人以上共同实施了伪造、变造国家有价证券的犯罪行为。②各行为人的行为都指向了同一犯罪，即伪造、变造国家有价证券，互联联系、互联配合，形成了一个统一的犯罪活动整体。在具体分工上，提供"版样"的行为属于帮助行为，即为他人实施伪造、变造国家有价证券犯罪提供工具；他人具体实施伪造、变造的行为属于本罪的实行行为。在因果关系上，共同犯罪行为都是围绕着实施伪造、变造国家有价证券这一目标，互相配合、互为条件的犯罪活动整体。正是这个行为整体导致了危害结果的发生。③各共同犯罪人认识他们的共同犯罪行为和行为会发生的危害结果，并且希望或者放任这种结果发生的心理态度。一是共同犯罪故意的认识因素，即共同犯罪人认识到自己与他人互相配合共同实施伪造、变造国家有价证券犯罪；认识到自己的行为性质，并且认识到共同犯罪行为的性质；概括地预见到共同犯罪行为与共同危害结果之间的因果关系。二是共同犯罪的意志因素，即共同犯罪人希望或者放任自己所实施的伪造、变造国家有价证券行为引起的结果和共同犯罪行为会发生的危害结果。三是各共同犯罪人之间存在意思联络，即双方在实施犯罪时进行了互相沟通。对于上述这种情形，行为人制造国家有价证券"版样"的行为可以被共同实施伪造、变造国家有价证券犯罪所评价，对其以本罪论处刑法理论和实践要求。

（二）事前无通谋的情形

如果行为人明显不知他人将利用"版样"实施伪造、变造国家有价证券的犯罪而为其提供的，则行为人与实施犯罪之人不构成共同犯罪。依据现行的刑法及司法解释，其单纯制造国家有价证券"版样"的行为属于一般的违法行为，不能以本罪论处。具体而言，行为人缺乏共同犯罪成立的主客观要件：①不具备二人以上共同实施了伪造、变造国家有价证券的犯罪行为。②各行为人的行为都并不指向同一犯罪，即共同伪造、变造国家有价证券，互相联系、互联配合，形成了一个统一的犯罪活动整体。③各共同犯罪人并没有认识到他们的共同犯罪行为和行为会发生的危害结果，并且希望或者放任这种结果发生的心理态度。一是共同犯罪故意的认识因素，即单纯提供"版样"的行为人并没有认识到自己与他人互相配合共同实施伪造、变造国家有价证券犯罪；也没有认识到自己的行为性质和共同犯罪行为的性质；更没有概括地预见到共同犯罪行为与共同危害结果之间的因果关系。二是共同犯罪的意志因素，即单纯提供"版样"的行为人不希望或者放任自己所实施的行为会引起共同的客观危害结果。三是单纯提供"版样"的行为人并没有与实施犯罪之人进行意思上的联络。对于上述这种情形，行为人制造国家有价证券"版样"的行为不能被共同犯罪所评价，对其不应以本罪论处。

关于片面共犯问题，这一点也需十分注意。所谓片面共犯，是指共同行为人的一方有与他人共同实施犯罪的意思，并加功于他人的犯罪行为，但其他人不知其给予加功的情况。例如，甲、乙参与同一犯罪，甲认识到自己和乙在共同犯罪，而乙没有认识到自己和甲在共同犯罪。理论上来讲，片面的共同犯罪是共同犯罪在意思联络上的特殊样态。实践中，存在三种情形：一是片面实行，是指甲暗中和乙共同实行犯罪，而乙实行犯罪时对此并不知情。如甲得知乙欲强奸妇女，便提前将妇女打晕然后退出，乙顺利强奸了妇女，但不知道是甲将妇女打晕。强奸罪的实行行为包括暴力行为和奸淫行为，所以甲属于片面实行犯。二是片面教唆，是指甲暗中教唆乙犯罪，而乙没有认识到被教唆。如甲偷偷将乙的妻子与丙通奸照片放在乙桌子上，同时放了一把枪，乙发现后火冒三丈，将丙打死。三是片面帮助，是指甲暗中帮助乙实行犯罪，而乙对此并不知情。如甲欲杀丙，看到乙在追杀丙，便暗中设置绳索将丙绊倒，乙顺利杀了丙。理论上，关于片面共同犯罪问题是存在较大争议的。根据司法实务界的观点，片面的共同犯罪中，知情一方与不知情一方成立共同犯罪，对知情一方适用共同犯罪的规定；但是不知情一方与知情一方不成立共同犯罪，对不知情一方不适用共同犯罪的规定。其基本理由在于：成立共同犯罪，一是要求在客观违法上具有连带性，也即对结果的产生具有连带的因果性；二是要求主观上具有意思联络，但这种意思联络可以是单向的，不要求相互有意思联络。具体而言，在本例中，是否也存在片面共同犯罪的问题？本书认为，答案是肯定的。以片面帮助为例，甲制造了"版样"以后，见乙某欲实施伪造、变造国家有价证券的犯罪行为却没有与此相对应的"版样"，便暗中向其提供了有关"版样"，乙借此顺利实施了犯罪。对于这种片面帮助的情形，甲可以与不知情的乙成立共同犯罪，对甲可以适用共同犯罪的规定，即甲制造国家有价证券"版样"的行为可以被共同实施伪造、变造国家有价证券犯罪所评价，对其以本罪论处；对不知情的乙则不适用共同犯罪的规定，即乙所实施伪造、变造国家有价证券的行为不能被共同犯罪所评价，对其应以单独犯罪处理。

五、本罪与伪造、变造金融票证罪的界限

伪造、变造金融票证罪，是指行为人违反金融票据管理法规，仿照金融票据的式样、形状、色彩、文字等要素制作假的金融票据或者对真实的金融票据进行改制的行为。本罪与伪造、变造金融票证罪存在一定的相似之处，主要表现在犯罪的行为方式相同，即行为人均采用了伪造、变造的方法实施有关犯罪。

两罪的主要区别在于以下几个方面。一是犯罪客体不同。本罪侵犯的客体是国家的有价证券管理秩序，而伪造、变造金融票证罪侵犯的客体是国家的金融票证管理秩序。二是犯罪客观方面不同。本罪的客观方面表现为伪造、变造国库券或者国家发行的其他有价证券，数额较大的行为；而伪造、变造金融票证罪的客观方面表现为行为人违反金融票据管理法规，仿造金融票据的式样、形状、色彩、文字等要素制作的金融票据或者对真实的金融票据进行改制的行为。具体而言，两罪的犯罪对象不同，这也是其最主要的区别。本罪的犯罪对象是国家有价证券，主要包括国家发行的国库券或者其他有价证券；而伪造、变造金融票证罪的犯罪对象是汇票、本票、支票和委托收款凭证、汇款凭证、银行存单等其他银行结算凭证，以及信用证或者附随的单据、文件、信用卡。此外，本罪是数额犯，当行为人实施伪造、变造国库券或者国家发行的其他有价证券，只有达到数额较大的标准时，才能成立本罪。而伪造、变造金融票证罪是行为犯，当行为人实施了伪造、变造金融票证的行为时，即构成该罪而没有数额和数量的要求，当然，如果情节显著轻微，危害不大的，就不宜作为犯罪处理。三是两罪的立案追诉标准不同。行为人实施本罪，伪造、变造国库券或者国家发行的其他有价证券，总面额在两千元以上的，应当予以立案追诉。行为人实施伪造、变造金融票证罪，伪造、变造汇票、本票、支票，或者伪造、变造委托收款凭证、汇款凭证、银行存单等其他银行结算凭证，或者伪造、变造信用证或者附随的单据、文件，总面额在一万元以上或者数量在十张以上，伪造信用卡一张以上，或者伪造空白信用卡十张以上的行为，应当予以立案追诉。

第三节　典型司法案例解析

——张义伪造、变造国家有价证券案

一、基本案情回顾

原公诉机关山东省聊城市东昌府区人民检察院。

上诉人（原审被告人）张义。因本案于 2014 年 10 月 30 日被潍坊市公安局潍城分局南关派出所抓获，并于次日被聊城市公安局东昌府分局刑事拘留，同年 12 月 2 日被执行逮捕。现羁押于山东省高唐县看守所。

山东省聊城市东昌府区人民法院审理聊城市东昌府区人民检察院指控原审被告人张义犯伪造国家有价证券罪一案，于 2015 年 12 月 17 日做出（2015）聊东刑初字第 173 号刑事判决，原审被告人张义不服，提出上诉。本院受理后，依法组成合议庭，于 2016 年 7 月 12 日公开开庭审理了本案。山东省聊城市人民检察院检察员李润凯、田子国出庭履行职务，上诉人张义及其辩护人矫健出庭参加诉讼。现已审理终结。

原审判决认定：

2013 年 10 月的一天，李某甲、聂某、李某乙（均另案处理）经被告人张义介绍，在未支付对价款的情况下，通过李某丙（另案处理）伪造一张户名为"李某甲"的中国工商银行泰安分行面额为四千八百万元的凭证式国债收款凭证，准备用此票据质押向银行骗取贷款。李某乙支付李某丙好处费 35 万元，支付聂某好处费 4 万元，支付张义好处费 3 万元。原审判决认定上述事实的证据有书证凭证式国债收款凭证、分款使用协议、证人证言、被告人以及共同作案人的供述与辩解、辨认笔录等。

原审法院认为：

被告人张义为了骗取贷款，伪造国家有价证券，数额特别巨大，其行为已构成伪造国家有价证券罪。被告人张义归案后认罪态度较好，能够如实供述犯罪事实，依法可从轻处罚。据此，根据被告人张义在共同犯罪中所处地位和所起作用，对被告人张义依照《中华人民共和国刑法》第一百七十八条、第二十五条第一款、第六十七条第三款、第六十一条、第四十七条、第五十二条、第五十三条之规定，以被告人张义犯伪造国家有价证券罪，判处有期徒刑十年，并处罚金人民币 250 000 元。

宣判后，被告人张义不服，以"其既不是伪造者，也不是使用者，仅是从中介绍，也未实际造成损失，原审法院未认定其为从犯不当，对其量刑重"为由，提起上诉。其辩护人所提的辩护意见与上述上诉理由相同。

聊城市人民检察院提出如下出庭意见：原审判决认定事实清楚，证据确实充分，上诉人张义积极介绍李某甲、聂某等人与李某丙认识，从李某丙处开票，并且从中收取 3 万元好处费，其积极的居间介绍行为，在共同犯罪中起了不可或缺的作用，不宜认定为从犯。上诉人的上诉理由及辩护人的辩护意见均不成立，应驳回上诉，维持原判。

经二审审理查明：2013 年 10 月的一天，李某乙为筹集资金，经他人介绍由聂某帮助其办理国债凭证用于银行质押贷款。10 月 17 日，聂某、李某乙经上诉人张义介绍联系到李某丙等人，商定由李某乙负责出资 30 余万元作为前期开票费用，李某丙等人为李某乙办理一张 4 800 万元的国债凭证（配合票）用于银行质押贷款，李某丙等人负责质押贷款时核行事宜。在办理过程中，因李某丙等人称不能以李某乙泰安本地的身份证办理，聂某等人又联系到李某甲，商定由李某甲提供身份证，以李某甲的名义办理。几日后，在李某甲、李某乙均未支付对价款的情况下，通过李某丙等人伪造了一张户名为"李某甲"的中国工商银行泰安分行面额为四千八百万元的凭证式国债收款凭证（账号：16×××28）。后聂某、李某乙将该国债凭证交给李某甲，约定由李某甲联系贷款银行进行核行，并约定将扣除相关费用后的贷款款项由李某乙、李某甲分款使用。因李某乙、聂某、李某甲多次联系李某丙等人核行未果，未能质押贷款。另查明，在办理涉案国债凭证过程中，李某乙实际支付李某丙办票费用 35 万元，支付张义、李某丙好处费 6 万元，支付聂某好处费 4 万元。

本院认为，上诉人张义为谋取好处费，在明知李某丙等人办理的系虚假国债凭证的情形下，仍介绍需要融资贷款的聂某、李某乙与李某丙等人认识，从而促成了本案假国债凭证的办理，其行为构成伪造国家有价证券罪的共犯，且数额特别巨大。在本案共同伪造国家有价证券犯罪中，上诉人张义仅是起到了居间介绍、牵线搭桥的次要作用，收取了部分好处费，应当认定其为从犯，且根据其参与犯罪的事实及如实供述、认罪态度好等情节，对其应予以减轻处罚。上诉人张义及其辩护人所提"其既不是伪造者，也不是使用者，仅是从中介绍，也未实际造成损失，原审法院未认定其为从犯不当，对其量刑重"的上诉理由及辩护意见成立，本院予以采纳，故依法予以改判。依照《中华人民共和国刑法》第一百七十八条第一款、第二十五条第一款、第二十七条、第六十七条第三款、第六十一条、第六十三条第一款、第四十七条、第五十二条、第五十三条和《中华人民共和国刑事诉讼法》第二百二十五条第一款第（三）项之规定，判决如下：

"一、维持山东省聊城市东昌府区人民法院（2015）聊东刑初字第 173 号刑事判决的定罪部分，即被告人张义犯伪造国家有价证券罪。

二、撤销山东省聊城市东昌府区人民法院（2015）聊东刑初字第 173 号刑事判决的量刑部分，即判处被告人张义有期徒刑十年，并处罚金人民币 250 000元。

三、上诉人（原审被告人）张义犯伪造国家有价证券罪，判处有期徒刑八年，并处罚金人民币 200 000 元（罚金限判决生效后十日内缴纳）。

（刑期从判决执行之日起计算，判决执行以前先行羁押的，羁押一日折抵刑期一日，即自 2014 年 10 月 30 日起至 2022 年 10 月 29 日止）。

本判决为终审判决。"

（案例来源：山东省聊城市中级人民法院刑事判决书〔2016〕鲁 15 刑初 6号）

二、本案争议焦点及评议

本案中，一审法院认为被告人张义所实施的"居间介绍"行为构成了共同犯罪，对其以伪造国家有价证券罪论处是没有争议的。问题是，对于成立共同犯罪以后，如何准确划分各行为人的刑事责任方面各方存在较大分歧。

被告人张义及其辩护人认为：

其既不是伪造者，也不是使用者，仅是从中介绍，也未实际造成损失，以"原审法院未认定其为从犯不当，对其量刑重"为由，提起了上诉。

山东聊城市人民检察院认为：

原审判决认定事实清楚，证据确实充分，上诉人张义积极介绍李某甲、聂某等人与李某丙认识，从李某丙处开票，并且从中收取 3 万元好处费，其积极的居间介绍行为，在共同犯罪中起了不可或缺的作用，不宜认定为从犯。上诉人的上诉理由及辩护人的辩护意见均不成立，应驳回上诉，维持原判。

归纳起来，双方争议的焦点在于"居间介绍"行为在共同犯罪中发挥何种作用的问题。该争议之所以重要，是因为行为在共同犯罪中所起作用之大小，决定着主犯、从犯的划分进而影响刑罚的轻重。

我国《刑法》第二十六条规定："组织、领导犯罪集团进行犯罪活动的或者在共同犯罪中起主要作用的，是主犯。……对于组织、领导犯罪集团的首要分子，按照集团所犯的全部罪行处罚。对于第三款以外的主犯，应当按照其所参与的或者组织、指挥的全部犯罪进行处罚。"第二十七条规定："在共同犯罪中起次要或者辅助作用的，是从犯。对于从犯，应当从轻、减轻处罚或者免除处罚。"由此可见，认定主从犯的法律依据在于行为人在共同犯罪中所起的作用大小。一般认为，在共同犯罪中起主要作用的是主犯；起次要或者辅助作用的是从犯。那么问题在于，本案中应当如何准确定性所起作用的大小？本书认为，应从"居间介绍"行为的法律性质进行综合判断。

在我国《刑法》中，并没有明确指出"居间介绍"行为的性质。但在相关罪名的司法解释及有关法律文件中却有所"涉及"，如《最高人民法院关于适用〈全国人民代表大会常务委员会关于禁毒的决定〉的若干问题的解释》中规定，居间介绍买卖毒品的，无论是否获利，均以贩卖毒品罪的共犯论处；《最高人民法院关于审理非法制造、买卖、运输枪支、弹药、爆炸物等刑事案件具体应用法律若干问题的解释》中规定，居间介绍买卖枪支、弹药、爆炸物的以买卖枪支、弹药、爆炸物罪的共犯论处；《关于依法惩治拐卖妇女儿童犯罪的意见》中规定，明知他人系拐卖儿童的"人贩子"，仍然利用从事诊疗、福利救助等工作的便利或者了解被拐卖方情况的条件，居间介绍的，以拐卖儿童罪的共犯论处。从上述的有关规定看，是否可以认为"以共犯论处"指的就是在共同犯罪中起次要或者辅助作用，即将其以从犯处理？正确理解"以共犯论处"的法律内涵，需从以下两方面把握：一是关于"共犯"含义。严格意义上讲，"共犯"一词来源于大陆法系刑法。对共同犯罪人的区分，如德国通说理论采取了正犯与共犯的区分制模式，以分工的方式将共同犯罪人划分为正犯、教唆犯与帮助犯，教唆犯和帮助犯又被称为狭义的共犯。因此，大陆刑法中的"共犯"通常是指教唆犯和帮助犯。而在我国，立法上对共同犯罪人的区分并没有采用区分制模式。① 现阶段我国刑法采取的是新的四分法，即分为主犯、从犯、胁从犯和教唆犯。高铭暄教授认为："这种分类方法主要是以共同犯罪人在共同犯罪中所起的作用为分类标准，同时也照顾到共同犯罪人的分工情况，并把教唆犯这一类，纳入以'共同犯罪中所起的作用'为分类标准的分类体系中，从而获得了分类的统一性。"② 因此，在我国语境下，"共犯"指的是共同犯罪这一法律现象。二是"以共犯论处"是否有特殊意旨。我国《刑法》中有很多注意规定和法律拟制的条款。注意规定，是指在刑法已做出基本规定的前提下，提示司法工作人员，以免其忽略该规定。法律拟制其特点是将原本不同的行为按照相同的行为处理（包括将原本不符合某种规定的行为也按照该规定处理）。也就是说，法律拟制仅适用于刑法所限定的情形，而不具有普遍意义；对于类似情形，如果没有拟制规定，就不得比照拟制规定处理。如"'伙同贪污的，以共犯论处'系注意规定，但何以认为其又是法律拟制呢？这又涉及共犯与身份问题。说到底，共犯与身份解决的是不具有犯罪构成要件身份的人员伙同具有犯罪构成要件身份的人员，以及各自具有不同的犯罪构成要件身份的人员，共同实施只有具有特定身份才能单独构成犯罪的犯罪行为时，能否追究不具有构成要件身份的人员的刑事责任，以及如何确定共同犯罪的罪名的问题"。③ 因此，在判断"以共犯论处"的法律内涵时，应结合具体罪名加以分析。综上所述，上文有关司法解释及法律文件中所"涉及"的"以共犯论处"，指的是以共同犯罪处理，且该表述为注意性提示（即便没有该规定，仍然可以依据刑法总则关于共同犯罪的

---

① 关于共同犯罪人分类问题的争论，早在20世纪五六十年代起草、修订刑法草案过程中就有所体现。当时对该问题的争论经历了相当长的一段时间，即从1955年1月全国人大常委会法律室起草的刑法草案第1次稿至1963年10月发布的刑法草案（修正稿）第33次稿才基本完成了对共同犯罪人的分类，其中第22次稿和第33次稿最为著名。经过反复比较研究，第33次稿最终采用了"以作用为主，分工为辅"的共同犯罪人分类模式。高铭暄教授认为："这正是考虑到教唆犯在定罪上确有其特点，可以单独写一条，虽说分类标准有点不一致，但只要符合实际需要，不算什么问题，何况教唆犯在形式上虽与主犯、从犯分开，但实际上仍要按照他在共同犯罪中所起的作用处罚。"

② 高铭暄. 刑法学 [M]. 法律出版社，1982：195.

③ 陈洪兵. 如何理解"伙同贪污的，以共犯论处" [N]. 检察日报，2006 – 12 – 07.

规定定性）。

　　既然《刑法》和相关司法解释都没有明确"居间介绍"的法律性质，那也只有结合相关刑法理论来解释这一行为。从共同犯罪行为的分工情况看（不是共同犯罪人的分类），其行为方式包括了实行行为、组织行为、帮助行为和教唆行为。其中，实行行为是指实施了符合犯罪构成客观方面要件的行为；帮助行为是指故意提供信息、工具或者排除障碍协助他人故意实施犯罪的行为。"在一定情况下，分工情况反映着行为人在共同犯罪中的作用。以组织犯为例，他在犯罪集团中的分工是组织、领导，这种分工就表明他在共同犯罪中必然起着主要作用。"① 这是因为"作用"与"分工"从来都是辩证统一的，不能割裂二者之间的关系。可以认为，刑法中的"居间介绍"行为明显具备了帮助行为的特征，其在共同犯罪中所起的作用是次要或者辅助的。在本案中，被告人张义明知李某丙等人办理的系虚假国债凭证的情形下，仍介绍需要融资贷款的聂某、李某乙与李某丙等人认识，从而促成了本案假国债凭证的办理，其行为构成了伪造国家有价证券罪的共同犯罪；况且被告人张义也没有实施伪造、变造国家有价证券犯罪构成客观方面的实行行为，应当将其认定为从犯为宜。

　　综上所述，一审判决认定被告人张义为共同犯罪中的主犯明显不恰当，二审法院将其改判为从犯的做法符合刑法理论和法律要求。

---

　　①　李小文. 主从犯认定的若干问题研究［J］. 上海大学学报（社会科学版），2008（2）：129.

第九章

伪造、变造股票、公司、企业债券罪

第一节　罪名、犯罪构成及立案追诉标准

一、概念与罪名渊源

（一）概念

伪造、变造股票、公司、企业债券罪，是指伪造、变造股票、公司、企业债券，数额较大的行为。

（二）罪名渊源

1979 年《刑法》只规定了伪造有价证券罪（涉及股票），对于变造股票以及伪造、变造公司、企业债券的行为没有进一步规定。其中，第一百二十三条规定："伪造支票、股票或者其他有价证券的，处七年以下有期徒刑，可以并处罚金。"从该规定看，条文中并没有严格区分股票、公司、企业债券与国家有价证券的界限，且也只规定了自然人犯罪。1997 年《刑法》修订时对其进行了修改、补充。其中，第一百七十八条第二款规定："伪造、变造股票或者公司、企业债券，数额较大的，处三年以下有期徒刑或者拘役，并处或者单处一万元以上十万元以下罚金；数额巨大的，处三年以上十年以下有期徒刑，并处二万元以上二十万元以下罚金。"第三款规定："单位犯前两款罪的，对单位判处罚金，并对其直接负责的主管人员和其他直接责任人员，依照前两款的规定处罚。"

该条文所涉及修改之处有：一是条文中严格区分股票、公司、企业债券与国家有价证券的界限。立法将 1979 年《刑法》第一百二十三条规定的伪造有价证券罪分解为 1997 年《刑法》第一百七十八条中的第一款和第二款，其中第一款规定的是伪造、变造国家有价证券罪，第二款规定的是伪造、变造股票、公司、企业债券罪；二是严格区分了支票与股票、公司、企业债券的界限，将伪造、变造支票等金融票证的行为单独成罪，规定在《刑法》第一百七十七条；三是增加规定了变造股票以及伪造、变造公司、企业债券的行为；四是对法定刑做出重大调整，即提升了刑期（最高可达十年有期徒刑）、细化了附加财产刑（即一档为并处或者单处一万元以上十万元以下罚金；另一档为并处二万元以上二十万元以下罚金）；五是增加了单位犯罪的条款。根据 1997 年 12 月 11 日最高人民法院发布的《关于执行〈中华人民共和国刑法〉确定罪名的规定》以及 1997 年 12 月 25 日最高人民检察院发布的《关于适用刑法分则规定的犯罪的罪名的意见（根据历次补充规定修正）》，将修改后的《刑法》第一百七十八条的罪名确定为"伪造、变造国家有价证券罪和伪造、变造股票、公司、企业债券罪"，取消了"伪造有价证券罪"的罪名。

二、本罪的犯罪构成要件

（一）本罪的客体

本罪侵犯的客体是国家的有价证券管理秩序。随着市场经济体制的建立，发行股票、公司、企业债券成为公司、企业向社会公众筹集生产经营资金的一种重要手段。股份有限公司发行股票、债券，有限责任公司和非公司化企业筹集生产经营资金发行债券，已成为社会公众所熟悉的经济活动。但在股票、公司、企业债券的发行越来越活跃的情况下，一些不法分子也把犯罪的黑手伸向了股票、公司、企业债券，不仅大肆伪造股票、公司、企业债券，而且也使用变造的方法使股票、公司、企业债券的面值增加，从而获取非法利益。同时，由于股票、公司、企业债券可以直接作为所有权凭证进行抵押、买卖等，伪造、变造股票、公司、企业债券的行为必然给国家和人民利益造成巨大的损失，必须予以严厉惩处。这种犯罪已成为妨害证券市场管理、破坏国家金融秩序的新型犯罪。鉴于此，1997 年刑法单独增设了伪造、变造股票、公司、企业债券罪。

（二）本罪的客观方面

本罪的客观方面表现为伪造、变造股票、公司、企业债券，数额较大的行为。

1. 行为人实施了伪造、变造股票、公司、企业债券的行为

所谓"伪造"，是指行为人按照真实的股票、公司、企业债券的样式、图案、颜色、规格等特征，通过印刷、复印、绘制等制作方法制造出在票面记载等外观形式和表面内容上与真正的票据相同或相近似，达到造假逼真或以假乱真的程度的国家有价证券。一般来讲，这种伪造的股票、公司、企业债券只要与真正的国家有价证券的名称和外观接近，能够达到蒙骗社会上一般人的程度即可。

所谓"变造"，是指行为人针对真正的股票、公司、企业债券，采取挖补、拼接、涂改、覆盖等方法进行加工处理，从而制造出数量更多、票面价值更大或者票面有效期延长的股票、公司、企业债券。这里需要注意以下几点：一是变造的对象必须是真实、有效的股票、公司、企业债券。对明知是假的或已失去效力的股票、公司、企业债券进行变造，不构成本罪。二是变造行为所变更的仅是真实有效的股票、公司、企业债券所记载的权利内容，但股票、公司、企业债券之本质并未因之而改变。如将股票、公司、企业债券彻底清除其内容而使之成为一张白纸，而后再仿真作假重新制作"股票"或者"公司、企业债券"，则非变造而是伪造。三是变造股票、公司、企业债券一般是为了使有效期延长，或使其升值，如面额增大、数量增加；但从理论上讲，使之有效期缩短，

或使之减值的行为，也不失为变造。

股票，即股份证书的简称，是指股份公司为筹集资金而发行给股东作为持股凭证并借以取得股息和红利的一种有价证券。每股股票都代表股东对企业拥有一个基本单位的所有权。这种所有权为一种综合权利，如参加股东大会、投票标准、参与公司的重大决策、收取股息或分享红利等，但也要共同承担公司运作错误所带来的风险。另外，股票是股份公司资本的构成部分，上市的股票（流通股）可以转让、买卖或作价抵押，是资金市场的主要长期信用工具。

我国《公司法》第一百二十六条规定："股份有限公司的资本划分为股份，每一股的金额相等。公司的股份采取股票的形式。股票是公司签发的证明股东所持股份的凭证。"第一百二十七条规定："股票发行价格可以按照票面金额，也可以超过票面金额，但不得低于票面金额。"第一百二十八条规定："股票采用纸面形式或者国务院证券监督管理机构规定的其他形式。股票应当载明下列主要事项：（一）公司名称；（二）公司成立日期；（三）股票种类、票面金额及代表的股份数；（四）股票的编号。股票由法定代表人签名、公司盖章。发起人的股票，应当标明发起人股票字样。"第一百二十九条规定："公司发行的股票，可以为记名股票，也可以为无记名股票。公司向发起人、法人发行的股票，应当为记名股票，并应当记载该发起人、法人的名称或者姓名，不得另立户名或者以代表人姓名记名。"第一百三十条规定："公司发行记名股票的，应当置备股东名册，记载下列事项：（一）股东的姓名或者名称及住所；（二）各股东所持股份数；（三）各股东所持股票的编号；（四）各股东取得股份的日期。发行无记名股票的，公司应当记载其股票数量、编号及发行日期。"第一百三十一条规定："国务院可以对公司发行本法规定以外的其他种类的股份，另行作出规定。"第一百三十二条规定："股份有限公司成立后，即向股东正式交付股票。公司成立前不得向股东交付股票。"第一百三十三条规定："公司发行新股，股东大会应当对下列事项作出决议：（一）新股种类及数额；（二）新股发行价格；（三）新股发行的起止日期；（四）向原有股东发行新股的种类及数额。"第一百三十四条规定："公司经国务院证券监督管理机构核准公开发行新股时，必须公告新股招股说明书和财务会计报告，并制作认股书。本法第八十七条、第八十八条的规定适用于公司公开发行新股。"第一百三十五条规定："公司发行新股，可以根据公司经营情况和财务状况，确定其作价方案。"第一百三十六条规定："公司发行新股募足股款后，必须向公司登记机关办理变更登记，并公告。"

公司、企业债券，是指公司、企业依照法定程序发行、约定在一定期限还本付息的有价证券。公司、企业债券是公司、企业债的表现形式，基于债券的发行，在债券的持有人和发行人之间形成了以还本付息为内容的债权债务法律关系。因此，公司、企业债券同时也是公司、企业向债券持有人出具的债务凭证。

我国《公司法》第一百五十三条规定："本法所称公司债券，是指公司依照法定程序发行、约定在一定期限还本付息的有价证券。公司发行公司债券应当符合《中华人民共和国证券法》规定的发行条件。"第一百五十四条规定："发行公司债券的申请经国务院授权的部门核准后，应当公告公司债券募集办法。公司债券募集办法中应当载明下列主要事项：（一）公司名称；（二）债券募集资金的用途；（三）债券总额和债券的票面金额；（四）债券利率的确定方式；（五）还本付息的期限和方式；（六）债券担保情况；（七）债券的发行价格、发行的起止日期；（八）公司净资产额；（九）已发行的尚未到期的公司债券总额；（十）公司债券的承销机构。"第一百五十五条规定："公司以实物券方式发行公司债券的，必须在债券上载明公司名称、债券票面金额、利率、偿还期限等事项，并由法定代表人签名，公司盖章。"第一百五十六条规定："公司债券，可以为记名债券，也可以为无记名债券。"第一百五十七条规定："公司发行公司债券应当置备公司债券存根簿。发行记名公司债券的，应当在公司债券存根簿上载明下列事项：（一）债券持有人的姓名或者名称及住所；（二）债券持有人取得债券的日期及债券的编号；（三）债券总额，债券的票面金额、利率、还本付息的期限和方式；（四）债券的发行日期。发行无记名公司债券的，应当在公司债券存根簿上载明债券总额、利率、偿还期限和方式、发行日期及债券的编号。"第一百五十八条规定："记名公司债券的登记结算机构应当建立债券登记、存管、付息、兑付等相关制度。"第一百五十九条规定："公司债券可以转让，转让价格由转让人与受让人约定。公司债券在证券交易所上市交易的，按照证券交易所的交易规则转让。"第一百六十条规定："记名公司债券，由债券持有人以背书方式或者法律、行政法规规定的其他方式转让；转让后由公司将受让人的姓名或者名称及住所记载于公司债券存根簿。无记名公司债券的转让，由债券持有人将该债券交付给受让人后即发生转让的效力。"第一百六十一条规定："上市公司经股东大会决议可以发行可转换为股票的公司债券，并在公司债券募集办法中规定具体的转换办法。上市公司发行可转换为股票的公司债券，应当报国务院证券监督管理机构核准。发行可转换为股票的公司债券，应当在债券上标明可转换公司债券字样，并在公司债券存根簿上载明可转换公司债券的数额。"第一百六十二条规定："发行可转换为股票的公司债券的，公司应当按照其转换办法向债券持有人换发股票，但债券持有人对转换股票或者不转换股票有选择权。"

我国《企业债券管理条例》第五条规定："本条例所称企业债券，是指企业依照法定程序发行、约定在一定期限内还本付息的有价证券。"第六条规定："企业债券的票面应当载明下列内容：（一）企业的名称、住所；（二）企业债券的面额；（三）企业债券的利率；（四）还本期限和方式；（五）利息的支付方式；（六）企业债券发行日期和编号；（七）企业的印记和企业法定代表人的签章；（八）审批机关批准发行的文号、日期。"第七条规定："企业债券持有人有权按照约定期限取得利息、收回本金，但是无权参与企业的经营管理。"第八条规定："企业债券持有人对企业的经营状况不承担责任。"第九条规定："企业债券可以转让、抵押和继承。"

2. 行为人实施了数额较大的上述行为

这里的"数额较大"，具体标准可以参见 2010 年 5 月最高人民检察院、公安部发布的《关于公安机关管辖的刑事案件立案追诉标准的规定（二）》第三十三条的规定。不过，需要强调的是，这里的"数额较大"行为并不能从事后单纯的客观结果来认定。言外之意在于，"数额较大"的行为，是指行为人主观上以"数额较大"为犯罪目标，客观上也实施了伪造、变造股票、公司、企业债券"数额较大"的行为，至于能否达到既遂并不是犯罪成立的条件。对于犯罪预备、中止、未遂停止形态的，需要追究刑事责任的，应以立案追诉。

（三）本罪的主体

本罪的主体为一般主体，即年满 16 周岁、具有刑事责任能力的自然人。单位构成犯罪的，依法追究刑事责任。

（四）本罪的主观方面

本罪的主观方面是故意，包括直接故意和间接故意，即行为人明知伪造、变造股票、公司、企业债券的行为，会发生危害国家有关有价证券的管理秩序的结果，并且希望或者放任这种危害结果的发生。如果是行为人过失实施了上述行为，则不构成本罪。

三、本罪的立案追诉标准适用指南

根据 2010 年 5 月最高人民检察院、公安部发布的《关于公安机关管辖的刑事案件立案追诉标准的规定（二）》，本罪的立案标准为：

第三十三条 伪造、变造股票或者公司、企业债券，总面额在五千元以上的，应予立案追诉。

第八十九条 对于预备犯、未遂犯、中止犯，需要追究刑事责任的，应予立案追诉。

第九十条 本规定中的立案追诉标准，除法律、司法解释、本规定中另有规定的以外，适用于相应的单位犯罪。

第九十一条 本规定中的"以上"，包括本数。

第二节　司法实务认定中的疑难问题

一、本罪是否存在犯罪的未完成形态

根据《关于公安机关管辖的刑事案件立案追诉标准的规定（二）》，本罪的立案标准为：伪造、变造股票或者公司、企业债券，总面额在五千元以上的，应予立案追诉。是否可以认为，如果行为人伪造、变造股票或者公司、企业债券的总面额没有达到五千元，其行为就不构成犯罪？进而认为，本罪不存在犯罪的未完成形态？

本书认为，要回答该问题，必须解决的是犯罪成立与立案追诉标准的关系问题。少数情况下，二者所表现出的样态是具有一致性的。如行为人主观上以实施伪造、变造数额较大的股票为目标，客观上也实施了伪造、变造数额较大的股票之行为，此时犯罪成立、又符合了立案追诉标准。换而言之，在该情形中，本罪的立案追诉标准便可视为犯罪成立的判断依据，即一般所说的本罪须"数额较大"才能构成犯罪。但通常情况下，二者所表现出的样态是不具有一致性的。如行为人主观上以实施伪造、变造数额较大的股票为目标，客观上也实施了伪造、变造数额较大的股票之行为，但由于意志以外的原因未能达到数额较大的情形。此时，本罪的立案追诉标准便不能被视为犯罪成立的判断依据。即不能认为没有达到数额较大的立案追诉标准就不能成立犯罪。因此，这里需要强调的是，判断犯罪成立的核心根据应在于行为是否满足犯罪构成（主客观要件）而不是立案追诉标准中的定罪情节（客观结果）。总而言之，二者所探讨的内容并不是同一个问题，即前者要说明的是犯罪成立的条件，后者则要解决的是犯罪成立以后是否需要进行追诉的问题（本罪的立案追诉标准第八十九条就是很好的例证，即对于预备犯、未遂犯、中止犯，需要追究刑事责任的，应予立案追诉，即一般情况下对于犯罪成立后所出现的预备、中止和未遂是不需要追究刑事责任的）。之所以会容易混淆二者间的关系，也有可能在于对情节犯性质的认识争议上。

从理论层面讲，关于情节犯性质的争议存在肯定论与否定论两种对立的观点。以生产、销售伪劣产品罪为例，[①] 否定说认为，生产、销售伪劣产品是以一定的数额作为构成要件的数额犯。数额犯通常被认为是情节犯的一种，而情节

---

① 《刑法》第一百四十条规定："生产者、销售者在产品中掺杂、掺假，以假充真，以次充好或者以不合格产品冒充合格产品，销售金额五万元以上不满二十万元的，处二年以下有期徒刑或者拘役，……"即该罪与伪造、变造股票、公司、企业债券罪同属于数额犯。

犯是不存在未遂形态的，因为法定的情节要件既是构成这类犯罪的必备要件，同时也是其构成要件齐备的标志。① 肯定说认为，只要经营额在5万元以上的，均应以生产、销售伪劣产品罪的未遂论处，而不能认为不构成犯罪。② 本书赞同肯定说的观点，因为根据刑法理论通说的主张，我国刑法分则规范是以单个人犯罪且达到犯罪的既遂为标本设立的。本罪罪状的确立也不例外。因此，《刑法》分则第一百四十条规定中的"销售金额"就不是犯罪成立的要件，而应当是犯罪既遂的要件。当行为人实施的行为没有达到法定数额时，虽然不能认定为该罪的既遂形态，但如果行为的社会危害达到犯罪的程度时，毫无疑问就应当认定为该罪的未完成形态。如时延安教授指出："关于情节犯的停止形态问题，也存在一定争论。有论者认为，情节犯以是否达到情节严重或情节恶劣为必要条件，因而只有成立与不成立之分，而无未遂、中止、预备之停止形态。这种观点是不正确的。判断犯罪是否成立，即判断特定危害行为是否具有刑事可罚性，是以是否符合犯罪构成为基础的。换而言之，只要特定危害行为符合具体犯罪的犯罪构成，即标志着犯罪已经成立。符合具体犯罪的犯罪构成，既可以是符合其基本的犯罪构成，也可以是符合其修正的犯罪构成。进而言之，在犯罪成立的情况下，同样可以是犯罪未遂、中止和预备形态。如果将犯罪成立和犯罪既遂等而视之，显然是不恰当的。在情节犯的情形下，之所以要特别强调犯罪成立的概念，这和情节犯的特性有关。"③

从法律层面讲，肯定说也得到了相关司法解释的支持。根据2001年最高人民法院颁布的《关于审理生产、销售伪劣商品刑事案件具体应用法律若干问题的解释》，其中第二条规定："伪劣产品尚未销售的，货值金额达到刑法第一百四十条规定的销售金额三倍以上的，以生产、销售伪劣产品罪（未遂）定罪处罚。"又如2003年12月23日最高人民法院、最高人民检察院、公安部、国家烟草专卖局颁布的《关于办理假冒伪劣烟草制品等刑事案件适用法律问题座谈会纪要》也指出："伪劣烟草制品的销售金额不满5万元，但与尚未销售的伪劣烟草制品的货值金额达到15万元以上的，以生产、销售伪劣产品罪（未遂）定罪处罚。""生产伪劣烟草制品尚未销售，无法计算货值金额，有下列情形之一的，以生产、销售伪劣产品罪（未遂）定罪处罚：（一）生产伪劣烟丝烟丝数量在1 000公斤以上的；（二）生产伪劣烟用的烟叶数量在1 500公斤以上的。"由此可见，针对数额犯而言，即使行为没有达到法定的犯罪数额，只要该行为符合了犯罪的主客观构成要件，就可以认定其成立犯罪，进而认定犯罪的未完成形

①　黄京平主编. 破坏市场经济秩序罪研究［M］. 中国人民大学出版社，1999：113－114.
②　曲新久. 生产、销售伪劣产品罪的既遂、未遂与预备形态［J］. 人民检察，1998（10）.
③　时延安，王晓初. 情节犯是否存在犯罪未遂［N］. 人民法院报，2006－01－10.

态。因此，否定说既不符合我国刑法理论，也不符合我国司法实践的一贯做法，故不可取。

综上所述，不论是从理论还是法律层面讲，数额犯中的法定犯罪数额并不是判断犯罪成立的根据，而是在于其行为是否满足犯罪的主客观构成要件。具体而言，在伪造、变造股票、公司、企业债券罪中，如果行为人主观上以实施伪造、变造数额较大的股票、公司、企业债券为目标，客观上也实施了该行为，但由于意志以外的原因未能达到数额较大的情形时，应将其认定为伪造、变造股票、公司、企业债券罪的未遂形态。如对本罪的未遂犯需要追究刑事责任的，应予以立案追诉。

二、对"既伪造、又变造"公司债券的行为能否数罪并罚

罪名，即犯罪名称，是指对具体犯罪本质或主要特征的高度概括。虽然罪名概括了犯罪的内容，但是罪名本身并不确定和解释该犯罪具体犯罪构成的依据。换而言之，在确定具体犯罪的构成要件与责任要件时，应以刑法分则明文规定的罪状、总则条文的相关规定以及其他相关条文的内容为依据，而不能直接以罪名为依据确定犯罪构成的具体内容。在罪名的确定没有反映犯罪的本质与结构时，根据罪名确定构成要件与责任要件会导致偏差。因此，罪名的适用不能简单地以其本身作为依据。

对"既伪造、又变造"公司债券的行为能否进行数罪并罚？要回答该问题，实质上须解决的是本罪的罪名适用问题。一般认为，我国《刑法》中的罪名可分为单一罪名、选择罪名和概括罪名（见下文）。[①] 单一罪名，是指所包含的犯罪构成的具体内容单一，只能反映一个犯罪行为，不能分解拆开使用的罪名。如故意杀人罪、故意伤害罪、非法捕捞水产品罪等，它们所表示的是具体犯罪行为，不可能对它们进行分解。行为触犯一个单一罪名的，毫无疑问地构成一个罪。选择罪名，是指所包含的犯罪构成的具体内容复杂，反映出多种行为类型，既可概括使用，也可以分解拆开使用的罪名。如拐卖妇女、儿童罪是一个罪名，但它包括了拐卖妇女的行为与拐卖儿童的行为，于是可以分解为两个罪名。只拐卖妇女的，定拐卖妇女罪；仅拐卖儿童的，定拐卖儿童罪；既拐卖妇女又拐卖儿童的，定拐卖妇女、儿童罪，不实行数罪并罚。选择罪名大致可以分为三种情形：一是行为选择，即罪名中包含了多种行为，如引诱、容留、介绍卖淫罪，包括了三种行为，可以分解为多个罪名；二是对象选择，即罪名中包括了多种对象，如上述拐卖妇女、儿童罪；三是行为与对象同时选择，即罪名中包括了多种行为和多种对象，如非法制造、买卖、运输、邮寄、储存枪支、

---

① 张明楷. 刑法学（下册）[M]. 法律出版社，2016：668.

弹药、爆炸物罪，包括了五种行为和三种对象，可以分解成诸多罪名。概括罪名，是指罪名中包含的犯罪构成的具体内容复杂，反映出多种具体行为类型，但只能概括使用，不能分解拆开使用的罪名。如信用卡诈骗罪，包括了使用伪造的信用卡或者使用虚假的身份证明骗领的信用卡、使用作废的信用卡、冒用他人信用卡、恶意透支等具体行为类型。不管行为人是实施其中一种还是数种行为，都只定信用卡诈骗罪。

从上述的罪名分类看，伪造、变造股票、公司、企业债券罪属于选择性罪名。其具体类型为行为与对象同时选择，即罪名中包含了多种行为和多种对象，可以分解成诸多罪名。以行为方式为例，一般情况下，如果行为人只伪造了公司债券的，定伪造公司债券罪；仅变造公司债券的，定伪造公司债券罪；既伪造又变造公司债券的，也只能定伪造、变造公司债券罪，不对其进行数罪并罚。问题是，仅以罪名本身特性来确定具体犯罪构成与责任并不能做到罪责刑相适应原则。实践中，对于"既伪造、又变造"公司债券的行为，应当区分不同情况进行定罪处罚。具体而言，应当以刑法分则明文规定的罪状、总则条文的相关规定以及其他相关条文的内容为依据进行判断。

对于该情形，应根据罪数区分的原理决定是否实行数罪并罚。根据我国刑法中数罪并罚的特点，适用数罪并罚的前提是行为人必须犯有数罪。所谓数罪，是指实质上的数罪、或者数个非实质数罪、或者实质上的罪与非实质数罪的结合。实质上的数罪，是指不依附于其他犯罪，刑法能够独立评价的罪；非实质数罪，是指根据刑法学中的罪数理论，即指一行为在刑法上规定为一罪或者处理时作为一罪的情形，如继续犯、想象竞合犯、集合犯、结合犯、连续犯、牵连犯、吸收犯。关于罪数的判断，中外刑法学理论中存在不同学说：一是行为标准说。即行为人实施了一个行为的，为一罪；实施了数个行为的，为数罪。二是法益标准说。即认为犯罪的本质是对法益的侵害，不侵害法益的行为就不可能构成犯罪，所以判断罪数是一罪还是数罪应以侵害法益或者犯罪结果的个数为标准。侵害一个法益或者发生一个结果的，是一罪；侵害数个法益或者发生数个结果的，是数罪。三是犯意标准说。即认为犯罪是行为人主观上犯罪意思的外部表现，行为只是行为人犯罪意思或者主观恶性的表征，所以判断罪数是一罪还是数罪应以犯罪意思为标准。行为人基于一个犯罪意思实施犯罪的，是一罪；基于数个犯罪意思实施犯罪的，是数罪。四是构成要件标准说。即认为犯罪首先以构成要件符合性为标准才能成立，行为不具备构成要件符合性就不可能构成犯罪，所以判断罪数是一罪还是数罪只能以构成要件为标准。在构成要件的评价中，一次符合构成要件的行为，是一罪；数次符合构成要件的行为，是数罪。此说为日本著名刑法学家小野清一郎所提倡，他说："在罪数论中，我提倡以构成要件为标准，即有充分满足一次构成要件的事实是一罪，有充分满足两次构成要件的事实即为二罪，以此类推。"① 在全面评析了西方学者关于判断罪数标准学说的基础上，我国理论通说认为："判断罪数是一罪还是数罪，应当以犯罪构成为标准，行为具备一个犯罪构成的，是一罪；行为具备数个犯罪构成的，是数罪。这里所说的犯罪构成，主要是指刑法分则条文对各种具体犯罪所规定的具体的犯罪构成，包括独立的犯罪构成与派生的犯罪构成（即加重或减轻的犯罪构成）、基本的犯罪构成与修正的犯罪构成（即共同犯罪或犯罪未完成形态的犯罪构成）等。"②

根据我国罪数理论，对于"既伪造、又变造"公司债券的行为，应当注意区分以下两种情形。

（一）行为人"既自己伪造、又帮助他人变造"公司债券的情形

行为人是否实施了数个犯罪，须以其所触犯的犯罪构成个数来判断。具体而言，行为人自己伪造公司债券的行为，具备了一个基本的犯罪构成，是一罪，即伪造公司债券罪；行为人明知他人实施变造公司债券而予以提供帮助的行为，具备了一个修正的犯罪构成（即共同犯罪情形），又是一罪，即变造公司债券罪。因此，对于行为人"既自己伪造、又帮助他人变造"公司债券的行为，应当被评价为两罪。且两罪并没有具备非实质数罪的特征，即不依附于其他犯罪，刑法能够单独评价。在其他相关条件符合的情况下，行为人"既自己伪造、又帮助他人变造"公司债券的行为应实行数罪并罚。

（二）行为人自己"既伪造、又变造"公司债券的情形

同样，行为人是否实施了数个犯罪，须以其所触犯的犯罪构成个数来判断。具体而言，行为人自己既伪造、又变造公司债券的行为（既遂），只具备了一个基本的犯罪构成，是一罪，即伪造、变造公司债券罪。且伪造与变造的行为也并不具有刑法进行单独评价的意义。在其他相关条件符合的情况下，对行为人自己"既伪造、又变造"公司债券的行为不能进行数罪并罚，应以伪造、变造公司债券罪一罪论处。然而，在司法实践中却存在一些不够稳妥的定罪倾向，应予以纠正。如有学者指出："或许在司法工作人员看来，只要适用的条文正确，并且能做到罪刑相适应，即使其适用的罪名不准确，也不能称作适用法律错误。例如，对于行为人非法制造、买卖、运输、储存同一批枪支的行为，是认定为非法制造、买卖、运输、储存枪支罪还是认定为非法制造、买卖枪支罪抑或认定为非法制造枪支罪并不重要；对于行为人走私、运输、贩卖同一宗毒品的行为，是认定为走私、运输、贩卖毒品罪还是认定为走私、贩卖毒品罪抑

---

① ［日］小野清一郎. 犯罪构成要件理论［M］. 王泰译. 中国人民公安大学出版社，1991：108.
② 高铭暄，马克昌主编. 刑法学（第七版）［M］. 北京大学出版社，2016：182.

或认定为走私毒品罪也无关紧要。但是，罪名是对具体犯罪本质的或者主要特征的高度概括，体现的是国家对某种危害行为的否定评价以及对触犯该罪名的犯罪主体的谴责。对法益侵害事实的评价，应坚持既充分又不重复评价的原则。如果行为人既走私又贩卖毒品，那么仅认定其行为为走私毒品罪必然会遗漏对其贩卖毒品行为的评价；同理，如果行为人非法制造枪支后出售的，仅认定其行为为非法买卖枪支罪，那么必然会遗漏对其非法制造枪支行为的评价。"[1]

三、本罪与擅自发行股票、公司、企业债券罪的界限

擅自发行股票、公司、企业债券罪，是指未经国家有关主管部门批准，擅自发行股票或者公司、企业债券，数额巨大、后果严重或者有其他严重情节的行为。本罪与擅自发行股票、公司、企业债券罪存在一定的相似之处：一是两罪的犯罪对象相同，即行为都指向了股票、公司、企业债券；二是两罪的犯罪主体相同，即为一般主体，年满16周岁、具有刑事责任能力的自然人。单位构成犯罪的，依法追究刑事责任；三是两罪的主观方面相同，即都是故意犯罪，行为人明知自己的行为会发生危害社会的结果，并且希望或者放任这种结果的发生。如果行为人过失实施了上述行为，则不构成犯罪。

虽然本罪与擅自发行股票、公司、企业债券罪有很多相同之处，但两罪之间存在明显的区别，主要表现在以下几个方面：一是两罪所侵犯的客体不同。本罪侵犯的客体是国家的有价证券管理秩序；而擅自发行股票、公司、企业债券罪侵犯的客体是国家对发行股票、公司、企业债券的管理秩序。二是两罪的客观方面不同。本罪的客观方面表现为行为人伪造、变造股票、公司、企业债券，数额较大的行为；而擅自发行股票、公司、企业管理秩序罪的客观方面表现在行为人未经国家有关主管部门批准，擅自发行股票、公司、企业债券，数额较大的行为。具体而言，本罪是行为人对股票、公司、企业债券实施伪造、变造行为。伪造是指行为人按照真实的股票、公司、企业债券的样式、图案、颜色、规格等特征，通过印刷、复印、绘制等制作方法制造出在票面记载等外观形式和表面内容上与真正的票据相同或相近似，达到造假逼真或以假乱真的程度的国家有价证券；变造是指行为人针对真正的股票、公司、企业债券，采取挖补、拼接、涂改、覆盖等方法进行加工处理，从而制造出数量更多、票面价值更大或者票面有效期延长的股票、公司、企业债券的行为；而擅自发行股票、公司、企业债券罪表现为行为人未经国家有关主管部门批准，擅自发行股票、公司、企业债券的行为，所谓"擅自发行"，既包括未经批准，不具有发行资格而擅自发行股票或者公司、企业债券的情形，也包括具有合法资格但违反

---

① 陈洪兵.选择性罪名若干问题探究［J］.法商研究，2015（6）：149.

相关法律法规的规定发行股票或者公司、企业债券的情形。三是两罪的立案追诉标准不同。本罪的立案追诉标准为总面额五千元以上；而擅自发行股票、公司、企业债券罪立案追诉标准为五十万元以上，虽未达到上述数额标准，但擅自发行致使三十人以上的投资者购买了股票或者公司、企业债券的；不能及时清偿或者清退的；或者造成其他后果严重或者有其他严重情节的情形。

四、本罪与伪造、变造国家有价证券罪的界限

伪造、变造国家有价证券罪，是指伪造、变造国库券或者国家发行的其他有价证券，数额较大的行为。本罪与伪造、变造国家有价证券罪存在一定的相似之处：一是两罪所侵犯的客体相同，即都是侵犯了国家对有价证券的管理秩序；二是两罪的客观行为方式相同，即行为人均采用伪造、变造的方法实施犯罪；三是两罪的犯罪主体相同，即为一般主体，包括年满 16 周岁、具有刑事责任能力的自然人或者单位；四是两罪的主观方面相同，即都是故意犯罪，行为人明知自己的行为会发生危害社会的结果，并且希望或者放任这种结果的发生。

虽然本罪与伪造、变造国家有价证券罪有很多相同之处，但两罪之间存在明显的区别，主要表现在以下几个方面：一是两罪的客观方面表现不同。本罪的客观方面表现为行为人伪造、变造股票、公司、企业债券，数额较大的行为；而伪造、变造国家有价证券罪的客观方面表现为伪造、变造国库券或者国家发行的其他有价证券，数额较大的行为。具体而言，两罪的对象不同，这也是两罪最主要的区别。另外，本罪的犯罪对象是股票、公司、企业债券；而伪造、变造国家有价证券罪的对象是国家有价证券，主要包括国家发行的国库券或者其他有价证券。其中，"国家发行"也并不仅局限于中央人民政府发行，如代表国家的国家职能部门（如财政部及其有关职能部门）和证券承销商等也有发行权；而本罪犯罪对象并不仅限于国家发行。二是两罪的立案追诉标准不同。本罪的立案追诉标准为五千元以上；而伪造、变造国家有价证券罪的立案追诉标准为两千元以上。三是两罪的法定刑不同。本罪的法定刑为"处三年以下有期徒刑或者拘役，并处或者单处一万元以上十万元以下罚金；数额巨大的，处三年以上十年以下有期徒刑，并处二万元以上二十万元以下罚金"；而伪造、变造国家有价证券罪的法定刑为"处三年以下有期徒刑或者拘役，并处或者单处二万元以上二十万元以下罚金；数额巨大的，处三年以上十年以下有期徒刑，并处五万元以上五十万元以下罚金；数额特别巨大的，处十年以上有期徒刑或者无期徒刑，并处五万元以上五十万元以下罚金或者没收财产"。

五、本罪与伪造、变造金融票证罪的界限

伪造、变造金融票证罪，是指行为人违反金融票据管理法规，仿照金融票据

的式样、形状、色彩、文字等要素制作假的金融票据或者对真实的金融票据进行改制的行为。本罪与伪造、变造金融票证罪存在一定的相似之处，主要表现在犯罪的行为方式相同，即行为人均采用了伪造或者变造的方法实施有关犯罪。

虽然本罪与伪造、变造金融票证罪的行为方式相同，但两罪之间存在明显的区别，主要表现在以下几个方面：一是两罪所侵犯的客体不同。本罪侵犯的客体是国家的有价证券管理秩序；而伪造、变造金融票证罪侵犯的客体是国家的金融票证管理秩序。二是两罪的客观方面表现不同。本罪的客观方面表现为行为人伪造、变造股票、公司、企业债券，数额较大的行为；而伪造、变造金融票证罪的客观方面表现为行为人违反金融票据管理法规，仿造金融票据的式样、形状、色彩、文字等要素制作国家的金融票据或者对真实的金融票据进行改制的行为。具体而言，本罪的对象是股票、公司、企业债券；而伪造、变造金融票证罪的对象是汇票、本票、支票和委托收款凭证、汇款凭证、银行存单等其他银行结算凭证，以及信用证或者附随的单据、文件、信用卡。另外，两罪中伪造、变造行为方式不同。本罪中伪造是指行为人按照真实的股票、公司、企业债券的样式、图案、颜色、规格等特征，通过印刷、复印、绘制等制作方法制造出在票面记载等外观形式和表面内容上与真正的票据相同或相近似，达到造假逼真或以假乱真的程度的国家有价证券。而伪造、变造金融票证罪中的伪造不仅仅是对票证的式样、形状、色彩、文字等要素进行制假，而且通常情况下也对签名、签章进行制假，以达到实现票证权利的目的。三是两罪的立案追诉标准不同。本罪的立案追诉标准为五千元以上；而伪造、变造金融票证罪的立案追诉标准为总面额在一万元以上或者数量在十张以上，伪造信用卡一张以上，或者伪造空白信用卡十张以上的情形。四是两罪的法定刑不同。本罪的法定刑为"处三年以下有期徒刑或者拘役，并处或者单处一万元以上十万元以下罚金；数额巨大的，处三年以上十年以下有期徒刑，并处二万元以上二十万元以下罚金"；伪造、变造金融票证罪的法定刑为"处五年以下有期徒刑或者拘役，并处或者单处二万元以上二十万元以下罚金；情节严重的，处五年以上十年以下有期徒刑，并处五万元以上五十万元以下罚金；情节特别严重的，处十年以上有期徒刑或者无期徒刑，并处五万元以上五十万元以下罚金或者没收财产"。

第三节　典型司法案例解析
——张春乐伪造股票并买卖委托单案

一、基本案情回顾

被告人张春乐，原系四川省信托投资公司乐山市办事处证券部工作人员，因涉嫌贪污罪于 1993 年 12 月 7 日被逮捕。四川省乐山市中区人民检察院以被告人张春乐犯贪污罪向乐山市中区人民法院提起公诉。

四川省乐山市中区人民法院经公开审理查明：

1993 年 9 月 9 日，被告人张春乐私自到成都市第二印刷厂，以替企业帮忙的名义，要求该厂印制股票买卖委托单，并向该厂提供了样票。9 月 18 日，张春乐再次去该厂，支付 3 500 元现金后，将印好的 10 000 份股票买卖委托单运回乐山。从 9 月 20 日起，张春乐将他私印的股票买卖委托单掺入证券部的正式股票买卖委托单中，在证券交易厅咨询台出售。截至 11 月 27 日，张春乐共卖出假委托单 9 964 份，获利 82 000 余元，用于赌博、还账、挥霍等。案发后，张春乐的认罪态度较好，退出赃款 43 000 余元。

上述事实有下列证据证明：

（一）被告人张春乐供述的口供："我在乐山自发股市炒股亏了 2 万多元，这钱是向别人借的，人家催我还。为了还钱，我就想到印假委托单。1993 年 9 月 9 日我到成都市第二印刷厂，以替企业帮忙为名，要求印制股票买卖委托单。9 月 18 日，我租车去印刷厂里，将 1 万份委托单运回乐山，从 9 月 20 日起开始掺卖假委托单……"；

（二）书证：乐山市中区检察机关提取的有被告人张春乐签名的"成都印刷工厂送货回执"（号码：0191412）在卷证实；

（三）证人证言：四川省信托投资公司乐山办事处负责人向乐山市人民检察院反贪污贿赂局的举报笔录；

（四）证人证言：成都市第二印刷厂厂长高莲才关于被告人张春乐在该厂印制股票买卖委托单的经过及其印制数量的证词；

（五）证人证言：被告人张春乐所在单位领导人关于发现被告人张春乐印制股票买卖委托单的经过的证词。

四川省乐山市中区人民检察院指控称：

1993 年 3 月至 4 月间，被告人张春乐在乐山市自发股市炒股而亏了本。为了还账，遂起伪造股票买卖单的恶念。1993 年 9 月 9 日，被告人张春乐到成都市第二印刷厂以替企业帮忙的名义，要求印制股票买卖委托单。9 月 18 日，被告人张春乐租车去成都，将印好的股票买卖委托单 1 万份运回乐山。从 9 月 20 日起在证券交易厅咨询柜台上将其私制的 1 万份委托单掺入证券部股票买卖委托单中出售，到 11 月 27 日止，其私制的股票买卖委托单共卖出 9 964 份，获赃款 85 000 余元，用于赌博、还账、挥霍等。破案后，已追回赃款 4 万余元。上述事实，有被告人的供述和单位举报材料、证人证言、查获的赃款等证据证实。被告人张春乐的行为已构成贪污罪，请求依法惩处。

被告人的答辩及其辩护人的辩护意见：

被告人张春乐对乐山市中区人民检察院起诉书指控其犯贪污罪无异议，但认为他有自首情节，并具体辩解说："在 1993 年 11 月 26 日（星期六）他得知公司经理要去成都市第二印刷厂印委托单时，即想到了自己在该印刷厂的发票底单上签了自己的姓名，单位绝对会发现自己私自印制委托单的行为，遂于次日取款 17 000 元做了自首准备。到 11 月 29 日早晨，自己本来想先打电话试一下公司经理是否已经知道，但又转念想，反正事情已是这样了，所以自己还是到了单位。一到单位，3 个经理就找我谈话，我就主动交代了全部经过"。被告人的辩护人辩护认为：被告人张春乐在明知单位领导会发现自己的犯罪行为后，没有逃跑，而是主动到单位准备交代问题，应当视为投案自首。

四川省乐山市中区人民法院认为：

被告人张春乐在担任四川省信托投资公司乐山办事处证券部工作人员期间，利用职务之便，采取私自印制和出售本证券部的股票买卖委托单的方法，侵吞公款 8 万余元。其行为触犯了全国人大常委会《关于惩治贪污罪贿赂罪的补充规定》第二条第一款第（一）项之规定，已构成贪污罪，应予惩处。

被告人张春乐辩解及其辩护人辩护认为被告人有自首情节的理由，与本案事实不符，其在破案前的行为表现不具有自首的准备要件，没有任何根据，不能成立。但是，鉴于被告人张春乐在归案后认罪态度较好，能如实交代罪行，并已退出赃款 43 000 余元，为其单位弥补了部分经济损失，可予从轻处罚。

四川省乐山市中区人民法院根据全国人大常委会《关于惩治贪污罪贿赂罪的补充规定》第二条第一款第（一）项和《中华人民共和国刑法》第五十一条、第五十二条之规定，作出如下判决：

张春乐犯贪污罪，判处有期徒刑十三年，剥夺政治权利二年。

宣判后，被告人张春乐没有提出上诉。

（案例来源：四川省乐山市中区人民法院刑事判决书（1994）乐山市中区刑初字第 98 号）

二、本案争议焦点及评议

（一）关于本案的定性问题

本案在审理过程中，对于被告人张春乐"伪造股票并买卖委托单"行为的定性，曾存在较大争议。

第一种意见认为，张某身为证券部工作人员，利用其负责出售股票买、卖委托单的职务上的便利条件，采取以假充真的手段，将证券部应得的收入截留并占为己有，且数额达 8 万余元，其行为直接侵害了公共财产的所有权，构成贪污罪。

第二种意见认为，张某以非法占有为目的，利用其特殊身份，将其伪造的股票买卖委托单掺入证券部的股票买、卖委托单中，隐瞒事实真相，致使股民信以为真，从而"自愿地"购买其出售的假单，数额巨大，其行为直接侵害了公民私人财产的所有权，构成诈骗罪。

第三种意见认为，张某为达到营利目的，私自印制了1万份股票买卖委托单，并出售获利，情节严重，其行为破坏了社会主义市场经济秩序，构成伪造有价证券罪。

本书认为，准确定性被告人的行为须把握以下三点。

1. "伪造股票买卖委托单"是否属于刑法中的"伪造股票"？

股票买卖委托，是专营经纪人或兼营自营与经纪的证券商接受股票投资者（委托人）买进或卖出股票的委托，依据买卖双方各自提出的条件，代其买卖股票的交易活动。委托买卖股票有多种方式：当面委托，即客户到证券商的营业所，当面办理委托手续，提出委托买卖有价证券的要求。这是一种传统的委托方式，具有稳定可靠的特点，中小额投资者通常采用这种方式。但对远距离客户和时间观念强的客户不方便。电话委托，是客户使用电话等电讯手段，通知证券商的营业所，由营业员按电话内容填制委托书，据以办理委托业务。这种方式具有方便、分散和保密的特点，大数额的投资者通常采用这种方式。电报或信件委托，电报委托可以迅速明确地向证券公司发出指示，但电报内容往往过于简单，可能产生理解上的错误。信件委托，可以详细指示买卖内容，并可做必要说明，但这样做较费时间，等信件到达证券公司时，股票价格可能已发生变化，会贻误有利时机。当然，还有通过网络等方式委托买卖股票。不论以何种方式买卖股票，都离不开委托交易。在我国，股票买卖委托单是股票进入流通领域的前置性条件，它体现了对交易账号、买入卖出方向、数量、价格等方面的严格管控。严格意义上讲，没有股票买卖委托单，股票也就难以实现自身的价值。

那么，"伪造股票买卖委托单"是否可以被认定为刑法中的"伪造股票"？本书认为，答案是肯定的，理由如下：刑法中的"伪造股票"，是指行为人按照真实的股票的样式、图案、颜色、规格等特征，通过印刷、复印、绘制等制作方法制造出在票面记载等外观形式和表面内容上与真正的票据相同或相近似，达到造假逼真或以假乱真的程度的国家有价证券。"伪造股票"的犯罪行为所侵犯的客体是国家有价证券的正常管理秩序。而在"伪造股票买卖委托单"的情形中，虽然投资者通过伪造的委托单最终购买到了真实股票，但该股票本身应具有或者不应具有的价值发生错位，变相扭曲了股票进入流通领域的正常管理秩序。因此，从行为所侵犯的犯罪客体来看，将"伪造股票买卖委托单"的行为认定为本罪中的"伪造股票"并无不妥。可以肯定的是，被告人张春乐的行为触犯了伪造国家有价证券罪。

2. "伪造股票并买卖委托单"的行为所侵犯的客体是什么？

在本案中，被告人张春乐以替企业帮忙为名，骗取印刷厂的信任，进而私自印刷了1万份伪造的股票买卖委托单。随后将其掺入证券部的正式股票买卖委托单中，在证券交易厅咨询台出售。该行为致使大量投资者信以为真地购买了被告人张春乐的股票买卖委托单。从表面上看，被告人的行为侵犯了投资者个人财产的所有权。但事实上投资者在买到这些真假难辨的假委托单后，其交易的股票仍为真实有效，即投资者的财产所有权并没受到实质性的损害。相反，被告人张春乐的行为实际上是损害了证券部公共财产的所有权。具体而言，被告人张春乐将其私自印制的股票买卖委托单掺入证券部的股票买卖委托单中出售给股民，致使证券部少卖出委托单9 964份，减少应得的收入85 000余元，这笔款项已为张春乐所侵吞。因此，可以认为被告人的行为并不符合诈骗罪的客体特征。

3. "伪造股票并买卖委托单"的行为是否满足贪污罪的犯罪构成？

本案发生在1997年《刑法》颁布实施以前，我国1979年颁布的《刑法》对贪污罪没有规定。根据1951年《中华人民共和国惩治贪污条例》和1988年全国人民代表大会常务委员会《关于惩治贪污罪贿赂罪的补充规定》，国家工作人员利用职务上的便利，侵吞、盗窃、骗取或者以其他手段非法占有公共财物的，是贪污罪。本案中，被告人张春乐的行为符合了贪污罪的犯罪构成：一是本罪的客体。被告人张春乐的行为实质上既侵犯了国家工作人员的职务廉洁性，也侵犯了公共财产的所有权。二是本罪的客观方面。被告人张春乐利用了自己负责本证券部证券交易厅出售股票买卖委托单的职务之便，非法占有了本应归属于证券部的82 000余元。三是本罪的主体。被告人张春乐属于国家工作人员。四是本罪的主观方面。被告人张春乐以非法占有公共财物所有权为目的，明知伪造股票进行交易的行为，会发生危害国家工作人员职务廉洁性、公共财产所有权的结果，仍希望这种危害结果的发生。因此，被告人张春乐"伪造股票并买卖委托单"的行为构成了贪污罪。

综上所述，被告人张春乐的行为既触犯了伪造国家有价证券罪，又触犯了贪污罪。在本案中，由于被告人"伪造股票并买卖委托单"与非法占有公共财物所有权的行为具有了刑法规定和司法实践中的类型化特点，因此可以认为其目的行为与方法行为具有刑法意义上的牵连关系。在刑法分则没有特别规定的情况下，应以贪污罪一罪论处。

（二）关于本案的法律适用问题

本案在审理过程中，对于被告人张春乐犯罪以后的行为具有自首情节，也存在较大争议。

辩护方认为：被告人张春乐在明知单位领导会发现自己的犯罪行为后，没有逃跑，而是主动到单位准备交代问题，应当视为投案自首。

法院认为：被告人张春乐辩解及其辩护人辩护认为被告人有自首情节的理由，与本案事实不符，其在破案前的行为表现不具有自首的准备要件，没有任何根据，不能成立。但是，鉴于被告人张春乐在归案后认罪态度较好，能如实交代罪行，并已退出赃款 43 000 余元，为其单位弥补了部分经济损失，可予从轻处罚。

本书认为，法院认定被告人张春乐不具有自首情节的做法尚欠妥当，理由如下。

我国 1979 年《刑法》第六十三条规定："犯罪以后自首的，可以从轻处罚。其中，犯罪较轻的，可以减轻或者免除处罚；犯罪较重的，如果有立功表现，也可以减轻或者免除处罚。"关于自首的具体认定，条文中并没有明确指出。为了进一步明确自首的适用条件，1984 年 4 月 16 日最高人民法院、最高人民检察院、公安部联合发布了《关于当前处理自首和有关问题具体应用法律的解答》。其中，该解释的第一项指出：

"在司法实践中，对于犯罪分子作案后，同时具备自动投案、如实交代自己的罪行、并接受审查和裁判这三个条件的，都认为是自首。

1. 自动投案，通常是指犯罪事实或者犯罪分子未被司法机关发觉，或者虽被发觉，但犯罪分子尚未受到讯问、未被施以强制措施时自动投案的。

自动投案，一般应是犯罪分子本人，直接向公安、检察或审判机关主动投案。对于犯罪分子向所在单位、城乡基层组织或者其他有关负责人员投案的；犯罪分子因病、伤，或者为了减轻犯罪后果，而委托他人先代为投案，或者先以信电投案的；犯罪分子的罪行，尚未被司法机关发觉，仅因形迹可疑，被有关组织查询、教育后，自动投案的；犯罪后逃跑，在通缉、追捕过程中，自行投案的；经查实犯罪分子确已准备去投案，或者正在投案途中，被公安机关捕获的，都应视为自动投案。

2. 如实交代自己的罪行，是指犯罪分子自动投案后，全部交代自己的罪行，至少是如实地交代自己的主要犯罪事实。共同犯罪案件中的犯罪分子，还应当交代出所知的同案犯，主犯则必须揭发同案犯的罪行。

3. 接受审查和裁判，是指犯罪分子投案自首、如实交代自己的罪行后，必须听候、接受司法机关的侦查、起诉和审判，不能逃避。

犯罪分子自动投案、如实交代罪行后，为自己进行辩护的，或者提出上诉的，或者更正和补充某些事实的，都应当允许，不能以此视为不接受审查和裁判。"

　　从上述的解释可以看出，成立自首须具备三个要件：一是自动投案；二是如实交代自己的罪行；三是接受审查和裁判。只要被告人张春乐犯罪后的行为符合自首的三个要件，就可以成立自首。从双方所争议的焦点看，其争议的关键并不在于被告人是否具有自首投案的法定情节本身，而是在于被告人是否具有自动投案的事实证据。由于该案件发生年代久远，目前未能获得有关事实证据的有效材料，因此本书仅就已获得的部分资料进行分析：一是如有证据证明被告人及其辩护人所述事实存在，则被告人张春乐具有法定的自首情节，应当对其依法从轻处理。具体而言，在案发以前，被告人及其所犯事实并没有被司法机关发觉。其后，被告人明知单位负责人发现其所犯罪行时，仍然主动交代了自己犯罪的全部经过。因此，被告人及其所犯事实在未被司法机关发觉之前，主动向单位负责人交代全部犯罪事实的行为符合了自动投案的实质特征。在案发以后，被告人也向有关司法机关如实地供述了自己的罪行，且依法接受了司法机关的审查和裁判。因此，被告人张春乐具备了自首的法定情节。二是如在案证据无法证明被告人及其辩护人所述事实的，即法院所认为的被告人自首情节与本案事实不符，则不能认定被告人具有自首的法定情节。

第十章

擅自发行股票、公司、企业债券罪

第一节　罪名、犯罪构成及立案追诉标准

一、概念与罪名渊源

（一）概念

擅自发行股票、公司、企业债券罪，是指未经国家有关主管部门批准，擅自发行股票或者公司、企业债券，数额巨大、后果严重或者有其他严重情节的行为。

（二）罪名渊源

1979 年《刑法》对擅自发行股票、公司、企业债券的行为没有规定，仅规定了伪造有价证券罪。其中，第一百二十三条规定："伪造支票、股票或者其他有价证券的，处七年以下有期徒刑，可以并处罚金。"最早对该行为有规定的是附属刑法，即 1994 年 7 月 1 日开始施行的《公司法》。其中，第二百一十条规定："未经本法规定的有关主管部门的批准，擅自发行股票或者公司债券的，责令停止，退还所募集资金及其利息，处以非法所募集资金金额百分之一以上百分之五以下的罚款。构成犯罪的，依法追究刑事责任。"为了能够尽快使《公司法》中附属刑法的某些条款有法可依，1995 年 2 月 28 日，第八届全国人民代表大会常务委员会第十二次会议通过了《关于惩治违反公司法的犯罪的决定》（单行刑法），并同日公布施行。其中，第七条规定："未经公司法规定的有关主管部门批准，擅自发行股票、公司债券，数额巨大、后果严重或者有其他严重情节的，处五年以下有期徒刑或者拘役，可以并处非法募集资金金额百分之五以下罚金。单位犯前款罪的，对单位判处非法募集资金金额百分之五以下罚金，并对直接负责的主管人员，依照前款的规定，处五年以下有期徒刑或者拘役。"1997 年《刑法》修订时，基本保留了《关于惩治违反公司法的犯罪的决定》第七条的规定，并对其进行了修改、补充。其中，第一百七十九条规定："未经国家有关主管部门批准，擅自发行股票或者公司、企业债券，数额巨大、后果严重或者有其他严重情节的，处五年以下有期徒刑或者拘役，并处或者单处非法募集资金金额百分之一以上百分之五以下罚金。单位犯前款罪的，对单位判处罚金，并对其直接负责的主管人员和其他直接责任人员，处五年以下有期徒刑或者拘役。"主要修改之处表现在：一是扩大了犯罪对象的范围，即将"企业债券"纳入条款中；二是修改了罚金方式和数额，即改为"并处或者单处非法募集资金金额百分之一以上百分之五以下罚金"；三是取消了对单位罚金的具体幅度，并增加了"其他责任人员"的规定，进一步协调了刑法中有关单位犯罪的

处罚规定。根据 1997 年 12 月 11 日最高人民法院发布的《关于执行〈中华人民共和国刑法〉确定罪名的规定》以及 1997 年 12 月 25 日最高人民检察院发布的《关于适用刑法分则规定的犯罪的罪名的意见（根据历次补充规定修正）》，将修改后的《刑法》第一百七十九条的罪名确定为"擅自发行股票、公司、企业债券罪"。

二、本罪的犯罪构成要件

（一）本罪的客体

本罪侵犯的客体是国家对发行股票、公司、企业债券的管理秩序。由于证券发行涉及面广泛，事关大量资金的流向，与社会金融秩序的稳定甚至社会安定密切相关。向社会发行股票、公司、企业债券必须经过有关监管部门的严格审批，否则，任何机构都可以任意发行股票、债券，必然导致金融秩序的混乱，产生金融风险。为防止这类情况发生，刑法将擅自发行股票、公司、企业债券的行为规定为犯罪，进一步理顺证券发行的管理秩序。

（二）本罪的客观方面

本罪的客观方面表现为未经国家有关主管部门批准，擅自发行股票、公司、企业债券，数额巨大、后果严重或者有其他严重情节的行为。

1. 行为人实施了未经国家有关主管部门批准，擅自发行股票、公司、企业债券的行为

所谓"未经国家有关主管部门批准"，既包括行为人未按照国家法律、法规规定的条件和程序，向国家有关主管机关提出发行股票、债券申请的情形，也包括行为人依照国家法律、法规规定的条件和程序，向国家有关主管机关提出发行股票、债券的申请，但未获得批准的情形。所谓"擅自发行"，既包括未经批准，不具有发行资格而擅自发行股票或者公司、企业债券的情形，也包括具有合法资格但违反相关法律法规的规定发行股票或者公司、企业债券的情形。由于本罪的犯罪对象复杂，且各自申请发行条件、程序各不相同，有必要进行分类说明。

根据我国《证券法》的相关规定："国务院证券监督管理机构依法对全国证券市场实行集中统一监督管理。国务院证券监督管理机构根据需要可以设立派出机构，按照授权履行监督管理职责。在国家对证券发行、交易活动实行集中统一监督管理的前提下，依法设立证券业协会，实行自律性管理。国家审计机关依法对证券交易所、证券公司、证券登记结算机构、证券监督管理机构进行审计监督。国务院证券监督管理机构或者国务院授权的部门对已作出的核准证券发行的决定，发现不符合法定条件或者法定程序，尚未发行证券的，应当予

以撤销，停止发行。已经发行尚未上市的，撤销发行核准决定，发行人应当按照发行价并加算银行同期存款利息返还证券持有人；保荐人应当与发行人承担连带责任，但是能够证明自己没有过错的除外；发行人的控股股东、实际控制人有过错的，应当与发行人承担连带责任。"

①发行股票

根据我国《证券法》的规定，国务院证券监督管理机构设发行审核委员会，依法审核股票发行申请。股票发行有两种类型：一是公开发行股票。其中，第十条规定："公开发行证券，必须符合法律、行政法规规定的条件，并依法报经国务院证券监督管理机构或者国务院授权的部门核准；未经依法核准，任何单位和个人不得公开发行证券。有下列情形之一的，为公开发行：（一）向不特定对象发行证券的；（二）向特定对象发行证券累计超过二百人的；（三）法律、行政法规规定的其他发行行为。非公开发行证券，不得采用广告、公开劝诱和变相公开方式。"第十二条："设立股份有限公司公开发行股票，应当符合《中华人民共和国公司法》规定的条件和经国务院批准的国务院证券监督管理机构规定的其他条件，向国务院证券监督管理机构报送募股申请和下列文件：（一）公司章程；（二）发起人协议；（三）发起人姓名或者名称，发起人认购的股份数、出资种类及验资证明；（四）招股说明书；（五）代收股款银行的名称及地址；（六）承销机构名称及有关的协议。依照本法规定聘请保荐人的，还应当报送保荐人出具的发行保荐书。法律、行政法规规定设立公司必须报经批准的，还应当提交相应的批准文件。"第十三条第二款："公司公开发行新股，应当符合下列条件：（一）具备健全且运行良好的组织机构；（二）具有持续盈利能力，财务状况良好；（三）最近三年财务会计文件无虚假记载，无其他重大违法行为；（四）经国务院批准的国务院证券监督管理机构规定的其他条件。"第十四条："公司公开发行新股，应当向国务院证券监督管理机构报送募股申请和下列文件：（一）公司营业执照；（二）公司章程；（三）股东大会决议；（四）招股说明书；（五）财务会计报告；（六）代收股款银行的名称及地址；（七）承销机构名称及有关的协议。依照本法规定聘请保荐人的，还应当报送保荐人出具的发行保荐书。"二是非公开发行股票。第十三条第二款："上市公司非公开发行新股，应当符合经国务院批准的国务院证券监督管理机构规定的条件，并报国务院证券监督管理机构核准。"

②发行公司债券

我国《证券法》第二条的规定："在中华人民共和国境内，股票、公司债券和国务院依法认定的其他证券的发行和交易，适用本法；本法未规定的，适用《中华人民共和国公司法》和其他法律、行政法规的规定。"可见，公司发行公司债券应当符合证券法规定的发行条件。其中，第十条规定："公开发行证券，必须符合法律、行政法规规定的条件，并依法报经国务院证券监督管理机构或者国务院授权的部门核准；未经依法核准，任何单位和个人不得公开发行证券。有下列情形之一的，为公开发行：（一）向不特定对象发行证券的；（二）向特定对象发行证券累计超过二百人的；（三）法律、行政法规规定的其他发行行为。非公开发行证券，不得采用广告、公开劝诱和变相公开方式。"第十六条规定："公开发行公司债券，应当符合下列条件：（一）股份有限公司的净资产不低于人民币三千万元，有限责任公司的净资产不低于人民币六千万元；（二）累计债券余额不超过公司净资产的百分之四十；（三）最近三年平均可分配利润足以支付公司债券一年的利息；（四）筹集的资金投向符合国家产业政策；（五）债券的利率不超过国务院限定的利率水平；（六）国务院规定的其他条件。公开发行公司债券筹集的资金，必须用于核准的用途，不得用于弥补亏损和非生产性支出。上市公司发行可转换为股票的公司债券，除应当符合第一款规定的条件外，还应当符合本法关于公开发行股票的条件，并报国务院证券监督管理机构核准。"第十七条规定："申请公开发行公司债券，应当向国务院授权的部门或者国务院证券监督管理机构报送下列文件：（一）公司营业执照；（二）公司章程；（三）公司债券募集办法；（四）资产评估报告和验资报告；（五）国务院授权的部门或者国务院证券监督管理机构规定的其他文件。依照本法规定聘请保荐人的，还应当报送保荐人出具的发行保荐书。"第十八条："有下列情形之一的，不得再次公开发行公司债券：（一）前一次公开发行的公司债券尚未募足；（二）对已公开发行的公司债券或者其他债务有违约或者延迟支付本息的事实，仍处于继续状态；（三）违反本法规定，改变公开发行公司债券所募资金的用途。"第十八条规定："有下列情形之一的，不得再次公开发行公司债券：（一）前一次公开发行的公司债券尚未募足；（二）对已公开发行的公司债券或者其他债务有违约或者延迟支付本息的事实，仍处于继续状态；（三）违反本法规定，改变公开发行公司债券所募资金的用途。"

③发行企业债券

根据我国经济法的通说观点，企业债券属于《证券法》第二条规定的"国务院依法认定的其他证券"。该法第十条规定："公开发行证券，必须符合法律、行政法规规定的条件，并依法报经国务院证券监督管理机构或者国务院授权的部门核准；未经依法核准，任何单位和个人不得公开发行证券。有下列情形之一的，为公开发行：（一）向不特定对象发行证券的；（二）向特定对象发行证券累计超过二百人的；（三）法律、行政法规规定的其他发行行为。非公开发行证券，不得采用广告、公开劝诱和变相公开方式。"我国《企业债券管理条例》第十条规定："国家计划委员会会同中国人民银行、财政部、国务院证券委员会拟订全国企业债券发行的年度规模和规模内的各项指标，报国务院批准后，下达各省、自治区、直辖市、计划单列市人民政府和国务院有关部门执行。未经国务院同意，任何地方、部门不得擅自突破企业债券发行的年度规模，并不得擅自调整年度规模内的各项指标。"第十一条规定："企业发行企业债券必须按照本条例的规定进行审批；未经批准的，不得擅自发行和变相发行企业债券。中央企业发行企业债券，由中国人民银行会同国家计划委员会审批；地方企业发行企业债券，由中国人民银行省、自治区、直辖市、计划单列市分行会同同级计划主管部门审批。"第十二条规定："企业发行企业债券必须符合下列条件：（一）企业规模达到国家规定的要求；（二）企业财务会计制度符合国家规定；（三）具有偿债能力；（四）企业经济效益良好，发行企业债券前连续 3 年盈利；（五）所筹资金用途符合国家产业政策。"第十三条规定："企业发行企业债券应当制定发行章程。发行章程应当包括下列内容：（一）企业的名称、住所、经营范围、法定代表人；（二）企业近 3 年的生产经营状况和有关业务发展的基本情况；（三）财务报告；（四）企业自有资产净值；（五）筹集资金的月途；（六）效益预测；（七）发行对象、时间、期限、方式；（八）债券的种类及期限；（九）债券的利率；（十）债券总面额；（十一）还本付息方式；（十二）审批机关要求载明的其他事项。"第十四条规定："企业申请发行企业债券，应当向审批机关报送下列文件：（一）发行企业债券的申请书；（二）营业执照；（三）发行章程；（四）经会计师事务所审计的企业近 3 年的财务报告；（五）审批机关要求提供的其他材料。企业发行企业债券用于固定资产投资，按照国家有关规定需要经有关部门审批的，还应当报送有关部门的审批文件。"第二十五条规定："中国人民银行及其分支机构和国家证券监督管理机构，依照规定的职责，负责对企业债券的发行和交易活动，进行监督检查。"

2. 行为人实施了数额巨大、后果严重或者有其他严重情节的上述行为

这里的"数额巨大、后果严重或者有其他严重情节"，具体标准可以参见 2010 年 5 月最高人民检察院、公安部发布的《关于公安机关管辖的刑事案件立案追诉标准的规定（二）》第三十四条的规定。

（三）本罪的主体

本罪的主体为一般主体，即年满 16 周岁、具有刑事责任能力的自然人。单位构成犯罪的，依法追究刑事责任。

（四）本罪的主观方面

本罪的主观方面是故意，包括直接故意和间接故意，即行为人明知未经国家有关主管部门批准，擅自发行股票、公司、企业债券的行为，会发生危害国家对发行股票、公司、企业债券管理秩序的结果，并且希望或者放任这种危害结果的发生。如果行为人过失实施了上述行为，则不构成本罪。

三、本罪的立案追诉标准适用指南

根据 2010 年 5 月最高人民检察院、公安部发布的《关于公安机关管辖的刑事案件立案追诉标准的规定（二）》的规定，本罪的立案标准为：

第三十四条　未经国家有关主管部门批准，擅自发行股票或者公司、企业债券，涉嫌下列情形之一的，应予立案追诉：

（一）发行数额在五十万元以上的；

（二）虽未达到上述数额标准，但擅自发行致使三十人以上的投资者购买了股票或者公司、企业债券的；

（三）不能及时清偿或者清退的；

（四）其他后果严重或者有其他严重情节的情形。

第八十八条　本规定中的"虽未达到上述数额标准"，是指接近上述数额且已达到该数额的百分之八十以上的。

第八十九条　对于预备犯、未遂犯、中止犯，需要追究刑事责任的，应予立案追诉。

第九十条　本规定中的立案追诉标准，除法律、司法解释、本规定中另有规定的以外，适用于相应的单位犯罪。

第九十一条　本规定中的"以上"，包括本数。

第二节　司法实务认定中的疑难问题

一、"超额发行"是否构成本罪

"超额发行"，是指在证券发行的过程中，具有合法资格的发行人违反相关法律法规规定，未严格按照所批准的数额或者范围发行证券的情形。这里需要注意的是，"超额配售发行"与"超额发行"两者间的区别。所谓"超额配售发行"，又称"绿鞋期权"，是指发行人授予主承销商的一项选择权，获此授权的主承销商按同一发行价格超额发售不超过包销数额 15% 的股份，即主承销商按不超过包销数额 115% 的股份向投资者发售。具体而言，在增发包销部分的股票上市之日起 30 日内，主承销商有权根据市场情况选择从集中竞价交易市场购买发行人股票，或者要求发行人增发股票，分配给对此超额发售部分提出认购申请的投资者。主承销商在未动用自有资金的情况下，通过行使超额配售选择权，可以平衡市场对该股票的供求，起到稳定市价的作用。2001 年证监会颁布的《超额配售选择权试点意见》也对此作出了规定。其中，第五条规定："主承销商与发行人签订的承销协议中，应当明确发行人对主承销商行使超额配售选择权的授权，以及主承销商包销和行使超额配售选择权的责任。有关超额配售选择权的实施方案应当在增发招股说明书（包括招股意向书和招股说明书）中予以披露。"由此可见，虽然主承销商"超额配售发行"的股份超过了原始发行数量，但其超额发行部分是经过有关主管部门批准的（属于增发），不属于上述"超额发行"的情形。

截至目前，我国《刑法》第一百七十九条并未对"超额发行"证券的行为作出具体界定。另外，有关部门也尚未颁布相关司法解释明确此类行为。那么发行人"超额发行"股票或者公司、企业债券的行为是否构成本罪？本书认为，不论是从理论还是司法实践层面看，该行为成立擅自发行股票、公司、企业债券罪是没有疑问的。

从理论层面看，"超额发行"实质上是未经国家有关主管部门批准而擅自发行的行为。关于"超数量发行"方面，有学者指出："行为人超越了发行数量不宜视为'擅自发行证券'。因为'未经国家有关主管部门批准'的规定，从立法原意上讲，是指行为本身是否经过批准，不是指批准发行的具体数额。行为人在得到国家有关主管部门批准的情况下，超过批准数额发行股票、公司、企业债券，其发行行为毕竟是经过国家有关主管部门批准的，只不过超过了批准发行数量，与'未经国家有关主管部门批准'擅自发行证券有本质区别。因此，对超额发行股票、公司、企业债券的行为属于违规行为，作为不规范证券发行行为处理……不宜按照刑事犯罪论处。"① 本书认为，该论者的观点并不正确，理由如下：一是曲解了立法原意。刑法设置该罪名的宗旨在于维护国家对发行股票、公司、企业债券的管理秩序。因为，该秩序能否稳定直接关系到社会融资的整体生态平衡。具体而言，公司、企业发行证券的数量是由其本身的综合情况所决定，如经营实力、财力状况、管理水平等。国家有关主管部门在审核证券发行申请时，也是根据公司、企业的综合实力决定其证券发行的具体数量。如果公司、企业在实际发行中严重超过核准的发行数量（即超量部分未经批准），将会导致广大投资者做出错误或者不适当的投资决策，进而也会影响社会融资的整体生态平衡。因此，维护国家对发行股票、公司、企业债券的正常管理秩序是实现融资生态平衡的有力保障，也是本罪设立的宗旨。行为人未经国家有关主管部门批准，私自超量发行证券的行为显然是破坏了该秩序。对达到立案追诉标准的，应当予以追究刑事责任。二是该解释不利于协调刑法分则有关罪名的法律适用。我国《刑法》第一百七十四条第一款规定："未经国家有关主管部门批准，擅自设立商业银行、证券交易所、期货交易所、证券公司、期货经纪公司、保险公司或者其他金融机构的，处三年以下有期徒刑或者拘役，

---

① 顾雷. 上市公司证券违规犯罪解析［M］. 中国人民公安大学出版社，2009：242

并处或者单处二万元以上二十万元以下罚金；情节严重的，处三年以上有期徒刑，并处五万元以上五十万元以下罚金。"如果按照上述解释将私自设立多所金融机构的行为视为"经过国家有关主管部门批准的，只不过超过了批准发行数量"，那么在很大程度上会使得该罪名形同虚设。事实上，凡是未经国家有关主管部门批准，擅自设立金融机构（不论数量）的行为都是刑法打击的对象。因此，上述解释过于片面而不可取。关于"超范围发行"方面，理论上不存在争议。即发行人超过申请范围发行另类证券的行为，显然是没有得到国家有关主管部门合法授权的。如构成犯罪，也应当依法追究刑事责任。

从司法实践层面看，关于"超额发行"的有罪判决也不占少数。如在海南赛格国际信托投资公司等擅自发行公司债券案中，[①] 1996 年 12 月，经国家有关主管部门批准，海南赛格公司获得了发行 2.7 亿元特种金融债券的授权。据此，海南赛格公司在海南金融印刷厂印制了 2.7 亿元特种金融债券，并于 12 月底开始以抵债和代理销售的方式发行。由于海南赛格公司所欠债务较多，2.7 亿元特种金融债券无法偿还全部债务，在发行上述特种金融债券的同时，1997 年初，被告人李某某召集被告人万某某、阮某某商议，决定超印超发特种金融债券，由被告人阮某某负责找海南赛格公司江西证券营业部联系印刷厂印制债券。同年 1 月，海南赛格公司派发行特种金融债券领导小组工作人员张敬敏（又名张南）到南昌证券印刷厂，签订了印刷协议，该厂按协议为海南赛格公司印制了 2.7 亿元特种金融债券。1997 年 3 月，经被告人李某某2、万某某、阮某某商定后，再次派张敬敏与南昌证券印刷厂联系，以上次所印债券印错为由，又印制了特种金融债券 2.7 亿元。债券印好后，大部分送到海南赛格公司北京证券营业部保管，然后由海南赛格公司将债券分配到资金调度中心、信托部、各证券营业部等下属部门，由上述下属部门联系户并办理对外发行。从 1997 年 1 月至 12 月，海南赛格公司分别向陕西汉中财政证券公司、广东河源国债服务部、云南开远财政证券中心、中信实业银行合肥支行等 50 家单位发行擅自印制的特种金融债券 48 577 万元。其中用于抵偿债务 39 077 万元，代理销售融资 9 500 万元。海南省海口市新华区人民法院认为，被告单位海南赛格国际信托投资公司、被告人李某某2、万某某、阮某某为了本公司的利益，未经国家主管部门批准，采取超额发行、重复发行、变相发行的手段，擅自发行公司债券，数额巨大，后果严重，被告人李某某2、万某某、阮某某分别是公司擅自发行债券直接负责的主管人员和其他直接责任人员，其行为均已构成擅自发行公司债券罪，应当依法追究刑事责任。

综上所述，"超额发行"本质上是属于《刑法》第一百七十九条规定中

---

① 参见：海南省海口市新华区人民法院刑事判决书（2002）新刑初字第 134 号。

"未经国家有关主管部门，擅自发行"的情形。如果行为人"超额发行"股票、公司、企业债券的部分达到本罪立案追诉标准的，也应当依法追究刑事责任。

二、对"私募发行"的行为应当如何定性

首先应该明确的是，"私募发行"并不是我国法律的专业术语。虽然我国《公司法》《证券法》等法律没有明文规定这种融资方式，但在我国法律中也有关于"私募发行"的类似规定，即"定向发行"。如《证券公司债券管理暂行规定》第五条规定："证券公司债券经批准可以向社会公开发行，也可以向合格投资者定向发行。定向发行的债券不得公开发行或者变相公开发行。"在国内，业界一般统称这种"定向发行"为"私募发行"。虽然现行《证券法》条文中并没有明文规定该类术语，但从相关规定的内容看却蕴含着"私募发行"的身影。如该法第十条第二款规定："有下列情形之一的，为公开发行：（一）向不特定对象发行证券的；（二）向特定对象发行证券累计超过二百人的；（三）法律、行政法规规定的其他发行行为。非公开发行证券，不得采用广告、公开劝诱和变相公开方式。"言外之意在于，向特定的且累计不超过 200 人的对象发行证券，为非公开发行证券即"私募发行"证券。

依据发行对象的不同，证券发行可分为"公募发行"和"私募发行"。"公募发行"又称公开发行，其最大的特点在于发行涉及的投资者人数众多、范围广泛。"私募发行"又称非公开发行，是指以特定少数者为对象的有价证券发行方式。与"公募发行"不同的是，在"私募发行"的过程中，特定投资者一般实力雄厚，可以要求发行人提供自己投资所需要的信息，并有能力聘请专业人员帮助自己对发行人提供的信息进行审查并提出投资建议。不过，这些特定投资者也不是任意筛选的，而是经过综合评估确定。由于我国证券行业起步较晚，法律对"特定投资者"的要求更为严格。以公司债券为例，2015 年 1 月开始施行的《公司债券发行与交易管理条例》第二十六条规定："非公开发行的公司债券应当向合格的投资者发行，不得采用广告、公开诱劝和变相公开方式，每次发行对象不得超过二百人。"第十四条规定："本办法所称合格投资者，应当具备相应的风险识别和承担能力，知悉并自行承担公司债券的投资风险，并符合下列资质条件：（一）经有关金融监管部门批准设立的金融机构，包括证券公司、基金管理公司及其子公司、期货公司、商业银行、保险公司和信托公司等，以及经中国证券投资基金业协会（以下简称基金业协会）登记的私募基金管理人；（二）上述金融机构面向投资者发行的理财产品，包括但不限于证券公司资产管理产品、基金及基金子公司产品、期货公司资产管理产品、银行理财产品、保险产品、信托产品以及经基金业协会备案的私募基金；（三）净资产不低于人民币一千万元的企事业单位法人、合伙企业；　（四）合格境外机构投资者

（QFII）、人民币合格境外机构投资者（RQFII）；（五）社会保障基金、企业年金等养老基金，慈善基金等社会公益基金；（六）名下金融资产不低于人民币三百万元的个人投资者；（七）经中国证监会认可的其他合格投资者。前款所称金融资产包括银行存款、股票、债券、基金份额、资产管理计划、银行理财产品、信托计划、保险产品、期货权益等；理财产品、合伙企业拟将主要资产投向单一债券，需要穿透核查最终投资者是否为合格投资者并合并计算投资者人数，具体标准由基金业协会规定。证券自律组织可以在本办法规定的基础上，设定更为严格的合格投资者资质条件。"由此可见，"私募发行"在我国法律上是具有合法地位的。

界定了"私募发行"的法律地位之后，便可进一步探讨其在刑法中的行为性质问题。关于"私募发行"，我国《刑法》第一百七十九条并没有明确规定。不过，2010年12月最高人民法院颁布的《关于审理非法集资刑事案件具体应用法律若干问题的解释》有所涉及。其中第六条规定："未经国家有关主管部门批准，向社会不特定对象发行、以转让股权等方式变相发行股票或者公司、企业债券，或者向特定对象发行、变相发行股票或者公司、企业债券累计超过200人的，应当认定为刑法第一百七十九条规定的'擅自发行股票、公司、企业债券罪'。构成犯罪的，以擅自发行股票、公司、企业债券罪定罪处罚。"从上述的司法解释可以看出，"私募发行"的行为也在《刑法》第一百七十九条规制的范围之内。换而言之，擅自发行股票、公司、企业债券罪既涵盖了公开发行，也包括了非公开发行。根据上述的司法解释，"私募发行"成立擅自发行股票、公司、企业债券罪的条件有两方面：一是未经国家有关主管部门批准；二是向特定对象发行股票、公司、企业债券累计超过200人。其中最为关键的问题是，"私募发行"是否与"公募发行"一样存在"须经国家有关主管部门批准"这一环节？关于这个问题，理论上是存在争议的。这也是由于法律法规规章等规定的不明确性所造成的。本书认为，从立法规定以及业务实践的视角分析，"私募发行"与"公募发行"一样都须具备"经国家有关主管部门批准"这一条件，理由如下。

（一）关于股票的非公开发行

根据2011年修正的《上市公司非公开发行股票实施细则》第十条第一款的规定："股东大会批准本次发行后，上市公司可向中国证监会提交发行申请文件。"第二十条规定："中国证监会按照《上市公司证券发行管理办法》规定的程序审核非公开发行股票申请。上市公司收到中国证监会发行审核委员会关于本次申请获得通过或者未获通过的结果后，应当在次一交易日予以公告，并在公告中说明，公司收到中国证监会作出的予以核准或者不予核准的决定后，将另行公告。"第二十一条规定："上市公司取得核准批文后，应当在批文的有效期内，按照《证券发行与承销管理办法》（证监会令第 37 号）的有关规定发行股票。上市公司收到中国证监会予以核准决定后作出的公告中，应当公告本次发行的保荐人，并公开上市公司和保荐人指定办理本次发行的负责人及其有效联系方式。上市公司、保荐人对非公开发行股票进行推介或者向特定对象提供投资价值研究报告的，不得采用任何公开方式，且不得早于上市公司董事会关于非公开发行股票的决议公告之日。"可见，上市非公开发行股票的，须经国家有关主管部门批准方能获取发行资格。

（二）关于公司债券的非公开发行

根据 2015 年 1 月开始施行的《公司债券发行与交易管理条例》第二十九条规定："非公开发行公司债券，承销机构或依照本办法第三十三条规定自行销售的发行人应当在每次发行完成后五个工作日内向中国证券业协会备案。中国证券业协会在材料齐备时应当及时予以备案。备案不代表中国证券业办会实行合规性审查，不构成市场准入，也不豁免相关主体的违规责任。"从上述的规定看，条文中并没有使用"核准"一词，而是以"备案"的形式通过公司债券非公开的发行。这里需要斟酌的是，法律条文术语中的"备案"是否等同于"核准"？从条文内容的逻辑看，"备案"是形式审查，"核准"则是实质性审查。换句话说，"备案"是前置程序，而"核准"是必经阶段。如有学者指出："……备案并不具备独立性，它只是审查的前提，是备案审查行为的一个阶段，备案和审查相结合才是一个完整的法律行为。"① 需要注意的是，这种"核准"是一种事后审查，即公司债券的非公开发行只需"备案"即可获得发行，但事后一旦发行不符合发行条件的，则不构成市场准入且不豁免法律责任。言外之意在于，此处的"备案"已经具备了准"核准"的法律效力。立法上之所以采用"备案"制，也是出于对中小公司、企业融资效率的考虑。根据该法第十条的规定，中国证监会依法对公司债券的非公开发行及其交易或转让活动进行监管。因此，可以认为公司债券的非公开发行也需经国家有关主管部门批准。

（三）关于企业债券的非公开发行

中小企业私募债券自 2012 年 8 月试点以来，一直不温不火，被形象称为"鸡肋"。2015 年 1 月《公司债券发行与交易管理办法》开始施行，其中第一条明确规定了进一步扩大发行主体的范围。即将原来限于境内证券交易所上市公司、发行境外上市外资股的境内股份有限公司、证券公司的发行范围扩大至所有公司制法人。这就意味着中小企业私募债券的发行范围被公司债券所覆盖，

---

① 范文舟. 试论规范性文件备案的性质［J］. 社会科学战线，2011（11）：194.

即非公开发行的公司债只要发行人和特定投资者之间达成共识即可备案发行，已没有必要专门另设中小企业私募债券。原本发行越来越困难的中小企业私募债券或将就此退出历史舞台。从该办法施行之日起，也不再接受私募债券的备案，相关备案规则予以废止。之前已受理的私募债券，应当对照新的规则，补充相关材料，交易所将按照原备案流程完成备案。因此，对于企业债券的非公开发行也就没有进一步讨论的必要。有关"备案"的法律性质，具体可参见上文的内容。

综上所述，行为人只要未经国家有关主管部门批准，且向特定对象发行股票、公司、企业债券累计超过 200 人，构成犯罪的，应当依照《刑法》第一百七十九条规定的擅自发行股票、公司、企业债券罪论处。

三、如何准确把握"擅自发行"的几种情形

本罪中的"擅自发行"，既包括未经批准，不具有发行资格而擅自发行股票或者公司、企业债券的情形，也包括具有合法资格但违反相关法律法规的规定发行股票或者公司、企业债券的情形。从证券业务实践上看，具体包括了以下几种情况。

（一）没有向国家有关主管部门提出申请而私自发行

根据《证券法》《公司法》的相关规定，行为人发行证券必须向国务院授权的部门或者国务院证券监督管理机构报送有关申请文件。其中主要包括公司营业执照、公司章程、企业发行章程、股东大会决议、招股说明书、公司债券募集办法、资产评估报告和验资报告、财务会计报告、保荐书等法定文件。如果行为人发行证券时，没有向国家有关主管部门进行申报而私自对外发行或者转让证券的，应视为本罪中的"擅自发行"。

（二）虽已向国家有关主管部门提出申请，但在审核过程中私自发行

我国《证券法》第二十四条规定："国务院证券监督管理机构或者国务院授权的部门应当自受理证券发行申请文件之日起三个月内，依照法定条件和法定程序作出予以核准或者不予核准的决定，发行人根据要求补充、修改发行申请文件的时间不计算在内；不予核准的，应当说明理由。"由于证券市场中的交易价格千变万化，一旦波动较大则很大程度上会影响发行价格。因此，在证券发行的审核期间，抢先发行的现象并不少见。行为人在没有获得国家有关主管部门批准的情况下，私自发行证券的，应视为本罪中的"擅自发行"。

（三）先期发行未获得国家有关主管部门批准，而后又追认核准的

针对此情形，一般应区分两种具体情况：一是证券发行过程中予以追认核准的。行为人先期发行时没有获得国家有关主管部门的批准，在发行过程中又

获得国家有关主管部门追认核准的，由于其行为已经侵犯了国家对发行股票、公司、企业债券管理秩序，应构成本罪中的"擅自发行"。二是证券发行结束后予以追认核准的。同样，行为人先期发行时没有获得国家有关主管部门的批准，在发行结束后才获得国家有关主管部门追认核准的，由于其行为已经侵犯了国家对发行股票、公司、企业债券管理秩序，应构成本罪中的"擅自发行"。对于上述两种情况，虽然都构成了"擅自发行"的情形，但其行为的社会危害性没有达到严重程度时，一般不予刑事处罚。

（四）虽获得国家有关主管部门批准，但事后发现不符合条件予以撤销的

我国《证券法》第二十四条规定："国务院证券监督管理机构或者国务院授权的部门对已作出的核准证券发行的决定，发现不符合法定条件或者法定程序，尚未发行证券的，应当予以撤销，停止发行。已经发行尚未上市的，撤销发行核准决定，发行人应当按照发行价并加算银行同期存款利息返还证券持有人；保荐人应当与发行人承担连带责任，但是能够证明自己没有过错的除外；发行人的控股股东、实际控制人有过错的，应当与发行人承担连带责任。"根据上述规定，行为人在获得批准后，如果尚未发行证券而被撤销的，应不构成本罪中的"擅自发行"；如果已经发行尚未上市而被撤销的，行为人视而不见继续发行证券的，则构成本罪中的"擅自发行"。

（五）虽获得国家有关主管部门批准，但核准文件已过有效期

根据《上市公司证券发行管理办法》第四十六条的规定："中国证监会依照下列程序审核发行证券的申请：（一）收到申请文件后，五个工作日内决定是否受理；（二）中国证监会受理后，对申请文件进行初审；（三）发行审核委员会审核申请文件；（四）中国证监会作出核准或者不予核准的决定。"第四十七条规定："自中国证监会核准发行之日起，上市公司应在六个月内发行证券；超过六个月未发行的，核准文件失效，须重新经中国证监会核准后方可发行。"依据上述规定，如果行为人在获得国家有关主管部门批准的六个月后才发行证券的，且没有重新申请核准发行的，应视为本罪中的"擅自发行"。

四、本罪与擅自设立金融机构罪的界限

擅自设立金融机构罪，是指未经国家有关主管部门批准，擅自设立商业银行、证券交易所、期货交易所、证券公司、期货经纪公司、保险公司或者其他金融机构的行为。本罪与擅自设立金融机构罪存在诸多相似之处：一是两罪都是未经国家有关主管部门批准的情形，既包括行为人未按照国家法律、法规规定的条件和程序，向国家有关主管机关提出的情形，也包括行为人依照国家法律、法规规定的条件和程序，向国家有关主管机关提出申请，但未获得批准的

情形。二是两罪的主体相同，即为一般主体，包括年满16周岁、具有刑事责任能力的自然人或者单位；三是两罪都是故意犯罪，即行为人明知自己的行为会发生危害社会的结果，并且希望或者放任这种结果的发生。

虽然本罪与擅自设立金融机构罪有很多相同之处，但两罪之间存在明显的区别，主要表现在以下几个方面：一是两罪的侵犯客体不同。本罪侵犯的客体是国家对发行股票、公司、企业债券的管理秩序；而擅自设立金融机构罪所侵犯的客体是国家关于金融机构设立的管理秩序。二是两罪的客观方面不同。本罪的客观方面表现为未经国家有关主管部门批准，擅自发行股票、公司、企业债券，数额巨大、后果严重或者有其他严重情节的行为；而擅自设立金融机构罪的客观方面表现为未经国家有关主管部门批准，擅自设立商业银行、证券交易所、期货交易所、证券公司、期货经纪公司、保险公司或者其他金融机构的行为。三是两罪的犯罪类型不同。本罪为结果犯，行为人未经国家有关主管部门批准，擅自发行股票、公司、企业债券的行为必须达到数额巨大、后果严重或者有其他严重情节的情形；而擅自设立金融机构罪是行为犯，即只要行为人实施了未经国家有关主管部门批准，擅自设立商业银行或者其他金融机构的行为即可构成犯罪。两罪的法定刑不同。本罪的法定刑为"处五年以下有期徒刑或者拘役，并处或者单处非法募集资金金额百分之一以上百分之五以下罚金。单位犯前款罪的，对单位判处罚金，并对其直接负责的主管人员和其他直接责任人员，处五年以下有期徒刑或者拘役"；而擅自设立金融机构罪的法定刑为"处三年以下有期徒刑或者拘役，并处或者单处二万元以上二十万元以下罚金；情节严重的，处三年以上十年以下有期徒刑，并处五万元以上五十万元以下罚金。单位犯前款罪的，对单位判处罚金，并对其直接负责的主管人员和其他直接责任人员，依照第一款的规定处罚"。

五、本罪与集资诈骗罪的界限

集资诈骗罪，是指以非法占有为目的，使用诈骗方法非法集资，骗取集资款数额较大的行为。本罪与集资诈骗罪存在诸多相似之处：一是两罪的犯罪结果相同，即行为人非法向社会公众募集资金；二是两罪都是故意犯罪，即行为人明知自己的行为会发生危害社会的结果，并且希望或者放任这种结果的发生；三是两罪的犯罪主体相同，即为一般主体，包括年满16周岁、具有刑事责任能力的自然人或者单位。

虽然本罪与集资诈骗罪有很多相同之处，但两罪之间存在明显的区别，主要表现在以下几个方面：一是两罪的侵犯客体不同。本罪侵犯的客体是国家对发行股票、公司、企业债券的管理秩序；而集资诈骗罪所侵犯的客体为国家有关金融市场管理秩序和公私财产所有权。二是两罪的客观方面表现不同。本罪的客观方面表现为未经国家有关主管部门批准，擅自发行股票、公司、企业债券，数额巨大、后果严重或者有其他严重情节的行为；而集资诈骗罪的行为方式则表现为未经有权机关批准，以诈骗的方法向社会公众非法募集资金。其诈骗方式多种多样，实践中常见的非法集资行为主要有：通过发行有价证券的形式非法集资、通过发行会员证（会员卡、优惠卡）的方式非法集资、通过发行债务凭证的方式非法集资、通过发行受益凭证的方式非法集资、通过发行彩票的方式非法集资、通过签订商品销售等经济合同的方式非法集资、通过将物业、地产等分化，出让其处置权的方式非法集资、通过开发果园或者庄园的形式非法集资、利用传销的方式非法集资、采用秘密串联的方式非法集资、采用民间"会""社"等形式非法集资，以地下银行、地下钱庄形式非法集资。三是两罪的主观故意的内容不同。本罪的主观意图是为了筹集生产、经营资金，并无非法占有公私财物的目的；而集资诈骗罪的主观意图往往是借筹集生产、经营资金之名，行非法占有公私财物之实。在《全国法院审理金融犯罪案件工作座谈会纪要》中，明确指出了以非法占有为目的而非法集资或者在非法集资过程中产生了非法占有他人资金的故意的，均构成集资诈骗罪。在司法实践中，要准确判断行为人是否具有非法占有他人财物的意图，需注意以下两点：一方面，要查明行为人在实施发行证券的过程中是否具有一定的盈利或者偿还能力。具体而言，欺诈发行股票、公司、企业债券的行为人在证券发行过程中是具有一定的盈利或者偿还能力的。即使因管理不善或者客观经营环境发生重大变化而导致严重亏损，其公司、企业的厂房、机器设备等固定资产仍使其具备一定的偿还能力。而集资诈骗的行为人根本就不具备盈利或者偿还能力，其经营的基本上是一些"皮包公司""三无公司"。另一方面，要查明行为人如何使用募集到的资金。欺诈发行股票、公司、企业债券的行为人通常将所募集资金用于生产经营等活动；而集资诈骗的行为人往往将所募集资金用于个人挥霍、隐匿、转移或者携款潜逃等，并不会将其资金用于正常的生产经营。四是两罪的构成犯罪数额不同。本罪的追诉标准为数额巨大，而集资诈骗罪的追诉标准为数额较大。五是两罪的刑罚处罚不同。触犯擅自发行股票、公司、企业债券罪的处五年以下有期徒刑或者拘役，并处或者单处非法募集资金金额百分之一以上百分之五以下罚金。单位犯前款罪的，对单位判处罚金，并对其直接负责的主管人员和其他直接责任人员，处五年以下有期徒刑或者拘役。触犯集资诈骗罪的，处五年以下有期徒刑或者拘役，并处二万元以上二十万元以下罚金；数额巨大或者有其他严重情节的，处五年以上十年以下有期徒刑，并处五万元以上五十万元以下罚金；数额特别巨大或者有其他特别严重情节的，处十年以上有期徒刑或者无期徒刑，并处五万元以上五十万元以下罚金或者没收财产。

第三节　典型司法案例解析
——于某某等擅自发行股票案

一、基本案情回顾

原审被告人于某某等人犯擅自发行股票罪一案，于 2013 年 11 月 1 日做出（2013）沈和刑初字第 135 号刑事判决。宣判后，原审被告人于某某等人不服原判，提出上诉。本院于 2014 年 4 月 22 日做出（2013）沈中刑二终字第 620 号刑事裁定，裁定撤销原判，发回沈阳市和平区人民法院重新审判。沈阳市和平区人民法院重审后，于 2014 年 12 月 12 日做出（2014）沈和刑初重字第 2 号刑事判决。宣判后，原审被告人于某某等人不服原判，再次提出上诉。本院依法组成合议庭于 2015 年 5 月 25 日和 2015 年 6 月 3 日公开开庭审理了本案，现已审理终结。

原审判决认定的事实：

2005 年前后，被告人于某某先后成立沈阳帝杰营销有限公司、沈阳帝杰经贸投资有限公司（以下简称帝杰公司），并任上述公司法定代表人。被告人李某某于 2005 年至案发在被告人于某某经营的帝杰公司等公司任高级管理人员，主管公司财务等工作，案发时任沈阳万通源商贸公司副总经理、万通公司副总裁；被告人尹某某于 2005 年至 2008 年期间在被告人于某某经营的帝杰公司、万通公司任高级管理人员，负责公司市场销售等工作，曾任万通公司副总裁；被告人刘某某于 2006 年至案发在被告人于某某所经营的公司任高级管理人员，主管公司的市场工作，任万通公司副总裁；被告人鞠某某于 2008 年至案发在被告人于某某所经营的万通公司任高级管理人员，负责公司产品的采购及公司的宣传工作，任万通公司副总裁；被告人孙某某于 2009 年至案发在被告人于某某所经营的万通公司任财会人员，负责财会工作，系万通公司财务总监；被告人佟某某于 2005 年至案发在被告人于某某所经营的帝杰公司、万通公司任财会人员，负责出纳工作。

被告人于某某在未经国家金融机构批准的情况下，决定帝杰公司以销售产品配送消费者相应股权等方式进行经营，并向多个省、市消费者及加盟商宣传购买该公司产品可以获赠股票成为该公司股东，后陆续通过多家经销商采取以销售产品配送股权或者直接销售股权的方式进行经营。2007 年，被告人于某某又成立了万通国际集团公司，并购买了高级仪器公司（美国空壳公司），于某某又以万通国际控股有限公司的名义成立沈阳市和平区万通小额贷款有限公司。同时，于某某又先后成立沈阳万通源商贸有限公司、沈阳万通健康用品制造有限公司、康平万通商贸有限公司、辽宁万通保险代理有限公司四家公司，上述公司均由被告人于某某实际控制，并对外统称为万通国际集团公司（以下简称万通公司），被告人于某某任公司总裁，并声称公司已经在美国 otcbb 板块上市交易，股票具有巨大升值潜力、会有高额的回报，同时通过缩股将原持有帝杰公司股权的人员转变为万通公司股东等方式，继续以消费者购买产品获赠股票或直接购买该公司股票等形式进行经营活动。其间，在被告人于某某策划、组织下，时任万通公司董事会成员、高级管理人员、财务人员的被告人李某某、尹某某、刘某某、鞠某某、孙某某、佟某某等人分别负责在股票配送、销售过程中组织、宣传、策划、为搭售股票采购产品以及公司管理工作，并以上述方式，在境内多个省、市通过设立代理经销商，采取以销售产品配送股权或者直接销售股权等方式，吸收公众存款。经审计，截至 2012 年 3 月 22 日，参与购买万通公司股票共计 3 096 人，持有的万通公司股票数量为 12 446 947 股，61 家代理经销商预收收入共计人民币 132 948 291.93 元。

原审法院经审理后认为：

被告人于某某伙同尹某某、李某某、刘某某、鞠某某、孙某某、佟某某，违犯国家金融管理法律规定，通过以购买产品可以获赠股票等方式向社会公开宣传，并承诺股票上市后会有高额的回报，向社会公众吸收资金，扰乱国家金融管理秩序，数额巨大，七被告人的行为均构成非法吸收公众存款罪。故公诉机关指控七被告人构成擅自发行股票罪指控罪名不当，应予纠正。

本院经审理查明：

上诉人于某某、尹某某、李某某、刘某某、鞠某某、孙某某、佟某某非法吸收公众存款犯罪的事实、证据与原审判决认定相同，本院审理过程中未发生变化，本院依法均予确认。同时，上诉人于某某、尹某某、李某案、刘某某、鞠某某、孙某某、佟某某及辩护人在本院审理期间均未提出新的证据。根据案件审理需要，本院依法调取了沈阳市公安局和平分局经济犯罪侦查大队出具的《情况说明》，对上诉人于某某、李某某、刘某某、鞠某某、孙某某、佟某某等六人在侦查阶段采取监视居住、笔录瑕疵及移送司法审计的证据情况做了解释说明。出庭检察员依法调取了沈阳市公安局和平分局经济犯罪侦查大队出具的《情况说明》，对中国证券监督管理委员会出具的（2012）015 号《关于美国（沈阳）万通国际集团公司有关行为认定意见的复函》进行了说明。上述证据经二审庭审质证、认证。

本院经审理认为：

上诉人于某某伙同尹某某、李某某、刘某某、鞠某某、孙某其、佟某某，违犯国家金融管理法律规定，通过以购买产品可以获赠股票等方式向社会公开宣传，并承诺股票上市后会有高额的回报，向社会公众吸收资金，扰乱国家金融管理秩序，数额巨大，七个上诉人的行为均构成非法吸收公众存款罪。上诉人于某某、尹某某、李某某、刘某某、鞠某某、孙某某、佟某某是共同犯罪。其中，上诉人于某某是主犯。上诉人尹某某、李某某、刘某某是从犯，可从轻处罚。上诉人鞠某某、孙某某、佟某某是从犯，可减轻处罚。上诉人李某某、刘某某、鞠某某、孙某某、佟某某、尹某某能够缴纳罚金，可酌情从轻处罚。

关于各上诉人及辩护人所提原判认定其构成非法吸收公众存款犯罪事实不清，证据不足，应依法认定各上诉人无罪的上诉理由及辩护意见，经查，卷中证人证言与各上诉人的供述相互印证，且有股东大会等宣传资料、工商档案等资料、中国证券监督管理委员会复函、审计报告、股票委托书、代理商确认书等书证相佐证，能够证实上诉人于某某先后成立了沈阳帝杰营销有限公司、沈阳万通源商贸有限公司等多家公司，在未经国家金融机构批准的情况下，上诉人于某某声称公司已经在美国 otcbb 板块上市交易，股票具有巨大升值潜力、会有高额的回报。同时，在于某某策划、组织下，时任万通公司董事会成员、高级管理人员、财务人员的上诉人李某某、尹某某、刘某某、鞠某某、孙某某、佟某某等人分别负责在股票配送、销售过程中组织、宣传、策划、为搭售股票采购产品以及公司管理工作，在境内多个省、市通过设立代理经销商，采取以销售产品配送股权或者直接销售股权等方式，吸收公众存款。经审计，截至2012 年 3 月 22 日，参与购买万通公司股票共计 3 096 人，持有的万通公司股票数量为 12 446 947 股，61 家代理经销商预收收入共计人民币 132 948 291.93 元。上诉人于某某、尹某某、李某某、刘某某、鞠某某、孙某某、佟某某的行为符合非法吸收公众存款罪的犯罪构成要件，原判认定各上诉人构成非法吸收公众存款共同犯罪的证据充分，能够排除合理怀疑，形成确切、唯一的证据链条。故对该上诉理由及辩护意见本院不予支持。

综上，原判定罪准确，量刑适当，审判程序合法。依照《中华人民共和国刑事诉讼法》第二百二十五条第一款第（一）项之规定，裁定如下：

驳回上诉，维持原判。

（案例来源：辽宁省沈阳市中级人民法院刑事裁定书（2015）沈中刑二终字第 141 号）

二、本案争议焦点及评议

本案审理过程中，各方对被告人于某某等人的行为性质存在较大的分歧，即其行为是构成擅自发行股票、公司、企业债券罪，还是构成非法吸收公众存款罪有不同意见。

沈阳市和平区人民检察院认为：被告人于某某等人未经国家有关主管部门批准，实施了向社会不特定对象以销售产品配送股权或者直接销售股权等方式变相发行股票的行为，触犯了《刑法》第一百七十九条规定的擅自发行股票罪，应以该罪进行定罪处罚。

沈阳市和平区人民法院以及市人民法院均认为：被告人于某某等人通过以购买产品可以获赠股票等方式向社会公开宣传，并承诺股票上市后会有高额的回报，向社会公众吸收资金，扰乱国家金融管理秩序，数额巨大，七个被告人的行为均构成非法吸收公众存款罪。故公诉机关指控七个被告人构成擅自发行股票罪指控罪名不当，应予纠正。

本书认为，被告人于某某等人的行为构成非法吸收公众存款罪，两法院对案件的定性准确。在实践中，擅自发行股票、公司、企业债券罪与非法吸收公众存款罪存在一定的相似性，即都表现为向社会公众筹集资金，但两罪存在本质上的不同：一是侵犯的客体不同。擅自发行股票、公司、企业债券罪所侵犯的客体为国家对发行股票、公司、企业债券的管理秩序；而非法吸收公众存款罪所侵犯的客体为国家的金融管理秩序。二是客观方面行为表现不同。擅自发行股票、公司、企业债券罪的客观方面表现为行为人未经国家有关主管部门批准，擅自发行股票、公司、企业债券的行为；而非法吸收公众存款罪的客观方面表现为行为人实施了非法吸收或者变相吸收公众存款的行为。所谓"非法吸收公众存款"，是指行为人违反国家法律、法规，在社会上以存款的形式公开吸收公众资金的行为。具体包括两种情况：一方面，行为人不具有吸收存款的主体资格而吸收公众资金；另一方面，行为人虽然具有吸收公众存款的主体资格，但其采用的方法是违法的。所谓"变相吸收公众存款"，是指行为人不是以存款的名义而是通过其他形式吸收公众资金，从而达到吸收公众存款的目的的行为。如有些单位，未经批准成立资金互助组织吸收公众的资金，或者有些公司、企业以投资、集资入股等名义吸收公众资金，但并不按规定分配利润、分配股息，而是以一定的利息进行支付。

在司法实践中，由于社会融资手段的复杂性以及隐蔽性，准确区分两罪的界限并不容易。以股份有限公司未经批准对外转让股权为例，即行为人未经批准通过对外转让股权的方式向社会公众筹集资金。该情形中，既涉及发行股票的问题，也涉及非法吸收公众存款的问题。如何准确区分两罪的界限？本书认为，应当区分不同情形加以讨论。

（一）以对外转让真实股权的方式，变相吸收社会公众资金

首先应当明确的是，未经国家有关主管部门批准而"转让真实股权"的行为性质问题。根据证券法的有关规定，股权向社会不特定对象转让的，应当经国家有关主管部门申请核准。这里的股权（股份），又称股票，是指股份公司为筹集资金而发行给股东作为持股凭证并借以取得股息和红利的一种有价证券。

每股股票都代表股东对企业拥有一个基本单位的所有权。这种所有权为一种综合权利，如参加股东大会、投票标准、参与公司的重大决策、收取股息或分享红利等。如果行为人未经国家有关主管部门批准而向社会公众转让真实股权的，则构成"擅自发行"。根据 2012 年 12 月最高人民法院颁布的《关于审理非法集资刑事案件具体应用法律若干问题的解释》第六条规定："未经国家有关主管部门批准，向社会不特定对象发行、以转让股权等方式变相发行股票或者公司、企业债券，或者向特定对象发行、变相发行股票或者公司、企业债券累计超过200 人的，应当认定为刑法第一百七十九条规定的'擅自发行股票、公司、企业债券罪'。构成犯罪的，以擅自发行股票、公司、企业债券罪定罪处罚。"因此，如果行为人未经国家有关主管部门批准而向社会公众转让真实股权，变相吸收社会公众资金的，应以擅自发行股票罪论处。

（二） 以对外转让虚假的股权为名，行非法吸收公众资金之实

首先应当明确的是，行为人向社会不特定对象"转让虚假股权"的行为性质问题。根据金融法的有关规定，向社会公众吸收资金的，应当经有关主管部门批准。如果行为人未经有关主管部门批准而私自向社会公众吸收资金的，如对外转让虚假的股权（不具有分配利润、股息的主观意思），则构成"非法吸收公众存款"。根据 2012 年 12 月最高人民法院颁布的《关于审理非法集资刑事案件具体应用法律若干问题的解释》第一条规定："违反国家金融管理法律规定，向社会公众（包括单位和个人）吸收资金的行为，同时具备下列四个条件的，除刑法另有规定的以外，应当认定为刑法第一百七十六条规定的'非法吸收公众存款或者变相吸收公众存款'：（一）未经有关部门依法批准或者借用合法经营的形式吸收资金；（二）通过媒体、推介会、传单、手机短信等途径向社会公开宣传；（三）承诺在一定期限内以货币、实物、股权等方式还本付息或者给付回报；（四）向社会公众即社会不特定对象吸收资金。未向社会公开宣传，在亲友或者单位内部针对特定对象吸收资金的，不属于非法吸收或者变相吸收公众存款。"第二条规定："实施下列行为之一，符合本解释第一条第一款规定的条件的，应当依照刑法第一百七十六条的规定，以非法吸收公众存款罪定罪处罚：……（五）不具有发行股票、债券的真实内容，以虚假转让股权、发售虚构债券等方式非法吸收资金的；……（八）以投资入股的方式非法吸收资金的；……"因此，如果行为人向社会不特定对象"转让虚假股权"而非法吸收社会公众资金的，则应以非法吸收公众存款罪论处。

结合本案的具体案情分析，被告人于某某等人的行为符合了非法吸收公众存款罪的犯罪构成，理由如下：一是关于本罪的客体。被告人于某某等人不具有吸收社会公众存款的主体资格，私自向社会公众吸收资金，其行为侵犯了国家的金融管理秩序。二是关于本罪的客观方面。被告人于某某等人假借美国空壳公司之名，以销售产品配送或者直接销售"虚假股权"的方式向社会公众吸收巨额资金，并承诺股票上市后会有高额的回报。该一系列行为符合了本罪的客观方面特征。三是关于本罪的主体方面。该罪的犯罪主体为一般主体，即任何已满16周岁、具有刑事责任能力的自然人和单位。被告人于某某等人均符合了本罪的主体条件。四是关于本罪的主观方面。被告人于某某等人明知非法吸收社会公众存款的行为，会发生危害国家关于金融管理秩序的结果，并且希望或者放任这种危害结果的发生。因此，被告人于某某等人的行为成立非法吸收公众存款罪。根据2010年5月最高人民检察院、公安部发布的《关于公安机关管辖的刑事案件立案追诉标准的规定（二）》第二十八条规定："非法吸收公众存款或者变相吸收公众存款，扰乱金融秩序，涉嫌下列情形之一的，应予立案追诉：（一）个人非法吸收或者变相吸收公众存款数额在二十万元以上的，单位非法吸收或者变相吸收公众存款数额在一百万元以上的；（二）个人非法吸收或者变相吸收公众存款三十户以上的，单位非法吸收或者变相吸收公众存款一百五十户以上的；（三）个人非法吸收或者变相吸收公众存款给存款人造成直接经济损失数额在十万元以上的，单位非法吸收或者变相吸收公众存款给存款人造成直接经济损失数额在五十万元以上的；（四）造成恶劣社会影响的；（五）其他扰乱金融秩序情节严重的情形。"本案中，被告人于某某等人变相吸收公众存款数额高达1.3亿余元、投资者3 000余户，应予以立案追诉。

综上所述，被告人于某某等人的行为不构成擅自发行股票、公司、企业债券罪，对其应当以《刑法》第一百七十六条规定的非法吸收公众存款罪论处。

第十一章

内幕交易、泄露内幕信息罪

第一节　罪名、犯罪构成及立案追诉标准

一、概念与罪名渊源

（一）概念

内幕交易、泄露内幕信息罪，是指证券、期货交易内幕信息的知情人员、单位或者非法获取证券、期货交易内幕信息的人员、单位，在涉及证券的发行，证券、期货交易或者其他对证券、期货交易价格有重大影响的信息尚未公开前，买入或者卖出该证券，或者从事与该内幕信息有关的期货交易，或者泄露该信息，或者明示、暗示他人从事上述交易活动，情节严重的行为。

（二）罪名渊源

1979 年《刑法》、1997 年以前的单行刑法和附属刑法对内幕交易、泄露内幕信息的行为均未做出规定。1997 年《刑法》修订时，第一次将该行为规定为犯罪并明确了刑事责任。第一百八十条规定："证券交易内幕信息的知情人员或者非法获取证券交易内幕信息的人员，在涉及证券的发行、交易或者其他对证券的价格有重大影响的信息尚未公开前，买入或者卖出该证券，或者泄露该信息，情节严重的，处五年以下有期徒刑或者拘役，并处或者单处违法所得一倍以上五倍以下罚金；情节特别严重的，处五年以上十年以下有期徒刑，并处违法所得一倍以上五倍以下罚金。单位犯前款罪的，对单位判处罚金，并对其直接负责的主管人员和其他直接责任人员，处五年以下有期徒刑或者拘役。内幕信息的范围，依照法律、行政法规的规定确定。知情人员的范围，依照法律、行政法规的规定确定。"1999 年 10 月，在《刑法修正案（草案）》说明中，有关部门提议："《关于惩治期货犯罪的决定（草案）》对……行为，期货交易中的内幕交易行为，……等行为，规定为犯罪。考虑到上述规定与刑法中对证券犯罪的规定相类似，根据一些常委委员、部门和专家的意见，法律委员会建议将这类犯罪与证券犯罪合并规定，对……第一百八十条、……作出修改、补充。"[①] 1999 年 12 月《中华人民共和国刑法修正案》颁布，第一百八十条第一款的规定为："证券、期货交易内幕信息的知情人员或者非法获取证券、期货交易内幕信息的人员，在涉及证券的发行，证券、期货交易或者其他对证券、期货交易价格有重大影响的信息尚未公开前，买入或者卖出该证券，或者从事与

---

① 高铭暄，赵秉志. 新中国刑法立法文献资料总览（第二版）［M］. 中国人民公安大学出版社，2015：781.

该内幕信息有关的期货交易，或者泄露该信息，情节严重的，……"2009 年 2 月《中华人民共和国刑法修正案（七）》颁布，进一步补充了第一百八十条第一款的规定："证券、期货交易内幕信息的知情人员或者非法获取证券、期货交易内幕信息的人员，在涉及证券的发行，证券、期货交易或者其他对证券、期货交易价格有重大影响的信息尚未公开前，买入或者卖出该证券，或者从事与该内幕信息有关的期货交易，或者泄露该信息，或者明示、暗示他人从事上述交易活动，情节严重的，……"两次刑法修正案的修改之处有两方面：一是增加了期货犯罪的有关规定；二是扩充了该罪的行为方式。根据 1997 年 12 月 11 日最高人民法院发布的《关于执行〈中华人民共和国刑法〉确定罪名的规定》以及 1997 年 12 月 25 日最高人民检察院发布的《关于适用刑法分则规定的犯罪的罪名的意见（根据历次补充规定修正）》，将修改后的《刑法》第一百八十条的罪名确定为"内幕交易、泄露内幕信息罪"。

二、本罪的犯罪构成要件

（一）本罪的客体

本罪侵犯的客体是复杂客体，即国家对证券、期货市场的管理秩序和广大投资者的合法权益。《股票发行与交易管理暂行条例》第十九条第二款规定："发行人应当向认购人提供招股说明书。"第六十六条规定："上市公司除应当向证监会、证券交易场所提交本章规定的报告、公告、信息及文件外，还应当按照证券交易场所的规定提交有关报告、公告、信息及文件，并向所有股东公开。"从上述的规定看，即要求有关发售证券的公司或单位供给所有投资者以真实的资料信息，用以帮助投资者做出正确的投资决定。由于投资者因获得信息的迟早和多少，其经济利益会受到有利或不利的影响；所以在内幕交易、泄露内幕信息存在的情况下，其他投资者获得信息的渠道不畅、消息闭塞，因而处于十分不利的地位，往往会做出错误的投资决定或者错失投资良机，以致他们的合法利益受到严重侵犯。

（二）本罪的客观方面

本罪的客观方面表现为证券、期货交易内幕信息的知情人员、单位或者非法获取证券、期货交易内幕信息的人员、单位，在涉及证券的发行，证券、期货交易或者其他对证券、期货交易价格有重大影响的信息尚未公开前，买入或者卖出该证券，或者从事与该内幕信息有关的期货交易，或者泄露该信息，或者明示、暗示他人从事上述交易活动，情节严重的行为。本罪的行为方式有以下三种。

1. 行为人实施了内幕交易的行为

本罪内幕交易的行为具体表现为，行为人利用内幕信息，在涉及证券的发行，证券、期货交易或者其他对证券、期货交易价格有重大影响的信息尚未公开前，买入或者卖出该证券，或者从事与该内幕信息有关的期货交易。具体而言，关于内幕交易行为需要把握以下几点。

①"利用"内幕信息是本罪成立的必备要件

在学理上，"利用"内幕信息是否为本罪成立的必要条件曾存在一定的争议。本书认为，如果行为人没有"利用"内幕信息进行交易，则不能成立本罪。如著名刑法学家马克昌教授指出："在我们看来，新刑法第一百八十条虽然没有明文规定利用内幕信息的文字，但表述方法实际上包含利用内幕信息之意。只要对内幕信息知情或非法获悉内幕信息，又在信息未公开前买卖或使人买卖该证券，也就是利用内幕信息进行证券交易，而不需要再规定利用内幕信息，以免产生歧义。"① 事实上，本罪为典型的法定犯，相关法律、法规也明确了"利用"内幕信息是违法的要件。如现行《证券法》第七十三条规定："禁止证券交易内幕信息的知情人员和非法获取内幕信息的人利用内幕信息从事证券交易活动。"又如现行《期货交易管理条例》第六十九条规定："期货交易内幕信息的知情人员或者非法获取期货交易内幕信息的人，在对期货交易价格有重大影响的信息尚未公开前，利用内幕信息从事期货交易，或者向他人泄露内幕信息，使他人利用内幕信息进行期货交易的，……"目前，关于这个问题，理论和实务界都已达成共识，不再过多论述。

②关于"内幕信息"的法定内涵

所谓"内幕信息"，是指为证券、期货交易内幕人员知悉但尚未公开的对证券、期货交易价格有重大影响的信息。我国有关法律法规对"内幕信息"的范围做了比较明确的规定，如《证券法》第七十五条规定："证券交易活动中，涉及公司的经营、财务或者对该公司证券的市场价格有重大影响的尚未公开的信息，为内幕信息。下列信息皆属内幕信息：（一）本法第六十七条第二款所列重大事件；（二）公司分配股利或者增资的计划；（三）公司股权结构的重大变化；（四）公司债务担保的重大变更；（五）公司营业用主要资产的抵押、出售或者报废一次超过该资产的百分之三十；（六）公司的董事、监事、高级管理人员的行为可能依法承担重大损害赔偿责任；（七）上市公司收购的有关方案；（八）国务院证券监督管理机构认定的对证券交易价格有显著影响的其他重要信息。"这里需要注意的是，"内幕信息"不包括运用公开的信息资料、对证券市场做出的预测和分析；法律法规中没有明确规定的"对证券交易价格有显著影响的其他重要信息"的判断，一般应综合考虑信息公开是否对相关交易价格产生了影响、对投资者的影响、知悉该信息的人员是否从事了与该信息相关的交易行为、

① 马克昌. 论内幕交易、泄露内幕信息罪［J］. 中国刑事法杂志，1998（1）：29.

相关公司是否对该信息采取了保密等因素进行。[1]

③关于"信息尚未公开前"的理解

所谓"信息尚未公开前",是指信息在国务院证券、期货监督管理机构指定的报刊、网站等媒体或者其他能够被一般投资者接触的全国性报刊、网站等媒体披露之前。在实践中,认定信息公开的标准,大致有以下三种:"(1) 公司召开新闻发布会公开消息;(2) 市场消化了该消息;(3) 公司通过全国性的新闻媒介公布该消息。"[2] 有的学者认为:"如果内幕人在交易过程中利用的内幕信息是该消息公开后引起股票价格起伏的唯一原因,从消息公布时起,到市场消化、分析消息,从而引起股票价格变动这一段时间,都应视为消息尚未公布。在这时间以前利用内幕消息进行证券买卖都应构成内幕交易。"[3] 马克昌教授指出:"我们认为,信息公开,应以市场消化了该消息为标准。知名度高的公司与一般公司的消息,市场消化的时间应当有所不同。至于多少时间可以认为是已经消化了公开的消息,则应由有关证券法规加以规定或由司法解释予以确定。"[4]

④关于"从事证券、期货交易"的行为方式

本罪内幕交易的行为具体表现为,行为人利用内幕信息,在涉及证券的发行,证券、期货交易或者其他对证券、期货交易价格有重大影响的信息尚未公开前,买入或者卖出该证券,或者从事与该内幕信息有关的期货交易。具体行为方式包括:一是在内幕信息尚未公开之前,利用内幕信息买入证券、期货合约;二是在内幕信息尚未公开之前,利用内幕信息卖出证券、期货合约。根据2012年最高人民法院、最高人民检察院颁布施行的《关于办理内幕交易、泄露内幕信息刑事案件具体应用法律若干问题的解释》(以下简称《内幕案件解释》) 第四条规定:"具有下列情形之一的,不属于刑法第一百八十条第一款规定的从事与内幕信息有关的证券、期货交易:(一)持有或者通过协议、其他安排与他人共同持有上市公司百分之五以上股份的自然人、法人或者其他组织收购该上市公司股份的;(二)按照事先订立的书面合同、指令、计划从事相关证券、期货交易的;(三)依据已被他人披露的信息而交易的;(四)交易具有其他正当理由或者正当信息来源的。"本罪的犯罪对象是证券、期货合约,具体范围参见本书第一章第一节的内容确定。

2. 行为人实施了泄露内幕信息的行为

泄露内幕信息,是指让不应当知道内幕信息的人知悉、或者提前公开该内

---

① 张军主编. 破坏金融管理秩序罪 [M]. 中国人民公安大学出版社,2003:250.

② 顾肖荣主编. 证券违法犯罪 [M]. 上海人民出版社,1994:40.

③ 马克昌,丁慕英主编. 刑法的修改与完善 [M]. 人民法院出版社,1995:524.

④ 马克昌. 论内幕交易、泄露内幕信息罪 [J]. 中国刑事法杂志,1998 (1):28.

幕信息的行为。具体而言，既包括使内幕信息超过了限定接触的范围，也包括时间上提前公开内幕信息。至于泄露的具体方式，在现实中表现多种多样，既可以是口头泄露，又可以是书面泄露；既可以是明示泄露，又可以是暗示泄露；既可以当众泄露，又可以私下泄露；还可以是采用密写、影印、复印、拍摄等方式泄露，不论其方式如何，只要让不应知道的人知道或者接触了内幕信息，即可构成泄露。这里需要注意的是，所谓"不应知悉的人"，是指法律、行政法规规定的或者与公司有保密约定的内幕信息知情人员以外的自然人或单位。泄露的内容是该内幕信息的全部或主要事实，如果基于泄露的内容不完整而使受密人不能利用该信息的，就不构成泄露行为。

3. 行为人实施了明示、暗示他人从事上述交易活动的行为

该行为方式是 2009 年《刑法修正案（七）》新增加的规定。立法上之所以将此行为规定为犯罪，主要考虑到了《证券法》和《期货交易管理条例》的相关规定。《证券法》第七十六条规定："证券交易内幕信息的知情人和非法获取内幕信息的人，在内幕信息公开前，不得买卖该公司的证券，或者泄露该信息，或者建议他人买卖该证券。"《期货交易管理条例》第六十九条规定："期货交易内幕信息的知情人员或者非法获取期货交易内幕信息的人，在对期货交易价格有重大影响的信息尚未公开前，利用内幕信息从事期货交易，或者向他人泄露内幕信息，使他人利用内幕信息进行期货交易的，……"由此可见，本罪中明示、暗示他人从事上述交易活动的规定，是指行为人"泄露内幕信息，以明示、暗示的方式建议他人买卖证券、期货合约"的情形。这里需要注意的是，行为人如果没有泄露内幕信息，只是"单纯"地建议他人买卖证券、期货合约的，则不构成上述情形。如肖中华教授明确指出："所谓建议他人从事交易行为，就属于规范意义上的明示、暗示他人从事交易。对于内幕信息的知情人员或者非法获取内幕信息的人员而言，无论其采取什么手段建议他人从事与内幕信息有关的交易活动，无非'明示'或'暗示'，前者是明确向他人告知内幕信息的内容，或者明确作出买卖证券期货的建议、指示，后者是使用提示性、含蓄性的言语、文字、行为等使他人足以领会意图、从事交易。被建议人是否明知建议者的身份，被建议者是否实际听从了建议、从事相关交易，均不影响建议者成立泄露内幕信息罪。"① 刑法不使用"建议"一词，主要目的是考虑到行为人在专业领域以及规避侦查和法律条款的能力方面相对较强，需要降低司法部门的取证难度。② 退一步讲，即便立法上没有增设"明示、暗示他人从事上述交易活

---

① 肖中华. 内幕交易、泄露内幕信息罪之规范解释［J］. 法治研究，2016（4）：119 - 120.

② 葛磊. 新修罪名诠释——《刑法修正案（七）》深度解读与实务［M］. 中国法制出版社，2009：27 - 28.

动"的规定，该情形也要按照本罪进行处理。换句话说，该规定是注意性规定，即在刑法已做出基本规定的前提下，提示司法工作人员，以免其忽略该规定。具体而言，本罪中"买入或者卖出该证券、期货合约"的规定指的是既包括"自己买卖"，也包括"泄露内幕信息并建议他人买卖"。① 由于"泄露信息并建议买卖证券、期货合约"的行为十分隐蔽，因此立法上有必要增设该情形加以明确。

另外，行为人实施了上述行为还需达到"情节严重"的程度。这里的"情节严重"，具体标准可以参见 2010 年 5 月最高人民检察院、公安部发布的《关于公安机关管辖的刑事案件立案追诉标准的规定（二）》第三十五条的规定。

（三）本罪的主体

本罪的主体为特殊主体，即证券、期货交易内幕信息的知情人员和单位，以及非法获取证券、期货交易内幕信息的其他人员和单位。

关于"内幕信息的知情人员"，根据《内幕案件解释》第一条规定："下列人员应当认定为刑法第一百八十条第一款规定的'证券、期货交易内幕信息的知情人员：（一）证券法第七十四条规定的人员'；期货交易管理条例第八十五条第十二项规定的人员。"其中，《证券法》第七十四条规定："证券交易内幕信息的知情人包括：（一）发行人的董事、监事、高级管理人员；（二）持有公司百分之五以上股份的股东及其董事、监事、高级管理人员，公司的实际控制人及其董事、监事、高级管理人员；（三）发行人控股的公司及其董事、监事、高级管理人员；（四）由于所任公司职务可以获取公司有关内幕信息的人员；（五）证券监督管理机构工作人员以及由于法定职责对证券的发行、交易进行管理的其他人员；（六）保荐人、承销的证券公司、证券交易所、证券登记结算机构、证券服务机构的有关人员；（七）国务院证券监督管理机构规定的其他人。"《期货交易管理条例》第八十五条规定："本条例下列用语的含义：……（十二）内幕信息的知情人员，是指由于其管理地位、监督地位或者职业地位，或者作为雇员、专业顾问履行职务，能够接触或者获得内幕信息的人员，包括：期货交易所的管理人员以及其他由于任职可获取内幕信息的从业人员，国务院期货监督管理机构和其他有关部门的工作人员以及国务院期货监督管理机构规定的其他人员。"

关于"非法获取内幕信息的其他人员"，根据《内幕案件解释》第二条规定："具有下列行为的人员应当认定为刑法第一百八十条第一款规定的非法获取证券、期货交易内幕信息的人员：（一）利用窃取、骗取、套取、窃听、利诱、

---

① 程皓. 内幕交易、泄露内幕信息罪若干问题研究［J］. 法学评论，2006（4）：139.

刺探或者私下交易等手段获取内幕信息的；（二）内幕信息知情人员的近亲属或者其他与内幕信息知情人员关系密切的人员，在内幕信息敏感期内，从事或者明示、暗示他人从事，或者泄露内幕信息导致他人从事与该内幕信息有关的证券、期货交易，相关交易行为明显异常，且无正当理由或者正当信息来源的；（三）在内幕信息敏感期内，与内幕信息知情人员联络、接触，从事或者明示、暗示他人从事，或者泄露内幕信息导致他人从事与该内幕信息有关的证券、期货交易，相关交易行为明显异常，且无正当理由或者正当信息来源的。"第三条规定："本解释第二条第二项、第三项规定的相关交易行为明显异常，要综合以下情形，从时间吻合程度、交易背离程度和利益关联程度等方面予以认定：（一）开户、销户、激活资金账户或者指定交易（托管）、撤销指定交易（转托管）的时间与该内幕信息形成、变化、公开时间基本一致的；（二）资金变化与该内幕信息形成、变化、公开时间基本一致的；（三）买入或者卖出与内幕信息有关的证券、期货合约时间与内幕信息的形成、变化和公开时间基本一致的；（四）买入或者卖出与内幕信息有关的证券、期货合约时间与获悉内幕信息的时间基本一致的；（五）买入或者卖出证券、期货合约行为明显与平时交易习惯不同的；（六）买入或者卖出证券、期货合约行为，或者集中持有证券、期货合约行为与该证券、期货公开信息反映的基本面明显背离的；（七）账户交易资金进出与该内幕信息知情人员或者非法获取人员有关联或者利害关系的；（八）其他交易行为明显异常情形。"

（四）本罪的主观方面

本罪即内幕交易、泄露内幕信息罪是选择性罪名，两者的主观方面并不相同，应分别而论，不宜笼统说明。就内幕交易罪而言，其主观方面只能是直接故意，即明知内幕信息而根据该信息买卖证券，且通常具有为自己或使他人牟取非法利益（获取利益或者减少损失）的目的。就泄露内幕信息罪而言，其主观方面只能是故意，即明知自己的行为会泄露内幕信息而希望或放任内幕信息泄露出去的心理态度，过失则不可能构成本罪。

三、本罪的立案追诉标准适用指南

根据 2010 年 5 月最高人民检察院、公安部发布的《关于公安机关管辖的刑事案件立案追诉标准的规定（二）》的规定，本罪的立案标准为：

第三十五条 涉嫌下列情形之一的，应予立案追诉：

（一）证券交易成交额累计在五十万元以上的；

（二）期货交易占用保证金数额累计在三十万元以上的；

（三）获利或者避免损失数额累计在十五万元以上的；

（四）多次进行内幕交易、泄露内幕信息的；

（五）其他情节严重的情形。

第八十九条 对于预备犯、未遂犯、中止犯，需要追究刑事责任的，应予立案追诉。

第九十条 本规定中的立案追诉标准，除法律、司法解释、本规定中另有规定的以外，适用于相应的单位犯罪。

第九十一条 本规定中的"以上"，包括本数。

第二节　司法实务认定中的疑难问题

一、关于"内幕信息敏感期"的实务认定方法

"内幕信息敏感期"的确定是司法实务中的重点和难点。在司法实践中，准确地界定"内幕信息敏感期"不仅影响着定罪方面，更关乎着量刑问题。目前，我国法律、法规并没有关于"内幕信息敏感期"的具体规定。根据2012年《内幕案件解释》的第五条第一款规定："本解释所称'内幕信息敏感期'是指内幕信息自形成至公开的期间。证券法第六十七条第二款所列'重大事件'的发生事件的发生时间，第七十五条规定的'计划''方案'以及期货交易管理条例第八十五条第十一项规定的'政策''决定'等的形成时间，应当认定为内幕信息的形成之时。"第二款规定："影响内幕信息形成的动议、筹划、决策或者执行人员，其动议、筹划、决策或者执行初始时间，应当认定为内幕信息的形成之时。"第三款规定："内幕信息的公开，是指内幕信息在国务院证券、期货监督管理机构指定的报刊、网站等媒体披露。"由此可见，《内幕案件解释》给司法实践确定了"内幕信息敏感期"的起止点，具体详见下文。

根据解释中的有关法律、法规的规定，内幕信息的形成时间为：（一）公司的经营方针和经营范围的重大变化；（二）公司的重大投资行为和重大的购置财产的决定；（三）公司订立重要合同，可能对公司的资产、负债、权益和经营成果产生重要影响；（四）公司发生重大债务和未能清偿到期重大债务的违约情况；（五）公司发生重大亏损或者重大损失；（六）公司生产经营的外部条件发生的重大变化；（七）公司的董事、三分之一以上监事或者经理发生变动；（八）持有公司百分之五以上股份的股东或者实际控制人，其持有股份或者控制公司的情况发生较大变化；（九）公司减资、合并、分立、解散及申请破产的决定；（十）涉及公司的重大诉讼，股东大会、董事会决议被依法撤销或者宣告无效；（十一）公司涉嫌犯罪被司法机关立案调查，公司董事、监事、高级管理人员涉嫌犯罪被司法机关采取强制措施；（十二）国务院证券监督管理机构规定的其他

事项。（十三）公司分配股利或者增资的计划；（十四）上市公司收购的有关方案。根据《期货交易管理条例》的有关规定，内幕信息的形成时间为：国务院期货监督管理机构以及其他相关部门制定的对期货交易价格可能产生重大影响的政策，期货交易所做出的可能对期货交易价格产生重大影响的决定，期货交易所会员、客户的资金和交易动向以及国务院期货监督管理机构认定的对期货交易价格有显著影响的其他重要信息。根据解释中的有关法律、法规的规定，内幕信息的截止时间为：具体是指信息在国务院证券、期货监督管理机构指定的报刊、网站等媒体或者其他能够被一般投资者接触的全国性报刊、网站等媒体披露之时。

关于内幕信息的形成之时，一般理解为《证券法》第六十七条第二款所列"重大事件"的发生时间、第七十五条规定的"计划""方案"以及《期货交易管理条例》第八十五条第十一项规定的"政策""决定"等的形成时间。"然而，随着证券、期货市场的迅速发展，这种理解越来越难以适应打击证券、期货市场犯罪的需要。如董正青内幕交易案，董是影响'广发证券借壳延边公路'内幕信息形成的主要决策人，董指使他人买入相关证券的行为远在内幕信息正式形成之前，如按照传统理解，董的大部分行为都不在敏感期内，对于该部分行为也就不能认定为泄露内幕信息行为；再如刘宝春内幕交易、泄露内幕信息案，刘某是南京市经济委员会主任，是牵头重组高淳陶瓷股份有限公司并借壳上市的主要人员，在洽谈过程中，刘某指使其妻子买入股票六十余万股，金额430万元，最终获利七百多万元。如按照传统理解，刘某在重组计划、方案正式形成之前，就指使其妻子从事相关证券交易，该部分行为不能认定为泄露内幕信息和内幕交易行为。然而，这部分行为的社会危害性，并不亚于传统的内幕交易、泄露内幕信息行为。因此，内幕信息的敏感期应自其决议、决策、动议形成之时起计算。关于内幕信息敏感期的截止时间，有观点认为，内幕信息公布后的较短时间内，公布的信息难以反馈到广大民众，内幕信息的部分影响力仍然存在，因此，内幕信息敏感期的截止期限应从实质影响力上把握，一般应为内幕信息公布后的24小时或者12小时。我们认为，上述观点有一定道理，也符合时间需要，但毕竟刑法明文规定内幕交易、泄露内幕信息罪的时间点必须是内幕信息尚未公开前，就刑法相关条款修改之前，恐不能在操作层面予以突破。"[①]

从上述的规定和报告看，《内幕案件解释》对"内幕信息敏感期"的确定是具有合理性的。虽然该解释在立法层面上明确了"内幕信息敏感期"的界定标准，但在司法实务中要准确认定该期间却存在一定的难度，尤其体现在《内幕

---

① 参见：《关于打击证券期货犯罪专项工作主要问题报告》。

案件解释》第五条第二款的规定。具体而言，由于实务案情的多样化、复杂性，不同案件内幕信息形成之时的认定必然存在差异。而且，信息的形成是一个动态的过程，不同阶段对应不同的时间点，仅凭上述标准仍难以从众多的时间点中确定一个作为内幕信息的形成之时。有关司法工作人员认为："《内幕案件解释》第五条第二、第三款的规定只是适用于具体个案的次生标准，在此之上还应当把握一项基本原则，即'某事实的发生是否表明相关重大事项已经进入实质操作阶段并具有很大的实现可能性'。换而言之，不论是'重大事件'的发生，还是'计划''方案''政策''决定'等的形成，或是影响内幕信息形成的人员的动议、筹划、决策或者执行，都必须体现出'相关重大事项已经进入实质操作阶段并具有很大的实现可能性'，因为只有这样的信息才会对证券、期货的交易价格产生重大影响，才能据此认定内幕信息的形成。"[①] 有学者认为："内幕信息所具有的类型复杂性特点决定了司法实践中无法设定统一的内幕信息形成时间的判断规则，应当根据判例总结各种典型类型的内幕信息形成时间的判断经验，合理认定内幕信息是否形成。如非公众公司借壳上市，只有确定壳公司才能代表此类内幕信息形成；上市公司资产重组，只有在上市公司控股股东或实际控制人确定交易对手时才能认定此类内幕信息形成。"[②] 上述司法工作人员则认为："虽然判例对相关案件内幕信息形成之时的认定具有一定的借鉴意义，但是内幕信息具有多种类型，仅证券法第六十七条第二款、第七十五条第二款规定的内幕信息就多达 20 项，难以明确每种类型的形成标准，而且千案千面，每起案件都有其自身的特点，其中内幕信息的形成过程也会呈现出不同的阶段，基于某起案件归纳的判断规则不一定适用其他案件。如在谢风华、安雪梅内幕交易案中，天宝矿业欲借壳上市，中信证券的谢风华受托推荐壳资源，司法机关将谢风华促成天宝矿业与万好万家（上市公司）双方面谈意愿的时间认定为内幕信息形成之时。虽然此时双方尚未见面协商，只是各自向谢风华表达了接触洽谈的意愿，天宝矿业也没有最终确定万好万家为壳公司，但一方面天宝矿业具有强烈的买壳意愿，另一方面万好万家有着明确的卖壳意向，两家公司在相互了解对方基本情况后都委托谢风华就买壳卖壳事项安排会面商谈，这足以表明两家公司的买壳卖壳事项已经进入实质操作阶段并具有很大的实现可能性，会对万好万家股票的交易价格产生重大影响。如果将天宝矿业确定万好万家为壳公司作为内幕信息形成之时，势必造成该时间认定的滞后。因此，司法机关只能在《解释》规定的基础上，立足于上述基本原则，判断某事实的发生是否体现出'相关重大事项已经进入实质操作阶段并具有很大的实现可能

---

① 王涛. 内幕信息敏感期的司法认定［J］. 中国刑事法杂志，2012（11）：61.

② 谢杰. 内幕交易罪若干疑难问题的实践认定［J］. 吉林公安高等专科学校学报，2011（5）：95.

性',并据此认定内幕信息的形成之时。"① 本书认为,上述司法工作人员的观点可取,即"内幕信息敏感期"的确定,应在《内幕案件解释》第五条的基础上,采用"相关重大事项已经进入实质操作阶段并具有很大的实现可能性"的基本原则进行具体认定。

二、如何计算内幕交易案中"违法所得"的数额

本罪中的"违法所得"不仅影响着定罪方面,更关乎着量刑问题。如2010年5月最高人民检察院、公安部发布的《关于公安机关管辖的刑事案件立案追诉标准的规定(二)》第三十五条规定:"获利或者避免损失数额累计在三十五万元以上的",应予以立案追诉;又如《刑法》第一百八十条规定:"……情节严重的,处五年以下有期徒刑或者拘役,并处或者单处违法所得一倍以上五倍以下罚金;……"根据《内幕案件解释》第十条规定:"刑法第一百八十条第一款规定的'违法所得',是指通过内幕交易行为获得利益或者避免的损失。"与刑法中其他罪名不同的是,此处的"违法所得"包括了"避免的损失"。这是因为证券期货交易是一种高风险的投资行业,获悉内幕信息后,买入行为可能会获取暴利,卖出行为也可能避免损失。虽然《内幕案件解释》阐明了"违法所得"的内容,但就"违法所得"的计算方法却没有详细规定。正是由于法律和相关司法解释的原则性规定,从而导致了司法实践上的操作困难与分歧。关于"违法所得"数额的认定,本书以司法实务经验为基础,结合相关理论予以阐释。

(一) 如何确定"违法所得"的基准日期②

在许多案件中,包括刘春宝、陈巧玲内幕交易案,肖时庆内幕交易案,李启红内幕交易案等案件,被告人都不是在内幕信息敏感期一结束就将利用内幕信息购买的股票卖出,而是在内幕信息敏感期结束若干天甚至较长的一段时间后才卖出相关股票。而且,内幕信息一经公开后,对股票价格的影响一般会持续一段时间,如刘春宝、陈巧玲内幕交易案中,高淳陶瓷在股票复牌交易后连续10天涨停;李启红等内幕交易、泄露内幕信息案中科技公司股票在复牌后连续14天涨停。那么,对于行为人内幕交易违法所得的认定基准时间,是以实际卖出时间还是以内幕交易敏感期结束后的第一天为准?有人认为应当以内幕信息敏感期结束、股票复牌第一天为基准日。理由是,内幕信息敏感期结束后,信息即已公开,任何人都可以从事该股票的交易。行为人如果利用内幕信息购

① 王涛. 内幕信息敏感期的司法认定 [J]. 中国刑事法杂志,2012 (11):64.

② 裴显鼎,黄炜,苗有水主编. 证券期货违法犯罪案件办理指南 [M]. 北京大学出版社,2014:123—124.

买了股票，在内幕信息公开后不卖出，以后股票价格的上涨所获得的利益不是基于内幕信息，故不能认定为违法所得。而且，内幕信息公开后，股票价格经过一定时间的上涨，也可能下跌，如果行为人长期持有该股票，甚至可能实际发生亏损。如果以行为人实际卖出股票的时间认定违法所得的基准日，则可能发生没有违法所得的情况，而这是不合理的。如果以内幕信息敏感期结束的第一天作为违法所得的基准日，则即使行为人实际发生亏损，也不妨害认定其违法所得的数额。应当说，这种观点有一定道理，但我们认为还是以行为人实际交易日作为违法所得的基准日，以行为人实际成交获利或者亏损的状况作为违法所得的依据更为妥当。这样更符合案件的本来面貌，否则，如果行为人实际盈利大于以内幕信息公开日计算的数额，而计算违法所得却取较小的数额，或者行为人实际发生了亏损，而硬要认定其有违法所得，都与客观事实不符。在行为人实际盈利数额大于以信息公开日计算的数额的情况下，行为人的所有实际盈利都是基于其内幕交易的犯罪行为，如果人为地分割成违法所得和合法收入两部分，显得有点牵强。在行为人实际发生亏损的情况下，硬要认定其有违法所得，又不合常理，不易使行为人心服口服。另外，鉴于内幕信息对股票交易价格的影响一般都会持续一段时间，从事内幕交易者一般都不会在内幕信息一公开就卖出股票，而是会等到内幕信息对股票交易价格的影响消除后才卖出股票，这样可以最大限度获利。而且，对于内幕交易犯罪来说，获利是普遍情况，亏损是个别现象，如果以内幕信息公开日作为计算违法所得的基准日，一方面不符合内幕交易的普遍情况，另一方面不利于从经济上剥夺犯罪分子的违法所得，故不足取。

（二）如何计算"做空交易"中的规避损失额

内幕信息所对应的内容既可以是重大利好消息，也可以是重大利空消息。知悉内幕信息的人员既可以基于重大利好信息完成建仓与平仓，也可以基于重大利空信息提前卖空金融商品，并在信息公开、金融商品价格下跌之后低价买入相关金融商品，赚取实际交易差额。前者称为获利型内幕交易，后者则称为避免亏损型内幕交易，即"做空交易"。具体而言，一般认为"做空交易"指的是在内幕信息形成之前，行为人就已经持有某公司的股票，内幕信息是不利于股票价格的信息，行为人获悉内幕信息后，在内幕信息敏感期内将股票出售。内幕信息一经公开，股票价格就会下跌。行为人规避损失的数额就是内幕信息公开日的股票价值和行为人售出股票所获金额之间的差额部分。

不过，内幕信息公开日的股票价格有开盘价与收盘价两种，对于"做空交易"所规避损失额，应以开盘价还是以收盘价计算？该问题在理论上存在一定的争议。如有观点认为："我国判例实践将利空信息发布当日开盘价格作为核定内幕交易规避损失基准价格是值得商榷的。开盘价格是开盘集中竞价这一特定时间阶段投资者对上一交易日收盘后至开盘前的市场信息评估后的定价结论。即使利空信息是上一个交易日收盘之后立即公布的，也只经过了非常有限的信息消化。由于开盘价格距离信息公开时间太短，市场价格实际上很难调整到位，以开盘价格作为核定内幕交易规避损失基准价格并没有充分地在经济上反映内幕信息与规避损失之间的对应关系。信息公布当日收盘价格毕竟经历了一个完整的交易日的价格竞争，相对于开盘价格而言更具合理性。……一旦内幕交易者在收盘竞价阶段集中拉高金融商品收盘价格，完全可能出现利空信息完全没有在市场价格中予以反映的、受到人为控制的价格指标。利空信息发布前抛售规避损失的，仍然应当坚持以信息公开后 10 个交易日平均价格作为拟制内幕交易违法所得的基准价格。抛售金额减去信息公开后金融商品 10 个交易日平均交易价格乘以内幕交易者抛售量所得出的价差，构成内幕交易规避损失。"① 司法实务部门的观点认为，"做空交易"所规避的损失额，应以开盘价为基准计算。以宏普公司及曾世珍内幕交易案为例，2008 年 2 月 5 日，时任上海宏普实业投资有限公司（以下简称"宏普公司"）负责人的曾世珍收到其丈夫上海宏盛科技发展股份有限公司董事长龙长生被公安机关刑事拘留的通知书后，在宏盛科技未将此信息公告的情况下，指令宏普公司财务人员于 2008 年 2 月 13 日至 14 日，将宏普公司所持有的宏盛科技法人股中 10 452 006 股售出，交易金额 1.23 亿余元，使得宏普科技公司规避损失 889 万余元。法院认为，宏盛科技董事长龙长生被刑事拘留的信息明显是利空消息，一经公开就会使股票面临极大的下跌可能。而在公开当日股市开盘时，宏普公司就具备了抛出宏盛科技股票避免损失的条件。故应当取内幕信息公开当日宏盛科技股票的开盘价为计算规避损失公式中的基准价。本书认为，法院选取开盘价为基准计算规避损失额是较为妥当的。

三、如何定性"明示、暗示他人从事上述交易活动"的行为

"明示、暗示他人从事上述交易活动"是内幕交易、泄露内幕信息罪的行为方式之一。该行为主要指的是行为人"泄露内幕信息，以明示、暗示的方式建议他人买卖证券、期货合约"的情形。本罪为选择性罪名，即因其罪状所包含的犯罪构成具体内容比较复杂，罪名形式上表现出并列的特点。选择性罪名可以统一使用，也可以根据具体的犯罪行为分解使用。在实践中，本罪可根据具体行为的不同而构成内幕交易罪；或者泄露内幕信息罪；或者内幕交易、泄露内幕信息罪。问题是，"明示、暗示他人从事上述交易活动"的行为具体构成何

---

① 刘宪权. 内幕交易违法所得司法判断规则研究［J］. 中国法学，2015（6）：258—259.

罪？本书认为，应当区分不同情形予以定罪。

（一）行为人没有泄露内幕信息，单纯地建议他人买卖证券、期货合约

在司法实践中，判断行为人是否泄露内幕信息应从内幕信息的两大特征予以把握：一是内幕信息具有重要性特点。重要性，是指该信息公布后会对证券的价格产生重大影响，即投资人如果知道这些信息，很可能给他们做出投资决定以重要影响，而不问该信息所涉及的事情以后是否真会实现。二是内幕信息具有未公开性特征。未公开性，是指这些重要信息尚未为证券市场上投资人所获悉并用以进行证券买卖。认定信息公开的标准，大致有以下三种：①公司召开新闻发布会公开消息；②市场消化了该消息；③公司通过国务院证券、期货监督管理机构指定的报刊、网站等媒介公布该项消息。如果行为人泄露的内幕信息具备了以上两方面特征，则可认定为泄露了内幕信息，反之亦然。由于本罪设立的宗旨在于保护国家对证券、期货市场的管理秩序和广大投资者的合法权益，以防止内幕人利用重要信息的优先知悉便利进行有失公平公正的交易行为。如果行为人没有泄露内幕信息，只是单纯地建议他人买卖证券、期货合约，则不应将其作为犯罪处理。

（二）行为人泄露内幕信息，被建议人没有买卖证券、期货合约

从理论上来讲，行为人泄露内幕信息，并建议他人买卖证券、期货合约的行为应被评价为教唆行为。如果被建议人拒绝教唆，即没有实施买卖证券、期货合约的行为，则行为人构成教唆未遂（又称未遂的教唆）。对于教唆未遂的行为，能否适用《刑法》第二十九条第二款的规定进行定罪与处罚（即如果被教唆的人没有犯被教唆的罪，对于教唆犯，可以从轻或者减轻处罚）？本书认为，首先应当明确的是该条款的法律性质问题。从体制上解释我国《刑法》第二十九条第二款的规定能够解决该款不属于共同犯罪的问题。不论被教唆人是否实施了被教唆的犯罪，教唆行为本身就是共同犯罪实施方式的一种，它是客观存在的共同犯罪现象。最显著的特征就是要对其行为进行从属性定罪。高铭暄教授也肯定了这一点，他认为："考虑分工情况可以较好地解决教唆未遂的定罪问题，……定罪问题是非常重要的，'共同犯罪'之所以列入'犯罪'，而不列入'刑罚的具体运用'一章，首先就是要解决定罪问题。"[①] 关于定罪方面，行为人理论上构成了内幕交易罪的教唆犯，但由于刑法分则已将"明示、暗示他人买卖证券、期货合约"的行为明确规定为本罪的实行行为（共犯行为的正犯化），即在立法上特别排除了教唆行为适用刑法总则的规定，因此只能适用刑法分则的特别规定进行定罪与处罚。问题是，本罪是选择性罪名，该情形时构成

---

① 高铭暄. 中华人民共和国刑法的孕育诞生和发展完善 [M]. 北京大学出版社，2012：31.

内幕交易中还是泄露内幕信息罪？从本罪的行为构成看，该种情形更符合泄露内幕信息的行为特征，如符合了该罪的犯罪构成，则应对其以泄露内幕信息罪论处。当然，最终是否需要追究刑事责任应参照本罪的立案追诉标准进行判断。

（三）行为人泄露内幕信息，被建议人买卖了证券、期货合约

从理论上讲，行为人泄露内幕信息，并建议他人买卖证券、期货合约的行为应被评价为教唆行为。如果被建议人实施了买卖证券、期货合约的行为，则行为人和被建议人构成共同犯罪（法律层面）。针对该情形，可否也能适用《刑法》第二十九条第一款的规定（即教唆他人犯罪的，应当按照他在共同犯罪中所起的作用处罚）？同理，对该情形是不能适用刑法总则的有关规定进行定罪与处罚的。如肖中华教授指出："纯粹从共同犯罪理论上分析，如果自己不从事而明示、暗示他人从事相关交易，明示、暗示他人交易者可能是内幕交易实行者的犯意提起者、教唆者，在理论上明示、暗示他人交易者和内幕交易实行者属于内幕交易的共同犯罪；从事相关交易的人为内幕交易的实行犯，内幕消息知情人员或非法获取内幕消息的人员为内幕交易的教唆犯。然而，刑法并未将这种行为与内幕消息知情人员或非法获取内幕消息的人员所实施的实行行为并列在有关内幕交易的罪状叙述之中，恰恰说明对这种行为不仅排除在内幕交易的教唆犯之外，而且在性质上排除在内幕交易之外（纳入泄露）；不能认为行为人'不仅仅是泄露内幕信息而且还进行了买卖证券期货'。"[①] 因此，针对该罪情形，应以泄露内幕信息罪论处更符合本罪的特征。

（四）行为人泄露内幕信息，并与被建议人共谋买卖证券、期货合约

首先应当明确的是，该种行为并不属于本罪中"明示、暗示他人从事上述交易活动"的情形。由于该行为容易与"明示、暗示他人买卖"的行为混淆，故有必要在此予以一起讨论。事实上，行为人泄露内幕信息，并与他人共谋买卖证券、期货合约的行为属于内幕交易共同犯罪的情形。具体而言，行为人符合了内幕交易共同犯罪的主客观要件：一是二人以上实施了买卖证券、期货合约的犯罪行为；二是各个行为人都是指向了同一犯罪，即利用内幕信息买卖证券、期货合约，互相联系、互相配合，形成了一个统一的犯罪活动整体；三是各共同犯罪人认识他们的共同犯罪行为和行为会发生的危害结果，并且希望或者放任这种结果发生的心理态度。四是各共同犯罪人之间存在意思联络，即双方在实施犯罪时进行了互相沟通。因此，针对上述情形，行为人与被建议人构成共同犯罪，如符合了本罪的犯罪构成，则应以内幕交易罪定罪和处罚。

---

① 肖中华. 内幕交易、泄露内幕信息罪之规范解释［J］. 法治研究，2016（4）：119.

（五）行为人泄露内幕信息，利用被建议人（不知情）买卖证券、期货合约并自己从中获利

首先应当明确的是，该种行为并不属于本罪中"明示、暗示他人从事上述交易活动"的情形。由于该行为同样容易与"明示、暗示他人买卖"的行为混淆，故有必要在此予以一起讨论。事实上，行为人泄露内幕信息，利用被建议人（不知情）买卖证券、期货合约并从中独自获取利益的，理论上则构成内幕交易罪的间接正犯。所谓间接正犯，是指将他人作为工具来利用从而实现自己犯罪目的的情形，即通过他人之手来实现自己的犯罪目的的间接正犯与自己亲自动手实施符合构成要件行为的直接正犯没有什么差别，对二者基本上可以同等看待。① 间接正犯主要有以下几种类型：一是利用无责任能力者的身体活动；二是利用他人不属于行为的身体活动；三是利用者对被利用者进行强制，使之实施一定的犯罪活动；四是利用缺乏故意的行为；五是利用有故意的工具；六是利用他人缺乏违法性认识可能性的行为；七是利用他人的合法行为；八是利用被害人的行为。以第四点为例进行说明，所谓利用缺乏故意的行为，是指利用不知情者的间接正犯，如医生指使不知情的护士给患者注射毒药，医生构成故意杀人罪的间接正犯。在司法实践中，行为人泄露内幕信息，并指使不知情的人买卖证券、期货合约并从中独自获取利益的行为并不少见。对此情形，如行为人符合了本罪的犯罪构成，则应对其以内幕交易罪定罪和处罚。

四、"二次泄露内幕信息"的行为是否构成犯罪

所谓"二次泄露内幕信息"的行为，是指非内幕人员获取内幕信息后再次泄露该信息的情形。需要注意的是，这里的非内幕人员主要指证券、期货交易内幕信息的知情人以外的其他人。非内幕人员主要包括两种类型，一是非法获取证券、期货交易内幕信息的人员；二是非法获取证券、期货交易内幕信息以外的人员。之所以这样划分，主要是因为《内幕案件解释》第二条所界定的"非法获取证券、期货交易内幕信息的人员"较为严格，即一般认为合法获取内幕信息的人员也在该解释之列。对于非内幕人员"二次泄露内幕信息"的行为是否构成犯罪，理论上存在争议。

有观点认为："从《刑法》第一百八十条所表述的罪状的语法看，主语包括并列的两种人员，即'证券、期货交易内幕信息的知情人员'和'非法获取证券、期货交易内幕信息的人员'；谓语也包括并列的两种行为，即'买入或者卖出该证券，或者从事与该内幕信息有关的期货交易'，以及'泄露内幕信息'。

---

① 杨延军. 间接正犯的几个基本理论问题新探 [J]. 法商研究，2010（6）：74.

可见，非法获取证券、期货交易内幕信息的人员再向他人泄露该内幕信息的，应直接依据《刑法》第一百八十条的规定，以内幕交易、泄露内幕信息罪论处。"①

另有颇有见地的观点认为："区分是否构成犯罪的标准是非内幕人员获取内幕信息究竟是主动的还是被动的。如果非内幕人员自己积极、主动地获取内幕信息，不论行为人采取的具体手段是自己盗取，还是设法从内幕人员那里探听（例如通过向内幕人员行贿而获取内幕信息），不管行为人事后根据该信息是建议他人买卖证券、期货合约，还是向他人泄露该内幕信息从而使他人利用该信息买卖证券、期货合约，都一律按内幕交易认定。如果证实非内幕人员是被动的信息接受者，不论后来实施了建议行为还是泄露内幕信息行为，就不宜认定为内幕交易罪。这是因为，在主动获取的情况下，非内幕人员对获取的内幕信息负有了不得利用该信息并保密的义务。不论事后建议还是泄露内幕信息，都是对该义务的违反，承担责任理所应当。而在被动知悉的情况下，非内幕人员因为是消极的内幕信息的知情者，不存在承担保密的义务，因而即使第三人根据该信息进行了交易，也不应当认定为内幕交易。"②

本书认为，关于第一种观点，论者单纯地从语法语义的角度分析并不能深刻揭示行为的刑法特征，其观点不符合立法原意，更不符合司法实践，故不足取。关于第二种观点，虽然论证有理有据，但由于其观点（1999 年）时隔年代较长，已与 2012 年施行的《内幕案件解释》有关规定不能相适应，尚需做出新的调整。从司法实践的角度出发，本书认为，对于非内幕人员"二次泄露内幕信息"的行为是否构成犯罪，应当区分不同情况。

（一）关于非法获取内幕信息的人员"二次泄密"问题

根据《内幕案件解释》第二条规定："具有下列行为的人员应当认定为刑法第一百八十条第一款规定的非法获取证券、期货交易内幕信息的人员：（一）利用窃取、骗取、套取、窃听、利诱、刺探或者私下交易等手段获取内幕信息的；（二）内幕信息知情人员的近亲属或者其他与内幕信息知情人员关系密切的人员，在内幕信息敏感期内，从事或者明示、暗示他人从事，或者泄露内幕信息导致他人从事与该内幕信息有关的证券、期货交易，相关交易行为明显异常，且无正当理由或者正当信息来源的；（三）在内幕信息敏感期内，与内幕信息知情人员联络、接触，从事或者明示、暗示他人从事，或者泄露内幕信息导致他人从事与该内幕信息有关的证券、期货交易，相关交易行为明显异常，且无正当理由或者正当信息来源的。"以窃取手段获取内幕信息为例，行为人窃取了内

---

① 陈伶俐，于同志，鲍艳．金融犯罪前沿问题审判实务［M］．中国法制出版社，2014：103.
② 张军主编．破坏金融管理秩序罪［M］．中国人民公安大学出版社，1999：277—278.

幕信息，则可以将其认定为非法获取证券、期货交易内幕信息的人员，即有资格成为本罪的犯罪主体。非法窃取内幕信息本身是不构成犯罪的，只有当行为人利用所窃取的内幕信息，从事证券、期货合约交易，或者泄露内幕信息，或者明示、暗示他人从事上述交易活动的，即实施了本罪构成要件的行为时，才能成立犯罪。言外之意在于，非法获取内幕信息的人员如果将该信息再次泄露给其他人的，如符合犯罪构成的，则应以泄露内幕信息罪论处。这里还需注意的是，如果非法获取内幕信息的人员从事了证券、期货合约交易之后，又将该信息泄露给其他人员的，则构成内幕交易、泄露内幕信息罪。

（二）关于非法获取内幕信息以外的人员"二次泄密"问题

所谓"非法获取内幕信息以外的人员"，是指除了《内幕案件解释》第二条规定以外的其他人。在司法实践中，并不能排除这一类行为人的存在。例如，作为餐饮行业的服务人员，在给客人服务的过程中，偶然听到了关于某公司近期将有大举增资计划的情形。如果该服务人员又将其所听到的内幕信息泄露给其他人，如正要大幅投资股票的近亲属，那么应该如何定性该问题？可否以泄露内幕信息罪予以定罪处罚？本书认为，对于非法获取内幕信息以外的人员再次泄露信息的情形，应不作为犯罪处理，理由如下：一是这类行为人不具有保密义务。因为行为人被动获取了内幕信息，其不具有负责保密的法定义务，即使第三人依据该内幕信息进行了交易，也不能构成犯罪。二是这类行为人不具有本罪的犯罪主体资格。因为《刑法》第一百八十条规定的犯罪主体仅包括证券、期货交易内幕信息的知情人员和非法获取证券、期货交易内幕信息的人员。其中，"知情人员"指的是《证券法》第七十四条、《期货交易管理条例》第八十五条所规定的特殊人员，并不包括非法获取内幕信息以外的人员。综上所述，对于非法获取内幕信息以外的人员再次泄露信息的行为，不予以犯罪处理是具有法律依据的。

五、本罪与侵犯商业秘密罪的界限

侵犯商业秘密罪，是指通过不正当手段获取、泄露或者未经允许擅自使用他人的商业秘密，给商业秘密的权利人造成重大损失的行为。所谓商业秘密，是指不为公众所知悉，能为权利人带来经济利益，具有实用性并经权利人采取保密措施的技术信息和经营信息。本罪与侵犯商业秘密罪存在诸多相似之处：一是两罪的侵害对象相同，即行为人所利用的信息都具有秘密性，不为公众所知悉。另外，行为人所侵害对象往往存在交叉，如上市公司的商业秘密可以成为上市公司的内幕信息，泄露上市公司的商业秘密同时构成泄露内幕信息；二是两罪的犯罪行为部分相同，即行为人未经法定允许将信息泄露给其他人；三是两罪所获取的秘密信息手段部分相同，即行为人以盗窃、利诱、胁迫或者其他不正当手段获取信息；四是两罪都是故意犯罪，即行为人明知自己的行为会发生危害社会的结果，并且希望或者放任这种结果的发生。

虽然本罪与侵犯商业秘密罪有很多相同之处，但两罪之间存在明显的区别，主要表现在以下几个方面：一是两罪的侵犯客体不同。内幕交易、泄露内幕信息罪所侵犯的客体为国家对证券、期货市场的管理秩序和广大投资者的合法权益；而侵犯商业秘密罪所侵犯的客体为他人的商业秘密权。商业秘密权是商业秘密的权利人对自己在特定生产或经营过程中，所形成、创造、整理和使用的特殊知识和信息享有的专有权利。二是两罪的客观方面表现不同。内幕交易、泄露内幕信息罪的行为方式表现为行为人利用内幕信息，在涉及证券的发行，证券、期货交易或者其他对证券、期货交易价格有重大影响的信息尚未公开前，买入或者卖出该证券，或者从事与该内幕信息有关的期货交易；而侵犯商业秘密罪的行为方式则表现为以盗窃、利诱、胁迫或其他不正当手段获取权利人的商业秘密，或者披露、使用或允许他人使用以上述手段获取的权利人的商业秘密，或者违反约定、权利人有关保守商业秘密的要求，披露、使用或者允许他人使用其所掌握的商业秘密。三是两罪的犯罪主体不同。内幕交易、泄露内幕信息罪的犯罪主体为特殊主体，即证券、期货交易内幕信息的知情人员和单位，以及非法获取证券、期货交易内幕信息的其他人员和单位；而侵犯商业秘密罪的犯罪主体为一般主体，即包括年满16周岁、具有刑事责任能力的自然人或者单位。四是两罪的刑罚处罚不同。触犯内幕交易、泄露内幕信息罪的，处五年以下有期徒刑或者拘役，并处或者单处违法所得一倍以上五倍以下罚金；情节特别严重的，处五年以上十年以下有期徒刑，并处违法所得一倍以上五倍以下罚金。单位犯前款罪的，对单位判处罚金，并对其直接负责的主管人员和其他直接责任人员，处五年以下有期徒刑或者拘役；而触犯商业秘密罪的，处三年以下有期徒刑或者拘役，并处或者单处罚金；造成特别严重后果的，处三年以上七年以下有期徒刑，并处罚金。单位犯前款罪的，对单位判处罚金，并对其直接负责的主管人员和其他直接责任人员，处三年以下有期徒刑或者拘役。

第三节　典型司法案例解析
——肖时庆犯内幕交易案

一、基本案情回顾

被告人肖时庆，男，1964年11月26日出生，汉族，湖南省隆回县人，博士研究生文化。2006年2月至案发前先后任中国银河金融控股公司党委委员、中国银河证券股份有限公司党委书记、纪委书记、总经理，2006 年 7 月 25 日至 2007 年 12 月 24 日兼任中国证监会上市公司并购重组审核委员会委员。2009 年 5 月 13 日因涉嫌犯受贿罪被逮捕。

河南省郑州市人民检察院以被告人肖时庆犯受贿罪、内幕交易罪，于 2010 年 11 月 19 日向郑州市中级人民法院提起公诉。

被告人肖时庆提出如下辩解：其获得的信息是虚假信息，不是内幕信息；其系基于其专业知识判断而从事国元证券股票交易的（其他辩解略）。

肖时庆的辩护人认为，中国证监会关于内幕信息的认定无效，不具有法律依据（其他辩护理由略）。

郑州市中级人民法院经审理查明：

（一）受贿事实（略）

（二）内幕交易事实

2004 年，被告人肖时庆担任中国证监会上市公司监管部副主任期间，得知中国石油化工股份有限公司（以下简称中石化）拟对下属上市子公司进行整合试点，探索整体上市。2006 年，肖时庆通过担任中石化下属上市公司财务顾问的机会，获悉中石化即将启动第二批下属上市公司的股改和重组工作的信息。2006 年 9 月，原中国证监会工作人员申尔让肖时庆刺探光大证券股份有限公司（以下简称光大证券）拟借壳中石化下属上市公司北京化二股份有限公司（以下简称北京化二）上市信息的准确性。肖时庆从光大证券财务总监胡世明处获取光大证券正在与中石化就借壳事宜进行谈判的信息后，于 9 月 21 日至 29 日指使肖爱英、邹国庆利用其控制的马志勇、欧阳春梅、苏晓英、肖爱英、刘花等多个账户买入北京化二股票 4 306 002 股，交易成本人民币（以下币种均为人民币）35 290 545.12 元。后来，中石化与国元证券股份有限公司（以下简称国元证券）就让壳重组达成协议，北京化二股票由此更名为"国元证券"。2007 年 10 月国元证券股票复牌后，肖时庆指使邹国庆将所控制的刘花股票账户上的国元证券股票售出，指使肖爱英将所控制的其他股票账户上的国元证券股票于 2008 年 5 月 16 日全部清仓。经司法会计鉴定，肖时庆等人从中获利共计 103 901 338.92 元。案发后，肖时庆亲属退回赃款 72 513 058.9 元。

郑州市中级人民法院经审理查明：

关于被告人肖时庆是否构成内幕交易罪，（一）肖时庆获得的内幕信息已表明北京化二让壳重组已进入实质阶段、势在必行，常人即可判断出投资北京化二将会获得非常的市场回报，并非系利用自己的知识、智慧对证券市场做出的分析和预测。（二）肖时庆指使邹某某、明示其妹肖某某于 2006 年 9 月底之前建仓完毕，该时段正是北京化二股票的价格敏感期，这种"判断"显然是以北京化二让壳重组为背景，即以获得的内幕信息为基础。（三）肖时庆辩解系根据股权改制的整体趋势做出判断而投资北京化二与事实不符，理由是：其一，股改是全方位的，肖时庆却将全部资金投入北京化二，针对性极强；其二，股改是整体推进的，肖时庆在 2004 年便得知中石化探索整体上市的思路，却集中在 2006 年 9 月底全仓持有北京化二股票，即获得内幕信息之后，时效性极强。肖时庆的上述行为足以说明其系根据内幕信息买卖股票，而非根据股改政策做出的判断。

郑州市中级人民法院经审理认为：

被告人肖时庆利用非法获取的内幕信息买卖股票，获利 103 901 338. 92 元，情节特别严重，其行为构成内幕交易罪。肖时庆一人犯有数罪，应实行并罚。郑州市人民检察院指控肖时庆犯罪的事实清楚，证据确实、充分，指控的罪名成立。依照《中华人民共和国刑法》第三百八十五条、第三百八十八条、第三百八十六条、第三百八十三条第一款第一项、第一百八十条第一款、第六十九条、第四十八条第一款、第五十七条第一款、第六十四条以及《最高人民法院关于处理自首和立功具体应用法律若干问题的解释》第四条之规定，郑州市中级人民法院于 2011 年 3 月 25 日，以被告人肖时庆犯受贿罪，判处死刑，缓期二年执行，剥夺政治权利终身，并处没收个人全部财产；犯内幕交易罪，判处有期徒刑八年，并处罚金人民币 1.5 亿元；决定执行死刑，缓期二年执行，剥夺政治权利终身，并处没收个人全部财产；违法所得予以追缴，上缴国库。（河南省郑州市刑事判决（2011）郑刑一初字第 14 号）

一审宣判后，被告人肖时庆不服，以原判认定其犯内幕交易罪证据不足，缺乏合法根据，适用法律不当（受贿罪的上诉理由略），向河南省高级人民法院提出上诉。

2011 年 4 月 25 日，河南省高级人民法院经公开审理认为，一审法院认定的事实清楚，证据确实、充分，定罪准确，量刑适当，审判程序合法，裁定驳回上诉，维持原判。

（案例来源：河南省高级人民法院刑事裁定书（2011）豫法刑二终字第 45 号）

二、本案争议焦点及评议

本案审理的过程中，控辩双方就被告人肖时庆是否获取内幕信息等问题存在较大的争议：即本罪中的"内幕消息"是否必须具备"真实性"特征。

辩方认为：被告人肖时庆所刺探的是，"光大证券拟借壳北京化二上市"的内幕信息。但后来由于光大证券谈判失败而并未借壳成功，最终借壳上市的是国元证券。因此，被告人肖时庆先前所刺探的内幕信息为虚假的。被告人肖时庆利用虚假的内幕信息买入北京华仁的股票行为，依法不能认定为内幕交易罪。另外，中国证监会所出具的关于内幕信息的认定意见是行政机关作出，依法不能成为刑事诉讼证据使用。

控方认为：虽然被告人肖时庆所获取的内幕消息与实际情况不符，但只要该信息与国务院监督管理机构指定的报刊、媒体首次公开的信息基本一致，就应当认定其信息具有真实性。至于指定报刊、媒体公开的信息是否准确或者是否失实在所不问。因此，被告人利用其获取的信息买入股票的行为，应当认定为内幕交易行为。另外，中国证监会应司法机关的需要，基于专业知识、经验的把握而做出的认定意见，可以作为刑事诉讼证据使用。

事实上，控辩双方所争议的内容不外乎以下两个方面。

（一） 本罪中的"内幕信息"是否须具备"真实性"特征

内幕信息是否以真实性为构成特征，实践中存在不同观点。

肯定观点认为，内幕信息必须是真实的。不真实的信息属于虚假信息，编造并传播这种信息，可能构成编造并传播证券、期货交易虚假信息罪。因误信这种信息而从事证券、期货交易的人是受害者，不能将这种虚假信息作为内幕信息而认定误信者构成内幕交易罪。

折中观点认为，对于最终公开的内幕信息，应当以相对真实为认定标准（二元化标准）。[①] 所谓"相对真实"，是指相对于国务院证券监管机构指定的报刊、媒体首次公开的信息是真实的，只要信息与指定报刊、媒体首次公开的信息基本一致，就应当认定信息具有真实性。至于指定报刊、媒体公开的信息是否准确或者是否失实在所不问。这是基于广大股民对指定报刊、媒体信赖的考虑，信息只要经指定报刊、媒体公开，往往会对相关证券、期货的市场交易价格、交易量带来重大影响。

反对观点则认为，内幕信息不以真实性为构成特征。实践中，国务院证券监督管理机构指定的报刊、媒体披露的信息未必都是真实的。如"银广夏""蓝田股份"等股票，一度被视为市场绩优股，然而其在指定报刊、媒体披露的利润都是虚假的。《深圳证券交易所股票上市规则》《上海证券交易所股票上市规则》均有类似规定，即"本所根据有关法律、法规、规章对上市公司公开披露的信息进行形式审核，对其内容的真实性不承担责任"。该规定足以表明内幕信息内容是虚假的情况完全可能存在。因此，真实性不是内幕信息的认定要件，只要信息向社会公开可能对证券、期货交易价格或者交易量产生重大影响，就应当认定为内幕信息。

---

① 中华人民共和国最高人民法院刑事审判第一至第五庭编．刑事审判参考［M］．法律出版社，2012：1—8.

　　本书认为，以上观点都存在一定的瑕疵：一是关于肯定观点。该观点认为，内幕信息必须是真实的，其结论正确但论证不充分，难以解释实践中复杂多变的各种情况。二是关于折中观点。实务部门认为，在肯定内幕信息必须是真实的基础上，提出了"相对真实的二元判断标准"。其结论正确，但其论证尚停留在事实层面而未上升为理论根据，如论证中仅提到"只要信息与指定报刊、媒体首次公开的信息基本一致，就应当认定信息具有真实性"的事实结论，但并没能从理论上说明该标准的理由根据问题，即其事实结论无法普遍且有效地指导实践案件。三是关于反对观点。该观点一方面认为，内幕信息不以真实性为构成特征，另一方面却认为内幕信息须具有重要性特征。事实上，如果是虚假的内幕信息根本不可能对证券、期货交易价格产生重大影响。因此，该观点前后逻辑矛盾，不足取。

　　根据法律、法规的有关规定，内幕信息具有以下两大特征：一是内幕信息具有重要性特点。重要性，是指该信息公布后会对证券的价格产生重大影响，即投资人如果知道这些信息，很可能给他们做出投资决定以重要影响，而不问该项信息所涉及的事情以后是否真会实现。二是内幕信息具有未公开性特征。未公开性，是指这些重要信息尚未为证券市场上投资人所获悉并用以进行证券买卖。其中，重要性是内幕信息的本质特征。而真实性则是重要性的具体延伸和内在表现。因为内幕信息须具有真实性才能对证券、期货交易价格产生重大影响。反之，虚假的内幕信息表面上似乎可在一定程度上冲击交易价格，但无法从根本上改变交易格局。因此，内幕信息必然延伸出"真实性"特征。在实践中，由于现实情况复杂多变，真假内幕信息往往会有相互交叉的情形而难以辨识。而真假内幕信息的区分，又是本罪与非罪的重要界限。理论上有必要统一真假内幕信息的区分标准以便于司法实践准确定罪量刑。本书认为，内幕信息的真伪辨识应立足于形式真实性与实质真实性的综合判断。所谓形式真实性，是指表面上符合真实性的外观形式，事实上不具备真实性的本质内容；而实质真实性，是指虽然外观上不符合真实性的形式要件，但实际上具备了真实性的客观内容。在哲学上，形式与实质是对客观事物的性质的一种揭示，如我国刑法中犯罪概念、犯罪构成、解释论等内容都是经历了这样一个过程。[1] 在本罪中，对内幕信息真实性的认知也须从形式与实质上加以把握。具体而言，在本案中，从形式上看，国务院证券监管机构指定的报刊、媒体所公开的信息是"北京化二借壳国元证券"，而被告人肖时庆所刺探的消息"光大证券借壳北京化二"与实际情况不符合。但从实质上看，虽然被告人所刺探的消息"光大证券借壳北京化二"与国务院证券监管机构指定的报刊、媒体所公开的信息"北

---

① 陈兴良. 形式与实质的关系：刑法学的反思性检讨 [J]. 法学研究, 2008 (6): 95.

京化二借壳国元证券"表面上不一致，但事实上被告人肖时庆所获得的消息已表明"北京化二让壳重组已进入实质阶段、势在必行"，即常人可判断出投资北京化二将会获得非常大的市场回报，并非系利用自己的知识、智慧对证券市场做出的分析和预测。其所刺探的内幕消息实际上与公开信息完全一致，即"北京化二"让壳其他公司。因此，本案中被告人肖时庆具备了利用内幕消息从事证券交易的行为，依法追究其内幕交易罪的刑事责任有理有据。

（二）中国证监会所出具的认定意见能否作为定案的根据

理论上关于中国证监会所出具的认定意见能否作为定案根据的问题，一直以来都存在争议。但随着新的刑事诉讼法修订后，该问题有了定论。现行《刑事诉讼法》第五十二条规定："人民法院、人民检察院和公安机关有权向有关单位和个人收集、调取证据。有关单位和个人应当如实提供证据。行政机关在行政执法和查办案件过程中收集的物证、书证、视听资料、电子数据等证据材料，在刑事诉讼中可以作为证据使用。"这一款规定可谓是对我国刑诉法学中盛行已久的取证主体合法性理论的重大突破，为行政机关在执法办案中所获证据建立了刑事诉讼"准入制度"，解决了在此之前这部分证据尴尬的"身份"问题，同时，也意味着日后这部分证据不再需要进行"转化"，避免了转化过程中违法证据进入刑事诉讼的可能性。[①]

不过，这里需要注意的是，并不是所有的行政证据都能直接进入刑事诉讼程序。从上述的规定看，只有物证、书证、视听资料、电子数据等证据材料可以作为刑事诉讼中的证据使用（即实物证据）。这是因为证据的不同类型具有不同特征所决定。由于实物证据和言词证据等不同类型的证据，不仅表现形式有别，而且收集程序不一，适用不同收集程序取得的证据材料的证据能力和法律效力更是迥然相异。因而行政证据转化为刑事证据，必须区别不同的证据类型，分别采取直接调取转化、重新收集转化等不同方式进行。[②] 实物证据是指以实物形态存在和表现形式的证据，又称广义上的物证。这类证据，或者以物体的外部特征、性质、位置等证明案情，或者以其记载的内容对查明案情具有意义。[③]行政证据中的书证、物证、视听资料、勘验笔录、现场笔录和刑事证据中的物证、书证，勘验、检查、辨认、侦查实验等笔录、视听资料和电子数据都属于实物证据。因此，实物证据无须进行特别"转化"即可以作为刑事诉讼证据

---

① 郝爱军，殷宪龙. 行政机关收集证据在刑事诉讼中运用的疑难问题分析［J］. 中国刑事法杂志，2013（9）：71.

② 田宏杰. 行政犯罪的归责程序及其证据转化——兼及行刑衔接的程序设计［J］. 北京大学学报（哲学社会科学版），2014（2）：143.

③ 樊崇义主编. 证据法学（第3版）［M］. 法律出版社，2004：222.

使用。

另外，2011 年最高人民法院、最高人民检察院、公安部、中国证监会联合印发的《关于办理证券期货违法犯罪案件工作若干问题的意见》第四条规定："公安机关、人民检察院和人民法院在办理涉嫌证券期货犯罪案件过程中，可商请证券监管机构指派专业人员配合开展工作，协助查阅、复制有关专业资料。证券监管机构可以根据司法机关办案需要，依法就案件涉及的证券期货专业问题向司法机关出具认定意见。"第五条规定："司法机关对证券监管机构随案移送的物证、书证、鉴定结论、视听资料、现场笔录等证据要及时审查，作出是否立案的决定；随案移送的证据，经法定程序查证属实的，可作为定案的根据。"该规定从司法解释的层面也肯定了相关行政的实物证据也可以作为刑事诉讼证据使用。

本案中，公安部向中国证监会发出《关于商请对肖时庆涉嫌北京化二股票内幕交易案有关事项进行认定的函》，发函中认定光大证券与中石化就借壳北京化二进行谈判属于内幕信息，该内幕信息的价格敏感期为 2006 年 8 月 17 日至 2006 年 11 月 25 日，胡世明属于内幕信息的知情人员，肖时庆属于非法获取内幕信息的人员。中国证监会就上述发函出具了回函意见，同意公安部发函中的认定意见。中国证监会出具的回函意见实际是对公安机关收集的书证、电子数据、证人证言、行政相对人（刑事诉讼中的被告人）陈述等证据作出的综合性、专业性的意见材料，即该意见视为书证可以作为刑事诉讼中的证据使用。值得注意的是，中国证监会出具的认定意见在内容上虽然具有鉴定意见的性质，但因主体不具有鉴定资质，所以在具体证据类别上不能归类为鉴定意见。目前，实践中比较倾向的观点是将中国证监会出具的认定意见作为一种准书证予以使用。

第十二章

利用未公开信息交易罪

第一节　罪名、犯罪构成及立案追诉标准

一、概念与罪名渊源

（一）概念

利用未公开信息交易罪，是指证券交易所、期货交易所、证券公司、期货经纪公司、基金管理公司、商业银行、保险公司等金融机构的工作人员，利用因职务便利获取的内幕信息以外的其他未公开信息，违反规定，从事与该信息相关的证券、期货交易活动，或者明示、暗示他人从事相关交易活动，情节严重的行为。

（二）罪名渊源

1979 年《刑法》、1997 年《刑法》对利用未公开信息交易的行为均未作出相关规定。2008 年 8 月 25 日，在第十一届全国人民代表大会常务委员会第四次会议上，常委会法制工作委员会主任李适时作了有关《刑法修正案（七）（草案）》的说明。该说明第二项第二点内容为："有些全国人大代表和中国证监会提出，一些证券投资基金管理公司、证券公司等金融机构的从业人员，利用其因职务便利知悉的法定内幕信息以外的其他未公开的经营信息，如本单位受托管理资金的交易信息等，违反规定从事相关交易活动，牟取非法利益或者转嫁风险，这种被称为'老鼠仓'的行为，严重破坏金融管理秩序，损害公众投资者利益，应当作为犯罪追究刑事责任。经有关部门研究，建议在刑法第一百八十条中增加一款，规定金融机构的工作人员，利用因职务便利获取的内幕信息以外的其他未公开的经营信息，违反规定从事相关交易活动，情节严重的，依照本条第一款关于从事内幕交易犯罪的规定处罚。"[①] 2009 年 2 月 28 日，《刑法修正案（七）》正式施行。其中，第一百八十条第四款规定为："证券交易所、期货交易所、证券公司、期货经纪公司、基金管理公司、商业银行、保险公司等金融机构的从业人员以及有关监管部门或者行业协会的工作人员，利用因职务便利获取的内幕信息以外的其他未公开的信息，违反规定，从事与该信息相关的证券、期货交易活动，或者明示、暗示他人从事相关交易活动，情节严重的，依照第一款的规定处罚。"根据 2009 年 10 月 14 日最高人民法院、最高人民检察院发布的《关于执行〈中华人民共和国刑法〉确定罪名的补充规定》，将修

---

① 高铭暄，赵秉志. 新中国刑法立法文献资料总览（第二版）［M］. 中国人民公安大学出版社，2015：818.

改后的《刑法》第一百八十条第四款的罪名确定为"利用未公开信息交易罪"。

二、本罪的犯罪构成要件

（一）本罪的客体

本罪侵犯的客体是复杂客体，即国家对证券、期货市场的管理秩序和广大投资者的合法权益。近年来，基金公司、商业银行、保险公司、证券公司、期货公司等金融机构都开展了投资业务或者客户资产管理业务，将客户资金投资于证券、期货等金融产品是代客投资理财和客户资产管理的主要方式之一。这类资产管理机构的一些从业人员，有时在用客户资金买入证券或者其衍生品、期货或者期权合约金融产品前，以自己名义或假借他人名义或者告知其亲属、朋友、关系户，先行低价买入证券、期货等金融产品，然后用客户资金拉升到高位后自己率先卖出牟取暴利。这种犯罪行为严重地破坏了证券、期货市场的正常管理秩序，损害市场的公平、公正和公开，同时严重损害了客户投资者的利益和金融行业的信誉，也损害了从业人员所在单位的利益。因此，立法上有必要将这种认为是"老鼠仓"的行为规定为犯罪而予以严厉打击。

（二）本罪的客观方面

本罪的客观方面表现为行为人利用因职务便利获取的内幕信息以外的其他未公开信息，违反规定，从事与该信息相关的证券、期货交易活动，或者明示、暗示他人从事相关交易活动。

1. 行为人须"利用职务便利"而获取相关信息

首先应当明确的是，如果行为人没有"利用职务便利"而获取相关信息，则不能成立本罪。对"利用职务便利"的界定，具体可参照贪污贿赂犯罪中的有关解释。根据1999年9月16日最高人民检察院《关于人民检察院直接受理立案标准的规定（试行）》，贪污罪中的"利用职务上的便利"是指利用职务上主管、管理、经手公共财物的权力及方便条件。受贿罪中"利用职务上的便利"，是指利用本人职务范围内的权力，即自己职务上主管、负责或者承办某项公共事务的职权及其所形成的便利条件。从上述司法解释看，所谓"利用职务便利"，是指利用职务上主管、管理、经营、经手公共财物（以下均指公司财产）的权利及方便条件。[①] 主管，主要是指负责调拨、处置及其他支配公共财物的职务活动；管理，是指负责保管、处理及其他使公共财物不流失的职务活动；经营，是指将公共财物作为生产、流通手段等使公共财物增值的职务活动；经手，是指领取、支出等经办公共财物因而占有公共财物的职务活动。此外，利用职

---

① 张明楷．刑法学（下册）［M］．法律出版社，2016：1183．

务上的便利，既包括利用本人职务上主管、管理公共财物的职务便利，也包括利用职务上有隶属关系的其他人员的职务便利。利用与职务无关仅因工作关系熟悉作案环境或者易于接近作案目标、凭工作人员身份容易进入某些单位等方便条件非法获取信息的，不能成立本罪。另外，也不是任何利用职务上的便利非法占有公司财产的行为都能成立本罪。只有当行为人现实地对公司财产享有了支配权、决定权或者对具体支配财产的人员处于领导、指示、支配地位，进而利用了职务上的便利的，才能成立本罪。否则，只能认定为盗窃罪、诈骗罪等犯罪。对于本罪中的"利用职务便利"，具体可参照上述界定进行判断。

2. 行为人所获取的须为"内幕信息以外的其他未公开信息"

通说理论认为，所谓"内幕信息以外的其他未公开信息"，是指对证券、期货交易价格有重要影响的、非公开的、内幕信息以外的信息，如本单位受托管理资金的交易信息、相关市场行情（如某机构或者个人大户下单方向或者下单量的信息）、利率的变化、降低印花税以及外汇政策、金融政策的改变等信息。① 具体而言，"内幕信息以外的其他未公开信息"具有以下三个特征。

一是重要性。从实质上说，其他未公开的信息与内幕信息有着相同的本质特征。除了内幕信息之外还有很多其他未公开的信息也对证券、期货交易价格具有重大的影响，而利用这些未公开的信息进行证券、期货交易的行为并不能由内幕交易、泄露内幕信息罪调整，故刑法增设利用未公开信息交易罪以打击那些利用内幕信息之外的其他未公开信息进行证券、期货交易的行为。可见，利用未公开信息交易罪与内幕交易、泄露内幕信息罪有着相同的本质，即都是为了打击那些利用对证券、期货交易价格有重大影响但尚未公开的信息进行证券、期货交易以牟利的行为。所以，其他未公开的信息与内幕信息也具有相同的本质特征（具体判断详见本书第十章内容）。

二是非公开性。其他未公开信息与内幕信息公开的要求不同。对于内幕信息而言，须严格依照《证券法》有关信息披露制度的规定、程序、条件方式予以对公众披露，在内幕信息尚未公开之前，法律均详细规定了法定的保密期限和及时披露期限。对于"其他未公开的信息"而言，并不一定是依法必须公开的信息，即这些未公开的信息可能属于商业秘密，不存在应当公开的问题。当然，这些未公开信息的秘密性往往也具有一定的时间限制，经过一段时间之后，这些未公开信息就会成为公开的信息，但这些未公开信息从秘密到公开往往不要求像内幕信息那样采取公告等严格的程序，而是基于一定的事实或行为自然成为公开的信息，如金融机构即将用客户资金投资购买某个证券等金融产品的决策信息，当该决策付诸实行时，该决策信息就自然从未公开的信息转变为公

---

① 高铭暄，马克昌主编. 刑法学（第七版）［M］. 北京大学出版社，2016：406.

开的信息。

三是无关性。对于内幕信息而言，主要涉及上市公司本身的经营、财务或其他对该公司证券价格有重大影响的信息，其实质内容均聚焦在公司本身上，或与公司运营有紧密关联性。对于"其他未公开的信息"而言，更多的是公司运作以外的信息，更多的应属于机构投资者单位自身的投资计划、投资方案的商业信息，而非上市公司本身的重大经营信息。当然，从实践角度出发和条文叙述本身的模糊性看，未公开信息并不仅限于机构投资者单位自身的投资计划、投资方案的商业信息，而且外延很大。但至少可以明确的是，其内容与上市公司的内幕信息是截然不同的，证券法律法规所概括的内幕信息均是聚焦在上市公司本身的经营方面。

3. 行为人须"违反规定"，从事或者建议他人从事相关交易的行为

刑法将"违反规定"作为本罪的构成要件，决定了违法性判断是认定本罪的前提。司法机关只有在明确规定具体范围和内容的基础上，才能根据前置性规范判断利用未公开信息交易行为的违法性。所谓"违反规定"，是指不仅包括"违反国家规定"，也包括"除国家规定以外"的部门规章和全国性行业规范等。如中国证监会制定的《期货从业人员管理办法》《基金管理公司投资管理人员管理指导意见》《中国证券监督管理委员会工作人员守则》；中国银监会制定的《银行业金融机构从业人员职业操守指引》《中国银行业监督管理委员会工作人员守则》；中国保监会制定的《保险监管人员行为准则》《保险从业人员行为准则》，中国证券业协会制定的《证券业从业人员执业行为准则》，中国保险行业协会制定的《保险从业人员行为准则实施细则》等。

4. 行为人实施了"从事或者明示、暗示他人从事相关交易活动"的行为

本罪的行为方式有两种情形：一是自己从事与该信息相关的证券、期货交易活动；二是明示、暗示他人从事与该信息相关的证券、期货交易活动。关于第一种情形，具体表现为：行为人利用因职务获取的内幕信息以外的其他未公开信息，违反规定，买入或者卖出与该信息相关的证券、期货合约。其购买方式既可以是本人亲自买卖，也可以是委托他人、利用他人账户进行买卖。对于该行为方式，具体也可参照《内幕案件解释》有关规定进行判断。解释第四条规定："具有下列情形之一的，不属于刑法第一百八十条第一款规定的从事与内幕信息有关的证券、期货交易：（一）持有或者通过协议、其他安排与他人共同持有上市公司百分之五以上股份的自然人、法人或者其他组织收购该上市公司股份的；（二）按照事先订立的书面合同、指令、计划从事相关证券、期货交易的；（三）依据已被他人披露的信息而交易的；（四）交易具有其他正当理由或者正当信息来源的。"第二种情形是行为人利用因职务获取的内幕信息以外的其他未公开信息，违反规定，泄露该信息信息，以明示、暗示的方式建议他人买

卖证券、期货合约。这里需要注意的是，行为人如果没有泄露该信息，只是单纯地建议他人买卖证券、期货合约的，则不构成上述情形。

另外，行为人实施了上述行为还需达到"情节严重"的程度。这里的"情节严重"，具体标准可以参见 2010 年 5 月最高人民检察院、公安部发布的《关于公安机关管辖的刑事案件立案追诉标准的规定（二）》第三十六条的规定。

（三）本罪的主体

本罪的主体为特殊主体，即证券交易所、期货交易所、证券公司、期货经纪公司、基金管理公司、商业银行、保险公司等金融机构的从业人员，以及有关监管部门或者行业协会的工作人员，如包括中国人民银行、证券监督管理委员会、银行业监督管理委员会、保险监督管理委员会等有关承担监管职责的部门的工作人员以及中国证券业协会、期货业协会、保险行业协会等承担自律性管理职能的协会的工作人员等。单位不能成为本罪的犯罪主体。

（四）本罪的主观方面

本罪的主观方面是故意，包括直接故意和间接故意，即行为人明知是利用因职务便利而获取的内幕信息以外的其他未公开信息，并且根据该信息买卖或者建议他人买卖证券、期货合约。同时，本罪主观上通常具有为自己或使他人牟取非法利益（获取利益或者减少损失）的目的。

三、本罪的立案追诉标准适用指南

根据 2010 年 5 月最高人民检察院、公安部发布的《关于公安机关管辖的刑事案件立案追诉标准的规定（二）》，本罪的立案标准为：

第三十六条　涉嫌下列情形之一的，应予立案追诉：

（一）证券交易成交额累计在五十万元以上的；

（二）期货交易占用保证金数额累计在三十万元以上的；

（三）获利或者避免损失数额累计在十五万元以上的；

（四）多次利用内幕信息以外的其他未公开信息进行交易活动的；

（五）其他情节严重的情形。

第八十九条　对于预备犯、未遂犯、中止犯，需要追究刑事责任的，应予立案追诉。

第九十条　本规定中的立案追诉标准，除法律、司法解释、本规定中另有规定的以外，适用于相应的单位犯罪。

第九十一条　本规定中的"以上"，包括本数。

第二节 司法实务认定中的疑难问题

一、关于未公开信息与交易活动的"关联性"问题

成立利用未公开信息交易罪，行为人必须利用其职务便利所获得的内幕信息以外的其他未公开信息，违反规定，从事与该信息相关的证券、期货交易活动，或者明示、暗示他人从事相关交易活动。换而言之，行为人要构成本罪须证明其所利用的未公开信息与相关交易活动具有关联性。如果行为人所实施的相关交易活动与该信息并无关联性，则不能以本罪追究行为人的刑事责任。因此，关于未公开信息与交易活动的"关联性"问题，将直接影响罪与非罪的认定。

关于未公开信息与交易活动的"关联性"的认定，中国证监会往往以"认定函"的形式出具意见。该函主要通过证券、期货的交易时机和交易品种来确定涉案账户中未公开信息与交易活动的"关联性"问题。如果涉案账户先于或者同期于相关金融机构交易的同一只证券、期货合约的，则可认定其未公开信息与交易活动具有"关联性"。司法实践中，往往由中国证监会以"认定函"的形式出具意见，认定涉案账户和金融机构在证券、期货交易时机及交易品种上存在关联，即涉案账户符合先于或同期于金融机构买入或卖出同一只股票或同一份期货。同时，由于证券、期货交易机构提供的交易记录等书证将买入或卖出的时间精确到"秒"，且同一只股票在 A 股市场和 H 股市场同时上市的情形也较为普遍，所以产生的分歧主要是：一是就交易时机而言，如何把握"先于或同期于"的时间节点，且具体时点的认定是以日为单位，还是以时、分、秒为单位；二是就交易品种而言，所谓"同一只股票"是限于同一市场的同一只股票，还是包括不同市场的同一只股票？若是同一市场的同一只股票即意味着交易活动与未公开信息的利用之间应具有直接关联性，若是后者则意味着接受了间接关联性的观点。

对于未公开信息与交易活动的"关联性"的判断，实践中应从证券、期货市场的交易时间和交易品种两方面进行分析。在交易时间方面，如若认定为交易行为与未公开信息间存在关联性，那么要求涉案账户必须"先于"或"同期于"金融机构买入或卖出同一只股票或同一份期货；在交易品种方面，要求涉案账户与金融机构买入或卖出的是同一市场的同一只股票或同一份期货。具体而言，应从以下两点进行把握。[1]

---

[1] 王涛，汤琳琳. 利用未公开信息交易罪的认定标准［J］. 法学，2013（2）：158—159.

（一）关于证券、期货的交易时间

1. "先于"的判断

所谓涉案账户先于金融机构买入或卖出同一只股票或同一份期货，是指涉案账户买入或卖出同一只股票或同一份期货在金融机构买入或卖出日期的×①个交易日之内。如在李旭利案中，交银成长基金于 2009 年 4 月 9 日买入"建设银行"股票，而李旭利控制的账户在同年 4 月 7 日即已买入该股票，故可以认定李旭利控制的账户先于交银成长基金买入同一只股票，即李旭利所从事的交易活动与交银成长基金购买"建设银行"股票的未公开信息之间存在关联性。同时，对于日期的计算要以交易日为准，剔除掉周六、周日或法定节假日。由于证券、期货交易日为每周一至周五，故司法机关在判断"先于"标准时，应明确金融机构买入或卖出同一只股票或同一份期货的日期之前是否存在周六、周日或法定节假日，并在计算×个交易日的期间时予以扣除。以李旭利案为例，交银蓝筹基金于 2009 年 4 月 7 日买入"工商银行"股票，而同年 4 月 4 日至 6 日为清明节法定假日，故在计算具体日期时应扣除上述 3 天，即×个交易日的期间应从 4 月 3 日起向前推算。

2. "同期于"的判断

所谓涉案账户同期于金融机构买入或卖出同一只股票或同一份期货，是指涉案账户买入或卖出同一只股票或同一份期货在金融机构买入或卖出当日或者此后×②个交易日之内。之所以将涉案账户在金融机构买入或卖出同一只股票或同一份期货日期后的×个交易日内所从事的相关交易，视为符合"同期于"的标准，是因为金融机构买入或卖出同一只股票或同一份期货后，其对证券、期货交易价格的影响有一定的持续期，涉案账户在该期间内从事相关交易也能达到获利或避损的效果。对于×个交易日的具体规定，由于法律法规尚无统一的规定，笔者认为，一般应该短于上文"先于"的标准×个交易日。如若要减少法律的不确定性，最好的办法还是依赖司法解释将其统一化、规范化。此外，由于"同期"的认定是以"日"为单位，须注意即使涉案账户于当日买入或卖出同一只股票或同一份期货的时点早于金融机构买入或卖出的时点，也应认定为"同期"。如在许春茂案中，许春茂管理的光大红利基金于 2008 年 12 月 8 日 14 时 48 分至 55 分买入"新华百货"股票，而在当日 10 时 53 分至 54 分、14 时 57 分，许春茂控制的账户也分两次买入同一只股票，故能够认定许春茂控制的账户同期于光大红利基金买入同一只股票，即许春茂所从事的交易活动与光大

---

① 为防止基金经理人规避风险，由证监会内部规定认定，不予以公开。

② 同个交易日的认定相同，为防止基金经理人知晓后规避规定，由证监会内部规定确认，不予以公开。

红利基金购买"新华百货"股票的未公开信息之间存在关联性。

（二）关于证券、期货的交易品种

对在不同交易市场交易的同一公司的股票能否认定为同一交易品种？我们的答案是否定的。一方面，在利用未公开信息交易案件中，行为人所从事的交易活动与未公开信息的关联性应限定于直接关联性，即涉案账户符合先于或同期于金融机构买入或卖出同一市场的同一只股票或同一份期货。因为 A 股市场与 H 股市场毕竟是两个独立的市场，而且由于证券市场存在"市场分割"与"股权割裂"等现象，加上投资者限制、信息不对称、语言和文化的障碍等因素，使得资本通过 H 股市场影响 A 股市场的效应有限，反之亦然。因此，目前无法按照一个固定的规则对上述情形是否具有犯罪性进行判断，只能将交易活动与未公开信息之间限定于"一对一"的直接对应关系。另一方面，虽然随着中国 A 股市场对外开放进程的不断推进，A 股市场与 H 股市场的联动性会越来越紧密，但不可否认的是，在 A 股市场开放的不同阶段，A 股与 H 股的联动性是存在显著差异的。就目前而言，同一只股票在 A 股市场涨而在 H 股市场跌，反之亦然的现象比较普遍，行为人利用因职务便利获取的金融机构买入或卖出 H 股市场某一股票的信息后，先于或同期于金融机构买入或卖出 A 股市场的同一只股票，并不必然获得收益或避免损失，也难以认定其行为侵害了本罪法益。

二、如何确定本罪中"被建议人"的刑事责任

在本罪中，行为人明示、暗示他人从事相关交易活动的，应对其以利用未公开信息交易罪追论处。对于"被建议人"的刑事责任问题，应当如何确定？在回答该问题之前，有必要比较该法条第一款内幕交易罪的相关规定。在内幕交易罪中，条文也涉及了行为人明示、暗示他人从事相关交易活动的行为。其中，对于行为人的相关建议行为，对其以内幕交易罪论处；而对于"被建议人"的交易行为，则也能追究其内幕交易罪的刑事责任。是否可以认为，对于该条第四款利用未公开信息交易罪中"被建议人"的相关交易行为，也能够参照内幕交易罪的处理方式？本书认为，利用未公开信息罪与内幕交易罪的犯罪构成存在差异性，不能参照适用。在内幕交易罪中，由于"被建议人"的犯罪主体资格能够被"非法获取证券、期货交易内幕信息的人员"所评价（详见《内幕案件解释第二条规定》），因此该"被建议人"所从事的相关交易活动行为能够进入内幕交易罪的视野之中。而在利用未公开信息交易罪中，由于"被建议人"的犯罪主体是具有特殊身份的人员，因此该"被建议人"所从事的相关交易行为不能被利用未公开信息交易罪所完全评价。在司法实践中，对于涉及构成身份犯罪的，应当区分不同情形确定本罪中"被建议人"的刑事责任。

构成身份是以一定的身份为基本犯罪成立的身份。即只有有身份者才能构成某种犯罪，无身份者不能单独构成该犯罪。涉及构成身份的共犯构成时，要依据不同情形分别处理。

（一）有身份者利用无身份者的情形

即有身份者利用无身份者实施构成身份犯罪的情况，如监管人员指使被监管人员殴打其他被监管者，由于无身份者单独不能构成犯罪，所以一般应当将有身份者当作间接正犯。在本罪中，如果行为人以明示、暗示的方法指使他人从事相关交易活动的，则"被建议人"不构成犯罪，而行为人构成利用未公开信息交易罪的间接正犯。当然，如果行为人并不能完全支配"被建议人"的行为时，则"被建议人"与行为人则可以构成利用未公开信息交易罪的共同犯罪。

（二）有身份者教唆无身份者的情形

即有身份者故意唆使无身份者实施构成身份犯罪的情况，如国家工作人员教唆非国家工作人员收受贿赂的情形。在本罪中，当行为人教唆"被建议人"从事相关交易活动的，应当如何定性？

有论者认为："该情形中有身份者构成间接正犯，无身份者构成从犯，具体而言，《刑法》第一百八十条第四款规定的'明示、暗示他人从事相关交易活动'中的'示'就是'建议'，明示就是通过将未公开信息告知他人的方式来明确建议他人买卖与该信息相关的证券或期货的行为；暗示则是不将未公开信息告知他人，只是含蓄地建议他人买卖与该信息相关的证券或期货的行为。由此可见，'明示、暗示'行为其实就是对不同表现形式的'建议'行为的表述，两者并无本质区别，而'建议'既可能是使无犯意之人产生犯意的教唆方法之一，从而属于教唆行为，也可能是利于已有犯意之人实施犯罪的无形帮助行为，从而属于帮助行为。所以，因职务便利而获取未公开信息的金融机构的从业人员或者有关监管部门、行业协会的工作人员明示、暗示'他人'从事与该信息相关的证券、期货交易活动的，实际上就是建议'他人'从事与该信息相关的证券、期货交易活动，或者说是教唆、帮助'他人'从事与该信息相关的证券、期货交易活动，而利用未公开信息交易罪属于真正身份犯，因此，因职务便利而获取未公开信息的金融机构的从业人员或者有关监管部门、行业协会的工作人员明示、暗示'他人'从事与该信息相关的证券、期货交易活动的，适用上述有身份者教唆、帮助无身份者实施真正身份犯的处理原则。据此，因职务便利而获取未公开信息的金融机构的从业人员或者有关监管部门、行业协会的工作人员明示、暗示（教唆或帮助）'他人'从事与该信息相关的证券、期货交易活动的，'他人'不过是被金融机构的从业人员或者有关监管部门、行业协会的工作人员作为'无身份而有故意的工具'加以利用，'他人'缺乏利用未公开信息交易罪的必要身份，不能成为该罪的正犯（实行犯），因而从实行从属性的观点来看，幕后的金融机构的从业人员或者有关监管部门、行业协会的工作人员不可能成为该罪的教唆犯或帮助犯，而只能是该罪的间接正犯，'他人'便利于该间接正犯犯罪行为的实施，符合帮助犯（从犯）的要求，是该罪的从犯（帮助犯）。"①

本书认为，该观点存在明显错误，理由如下。

1. 混淆了刑法中间接正犯与教唆犯的概念。所谓间接正犯，是指将他人作为工具来利用从而实现自己犯罪目的的情形，即通过他人之手来实现自己的犯罪目的的间接正犯与自己亲自动手实施符合构成要件行为的直接正犯没有什么差别，对二者基本上可以同等看待。② 间接正犯主要有以下几种类型：一是利用无责任能力者的身体活动；二是利用他人不属于行为的身体活动；三是利用者对被利用者进行强制，使之实施一定的犯罪活动；四是利用缺乏故意的行为；五是利用有故意的工具；六是利用他人缺乏违法性认识可能性的行为；七是利用他人的合法行为；八是利用被害人的行为。所谓教唆犯，是指故意唆使他人实行犯罪的人。根据我国刑法规定，成立教唆犯需具备以下条件：一是客观上必须有教唆他人犯罪的行为（教唆，是指唆使具有刑事责任能力没有犯罪故意的他人产生犯罪故意）。二是主观上必须有教唆他人犯罪的故意。从上述概念可知，间接正犯与教唆犯有着本质上的区别，即前者是支配他人实施犯罪（并无犯罪故意），后者则是唆使他人产生犯罪故意而实施的犯罪。在论者的论述中，一方面指出明示、暗示他人从事相关交易活动行为是使"被建议人"产生犯意的教唆行为；另一方面却指出"被建议人"不过是有身份者实施犯罪的"利用工具"。论证前后矛盾的论述实在令人无法信服，故不足取。

2. 割裂了刑法总则与分则的关系问题。即该论者仅从刑法总则关于共同犯罪的理论分析，却忽略了本罪在刑法分则的特殊样态。从理论上讲，行为人泄露未公开信息，并建议他人买卖证券、期货合约的行为应被评价教唆行为。如果"被建议人"实施了买卖证券、期货合约的行为，则行为人和被建议人构成共同犯罪（法律层面）。针对该情形，可否也能适用《刑法》第二十九条第一款的规定（即教唆他人犯罪的，应当按照他在共同犯罪中所起的作用处罚）？本书认为，对该情形是不能适用刑法总则的有关规定进行定罪与处罚的。纯粹从共同犯罪理论上分析，如果自己不从事而明示、暗示他人从事相关交易活动，则明示、暗示他人交易者可能是利用未公开信息交易实行者的犯意提起者、教唆

---

① 古加锦. 利用未公开信息交易罪司法适用的疑难问题研究 [J]. 政治与法律，2015（2）：46—47.

② 杨延军. 间接正犯的几个基本理论问题新探 [J]. 法商研究，2010（6）：74.

者。在理论上明示、暗示他人交易者和利用未公开信息交易实行者属于利用未公开信息交易罪的共同犯罪；从事相关交易的人为实行犯，明示、暗示他人交易者为教唆犯。然而，由于司法实践的需要，刑法分则条文已明确将"明示、暗示他人从事相关交易活动"的情形规定为利用未公开信息交易罪的实行行为（共犯行为的正犯化），即排除了该情形适用刑法总则有关共同犯罪的部分规定。因此，论者仅从理论上阐述有身份者教唆无身份者犯罪的情形并不妥当。

综上所述，对于行为人教唆"被建议人"实施相关交易活动的，行为人构成利用未公开信息交易罪的实行犯。对于"被建议人"实施了相关交易活动的，如果其明知该行为人实行犯罪行为而故意予以提供帮助的，则成立利用未公开信息交易罪的帮助犯，具体包括两种情形：一是"被建议人"获取了未公开信息后与该行为人合作的，该行为人是实行犯而"被建议人"是帮助犯；如果其获取了未公开信息后自己"单独"实施相关交易的，该行为人是本罪的实行犯，"被建议人"也须成立帮助犯。因为，虽然本罪将该行为人以实行犯论处，但本质上无法否认"教唆行为"的刑法特性。表面上看，"被建议人"是"单独"实施犯罪，实际上是基于"教唆行为"而实施的犯罪。无论如何，"被建议人"所实施的被教唆行为都脱离不了共同犯罪的本质属性。虽然"被建议人"不具有实施本罪的特定身份，但由于可以对构成身份进行连带和从属的认定（事实上为一种特殊的帮助行为），成立本罪的帮助犯并无不妥。

3. 无身份者加功于有身份者的情形

即无身份者教唆、帮助有身份者实施构成身份犯罪的情况，如国家工作人员的妻子帮助丈夫收受贿赂，虽然其不具有受贿罪的特殊身份主体，但由于可以对构成身份进行连带和从属的认定，因此不存在作为何种共犯处罚的问题。在本罪中，当"被建议人"教唆、帮助行为人实施相关交易活动的，则"被建议人"与行为人构成利用未公开信息交易罪的共同犯罪，即其构成本罪的教唆犯、帮助犯。

三、如何界定本罪中"从业人员"的范围

本罪的主体为特殊主体，即证券交易所、期货交易所、证券公司、期货经纪公司、基金管理公司、商业银行、保险公司等金融机构的从业人员，以及有关监管部门或者行业协会的工作人员。可见，利用未公开信息交易罪的行为主体必须与一定的身份紧密联系。如果行为人不具备本罪的特殊身份，则一般不构成利用未公开信息交易罪。因此，本罪中行为主体的身份界定直接影响着罪与非罪的认定。

问题是，刑法条文以及有关司法解释并没有明确"从业人员"的具体含义，以致司法实践中存在不同看法。从最广义的角度看，"从业人员"是指从事一定

的社会劳动并取得劳动报酬或经营收入的各类人员。包括各类单位在岗职工、再就业的离退休人员、聘用的外籍人员和港、澳、台方人员、领取补贴的兼职人员、直接支付工资的劳务工以及个体从业人员、农村从业人员和非正规就业人员等。如果按照该定义来理解，从业人员就应当包括在金融机构工作的一切人员。但从《刑法》第一百八十条第四款的规定看，这些"从业人员"还须具备"利用职务便利"这一特征，否则根本谈不上"利用因职务便利获取内幕信息以外的其他未公开信息"的行为方式。因此，本罪中"从业人员"的范围有严格的限制，即不包括所有在金融机构工作的人员，而应当是有资格、有能力获取未公开信息的职务便利"从业人员"。

关于"职务便利"的理解，具体可以参照有关贪污贿赂的司法解释。具体而言，贪污罪中的"利用职务便利"是指利用职务上主管、管理、经手公共财物的权力及方便条件。受贿罪中"利用职务上的便利"，是指利用本人职务范围内的权力，即自己职务上主管、负责或者承办某项公共事务的职权及其所形成的便利条件。因此，可以认为"利用职务便利"指的是利用职务上主管、管理、经营、经手公共财物（以下均指公司财产）的权利及方便条件。① 主管，主要是指负责调拨、处置及其他支配公共财物的职务活动；管理，是指负责保管、处理及其他使公共财物不流失的职务活动；经营，是指将公共财物作为生产、流通手段等使公共财物增值的职务活动；经手，是指领取、支出等经办公共财物因而占有公共财物的职务活动。此外，利用职务上的便利，既包括利用本人职务上主管、管理公共财物的职务便利，也包括利用职务上有隶属关系的其他人员的职务便利。这是因为职务是指行为人持续、反复从事的工作或岗位所赋予的职责与权限，因而具有稳定性的特点。职务的设置与赋予应当是经过一定的组织形式或者是单位进行正式任命、聘任、委派等，或因某个事项的一次性委托，而非单位中某个工作人员的个人委托。② 利用与职务无关仅因工作关系熟悉作案环境或者易于接近作案目标、凭工作人员身份容易进入某些单位等方便条件非法获取信息的，不能成立本罪。另外，也不是任何利用职务上的便利非法占有公司财产的行为都能成立本罪。只有当行为人现实地对公司财产享有了支配权、决定权或者对具体支配财产的人员处于领导、指示、支配地位，进而利用了职务上的便利的，才能成立本罪。否则，只能认定为盗窃罪、诈骗罪等犯罪。对于本罪中的利用职务便利的"从业人员"范围界定，具体可参照上述界定进行判断。

在明确了"职务便利"内涵的基础上，便可进一步结合有关法律、法规关

---

① 张明楷. 刑法学（下册）[M]. 法律出版社，2016：1183.
② 王佩芬. "利用职务之便"与"利用工作便利"的区别 [N]. 检察日报，2009 - 08 - 05.

于"从业人员"的规定进行准确判断。从行业特点角度看,金融机构"从业人员"包括了专业人员和一般管理人员。以证券业"从业人员"为例,《证券业从业人员资格管理办法》第二条规定:"在依法从事证券业务的机构中从事证券业务的专业人员,应当按照本办法规定,取得从业资格和执业证书。"第四条规定:"本办法所称从事证券业务的专业人员是指:(一)证券公司中从事自营、经纪、承销、投资咨询、受托投资管理等业务的专业人员,包括相关业务部门的管理人员;(二)基金管理公司、基金托管机构中从事基金销售、研究分析、投资管理、交易、监察稽核等业务的专业人员,包括相关业务部门的管理人员;基金销售机构中从事基金宣传、推销、咨询等业务的专业人员,包括相关业务部门的管理人员;(三)证券投资咨询机构中从事证券投资咨询业务的专业人员及其管理人员;(四)证券资信评估机构中从事证券资信评估业务的专业人员及其管理人员;(五)中国证监会规定需要取得从业资格和执业证书的其他人员。"根据《证券业从业人员执业行为准则》第四条规定,证券业从业人员是指:"(一)证券公司的管理人员、业务人员以及与证券公司签订委托合同的证券经纪人;(二)基金管理公司的管理人员和业务人员;(三)基金托管和销售机构中从事基金托管或销售业务的管理人员和业务人员;(四)证券投资咨询机构的管理人员和业务人员;(五)从事上市公司并购重组业务的财务顾问机构的管理人员和业务人员;(六)证券市场资信评级机构中从事证券评级业务的管理人员和业务人员;(七)协会规定的其他人员。管理人员包括机构法定代表人、高级管理人员、部门负责人、分支机构负责人。中国证监会对管理人员的任职另有规定的,适用其规定。"从上述规定可以看出,证券从业人员并不是指证券相关机构的所有人员,主要是指机构的专业人员和一般管理人员等,此规定可以参考。

综上所述,本罪中的金融机构"从业人员"不是指金融机构的所有人员,而是指根据其职务便利能够获取未公开信息专业人员或者一般管理人员等。职务便利既包括直接利用本人职务所产生的便利条件,如基金管理公司的经理在执行职务过程中获悉的本公司拟建仓的证券品种,也包括利用职务身份、影响的便利条件获取的内幕信息以外的其他未公开的信息,如某甲基金管理公司的经理和某乙基金管理公司的经理通过告知对方自己所在基金管理公司拟建仓是证券品种,从而获悉对方公司拟建仓的证券品种。但是,如果只是利用熟悉工作地点、工作环境的便利条件获取的内幕信息以外的其他未公开的信息则是利用工作便利而不是职务便利,如基金管理公司的一般工作人员(打字员、清洁工等)趁总经理办公室无人之机看到的公司拟建仓的证券品种的决定。另外,监督机构和行业协会工作人员的范围也应有确定的范围,也是特指有根据其职务便利能够获得未公开信息的工作人员,在此不再展开。

四、本罪与内幕交易、泄露内幕信息罪的界限

内幕交易、泄露内幕信息罪，是指证券、期货交易内幕信息的知情人员、单位或者非法获取证券、期货交易内幕信息的人员、单位，在涉及证券的发行，证券、期货交易或者其他对证券、期货交易价格有重大影响的信息尚未公开前，买入或者卖出该证券，或者从事与该内幕信息有关的期货交易，或者泄露该信息，或者明示、暗示他人从事上述交易活动，情节严重的行为。本罪与内幕交易、泄露内幕信息罪存在诸多相似之处：一是两罪侵犯的客体相同，即国家对证券、期货市场的管理秩序和广大投资者的合法权益；二是两罪的犯罪手段相同，即行为人都是利用未公开信息进行相关的交易活动；三是两罪的客观行为部分相同，即行为人自己从事或者建议他人从事与未公开信息相关的证券、期货交易活动；四是两罪都是故意犯罪，即行为人明知自己的行为会发生危害社会的结果，并且希望或者放任这种结果的发生（其中内幕交易罪仅限于直接故意）；五是两罪的法定刑相同，即情节严重的，处五年以下有期徒刑或者拘役，并处或者单处违法所得一倍以上五倍以下罚金；情节特别严重的，处五年以上十年以下有期徒刑，并处违法所得一倍以上五倍以下罚金。

虽然本罪与内幕交易、泄露内幕信息罪有很多相似之处，但两罪之间也存在明显的区别，主要表现在以下几个方面：一是两罪的犯罪具体对象不同（信息内容）。对于内幕信息而言，主要涉及上市公司本身的经营、财务或其他对该公司证券价格有重大影响的信息，其实质内容均聚焦在公司本身上，或与公司运营有紧密关联性；对于"其他未公开的信息"而言，更多的是公司运作以外的信息，更多的应属于机构投资者单位自身的投资计划、投资方案的商业信息，而非上市公司本身的重大经营信息。当然，从实践角度出发和条文叙述本身的模糊性看，未公开信息并不仅限于机构投资者单位自身的投资计划、投资方案的商业信息，而且外延很大。但至少可以明确的是，其内容与上市公司的内幕信息是截然不同的，证券法律法规所概括的内幕信息均是聚焦在上市公司本身的经营方面。二是两罪的客观行为方式不同。其一，在本罪中，行为人须"利用职务便利"而获取相关信息。如果行为人没有"利用职务便利"而获取相关信息，则不能成立本罪；而在内幕交易、泄露内幕信息罪中，"利用职务便利"并不是犯罪成立的构成要件。其二，在本罪中，行为人须"违反规定"，从事或者建议他人从事相关交易的行为，即将"违反规定"作为本罪的构成要件，违法性判断是认定本罪的前提。司法机关只有在明确规定具体范围和内容的基础上，才能根据前置性规范判断利用未公开信息交易行为的违法性；而在内幕交易、泄露内幕信息罪中，"违反规定"并不是犯罪成立的构成要件。三是两罪的犯罪主体不同。利用未公开信息交易罪的犯罪主体为证券交易所、期货交易所、

证券公司、期货经纪公司、基金管理公司、商业银行、保险公司等金融机构的工作人员；而内幕交易、泄露内幕信息罪的犯罪主体为证券、期货交易内幕信息的知情人员和单位，以及非法获取证券、期货交易内幕信息的其他人员和单位。

五、本罪与职务侵占罪的界限

职务侵占罪，是指公司、企业或者其他单位的人员，利用职务上的便利，将本单位的财物非法占为己有，数额较大的行为。本罪与职务侵占罪存在一定的相似之处：一是两罪的客观行为方式部分相同，即行为人都是利用了职务上的便利而实施相关的犯罪行为；二是两罪的主观方面都是故意，即行为人明知自己的行为会发生危害社会的结果，并且希望或者放任这种结果的发生。

虽然本罪与职务侵占罪有一定的相似之处，但两罪之间存在明显的区别，主要表现在以下四个方面：一是两罪所侵犯的客体不同。利用未公开信息交易罪所侵犯的客体为国家对证券、期货市场的管理秩序和广大投资者的合法权益；而职务侵占罪所侵犯的客体为公司、企业或者其他单位的财物所有权。二是两罪的客观方面不同。利用未公开信息交易罪的客观方面表现为行为人利用因职务便利获取的内幕信息以外的其他未公开信息，违反规定，从事与该信息相关的证券、期货交易活动，或者明示、暗示他人从事相关交易活动；而职务侵占罪的客观方面则表现为利用职务上的便利，将本单位的财物非法占为己有。有一类观点认为，在利用未公开信息交易罪中，行为人所获取的利益属于基金公司的财物，因此认为行为人也触犯了职务侵占罪。本书认为，职务侵占罪是利用职务上的便利，将本单位财物非法占为己有的行为；而利用未公开信息交易罪中所获取的利益，并不是本单位所有或占有的利益，不符合侵占罪中"本单位财物"的构成要件。事实上，在基金市场中，利益的获取是不确定的。所以，这种财物的存在与否也是不确定的。可以假设，如果在有的"老鼠仓"情形中，由于市场判断失误，行为人及其亲友并没有获得利益。在这种情形下，认定行为人成立职务侵占罪未免有些牵强。在没有客观确定利益存在的场合，不能成立职务侵占罪。同时，该类观点认为，通过解释学将"老鼠仓"纳入刑法已有罪名中，既可以保持刑法的相对稳定性，又可以避免相关罪刑条款之间的冲突。问题在于，在对刑法进行扩张解释时，不得突破犯罪构成的规定，不得违反罪刑法定的刑法原则。理论上主张职务侵占罪的观点，即将不可预期的"利润"解释为"单位财物"，显然脱离了"单位财物"的核心意义，违背了罪刑法定原则。三是两罪的犯罪主体不同。利用未公开信息交易罪的犯罪主体为证券交易所、期货交易所、证券公司、期货经纪公司、基金管理公司、商业银行、保险公司等金融机构的工作人员；而职务侵占罪的犯罪主体为公司、企业或者其他单位的人员。四是两罪的立案追诉标准不同。利用未公开信息交易罪须达到情节严重的程度予以立案追诉；而职务侵占罪须达到数额较大的情形予以立案追诉。

第三节　典型司法案例解析

——马乐利用未公开信息交易案

一、基本案情回顾

抗诉机关：中华人民共和国最高人民检察院。

原审被告人马乐，原博时基金管理有限公司博时精选股票证券投资基金经理。2013 年 8 月 21 日被逮捕，2014 年 3 月 28 日被取保候审。2014 年 10 月 20 日因犯利用未公开信息交易罪被判处有期徒刑三年，缓刑五年。现在深圳市福田区司法局接受社区矫正。

广东省深圳市中级人民法院审理深圳市人民检察院指控被告人马乐犯利用未公开信息交易罪一案，于 2014 年 3 月 24 日以（2014）深中法刑二初字第 27 号刑事判决，认定被告人马乐犯利用未公开信息交易罪，判处有期徒刑三年，缓刑五年，并处罚金人民币 1 884 万元；违法所得人民币 18 833 374.74 元依法予以追缴，上缴国库。宣判后，深圳市人民检察院以原判适用法律错误，量刑明显不当为由提出抗诉，广东省人民检察院支持抗诉。广东省高级人民法院经依法公开开庭审理，于 2014 年 10 月 20 日以（2014）粤高法刑二终字第 137 号刑事裁定，驳回抗诉，维持原判。裁判发生法律效力后，广东省人民检察院认为生效裁判确有错误，提请最高人民检察院按照审判监督程序提出抗诉。最高人民检察院于 2014 年 12 月 8 日以高检审刑抗〔2014〕1 号刑事抗诉书向本院提出抗诉。本院依法组成合议庭，公开开庭审理了本案。最高人民检察院代理检察员张志强、罗曦出庭履行职务。原审被告人马乐及其辩护人张青松到庭参加诉讼。现已审理终结。

广东省深圳市中级人民法院认为：

被告人马乐作为基金管理公司从业人员，利用其职务便利所获取的未公开信息，违反规定，从事与该信息相关的证券交易活动，情节严重，其行为已构成利用未公开信息交易罪。公诉机关指控的罪名成立，依法应予惩处。但刑法中并未对利用未公开信息交易罪规定"情节特别严重"的情形，因此，依法只能认定马乐的行为属于"情节严重"。马乐具有自动投案的情节，且到案之后能如实供述其所犯罪行，是自首，依法可以从轻处罚。马乐认罪态度良好，其违法所得能从扣押冻结的财产中全额返还，判处的罚金亦能全额缴纳，确有悔罪表现，另经深圳市福田区司法局社区矫正和安置帮教科调查评估，对马乐宣告缓刑对其所居住的社区没有重大不良影响，符合适用缓刑的条件，决定对其适用缓刑。依照《刑法》有关规定判决如下：（一）被告人马乐犯利用未公开信息交易罪，判处有期徒刑三年，缓刑五年，并处罚金人民币 1 884 万元；（二）违法所得人民币 18 833 374.74 元依法予以追缴，上缴国库。

广东省深圳市人民检察院抗诉认为：

被告人马乐的行为应认定为犯罪情节特别严重，依照"情节特别严重"的量刑档次处罚；马乐的行为不属于退赃，应当认定为被司法机关追赃。一审判决适用法律错误，量刑明显不当，应当依法改判。

广东省人民检察院支持抗诉认为：

刑法第一百八十条第一款规定的内幕交易、泄露内幕信息罪存在"情节严重"和"情节特别严重"两种情形和两个量刑档次，该条第四款规定，利用未公开信息交易情节严重的，依照第一款的规定处罚。从刑法设置上说，同一法条的不同款项在处罚上应该有一个协调性，这种处罚的参照不可能只是部分参照，应该是全部参照。本案中，马乐的证券交易成交额为 10.5 亿余元，获利 1 800 多万元，应认定其犯罪"情节特别严重"，一审判决认定其犯罪"情节严重"，属于认定情节错误，应予纠正。马乐有自首情节，且积极退赃，一审对其作出判三缓五的处罚，基本符合法定的量刑幅度。

广东省高级人民法院二审认为：

刑法第一百八十条第四款规定，证券交易所、期货交易所等金融机构从业人员以及有关监管部门或者行业协会的工作人员，利用未公开信息交易，情节严重的，依照第一款的规定处罚，该条款并未对利用未公开信息交易罪规定有"情节特别严重"情形。原审判决认定事实清楚，证据确实、充分，量刑适当，审判程序合法。抗诉机关的抗诉理由不成立，不予采纳，裁定驳回抗诉，维持原判。

最高人民检察院抗诉认为：

刑法第一百八十条第四款属于援引法定刑的情形，应当引用第一款处罚的全部规定；利用未公开信息交易罪与内幕交易、泄露内幕信息罪的违法与责任程度相当，法定刑也应相当；马乐的行为应当认定为犯罪情节特别严重，对其适用缓刑明显不当。本案终审裁定以刑法第一百八十条第四款未对利用未公开信息交易罪规定有"情节特别严重"为由，对此情形不作认定，降格评价被告人的犯罪行为，属于适用法律确有错误，导致量刑不当，并且对类似案件及法律适用有重大误导，应当依法纠正。

最高人民法院再审认为：

刑法第一百八十条第四款援引法定刑的情形，应当是对第一款全部法定刑的引用，即利用未公开信息交易罪应有"情节严重""情节特别严重"两种情形和两个量刑档次。

从立法目的上理解，由于我国基金、证券、期货等领域中，利用未公开信息交易行为比较多发，行为人利用公众投入的巨额资金作后盾，以提前买入或者提前卖出的手段获得巨额非法利益，将风险与损失转嫁到其他投资者，不仅对其任职单位的财产利益造成损害，而且严重破坏了公开、公正、公平的证券市场原则，严重损害客户投资者或处于信息弱势的散户利益，严重损害金融行业信誉，影响投资者对金融机构的信任，进而对资产管理和基金、证券、期货市场的健康发展产生严重影响。为此，《刑法修正案（七）》新增利用未公开信息交易罪，并将该罪与内幕交易、泄露内幕信息罪规定在同一法条中，说明两罪的违法与责任程度相当。利用未公开信息交易罪也应当适用"情节特别严重"。

从法条文意理解，首先，刑法第一百八十条第四款中的"情节严重"是入罪条款，《最高人民检察院、公安部关于公安机关管辖的刑事案件立案追诉标准的规定（二）》对利用未公开信息交易罪规定了追诉的情节标准，说明该罪需达到"情节严重"才能被追诉。利用未公开信息交易罪属情节犯，立法要明确其情节犯属性，就必须借助"情节严重"的表述，以避免"情节不严重"的行为入罪。其次，本条款中"情节严重"并不兼具量刑条款的性质，刑法条文中大量存在"情节严重"兼具定罪条款及量刑条款性质的情形，但无一例外均在其后列明了具体的法定刑，刑法第一百八十条第四款中"情节严重"之后，并未列明具体的法定刑，而是参照内幕交易、泄露内幕信息罪的法定刑，因此本款中的"情节严重"仅具有定罪条款的性质，而不具有量刑条款的性质。

从立法技术上理解，援引法定刑是指对某一犯罪并不规定独立的法定刑，而是援引其他犯罪的法定刑作为该犯罪的法定刑。刑法第一百八十条第四款援引法定刑的目的是为了避免法条文字表述重复，并不属于法律规定不明确的情形。综上，刑法第一百八十条第四款虽然没有明确表述"情节特别严重"，但是根据本条款设立的立法目的、法条文意及立法技术，应当包含"情节特别严重"的情形和量刑档次。法条没有重复表述不等同于法律没有明确规定。在法律已有明确规定的情况下，应当适用该法律规定，而不再适用有利于被告人的原则。

基于上述对刑法第一百八十条第四款援引法定刑的理解，在明确利用未公开信息交易罪有"情节严重""情节特别严重"两种情形和两个量刑档次的前提下，本案应对马乐的行为是否属于情节特别严重予以评价。目前虽然没有关于利用未公开信息交易罪"情节特别严重"认定标准的专门规定，但鉴于刑法规定利用未公开信息交易罪是参照内幕交易、泄露内幕信息罪的规定处罚，最高人民法院、最高人民检察院《关于办理内幕交易、泄露内幕信息刑事案件具体应用法律若干问题的解释》将成交额 250 万元以上、获利 75 万元以上等情形认定为内幕交易、泄露内幕信息罪"情节特别严重"的标准，利用未公开信息交易罪也应当遵循相同的标准。马乐利用未公开信息进行交易活动，累计成交额达人民币 10.5 亿余元，非法获利人民币达 1912 万余元，已远远超过上述标准，且在案发时属全国查获的该类犯罪数额最大者，参照最高人民法院、最高人民检察院《内幕案件解释》，马乐的犯罪情节应当属于"情节特别严重"。

综上，最高人民检察院对刑法第一百八十条第四款援引法定刑的理解及原审被告人马乐的行为属于犯罪情节特别严重的抗诉意见正确，应予采纳。原审裁判因对刑法第一百八十条第四款援引法定刑的理解错误，导致降格认定了马乐的犯罪情节，进而对马乐判处缓刑确属不当，应予纠正。依照《刑法》相关规定判决如下：

"一、维持广东省高级人民法院（2014）粤高法刑二终字第 137 号刑事裁定和深圳市中级人民法院（2014）深中法刑二初字第 27 号刑事判决中对原审被告人马乐的定罪部分；

二、撤销广东省高级人民法院（2014）粤高法刑二终字第 137 号刑事裁定和深圳市中级人民法院（2014）深中法刑二初字第 27 号刑事判决中对原审被告人马乐的量刑及追缴违法所得部分；

三、原审被告人马乐犯利用未公开信息交易罪，判处有期徒刑三年，并处罚金人民币 1 913 万元；

四、违法所得人民币 19 120 246.98 元依法予以追缴，上缴国库。

本判决为终审判决。"

（案例来源：最高人民法院（2015）刑抗字第 1 号）

二、本案争议焦点及评议

本案审理的过程中，控审双方就被告人马乐的行为应适用何种法定刑问题存在较大的争议：即能否对被告人马乐适用"情节特别严重"的刑罚幅度。

检察院认为：从事实层面看，被告人马乐的证券交易成交额为 10.5 亿余元，获利 1 800 多万元，远远超过本罪"情节严重的"追诉标准，应将其认定为"情节特别严重"的情形；从法律层面看，刑法第一百八十条第一款规定的内幕交易、泄露内幕信息罪存在"情节严重"和"情节特别严重"两种情形和两个量刑档次。该条第四款规定，利用未公开信息交易情节严重的，依照第一款的规定处罚。从刑法设置上说，同一法条的不同款项在处罚上应该有一个协调性，这种处罚的参照不可能只是部分参照，应该是全部参照。刑法第一百八十条第四款属于援引法定刑的情形，应当引用第一款处罚的全部规定。

最高法院认为：从立法目的看，利用未公开信息交易罪与内幕交易、泄露内幕信息罪同处于一个法条之中，说明两罪的违法与责任程度相当，两罪均适用"情节特别严重的"法定刑符合立法目的；从法条文意理解，利用未公开信息交易罪中的"情节严重的"仅具有定罪条款性质，而不具有量刑条款性质；从立法技术理解，刑法第一百八十条第四款援引法定刑的目的是为了避免法条文字表述重复，并不属于法律规定不明确的情形。法条没有重复表述不等同于法律没有明确规定。在法律已有明确规定的情况下，应当适用该法律规定，而不再适用有利于被告人的原则。

本书认为，最高人民法院对被告人马乐适用"情节特别严重"的法定刑合法合理，应给予肯定评价。事实上，本案要解决的是如何援引法定刑的问题。具体而言，《刑法》第一百八十条第一款规定了内幕交易、泄露内幕信息罪的犯罪构成与法定刑，而后该条第四款规定了利用未公开信息交易罪的犯罪构成与法定刑，且该款对后者法定刑的规定采取了援引前者法定刑的方式。然而，对于利用未公开信息交易罪的法定刑是否与内幕交易、泄露内幕信息罪的法定刑一样存在"情节特别严重"这个加重量刑幅度，在刑法理论上与司法实务中有着较大的分歧。

（一）理论层面之争辩

对于《刑法》第一百八十条第四款中"情节严重的，依照第一款的规定处罚"的法定内涵，理论上存在不同观点。

否定观点认为，利用未公开信息交易罪中只存在"情节严重"的情形，适用"情节特别严重"的法定刑并不妥当。如刘宪权教授指出："尽管上述最高人民法院再审马乐利用未公开信息交易案的判决对《刑法》第一百八十条第四款法定刑问题出具了详细的解释意见和论证理由，但是，这并不意味着在理论上对此问题没有进一步探讨的余地，特别是在以下几个方面仍然值得商榷。其一，从社会危害性轻重角度分析，两罪适用完全相同的法定刑并不妥当。一般而言，内幕信息对于证券、期货市场价格的影响非常直接且巨大，其他重大未公开信息的价格影响性相对而言较为间接且不如内幕信息如此显著。因此，利用内幕信息进行交易、泄露内幕信息与利用未公开信息进行交易或者泄露未公开信息行为的社会危害性均不同。我国刑法并没有一开始就将利用未公开信息交易行为规定为犯罪的原因，恐怕也在于此。两罪适用完全相同的两档法定刑并不妥当。其二，从立法原意角度分析，两罪适用完全相同的法定刑并不妥当。纵观我国《刑法》分则条文，与利用未公开信息交易罪与内幕交易、泄露内幕信息罪在法条关系、条文结构、法定刑配置等内容上完全相同的，只有《刑法》第二百八十五条第二款非法获取计算机信息系统数据、非法控制计算机信息系统罪与第三款提供侵入、非法控制计算机信息系统程序、工具罪。其中，提供侵入、非法控制计算机信息系统程序、工具罪的刑法条文也使用了情节严重的，依照前款的规定处罚的规范设计结构，并且在司法实践中出现过一定数量的案件适用情节特别严重法定刑档次的案件。但是，这里我们必须注意，与利用未公开信息交易罪适用法定刑不同的是，提供侵入、非法控制计算机信息系统程序、工具罪适用情节严重与情节特别严重两个档次的法定刑是存在相关的法律依据的：即 2011 年两高《关于办理危害计算机信息系统安全刑事案件应用法律若干问题的解释》。该司法解释对提供侵入、非法控制计算机信息系统程序、工具罪明确规定了情节严重的入罪标准和情节特别严重的加重法定刑标准。而利用未公开信息交易罪适用情节特别严重的法定刑没有法律依据。"①

肯定观点认为，利用未公开信息交易罪中不仅存在"情节严重"的情形，而且也包括了"情节特别严重"的法定刑。如有学者指出："从文义解释的角度理解，即刑法语言与条文结构方面分析条文应有之意。以中文语法结构的视角进行解析，尽管《刑法》第一百八十条第四款条文内容很长，但在语法上还是非常典型的主＋谓＋宾结构。按照主谓宾的语法结构进行解释，《刑法》第一百八十条第四款的含义就是利用未公开信息交易罪的刑罚依照内幕交易、泄露内幕信息罪的规定进行处罚，利用未公开信息交易罪相应地就必定包括情节严重、情节特别严重两档法定刑。以刑法条文结构的视角进行解析，刑法分则中的所有规范在法条结构上都可以分割为犯罪构成罪与刑事处罚刑两大部分。具体到《刑法》第一百八十条第四款的分析，证券交易所……情节严重的整个属于犯罪构成部分，依照第一款的规定处罚则属于刑事处罚部分。言外之意在于，该条第四款的处罚规定应全部援引第一款的法定刑。从体系解释的角度看，《刑法修正案（七）》的立法权威解读对利用未公开信息交易罪与提供侵入、非法控制计算机信息系统程序、工具罪的情节严重的分析，也都是强调情节严重的才构成犯罪，即情节严重是两罪的客观处罚条件，并没有任何证据突出利用未公开信息交易罪与提供侵入、非法控制计算机信息系统程序、工具罪只有情节严重这一种法定刑配置。从实质解释的角度看，文义解释初步建立了利用未公开信息交易罪具有情节特别严重量刑情节与罪刑法定原则之间的吻合关系，体系解释补强了这种规范解释的合法性与合理性。然而，内幕交易犯罪与利用未公开信息交易犯罪事实上具有性质相同且程度相当的实质危害，所以在刑罚配置上不应当出现前者具备情节特别严重量刑档次而后者没有的情况。"②

---

① 刘宪权．论利用未公开信息交易罪法定刑的设置与适用［J］．现代法学，2016（5）：105—107.

② 谢杰．利用未公开信息交易罪量刑情节的刑法解释与实践适用——"老鼠仓"抗诉案引发的资本市场犯罪司法解释反思［J］．政治与法律，2015（7）：38—43.

（二）实务层面之沉默

相比较而言，关于利用未公开信息交易罪中法定刑适用问题，以往司法审判部门均一致认为本罪中不存在"情节特别严重"的量刑情节。如 2011 年 10 月上海市静安区人民法院审理的许春茂利用未公开信息交易案、2013 年上海市高级人民法院审理的李某某利用未公开信息交易案。

在许春茂利用未公开信息交易案中，被告人许春茂于 2009 年 2 月 28 日至 2010 年 4 月 15 日，利用其担任光大保德信基金管理有限公司（以下简称光大公司）基金经理的职务便利，使用其控制的户名为"史建明"的证券账户，亲自或通过电话指令张超等方式，先于或同期于其管理的红利股票型证券投资基金、均衡精选股票型证券投资基金（买入或卖出同一股票）。经鉴定，上述期间共交易股票 68 只，交易金额共计人民币 9 500 万余元，非法获利共计人民币 209 余万元。2011 年 4 月 18 日，许春茂主动至中国证监会上海稽查局接受调查，后如实向公安机关交代了上述犯罪事实。上海市静安区人民法院认为：被告人许春茂在担任基金经理期间，违反规定，利用掌握的未公开的信息，从事与该信息相关的证券交易活动，先于或同步多次买入、卖出相同个股，情节严重，其行为已构成利用未公开信息交易罪，应依法予以惩处。检察机关指控许春茂的犯罪事实清楚，证据确凿充分，定性正确。被告人许春茂基于其基金经理的身份和投资决策权，参与制定、形成红利基金、均衡基金的投资策略，无论该投资策略是否系许春茂分析、研究的结果，许春茂获悉该信息都属利用职务便利。目前虽无证据证明被告人许春茂的行为导致相关股票或基金价格重大波动，但许春茂利用因职务便利获取的未公开信息进行交易，违反了诚实信用、忠实勤勉的义务，破坏了金融管理秩序，也侵犯了不特定投资人的财产权益，许春茂交易金额达人民币 9 500 余万元，非法获利达人民币 209 余万元，应当认定为情节严重。

在李某某利用未公开信息交易案中，2005 年 8 月至 2009 年 5 月，被告人李某某担任交银施罗德公司投资决策委员会主席、投资总监，2007 年 8 月开始兼任该公司蓝筹基金经理。在此期间，李某某参与交银施罗德公司所有基金的投资决策，并对蓝筹基金进行股票投资拥有决定权。2009 年 4 月 7 日，在交银施罗德公司旗下蓝筹基金、交银施罗德成长股票证券投资基金进行工商银行和建设银行股票买卖的信息尚未披露前，李某某指令五矿证券深圳华富路证券营业部（现为五矿证券深圳金田路证券营业部）总经理李某君，在名为"岳某某""童某某"实为李某某等控制的证券账户内，先于或同期于交银施罗德公司买入工商银行、建设银行股票，累计成交额人民币 52 263 797.34 元（以下币种未经注明均为人民币），并于同年 6 月将上述股票全部卖出，股票交易累计获利

8 992 399.86元，同时分得股票红利 1 723 342.50 元。法院审理认为：被告人李某某作为基金管理公司的从业人员，利用因职务便利获取的未公开信息，违反规定，从事与该信息相关的证券交易活动，情节严重，其行为已构成利用未公开信息交易罪，依照《中华人民共和国刑法》（以下简称《刑法》）第一百八十条第一款及第四款、第五十三条、第六十四条之规定，以利用未公开信息交易罪，判处被告人李某某有期徒刑四年，并处罚金人民币 1 800 万元；违法所得人民币 10 715 742.36 元予以追缴。

由此可见，在马乐利用未公开信息交易案审理之前，即使涉案交易额特别巨大，司法审判部门仍都没有适用"情节特别严重"的法定刑。

本书认为，以上的理论观点与实务审判均有一定的道理，但肯定说的观点更符合立法原及刑法理论，即利用未公开信息交易罪与内幕交易、泄露内幕信息罪的法定刑一样存在"情节特别严重"这个加重量刑幅度，理由如下。

（一）立法原意之重申

考察《刑法修正案（七）》立法前后官方发布的有关信息可以发现，利用未公开信息交易罪可适用"情节特别严重"得到了官方明确的认可。我国的立法活动较为透明，通过全国人民代表大会的官方网站中国人大网可获得权威的立法信息。[①]

《刑法修正案（七）》立法一审的过程中，官方发布了《刑法修正案（七）》草案，其中有关利用未公开信息交易罪的罚则规定为"情节严重的，依照第一款的规定处罚"。2008 年 8 月 25 日提请全国人大常委会首次审议《刑法修正案（七）》草案时，新华网第一时间发布快讯："刑法修正案（七）草案增加条款，严惩证券、期货交易中的老鼠仓行为，最高可处 5 年以上 10 年以下有期徒刑、并处违法所得 1 倍以上 5 倍以下罚金。"该快讯随后刊登于中国人大网。当天，新华网详细阐释《刑法修正案（七）》草案中对老鼠仓犯罪的相关规定，并重申了根据《刑法修正案（七）》草案规定，该犯罪行为最高可处 10 年有期徒刑。该报道第二天被中国人大网转载。在《刑法修正案（七）》立法二审和三审的过程中，立法委员及其他相关人员对于《刑法修正案（七）》草案关于老鼠仓犯罪提出的意见中，集中在扩充老鼠仓犯罪的主体和某些文字修改等方面，从未有委员对之前中国人大网公开的关于《刑法修正案（七）》利用未公开信息罪可适用"情节特别严重"，最高处 10 年有期徒刑的说明提出过异议甚至疑虑。《刑法修正案（七）》草案在三审表决通过后，新华网再次发布消息："《刑法修正案（七）》明确规定，我国严惩金融从业人员老鼠仓行为，最高可处 10 年有期徒

---

① 李耀杰. 利用未公开信息交易罪的"情节特别严重"之辩——兼评马乐基金老鼠仓案［J］. 法律适用，2015（3）：33—34.

刑。"该消息于次日在中国人大网转载。从《刑法修正案（七）》立法过程中有关利用未公开信息交易罪的审议情况及官方网站公布的信息可以看出，立法委员及相关参与者对于《刑法修正案（七）》中"情节严重的，依照第一款的规定处罚"的表述涵盖利用未公开信息交易罪可适用"情节特别严重"早已取得了共识。该共识虽未在《刑法修正案（七）》条文中列出，但其通过官方网站阐释"老鼠仓"犯罪可适用内幕交易罪中"情节特别严重"的法定刑，足以说明该共识的存在。立法机关官网反复表态"老鼠仓"犯罪最高可处10年有期徒刑，也体现了立法机关期望将这一共识准确传达给公众的努力。

另外，2008年8月25日，在第十一届全国人民代表大会常务委员会第四次会议上，常委会法制工作委员会主任李适时作了有关《刑法修正案（七）（草案）》的说明。该说明第二项第二点内容为："有些全国人大代表和中国证监会提出，一些证券投资基金管理公司、证券公司等金融机构的从业人员，利用其因职务便利知悉的法定内幕信息以外的其他未公开的经营信息，如本单位受托管理资金的交易信息等，违反规定从事相关交易活动，牟取非法利益或者转嫁风险，这种被称为'老鼠仓'的行为，严重破坏金融管理秩序，损害公众投资者利益，应当作为犯罪追究刑事责任。经有关部门研究，建议在刑法第一百八十条中增加一款，规定金融机构的工作人员，利用因职务便利获取的内幕信息以外的其他未公开的经营信息，违反规定从事相关交易活动，情节严重的，依照本条第一款关于从事内幕交易犯罪的规定处罚。"[①] 该说明也明确指出，利用未公开信息交易罪中"情节严重的"应当按照内幕交易罪的规定处罚，即可适用内幕交易罪中"情节特别严重的"的法定刑。

（二）刑法解释之方法

刑法解释的方法分为文理解释和论理解释方法。文理解释，是指从语义或语法的含义和内容予以注释阐明的方法；论理解释，是指根据党和国家的政策、刑法制定的理由和目的、刑法的基本原理、刑法的历史沿革以及形式逻辑原理等，阐明刑法规定的含义的方法。理论上解释刑法条文含义时，应当综合运用文理解释和论理解释的方法阐明具体规定的法定内涵。关于利用未公开信息交易罪中是否适用"情节特别严重"的法定刑，应从以下几点予以把握。

1. 援引法定刑的文理解释

在刑法解释方面，首先应当进行文理解释刑法规定的具体含义。这也是刑法解释合法性原则的本质要求，即该原则要求刑法解释必须受刑法规定的语词含义的限制，不能超出刑法规定语词可能含义的范围。具体而言，从文义上看，

---

① 高铭暄，赵秉志. 新中国刑法立法文献资料总览（第二版）［M］. 中国人民公安大学出版社，2015：818.

虽然《刑法》第一百八十条第一款与第四款都有关于"情节严重"的形式规定，但二者所表达的法定内涵不同。刑法分则中的"情节严重"一般具有三种含义：一是定罪要件；二是量刑条件；三是定罪要件和量刑条件。从《刑法》第一百八十条的语句语法上看，该条第一款的"情节严重"既是定罪要件，又是第一档法定刑的量刑条件；而第四款末尾的前半段"情节严重"仅为定罪条件（与第一款定罪要件相同），后半段"依照第一款的规定处罚"则为量刑条件。第四款之所以采取这样的立法技术，主要是为了避免法条中语句的不必要重复。因此，从刑法分则条文的通常语义和逻辑看，利用未公开信息交易罪的法定刑必然包括了《刑法》第一百八十条第一款规定中"情节特别严重"的情形。

2. 援引法定刑的目的解释

目的解释，是指根据刑法立法之目的阐明刑法规定含义的方法。该种解释中的"目的"，不仅包括法律的整个目的，还应当包括个别法条、个别制度的规范目的。① 这是因为在解释某一具体法律条文时，虽在一般情况下可据此所属法律的整体目的阐释其含义，但有时仅根据该法整体目的尚不足以弄清该法条的真实含义，因而必须考察该条文制定的具体目的，才可以求得正确的解释。我国刑法立法的目的，有的由法律明文规定，也有的是通过章节名称予以体现的，如利用未公开信息交易罪就是适例。从该罪名的分布情况看，其主要设置在刑法分则第三章第五节破坏金融管理秩序罪之中。由此可见，该罪所要保护的是国家对金融管理的正常秩序及广大投资者的合法权益。立法上之所以将利用未公开信息交易的行为规定为犯罪，主要是因为《刑法》第一百八十条第一款仅规定了内幕交易、泄露内幕信息罪（该罪名中的内幕信息仅限于上市公司本身的有关信息），对于后来市场上大量出现的利用内幕信息以外的其他未公开信息进行交易的行为无法有效遏制。在立法的过程中，有些全国人大代表和中国证监会提出，一些证券投资基金管理公司、证券公司等金融机构的从业人员，利用其因职务便利知悉的法定内幕信息以外的其他未公开的经营信息，如本单位受托管理资金的交易信息等，违反规定从事相关交易活动，牟取非法利益或者转嫁风险，这种被称为"老鼠仓"的行为，严重破坏金融管理秩序，损害公众投资者利益，应当作为犯罪追究刑事责任。由此可见，利用未公开信息交易罪和内幕交易、泄露内幕信息罪的差别，仅仅在于信息范围存在差异，其通过信息的未公开性和价格影响性获利的本质是相同的，均损害了相关投资者的合法利益和证券、期货市场公平公正的交易秩序，都对金融市场的长远健康发展造成严重破坏。刑法将两罪一并放在第一百八十条分两款予以规定，也是对两罪违法和责任程度相当的认可。因此，从目的解释的角度看，如果刑法第一百八

---

① 赵秉志主编．当代刑法学［M］．中国政法大学出版社，2009：73.

十条第四款不能全部援引同条第一款的法定刑，就达不到全面、有效保护法益的目的，会人为造成处罚漏洞，放纵犯罪。因此，从刑法的目的解释看，利用未公开信息交易罪的法定刑必然包括了《刑法》第一百八十条第一款规定中"情节特别严重"的情形。

3. 援引法定刑的体系解释

在通常的刑法解释中，如果运用文义解释难以得出确定结论，或者其结论难以说服其他解释者时，就会用到体系解释方法。所谓体系解释，是指根据刑法条文在整个刑法中的地位，联系相关法条的含义，阐明其规范意旨的解释方法。刑法第一百八十条第四款属于援引法定刑的情形。由于涉及被援引的条文，甚至可能涉及除援引条文和被援引条文之外的其他条文，要正确理解援引条文，就应当运用体系解释的方法，在整个法律体系中"将需要解释的法律条文与其他法律条文联系起来，按照逻辑规则，从该法律条文与其他法律条文的关系、该法律条文在所属法律文件中的地位、有关法律规范与法律制度的联系等方面入手，系统全面地分析该法律条文的含义和内容，以免孤立地、片面地理解该法律条文的含义"①。从体系解释上理解，纵观我国《刑法》分则条文，与利用未公开信息交易罪与内幕交易、泄露内幕信息罪在法条关系、条文结构、法定刑配置等内容上是完全相同的，只有《刑法》第二百八十五条第二款非法获取计算机信息系统数据、非法控制计算机信息系统罪与第三款提供侵入、非法控制计算机信息系统程序、工具罪。其中，提供侵入、非法控制计算机信息系统程序、工具罪的刑法条文也使用了"情节严重的，依照前款的规定处罚"的规范设计结构。虽然刑法理论并未将之作为问题予以深究，但司法实践毫无争议地对提供侵入、非法控制计算机信息系统程序、工具罪，适用"情节严重"与"情节特别严重"两个档次的法定刑。2011年最高人民法院、最高人民检察院《关于办理危害计算机信息系统安全刑事案件应用法律若干问题的解释》的第三条明确规定，刑法第二百八十五条第三款包含有情节严重、情节特别严重两个量刑幅度。司法解释的这一规定，表明了最高司法机关对援引法定刑立法的一贯理解。因此，从刑法的体系解释看，利用未公开信息交易罪的法定刑必然包括了《刑法》第一百八十条第一款规定中"情节特别严重"的情形。

（三）关于存疑时有利于被告原则的适用范围

在刑事诉讼法中，存疑时有利于被告人原则（in dubio pro reo，也称罪疑唯轻原则），被视为"刑事司法的基础性原则""法律适用的基本前提"②，其尊崇

---

① 葛洪义. 法律方法讲义 ［M］. 中国人民大学出版社，2009：182.

② Stree, In dubio pro reo, 1962, S. 5；Kuchinke, Grenzen der Nachprüfbarkeit tatrichterlicher Würdigung und Feststellungen in der Revision – sinstanz, 1964, S. 219.

地位可同刑法领域里被视为"基本的依法治国前提"的罪刑法定原则（nullum crimen seine lege）相媲美。[①] 但是，与罪刑法定原则受到普遍认可而鲜招争议不同，"尽管罪疑唯轻原则在其核心事项上广受赞同，却又在具体方面尚无定论"。关于罪疑唯轻原则，一个影响颇巨的分歧表现为，可否将"存疑时有利于被告人"作为刑事实体法的解释原则，具体争议如下。[②]

从理论上看，2002 年，张明楷教授撰文指出，存疑时有利于被告原则只是刑事诉讼法上的证据法则，只适用于对事实存在疑问的情形，而不适用于对法律疑问之澄清，对法律的严格解释并不意味着法律存在疑问时应当作有利于被告人的解释。其后，时延安、邱兴隆教授先后撰文明确主张，应将有利于被告人原则纳入刑事实体法领域，当刑法的规定在适用中发生冲突及规定模糊时，优先考虑有利于被告人的定罪、量刑，而不得优先考虑不利于被告人的定罪、量刑。这一争论迅速在我国刑法学界引发热议，并经久不衰，持否定论者甚众，持肯定论者也有之。

从司法实践看，我国绝大多数司法机关是在关于罪量要素的证据不足或证据冲突时，适用"有利于被告"原则以确定作为量刑基准的罪量要素，有的法院为了避免争议，直接使用了"事实存疑有利于被告""证据存疑有利于被告"等措辞。不过，在司法实务中，也仍然存在着主张在刑事实体法解释中适用有利于被告原则的观点。在指控一起聚众斗殴案时，四川省武胜县人民检察院指出："钢管是否属械具无明确规定，从利于被告角度出发，本案未指控持械聚众斗殴。"另外，在最高人民法院审理的马乐利用未公开信息交易案中，也明确使用了"有利于被告的原则"进行说理论证。

本书认为，将刑事诉讼法中的"有利于被告原则"引入为刑事实体法的解释原则更符合司法实践。换而言之，有利于被告原则既适用于事实认定又适用于法律适用，即在事实认定并无疑问，但刑法适用出现难以解决的疑难时，也应当作有利于被告人的适用结论，理由如下：一是刑法解释并不能解决所有问题，在法律适用上总会有难以解决的疑问；二是刑法解释出现难以解决的问题，是因为法律规定不完善，这一后果应当由国家承担，而不能转嫁给被告人；三是法律应当发挥好指引作用，当刑法规范的指引作用不明确时，对行为人科处刑罚是不正当的；四是刑法和刑事诉讼法都有保障人权和保护社会的价值追求，当两者不能协调时，应当按照罪刑法定原则的要求，选择优先保障人权。也就是在此种情况下，适用法律要有利于被告人，以防止司法擅权、侵犯人权。不过值得注意的是，《刑法》第一百八十条第四款援引法定刑的目的是为了避免法

---

① Roxin, Strafrecht AT, Bd. I, 4. Aufl., 2006, § 5, Rdn. 2.
② 袁国何. 刑法解释中有利于被告人原则之证否 [J]. 政治与法律，2017（6）：122—123.

条文字表述重复，并不属于法律规定不明确的情形。法条没有重复表述不等同于法律没有明确规定。在法律已有明确规定的情况下，应当适用该法律规定，而不再适用有利于被告人的原则。

综上所述，在马乐利用未公开信息交易案中，最高人民法院对被告人适用"情节特别严重"的法定刑合法合理。

第十三章

编造并传播证券、期货交易虚假信息罪

第一节　罪名、犯罪构成及立案追诉标准

一、概念与罪名渊源

（一）概念

编造并传播证券、期货交易虚假信息罪，是指编造并且传播影响证券、期货交易的虚假信息，扰乱证券、期货交易市场，造成严重后果的行为。

（二）罪名渊源

1979 年《刑法》并没有规定编造并传播证券、期货交易虚假信息的行为。为了维护证券交易秩序，打击证券欺诈等犯罪行为，1997 年《刑法》修订时增加了相关条文进行规定。其中，第一百八十一条第一款和第三款规定："编造并传播影响证券交易的虚假信息，扰乱证券交易市场，造成严重后果的，处五年以下有期徒刑或者拘役，并处或者单处一万元以上十万元以下罚金。单位犯前款罪的，对单位判处罚金，并对直接负责的主管人员和其他直接责任人员，处五年以下有期徒刑或者拘役。"1999 年《刑法修正案》修改、补充了 1997 年《刑法》有关期货犯罪的 4 个条文。在《刑法修正案（草案）》说明中，有关部门提议："《关于惩治期货犯罪的决定（草案）》对擅自设立期货交易所、期货经纪公司的行为，期货交易中的内幕交易行为，编造并传播期货交易虚假信息以及诱骗投资者买卖期货的行为，操纵期货交易价格的行为和非法从事期货交易等行为，规定为犯罪。考虑到上述规定与刑法中对证券犯罪的规定相类似，根据一些常委委员、部门和专家的意见，法律委员会建议将这类犯罪与证券犯罪合并规定，对刑法第一百七十四条、第一百八十条、第一百八十一条、第一百八十二条作出修改、补充。"[①] 其中，第一百八十一条修改为："编造并传播影响证券、期货交易的虚假信息，扰乱证券、期货交易市场，造成严重后果的，处五年以下有期徒刑或者拘役，并处或者单处一万元以上十万元以下罚金。单位犯前款罪的，对单位判处罚金，并对直接负责的主管人员和其他直接责任人员，处五年以下有期徒刑或者拘役。"其主要修改之处在于直接在条文中增添了"期货"二字。根据 1997 年 12 月 25 日最高人民检察院发布的《关于适用刑法分则规定的犯罪的罪名的意见（根据历次补充规定修正）》，将修改后的《刑法》第一百八十一条的罪名确定为"编造并传播证券、期货交易虚假信息罪"，

---

① 高铭暄，赵秉志. 新中国刑法立法文献资料总览（第二版）[M]. 中国人民公安大学出版社，2015：781.

取消了"编造并传播证券交易虚假信息罪"的罪名。

二、本罪的犯罪构成要件

（一）本罪的客体

本罪侵犯的客体是国家对证券、期货交易市场的管理秩序和投资者的合法权益。资本市场上的信息传播具有来源多元、类型多样、高度敏感、利益驱动明显的突出特点，常见的虚假、误导性信息不仅涉及上市公司经营、证券期货经营机构资金走向，还涉及监管部门执法动向与宏观经济政策，不仅引发证券期货价格波动，还严重扰乱市场秩序和损害广大投资者的合法权益，甚至诱发金融风险。[1] 严厉打击编造、传播证券期货虚假信息的违法犯罪行为，一直是中国证监会乃至各国证券期货监管机构的监管执法重点。刑法作为法律手段中最为重要也是最后一道防线，也有必要对此类犯罪行为进行严厉打击，以维护证券、期货交易安全。

（二）本罪的客观方面

本罪的客观方面表现为编造并且传播影响证券、期货交易的虚假信息，扰乱证券、期货交易市场，造成严重后果的行为。

1. 行为人实施了编造并且传播影响证券、期货交易的虚假信息的行为

所谓"编造"，是指捏造虚假信息，既包括虚构不存在的信息，也包括篡改、加工、隐瞒真实的信息。本罪中的编造行为具有以下特征：一是无中生有的虚构行为。这是指对根本不存在的事实或者没有发生的事实进行凭空捏造，使人认为是客观上存在或发生的事实，如捏造并不存在的公司进行证券交易活动的事实，宣称并没有进行的公司重大的活动等。二是有中生无的掩饰行为。这是指对客观存在的事实进行歪曲，使人认为该事实不存在或没有发生。需要注意的是，这里的"隐瞒"并不是单纯地故意遗漏，而是在此行为中伴随着对客观事实进行歪曲、否认。因为，"隐瞒"是相对于"公开"而言的，如果没有虚假事实的"公开"衬托，则不可能实施"隐瞒"行为。因此，这里的隐瞒也具备了"造假"的性质。三是篡改、加工等行为。这是指对真实的事实进行添油加醋、夸大缩小，使其半真半假。这类行为与前两类行为的不同只是虚构的程度不同而已，并没有实质的差异，而且在实践中这类行为所编造的部分事实是真实、部分事实是虚构的信息往往更具有误导投资者的作用。

所谓"传播"，是指使用各种方法使虚假信息处于不特定人数或者多数人知悉或可能知悉的状态。本罪中的传播行为应具有以下三个特征：一是传播手段

---

[1] 鲍仁. 证监会：依法严惩编造传播证券期货虚假信息行为 [N]. 期货日报，2016-10-17.

的多样性。这是指不仅可以以口头传播、书信传播、散发传单等形式传播，也可以通过电视、报纸等媒体传播，还可以通过电话、网络等途径传播，总之传播的手段可以多种多样，不应限制于某一种或几种手段。二是传播的对象必须是不特定或多数的人。这是指传播必须在行为人以外的一定的范围里进行，而不能是针对个别人或者几个人进行。也就是传播的对象必须是不特定或多数的人员。这里所谓的"不特定"是指传播所涉及的人员事先无法具体确定，行为人对此无法具体预料也难以实际控制，传播所知悉或可能所知悉的人员随时可能扩大或增加。所谓的"多数人"则难以用具体数字表述，通常只要向较多的人员散布信息，使其知悉或可能知悉时，就可以认定为本罪的传播行为。三是传播的实质是指使行为对象处于知悉或可能知悉的状态。这是指传播在本质上是行为人将信息散布给他人，使他人了解或可能了解信息的内容。因而行为人如果未能使他人处于知悉或可能知悉其提供的信息，则不能认定为行为人实施了传播行为。

所谓"编造并传播"，是指行为人不仅实施了编造行为，而且还需实施传播行为，二者缺一不可。如果行为人只实施了编造行为，则不能被评价为本罪的犯罪行为。同样，如果行为人没有实施编造行为，而是仅单纯地传播了他人编造的能够影响证券、期货交易的虚假信息，则也不能被评价为本罪的犯罪行为。当然，如果行为人明知是他人编造的能够影响证券、期货交易虚假信息而予以传播的，则可以被评价为本罪的"编造并传播"行为。因此，在司法实践中，应当根据不同情形加以区分。

关于"影响证券、期货交易的虚假信息"，由于刑法理论和司法实践中对该虚假信息的内容和范围存在较大的争议，本书将其放在本章第二节予以深入探讨。

2. 上述行为须扰乱证券、期货交易市场，造成了严重后果

成立本罪，行为人所实施的行为还须具备扰乱证券、期货交易市场，造成严重后果。如果犯罪构成中客观方面之危害后果没有达到相应标准，则不构成本罪。至于"严重后果"的具体标准，可以参见 2010 年 5 月最高人民检察院、公安部发布的《关于公安机关管辖的刑事案件立案追诉标准的规定（二）》第三十七条的规定。

（三）本罪的主体

本罪的主体为一般主体，即年满 16 周岁、具有刑事责任能力的自然人。单位构成犯罪的，依法追究刑事责任。

（四）本罪的主观方面

本罪的主观方面是故意，包括直接故意和间接故意，即行为人明知编造并

传播证券、期货交易虚假信息的行为，会发生危害国家对证券、期货交易市场的管理秩序和投资者的合法权益之结果，并且希望或者放任这种危害结果的发生。如果行为人过失实施了上述行为，则不构成本罪。

三、本罪的立案追诉标准适用指南

根据 2010 年 5 月最高人民检察院、公安部发布的《关于公安机关管辖的刑事案件立案追诉标准的规定（二）》的规定，本罪的立案标准为：

第三十七条　涉嫌下列情形之一的，应予立案追诉：

（一）获利或者避免损失数额累计在五万元以上的；

（二）造成投资者直接经济损失数额在五万元以上的；

（三）致使交易价格和交易量异常波动的；

（四）虽未达到上述数额标准，但多次编造并且传播影响证券、期货交易的虚假信息的；

（五）其他造成严重后果的情形。

第八十九条　对于预备犯、未遂犯、中止犯，需要追究刑事责任的，应予立案追诉。

第九十条　本规定中的立案追诉标准，除法律、司法解释、本规定中另有规定的以外，适用于相应的单位犯罪。

第九十一条　本规定中的"以上"，包括本数。

第二节　司法实务认定中的疑难问题

一、如何界定本罪中"虚假信息"的范围

在本罪中，能够影响证券、期货交易"虚假信息"的范围决定着罪与非罪的认定问题。如果行为人编造并传播的不是能够影响证券、期货交易的"虚假信息"，则不成立本罪。关于本罪中"虚假信息"的范围，刑法理论和司法实践上一直存在争议。

有观点认为："编造并传播的证券、期货交易虚假信息必须属于'重要内容'或者'实质性内容'，否则，不构成本罪。也就是说，如果行为人虽然编造并传播了证券、期货交易的虚假信息，但由于该信息不属于'重大信息'或者'实质性内容'，则不能追究行为人的刑事责任。'重要信息'或者'实质性内容'就是指容易给人以虚假印象，使人误解的陈述。是否会误导投资者的投资决定，或者误导证券、期货市场价格的变化，是判定是否'重要'的标准。重大信息可依据《禁止证券欺诈行为暂行办法》（已失效）第五条来认定，包括可

能对证券、期货市场价格有显著影响的国家政策变化和发行人直接相关的内外部事务的信息。当然，本罪的虚假信息对证券、期货市场的影响并不单纯依靠《禁止证券欺诈行为暂行办法》来认定，有时尽管编造并传播了《禁止证券欺诈行为暂行办法》中所列举的虚假信息，但对证券、期货交易并未产生影响，这时就不宜按本罪来处置。换而言之，本罪中所编造并传播的虚假信息宜视市场的反应而定，如市场对此反应强烈，则属于影响证券、期货交易的虚假信息，反之亦然。"①

持反对的观点认为："对于虚假信息内容和范围的确定理应有一个客观标准。上述一些观点中认为判断虚假信息是否重要，关键要看这种信息对市场的影响。对此我们不能赞同，理由是：如果以市场的影响来决定信息的是否重要，一方面存在有很大的不确定性，因为一种信息对市场的影响在不同地区或者不同时间段内完全可能有所不同，实际上应以什么作为标准很难确定；另一方面极大地增加了实践中的主观臆断性，因为一种信息对市场的影响程度，可能各人的感受都有所不同，往往是仁者见仁，智者见智，很难统一。所以这种观点多少有点与我国刑法中确立的罪刑法定原则相背离。应该看到，由于编造并传播证券、期货虚假信息属于刑法中的'行政犯'（或称'法定犯'）范畴，因此，对于有关虚假信息属于重大信息当然应依据有关行政法规中的规定内容来判断。而《禁止证券欺诈行为暂行办法》等行政法规中已经对此内容作出了明确规定，就应该严格依照执行。"②

本书认为，上述观点皆有一定的道理，但都存在一定的不足之处。关于第一种观点，其认为本罪中的"虚假信息"应具备"重要性"特征，即能够对证券、期货市场产生强烈影响。判定信息是否"重要"，应采取形式和实质相结合的方法进行认定。形式上，可依据相关法律法规的规定进行认定，如《禁止证券欺诈行为暂行办法》中所列举的信息；实质上，在相关法律法规的基础上进一步判断该信息是否能够产生现实影响。虽然该观点具有一定的合理性，但问题是，论者排除了实践中非重要信息也能够对证券、期货市场产生重大影响的情形。具体而言，从本罪的罪状看，其并没有要求"虚假信息"必须具备"重要性"特征。只要行为人编造并传播的"虚假信息"能够影响证券、期货交易的，该信息也能够为本罪所评价。言外之意在于，条文中所传达的"重要"并不是指信息内容本身是重大的，而是指信息所产生的影响是重大的。因此，论者不当地缩小了本罪中"虚假信息"的范围并符合立法原意和司法实践。关于第二种观点，其认为本罪是法定犯，这种犯罪的属性本身就决定了"虚假信息"

---

① 张军. 破坏金融管理秩序罪 [M]. 中国人民公安大学出版社，1999：314—315.
② 刘宪权. 证券期货犯罪理论与实务 [M]. 商务印书馆，2006：377.

的认定应当严格按照相关法律法规所规定的条款执行。只有确立了统一的客观判断标准，才能使司法实践不会陷入"难以"判断的局面。该观点并不具有说服力，理由如下：一是混淆了行政违法性与刑事违法性的关系。具体而言，行政违法性判断是刑事违法性判断的前提，刑事违法性判断又相对独立于行政违法性判断。如有学者就指出，"对于法定犯而言，行政违法性是第一层次判断，刑事违法性是第二层次判断。第二层次判断依赖于第一层次的判断，但是经过第一层次判断得出的肯定结论，并不能直接推导出第二层次的结论"。① 换句话说，虽然本罪属于法定犯，但也并不意味着依赖于行政违法性的判断是正确的，应当还须进行刑事违法性判断。如有时尽管编造并传播了《禁止证券欺诈行为暂行办法》中所列举的虚假信息，但事实上该信息并未对证券、期货交易产生影响，即此处的虚假信息并不是刑法规定中的"虚假信息"，其不具备刑法意义上的虚假特征。退一步讲，目前相关法律法规中所规定的"重要信息"也并不能完全一一列举，即兜底式条款的数量不占少数，仅依赖于行政违法性判断"虚假信息"的内涵并不能实际解决问题。通常的做法是，还须进行刑事违法性的进一步判断。二是混淆了刑法与刑事诉讼法的关系。论者认为，对证券、期货市场产生影响的"虚假信息"在实践中"难以"统一判断，进而采取形式判断标准的观点更令人不能信服。相比较而言，刑法要解决的是实体法的问题，而刑事诉讼法更多解决的是程序上的问题，不能仅因为实践中存在"难以"取证、判断等困难，而否认客观事实的存在。事实上，即便"虚假信息"不属于相关法律法规中所列举的内容，也不能断然将之排除在本罪之外。只要行为人编造并传播的"虚假信息"足以影响证券、期货交易，则该信息就具备了本罪"虚假信息"的实质特征。本书认为，本罪中对能够产生影响的"虚假信息"的判断应有以下标准：一是进行形式判断，即依据《证券法》第六十七条第二款所列举的"重大事件"、第七十五条规定的"计划""方案"，《期货交易管理条例》第八十五条第十一项规定的"政策""决定"以及第二款规定的"动议""决策""筹划"等内容进行判断。二是进行实质判断，即在上述规定的基础之上判断该信息是否对证券、期货交易产生实质影响；另外，对于上述规定之外的一般信息也需做出相应认定。凡是对证券、期货交易产生影响的虚假信息，都应被本罪"虚假信息"所评价。三是上述相关信息必须是虚假的，如果是真实的，则可能构成内幕交易、泄露内幕信息罪等犯罪。

二、对于"预测或者推定"行为应如何定性

实践中，往往会出现诸如新闻报道、股市评价分析等现象，即相关人员或

---

① 时延安. 行政处罚权与刑罚权的纠葛及其厘清［J］. 东方法学，2008（4）：103.

者单位会根据已掌握的材料、知识和经验对未来证券、期货交易进行预测或者推定以便投资者更好地把握投资方向。当然，这些"预测或者推定"行为的结果有时并不完全准确，甚至严重错误。针对该情形，是否能以《刑法》第一百八十一条第一款所规定的编造并传播证券、期货交易虚假信息罪论处？理论上，关于该问题有不同看法。

有观点认为："这种情况需要具体分析，不能一概而论。首先，行为人主观上并无编造并传播虚假信息的故意，客观上根据自己掌握的真实材料、知识和经验进行分析，从而在报道或股评中断定具有某种情况，而该种情况实际并不存在。这种情况，是行为人分析判断失误的行为，不是故意编造并传播虚假信息，因而不构成犯罪。其次，如果在新闻报道或股评分析中，歪曲事实或无根据判断具有某种情况，实际上该情况并不存在，这也是一种判断生虚假信息。这种判断行为实质上是在报道或股评中故意编造并传播证券、期货交易虚假信息，如果因此而扰乱证券、期货交易市场，造成严重后果，应按本罪惩处。最后，将虚假信息当作真实信息报道或在股评中使用的，则还应当区别不同情况认定：其一，如果不知是虚假信息而当作真实信息报道或在股评中使用，则是过失传播虚假信息，不构成本罪；其二，如果知道是虚假信息，而且与虚假信息编造者有共同故意，因而将虚假信息当作真实信息报道或使用的，则与虚假信息编造者构成本罪的共犯；其三，如果知道是虚假信息，但与虚假信息制造者并没有共同的故意，因毕竟没有编造行为而构成单纯的传播虚假信息的行为，不构成本罪。但此行为构成了《禁止证券欺诈行为暂行办法》规定的以'散布谣言等手段影响证券发行、交易'的行为，应按照操纵证券、期货市场行为给予行政处罚。"①

也有观点认为："区分预测错误与本罪的界限主要应当把握下面几点：首先，考察期预测是否出于善意。善意是指预测的目的和动机不是为了欺骗投资者，不是出于不正当的目的或者其他犯罪意图。其次，考察预测是否有合理根据。所谓合理根据是指行为人的预测不是凭空捏造而是以有关事实为依据。再次，考察预测人的资格。即审查预测人的素质、职业、经历等，判断预测人是否具有预测能力和其他应具备的条件。最后，考察预测方法、途径是否科学、合理。即审查预测的进行过程是否科学合理，是否具有内在逻辑等。如果预测具有合理根据，行为人也是出于善意，具有一定的预测能力，预测过程也比较合理，预测偏差、错误的产生是因为客观因素如突发事件或主体素质限制等而导致，则不能认定为构成编造并传播证券、期货交易虚假信息罪。"②

① 胡启忠，等. 金融犯罪论［M］. 西南财经大学出版社，2001：277.
② 张军. 破坏金融管理秩序罪［M］. 中国人民公安大学出版社，1999：323.

本书认为，上述观点具有一定的合理性，但不能更为准确且容易地把握"预测或者推定"行为的性质。在司法实践中，判断"预测或者推定"行为是否成立本罪，应当把握两点：一是关于预测或者推定的信息来源问题；二是所预测或者推定的信息真实性问题。具体详见下文。

（一）引用他人信息而做出相关预测或者推定行为的情形

依据《刑法》第一百八十一条第一款的规定，本罪的客观行为方式表现为编造并传播影响证券、期货交易虚假信息。可见，"编造行为"与"传播行为"是并列存在的，缺少任一行为则不能构成本罪。引用他人信息而做出相关预测或者推定行为是否成立本罪，实践中应区分不同情况：一是所引用的信息是他人编造的，但行为人误以为是真实可靠的信息而予以分析预测或者推定的情形。虽然行为人客观上具有编造并传播影响证券、期货交易虚假信息的行为，但其主观上没有编造并传播虚假信息的故意，故不成立本罪。二是所引用的信息是他人编造的，行为人明知是虚假信息而予以进一步分析"预测或者推定"的情形。需要指出的是，在该情形中，行为人进一步"预测或者推定"的行为实质上已被"编造行为"所评价，即属于"二次编造行为"。事实上，行为人主观上已具有编造并传播虚假信息的故意，客观上也实施了编造并传播影响证券、期货交易虚假信息的行为，故成立本罪（造成了严重后果，以下同上）。当然，如果行为人明知是他人编造的虚假信息而予以合作进行传播的，则构成共同犯罪。三是所引用他人的信息是真实的，但行为人故意歪曲事实而予以分析预测或者推定的情形。此种情形，行为人主客观上都具备了编造并传播影响证券、期货交易虚假信息的故意和行为，成立本罪没有疑问。

（二）根据自身判断而做出相关预测或者推定行为的情形

在实践中，行为人根据自身判断而做出相关预测或者推定行为的，也应区分不同情况：一是过失判断而导致预测或者推定严重失实的情形。行为人根据自己已掌握的真实材料、知识和经验等进行分析，由于疏忽大意或者过于自信地判断而导致现实结果严重失实的，则不成立本罪。因为，行为人要构成本罪须主观上具有犯罪故意。二是故意歪曲事实而导致预测或者推定严重失实的情形。即行为人主观上具有编造并传播虚假信息的故意，客观上也实施了编造并传播影响证券、期货交易虚假信息的行为，故成立本罪。三是基于意外事件而导致预测或者推定严重失实的情形。此情形中，则不能认定为构成编造并传播证券、期货交易虚假信息罪。这里还需注意的是，关于"根据自身判断"的考察，还须借鉴上文观点二的论述，即"根据自身判断"还须符合合理根据的特点。如果行为人根据自身的判断是毫无根据，即凭空捏造的，则应认定其为编造虚假信息。

三、如何定性"以诱使为目的而欺诈操纵市场"的行为

首先应当区分的是，本罪与操纵证券、期货市场罪的界限问题。操纵证券、期货市场罪，是指行为人违法操纵证券、期货市场，情节严重的行为。本罪与操纵证券、期货市场罪存在诸多相似之处：一是两罪侵犯的客体相同，即国家对证券、期货市场的管理秩序和广大投资者的合法权益；二是两罪的犯罪主体相同，即都是一般主体，年满 16 周岁、具有刑事责任能力的自然人和单位；三是两罪的犯罪手段相同，即行为人都采用了欺诈方式实施犯罪；四是两罪都是故意犯罪，即行为人明知自己的行为会发生危害社会的结果，并且希望或者放任这种结果的发生。

虽然本罪与操纵证券、期货市场罪有很多相似之处，但两罪之间也存在明显的区别，主要表现在客观方面行为的差异：编造并传播证券、期货交易虚假信息罪的客观方面行为表现为编造并且传播影响证券、期货交易的虚假信息，扰乱证券、期货交易市场，造成严重后果的行为；而操纵证券、期货市场罪的客观方面行为则表现为操纵证券、期货市场，情节严重的下列行为：（一）单独或者合谋，集中资金优势、持股或者持仓优势或者利用信息优势联合或者连续买卖，操纵证券、期货交易价格或者证券、期货交易量的；（二）与他人串通，以事先约定的时间、价格和方式相互进行证券、期货交易，影响证券、期货交易价格或者证券、期货交易量的；（三）在自己实际控制的账户之间进行证券交易，或者以自己为交易对象，自买自卖期货合约，影响证券、期货交易价格或者证券、期货交易量的；（四）以其他方法操纵证券、期货市场的。

在司法实践中，由于两罪都是采用欺诈的方式实施犯罪，准确区分两罪并不容易。例如，对于以诱使投资者大量跟进为目的，以欺诈的方式操纵证券价格的行为，应当如何定性？下文举例予以说明：2012 年 7 月至 2014 年 5 月，谭某某控制使用"李某某""吴某某""严某某"等 3 人账户，在先期建仓后，通过开盘集合竞价阶段虚假申报撤单，随后反向卖出，盘中连续竞价阶段频繁使用小额买单申报成交，以及大额买单虚假申报后迅速撤单等方式挂高股价，诱导其他投资者跟进，在股价推高、其他投资者买盘跟进后，迅速反向大额买单卖出等方式进行虚假申报操纵，共涉及 25 只股票，获利 400 余万元。案发后，谭某某被予以处罚。有观点认为，谭某某频繁大量买入申报并不是以实际买入成交为目的，而是为了影响其他投资者对股票供求和价格走势的判断，诱导其跟进买入，推高股价，随后再以相对较高的价格卖出其实际持有的股票，属于《证券法》第七十七条第一款第四项规定的"以其他手段操纵证券市场"，该行为属于操纵证券市场的行为。还有观点认为："谭某某的行为确实影响了证券价格，但是不能够以操纵证券市场罪定罪处罚。该种行为不属于操纵证券市场的

行为。依照上述法律规定，采用体系解释的解读方法，第四款以其他方法操纵证券市场的行为方式必须与前三款在行为性质上具有相当性，唯有如此才不会侵害国民对于刑法的可预测性，才能够维护罪刑法定的基本原则。本条中，前三款操纵证券市场行为的共同特征是行为本身参与了证券交易，且该证券交易行为直接推动了证券市场证券价格波动，因此，第四款以其他方法操纵证券市场的行为方式必须同样参与证券交易，并直接推动证券市场证券价格波动。本案中，行为人进行虚假大单申报根本不具有真实交易的意思，实际上申单行为也不存在真实的证券交易，因此，该行为本身不构成《刑法》中的操纵证券市场罪。但这并不意味着犯罪分子就有了可乘之机。我国刑法第一百八十一条规定了编造并传播证券交易虚假信息罪：'编造并且传播影响证券、期货交易的虚假信息，扰乱证券、期货交易市场，造成严重后果的，处五年以下有期徒刑或者拘役，并处或者单处1万元以上10万元以下罚金。'在本文看来，行为人虚假申单并诱使其他投资人交易证券的行为属于故意编造并传播影响证券、期货交易的虚假信息，由此造成证券市场剧烈波动等严重后果的，可以依照本罪定罪处罚。"[1]

本书认为，观点一部分正确，观点二部分错误。具体而言，行为人主观上具备了操纵证券价格的故意，客观上也实施了操纵证券价格的行为。至于该行为是否属于"以其他方法操纵证券、期货市场的"情形，应采用相当性解释方法进行判断。观点二片面理解该罪的行为性质，故不足取，理由如下：论者认为操纵证券、期货市场罪的行为性质是必须存在真实交易，该说法并不准确。事实上，该罪本质上是一种欺诈交易，如行为人在自己实际控制的账户之间进行证券交易，或者以自己为交易对象，自买自卖期货合约，影响证券、期货交易价格或者证券、期货交易量的情形。根据相当性解释方法，该例中谭某某的行为可以被该罪中"以其他方法操纵证券、期货市场的"所评价。因此，依据主客观相统一的原则，行为人构成操纵证券、期货市场罪没有疑问。另外，还应当看到的是，行为人还实施了编造虚假证券价格信息的行为（欺诈操纵致使价格不真实反映），并使该信息处于不特定多数人知悉的状态（投资者大量跟进），依法构成编造并传播证券、期货交易虚假信息罪。由于两罪之间的行为存在手段与目的的关系，同时也具有刑法意义上的牵连关系，应按照牵连犯的处断原则进行定罪处罚。

四、本罪与内幕交易、泄露内幕信息罪的界限

内幕交易、泄露内幕信息罪，是指证券、期货交易内幕信息的知情人员、

---

① 肖飒，张超. 编造并传播虚假信息罪之再理解［N］. 证券时报，2015－11－14.

单位或者非法获取证券、期货交易内幕信息的人员、单位，在涉及证券的发行、证券、期货交易或者其他对证券、期货交易价格有重大影响的信息尚未公开前，买入或者卖出该证券，或者从事与该内幕信息有关的期货交易，或者泄露该信息，或者明示、暗示他人从事上述交易活动，情节严重的行为。本罪与内幕交易、泄露内幕信息罪存在诸多相似之处：一是两罪侵犯的客体相同，即国家对证券、期货市场的管理秩序和广大投资者的合法权益；二是两罪的犯罪手段部分相同，即行为人都是通过信息而实施犯罪；三是两罪都是故意犯罪，即行为人明知自己的行为会发生危害社会的结果，并且希望或者放任这种结果的发生（其中内幕交易罪仅限于直接故意）。

虽然本罪与内幕交易、泄露内幕信息罪有很多相似之处，但两罪之间也存在明显的区别，主要表现在以下几个方面：一是两罪的犯罪具体对象不同（信息内容）。对于内幕信息而言，主要涉及上市公司本身的经营、财务或其他对该公司证券价格有重大影响的信息，其实质内容均聚焦在公司本身上，或与公司运营有紧密关联性；对于虚假信息而言，则一般表现为虚假的内幕信息，但也不限于此，如包括虚假的其他未公开信息等。二是两罪的客观方面行为不同。编造并传播证券、期货交易虚假信息罪的客观方面行为表现为编造并且传播影响证券、期货交易的虚假信息，扰乱证券、期货交易市场，造成严重后果的行为；而内幕交易、泄露内幕信息罪的客观方面行为表现为行为人在涉及证券的发行，证券、期货交易或者其他对证券、期货交易价格有重大影响的信息尚未公开前，买入或者卖出该证券，或者从事与该内幕信息有关的期货交易，或者泄露该信息，或者明示、暗示他人从事上述交易活动，情节严重的行为。三是两罪的犯罪主体不同。编造并传播证券、期货交易虚假信息罪的犯罪主体为一般主体，即年满16周岁、具有刑事责任能力的自然人和单位；而内幕交易、泄露内幕信息罪的犯罪主体为特殊主体，即证券、期货交易内幕信息的知情人员和单位，以及非法获取证券、期货交易内幕信息的其他人员和单位。四是两罪的立案追诉标准不同。编造并传播证券、期货交易虚假信息罪的立案标准为：（一）获利或者避免损失数额累计在五万元以上的；（二）造成投资者直接经济损失数额在五万元以上的；（三）致使交易价格和交易量异常波动的；（四）虽未达到上述数额标准，但多次编造并且传播影响证券、期货交易的虚假信息的；（五）其他造成严重后果的情形。而内幕交易、泄露内幕信息罪的立案标准为：（一）证券交易成交额累计在五十万元以上的；（二）期货交易占用保证金数额累计在三十万元以上的；（三）获利或者避免损失数额累计在十五万元以上的；（四）多次进行内幕交易、泄露内幕信息的；（五）其他情节严重的情形。

第三节　典型司法案例解析

——李定兴编造并传播证券交易虚假信息案

一、基本案情回顾

被告人：李定兴，男，30 岁，湖南省株洲县人，原系株洲县人民政府驻广西壮族自治区北海市办事处广西北海凌海贸易公司业务员。1994 年 5 月 27 日，因涉嫌编造并传播证券交易虚假信息案被湖南省株洲县人民检察院逮捕，同年 12 月 30 日取保候审，1997 年 11 月 7 日再次被逮捕。

湖南省株洲县人民检察院指控称：

被告人李定兴于 1993 年 10 月 7 日、8 日买入江苏省昆山市三山实业股份有限公司（以下简称苏三山公司）的股票 15 万股，花去人民币 1 472 737.5 元，不久苏三山股价连续下跌。被告人李定兴为挽回损失，私刻一枚"广西北海正大置业有限公司"的印章，谎称该公司收购了"苏三山"流通股的 5%，已报告中国证监委、深圳交易所，打印后加盖假公章，邮寄给海南省《特区证券报》《深圳特区报》、深圳证券交易所、苏三山公司。同年 11 月 4 日，李又通过株洲县邮电局 8641 传真机，向海南省《特区证券报》《深圳特区报》发出传真稿件，要求按中国《股票发行与交易管理暂行条例》有关规定公布。同年 11 月 6 日，《特区证券报》原文刊登了被告人李定兴制造的谎言。11 月 8 日，"苏三山"股票价格上涨至每股 11.4 元。当天下午，深圳交易所召开新闻发布会，告诫股民"收购事件"不排除有欺诈行为。次日，"苏三山"股票跳空跌至每股 8.6 元后，又稳定在每股 9.45 元。由于被告人李定兴的行为，造成了 1993 年 11 月 8 日、9 日深圳股市中"苏三山"股票异常波动，8 日单股成交额达 2.2 亿元。被告人李定兴私刻印章，编造谎言，操纵股票市场价格，严重扰乱了国家证券交易市场管理秩序，已触犯《中华人民共和国刑法》第一百八十一条第一款之规定，构成编造并传播证券交易虚假信息罪，请求法院依法判处。

被告人的辩解及其辩护人的辩护意见：

被告人李定兴承认检察机关指控其犯编造并传播证券交易虚假信息罪的事实，但认为，他只是编造虚假信息，传播却是海南《特区证券报》所为，故他的行为不构成犯罪。其辩护人提出：被告人李定兴的行为发生在 1993 年，1979 年《中华人民共和国刑法》并未规定此种犯罪，依照 1997 年《中华人民共和国刑法》第十二条之规定，现在也不应以犯罪论处。

湖南省株洲县人民法院经公开审理查明：

被告人李定兴于 1993 年 10 月 8 日、9 日分别以每股 9.85 元、9.6 元的价格买入"苏三山"股票 15 万股，花去人民币 1 472 737.5 元，不久，"苏三山"股价连续下跌，被告人李定兴为挽回损失，便蓄谋编造虚假信息，促使"苏三山"股票价格回升。1993 年 10 月 18 日，被告人李定兴以"北海一投资公司"的名义，向深圳证券交易所等邮寄匿名信，谎称"公司"已持有"苏三山"股票并准备收购"苏三山"18% 以上股份。同月 28 日，被告人李定兴请人私刻了一枚"广西北海正大置业有限公司"的假印章。同年 11 月 2 日被告人李定兴以"广西北海正大置业有限公司"的名义，分别向"苏三山"公司、《深圳特区报》编辑部、海南省《特区证券报》编辑部邮寄信函，称已持有"苏三山"股票 228 万股，占该公司流动股份的 4.56%，并称上述数据已报告"中国证监会""深圳证券交易所"，要求报社公布该"信息"。同月 5 日，被告人李定兴又以内部传真的形式，从株洲县邮电局 8641 传真机上分别向海南省《特区证券报》编辑部、《深圳特区报》编辑部等发出传真稿，谎称"北海正大置业有限公司"已收购"苏三山"股票 2 503 300 股，占该公司流通股的 5.006%，要求报社公布此事。11 月 6 日，海南省《特区证券报》原文刊登了被告人李定兴编造的假信息。11 月 8 日，被告人李定兴得知"苏三山"股票涨到每股 11.4 元后，抛售"苏三山"股票 9 500 股，得款 118 300 元。即日下午，深圳交易所及时召开新闻发布会，向社会解释交易所了解到的"收购事件"的经过，告诫股民不排除有欺诈行为，请投资者慎重决策。11 月 9 日，"苏三山"股票价格下跌，股价跳空到每股 8.6 元后，又稳定在每股 9.45 元。被告人李定兴得知后，又抛出 140 500 股，得款 1 327 725 元。由于被告人李定兴的行为，造成了 1993 年 11 月 8 日、9 日深圳股市中"苏三山"股票价格异常波动，其中 11 月 8 日单股成交额达 2.2 亿元，严重损害了股民利益，扰乱了证券交易市场的管理秩序。案发后，被告人李定兴主动到株洲县公安局投案自首。

湖南省株洲县人民法院认为：

被告人李定兴为谋取私利，编造并传播影响证券交易的虚假信息，扰乱证券交易市场，造成了严重后果，已触犯《中华人民共和国刑法》第一百八十一条第一款，构成编造并传播证券交易虚假信息罪。被告人李定兴犯罪后主动向公安机关投案自首，根据《中华人民共和国刑法》第六十七条第一款，可从轻处罚。被告人李定兴辩称不构成犯罪的理由不能成立。辩护人提出 1979 年《中华人民共和国刑法》未规定此种犯罪，故现在也不能以犯罪论处的理由不能成立。因依照 1979 年《中华人民共和国刑法》及全国人大常委会《关于严惩严重破坏经济的罪犯的决定》，被告人李定兴的行为构成投机倒把罪，依照 1997 年《中华人民共和国刑法》第十二条规定的原则，对被告人李定兴应以编造并传播证券交易虚假信息罪论处。

1997 年 12 月 26 日，湖南省株洲县人民法院根据《中华人民共和国刑法》

第一百八十一条第一款、第六十七条第一款、第十二条，作出如下判决：

李定兴犯编造并传播证券交易虚假信息罪，判处有期徒刑二年六个月，并处罚金1万元。

（案例来源：湖南省株洲县人民法院（1997）株法刑初字第230号）

二、本案争议焦点及评议

本案审理过程中，双方争议的焦点在于两方面：一是被告人李定兴的行为是否构成编造并传播证券交易虚假信息罪；二是对被告人李定兴能否以投机倒把罪论处。

（一）关于定罪的法律问题

根据1997年《刑法》第一百八十一条第一款和第三款规定："编造并传播影响证券交易的虚假信息，扰乱证券交易市场，造成严重后果的，处五年以下有期徒刑或者拘役，并处或者单处一万元以上十万元以下罚金。单位犯前款罪的，对单位判处罚金，并对直接负责的主管人员和其他直接责任人员，处五年以下有期徒刑或者拘役。"

在本案中，被告人李定兴是否成立编造并传播证券交易虚假信息罪，关键看其行为是否满足本罪的犯罪构成：一是关于犯罪的客体。本罪侵犯的客体是国家对证券交易市场的管理秩序和投资者的合法权益。被告人李定兴编造并传播证券交易虚假信息，其行为造成股价异常波动并给广大投资者带来了重大损失。因此，可以认为被告人李定兴所实施的行为破坏了国家对证券市场的正常管理秩序和损害了投资者的合法权益。二是关于犯罪的客观方面。本罪的客观方面表现为编造并且传播影响证券交易的虚假信息，扰乱证券交易市场，造成严重后果的行为。在案件的审理过程中，被告人李定兴辩称："他只是编造虚假信息，传播却是海南《特区证券报》所为，故他的行为不构成犯罪。"确实，如果仅从本罪的行为构成分析，只有编造行为而没有传播行为，那么不能成立本罪。本罪中的"编造并传播"，是指行为人不仅实施了编造行为，而且还需实施传播行为，二者缺一不可。如果行为人只实施了编造行为，则不能被评价为本罪的犯罪行为。同样，如果行为人没有实施编造行为，而是仅单纯地传播了他人编造的能够影响证券、期货交易的虚假信息，则也不能被评价为本罪的犯罪行为。当然，如果行为人明知是他人编造的能够影响证券、期货交易的虚假信息而予以传播的，则可以被评价为本罪的"编造并传播"行为。事实上，被告人李定兴既有编造行为，同时也具有传播行为。具体而言，虽然客观上虚假信息是经由《特区证券报》所传播，但《特区证券报》并不具有实质审查相关信息真伪的法定义务（一般只具有形式审查义务），其不负有承担传播虚假信息的法律责任。从另一个角度看，《特区证券报》也只不过是被告人李定兴实施传播虚假信息所利用的工具而已。因此，可以认为被告人李定兴实施了编造并传播证券交易虚假信息的行为。另外，被告人所实施的上述行为造成了严重危害后果，如造成了1993年11月8日、9日深圳股市中"苏三山"股票价格异常波动，其中11月8日单股成交额达2.2亿元。总而言之，被告人李定兴的行为符合了本罪的客观方面。三是犯罪的主体。被告人李定兴系株洲县人民政府驻广西壮族自治区北海市办事处广西北海凌海贸易公司业务员，符合本罪一般主体的特征。四是犯罪的主观方面。被告人李定兴明知编造并传播证券、期货交易虚假信息的行为，会发生危害国家对证券、期货交易市场的管理秩序和投资者的合法权益之结果，并且希望或者放任这种危害结果的发生。综上所述，被告人李定兴的行为成立编造并传播证券交易虚假信息罪。

根据1979年《刑法》第一百一十七条的规定："违反金融、外汇、金银、工商管理法规，投机倒把，情节严重的，处三年以下有期徒刑或者拘役，可以并处、单处罚金或者没收财产。"从法律条文看，投机倒把罪，是指以获取非法利润为目的，违反国家金融、外汇、金银、物资、工商等管理法规，非法从事金融和工商业活动，破坏国家金融和市场管理，情节严重的行为。本案中，被告人李定兴的行为违反了国家证券交易管理法规，侵犯了证券证券交易市场秩序；客观方面表现为编造并传播证券交易虚假信息，致使股民利益遭受重大损失，造成了严重的危害后果；主体方面也符合了本罪的特征，即被告人李定兴为年满16周岁且具有刑事责任能力的人；主观方面表现为故意犯罪，且具有非法获取利益的目的。因此，被告人李定兴的行为还触犯了1979年《刑法》第一百一十七条规定的投机倒把罪。

（二）关于罪名的适用问题

在本案中，依法追究被告人李定兴的刑事责任还涉及罪名的适用问题，即刑法溯及力问题。刑法的溯及力，是指刑法生效以后，对于其生效以前未经审判或者判决尚未确定的行为是否适用的问题。如果适用，就是有溯及力；如果不适用，就是没有溯及力。我国《刑法》第十二条规定："中华人民共和国成立以后本法施行以前的行为，如果当时的法律不认为是犯罪的，适用当时的法律；如果当时的法律认为是犯罪的，依照本法总则第四章第八节的规定应当追诉的，按照当时的法律追究刑事责任，但是如果本法不认为是犯罪或者处刑较轻的，适用本法。本法施行以前，依照当时的法律已经作出的生效判决，继续有效。"从法律依据看，我国刑法采用的是从旧兼从轻原则，即新法原则上没有溯及力，但新刑法不认为是犯罪或者处罚较轻的，则要按照新法处理。本案中，被告人李定兴的犯罪行为发生在1993年10月和11月，湖南省株洲县人民检察院于

1994 年 5 月 27 日将其逮捕，同年 12 月 30 日取保候审，1997 年 11 月 7 日再次被逮捕。湖南省株洲县人民法院审理该案期间（1997 年 12 月），《中华人民共和国刑法》开始施行（1997 年 10 月）。本案中，被告人李定兴属于上述新法生效以前未经审判或者判决尚未确定的情形，应对其适用从旧兼从轻原则。根据 1979 年《刑法》第一百一十七条的规定："……情节严重的，处三年以下有期徒刑或者拘役，可以并处、单处罚金或者没收财产。"第六十三条规定："犯罪以后自首的，可以从轻处罚。其中，犯罪较轻的，可以减轻处罚或者免除处罚；犯罪较重的，如果有立功表现，也可以减轻或者免除处罚。"而根据 1997 年《刑法》第一百八十一条规定："编造并传播影响证券交易的虚假信息，扰乱证券交易市场，造成严重后果的，处五年以下有期徒刑或者拘役，并处或者单处一万元以上十万元以下罚金。"第六十七条第一款规定："犯罪以后自动投案，如实供述自己的罪行的，是自首。对于自首的犯罪分子，可以从轻或者减轻处罚。其中，犯罪较轻的，可以免除处罚。"相比较而言，对被告人李定兴适用 1997 年《刑法》第一百八十一条第一款、第六十七条第一款的规定处刑更轻。

综上所述，湖南省株洲县人民法院对被告人李定兴以编造并传播证券交易虚假信息罪论处是正确的。

第十四章

诱骗投资者买卖证券、期货合约罪

第一节　罪名、犯罪构成及立案追诉标准

一、概念与罪名渊源

（一）概念

诱骗投资者买卖证券、期货合约罪，是证券交易所、期货交易所、证券公司、期货经纪公司的从业人员，证券业协会、期货业协会或者证券期货监督管理部门的工作人员，故意提供虚假信息或者伪造、变造、销毁交易记录，诱骗投资者买卖证券、期货合约，造成严重后果的行为。

（二）罪名渊源

1979 年《刑法》并没有规定诱骗投资者买卖证券、期货合约的行为。为了维护证券交易秩序，打击证券欺诈等犯罪行为，1997 年《刑法》修订时增加了相关条文进行规定。其中，第一百八十一条第二款和第三款规定："证券交易所、证券公司的从业人员，证券业协会或者证券管理部门的工作人员，故意提供虚假信息或者伪造、变造、销毁交易记录，诱骗投资者买卖证券，造成严重后果的，处五年以下有期徒刑或者拘役，并处或者单处一万元以上十万元以下罚金；情节特别恶劣的，处五年以上十年以下有期徒刑，并处二万元以上二十万元以下罚金。单位犯前款罪的，对单位判处罚金，并对直接负责的主管人员和其他直接责任人员，处五年以下有期徒刑或者拘役。"1999 年《刑法修正案》修改、补充了 1997 年《刑法》有关期货犯罪的 4 个条文。在《刑法修正案（草案）》说明中，有关部门提议："《关于惩治期货犯罪的决定（草案）》对擅自设立期货交易所、期货经纪公司的行为，期货交易中的内幕交易行为，编造并传播期货交易虚假信息以及诱骗投资者买卖期货的行为，操纵期货交易价格的行为和非法从事期货交易等行为，规定为犯罪。考虑到上述规定与刑法中对证券犯罪的规定相类似，根据一些常委委员、部门和专家的意见，法律委员会建议将这类犯罪与证券犯罪合并规定，对刑法第一百七十四条、第一百八十条、第一百八十一条、第一百八十二条作出修改、补充。"① 其中，第一百八十一条修改为："证券交易所、期货交易所、证券公司、期货经纪公司的从业人员，证券业协会、期货业协会或者证券期货监督管理部门的工作人员，故意提供虚假信息或者伪造、变造、销毁交易记录，诱骗投资者买卖证券、期货合约，造成严

---

① 高铭暄，赵秉志．新中国刑法立法文献资料总览（第二版）［M］．中国人民公安大学出版社，2015：781．

重后果的，处五年以下有期徒刑或者拘役，并处或者单处一万元以上十万元以下罚金；情节特别恶劣的，处五年以上十年以下有期徒刑，并处二万元以上二十万元以下罚金。单位犯前款罪的，对单位判处罚金，并对直接负责的主管人员和其他直接责任人员，处五年以下有期徒刑或者拘役。"其主要修改之处在于直接在条文中增添了"期货"二字。根据1997年12月25日最高人民检察院发布的《关于适用刑法分则规定的犯罪的罪名的意见（根据历次补充规定修正)》，将修改后的《刑法》第一百八十一条的罪名确定为"诱骗投资者买卖证券、期货合约罪"，取消了"诱骗投资者买卖证券罪"的罪名。

二、本罪的犯罪构成要件

（一）本罪的客体

本罪侵犯的客体是国家对证券、期货交易市场的管理秩序和投资者的合法权益。证券、期货市场是市场经济的产物，按照市场经济的要求，证券、期货的发行与交易应当遵循公开、公平、公正和诚实信用的原则。而证券、期货欺诈行为，违背了证券、期货交易的基本原则，使其他投资者处于不利地位，极大地损害了他们的合法权益。在证券、期货欺诈行为中，证券、期货经营机构、证券管理机构及其工作人员实施的诱骗投资者买卖证券、期货合约的行为，具有更大的社会危害性，因为这些机构及其工作人员在获取证券信息、了解证券、期货的交易情况方面，具有比一般人更方便、更快捷的优势，而且公众投资者对来源于他们的信息、有关证券、期货交易情况的资料往往更为信任，因此，如果他们向投资者提供虚假信息或者不真实的证券、期货交易记录，更容易使投资者遭受重大损失。正因为如此，所以各国证券、期货市场都对这类破坏证券、期货管理秩序、严重侵犯投资者合法权益的行为予以严厉的制裁。

（二）本罪的客观方面

本罪的客观方面表现为故意提供虚假信息或者伪造、变造、销毁交易记录，诱骗投资者买卖证券、期货合约，造成严重后果的行为。

1. 行为人实施了故意提供虚假信息的行为或者伪造、变造、销毁交易记录的行为

所谓"提供"，是指将虚假信息供给他人。提供的对象是特定或不特定的投资者，由于行为人提供虚假信息的目的是诱骗投资者买卖证券、期货合约，因而行为人当然是把虚假信息提供给投资者，而且既可能是向某特定的投资者提供，以引诱该投资者买卖证券、期货合约，也可能是向不特定的人传播，以引诱不特定的多数人买卖证券、期货合约。如果行为人把虚假信息提供给非投资者，是否就不会构成诱骗投资者买卖证券、期货合约罪呢？我们认为，答案并

不是绝对的，这时应根据不同情况分别处理：如果行为人明知该非投资者即将入市，或者可能入市而将虚假信息提供给他，或者明知该非投资者可能将行为人提供的虚假信息再提供给其他特定或不特定的投资者，那么行为人的行为仍然构成诱骗投资者买卖证券、期货合约罪；如果行为人并没有认识到该非投资者会入市或将虚假信息再提供给其他特定或不特定的投资者，但该非投资者在接受行为人提供的虚假信息以后，产生了入市的意思进而买卖证券、期货合约或将该虚假信息再提供给其他投资者，则行为人的行为并不构成诱骗投资者买卖证券、期货合约罪；如果行为人误认为该非投资者是证券、期货投资者而向其提供虚假信息以引诱其买卖证券、期货合约，而该非投资者并不想入市、实际上也并未入市，则行为人的行为在理论上可以构成诱骗投资者买卖证券、期货合约罪的未遂，因为此时行为人主观上有诱骗他人买卖证券、期货合约的故意，客观上也有故意提供虚假信息诱骗他人买卖证券、期货合约的行为，只是由于认识错误使得行为人所针对的对象无法完成犯罪，完全符合犯罪未遂的特征，属于对象不能犯的未遂。从提供虚假信息的方式上看，行为人既可以是主动提供，也可能是应投资者的要求被动提供，无论是主动提供还是被动提供，只要行为人是为诱骗投资者买卖证券、期货合约而提供，就属于本罪中的"提供"。至于提供的具体形式，可以是当面口头提供，也可以是不当面的书面或者是利用报纸、杂志、广播、电视、互联网等大众传媒提供；既可以是明示提供，也可以是暗示提供，但暗示提供应以接受者能明白其意思为前提；行为人提供虚假信息是有偿还是无偿，也在所不问，不过，如果行为人将虚假信息有偿提供给他人，目的并不是诱骗投资者买卖证券、期货合约，而是想骗取投资者的信息费，则这时的"提供虚假信息"行为不构成诱骗投资者买卖证券、期货合约罪，如果骗取的信息费数额较大，应构成诈骗罪。

所谓"虚假信息"，这里应当与编造并传播证券、期货交易虚假信息罪中的"虚假信息"作同等理解，即能够对证券、期货交易产生影响的不真实信息。这里的"虚假信息"有以下三个特点：一是虚假信息外在表现为一种客观事实而不是行为人的主观推测；二是虚假信息是不符合客观实际情况的信息；三是虚假信息是可能影响证券、期货交易的信息。本书认为，本罪中对能够产生影响的"虚假信息"的判断应有以下标准：一是进行形式判断，即依据《证券法》第六十七条第二款所列举的"重大事件"、第七十五条规定的"计划""方案"，《期货交易管理条例》第八十五条第十一项规定的"政策""决定"以及第二款规定的"动议""决策""筹划"等内容进行判断。二是进行实质判断，即在上述规定的基础之上判断该信息是否对证券、期货交易产生实质影响；另外，对于上述规定之外的一般信息也需作出相应认定。凡是对证券、期货交易产生影响的虚假信息，都应被本罪"虚假信息"所评价。三是上述相关信息必须是虚假的，如果是真实的，则可能构成内幕交易、泄露内幕信息罪等犯罪。

所谓"伪造交易记录"，是指按照证券、期货交易记录的数据、样式采取印刷、复印、描绘、拓印、石印等各种方法制作假的证券、期货交易记录冒充真的证券、期货交易记录，或者向电脑系统输入虚假的交易数据，以假充真，隐瞒真相，掩盖违背客户真实意愿买卖证券、期货合约的事实行为。这里的"伪造"包括两种情况，即有形伪造和无形伪造。前者是指没有制作权的人的伪造，后者是指有制作权的人的伪造，从伪造证券、期货交易记录的情况看，有权制作证券、期货交易记录的人为了诱骗投资者买卖证券、期货合约，同样可能伪造证券交易记录，而且这种情况还更为普遍。

所谓"变造交易记录"，是指在真实交易记录的基础上，通过剪接、拼凑、挖补、涂改等方法对真实的证券交易记录进行加工，以改变其内容的行为，或者在电脑系统上删改证券、期货交易数据，改变证券、期货交易记录内容的行为，如改变客户委托的时间、价格、数量，改变成交的时间、价格、数量等。变造证券、期货交易记录的主体同样既包括无权制作交易记录的人，也包括有权制作交易记录的人。变造交易记录与伪造交易记录不同，变造交易记录是对真实的交易记录进行加工的行为，因此变造的交易记录与变造前的交易记录具有同一性，如果加工的程度导致其与真的交易记录丧失这种同一性，则属于伪造交易记录。

所谓"销毁交易记录"，是指将证券、期货交易记录予以毁灭的行为，如将电脑系统记录的交易数据删除，将纸质的交易记录单据通过撕裂、火烧、水浸、丢失等方法加以毁灭等。行为人伪造、变造、毁灭交易记录，是为了掩盖、隐瞒某些可能影响投资者买卖证券、期货合约的事实，以达到诱骗投资者违背其真实意愿买卖证券、期货合约的目的。

2. 行为人实施了诱骗投资者买卖证券、期货合约的行为

所谓"诱骗投资者买卖证券、期货合约"，是指采取提供虚假信息或者伪造、变造、毁灭交易记录等方法对投资者进行欺骗、引诱、误导，从而骗取投资者的信任，使投资者买卖该证券、期货合约的行为。认定诱骗投资者买卖证券、期货合约应当注意以下几点：一是买卖证券、期货合约的决定是由投资者自己做出的；二是投资者的决定是因行为人的诱骗而做出的；三是该决定是违反投资者本来意志的；四是行为人是出于多赚取佣金还是处于好心的动机，在所不问。① 另外，行为人诱骗投资者买卖的证券、期货合约应是客观存在的、依法发行的证券，如果该证券并非依法发行，而是行为人虚构或伪造的，那么行为人的行为就不构成诱骗投资者买卖证券、期货合约罪，而可能构成诈骗罪。

---

① 周道鸾. 刑法的修改与适用［M］. 人民法院出版社，1997：406.

3. 行为人所实施的上述行为须造成严重后果

成立本罪，行为人所实施上述行为还须造成严重后果。如果犯罪构成中客观方面之危害后果没有达到相应标准，则不构成本罪。至于"严重后果"的具体标准，可以参见 2010 年 5 月最高人民检察院、公安部发布的《关于公安机关管辖的刑事案件立案追诉标准的规定（二）》第三十八条的规定。

（三）本罪的主体

本罪的主体为特殊主体，即证券交易所、期货交易所、证券公司、期货经纪公司的从业人员，证券业协会、期货业协会或者证券期货监督管理部门的工作人员。上述单位构成犯罪的，依法追究刑事责任。

（四）本罪的主观方面

本罪的主观方面是故意，包括直接故意和间接故意，即行为人明知故意提供虚假信息或者伪造、变造、销毁交易记录，诱骗投资者买卖证券、期货合约的行为，会发生危害国家对证券、期货交易市场的管理秩序和投资者的合法权益之结果，并且希望或者放任这种危害结果的发生。如果行为人过失实施了上述行为，则不构成本罪。

三、本罪的立案追诉标准适用指南

根据 2010 年 5 月最高人民检察院、公安部发布的《关于公安机关管辖的刑事案件立案追诉标准的规定（二）》，本罪的立案标准为：

第三十八条　涉嫌下列情形之一的，应予立案追诉：

（一）获利或者避免损失数额累计在五万元以上的；

（二）造成投资者直接经济损失数额在五万元以上的；

（三）致使交易价格和交易量异常波动的；

（四）其他造成严重后果的情形。

第八十九条　对于预备犯、未遂犯、中止犯，需要追究刑事责任的，应予立案追诉。

第九十条　本规定中的立案追诉标准，除法律、司法解释、本规定中另有规定的以外，适用于相应的单位犯罪。

第九十一条　本规定中的"以上"，包括本数。

第二节　司法实务认定中的疑难问题

一、如何定性"非基于诱骗行为而买卖"的行为

根据《刑法》第一百八十一条第二款的规定，行为人故意提供虚假信息或

者伪造、变造、销毁交易记录，诱骗投资者买卖证券、期货合约，造成严重后果的，成立诱骗投资者买卖证券、期货合约罪。言外之意在于，投资者买卖证券、期货合约的决策应基于行为人的诱骗行为，即诱骗行为与投资者买卖证券、期货合约的行为之间须具有因果关系。是否可以认为，对于"非基于诱骗行为而买卖"证券、期货合约的行为，一律不能成立本罪？本书认为，该情形存在构成本罪的情况。具体而言，应当区分不同情形进行分析。

（一）来自投资者自身因素的情形

该情形主要是指，行为人主观上以诱骗投资者买卖数额较大（5 万元以上）的证券、期货合约为目的，客观上也实施了诱骗行为，但最终投资者所买卖的证券、期货合约并非基于行为人的诱骗行为，而是基于投资者自身因素完成的交易。不能排除的是，实践中也存在这样一种情况，如投资人是有着多年买卖证券、期货合约的经验者，明知行为人正在诱骗其买卖证券、期货合约，但见行为人人生道路坎坷、家徒四壁，基于同情而买卖了行为人推荐的证券、期货合约。对于该情形，应当如何评价？本书认为，行为人是否成立本罪，应判断其行为是否符合本罪的犯罪构成。具体而言，行为人主观上有诱骗投资者买卖证券、期货合约的故意，客观上也实施了本罪的诱骗行为且诱骗投资数额达到 5 万元（属于后果严重）。根据主客观相统一的定罪原则，行为人成立诱骗投资者买卖证券、期货合约罪，但应以未遂论处。所谓犯罪未遂，是指行为人已经着手实行具体犯罪构成的实行行为，由于意志以外的原因而未能完成犯罪的一种犯罪停止形态。意志以外的原因，是指始终违背犯罪人意志的，客观上使犯罪不可能既遂，或者使犯罪人认为不可能既遂从而被迫停止犯罪的原因。未能完成犯罪，是指犯罪行为没有具备刑法分则规定的某一犯罪构成的要件，或者说犯罪行为没有齐备具体犯罪构成的全部要件要素。需要注意的是，这里的"未能完成犯罪"指的是未能按照行为人预想或者法律所要求的历程完成犯罪。在上述情形中，行为人已着手实施诱骗买卖证券、期货合约的行为，由于意志以外的原因（投资者的怜悯）而未能完成该犯罪（行为人自认为是既遂，事实上是未遂）。总而言之，上述情形中，行为人构成诱骗投资者买卖证券、期货合约罪（未遂）。

（二）来自行为人自身因素的情形

该情形主要是指，行为人主观上以诱骗投资者买卖数额较大（5 万元以上）的证券、期货合约为目的，客观上也实施了诱骗行为，但最终投资者所买卖的证券、期货合约并非基于行为人的诱骗行为，而是基于行为人自身因素完成的交易。不能排除的是，实践中也存在这样一种情况，如行为人与投资者在洽谈买卖证券、期货合约事宜，正当投资者在交易合同上签名之际，行为人谎称合同文本格式不正确，需要重新出具，并趁投资者不注意时调换了一份新的交易合同，最终投资者买卖了另一支证券、期货合约。对于该情形，应当如何评价？本书认为，解决问题的关键在于如何理解本罪中"诱骗行为"的法定内涵。成立本罪，需要投资者买卖证券、期货合约的决策应基于行为人的诱骗行为，即诱骗行为与投资者买卖证券、期货合约的行为之间须具有因果关系。言外之意在于，投资者买卖行为人推荐的证券、期货合约时，其主观上需具有处分意识，客观上要有处分行为，二者缺一不可。所谓处分意识，是指被害人意识到自己将财物的所有权或者占有权自愿转让给了行为人；所谓处分行为，是指被害人（或受骗人）任何自愿地直接造成财产减损的法律性或事实性的作为、容忍和不作为，① 即指被害人将财物的所有权或者占有权处分给对方。在上述情形中，对于行为人诱骗投资者而调换了一份新的交易合同的行为，应当作出以下评价：一是对于新的交易合同，投资者客观上具有处分自己财物的所有权或者占有权的行为；二是对于新的交易合同，投资者主观上并无处分意思（即没有被诱骗）。事实上，行为人所实施的行为名为诱骗，实为盗窃。具体而言，该情形中，诱骗行为只是为盗窃创造条件或者做掩护，针对新的交易，投资者也没有"自愿"处分财物，认定为盗窃并无不妥。如果行为人在获取财物时起决定作用的手段是诱骗，投资者基于错误认识而"自愿"处分财物，盗窃行为只是辅助手段的，则应当认定为诱骗。总而言之，上述情形中，行为人不构成诱骗投资者买卖证券、期货合约罪；在其他条件符合的情况下，应对行为人以盗窃罪论处。

二、"证券登记结算机构等人员"能否成为本罪的主体

根据我国《刑法》第一百八十一条第二款的规定，本罪的犯罪主体为证券交易所、期货交易所、证券公司、期货经纪公司的从业人员，证券业协会、期货业协会或者证券期货监督管理部门的工作人员。与此相对应的是，我国《证券法》第二百条也规定了诱骗投资者买卖证券的主体，如规定："证券交易所、证券公司、证券登记结算机构、证券服务机构的从业人员或者证券业协会的工作人员，故意提供虚假资料。隐匿、伪造、篡改或者毁损交易记录，诱骗投资者买卖证券的，撤销证券从业资格，并处三万元以上十万元以下的罚款；属于国家工作人员的，还应当依法给予行政处分。"相比较而言，《证券法》和《刑法》关于诱骗投资者买卖证券的客观行为是一致的，但前者比后者的主体多了"证券登记结算机构等从业人员"。由于本罪具有法定犯的属性，因此理论上对

---

① 王钢. 盗窃与诈骗的区分——围绕最高人民法院第 27 号指导案例的展开［J］. 政治与法律，2015（4）：32.

于本罪主体所包含的范围存在较大争议。

理论上一般认为，本罪是特殊主体。即证券、期货经营机构（包括证券、期货交易所，证券、期货公司，兼营证券、期货业务的信托投资公司，以及证券、期货投资咨询公司或者证券、期货投资顾问公司），证券、期货业协会或者证券、期货管理部门及其工作人员。①

有观点认为："本罪的主体还应当包括所有证券、期货服务机构，以及发行人及其代理人。"② 也有观点认为："证券登记结算机构、证券交易服务机构及其从业人员也可能成为'诱骗投资者买卖证券罪'的犯罪主体。因为证券登记结算机构负责证券交易集中的登记、托管与结算服务，是不以营利为目的的法人，履行《证券法》相关规定的职能和义务。证券交易服务机构是指专业的证券投资咨询机构、资信评估机构，它们也承担保证其所出具报告内容的真实性、准确性、完整性的义务。因此，这些机构及其从业人员违反上述义务，'故意提供虚假资料，伪造、变造或者销毁交易记录，诱骗投资者买卖证券的'行为，构成犯罪的也理所当然的应当按照诱骗投资者买卖证券罪追究行为人刑事责任。"③

反对的观点认为："证券、期货资信评估公司，会计师事务所，律师事务所等机构虽然也有客户而言，但它们主要是为发行人提供各种专业性服务。而且，这些服务机构或者工作人员的欺骗行为，往往是针对证券、期货管理机关或者不特定的投资公众实施的。此类欺骗客户的行为或者属于虚假陈述，或者内幕交易，如果将其也归入诱骗投资者买卖证券、期货犯罪的范畴，似有不妥。另外，发行人及其代理人如果将证券、期货合约出售给投资者时未向其提供招股说明书，受到伤害的不是特定的投资者。这里加害与被加害之间不存在委托代理关系，因而与代理人欺骗被代理人（客户）的含义不同。所以，发行人欺骗投资者的行为不具有诱骗投资者买卖证券、期货的欺诈客户的性质。"④

本书认为，虽然我国《证券法》对诱骗投资者买卖证券的主体做了比《刑法》范围更大的规定，即包括了证券登记结算机构和证券交易服务机构的从业人员，但是本罪的主体只能是证券交易所、期货交易所、证券公司、期货经纪公司的从业人员，证券业协会、期货业协会或者证券期货监督管理部门的工作人员。具体理由如下：一是基于刑法中罪刑法定原则的要求。我国《刑法》第一百八十一条第二款以及1999年《刑法修正案》明确规定了诱骗投资者买卖证券、期货合约的犯罪主体，其包括的范围仅限于法律条文的明文规定。从《证

---

① 张军. 破坏金融管理秩序罪［M］. 中国人民公安大学出版社，1999：341.

② 白建军. 证券欺诈及对策［M］. 中国法制出版社，1996：135.

③ 李宇先. 浅谈证券法对刑法的补充与发展［J］. 零陵师范高等专科学校学报，2002（2）.

④ 张军. 破坏金融管理秩序罪［M］. 中国人民公安大学出版社，1999：344.

券法》颁布的时间看，其颁布在 1997 年《刑法》之后，1999 年《刑法修正案》之前。之后的《刑法修正案》对本罪主体的修改也仅限于期货犯罪方面，并无涉及扩大犯罪主体的内容，即 1999 年《刑法修正案》与 1997 年《刑法》关于本罪的犯罪主体的范围基本保持一致。如果认为"证券登记结算机构等从业人员"也能够成为本罪的犯罪主体，那么将有违刑法中的罪刑法定原则。二是基于事实层面的考察。事实上，证券、期货服务机构以及发行人及其代理人很难成为本罪的犯罪主体。因为本罪的客观方面行为表现为故意提供虚假信息或者伪造、变造、销毁交易记录，诱骗投资者买卖证券、期货合约；而有关证券、期货服务机构主要是指证券资信评估公司、会计师事务所、律师事务所等机构，从这些机构所从事的工作性质分析，他们不涉及证券、期货合约的买卖工作，确实很难直接实施诱骗投资者买卖证券、期货合约的行为；而发行人及其代理人虽然与证券、期货投资者可能存在有买卖关系，但这种买卖关系并不属于二级市场中的委托代理买卖关系，因而也无法实施所谓诱骗投资者买卖证券、期货合约的行为。综上所述，"证券登记机构等人员"不能成为本罪的犯罪主体。

三、本罪与编造并传播证券、期货交易虚假信息罪的界限

编造并传播证券、期货交易虚假信息罪，是指编造并且传播影响证券、期货交易的虚假信息，扰乱证券、期货交易市场，造成严重后果的行为。本罪与编造并传播证券、期货交易虚假信息罪存在一定的相似之处：一是两罪侵犯的客体相同，即均侵犯了国家对证券、期货交易市场的管理秩序和投资者的合法权益；二是两罪都是故意犯罪，即行为人明知自己的行为会发生危害社会的结果，并且希望或者放任这种结果的发生；三是两罪的犯罪手段相同，即行为人均采用了欺诈的方式诱骗投资者从事证券、期货交易；四是两罪中虚假信息的范围相同，即都是能够对证券、期货交易产生影响的不真实信息。

虽然本罪与编造并传播证券、期货交易虚假信息罪有一定的相同之处，但两罪之间存在明显的区别，主要表现在以下几个方面：一是两罪的客观方面不同。诱骗投资者买卖证券、期货合约罪的客观方面行为表现为故意提供虚假信息或者伪造、变造、销毁交易记录，诱骗投资者买卖证券、期货合约，造成严重后果的行为。具体行为方式可表现为提供虚假信息，又可表现为伪造、变造或者销毁交易记录。其中，提供虚假信息既包括自己编造而提供，又包括他人编造，行为人明知是虚假信息而单纯提供。也就是说，对本罪而言，虚假信息的来源不影响犯罪成立。而编造并传播证券、期货交易虚假信息罪的客观方面行为表现为编造并且传播影响证券、期货交易的虚假信息，扰乱证券、期货交易市场，造成严重后果的行为。其中，对于提供虚假信息的行为而言，只有提供的是自己编造的虚假信息，才构成犯罪。没有编造而单纯提供者，则不成立

该罪（与编造者共谋而提供的除外）。也就是说，对编造并传播证券、期货交易虚假信息罪而言，虚假信息的来源影响犯罪的成立。二是两罪的犯罪主体不同。诱骗投资者买卖证券、期货合约罪的犯罪主体为特殊主体，即证券交易所、期货交易所、证券公司、期货经纪公司的从业人员，证券业协会、期货业协会或者证券期货监督管理部门的工作人员。上述单位构成犯罪的，依法追究刑事责任；而编造并传播证券、期货交易虚假信息罪的犯罪主体为为一般主体，即年满16周岁、具有刑事责任能力的自然人。单位构成犯罪的，依法追究刑事责任。三是两罪的立案追诉标准部分不同。诱骗投资者买卖证券、期货合约罪的立案追诉标准为：（一）获利或者避免损失数额累计在五万元以上的；（二）造成投资者直接经济损失数额在五万元以上的；（三）致使交易价格和交易量异常波动的；（四）其他造成严重后果的情形；而编造并传播证券、期货交易虚假信息罪的立案追诉标准则增加了一项，即虽未达到上述数额标准，但多次编造并且传播影响证券、期货交易的虚假信息的，应予立案追诉。四是两罪的法定刑不同。诱骗投资者买卖证券、期货合约罪的法定刑为：造成严重后果的，处五年以下有期徒刑或者拘役，并处或者单处一万元以上十万元以下罚金；情节特别恶劣的，处五年以上十年以下有期徒刑，并处二万元以上二十万元以下罚金。单位犯前款罪的，对单位判处罚金，并对直接负责的主管人员和其他直接责任人员，处五年以下有期徒刑或者拘役；而编造并传播证券、期货交易虚假信息罪的法定刑为：造成严重后果的，处五年以下有期徒刑或者拘役，并处或者单处一万元以上十万元以下罚金。单位犯前款罪的，对单位判处罚金，并对直接负责的主管人员和其他直接责任人员，处五年以下有期徒刑或者拘役。

四、本罪与提供虚假证明文件罪的界限

提供虚假证明文件罪，是指承担资产评估、验资、验证、会计、审计、法律服务等职责的中介组织的人员故意提供虚假证明文件，情节严重的行为。本罪与提供虚假证明文件罪存在一定的相似之处：一是两罪都是故意犯罪，即行为人明知自己的行为会发生危害社会的结果，并且希望或者放任这种结果的发生；二是两罪的犯罪手段相同，即行为人均采用了欺诈方式，提供相关的虚假资料。

虽然本罪与提供虚假证明文件罪有一定的相同之处，但两罪之间存在明显的区别，主要表现在以下几个方面：一是两罪的侵犯客体不同。诱骗投资者买卖证券、期货合约罪所侵犯的客体是国家对证券、期货交易市场的管理秩序和投资者的合法权益；而提供虚假证明文件罪为国家对中介服务市场的管理秩序。二是两罪的客观方面行为不同。诱骗投资者买卖证券、期货合约罪客观方面行为表现为故意提供虚假信息或者伪造、变造、销毁交易记录，诱骗投资者买卖

证券、期货合约，造成严重后果的行为；而提供虚假证明文件罪客观方面行为表现为故意提供虚假证明文件，情节严重的行为。三是两罪的犯罪主体不同。诱骗投资者买卖证券、期货合约罪的犯罪主体为特殊主体，即证券交易所、期货交易所、证券公司、期货经纪公司的从业人员，证券业协会、期货业协会或者证券期货监督管理部门的工作人员。上述单位构成犯罪的，依法追究刑事责任；而提供虚假证明文件罪的犯罪主体是特殊主体，但略有不同，即承担资产评估、验资、验证、会计、审计、法律服务等职责的中介组织的人员。四是两罪所提供的虚假信息范围不同。诱骗投资者买卖证券、期货合约罪中所提供的虚假信息，即能够对证券、期货交易产生影响的不真实信息，如《证券法》第六十七条第二款所列举的"重大事件"、第七十五条规定的"计划""方案"，《期货交易管理条例》第八十五条第十一项规定的"政策""决定"以及第二款规定的"动议""决策""筹划"等虚假内容；而提供虚假证明文件罪中的虚假信息仅指关于资产评估、验资、验证、会计、审计、法律意见等不真实信息，而且这些信息不涉及证券、期货交易。总体而言，前者虚假信息的范围明显宽于后者。五是两罪的立案追诉标准不同。诱骗投资者买卖证券、期货合约罪的立案追诉标准是造成严重后果，如（一）获利或者避免损失数额累计在五万元以上的；（二）造成投资者直接经济损失数额在五万元以上的；（三）致使交易价格和交易量异常波动的；（四）其他造成严重后果的情形。而提供虚假证明文件罪的立案追诉标准是情节严重的行为，如（一）给国家、公众或者其他投资者造成直接经济损失数额在五十万元以上的。（二）违法所得数额在十万元以上的。（三）虚假证明文件虚构数额在一百万元且占实际数额百分之三十以上的。（四）虽未达到上述数额标准，但具有下列情形之一的：①在提供虚假证明文件过程中索取或者非法接受他人财物的；②两年内因提供虚假证明文件，受过行政处罚二次以上，又提供虚假证明文件的。（五）其他情节严重的情形。

第三节　典型司法案例解析
——殷宏伟诱骗投资者购买股票案

一、基本案情回顾

浙江省杭州市中级人民法院审理杭州市人民检察院指控被告人殷宏伟犯诈骗罪一案，于 2008 年 8 月 7 日做出（2008）杭刑初字第 154 号刑事判决。宣判后，原审被告人殷宏伟不服原判，向浙江省高级人民法院提起上述。本院依法组成合议庭于 2008 年 10 月 20 日公开开庭审理了本案，现已审理终结。

原审法院经审理查明：

2005 年 11 月至 2006 年 5 月，被告人殷宏伟在浙江省杭州市化名"王轶""李占锋"，伪造居民身份证，在没有从事证券业务资质的情况下，先后至巨田证券有限责任公司杭州文三路营业部、恒泰证券有限责任公司杭州凤起路营业部、联合证券有限责任公司杭州庆春路营业部从事证券经纪业务。其间，殷宏伟利用证券公司提供办公场所等便利条件，对外自称证券公司营业部客户经理，虚构委托成都托管中心托管的四川中城网络发展股份有限公司（以下简称中城网络）、四川鑫炬矿业资源开发股份有限公司（以下简称鑫炬矿业）、四川华贸农科股份有限公司（以下简称华茂农科）等非上市公司的股份将短期内在深圳中小板或美国纳斯达克上市交易，购买上述公司的股票可有丰厚原始股回报等事实，使用和伪造上述公司的委托办理股权（份）转让过户协议、股权（份）转让合同、董事会承诺书、董事会公告、董事会承诺股权回购方案、分红配股方案等文件、印章，骗取股民信任，将上述非上市公司实际每股人民币 0.3 ~ 2.2 元的股权以 4 ~ 5 元的高价卖给杭州十余名股民，骗取股民钱财合计人民币 106 万余元，至今未退还。

上述事实，有十余名被害人的报案陈述及其对殷宏伟的照片指认，提供的收条，伪造的有关公司文件、承诺书、委托办理股权转让过户协议、股权转让合同、董事会公告、虚假承诺股权回购方案、分红配股方案，股权托管申请、股票托管委托协议书，成都托管中心出具的上述非上市公司的股东操作历史查询清单、股权账户卡、非交易过户凭单，有关证券公司营业部及中国证监会浙江监管局出具的情况说明、函件，公司声明，伪造的"王轶"身份证复印件，银行对账单等大量书证，证人证言，公安机关出具的案发经过等证据证实。被告人殷宏伟亦供认在案，所供与上列证据反映的情况相符。

原审法院审理认为：

认定被告人殷宏伟犯诈骗罪，判处有期徒刑十五年，并处罚金人民币200 000元；责令被告人殷宏伟退赔违法所得，发还相关被害人。

本院经审理查明：

原判认定的事实清楚，证据确实、充分。关于上诉理由，经查：被告人殷宏伟经事先预谋，在没有从事证券业务资质的情况下，使用化名、提供虚假证件等手段，流窜至杭州多家证券公司营业部，非法从事证券经纪业务；其利用证券公司提供的办公场所等便利条件，明知委托成都托管中心托管的中城网络、鑫炬矿业、华茂农科等企业股权为非上市公司股权且严禁私下买卖交易，采取虚构上述公司的股票将短期内在深圳中小板或美国纳斯达克上市交易、可获丰厚原始股利润回报等事实，伪造有关企业印章、公司董事会文件，冒用有关公司的名义散布分红配股的虚假消息，虚假承诺如不能上市交易即对股权进行回购或由方正证券公司退还全部投资款等手段，诱骗不明真相的中老年股民提供资金委托其代理购买，将每股购进价格只有0.3~2.2元的非上市公司股权，以每股4~5元的高价转让给中老年股民，骗取钱款数额特别巨大。显然，其主观上具有非法占有他人钱财的诈骗犯罪故意，客观上实施了一系列诈骗犯罪行为，符合诈骗罪的构成特征，应以诈骗罪定罪处罚。综上，殷宏伟上诉称自己没有非法占有的目的、不具备诈骗罪客观要件及本案应定性为非法经营罪等理由与事实及法律不符，不予采信。

被告人殷宏伟上述后辩称：

所代理的股权真实存在，其主观目的是谋取股权转让的差价进行非法营利，不具有非法占有的目的；只向小部分被害人出示过伪造的虚假文件，且使用虚假文件的目的是阻止股民退钱，不具备诈骗罪的客观要件；其采取欺骗手段诱使股民购买原始股的行为本质上属于非法经营证券业务活动，应定性为非法经营罪；归案后，认罪态度较好，原判量刑畸重。要求二审从轻改判。

浙江省高级人民法院审理认为：

被告人殷宏伟以非法占有为目的，采取虚构事实、隐瞒真相的方法，骗取他人财物，数额特别巨大，其行为已构成诈骗罪，情节特别严重，依法应予严惩。殷宏伟上诉提出原判定性有误，量刑畸重的理由不能成立，不予采纳。原判定罪及适用法律正确，量刑适当。审判程序合法。遂依照刑事诉讼法第一百八十九条第（一）项，刑法第二百六十六条、第五十二条、第六十四条之规定，裁定驳回上诉，维持原判。

（案例来源：浙江省高级人民法院（2008）浙刑二终字第157号）

二、本案争议焦点及评议

本案审理过程中，双方争议的焦点在于：被告人殷宏伟的行为是构成诈骗罪还是非法经营罪。另外，值得一提的是，对于被告人殷宏伟诱骗投资者买卖股票的行为，是否还成立诱骗投资者买卖证券罪？

（一）争议问题分析

本书认为，被告人殷宏伟的行为既触犯了诈骗罪，也触犯了非法经营罪。具体而言，行为人以非法占有为目的，虚构未上市公司将要在境内外依法上市并可以获得高额原始股回报等事实，诱骗被害人高价购买其明显低价购进的未上市公司股票，从而骗取他人钱财，数额特别巨大，其行为符合诈骗罪的构成特征。其以非法经营证券业务为形式从事诈骗犯罪活动，手段行为、目的行为分别触犯非法经营罪、诈骗罪两个罪名，根据牵连犯从一重罪处断的原则，应以诈骗罪定性处罚。

1. 被告人殷宏伟的行为符合诈骗罪的特征

根据我国《刑法》规定，诈骗罪是指以非法占有为目的，用虚构事实或者隐瞒真相的方法，骗取公私财物，数额较大的行为。其中，客观行为结构为：欺骗行为→对方产生或者维持认识错误→对方基于认识错误处分财物→行为人取得财物→对方遭受财产损失。

在本案中，被告人殷宏伟主观上具有非法占有目的，推定如下：一是明显的低买高卖。如以0.3元/股的价格买进的华茂农科股份以4.4元/股的价格卖给多人。被告人将上述非上市公司实际每股人民币0.3~2.2元的股权分别以4~5元的高价卖给股民，这种低买高卖由于差价巨大，明显与股票的实际价值相违背，违反了市场交易的本质特征，不是一般意义上的赚取差价；二是非法占有的钱财数额特别巨大。全案而言，被告人骗取股民钱财合计人民币106万余元，总的数额特别巨大，反映出其主观上具有非法占有他人钱财的主观故意，实际上已经骗取他人巨额的钱财。三是被告人实施了虚构事实、隐瞒真相的诈骗行为。从案情分析，被告人与他人多次预谋诈骗犯罪活动，多次虚构事实，骗钱得手后即转移地方，隐匿赃款，携款潜逃，推定出其具有非法占有的目的和极强的占有欲。

在本案中，被告人殷宏伟客观上采用虚构事实或者隐瞒真相的方法，实施了骗取公私财物，数额较大的行为，体现如下：一是使用化名、冒名，伪造身份证件，事先有预谋，有准备，在没有从事证券业务资质的情况下，先后与巨田证券有限责任公司杭州文三路营业部、恒泰证券有限责任公司杭州凤起路营业部、联合证券有限责任公司杭州庆春路营业部达成合作协议，骗取在有关营业部办公场所从事证券经纪业务的机会。二是利用证券公司提供的办公室等便利条件，对外自称证券公司营业部客户经理，其明知委托成都托管中心托管的中城网络、鑫炬矿业、华茂农科等企业股权为非上市公司股权且严禁私下买卖交易，采取虚构上述公司的股票将短期内在深圳中小板或美国纳斯达克上市交易、可获丰厚原始股利润回报等事实，伪造有关企业印章、公司董事会文件，冒用有关公司的名义散布分红配股的虚假消息，虚假承诺如不能上市交易即对股权进行回购或由辅导方方正证券公司退还全部投资款等手段，诱骗不明真相的中老年股民提供资金委托其代理购买。根据其本人供述，将虚假文件制作好到路边指使不法分子伪造印章在其文件上盖章，使用、伪造上述相关公司的委托办理股权（份）转让过户协议、股权（份）转让合同、董事会承诺书、董事会公告、董事会承诺股权回购方案、分红配股方案等虚假文件，在股民发现疑点要求退股的情况下，又伪造了虚假承诺书等一系列诈骗行为。三是先后在三个证券公司营业部流窜作案，得逞后携款逃跑。

综上所述，被告人殷宏伟以非法占有为目的，虚构未上市公司将要在境内外依法上市并可以获得高额原始股回报等事实，诱骗被害人高价购买其明显低价购进的未上市公司股票，从而骗取他人钱财，数额特别巨大，其行为符合诈骗罪的构成特征。

2. 被告人殷宏伟的行为符合非法经营罪的特征

根据我国《刑法》的规定，非法经营罪是指违反国家规定从事经营活动，扰乱市场秩序，情节严重的行为。其中，该罪的行为方式之一是：未经国家有关主管部门批准非法经营证券、期货、保险业务的，或者非法从事资金支付结算业务的。

本案审理过程中，被告人殷宏伟之所以提出本案应定非法经营罪，其最主要的依据是最高人民法院、最高人民检察院、公安部、中国证券监督管理委员会于2008年1月2日联合发布的《关于整治非法证券活动有关问题的通知》（以下简称《通知》）。该《通知》指出："任何单位和个人经营证券业务，必须经证监会批准。未经批准的，属于非法经营证券业务，应予以取缔；涉嫌犯罪的，依照刑法第二百二十五条之规定，以非法经营罪追究刑事责任。"此外，中国证券监督管理委员会发布的《关于处理非法代理买卖未上市公司股票有关问题的紧急通知》指出："非法代理买卖未上市公司股票是指一些机构和个人以未上市公司将要依法上市并可以获得高额的原始股回报等为幌子，或者编造虚假的公司经营业绩和许诺丰厚的投资回报率，或者其他欺骗性行为，诱骗投资者购买未上市公司股票，从而收取代理费等费用的违法活动。"被告方提出，根据上述《通知》精神，其采取欺骗手段诱使股民购买原始股的行为本质上属于非法经营证券业务活动，其所代理的股权是真实的，主观目的只是谋取股权转让的差价，仅仅是为了盈利，并不具有非法占有的目的，因此本案构成非法经营罪。

本书认为，根据以上规定，对于非法代理买卖未上市公司股票行为类型的非法经营犯罪，其应当具备未经批准经营证券业务和收取代理费等费用的特点，后者与诈骗罪的非法占有目的特征有明显的区别。本案被告人以非法经营证券业务为平台，与非法经营罪确有牵连之处，但其采取虚构未上市公司即将在境内外上市等事实，以获得高额回报为诱饵，诱骗投资者购买，过分地夸大股份价值和预期收益，将每股实际价格只有0.3～2.2元的股份，以每股4～5元的高价，诱骗股民购买，从中非法获取巨额的差价，累计上百万元，数额特别巨大，反映出其主观上具有非法占有的目的，而不是仅仅为了收取代理费用，符合诈骗罪的主观特征。被告人殷宏伟的行为定性实质上涉及牵连犯从一重罪处断的问题，也就是说被告人非法从事证券买卖的手段行为构成非法经营罪，而在非法经营的过程中，利用非法买卖证券的机会，目的是实施诈骗犯罪，其目的行为构成诈骗罪。因此，法院根据牵连犯从一重罪处断原则，择一重罪按诈骗罪定性处罚是正确的。

(二) 延伸问题评议

在本案中, 值得一提的是, 对于被告人殷宏伟诱骗投资者买卖股票的行为, 是否还成立诱骗投资者买卖证券罪?

从事实层面看, 被告人殷宏伟虚构相关公司的股票将短期内在深圳中小板或美国纳斯达克上市交易、可获丰厚原始股利润回报等事实, 伪造有关企业印章、公司董事会文件, 冒用有关公司的名义散布分红配股的虚假消息, 诱骗不明真相的广大投资者买卖股票, 给投资者造成严重的经济损失。仅从事实层面看, 其行为符合了诱骗投资者买卖证券的特征。

从法律层面看, 虽然被告人殷宏伟客观上具有诱骗投资者买卖证券的行为, 但不构成《刑法》第一百八十一条第二款规定的诱骗投资者买卖证券罪, 理由如下: 一是不符合本罪的主体特征。构成本罪, 被告人殷宏伟须具备特殊身份, 即该罪主体为证券交易所、期货交易所、证券公司、期货经纪公司的从业人员, 证券业协会、期货业协会或者证券期货监督管理部门的工作人员。二是不符合本罪的犯罪对象特征。构成本罪, 行为人所实施的犯罪行为应指向的是"依法发行"的证券、期货合约。如果行为人诱骗投资者买卖的是"非依法发行"的证券、期货合约, 如该证券、期货合约是行为人虚构或者变造的, 则行为人可能构成诈骗罪、非法经营罪等。在本案中, 被告人殷宏伟虚构相关公司的股票将短期内在深圳中小板或美国纳斯达克上市交易、可获丰厚原始股利润回报等事实, 即相关公司的股票尚未取得依法发行权。虽然被告人殷宏伟具有故意提供虚假信息, 诱骗投资者买卖股票的行为, 但依法不能成立诱骗投资者买卖证券罪。如符合诈骗罪特征的, 应以相应的犯罪论处。综上所述, 被告人殷宏伟的行为不符合诱骗投资者买卖证券罪的犯罪构成, 即便其具有诱骗投资者买卖证券的客观行为, 也不能依照本罪追究其刑事责任。

第十五章

操纵证券、期货市场罪

第一节 罪名、犯罪构成及立案追诉标准

一、概念与罪名渊源

（一）概念

操纵证券、期货市场罪，是指单独或者合谋，集中资金优势、持股或者持仓优势或者利用信息优势联合或者连续买卖；与他人串通，以事先约定的时间、价格和方式相互进行证券、期货交易；在自己实际控制的账户之间进行证券交易，或者以自己为交易对象，自买自卖期货合约；以其他方法操纵证券、期货市场，情节严重的行为。

（二）罪名渊源

1979 年《刑法》并没有规定操纵证券、期货市场的行为。为了维护证券交易秩序，打击证券欺诈等犯罪行为，1997 年《刑法》修订时增加了操纵证券交易价格罪的规定。其中，第一百八十二条规定："有下列情形之一，操纵证券交易价格，获取不正当利益或者转嫁风险，情节严重的，处五年以下有期徒刑或者拘役，并处或者单处违法所得一倍以上五倍以下罚金：（一）单独或者合谋，集中资金优势、持股优势或者利用信息优势联合或者连续买卖，操纵证券交易价格的；（二）与他人串通，以事先约定的时间、价格和方式相互进行证券交易或者相互买卖并不持有的证券，影响证券交易价格或者证券交易量的；（三）以自己为交易对象，进行不转移证券所有权的自买自卖，影响证券交易价格或者证券交易量的；（四）以其他方法操纵证券交易价格的。单位犯前款罪的，对单位判处罚金，并对其直接负责的主管人员和其他直接责任人员，处五年以下有期徒刑或者拘役。"1999 年《刑法修正案》修改、补充了 1997 年《刑法》有关期货犯罪的 4 个条文。在《刑法修正案（草案）》说明中，有关部门提议："《关于惩治期货犯罪的决定（草案）》对擅自设立期货交易所、期货经纪公司的行为，期货交易中的内幕交易行为，编造并传播期货交易虚假信息以及诱骗投资者买卖期货的行为，操纵期货交易价格的行为和非法从事期货交易等行为，规定为犯罪。考虑到上述规定与刑法中对证券犯罪的规定相类似，根据一些常委委员、部门和专家的意见，法律委员会建议将这类犯罪与证券犯罪合并规定，对刑法第一百七十四条、第一百八十条、第一百八十一条、第一百八十二条作出修改、补充。"[①] 其中，在第一百八十二条的规定中，相应地增添了"期货或

---

① 高铭暄，赵秉志. 新中国刑法立法文献资料总览（第二版）[M]. 中国人民公安大学出版社，2015：781.

者期货交易"词句（其中，第三种行为方式表述为以自己为交易对象，进行不转移证券所有权的自买自卖，或者以自己为交易对象，自买自卖期货合约），相应罪名修改为操纵证券、期货交易价格罪。2005 年《证券法》进行了全面修订，为了能使《刑法》与《证券法》相衔接，2006 年《刑法修正案》对该罪名进行了相应修改，即第一百八十二条规定改为："有下列情形之一，操纵证券、期货市场，情节严重的，处五年以下有期徒刑或者拘役，并处或者单处罚金；情节特别严重的，处五年以上十年以下有期徒刑，并处罚金：（一）单独或者合谋，集中资金优势、持股或者持仓优势或者利用信息优势联合或者连续买卖，操纵证券、期货交易价格或者证券、期货交易量的；（二）与他人串通，以事先约定的时间、价格和方式相互进行证券、期货交易，影响证券、期货交易价格或者证券、期货交易量的；（三）在自己实际控制的账户之间进行证券交易，或者以自己为交易对象，自买自卖期货合约，影响证券、期货交易价格或者证券、期货交易量的；（四）以其他方法操纵证券、期货市场的。单位犯前款罪的，对单位判处罚金，并对其直接负责的主管人员和其他直接责任人员，依照前款的规定处罚。"根据 2007 年 10 月 25 日最高人民法院、最高人民检察院发布的关于执行《中华人民共和国刑法确定罪名的补充规定（三）》，将修改后的《刑法》第一百八十二条的罪名确定为"操纵证券、期货市场罪"，取消了"操纵证券、期货交易价格罪"的罪名。

二、本罪的犯罪构成要件

（一）本罪的客体

本罪侵犯的客体是复杂客体，即国家对证券、期货市场的管理秩序和广大投资者的合法权益。操纵证券、期货市场的行为是通过各种手段实施的违反各项法律法规的行为，严重触犯了国家对证券、期货市场的管理制度。另外，证券、期货市场是一个开放的资本市场，投资者特别是中小投资者的数量很多，也很不固定，并且他们缺乏必要的专业知识，自我保护意识不强。操纵证券、期货市场的行为必将误导许多投资者，使他们在不了解市场真实信息的情况下盲目做出错误的投资决定，往往出现在高处买进而紧接被套牢甚至割肉止损的情况，从而遭受巨大的经济损失。这种犯罪严重破坏了国家对证券、期货市场的管理秩序和广大投资者的合法权益。因此，有必要规定为犯罪予以严厉打击。

（二）本罪的客观方面

本罪的客观方面表现为指单独或者合谋，集中资金优势、持股或者持仓优势或者利用信息优势联合或者连续买卖；与他人串通，以事先约定的时间、价格和方式相互进行证券、期货交易；在自己实际控制的账户之间进行证券交易，或者以自己为交易对象，自买自卖期货合约；以其他方法操纵证券、期货市场，情节严重的行为。

1. 单独或者合谋，集中资金优势、持股或者持仓优势或者利用信息优势联合或者连续买卖，操纵证券、期货交易价格或者证券、期货交易量

所谓"单独或者合谋"，是指操纵证券、期货交易价格或者证券、期货交易量的行为人既可作为买方也可以作为卖方的身份出现，甚至还可以同时是买方和卖方；可以是一个人操纵，也可以由多人联合操纵。

所谓"集中资金优势、持股或者持仓优势或者利用信息优势"，是指资金实力雄厚的证券、期货的投资者、会员单位等利用手中持有的大量资金、股票、期货合约或者利用熟知一些相关信息等优势，进行证券、期货交易。这里需要注意的是，本罪信息优势中所谓的"信息"其外延和内涵显然要比内幕交易、泄露内幕信息罪中的"内幕信息"宽得多。一般应该指包括任何与证券、期货交易有关的信息，既包括内部消息，也包括还未公开但已事先知悉的信息；既包括重大信息，也包括其他一般信息；既包括真实的信息，也包括虚假的信息等。

所谓"联合买卖"，是指两个以上的利益主体，按照事先约定，通过联合买或联合卖等操纵市场手段共同操纵市场。在我国的证券、期货市场上，联合买卖是一种比较常见的操纵行为。这里需要注意的是，联合买卖只包括共同买或共同卖，不包括一方买而另一方卖。

所谓"连续买卖"，是指行为人以影响行情为目的，对某种证券、期货合约连续买进卖出，以显示该证券、期货交易活跃，给人形成涨或跌的印象，诱使其他投资者跟进从而通过连续买卖的行为，达到抬高或者压低证券、期货交易价格的目的，从而控制价格并从中渔利的行为。连续买卖是就操纵行为在时间方面提出的一个概念，因为在证券、期货市场上，如果操纵行为没有一定的持续时间，行为人就无法达到增加交易量进而影响交易价格的目的。关于"连续"的时间，根据证监会有关规定，在1个交易日内交易某证券2次以上，或者2个交易日内交易某证券3次以上的，即构成连续买卖证券；根据刑法司法解释的规定，以20个交易日作为连续买卖立案追诉的时间。需要注意的是，前者为判断是否为"连续买卖"行为的时间，后者则是指在"连续买卖"行为成立的前提下，具体需要追诉的时间段。

2. 与他人串通，以事先约定的时间、价格和方式相互进行证券、期货交易，影响证券、期货交易价格或者证券、期货交易量

该行为作为最传统的操纵证券、期货交易形式之一，常常表现为通谋买卖，即行为人与他人通谋，一方在事先约定的时间、以约定的价格卖出或者买进股票或者期货合约，另一方同时买进或者卖出股票或者期货合约，目的是为了虚

假造势，从而抬高或者打压某种股票或者期货合约的价格。行为人趁此机会建仓或者平仓，从中牟取暴利或者转嫁风险。

在现行的集中交易电脑竞价撮合成交的交易状态下，要求串通者买卖的证券、期货必须完全一致几乎是不可能的，所以，只要串通双方的委托在时间上和价格上具有相似性，在数量上具有一致性，即可成立操纵。行为人与他人串通，以事先约定的时间、价格和方式相互进行证券、期货交易的交易价格或者交易量并不必以整个市场的交易价格或者交易量为对象，只要影响了某种股票或者期货品种的交易价格或者交易量即可。

3. 在自己实际控制的账户之间进行证券交易，或者以自己为交易对象，自买自卖期货合约，影响证券、期货交易价格或者证券、期货交易量

所谓"在自己实际控制的账户之间进行证券交易"，还称为洗售。洗售是证券市场上最古老的操作方式之一，常常表现为行为人开立数个证券交易账户，自己先卖出证券、期货合约，然后自己再买入刚卖出的证券、期货合约，给其他投资者造成一种该种股票或者期货合约交易活跃的假象，进而影响证券期货的交易价格。但是，实际上，该证券的所有权并未发生转移，证券期货的交易价格一旦达到操纵者的目标，他就会买进或者卖出该股票或者期货合约以从中获利或转嫁风险。从理论上讲，这种洗售行为必须是同一个人进行相反买卖，其数量、价格、时间都必须完全相符。但在实际的证券、期货市场交易过程中，即使同一个人在同一时间就同一数量、价格在特定证券交易所进行的买卖委托，仍然难免存在不小的差距。因此，这种操纵行为在时间和价格方面可存在少许差距，不能强迫要求完全一致，但是在数量上，必须完全相同。

所谓"以自己为交易对象，自买自卖期货合约"，主要是指以不转移期货合约所有权的形式进行虚假买卖。这种情况也被称为虚假交易，它包括两种情况：一种是自我买卖，即会员单位或者客户在期货合约交易中同时作为买方和卖方，表面上买进和卖出，但是，期货合约的实际所有人并没有发生变化。另一种是不同行为人之间进行交易，他们事先通谋，相互之间买卖期货合约，但是事后买进的一方，又将买入的期货合约返还给另一方。这种不转移期货合约所有权的虚假交易行为，必然会影响期货市场行情，制造出虚假的期货交易价格。

行为人实施了在自己实际控制的账户之间进行证券交易，或者以自己为交易对象而自买自卖期货合约的行为，必须是影响了证券、期货合约交易价格或者证券、期货合约交易量，但并不必以整个市场交易价格或者交易量为对象，只要是影响了其中某种股票或者某种期货合约的交易价格或者交易量就可以被视为操纵行为。

4. 以其他方法操纵证券、期货市场

这是《刑法》对操纵证券、期货市场罪行为方式的一种概括性规定。由于

操纵证券、期货市场的行为可能多种多样，法律不可能把所有的行为方式一一罗列，有关规定内容难免会挂一漏万，所以必须有概括性的规定对除上述三种方式以外的操纵行为加以概括。"以其他方法操纵证券、期货市场"主要包括蛊惑交易操纵、抢先交易操纵、虚假申报操纵、特定时段交易操纵、证券机构及其从业人员实施的相关操纵等。当然，对于上述所列举的"以其他方法操纵证券、期货市场"的行为，还应当采用刑法相当性解释原则进行综合考量，否则将违背罪刑法定原则。

5. 行为人实施上述行为，还须达到情节严重的程度

这里的"情节严重"，具体标准可以参见 2010 年 5 月最高人民检察院、公安部发布的《关于公安机关管辖的刑事案件立案追诉标准的规定（二）》第三十九条的规定。

（三）本罪的主体

本罪的主体为一般主体，即年满 16 周岁、具有刑事责任能力的自然人。单位构成犯罪的，依法追究刑事责任。

（四）本罪的主观方面

本罪的主观方面是故意，包括直接故意和间接故意，即行为人明知操纵证券、期货市场的行为，会发生危害国家对证券、期货市场的管理秩序和广大投资者的合法权益的结果，并且希望或者放任这种危害结果的发生。如果行为人过失实施了上述行为，则不构成本罪。

三、本罪的立案追诉标准适用指南

根据 2010 年 5 月最高人民检察院、公安部发布的《关于公安机关管辖的刑事案件立案追诉标准的规定（二）》，本罪的立案标准为：

第三十九条　操纵证券、期货市场，涉嫌下列情形之一的，应予立案追诉：

（一）单独或者合谋，持有或者实际控制证券的流通股份数达到该证券的实际流通股份总量百分之三十以上，且在该证券连续二十个交易日内联合或者连续买卖股份数累计达到该证券同期总成交量百分之三十以上的；

（二）单独或者合谋，持有或者实际控制期货合约的数量超过期货交易所业务规则限定的持仓量百分之五十以上，且在该期货合约连续二十个交易日内联合或者连续买卖期货合约数累计达到该期货合约同期总成交量百分之三十以上的；

（三）与他人串通，以事先约定的时间、价格和方式相互进行证券或者期货合约交易，且在该证券或者期货合约连续二十个交易日内成交量累计达到该证券或者期货合约同期总成交量百分之二十以上的；

（四）在自己实际控制的账户之间进行证券交易，或者以自己为交易对象，自买自卖期货合约，且在该证券或者期货合约连续二十个交易日内成交量累计达到该证券或者期货合约同期总成交量百分之二十以上的；

（五）单独或者合谋，当日连续申报买入或者卖出同一证券、期货合约并在成交前撤回申报，撤回申报量占当日该种证券总申报量或者该种期货合约总申报量百分之五十以上的；

（六）上市公司及其董事、监事、高级管理人员、实际控制人、控股股东或者其他关联人单独或者合谋，利用信息优势，操纵该公司证券交易价格或者证券交易量的；

（七）证券公司、证券投资咨询机构、专业中介机构或者从业人员，违背有关从业禁止的规定，买卖或者持有相关证券，通过对证券或者其发行人、上市公司公开做出评价、预测或者投资建议，在该证券的交易中谋取利益，情节严重的；

（八）其他情节严重的情形。

第八十九条 对于预备犯、未遂犯、中止犯，需要追究刑事责任的，应予立案追诉。

第九十条 本规定中的立案追诉标准，除法律、司法解释、本规定中另有规定的以外，适用于相应的单位犯罪。

第九十一条 本规定中的"以上"，包括本数。

第二节　司法实务认定中的疑难问题

一、关于"连续交易操纵"的司法判断规则问题

"连续交易操纵"，是指单独或者合谋，集中资金优势、持股或者持仓优势或者利用信息优势联合或者连续买卖，操纵证券、期货交易价格或者证券、期货交易量的行为。司法实践连续交易操纵一般表现为，资金大户、持股（持仓）大户等利用其大量资金或大量股票仓位等进行单独或通谋买卖，对某种股票连续以高价买进或连续以低价卖出，以造成该股票价格见涨、见跌的现象，诱使其他投资者错误地抛售或追涨，而自己则做出相反的行为，以获取巨额利润。这种典型的连续操纵犯罪行为诱导证券市场投资者对证券供求关系形成误判，进场追高接盘或者低位抛售退场，而连续交易操纵者在付出一定数量的证券交易费用、手续费、差额损失等成本的基础上，通过数量更为庞大的差价利益谋取操纵利润。

理论上通常把"资金优势""持股优势""信息优势"等统称为资源优势，

但如何认定这种资源优势，实践中并没有形成有效的司法判断规则。例如，达到怎样的资金标准才能构成"资金优势"？再如，对于如何理解"信息优势"，实践中长期存在不同的看法。有观点认为："这里所谓的信息，其外延应等同于内幕信息。[1]"也有观点认为："这里的'信息'不应仅仅限于重大信息，因为此罪的本质是行为人对证券交易价格的操纵，为达此目的，行为人将重大信息之外的一般信息加以包装和渲染，同样也能成为其操纵证券交易价格犯罪的武器。信息优势也不应仅仅限于未公开的信息。因为信息从公开到传播需有一个过程，由于行为人与上市公司有某种联系，事先得知信息将于某日公开，在买卖证券时可先人一步，抢时间差，同样可以达到获取高额利润或转嫁风险的目的。[2]"上述问题在认识上的不一致性影响到了连续交易操纵犯罪资源优势司法认定的确定性与准确性。

另外，司法实践中的办案人员反映，细致对比《刑法》第一百八十二条操纵证券期货市场罪明示规定的三种市场操纵犯罪行为模式，可以看到，连续交易操纵、相对委托操纵、洗售操纵之间非常重要的区别在于：连续交易操纵在行为结果层面必须达到"操纵"证券交易价格或者交易量的程度，而相对委托操纵、洗售操纵则需要达到"影响"证券交易价格或者交易量的程度。部分司法实务人员认为，这一规范上的细节并不能说明连续交易操纵与相对委托、洗售操纵等行为类型之间存在实质上的差别。但有部分办案人员提出，操纵与影响显然是不同的市场操纵程度，应当在司法判断中予以区分。

本书认为，关于"连续交易操纵"的司法判断规则，应注意以下几点。[3]

（一）资源优势的认定规则

《刑法》第一百八十二条第一款第一项规定的连续交易操纵证券市场犯罪中的资金优势，应当是指市场操纵者为进行特定证券交易而聚集的资金，相对于相关证券产品中的其他投资者具有数量上的优势。实践中判断涉案市场操纵者是否具有资金优势，可以从以下角度进行分析：一是行为人在特定交易账户中聚集的资金总量；二是行为人针对特定证券品种进行交易的资金总量；三是同期该特定证券品种市场交易总体情况以及其他投资者的交易情况等。连续交易操纵证券市场犯罪中的持股优势，应当是指市场操纵者持有证券数量相对于特定证券市场与产品中的其他投资者具有数量上的优势。判断涉案市场操纵者是否具有资金优势，可以从以下角度进行分析：一是特定证券市场流通总量；二

---

① 宋茂国，等．略论操纵证券交易价格罪［J］．云南法学，1998（2）．

② 张军主编．破坏金融管理秩序罪［J］．中国人民公安大学出版社，1999：358.

③ 吴波．操纵证券市场犯罪法律适用疑难问题研究——基于实证的视角［J］．中国刑事法杂志，2014（3）：39.

是行为人实际持有证券总量占总流通额的比例；三是同期特定证券持股情况等。连续交易操纵证券市场犯罪的信息优势中所谓的"信息"，其外延和内涵显然要比"内幕信息"宽。一般应该指包括任何与证券交易有关的信息，既包括内幕消息，也包括还未公开但已事先知悉的信息；既包括重大信息，也包括其他一般信息；既包括真实的信息，甚至还包括虚假的信息等。

（二）操纵与影响的区分规则

《刑法》第一百八十二条规定的"操纵"证券交易价格、交易量与"影响"证券交易价格、交易量，在因果关系强度以及刑事证明程度上的要求显然存在显著的差异。"操纵"的因果强度与证明力度必须超过"影响"。《追诉标准二》在行为程度上设置了一定的量化标准，对于连续交易操纵犯罪而言，单独或者合谋，持有或者实际控制证券的流通股份数达到该证券的实际流通股份总量百分之三十以上，且在该证券连续二十个交易日内联合或者连续买卖股份数累计达到该证券同期总成交量百分之三十以上的，构成操纵证券市场罪；对于相对委托操纵犯罪行为而言，与他人串通，以事先约定的时间、价格和方式相互进行证券或者期货合约交易，且在该证券或者期货合约连续二十个交易日内成交量累计达到该证券同期总成交量百分之二十以上的，构成犯罪；对洗售操纵犯罪行为而言，在自己实际控制的账户之间进行证券交易，且在该证券或者期货合约连续二十个交易日内成交量累计达到该证券或者期货合约同期总成交量百分之二十以上的，构成市场操纵犯罪。可见，司法解释纯粹从成交量的角度量化"操纵"与"影响"之间的量度差异，并且将这种强度与要求的差别控制在百分之十的标准。这种客观量度上的差异无法通过技术分析辨别优劣，实际上只是一种政策定位，在证券犯罪刑法理论层面没有必要进行过度的肯定或者批判，但是，"操纵"与"影响"之间的区别，除了从成交量的角度进行理解之外，显然还应当通过委托申报量甚至更为重要的证券交易价格波动之中设定量化指标进行界限区分。同时，除了客观要素上的标准之外，还可以尝试从主观故意程度上区分操纵性故意与影响性故意，从而丰富"操纵"证券交易价格或者交易量与"影响"证券交易价格或者交易量之间的不同衡量与分析标准。

二、如何认定"洗售交易操纵"的主观故意

"洗售交易操纵"，是指在自己实际控制的账户之间进行证券交易，或者以自己为交易对象，自买自卖期货合约，影响证券、期货交易价格或者证券、期货交易量的行为。在司法实践中，对"洗售交易操纵"客观行为的认定并不存在非常大的障碍，其疑难点集中在主观故意方面内容。虽然《刑法修正案（六）》取消了"获取不正当利益或者转嫁风险"的要件（一般认为此要件为主观要

件中的目的要素），但是立法将此目的要素去除，也并未消除对是否需要目的要素作为证券、期货市场操纵构成要件的争论。

肯定观点认为（立法角度）："各国及地区立法中，对操纵行为一般均没有将获取不正当利益或转嫁风险作为客观要件，而较多规定以引诱他人参加证券市场交易为目的作为构成本罪的主观要件，行为人主观上必须具有制造某一种或数种证券积极交易假象之目的，或具有制造证券虚假或误导性表面现象之目的。"① 同样，也有学者认为："影响证券期货市场的价格是操纵者实现诱使其他投资者买卖这一最终目的的前提条件，诱使其他投资者进行证券买卖，才是操纵者操纵证券期货市场的真实目的。"②

否定观点认为（司法角度）："目的要素在证券、期货市场操纵犯罪中并不是必要要件，目的要素的要求会不当限缩规制市场操纵的范围。……当触及影响大盘或标的股非合理震荡局面时，涉嫌操纵者往往以出于高管减持、大股东抵押融资、管理层股权激励等目的，……来说明其合理经营目的，并无操纵目标股牟利的故意。这些以提高经营能力为目的的抗辩理由，其实质并没有摆脱人为操纵的痕迹，仍然是造假行为，影响了证券价格的真实形成。就上文提到的引诱他人买卖的目的要件而言，抬高或压低有价证券价格的深层目的并不以引诱他人买卖为限，例如行为人维持股价的目的，是为避免出现质押的股票因跌破担保维持率进而遭到质权人提前处分的局面，辩称其终极目的并非在诱使他人从事该有价证券买卖的，仍可构成犯罪。"③

本书认为，司法实践中，关于"洗售操纵犯罪主观故意"的判断，应当注意以下几点。④

在刑法没有对洗售操纵的主观故意进行任何具体化规定的情况下，在解释上不能直接附加任何超越操纵证券期货市场犯罪故意一般内容的限定。对于洗售操纵犯罪而言，如果认为其主观故意应当包含具有制造市场活跃行情进而诱导他人从事相关证券交易的目的或者意图，则控方必须在市场操纵刑事案件诉讼中予以证明，但实际上刑法规定洗售操纵犯罪类型的目的就是显而易见的，即这种类型的交易行为通常就是为了操纵证券期货市场，在法律没有对其故意内容进一步具体化的情况下，控方只要证明洗售行为的存在，就已经成功地实现了操纵市场犯罪故意的推定。所以，制造虚假行情进而诱导他人从事相关证券交易并非洗售操纵犯罪实体上的构成要件要素，程序上也不需要进行直接

① 谢杰. 操纵资本市场犯罪刑法规制研究 [M]. 上海人民出版社，2013：116—117.

② 于莹. 论以虚伪交易方式操纵证券期货市场 [J]. 国家检察官学院学报，2003（5）.

③ 王新. 操纵证券市场犯罪之主观故意的认定 [J]. 中国刑事法杂志，2016（6）：103.

④ 吴波. 操纵证券市场犯罪法律适用疑难问题研究——基于实证的视角 [J]. 中国刑事法杂志，2014（3）：40.

证明。

但是，不能否定的是，在逻辑上，人为制造证券行情或者诱导他人从事特定证券交易虽然并非洗售操纵犯罪充分条件之一，却是必要条件，不具有类似目的的洗售交易行为并不能认定为市场操纵违法犯罪。例如，根据中国证监会2008年《上市公司股东发行可交换公司债券试行规定》，持有上市公司股份的股东，可以经保荐人保荐，向中国证监会申请发行可交换公司债券。可交换公司债券是指上市公司的股东依法发行、在一定期限内依据约定的条件可以交换成该股东所持有的上市公司股份的公司债券。预备用于交换的上市公司股票应当符合下列规定：该上市公司最近一期末的净资产不低于人民币15亿元，或者最近3个会计年度加权平均净资产收益率平均不低于6%。扣除非经常性损益后的净利润与扣除前的净利润相比，以低者作为加权平均净资产收益率的计算依据；用于交换的股票在提出发行申请时应当为无限售条件股份，且股东在约定的换股期间转让该部分股票不违反其对上市公司或者其他股东的承诺；用于交换的股票在本次可交换公司债券发行前，不存在被查封、扣押、冻结等财产权利被限制的情形，也不存在权属争议或者依法不得转让或设定担保的其他情形。

可见，上市公司股东可以根据持有的上市公司证券进行融资。在这种情况下，如果具有融资需要的相关自然人或者法人，在其实际控制的账户之间进行证券交易，使持有相关证券账户所对应的自然人或者法人成为融资平台，进而实现短期融资的目的，其在相关证券账户之间的证券交易行为实际上并不指向操纵证券期货市场的违法犯罪目的。因为其完全没有制造虚假行情或者诱导他人跟盘的主观意图。所以，笔者认为，制造虚假证券行情或者诱导他人从事特定证券交易尽管不是洗售操纵主观故意中需要控方进行直接证明的要素，但是，受控从事洗售操纵犯罪的行为主体可以提出证据证明其完全没有制造虚假行情或者诱导他人跟盘的主观意图，从而否定其具有洗售操纵犯罪故意。

三、"蛊惑交易操纵"行为应当构成何罪

《刑法》对操纵证券、期货市场罪的行为方式采取了列举+概括性规定。由于操纵证券、期货市场的行为可能多种多样，法律不可能把所有的行为方式一一罗列，有关规定内容难免会挂一漏万，所以必须有概括性的规定对除上述三种方式以外的操纵行为加以概括。事实上，"蛊惑交易操纵"正是"以其他方法操纵证券、期货市场"的行为方式之一，该行为是指行为人通过编造、传播或者散布虚假重大信息，影响证券、期货市场交易价格或者交易量，买入或者卖出相关证券、期货。在《关于打击证券期货犯罪专项工作主要问题的报告》中，有关部门在研讨中也明确指出"蛊惑交易操纵"行为是一种操纵证券、期货市

场的行为。① 不过，理论上有较大争议的是，"蛊惑交易操纵"行为应当构成何罪的问题，是成立编造并传播证券、期货交易虚假信息罪，还是构成操纵证券、期货市场罪？

有学者认为："行为人以诱使投资者买卖证券为目的，恶意制造、散布虚假信息的行为应当依照编造并传播证券、期货交易虚假信息罪定罪量刑，而不能以本罪论处。"②也有学者认为："在以散布谣言、传播虚假信息等手段操纵证券、期货市场中，虚假信息必须不是自己编造、捏造的，且行为人与编造者之间没有通谋，否则，其行为应构成编造并传播证券、期货交易虚假信息罪。"③还有学者认为："如果行为人只有编造并传播虚假信息的行为，没有操纵证券、期货市场的行为，不管出于什么目的（包括影响证券、期货市场、制造虚假证券、期货市场、获取不正当利益或转嫁风险）都定编造并传播证券、期货交易虚假信息罪。如果行为人主观上有制造虚假证券、期货市场、获取不正当利益或转嫁风险之目的，客观上既有编造并传播虚假信息的行为，又有操纵证券、期货市场的行为，则构成编造并传播证券、期货交易虚假信息罪和操纵证券、期货市场罪。由于这两种犯罪具有手段犯罪与目的犯罪之关系，行为人的行为构成了牵连犯。对行为人宜按其中的一个重罪定罪，不按数罪定罪。"④

另有学者认为："将利用证券、期货交易虚假信息操纵证券、期货市场行为的认定区分为利用自己编造并传播的证券、期货交易虚假信息影响证券、期货交价格或证券、期货交易量和利用他人编造并传播的证券、期货交易虚假信息影响证券、期货交易价格或证券、期货交易量两种情形。对于前一种情形，论者认为，有些编造并传播虚假信息的行为人根本不参与证券、期货交易以谋求利润，而是出于其他目的。对这种行为只构成编造并传播证券、期货交易虚假信息罪，不构成操纵证券、期货市场罪。但是，如果行为人利用自己编造并传播的证券、期货交易虚假信息，与连续买卖、相互买卖或自买自卖证券、期货合约等行为相互配合操纵证券、期货市场的，应当认定为数罪，依照牵连犯的原则从一重处断。对于后一种情形，论者认为还可分为两种情况：一是证券、期货交易所、证券、期货公司、证券、期货业协会、证券、期货管理部门及其工作人员明知是他人编造的虚假信息而加以散布，诱使投资者买卖证券、期货合约，从而影响证券、期货交易价格或者交易量的，应以诱骗投资者买卖证券、期货合约罪定罪量刑。行为人既散布虚假信息又利用虚假信息进行证券、期货

① 裴显鼎，黄炜，苗有水主编. 证券期货违法犯罪案件办理指南 [M]. 北京大学出版社，2014：356.

② 胡启忠，等. 金融犯罪论 [M]. 西南财经大学出版社，2001：295.

③ 赵秉志主编. 新千年刑法热点问题研究与适用（下）[M]. 中国检察出版社，2001：892.

④ 王新. 金融刑法导论 [M]. 北京大学出版社，1998：220.

操纵交易的，应为数罪，依照牵连犯的原则从一重处断。二是一般主体明知是他人编造的虚假信息而加以散布，诱使投资者买卖证券，从而影响证券、期货交易价格或者交易量的，在与编造者通谋的情况下，构成编造并传播证券、期货交易虚假信息罪的共犯。如未与编造者通谋，只是一般散布，不构成犯罪，但借此进行证券、期货操纵交易的，构成操纵证券、期货市场罪。"①

本书认为，由于证券、期货犯罪中行为人往往具有获取不正当利益或者转嫁风险的目的，因而在实践中，编造并传播证券、期货交易虚假信息行为与操纵证券、期货市场行为往往同时出现，即行为人为了达到操纵证券、期货市场的目的，而使用编造并传播证券、期货交易虚假信息的手段。因为有关证券、期货交易的信息直接影响到个别证券、期货价格甚至证券、期货价格指数的变化，这种信息对广大投资者而言，均是十分重要的投资参考因素或依据。别有用心者利用人们的这种心理，散布虚假的信息，诱使他人买卖某种证券、期货合约，有意造成证券、期货交易价格的涨跌，从而达到操纵证券、期货交易价格以获取不正当利益或者转嫁风险的目的。在一般情况下，由于前文已经阐明，在操纵证券、期货市场罪的构成要件客观行为的"利用信息"中已经包括有虚假信息的内容，所以编造并传播证券、期货交易虚假信息的行为完全可以为操纵证券、期货市场罪的构成要件所包含，且两种行为之间又具有手段行为与目的行为的牵连关系，因而完全符合我国刑法理论上关于牵连犯的构成要件，理应依照牵连犯的原则从一重处断。② 当然，这样处理还有一个前提条件，即行为人的编造并传播行为与操纵行为必须均构成犯罪。

四、"媒体人员"能否成为"抢帽子"交易的主体

根据 2010 年 5 月最高人民检察院、公安部发布的《关于公安机关管辖的刑事案件立案追诉标准的规定（二）》的第七项："证券公司、证券投资咨询机构、专业中介机构或者从业人员，违背有关从业禁止的规定，买卖或者持有相关证券，通过对证券或者其发行人、上市公司公开作出评价、预测或者投资建议，在该证券的交易中谋取利益，情节严重的。"所谓"抢帽子"，是指证券公司、证券投资咨询机构、专业中介机构以及相关投资咨询专业人员买卖或者持有相关证券，并对相关证券、上市公司及其标的资产等公开评价、预测或者提出投资建议、研究报告，通过期待的市场反应获取经济利益的行为。从上述的规定看，"抢帽子"犯罪行为的主体仅限于证券公司、证券投资咨询机构、专业中介机构或者从业人员。

---

① 周振想主编. 金融犯罪的理论与实践 [M]. 中国人民公安大学出版社，1998：385—386.
② 刘宪权. 操纵证券、期货交易价格罪行为方式之解读 [J]. 法商研究，2005（1）：123.

虽然司法实践已较为明确地定性了"抢帽子"行为，但仍存在一个突出的问题，即财经媒体从业人员能否构成"抢帽子"交易操纵。实践中，"抢帽子"交易操纵犯罪要实现谋取证券交易利润，很大程度上需要控制特定证券所对应的相当数量的资本流动，由于电视、电台、报刊、网络等财经新闻媒体对于证券期货市场投资者的决策具有重大影响，故相当数量的"抢帽子"交易操纵犯罪中的信息发布需要依靠媒体从业人员的协助予以实施以及实现证券投资信息的大规模推广与传播。在此过程中，确实有一部分媒体从业人员利用发布利益冲突信息谋取证券交易利益。甚至也有部分媒体从业人员在事先持有相关证券仓位的情况下，独立发布或者联合其他媒体共同发布有关上市公司及其发行证券利好或者利空的报道，随后通过实施相关证券交易谋取利益。对于这种财经新闻媒体从业人员的行为是否能够认定为"抢帽子"交易操纵犯罪，司法实务中存在较大的疑难与困惑。

在《关于打击证券期货犯罪专项工作主要问题的报告》中，有关部门就该问题也进行了深入研讨，即认为接下来有必要取消"抢帽子"主体的特定身份限制。研讨内容如下：[①]《操纵行为认定指引（试行）》第三十五条第一款、《追诉标准（二）》第三十九条第七项将该类行为的主体限定为证券公司、证券投资咨询机构、专业中介机构或者从业人员。我们认为，将"抢帽子"交易限定为《操纵行为认定指引（试行）》《追诉标准（二）》所规定的特定主体，不利于打击证券、期货犯罪，容易给猖獗的犯罪分子开辟绿色通道。如郑某操纵市场案，郑某聘用三十多位证券咨询人员，这些人员并未与郑某通谋，仅是根据自己真实的判断对证券、期货市场行情做出分析、预测，而郑某则通过这些分析、预测对证券、期货交易价格、交易量的影响，买卖相关证券。郑某且最终获利三亿多元，但因不是特定主体，又未与特定主体通谋，不能认定为《操纵行为认定指引（试行）》《追诉标准（二）》规定的操纵证券、期货行为。可见，将"抢帽子"交易严格限定为特定主体将会放纵部分严重操纵证券、期货市场的犯罪行为。研讨过程中，对"抢帽子"交易操纵是否适用于证券投资咨询等中介机构以外的其他一般主体，主要有三种观点。

第一种观点认为，"抢帽子"交易操纵的犯罪主体应为一般主体，因为《刑法》第一百八十二条已明确操纵证券、期货市场罪的犯罪主体为一般主体，并且执法实践中该类操纵行为有向一般主体蔓延扩展的态势。

第二种观点认为，不是任何人的分析、预测都能使股民跟风交易，《操纵行为认定指引（试行）》《追诉标准（二）》所规定的主体是具有专业知识背景的

① 裴显鼎，黄炜，苗有水主编. 证券期货违法犯罪案件办理指南［M］. 北京大学出版社，2014：356—358.

人员，且具有专门的从业资格，股民对其分析、预测的信任源于其深厚的专业知识和所在部门的公信形象。值得注意的是，一般人的分析、预测难以对股民的交易行为形成影响，但即使本人不具有上述特殊主体资格，而通过、利用上述特殊主体分析、预测的影响，买卖相关证券、期货的行为，也符合"抢帽子"交易的基本特征。如果无资质主体冒充有资质主体作出分析、预测，对不知情者股民而言，也可以达到与真实主体分析、预测相当的效果。鉴此，有必要补充将通过特定主体和假冒特定主体以公开评价、预测、建议实施"抢帽子"交易操纵的行为人纳入规制范围。

第三种观点认为，应以非法经营罪论处。非特殊主体从事"抢帽子"交易，外在表现是从交易中获得利益，但公开评价、预测或者提供投资建议是其有机组成部分，是交易前提条件。根据《证券法》第一百六十九条、《期货交易管理条例》第二十三条以及《证券、期货投资咨询管理暂行办法》第二条、第三条，这些行为构成证券、期货投资咨询，应当取得行政许可方可从业。未经批准从事投资咨询业务的非特殊主体从事"抢帽子"交易，与非法经营罪行为存在竞合。鉴于非法经营罪的法定刑（15年）要高于操纵证券、期货市场罪的法定最高刑（10年），起诉标准更低，按照"从一重处理"的原则，应以非法经营罪论处。

研讨意见最终认为，取消特殊主体的限制，将犯罪主体扩大为一般主体，对于遏制和打击此类犯罪具有非常积极的作用，因此，赞成第一种观点。

本书认为，有关部门从事实层面研讨了"抢帽子"交易操纵的主体问题，应当予以高度肯定，即在穷尽了刑法理论而不能解决现实法律问题时，修改立法是很有必要的。这里需要注意的是，有观点认为，对于通过、利用上述特殊主体分析、预测的影响，买卖相关证券、期货的行为，可以运用刑法中关于间接正犯的理论加以解决；司法工作者要善于运用刑法理论去解释而不是一味强调立法修改，破坏刑法的稳定性和权威性。笔者认为，该观点是错误的。所谓间接正犯，是指将他人作为工具来利用从而实现自己犯罪目的的情形，即通过他人之手来实现自己的犯罪目的的间接正犯与自己亲自动手实施符合构成要件行为的直接正犯没有什么差别，对二者基本上可以同等看待。① 间接正犯主要有以下几种类型：一是利用无责任能力者的身体活动；二是利用他人不属于行为的身体活动；三是利用者对被利用者进行强制，使之实施一定的犯罪活动；四是利用缺乏故意的行为；五是利用有故意的工具；六是利用他人缺乏违法性认识可能性的行为；七是利用他人的合法行为；八是利用被害人的行为。从间接正犯的性质可知，间接正犯也属于正犯（实行犯），因此无身份者不能构成真正

---

① 杨延军. 间接正犯的几个基本理论问题新探［J］. 法商研究，2010（6）：74.

身份犯的间接正犯。上述情形，运用当前刑法理论确实无法解决，且实践中该类行为也造成了严重危害，有必要尽快进行立法修改。

不过，从现行法律层面上讲，目前将非特定身份主体所实施的"抢帽子"行为规定为操纵证券、期货市场罪确有不妥，且有违反我国刑法中的罪刑法定原则。即立法修改之前，非特定身份主体所实施的"抢帽子"交易操纵的行为，不宜认定为本罪。但是，实践中对于"媒体人员"能否成为"抢帽子"交易操纵的主体问题，也不能一概而论，应当区分不同情形进行认定。

对于发布证券投资咨询机构具有利益冲突的证券投资信息而言，只有新闻媒体机构及其从业人员明知证券投资机构在发布信息之前已经持有与信息所涉及的证券仓位时，才具有将媒体机构及其从业人员认定为"抢帽子"交易操纵犯罪共犯的归责基础。在媒体机构及其从业人员对证券投资咨询机构拟在媒体平台发布的信息进行必要的审查之后，其根本无从知悉证券投资咨询机构在发布信息之前已经持有相关证券仓位的，无法根据操纵证券期货市场违法犯罪追究其法律责任。因为新闻记者、编辑、评论员等媒体从业人员，客观上没有必要的条件判断与审查证券投资咨询机构是否持有其推荐、评价的股票或者债券，其只要在形式上进行审查即可，法律显然不应当强求媒体从业人员对证券投资咨询报告背后的证券投资咨询机构及其从业人员的证券交易情况进行审查。因此，认定媒体从业人员构成"抢帽子"交易操纵犯罪的共犯应当在主观故意上就上述明知内容进行充分且确实的证明。

媒体机构及其从业人员在事先持有或者建构相关证券仓位的情况下，发布与证券及其发行人有关的利好或者利空信息，随后进行相对应的卖出或者买入的证券操作，并且获取巨额利益的，不能直接认定为"抢帽子"交易操纵犯罪。应当看到，实践中确实存在财经记者、评论员等对证券期货市场投资者具有较大影响力的财经界"意见领袖"或者类似的意见主导者，提前买入或者做空相关证券，利用新闻媒体从业的职务便利，针对证券及其发行人的情况发布利好或者利空信息，在随后的证券交易价格上升时抛售股票，在随后的证券交易价格下降时买入，谋取巨额交易利润。刑法理论上有一种具有代表性的观点认为，这种通过发布信息影响市场并从中赚取价差的行为，应可认定其具有市场操纵的故意与行为。[①] 但笔者并不同意上述看法。在新闻媒体机构及其从业人员根据对市场公开资料的分析发布相关意见或者评论时，只要其没有对基本的事实进行虚构或者编造，没有对评论意见进行夸大与扭曲，这种证券期货市场中的信息传递行为并不属于失实的新闻报道与评论。同时，新闻媒体机构及其从业人员向证券期货市场投资者发布信息，本身就是要通过这种信息传播的方式进行

---

① 刘连煜. 新证券交易法案例研习［M］. 元照出版有限公司，2007：453.

言论阐释，其对于证券期货市场或者相关投资者的资本配置行为产生影响，显然也是言论自由权利行使的当然结果，不能直接认定其具有操纵证券期货市场的违法犯罪故意。新闻媒体机构及其从业人员针对其评论、报道的证券从事相关交易，就其交易行为而言，实际上就是财经媒体人员根据专业知识进行市场投资或者投机，本身并不具有市场操纵违法犯罪行为的性质。当然，新闻机构及其从业人员没有向市场披露其评论、报道的证券相关的交易信息，在法律上应当属于对利益冲突信息的隐瞒，应当根据相关财经新闻媒体证券交易禁止性规定以及新闻职业道德规范，认定其利用利益冲突信息谋取证券交易利益的行为构成违规、违法，但不能认定其构成"抢帽子"交易操纵犯罪。

五、关于"安定操纵"抗辩事由之刑法审视问题

"安定操纵"并不是我国开创的概念，我国《刑法》《证券法》等均对此没有明文规定。该概念主要来源于欧美国家和地区，其主要的功能在于：在追究操纵市场违法者民事责任的同时，也关注到了证券发行人和承销商的利益保护，把安定操作作为操纵证券交易价格的抗辩事由。也就是说，如果发行人和承销商实施了符合法律规定的安定操作行为，即便造成了损失，也能以安定操作为抗辩而免除其涉嫌的操纵市场的民事责任，具体论述如下。①

如上所述，美国《证券法》与日本《证券法》都明确规定了安定操纵行为，根据美国《1934 年证券交易法》第 9 条 a 款第 6 项的规定，所谓安定操纵是指为了限定、固定或稳定证券的价格而单独或与他人合谋对该证券进行连续交易的行为；而根据日本《金融商品交易法》第 159 条的规定，安定操纵是指出于使证券价格稳定、固定或安定的目的而进行连续买卖的行为或其委托与受托行为。两国《证券法》对安定操纵行为的规定大同小异，共同之处有：都规定本行为是出于使证券价格保持稳定的目的，都规定本行为是以连续交易的方式实施的；但不同之处在于：美国法规定本行为既可以单独实施也可以与他人合谋实施，而日本法未涉及这一点。此外，日本法明文规定本行为的委托与受托行为也构成犯罪，而美国法对此欠缺明确规定。如果综合两国证券法的规定，则可以对安定操纵行为设定如下定义：为了限定、稳定或固定证券价格而单独或与他人合谋对相关证券进行连续买卖的行为。

由此可见，安定操纵行为中可能同时包含连续买卖，联合买卖等其他操纵行为，无法单纯地从行为的实施方式上进行认定，而须依据行为人是否具有使证券价格保持稳定的主观目的进行判断。因此，不同于其他的操纵行为，安定操纵原则上是合法的，只有在违反法定规则实施时才构成犯罪。关于本行为究

---

① 余磊. 操纵证券市场罪研究［D］. 武汉大学博士学位论文，2010：63—66.

竟是合法还是违法行为的问题也存在争论。合法说认为，一是安定操纵是操纵市场价格的否定类型，因为操作的目的在于减缓市场的波动，而非经济的创造市场活动；二是安定操纵是为了保证发行公司能够以迅速而确定的方式取得所需要的资金。但是由于证券的募集或者抛售，大量的证券流入市场，使得证券市场中供求关系的平衡受到破坏，从而使证券价格跌落在承销价格之下，承销商在一般的投资者以承销价格买进证券之前，就在无形中积压了自己的资金，因此，如果不允许承销商进行安定操作，则其与发行公司签定确定的承销合同的意愿就大大降低，最终影响了发行公司获得资金的可能性。

对此，笔者认为虽然安定操纵有利于证券价格的稳定，从而保证法定公司等获得稳定的资金，但这些都是以牺牲或可能牺牲投资者的权益为代价的，就行为的性质来看，该行为是一种欺诈行为，而就行为的危害性来看，该行为实施时会诱发证券价格的飙升，停止时会导致证券价格的暴跌，这不仅是对投资者权益的侵害，更是对证券市场运营秩序的破坏，因而是应严加制止的。

对于安定操纵行为的定义，尚需做几点说明：一是安定操纵行为的目的是为了使相关证券的价格保持限定、稳定或固定，在证券交易中，由于价格会随着信息、交易量等因素随时发生改变，不可能在较长的时间内在某一价格波段内保持不动，而行为人特别是公司本身有时会需要该证券价格位于某一波段内或者处于较为平稳的起伏状态，以便于实施收购、估算资产，甚至为个人谋求私利，特别是在行为人先实施了联合或连续买卖而带动了证券价格虚涨的情况下，一旦这种大规模的联合或连续买卖停止，受操纵的证券价格必然会逐渐向真实价值方向回落，而此时为给予证券交易足够的刺激以保证价格的稳定，则行为人必须不断进行买卖以制造其交易依旧繁盛的假象，这便是安定操纵行为的目的所在。二是如同联合或连续买卖，安定操纵行为既可以单独实施也可以合谋实施，而在实践中，合谋实施的情况较为多见。三是安定操纵的行为方式表现为连续买卖，不包括联合买卖，原因在于安定操纵的目的是让证券价格在某一时段内保持稳定，而即使是资金雄厚或持股比率较大的一次性联合买卖也不可能达到使证券价格在较长时段内维持稳定的目的，这一时段一般是一个较长的时段，不会短到仅仅几分钟或几个小时，往往是连续的几个交易日，因此，如果想要在几个交易日内实施，则必须采用连续买卖的方式。四是安定操纵行为往往是作为联合或连续买卖行为的后续、补充行为而存在，但并非必然如此，而且安定操纵行为与联合或连续买卖行为之间上存在不少差别。例如，安定操纵行为的目的是为了使证券价格保持稳定，而联合或连续买卖行为则一般希望刺激证券价格尽可能走高。再如，安定操纵行为一般不会利用信息优势，利用的是资金或股份，并且这种利用也并不必然是对资金或持股优势的利用，因为行为人的目的在于保持证券价格的稳定，而非刺激其持续攀升，所以，只要行为人拿出较少数额的金钱或股份，连续对相关证券进行交易就可以达到目的。总之，安定操纵行为的构成要件中不包括对"资金优势、持股优势或信息优势"的利用。而联合或连续买卖行为则至少要利用这三种优势中的一种。再如，安定操纵行为只能以连续买卖的方式实施，联合买卖不会构成安定操纵。因此，安定操纵是一种与联合或连续买卖关系密切但独立存在的操纵证券市场的行为方式，也正因此，日本法中将其作为与操纵股价罪相并列的独立的证券犯罪加以规定。

本书认为，虽然我国《刑法》《证券法》都未规定"安定操纵"行为，但并不意味着一概不能将其作为犯罪处理。在某些情况下，"安定操纵"可能具备了操纵证券、期货市场罪中连续交易行为的特点，即借"安定操纵"交易为名，行"操纵证券、期货市场"为实的情形。实践中，区分"安定操纵"与"连续交易"行为是成立本罪的关键。尽管安定操作与连续交易的操纵市场行为表面上都具有连续交易的特征，但安定操作与连续交易的操纵市场行为在主观目的方面还有很大的区别：连续交易的操纵行为是基于"引诱目的"而进行的"一连串足以改变证券市场价格的买卖行为"，所谓的"引诱目的"是具有利用该行为产生的市场假象和价格变动诱使他人买卖被操纵证券的动机，通过抬高或压低证券交易价格的目的，以便从中渔利；而安定操作是发行人或承销商通过连续交易证券来达到稳定其市价，以助其完成证券的发行或承销的目的。因此，不能仅仅因为安定操作具有连续交易的表面特征就把它定性为连续交易的市场操纵行为而被法律所责难，相反，我们必须要对行为人的主观意图是稳定市价的善意还是操纵市场的恶意进行判断。另外，还可以从其他方面综合考察其两者的区别。如查明行为人是否利用了资金优势、持股或者持仓优势、或者利用了信息优势等，"安定操纵"行为则不必利用上述优势（当然，在行为人动用较小数额的资金稳定股价牟取利益时，则难以辨识）。综上所述，如果行为人以"安定操纵"为幌，实施了操纵证券、期货市场行为时，则应当以本罪论处。

第三节　典型司法案例解析
——汪建中操纵证券市场案

一、基本案情回顾

北京市第二中级人民法院审理北京市人民检察院第二分院指控被告人汪建中犯操纵证券市场一案，于2011年8月3日做出（2010）二中刑初字第1952号刑事判决。宣判后，原审被告人汪建中不服原判，向北京市高级人民法院提起上诉。本院依法组成合议庭于2012年3月13日公开开庭审理了本案，现已审理终结。

北京市人民检察院第二分院指控称：

被告人汪建中在担任北京首放投资顾问有限公司负责人期间，在 2006 年 7 月至 2008 年 3 月，先后利用其本人及他人的身份证开立了由其实际控制的沪、深证券账户，并使用上述账户，在中信证券北京市北三环中路营业部、国信证券北京三里河营业部等证券营业部开立了十余个资金账户用于证券交易。同时，在中国工商银行开立了 10 个银行账户，用于证券交易资金的存取和划转。2007 年 1 月 9 日至 2008 年 5 月 21 日，被告人汪建中采取先买入"工商银行""中国联通"等 38 只股票，后利用首放公司名义通过"新浪网""搜狐网"、《上海证券报》《证券时报》等媒介对外推荐其先期买入的股票，并在股票交易时抢先卖出相关股票，人为影响上述股票的交易价格，获取个人非法利益。根据中国证券监督管理委员会统计，在首放公司推荐股票的内容发布后，相关 38 只股票交易量在整体上出现了较为明显的上涨：个股开盘价、当日均价明显提高；集合竞价成交量、开盘后 1 小时成交量成倍放大；全天成交量大幅增长；当日换手率明显上升；参与买入账户明显增多；新增买入账户成倍增加。汪建中采取上述方式操纵证券市场 55 次，累计买入成交额人民币 52.6 亿余元，累计卖出成交额人民币 53.8 亿余元，非法获利共计人民币 1.25 亿余元归个人所有。

被告人的辩解及其辩护人的辩护意见：

被告人汪建中辩称，2005 年 12 月，证监会下发《会员制证券投资咨询业务管理暂行规定》，规范和限制证券咨询机构招收会员的行为，其公司遭遇发展"瓶颈"，北京首放只能向社会销售其咨询报告，面对公司业绩亏损，便产生了利用公司荐股信息加上常年炒股"占便宜"的想法，想以此弥补公司的亏损。指控的事实是公司业务的一部分，公司推荐股票是集体决定，属于公司行为，其没有实施利用公司推荐股票的行为，其实施的 55 次交易的行为也是公司行为，不是个人行为，该行为符合市场规律，符合投资者心理，符合公司利益。

辩护律师为其做无罪辩护，提出以下辩护意见，汪建中个人通过短线交易模式买卖证券的行为，不属于《刑法》规定的操纵证券市场行为，其行为未达到法定的追诉标准，不符合操纵证券市场罪的客观要件和主观要件。汪建中不具有操纵证券市场的主观故意，其行为被证监会认定为违法，但未达到《刑法》所规定的情节严重程度，不应作为犯罪处罚，且证监会已对汪建中做出行政处罚，不应再对其适用刑罚。即使汪建中的行为构成操纵证券市场罪，其向证监会、公安局主动投案的行为也构成自首，依法应予从轻、减轻处罚。并认为汪建中是在其任职公司先荐股后买入，再抛出，最多只属于利用职务便利，行为不恰当。同时，操纵股市的立案标准必须达到两个 10%：即买入股票的交易量占股票总交易量的 10% 以上，买卖股票的资金量达到买卖该只股票资金总量的

10% 以上，即这两个 10% 都达到了，才构成操纵证券市场罪。汪建中买卖股票的交易量和买卖股票的资金量都没有达到 10%，还不到 1%。所以没有达到刑事案件的立案标准，不能立案，也就不能判决。汪建中个人通过短线交易模式买卖证券的行为，不属于刑法规定的操纵证券市场行为，且其行为未达到法定追诉标准，不属于犯罪行为。

北京市第二中级人民法院审理查明：

被告人汪建中作为首放公司法定代表人，总经理，其将个人意志强加给公司，该公司职员、分析师等人的证言均能证明，首放公司对外发布的《掘金报告》中有关荐股的内容，是汪建中个人提出并决定，汪建中的行为完全是其个人意志的体现。虽以首放公司的名义，并利用首放公司的资质及网络平台，对外发布股评分析报告，向公众推荐股票，但股评分析报告中有关推荐股票的内容，是由汪建中个人提出和决定的，汪建中买卖证券使用的是其控制的个人股票账户、资金账户及其自有资金，最终所获取的非法利益也是由汪建中个人所占有。因此，本案所指控的事实及其交易行为是汪建中的个人行为。汪建中的辩解缺乏事实依据，不能成立，本院不予采纳。

北京市人民检察院第二分院指控，汪建中操纵证券市场的时间是 2007 年 1 月至 2008 年 5 月，按照当时适用的最高人民检察院、公安部《关于经济犯罪追诉标准的规定》，操纵证券交易价格非法获利数额在 50 万元以上的，应当予以追究，非法获利 50 万元以上的情形属于情节严重。汪建中在自己先行买入某只股票后，利用公司在证券市场的影响力，以公司名义在各种媒介上对外推荐其先期购入的该只股票，人为影响该只股票的交易价格，并于上述信息公开后马上卖出相关股票的行为，属于法律所禁止的操纵证券市场的行为，因此，其实施操纵证券市场行为的主观故意明确，侵犯了国家对证券交易的管理制度，破坏了证券交易市场的公平、公正、公开的原则，人为地影响证券价格，使该证券价格不能真实反映市场的供求关系，从而对广大投资者产生误导，致使盲目跟进，损害了投资者的合法权益，具有严重的社会危害性。故汪建中辩护人的此项辩护意见缺乏事实和法律依据，不能成立，本院不予以采纳。构成自首应具备自动投案和如实供述两个条件，本案中汪建中虽然给公安机关邮寄了投案信件，有投案的意思表示，但其在法庭审理中，否认有意操纵，未能如实供述，故依法不能认定为自首，汪建中辩护人的此项辩护意见缺乏法律依据，不能成立，本院不予采纳。

北京市第二中级人民法院认为：

被告人汪建中无视国家法律，为牟取个人利益，操纵证券市场，其行为侵害了国家对证券交易的管理制度和投资者的合法权益，已构成操纵证券市场罪，且犯罪情节特别严重，依法应予惩处。北京市人民检察院第二分院指控被告人汪建中犯操纵证券市场的事实清楚，证据确实、充分，指控罪名成立。本院根据被告人汪建中犯罪的事实、犯罪性质、情节及对社会的危害程度，依照《刑法》有关规定，判决如下：

"一、被告人汪建中犯操纵证券市场罪，判处有期徒刑七年（刑期自判决执行之日起计算；判决执行以前先行羁押的，羁押一日折抵刑期一日，即自 2009 年 9 月 28 日至 2016 年 3 月 18 日），罚金人民币 125 757 599.5 元（已被中国证券监督管理委员会申请强制执行并上缴国库的罚款人民币 54 626 119.99 元予以折抵，余款于判决生效后三个月内缴纳）。

二、随案移送的财物分别予以充抵罚金、发还、存档备查和退回北京市人民检察院第二分院。"

一审宣判后，被告人汪建中不服，提出上诉。

北京市高级人民法院于 2012 年 3 月 13 日做出（2011）高刑终字第 512 号刑事裁定：驳回汪建中的上诉，维持原判。

（案例来源：北京市高级人民法院（2011）高刑终字第 512 号）

二、本案争议焦点及评议

本案审理过程中，控辩双方的争议焦点在于：在当时《刑法》对"抢帽子"交易行为没有明文规定为犯罪的情况下，司法机关能否追究其操纵证券市场罪的刑事责任？具体而言，操纵证券、期货市场罪中所列举的犯罪情形并没明确"抢先交易"的行为，只是将"以其他方法操纵证券、期货市场的"规定为兜底条款。为打击此类"抢先交易"行为，最高检、公安部在 2010 年出台了《关于公安机关的刑事立案追诉标准的规定（二）》。其中，该规定的第三十九条第七项明确了该种犯罪行为，即证券公司、证券投资咨询机构、专业中介机构或者从业人员，违背有关从业禁止的规定，买卖或者持有相关证券，通过对证券或者其发行人、上市公司公开做出评价、预测或者投资建议，在该证券的交易中谋取利益，情节严重的，应以操纵证券、期货市场罪予以立案追诉。值得注意的是，本案中，被告人汪建中的犯罪行为是发生在 2006 年 7 月至 2008 年 5 月。换句话说，该犯罪行为发生在最高检、公安部在 2010 年出台了《关于公安机关的刑事立案追诉标准的规定（二）》之后，但法院于 2011 年 8 月认定了行为人构成操纵证券市场罪。针对上述争议，理论界和实务界都存在着不同的看法。①

否定观点认为，认为汪建中的行为虽具有社会危害性，但与操纵证券市场罪所列条款情形不同，属于典型的"法无明文规定"。理由有：一是现有法律没

---

① 王崇青．"抢帽子"交易的刑法性质探析——以汪建中操纵证券市场案为视角 ［J］. 政治与法律，2011（1）：45—46.

有明文规定。《证券法》第七十七条虽然规定了"以其他手段操纵证券市场"，但全国人大及其常委会尚未规定哪些行为属于"其他手段"，《最高人民检察院、公安部关于经济犯罪案件追诉标准的补充规定》中对"抢帽子"交易行为也没有规定，在相关司法解释出台实施前，依据《证券市场操纵行为认定指引（试行）》对汪建中进行行政处罚和刑事处罚都有"于法无据"之嫌。二是刑法中的"兜底条款"与罪刑法定原则相冲突。罪刑法定原则要求刑法要明确，应当让社会公众知道什么是刑法禁止的，什么是刑法不禁止的，将打擦边球行为适用刑法去处罚，会给社会带来消极后果。尤其对证券犯罪非常专业和复杂的行为，要在保护法益和保障人权之间做出权衡，以后者为重。三是体系解释无法得出汪建中的行为属于操纵市场罪的结论。由于《刑法》第一百八十二条前三项所规定的行为属于通过交易行为影响市场供求关系，进而影响股价从中得利的情形，而汪建中通过发布咨询报告诱使投资者购买证券影响供求关系的行为不能被包含于此法条规定的操纵市场行为之中，不属于刑法所规定的操纵市场行为。四是不具有欺诈性。本案与《刑法》第一百八十二条前三款不具有同质性，汪建中所出具的"掘金报告"内容真实，不带欺诈性。五是第一案要办妥。认为汪建中的行为不属于操纵市场中的典型行为，在中国是第一例，要办得妥帖一些，否则会导致类似案件越办越勉强。六是以操纵市场认定没有先例。汪建中曾在陈述申辩和听证会中提出，咨询机构及其从业人员买卖推荐证券应该是不道德行为，充其量是违法买卖股票抢先交易的轻微违法行为，证监会从来没有把这种行为认定为操纵市场。

肯定观点则说，认为汪建中的行为与操纵证券市场罪的列举条款具有同质性，符合操纵证券市场罪的构成要件。理由有：一是主管行政机关认为已超出行政处罚范围。证监会作为国务院主管证券市场的监管部门，是证券违法认定方面的专家，被《证券法》授予认定某种行为是否属于操纵市场行为的权力。既然证监会将本案移送公安机关立案侦查，就表明证监会认为汪建中的行为系操纵市场行为，且有追究刑事责任之必要。二是"兜底条款"并不违反罪刑法定原则。作为行政犯的操纵证券市场罪，立法者在立法时基于认知水平和社会发展水平不可能预见到所有的操纵行为样态，所以使用"兜底条款"的立法技术，意图达到涵盖范围的最大化。"弹性刑法的目的既包括防止过量入罪，如将情节不够严重的行为定罪，也包括防止同等严重的危害行为出罪。实际上，这正是许多兜底性规定的立法用意所在"，"而弹性刑法没有这个预设，相反，尤其是在兜底犯的场合，尽量完善法益保护，不使危害行为漏网才是其要旨所在。"换而言之，使用"兜底条款"有利于弥补立法的不周和空白，避免同质的行为逃避刑事追究，以堵塞立法漏洞，符合我国实际情况。三是"抢帽子"交易行为与《刑法》第一百八十二条前三项之规定具有同质性，即都具有欺诈性，且行为样态相似，社会危害性严重。四是使用《刑法》第一百八十二条"兜底条款"定罪已有司法判例。如被告人赵喆受过电子专业的高等教育，是具有多年从事证券交易经历的某证券营业部电脑部交易清算员，谙熟证券交易的电脑操作程序，为使自己和朋友获取非法利益，非法侵入证券公司计算机系统，修改计算机中委托报盘的数据，以涨停价拉高"兴业房产""莲花味精"股价后，抛售自己和朋友事先买入的前述股票，造成股价非正常波动，其所在证券公司为此遭受约 295 万元经济损失。法院即以赵喆的行为触犯《刑法》第一百八十二条的"兜底条款"判处有期徒刑 3 年。

　　本书认为，肯定说观点符合我国刑法理论和司法实践。要解决上述问题，最为关键的是如何理解和适用本罪"兜底条款"的规定，具体论述如下。①

　　刑法"兜底条款"一般是指，基于堵截犯罪行为脱逸刑事法网的现实需要而对法条无法穷尽的情形进行概括规定的法律条文。立法机关之所以在刑法中建构"兜底条款"，是为了弥补法条与现实之间的脱节，将实质上符合犯罪构成但刑法条文没有明示却已经内含的行为类型纳入刑事规制范畴。事实上，刑法规定中的"兜底条款"并不违反罪刑法定原则。我国刑法规定中的"兜底条款"也并非"法无明文规定"，而只是以其所在法条列举的规定为前提，抽象或归纳出某罪的基本特征，以最大限度地涵盖具有高度一致性和相当性的犯罪行为。如此就无须进行扩大解释，更不必适用类推，而只要严格遵循同质性解释的规则即可，故而也并不违背罪刑法定原则实质侧面与形式侧面的要求。罪刑法定原则所要求的明确性只是相对的，"兜底条款"实际上能够被罪刑法定原则的明确性要求所包容。

　　刑法"兜底条款"的适用应严守刑法谦抑精神，启动"兜底条款"评价相关行为必须秉持谨慎原则，其核心就是对"兜底条款"坚守限制解释的立场。贯彻上述刑法理念的关键是确立"兜底条款"同质性解释规则，即纳入"兜底条款"进行刑法评价的对象，应当与该刑法条文业已明确规定的法律类型或者具体犯罪的实质内涵具有相同的性质与特征。对于个罪中的"兜底条款"而言，同质性解释规则更为明确的表述应当是：纳入该罪"兜底条款"进行归责的犯罪行为，应当与该罪明示的行为类型或该罪的实质具有相同的特征。同质性解释规则是理解所有刑法"兜底条款"都必须适用的普遍性规则。在采用"兜底条款"立法技术的刑法分则条文中，个罪的同质性信息理应从该罪的犯罪实质中予以探析。但是，由于"兜底条款"其本身往往就是该罪实质的抽象，两者在字面表述上基本一致，难以直接获取有价值的信息。刑法理论通常从该刑法

---

　　① 刘宪权. 操纵证券、期货市场罪"兜底条款"解释规则的建构与应用——抢帽子交易刑法属性辨正［J］. 中外法学，2013（6）：1180—1182.

条文明确规定的行为类型中归纳该罪的同质性特征。

这里需要注意的是，上述同质性解释方法的合理性，是完全建筑在特定犯罪的实质与该罪明示的行为类型同质性特征完全等同的基础之上的。但是，个别犯罪的实质特征及其规范抽象（"兜底条款"）可能并不完全等同于该罪条文明示行为类型的共同特征，这就意味着不能基于同质性解释的惯常思维诠释刑法上所有的"兜底条款"。否则，就会陷入两种误区：基于刑法未明示的行为方式与明示的行为类型不具有共同特征的结论，直接排斥"兜底条款"的适用；牵强解释刑法并未明示的行为方式与明示的行为类型具有共同特征，不当纳入"兜底条款"予以归责。

充分理解上述刑法"兜底条款"同质性解释规则的适用原理，对于操纵证券、期货市场罪"兜底条款"的解释具有重要意义。其不仅直接决定了"抢帽子"交易能否依据"兜底条款"定罪这一问题的法理论证的精准度与深度，而且影响到对本罪实质的全面理解。因为操纵证券、期货市场罪明示行为类型的落脚点均为操纵或影响"证券、期货交易价格或者证券、期货交易量"，而本罪实质是"操纵证券、期货市场"。既然操纵证券、期货市场罪明示行为类型的共同特征与本罪实质之间的规范表述存在差异，就必须对本罪实质内涵在逻辑上是等同还是包括行为类型的共同内容先行论证，在充分把握本罪"兜底条款"内涵与外延的基础上进行同质性解释，具体判断"抢帽子"交易是否直接归属于法律明示的行为类型，或者是否契合本罪实质中可能存在的其他重要内涵。

综上所述，本案中，法院的判决显然不是依据最高检、公安部在 2010 年出台了《关于公安机关的刑事立案追诉标准的规定（二）》第三十九条第七项规定，而是依据刑法中"以其他方法操纵证券、期货市场"的规定进行定罪量刑，否则将违背罪刑法定原则。具体而言，该判决依据了同质性解释方法（相当性解释原则）阐释了被告人汪建中"抢帽子"交易行为具备了操纵证券、期货市场罪的法律特征。因此，法院判处被告人成立操纵证券市场罪合法合理，应当给予肯定评价。

第十六章

背信运用受托财产罪

第一节　罪名、犯罪构成及立案追诉标准

一、概念与罪名渊源

（一）概念

背信运用受托财产罪，是指商业银行、证券交易所、期货交易所、证券公司、期货经纪公司、保险公司或者其他金融机构，违背受托义务，擅自运用客户资金或者其他委托、信托的财产，情节严重的行为。

（二）罪名渊源

1979 年《刑法》、1997 年《刑法》均对背信运用受托财产的行为没有规定。本罪是 2006 年《刑法修正案（六）》新增加的罪名。2005 年 12 月 24 日，在第十届全国人民代表大会常务委员会第十九次会议上，全国人大常委会法制工作委员会副主任安建做了关于《刑法修正案（六）（草案）》的说明。其中，第一项第三条为："刑法第一百八十五条对商业银行和其他金融机构的工作人员利用职务便利，挪用本单位或者客户资金的犯罪及刑事责任作了规定。有关部门提出，有些金融机构挪用客户资金的行为并不是其工作人员个人的行为，而是由单位决定实施的；对情节严重的，也应当追究刑事责任。……法制工作委员会经同有关部门研究，拟在刑法中增加规定：'商业银行、证券公司、期货经纪公司、保险公司等其他金融机构，违背受托义务，擅自运用客户资金以及其他委托或者信托财产，情节严重的，追究刑事责任'。"① 随后，立法机关决定在《刑法》第一百八十五条后增加一条，作为第一百八十五条之一第一款："商业银行、证券交易所、期货交易所、证券公司、期货经纪公司、保险公司或者其他金融机构，违背受托义务，擅自运用客户资金或者其他委托、信托的财产，情节严重的，对单位判处罚金，并对其直接负责的主管人员和其他直接责任人员，处三年以下有期徒刑或者拘役，并处三万元以上三十万元以下罚金；情节特别严重的，处三年以上十年以下有期徒刑，并处五万元以上五十万元以下罚金。"根据 2007 年 10 月 25 日最高人民法院、最高人民检察院发布的关于执行《中华人民共和国刑法确定罪名的补充规定（三）》，将《刑法》第一百八十五条之一第一款的罪名确定为"背信运用受托财产罪"。

---

① 高铭暄，赵秉志. 新中国刑法立法文献资料总览（第二版）[M]. 中国人民公安大学出版社，2015：805.

二、本罪的犯罪构成要件

（一）本罪的客体

本罪侵犯的客体是复杂客体，即国家对客户资金及其他信托资产的管理秩序和广大投资者的财产利益。近年来，人们的理财途径越来越多，由过去较为单一的存款于银行等金融机构以及购买国债等形式，逐步走向投资于证券市场、期货市场、保险市场、信托市场以及其他国家允许进行投资的一些领域。由于所涉及金融领域的专业性，人们往往会出于对一些金融机构的信任而委托其作为自己的理财机构，以实现财产的保值、增值。应当看到，伴随委托理财行为的日益普及，在司法实践中，商业银行、证券交易所、期货交易所、证券公司、期货经济公司、保险公司等金融机构擅自运用客户委托资金或财产的案件屡屡发生，且数额特别巨大。而在《刑法修正案（六）》出台之前，对于这类严重损害客户合法权益、扰乱金融秩序的行为，刑法条文却并没有做出相关规定。一旦发生这类案件，也往往只能对相关单位直接负责的主管人员及其他直接责任人员以挪用公款罪、挪用资金罪或者非法吸收公众存款罪定罪处罚。因此，刑法有必要将此类行为规定为犯罪。

（二）本罪的客观方面

本罪的客观方面表现违背受托义务，擅自运用客户资金或者其他委托、信托的财产，情节严重的行为。

1. 金融机构违背受托义务

所谓违背受托义务，是指金融机构不仅违背了受托人与委托人之间具体约定的义务，还应当包括其应当遵守的法律、行政法规、部门规章规定的受托人应尽的法定义务。

我国的《商业银行法》《证券法》《保险法》以及《信托法》等相关法律、行政法规、部门规章就受托金融机构可能出现的损害委托人利益的情况以及受托人在委托理财过程中必须履行的职责和禁止的行为等问题都做了比较明确的规定。例如，根据《信托法》第二十五条至第三十条的规定：受托金融机构主要有以下七项义务：（1）受托人应当遵守信托文件的规定，为受益人的最大利益处理信托事务；（2）受托人应当恪尽职守，履行诚实、信用、谨慎、有效管理的义务；（3）除依照本法规定取得报酬外，不得利用信托财产为自己谋取利益；（4）不得将信托财产转为其固有财产；（5）不得将其固有财产与信托财产进行交易或者将不同委托人的信托财产进行相互交易，但信托文件另有规定或者经委托人或者受益人同意，并以公平的市场价格进行交易的除外；（6）必须将信托财产与其固有财产分别管理、分别记账，并将不同委托人的信托财产分别管理、分别记账；（7）应当自己处理信托事务，但信托文件另有规定或者有不得已事由的，可以委托他人代为处理，但应当对他人处理信托事务的行为承担责任。

而一般的委托人对受托金融机构所应当遵守的这些法定义务，却不可能全部了解，从而委托人也就难以在委托合同中具体约定这些义务，特别是实践中受托金融机构往往会采取格式合同或者格式条款等方式逃避这些必须严格依法履行的法定义务。例如，在司法实践中，受托金融机构往往会通过许诺高额回报的方式，与委托人签订资产管理合同，以吸收委托人资金，而委托人对受托金融机构如何投资理财则往往不管不问，甚至明知受托金融机构进行违规违法的资金操作也不过问，只要受托金融机构能够按时返还本金并给予高额回报即可。由此可见，仅仅将此处的受托义务限定为合同义务，就有可能会导致受托金融机构利用合同约定的义务来逃避法律规定的义务，从而损害委托人的合法权益。另外，在修正案征求意见过程中，有的部门和地方建议，在"违背受托义务"之后应当增加"违反国家有关规定"。理由是受托人实施的损害当事人利益的行为，有的是违反了国家规定，但不一定在委托合同中有具体约定。立法机关研究后认为，本条所谓"违背受托义务"，不能简单地认为仅限于违背了委托人与受托人之间具体约定的义务，首先应当包括违背了法律、行政法规、部门规章规定的受托人应尽的法定义务。①

2. 金融机构擅自运用客户资金或者其他委托、信托的财产

所谓擅自运用，是指金融机构未经客户等委托人的同意，私自将受托资金运用于指定用途以外的其他用途。这里的"擅自"一词从字面上来看，是指自作主张地从事一定的行为，但是，我们可以看到，背信运用受托财产罪中的"擅自"并非所有的自作主张，须以违背受托义务为前提，即在法定义务和约定义务之外自作主张。"擅自"是指未经客户或者委托、信托人的同意而运用其资产的行为，而不是指没有经上级同意和批准。即使受托人对受托财产的运用方式、途径等已经征得了上级的同意，只要其没有经过客户或委托、信托人的同意，就仍然属于此处的"擅自"。这与刑法条文中就某些其他犯罪如刑法第一百七十四条相关规定中的"擅自"是不同的。当然，此处的"擅自"还应当结合双方当事人之间具体的约定来加以认定，只要委托人在合同中已经授权受托人处理某项事务，即使后来受托人在处理这项事务中的具体情节时未征求委托者的意见，仍然不能将受托人的行为认定为"擅自"运用。也就是说，委托、信托人在合同中的授权是一种相对概括的授权，对于授权范围内的具体情形，由于委托、信托关系性质本身的限制，委托、信托人不宜进行过多的干预。只要

---

① 黄太云.《刑法修正案（六）》的理解与适用（下）[J]. 人民检察，2006（15）：24.

受托人在运用受托财产时，按照法律法规的相关规定以及合同的约定行事即可，至于过程中的具体情节受托人没有具体询问委托、信托人同意与否的，不应认定为此处的"擅自"。

所谓"委托、信托的财产"，主要是指在当前的委托理财业务中，存放在各类金融机构中的以下几类客户资金和资产：一是证券投资业务中的客户交易资金。在我国的证券交易制度中，客户交易结算资金指客户在证券公司存放的用于买卖证券的资金。二是委托理财业务中的客户资产。委托理财业务是金融机构接受客户的委托，对客户存放在金融机构的资产进行管理的客户资产管理业务。这些资产包括资金、证券等。三是信托业务中的信托财产，分为资金信托和一般财产信托。四是证券投资基金。证券投资基金是指通过公开发售基金份额募集的客户资金。从法律性质上看，基金的本质是标准份额的集合资金信托，客户购买的基金的性质是客户委托基金公司管理的财产。

3. 金融机构所实施的行为须达到情节严重的程度

这里的"情节严重"，具体标准可以参见 2010 年 5 月最高人民检察院、公安部发布的《关于公安机关管辖的刑事案件立案追诉标准的规定（二）》第四十条的规定。

（三）本罪的主体

本罪的主体为特殊主体，即商业银行、证券交易所、期货交易所、证券公司、期货经纪公司、保险公司或者其他金融机构等单位。自然人不能实施本罪，当然存在可以与单位构成共同犯罪的情形。

（四）本罪的主观方面

本罪的主观方面是故意，包括直接故意和间接故意，即明知违背受托义务，擅自运用客户资金或者其他委托、信托财产的行为，会发生危害国家对客户资金及其他信托资产的管理秩序和广大投资者的财产利益的结果，并且希望或者放任这种危害结果的发生。如果过失实施了上述行为，则不构成本罪。

三、本罪的立案追诉标准适用指南

根据 2010 年 5 月最高人民检察院、公安部发布的《关于公安机关管辖的刑事案件立案追诉标准的规定（二）》，本罪的立案标准为：

第四十条 涉嫌下列情形的，应予立案追诉：

（一）擅自运用客户资金或者其他委托、信托的财产数额在三十万元以上的；

（二）虽未达到上述数额标准，但多次擅自运用客户资金或者其他委托、信托的财产，或者擅自运用多个客户资金或者其他委托、信托的财产的；

（三）其他情节严重的情形。

第八十九条　对于预备犯、未遂犯、中止犯，需要追究刑事责任的，应予立案追诉。

第九十条　本规定中的立案追诉标准，除法律、司法解释、本规定中另有规定的以外，适用于相应的单位犯罪。

第九十一条　本规定中的"以上"，包括本数。

第二节　司法实务认定中的疑难问题

一、关于本罪中擅自"运用"的法定内涵

我国《刑法》第一百八十五条第一款规定了金融机构的工作人员"挪用"资金的行为；而第一百八十五条之一规定了金融机构本身背信"运用"资金、财产的行为。是否可以认为，本罪中的"运用"与第一百八十五条第一款中的"挪用"具有相同内涵？另外，本罪中的"运用"能否理解为还包括"侵占"的情形？本书认为，关于上述问题，实质上要探讨的是本罪中"运用"的法定内涵问题。

理论上对于该问题有不同见解：第一种观点认为，本罪中"运用"这个行为类型的核心应在于"用"字，如果不是为了达到用的目的，只是"占有"或"侵占"客户的资产就不应该属于本罪规定的行为。对于上面提到的占有或侵占客户资产的行为，如果达到了刑法介入的程度，可以对行为人以贪污罪或者职务侵占罪进行认定就可以。第二种观点认为，此处的"运用"应包括使用、动用、提取、动支、除刑法第一百八十五条之外的挪用行为（本罪中的"运用"应当是对挪用这一行为的补充），以及各种财产处分、占有行为。第三种观点认为，此处的"运用"应包括动用、提取、动支、挪用，以及各种财产处分行为。也就是说，不应排除刑法第一百八十五条所规定的挪用行为。

本书认为，观点三的见解符合理论和实践。首先应当肯定的是，此处的"运用"应包括动用、提取、动支行为。至于其是否包括"挪用""侵占"情形，详见下文具体论述。

（一）本罪中的"运用"应当包括了"挪用"

刑法第一百八十五条第一、第二款规定了金融机构工作人员的挪用资金罪和挪用公款罪，此二罪都是个人犯罪，刑罚处罚的对象只是自然人，单位挪用资金的行为不能处罚；而本罪是纯单位犯罪，只处罚单位，若不将"挪用"解释到"运用"中，单位挪用资金财产的行为就得不到惩罚。从刑法的体系性角

度看，"运用"应包括"挪用"行为，这样正好弥补了第一百八十五条第一、第二款的不足和缺陷。即当自然人（受托机构的工作人员）挪用客户资金时，以挪用资金罪定罪处罚；当单位（受托单位）挪用客户资金时，以背信运用受托财产罪定罪处罚。另外，从立法原意的角度讲，立法机关明确指出了本罪中的"运用"包括了"挪用"。2005 年 12 月 24 日，在第十届全国人民代表大会常务委员会第十九次会议上，全国人大常委会法制工作委员会副主任安建作了关于《刑法修正案（六）（草案）》的说明。其中，第一项第三条为："刑法第一百八十五条对商业银行和其他金融机构的工作人员利用职务便利，挪用本单位或者客户资金的犯罪及刑事责任作了规定。有关部门提出，有些金融机构挪用客户资金的行为并不是其工作人员个人的行为，而是由单位决定实施的；对情节严重的，也应当追究刑事责任。……法制工作委员会经同有关部门研究，拟在刑法中增加规定：'商业银行、证券公司、期货经纪公司、保险公司等其他金融机构，违背受托义务，擅自运用客户资金以及其他委托或者信托财产，情节严重的，追究刑事责任'。"①

（二）本罪中的"运用"应当包括了"侵占"

从刑法体系解释的角度讲，《刑法》第一百八十五条第一款（挪用资金罪）与第二百七十二条（挪用资金罪）相比，第二百七十二条挪用资金罪中挪用的是本单位资金，第一百八十五条第一款挪用的是本单位或者客户资金，即当挪用的不是本单位的资金而是客户资金时，根据该款也是构成挪用资金罪，这里是法律拟制，而不是法律提示。同样地，刑法第二百七十一条规定的职务侵占罪侵占的是本单位财物，那么受托机构的工作人员侵占客户资金、财产的，如何认定呢？法律上没有对此种行为定性（刑法第一百八十三条仅规定了保险公司的工作人员实施上述行为），但是其危害程度明显比挪用型的犯罪要严重。轻的行为已入罪，重的行为不入罪，显然不合理，问题是以何罪论之，这里主要是侵占罪、职务侵占罪之争。严格遵循罪刑法定原则，首先排除的是职务侵占罪，因为该罪名要求侵犯的财产是本单位的财物，而客户资金或者其他委托、信托的财产显然有别于行为人本单位的财物，行为对象的不符合性决定了行为的性质不是职务侵占；侵占罪的行为对象是代为保管的他人财物，客户资金可以理解为受托机构为委托人代为保管的财物，且行为方式符合侵占罪的犯罪构成，因而应认定为侵占罪。因此，商业银行、证券交易所、期货交易所、证券公司、期货经纪公司、保险公司或者其他金融机构的工作人员利用职务上的便利，侵占本单位财物（或者说将本单位财物非法占为己有）的，以职务侵占罪

---

① 高铭暄，赵秉志. 新中国刑法立法文献资料总览（第二版）［M］. 中国人民公安大学出版社，2015：805.

定罪处罚；商业银行、证券交易所、期货交易所、证券公司、期货经纪公司、保险公司或者其他金融机构的工作人员，侵占客户资金的，以侵占罪定罪处罚。由于职务侵占罪和侵占罪都是自然人犯罪，该二罪名都不处罚单位犯罪，当单位侵占客户资金时，如何定性？根据"凡入罪，当举轻以明重"，挪用型的行为已经构成犯罪，侵占型的行为更应受到刑罚处罚。刑法《修正案（六）》的出台，为处罚这种行为提供了依据，背信运用受托财产罪的"运用"应作扩大解释，不仅包括使用、借用、动用、提取等含义，还包括侵占、占有的意思。即商业银行、证券交易所、期货交易所、证券公司、期货经纪公司、保险公司或者其他金融机构，违背受托义务，侵占客户资金或者其他委托、信托的财产的，以背信运用受托财产罪定罪处罚。

二、构成本罪是否须具备"特定目的"

对于本罪的主观方面只能由故意构成而不能由过失构成，理论上并不存在争议。但由于《刑法修正案（六）》第十二条没有明确规定构成背信运用受托财产罪是否需要具有特定目的，因而在理论上对这个问题存在不同意见。有部分司法审判人员认为："在委托理财过程中，只要受托人按照设立信托的目的，基于善意地实施管理，就可以认为是履行了受托义务，不属于擅自运用。因为投资总是存在风险，对受托人不可能要求其永远不犯错误。在受托人运用信托财产投资失败，给委托人造成损失时，只要受托人不具有为本单位或第三人谋取不正当利益的目的或者损害委托人利益的目的，就可以认为其履行了受托义务，就算其投资行为存在一定过失或者不完全符合委托人的意思，也不属于擅自运用信托财产，不构成背信运用受托财产罪。而且在我国的财产犯罪中，特定目的往往是不成文的构成要件。所以对于背信运用受托财产罪，应理解为目的犯，即金融机构必须具有为本单位或第三人谋取不正当利益的目的（谋利目的）或者损害委托人利益的目的（加害目的），才能构成背信运用受托财产罪。"[1] 但笔者认为，这种观点值得商榷，理由主要有以下几方面。[2]

（一）将本罪认定为目的犯，不符合罪刑法定原则的要求

上述有观点认为，特定的目的通常是财产犯罪中不成文的构成要件，并以此为理由，可以将本罪认定为目的犯。这一观点既不符合"不成文构成要件要素"存在的前提条件，也不符合罪刑法定原则的基本要求。应该看到，并非所有的犯罪构成要件都可以不在刑法条文中加以明确规定。我国刑法仅仅是对理

---

① 赖正直. 论背信运用受托财产罪的若干基本问题［J］. 社会纵横，2008（12）：108.

② 刘宪权，周舟. 背信运用受托财产罪的刑法分析［J］. 上海政法学院学报（法治论丛），2011（2）：87—88.

论和实践中人们"存在共识"的且"显而易见"的一些犯罪构成要件才不在刑法条文中加以明确规定，例如，在盗窃罪、诈骗罪等犯罪的认定中，"非法占有的目的"是必要要件已经成为人们的共识，在此情况下，刑法就没有必要在条文中再加以具体规定。需要指出的是，在罪刑法定原则确立的今天，某一犯罪的构成要件理应在条文中明确加以规定，只有对某些众所周知或出于立法的简洁性考虑，才会对某些犯罪的构成要件不作明确的规定。就此而言，笔者认为，只有在具备极为充分的理论和实践依据的情况下，才会出现某些犯罪的"不成文构成要件要素"，否则就极有可能违反罪刑法定的原则。分析刑法有关背信运用受托财产罪的规定，不难发现，对于本罪是否属于目的犯的问题，无论在理论上还是在司法实践中均有不同意见，因而就很难说是"存在共识"，在此情况下当然不能得出本罪的犯罪目的要件是"显而易见"的结论。正因为如此，由于本罪的刑法规定中并没有犯罪目的之规定，当然不能以所谓"不成文构成要件要素"为由，简单地将本罪认定为目的犯。

（二）将本罪认定为目的犯，不符合《刑法修正案（六）》的立法原意

从司法角度来看，目的犯既然将特定的目的作为主观要件，司法机关在处理此类案件时必然对这一目的加以证明。更何况特定的目的又属于主观上的因素，在司法实践中往往难以证明，有时需要通过客观行为来加以推定。这样就必然导致司法成本增高，并且有时可能会因为特定的目的无法证明而导致案件无法处理。因此，取消某些犯罪的特定目的则可以降低司法成本，有利于对相关犯罪的惩治。《刑法修正案（六）》正是出于这些考虑，取消了修订前刑法第一百八十二条操纵证券、期货市场罪中要求具备的获取不正当利益或者转嫁风险的特定目的以及第一百八十七条吸收客户资金不入账罪中牟利的特定目的。此外，在新增加的骗取贷款、票据承兑、金融票证罪中也没有作特定目的的要求。《刑法修正（六）》的上述改变都说明立法者已逐渐地在考虑司法成本。在这样的立法背景下，将《刑法修正案（六）》中新增规定的背信运用受托财产罪认定为目的犯是有悖于立法原意的。

（三）将本罪认定为目的犯，不利于本罪在司法实践中的适用

如前文所述，本罪中的"受托义务"一般是指商业银行、证券交易所、期货交易所、证券公司、期货经纪公司、保险公司或者其他金融机构基于与客户之间签订的委托合同而具有的约定义务，但也应当包括基于法律、行政法规、部门规章的规定而具有的法定义务。在委托理财的过程中，对于受托金融机构的具体理财方式，委托人往往不太关注，其只要求受托金融机构在委托期限届满时，能够按照委托合同的约定返还本金和回报即可，有的委托人甚至在明知受托金融机构进行违法违规的资金操作情况下也不过问。而在这类情况中，由于受托金融机构违反了法定义务，所以同样构成"违背受托义务"，也应对其以本罪论处，否则有悖于立法原意，也不利于维护委托人的合法权益。然而，在这种情形下，受托金融机构虽然实施的是违法违规操作，但往往其都是为了实现客户资产的保值增值，而并不具有为本单位或者第三人谋取不正当利益的目的，如将本罪认定为目的犯，这类情形则无法处理。这显然不合理。

综上所述，笔者认为，本罪的主观方面表现为故意，至于行为人是否具有目的以及具有何种目的均在所不问，且不影响本罪的构成。

三、如何识别本罪中的"单位犯罪"

根据我国《刑法》第一百八十五条第一款的规定，金融机构的工作人员利用职务上的便利，挪用本单位或者客户资金的，依照本法第二百七十二条规定的挪用资金罪处罚；而金融机构本身违背受托义务，擅自运用客户资金或者其他委托、信托财产的，则依照第一百八十五条之一规定的背信运用受托财产罪处罚。可见，同样是一种性质的行为，由于主体的差异性，即一个是自然人犯罪而另一个是单位犯罪，对其适用的罪名和刑罚是不同的。具体而言，挪用资金罪的法定刑为：处三年以下有期徒刑或者拘役；挪用本单位资金数额巨大的，或者数额较大不退还的，处三年以上十年以下有期徒刑；而背信运用受托财产罪的法定刑为：对单位判处罚金，并对其直接负责的主管人员和其他直接责任人员，处三年以下有期徒刑或者拘役，并处三万元以上三十万元以下罚金；情节特别严重的，处三年以上十年以下有期徒刑，并处五万元以上五十万元以下罚金。因此，在司法实践中，有必要识别此类行为是"单位犯罪"还是"自然人犯罪"，以便于准确定罪量刑。

一般认为，单位犯罪是由单位集体意志决策下所实施的犯罪行为。如何判断单位意志？有学者指出："要看行为是否为单位代表或者决策机关授意、批准、决定，更要看行为是否为单位谋取利益。因为意志与利益是紧密相联的，意志往往是利益的主观体现，利益往往是意志的根源和归宿；对单位而言，更是如此。"[①] 单位犯罪有其自身的特点，区别于自然人犯罪。如有学者指出："单位是被法律认可为法律主体的由一定的自然人和一定的财产相结合形成的具有一定目的的有机整体，而自然人是被法律认可为法律主体的个体。如果从单位与自然人的犯罪意志相区别的角度去考察单位的犯罪意志，那么单位犯罪意志的本质特征只能是整体性，即单位的犯罪意志虽然来源于单位成员的意志，但其一经形成便已脱离了单位成员，反映的是单位的整体意志，而不仅仅是单位某一成员或者某一部门的意志。单位犯罪意志的整体性，决定了单位犯罪意志

---

① 赵秉志主编．犯罪总论问题探索［M］．法律出版社，2003：165.

的独立性和双重性。单位犯罪意志的独立性，是指单位的整体犯罪意志形成之后，独立于单位成员的意志而存在。单位犯罪意志的双重性，是指单位的意志和行为必须通过它的工作人员实施，因而单位犯罪的整体意志来源于它的工作人员的意志，犯罪的整体意志形成之后，又必须传达、贯彻给它的工作人员才能得以实现，因此，单位犯罪的整体意志须演变为单位工作人员的意志。"①

因此，可以认为并非经过一致"同意"的行为就是单位行为。在实践中，需要注意区分的是，行为人借"单位之名"，行"个人犯罪"之实的情形，即行为人所实施行为并非代表了单位的集体意志，其不具有为单位谋取利益的目的。如果金融机构的工作人员具有上述情形的，则应该以挪用资金罪定罪处罚；如果金融机构的工作人员实施的确实是单位行为的，则应对该单位以背信运用受托财产罪追究刑事责任。

四、本罪与背信损害上市公司利益罪的界限

背信罪曾经作为独立的犯罪出现在中国刑法史上。但新中国成立之后，我国 1979 年刑法和 1997 年刑法都没有对背信罪作出规定。然而实践中，一些典型的背信行为屡见不鲜，严重侵犯了公私财产权和社会经济的有序发展；在理论界，也一直有学者建议增设背信罪。有鉴于此，2006 年通过的《刑法修正案（六）》增设了两个特殊的背信犯罪，一个是第一百六十九条之一所规定的背信损害上市公司利益罪，另一个则是第一百八十五条之一第一款所规定的背信运用受托财产罪。

背信损害上市公司利益罪，是指上市公司的董事、监事、高级管理人员违背对公司的忠实义务，利用职务便利，操纵上市公司从事损害上市公司利益并使上市公司利益遭受重大损失的行为。本罪与背信损害上市公司利益罪存在诸多相似之处：一是两罪的行为本质相同，即行为人均实施了违背义务的行为，损害他人利用；二是两罪所侵犯的客体部分相同，即均严重损害了广大投资者的合法权益；三是两罪的主观方面相同，即行为人明知自己的行为会发生危害社会的结果，并且希望或者放任这种结果的发生。

虽然本罪与背信损害上市公司利益罪有很多相同之处，但两罪之间存在明显的区别，主要表现在以下几个方面：一是两罪的侵犯客体部分不同，本罪侵犯的客体是国家对客户资金及其他信托资产的管理秩序和广大投资者的财产利益；而背信损害上市公司利益罪所侵犯的客体表现为，既侵犯了上市公司正常的经营管理秩序，也侵犯了上市公司和投资者的合法权益。二是两罪的客观方面不同。本罪的客观方面表现违背受托义务，擅自运用客户资金或者其他委托、

---

① 石磊. 单位犯罪意志研究 [J]. 法商研究，2009（2）：69.

信托的财产，情节严重的行为；而上市公司的董事、监事、高级管理人员违背对公司的忠实义务，利用职务便利，操纵上市公司从事损害上市公司利益并使上市公司利益遭受重大损失的行为。其具体行为种类包括无偿向其他单位或者个人提供资金、商品、服务或者其他资产的、以明显不公平的条件，提供或者接受资金、商品、服务或者其他资产的、向明显不具有清偿能力的单位或者个人提供资金、商品、服务或者其他资产的、为明显不具有清偿能力的单位或者个人提供担保，或者无正当理由为其他单位或者个人提供担保的、无正当理由放弃债权、承担债务的、采用其他方式损害上市公司利益的。三是两罪的犯罪主体不同。本罪的主体为单位，即商业银行、证券交易所、期货交易所、证券公司、期货经纪公司、保险公司或者其他金融机构等单位；而背信损害上市公司利益罪的主体为特殊自然人，即公司的董事、监事、高级管理人员以及指使上述人员损害上市公司的控股股东或者实际控制人。四是两罪所违背的义务内容不同。本罪所违背的受托义务，是指受托人与委托人之间具体约定的义务，以及委托人应当遵守的法律、行政法规、部门规章规定的法定义务；而背信损害上市公司利益罪所违背的忠实义务，是指董事、监事、高级管理人员在经营管理公司时，应毫无保留地为公司最大利益工作，当自身利益与公司整体利益发生冲突时，应以公司利益为先。

五、本罪与违法运用资金罪的界限

违法运用资金罪，是指社会保障基金管理机构、住房公积金管理机构等公众资金管理机构，以及保险公司、保险资产管理公司、证券投资基金管理公司，违反国家规定运用资金的行为。本罪与违法运用资金罪是《刑法修正案（六）》同时新增加的罪名，并规定在《刑法》第一百八十五条之一的第一款和第二款。本罪与违法运用资金罪存在诸多相似之处：一是两罪所侵犯的客体相同，即国家对客户资金及其他信托资产的管理秩序和广大投资者（社会公众）的财产利益；二是两罪的行为手段相同，即均采用了私自运用资金的行为方式实施犯罪；三是两罪都是单位犯罪，即自然人不能成为犯罪的主体；四是两罪的主观方面相同，即行为人明知自己的行为会发生危害社会的结果，并且希望或者放任这种结果的发生。

虽然本罪与违法运用资金罪有很多相同之处，但两罪之间存在明显的区别，主要表现在以下几个方面：一是两罪所违反的义务内容不同。本罪所违反的是受托义务，即受托人与委托人之间具体约定的义务，以及委托人应当遵守的法律、行政法规、部门规章规定的法定义务；而违法运用资金罪所违反的是国家规定义务，即不包括受托人与委托人之间具体约定的义务。二是两罪的犯罪对象不同。违法运用资金罪的对象仅限于"资金"，但从资金的性质来看主要是指相关单位保管的具有公众性质的资金以及保险公司、保险资产管理公司、证券投资基金管理公司按照法律管理的本单位资金，但是其中并不包括存放或托管的客户委托相关机构进行理财管理的资金；而本罪的犯罪对象所包括的"资金"，主要指客户委托金融机构按照约定义务和法定义务进行投资管理的属于客户所有的资金。三是两罪的犯罪主体不同。本罪的犯罪主体为商业银行、证券交易所、期货交易所、证券公司、期货经纪公司、保险公司或者其他金融机构；而违法运用资金罪的犯罪主体为社会保障基金管理机构、住房公积金管理机构等公众资金管理机构，以及保险公司、保险资产管理公司、证券投资基金管理公司。四是两罪的处罚方式不同。本罪实行的是双罚制，即对单位判处罚金，对直接负责的主管人员和其他直接责任人员判处自由刑和罚金；而违法运用资金罪实行的是代罚制，即不处罚单位，而是只对单位的主管人员和其他直接责任人员判处自由刑和罚金。之所以对后者采取不同的罚则，是因为作为犯罪主体的社会保障基金管理机构、住房公积金管理机构等公众资金管理机构，以及保险公司、保险资产管理公司、证券投资基金管理公司，其管理的是公众的资金，并对公众资金所承担管理的职能具有社会管理性质。

第三节　典型司法案例解析
——证券公司背信运用受托财产案①

一、基本案情回顾

某省 A 集团公司是 B 证券公司的大股东。2001 年 3 月 9 日，A 集团董事会向 B 证券公司董事会发来"指示"，建议 B 证券公司借款人民币 1 000 万元给 A 集团另一控股公司 C 房地产公司，C 公司承诺将给予高额回报。B 证券公司董事长谭某，召集该公司董事会成员开会研究该项借款事宜，决定从客户资金中拨 1 000 万元到 C 房地产公司账户。一年后，C 房地产公司资金链断裂，借 B 证券公司的巨款无法偿还。谭某见东窗事发，到该省证监局自首，后该案转至侦查机关刑事立案侦查。

最终，法院判决，B 证券公司背信运用受托财产罪成立，罚金 1 000 万元。该公司董事长谭某背信运用受托财产罪成立，因有自首情节，判处有期徒刑 4 年，罚金 10 万元。

---

① 肖飒. 背信运用受托财产罪 [J]. 证券时报网，http://epaper.stcn.com/paper/zqsb/html/2012 - 06/09/content_377180.htm，访问日期：2017 年 7 月 12 日。注：由于在中国裁判文书网等均无法收集到关于该罪名的裁判文书，故引用该案例。

二、本案争议焦点及评议

根据上述所叙述的案情，本书认为，法院的判决正确，理由如下。

（一）关于本案的定罪问题

本案中，被告人 B 证券公司的行为符合了《刑法》第一百八十五条之一规定的背信运用受托财产罪之犯罪构成：一是符合本罪的客体要件。对于被告人 B 证券公司借款 1 000 万元给 C 公司的行为，其严重侵犯了国家对客户资金及其他信托资产的管理秩序和广大投资者的财产利益；二是符合了本罪的客观方面。被告人 B 证券公司违背受托义务，实施了私自将本单位的客户资金 1 000 万元借贷给 C 证券公司的行为。根据 2010 年 5 月最高人民检察院、公安部发布的《关于公安机关管辖的刑事案件立案追诉标准的规定（二）》的规定，涉嫌下列情形的，应予立案追诉：①擅自运用客户资金或者其他委托、信托的财产数额在三十万元以上的；②虽未达到上述数额标准，但多次擅自运用客户资金或者其他委托、信托的财产，或者擅自运用多个客户资金或者其他委托、信托的财产的；③其他情节严重的情形。因此，被告人 B 证券公司借贷 1 000 万元的行为已达到情节严重的程度，应予以立案追诉。三是符合了本罪的主体要件。本罪是单位犯罪，具体犯罪主体包括商业银行、证券交易所、期货交易所、证券公司、期货经纪公司、保险公司或者其他金融机构等单位。被告人 B 公司是依法成立的法人单位，具备了本罪犯罪主体的资格。四是符合本罪的主观方面。本罪是故意犯罪，即明知违背受托义务，擅自运用客户资金或者其他委托、信托财产的行为，会发生危害国家对客户资金及其他信托资产的管理秩序和广大投资者的财产利益的结果，并且希望或者放任这种危害结果的发生。被告人 B 证券公司明知违背受托义务，擅自借款 1 000 万元给 C 公司的行为，会发生危害国家对客户资金及其他信托资产的管理秩序和广大投资者的财产利益的结果，并且希望该结果的发生，是直接故意犯罪。综上所述，对于被告人 B 证券公司的行为，应以《刑法》第一百八十五条之一规定的背信运用受托财产罪追究刑事责任。

（二）关于本案的量刑问题

《刑法》第一百八十五条之一第一款规定："商业银行、证券交易所、期货交易所、证券公司、期货经纪公司、保险公司或者其他金融机构，违背受托义务，擅自运用客户资金或者其他委托、信托的财产，情节严重的，对单位判处罚金，并对其直接负责的主管人员和其他直接责任人员，处三年以下有期徒刑或者拘役，并处三万元以上三十万元以下罚金；情节特别严重的，处三年以上十年以下有期徒刑，并处五万元以上五十万元以下罚金。"本案中，法院依法对 B 证券公司罚金 1 000 万元；对单位直接负责人谭某判处有期徒刑 4 年，罚金 10

万元的裁判合法合理。具体理由如下：一是合法性。根据该条的规定，本罪实行的是双罚制，即对单位判处罚金，对直接负责的主管人员和其他直接责任人员判处自由刑和罚金。法院对 B 证券公司判处罚金，同时判处 B 证券公司董事长谭某有期徒刑及罚金的做法符合法律规定。二是合理性。根据 2010 年 5 月最高人民检察院、公安部发布的《关于公安机关管辖的刑事案件立案追诉标准的规定（二）》，被告人 B 证券公司行为成立本罪且符合了情节特别严重的情形。对此，应对其适用本罪规定的第二档法定刑，即在"处三年以上十年以下有期徒刑，并处五万元以上五十万元以下罚金"的范围内进行量刑。鉴于被告人 B 证券公司董事长谭某具有自首的法定情节，即犯罪以后自动投案，如实供述自己的罪行的，可以对其考虑从轻或者减轻处罚，其中，犯罪较轻的，可以免除处罚。根据被告人 B 证券公司所实施的行为，应考虑对其从轻处罚。根据《刑法》第六十二条的规定，从轻处罚，是指在法定刑以内判处较轻的刑种和较短的刑期。由于本罪法定刑有两个量刑幅度，从轻处罚是指在与具体犯罪情况相对应的量刑幅度内，选择较轻的刑种或较短的刑期。综合本案看，被告人 B 证券公司应考虑在第二档法定刑内选择较短的刑期或者较小的罚金数额，即法院的量刑具有合理性。

（三）延伸问题：如何定性 A 集团公司的行为

本案中，法院的定罪与量刑并没有涉及 A 集团公司，实为一大缺憾。具体而言，应当如何定性 A 集团董事会向 B 证券公司董事会发来"指示"，建议 B 证券公司借款人民币 1 000 万元给 C 房地产公司的行为？事实上，A 集团公司应被评价为本罪的教唆犯。所谓教唆犯，是指故意唆使他人实行犯罪的人。成立教唆犯，应具备以下两方面条件：一是客观上必须有教唆他人犯罪的行为。教唆是指唆使具有刑事责任能力没有犯罪故意的他人产生犯罪故意。教唆行为的具体方式是多种多样的，可能是口头的，也可能是书面的，甚至是诸如使眼色、做手势等示意性动作；实施教唆的方法也是多种多样，如收买、指示、嘱托、劝说、请求、利诱、命令、威胁、强迫等。二是主观上必须有教唆他人犯罪的故意。在意识因素方面，认识到被教唆人的他人是达到刑事责任年龄、具有责任能力的人；认识到他人还没有犯罪的故意，如果认识到他人已有犯罪故意，而为之提供犯罪计划的，构成从犯；预见到自己的教唆行为将引起被教唆人产生实行某种犯罪的故意，并实施该种犯罪；教唆人预见到被教唆人实行该种犯罪，在被教唆人实行某种犯罪时，被教唆人实行的犯罪应与教唆人教唆实行的犯罪相一致。在意志方面，通常是出于希望的心理态度，但也可能是出于放任的心理态度。结合本案看，A 集团公司客观上具有教唆（指示、建议）B 证券公司实施背信运用受托财产罪的行为，同时主观上也具有教唆 B 证券公司实施犯罪的故意。故 A 集团公司与 B 证券公司成立共同犯罪，即 A 集团公司是教唆犯而 B 证券公司是实行犯。根据我国《刑法》第二十九条第一款的规定："教唆他人犯罪的，应当按照他在共同犯罪中所起的作用处罚。"在本案中，A 集团公司的行为在共同犯罪中起到了次要或者辅助作用，应当对其适用从轻或者减轻处罚为宜。

附录

法律法规资料选编（节录）

一、刑事法律篇

中华人民共和国刑法

(1979 年 7 月 1 日第五届全国人民代表大会第二次会议通过
1997 年 3 月 14 日第八届全国人民代表大会第五次会议修订
1999 年 12 月 25 日《中华人民共和国刑法修正案》、2001 年 8
月 31 日《中华人民共和国刑法修正案（二）》、2001 年 12 月
29 日《中华人民共和国刑法修正案（三）》、2002 年 12 月 28
日《中华人民共和国刑法修正案（四）》、2005 年 2 月 28 日
《中华人民共和国刑法修正案（五）》、2006 年 6 月 29 日《中
华人民共和国刑法修正案（六）》、2009 年 2 月 28 日《口华
人民共和国刑法修正案（七）》、2011 年 2 月 25 日《中华人
民共和国刑法修正案（八）》、2015 年 8 月 29 日《中华人民
共和国刑法修正案（九）》修正)

第一百六十条　【欺诈发行股票、债券罪】在招股说明书、认股书、公司、企业债券募集办法中隐瞒重要事实或者编造重大虚假内容，发行股票或者公司、企业债券，数额巨大、后果严重或者有其他严重情节的，处五年以下有期徒刑或者拘役，并处或者单处非法募集资金金额百分之一以上百分之五以下罚金。

单位犯前款罪的，对单位判处罚金，并对其直接负责的主管人员和其他直接责任人员，处五年以下有期徒刑或者拘役。

第一百六十一条　【违规披露、不披露重要信息罪】依法负有信息披露义务的公司、企业向股东和社会公众提供虚假的或者隐瞒重要事实的财务会计报告，或者对依法应当披露的其他重要信息不按照规定披露，严重损害股东或者其他人利益，或者有其他严重情节的，对其直接负责的主管人员和其他直接责任人员，处三年以下有期徒刑或者拘役，并处或者单处二万元以上二十万元以下罚金。

第一百七十八条　【伪造、变造国家有价证券罪】伪造、变造国库券或者国家发行的其他有价证券，数额较大的，处三年以下有期徒刑或者拘役，并处或者单处二万元以上二十万元以下罚金；数额巨大的，处三年以上十年以下有期徒刑，并处五万元以上五十万元以下罚金；数额特别巨大的，处十年以上有期徒刑或者无期徒刑，并处五万元以上五十万元以下罚金或者没收财产。

【伪造、变造股票、公司、企业债券罪】伪造、变造股票或者公司、企业债券，数额较大的，处三年以下有期徒刑或者拘役，并处或者单处一万元以上十万元以下罚金；数额巨大的，处三年以上十年以下有期徒刑，并处二万元以上二十万元以下罚金。

单位犯前两款罪的，对单位判处罚金，并对其直接负责的主管人员和其他直接责任人员，依照前两款的规定处罚。

第一百七十九条 【擅自发行股票、公司、企业债券罪】未经国家有关主管部门批准，擅自发行股票或者公司、企业债券，数额巨大、后果严重或者有其他严重情节的，处五年以下有期徒刑或者拘役，并处或者单处非法募集资金金额百分之一以上百分之五以下罚金。

单位犯前款罪的，对单位判处罚金，并对其直接负责的主管人员和其他直接责任人员，处五年以下有期徒刑或者拘役。

第一百八十条 【内幕交易、泄露内幕信息罪】证券、期货交易内幕信息的知情人员或者非法获取证券、期货交易内幕信息的人员，在涉及证券的发行，证券、期货交易或者其他对证券、期货交易价格有重大影响的信息尚未公开前，买入或者卖出该证券，或者从事与该内幕信息有关的期货交易，或者泄露该信息，或者明示、暗示他人从事上述交易活动，情节严重的，处五年以下有期徒刑或者拘役，并处或者单处违法所得一倍以上五倍以下罚金；情节特别严重的，处五年以上十年以下有期徒刑，并处违法所得一倍以上五倍以下罚金。

单位犯前款罪的，对单位判处罚金，并对其直接负责的主管人员和其他直接责任人员，处五年以下有期徒刑或者拘役。

内幕信息、知情人员的范围，依照法律、行政法规的规定确定。

【利用未公开信息交易罪】证券交易所、期货交易所、证券公司、期货经纪公司、基金管理公司、商业银行、保险公司等金融机构的从业人员以及有关监管部门或者行业协会的工作人员，利用因职务便利获取的内幕信息以外的其他未公开的信息，违反规定，从事与该信息相关的证券、期货交易活动，或者明示、暗示他人从事相关交易活动，情节严重的，依照第一款的规定处罚。

第一百八十一条 【编造并传播证券、期货交易虚假信息罪】编造并且传播影响证券、期货交易的虚假信息，扰乱证券、期货交易市场，造成严重后果的，处五年以下有期徒刑或者拘役，并处或者单处一万元以上十万元以下罚金。

【诱骗投资者买卖证券、期货合约罪】证券交易所、期货交易所、证券公司、期货经纪公司的从业人员，证券业协会、期货业协会或者证券期货监督管理部门的工作人员，故意提供虚假信息或者伪造、变造、销毁交易记录，诱骗投资者买卖证券、期货合约，造成严重后果的，处五年以下有期徒刑或者拘役，并处或者单处一万元以上十万元以下罚金；情节特别恶劣的，处王年以上十年以下有期徒刑，并处二万元以上二十万元以下罚金。

单位犯前两款罪的，对单位判处罚金，并对其直接负责的主管人员和其他直接责任人员，处五年以下有期徒刑或者拘役。

第一百八十二条 【操纵证券、期货市场罪】有下列情形之一，操纵证券、期货市场，情节严重的，处五年以下有期徒刑或者拘役，并处或者单处罚金；情节特别严重的，处五年以上十年以下有期徒刑，并处罚金：

（一）单独或者合谋，集中资金优势、持股或者持仓优势或者利用信息优势联合或者连续买卖，操纵证券、期货交易价格或者证券、期货交易量的；

（二）与他人串通，以事先约定的时间、价格和方式相互进行证券、期货交易，影响证券、期货交易价格或者证券、期货交易量的；

（三）在自己实际控制的账户之间进行证券交易，或者以自己为交易对象，自买自卖期货合约，影响证券、期货交易价格或者证券、期货交易量的；

（四）以其他方法操纵证券、期货市场的。

单位犯前款罪的，对单位判处罚金，并对其直接负责的主管人员和其他直接责任人员，依照前款的规定处罚。

第一百八十五条之一 【背信运用受托财产罪】商业银行、证券交易所、期货交易所、证券公司、期货经纪公司、保险公司或者其他金融机构，违背受托义务，擅自运用客户资金或者其他委托、信托的财产，情节严重的，对单位判处罚金，并对其直接负责的主管人员和其他直接责任人员，处三年以下有期徒刑或者拘役，并处三万元以上三十万元以下罚金；情节特别严重约，处三年以上十年以下有期徒刑，并处五万元以上五十万元以下罚金。

【违法运用资金罪】社会保障基金管理机构、住房公积金管理机构等公众资金管理机构，以及保险公司、保险资产管理公司、证券投资基金管理公司，违反国家规定运用资金的，对其直接负责的主管人员和其他直接责任人员，依照前款的规定处罚。

中华人民共和国刑法修正案

（1999 年 12 月 25 日第九届全国人民代表大会常务委员会第十三次会议通过中华人民共和国主席令第二十七号公布 自公布之日起施行）

四、将《刑法》第一百八十条修改为："证券、期货交易内幕信息的知情人员或者非法获取证券、期货交易内幕信息的人员，在涉及证券的发行，证券、期货交易或者其他对证券、期货交易价格有重大影响的信息尚未公开前，买入或者卖出该证券，或者从事与该内幕信息有关的期货交易，或者泄露该信息，情节严重的，处五年以下有期徒刑或者拘役，并处或者单处违法所得一倍以上五倍以下罚金；情节特别严重的，处五年以上十年以下有期徒刑，并处违法所得一倍以上五倍以下罚金。

"单位犯前款罪的，对单位判处罚金，并对其直接负责的主管人员和其他直接责任人员，处五年以下有期徒刑或者拘役。

"内幕信息、知情人员的范围，依照法律、行政法规的规定确定。"

五、将《刑法》第一百八十一条修改为："编造并且传播影响证券、期货交易的虚假信息，扰乱证券、期货交易市场，造成严重后果的，处五年以下有期徒刑或者拘役，并处或者单处一万元以上十万元以下罚金。

"证券交易所、期货交易所、证券公司、期货经纪公司的从业人员，证券业协会、期货业协会或者证券期货监督管理部门的工作人员，故意提供虚假信息或者伪造、变造、销毁交易记录，诱骗投资者买卖证券、期货合约，造成严重后果的，处五年以下有期徒刑或者拘役，并处或者单处一万元以上十万元以下罚金；情节特别恶劣的，处五年以上十年以下有期徒刑，并处二万元以上二十万元以下罚金。

"单位犯前两款罪的，对单位判处罚金，并对其直接负责的主管人员和其他直接责任人员，处五年以下有期徒刑或者拘役。"

六、将《刑法》第一百八十二条修改为："有下列情形之一，操纵证券、期货交易价格，获取不正当利益或者转嫁风险，情节严重的，处五年以下有期徒刑或者拘役，并处或者单处违法所得一倍以上五倍以下罚金：

（一）单独或者合谋，集中资金优势、持股或者持仓优势或者利用信息优势联合或者连续买卖，操纵证券、期货交易价格的；

（二）与他人串通，以事先约定的时间、价格和方式相互进行证券、期货交易，或者相互买卖并不持有的证券，影响证券、期货交易价格或者证券、期货交易量的；

（三）以自己为交易对象，进行不转移证券所有权的自买自卖，或者以自己为交易对象，自买自卖期货合约，影响证券、期货交易价格或者证券、期货交易量的；

（四）以其他方法操纵证券、期货交易价格的。

"单位犯前款罪的，对单位判处罚金，并对其直接负责的主管人员和其他直接责任人员，处五年以下有期徒刑或者拘役。"

中华人民共和国刑法修正案（六）

（2006 年 6 月 29 日第十届全国人民代表大会常务委员会第二十二次会议通过 中华人民共和国主席令第五十一号公布自公布之日起施行）

五、将《刑法》第一百六十一条修改为："依法负有信息披露义务的公司、企业向股东和社会公众提供虚假的或者隐瞒重要事实的财务会计报告，或者对依法应当披露的其他重要信息不按照规定披露，严重损害股东或者其他人利益，或者有其他严重情节的，对其直接负责的主管人员和其他直接责任人员，处三年以下有期徒刑或者拘役，并处或者单处二万元以上二十万元以下罚金。"

九、在《刑法》第一百六十九条后增加一条，作为第一百六十九条之一："上市公司的董事、监事、高级管理人员违背对公司的忠实义务，利用职务便利，操纵上市公司从事下列行为之一，致使上市公司利益遭受重大损失的，处三年以下有期徒刑或者拘役，并处或者单处罚金；致使上市公司利益遭受特别重大损失的，处三年以上七年以下有期徒刑，并处罚金：

（一）无偿向其他单位或者个人提供资金、商品、服务或者其他资产的；

（二）以明显不公平的条件，提供或者接受资金、商品、服务或者其他资产的；

（三）向明显不具有清偿能力的单位或者个人提供资金、商品、服务或者其他资产的；

（四）为明显不具有清偿能力的单位或者个人提供担保，或者无正当理由为其他单位或者个人提供担保的；

（五）无正当理由放弃债权、承担债务的；

（六）采用其他方式损害上市公司利益的。

"上市公司的控股股东或者实际控制人，指使上市公司董事、监事、高级管理人员实施前款行为的，依照前款的规定处罚。

"犯前款罪的上市公司的控股股东或者实际控制人是单位的，对单位判处罚金，并对其直接负责的主管人员和其他直接责任人员，依照第一款的规定处罚。"

十一、将《刑法》第一百八十二条修改为："有下列情形之一，操纵证券、期货市场，情节严重的，处五年以下有期徒刑或者拘役，并处或者单处罚金；情节特别严重的，处五年以上十年以下有期徒刑，并处罚金：

（一）单独或者合谋，集中资金优势、持股或者持仓优势或者利用信息优势联合或者连续买卖，操纵证券、期货交易价格或者证券、期货交易量的；

（二）与他人串通，以事先约定的时间、价格和方式相互进行证券、期货交易，影响证券、期货交易价格或者证券、期货交易量的；

（三）在自己实际控制的账户之间进行证券交易，或者以自己为交易对象，自买自卖期货合约，影响证券、期货交易价格或者证券、期货交易量的；

（四）以其他方法操纵证券、期货市场的。

"单位犯前款罪的，对单位判处罚金，并对其直接负责的主管人员和其他直接责任人员，依照前款的规定处罚。"

十二、在《刑法》第一百八十五条后增加一条，作为第一百八十五条之一："商业银行、证券交易所、期货交易所、证券公司、期货经纪公司、保险公司或者其他金融机构，违背受托义务，擅自运用客户资金或者其他委托、信托的财产，情节严重的，对单位判处罚金，并对其直接负责的主管人员和其他直接责任人员，处三年以下有期徒刑或者拘役，并处三万元以上三十万元以下罚金；情节特别严重的，处三年以上十年以下有期徒刑，并处五万元以上五十万元以下罚金。

"社会保障基金管理机构、住房公积金管理机构等公众资金管理机构，以及保险公司、保险资产管理公司、证券投资基金管理公司，违反国家规定运用资金的，对其直接负责的主管人员和其他直接责任人员，依照前款的规定处罚。"

中华人民共和国刑法修正案（七）

（2009 年 2 月 28 日第十一届全国人民代表大会常务委员会第七次会议通过　中华人民共和国主席令第十号公布　自公布之日起施行）

二、将《刑法》第一百八十条第一款修改为："证券、期货交易内幕信息的知情人员或者非法获取证券、期货交易内幕信息的人员，在涉及证券的发行，证券、期货交易或者其他对证券、期货交易价格有重大影响的信息尚未公开前，买入或者卖出该证券，或者从事与该内幕信息有关的期货交易，或者泄露该信息，或者明示、暗示他人从事上述交易活动，情节严重的，处五年以下有期徒刑或者拘役，并处或者单处违法所得一倍以上五倍以下罚金；情节特别严重的，处五年以上十年以下有期徒刑，并处违法所得一倍以上五倍以下罚金。"

增加一款作为第四款："证券交易所、期货交易所、证券公司、期货经纪公司、基金管理公司、商业银行、保险公司等金融机构的从业人员以及有关监管部门或者行业协会的工作人员，利用因职务便利获取的内幕信息以外的其他未公开的信息，违反规定，从事与该信息相关的证券、期货交易活动，或者明示、暗示他人从事相关交易活动，情节严重的，依照第一款的规定处罚。"

关于公安机关管辖的
刑事案件立案追诉标准的规定（二）

（最高人民检察院、公安部 2010 年 5 月 7 日印发）

第五条 ［欺诈发行股票、债券案（《刑法》第一百六十条）］在招股说明书、认股书、公司、企业债券募集办法中隐瞒重要事实或者编造重大虚假内容，发行股票或者公司、企业债券，涉嫌下列情形之一的，应予立案追诉：

（一）发行数额在五百万元以上的；

（二）伪造、变造国家机关公文、有效证明文件或者相关凭证、单据的；

（三）利用募集的资金进行违法活动的；

（四）转移或者隐瞒所募集资金的；

（五）其他后果严重或者有其他严重情节的情形。

第六条 ［违规披露、不披露重要信息案（《刑法》第一百六十一条）］依法负有信息披露义务的公司、企业向股东和社会公众提供虚假的或者隐瞒重要事实的财务会计报告，或者对依法应当披露的其他重要信息不按照规定披露，涉嫌下列情形之一的，应予立案追诉：

（一）造成股东、债权人或者其他人直接经济损失数额累计在五十万元以上的；

（二）虚增或者虚减资产达到当期披露的资产总额百分之三十以上的；

（三）虚增或者虚减利润达到当期披露的利润总额百分之三十以上的；

（四）未按照规定披露的重大诉讼、仲裁、担保、关联交易或者其他重大事项所涉及的数额或者连续十二个月的累计数额占净资产百分之五十以上的；

（五）致使公司发行的股票、公司债券或者国务院依法认定的其他证券被终止上市交易或者多次被暂停上市交易的；

（六）致使不符合发行条件的公司、企业骗取发行核准并且上市交易的；

（七）在公司财务会计报告中将亏损披露为盈利，或者将盈利披露为亏损的；

（八）多次提供虚假的或者隐瞒重要事实的财务会计报告，或者多次对依法应当披露的其他重要信息不按照规定披露的；

（九）其他严重损害股东、债权人或者其他人利益，或者有其他严重情节的情形。

第十八条 ［背信损害上市公司利益案（《刑法》第一百六十九条之一）］上市公司的董事、监事、高级管理人员违背对公司的忠实义务，利用职务便利，操纵上市公司从事损害上市公司利益的行为，以及上市公司的控股股东或者实际控制人，指使上市公司董事、监事、高级管理人员实施损害上市公司利益的行为，涉嫌下列情形之一的，应予立案追诉：

（一）无偿向其他单位或者个人提供资金、商品、服务或者其他资产，致使上市公司直接经济损失数额在一百五十万元以上的；

（二）以明显不公平的条件，提供或者接受资金、商品、服务或者其他资产，致使上市公司直接经济损失数额在一百五十万元以上的；

（三）向明显不具有清偿能力的单位或者个人提供资金、商品、服务或者其他资产，致使上市公司直接经济损失数额在一百五十万元以上的；

（四）为明显不具有清偿能力的单位或者个人提供担保，或者无正当理由为其他单位或者个人提供担保，致使上市公司直接经济损失数额在一百五十万元以上的；

（五）无正当理由放弃债权、承担债务，致使上市公司直接经济损失数额在一百五十万元以上的；

（六）致使公司发行的股票、公司债券或者国务院依法认定的其他证券被终止上市交易或者多次被暂停上市交易的；

（七）其他致使上市公司利益遭受重大损失的情形。

第三十二条 ［伪造、变造国家有价证券案（《刑法》第一百七十八条第一款）］伪造、变造国库券或者国家发行的其他有价证券，总面额在二千元以上的，应予立案追诉。

第三十三条 ［伪造、变造股票、公司、企业债券案（《刑法》第一百七十八条第二款）］伪造、变造股票或者公司、企业债券，总面额在五千元以上的，应予立案追诉。

第三十四条 ［擅自发行股票、公司、企业债券案（《刑法》第一百七十九条）］未经国家有关主管部门批准，擅自发行股票或者公司、企业债券，涉嫌下列情形之一的，应予立案追诉：

（一）发行数额在五十万元以上的；

（二）虽未达到上述数额标准，但擅自发行致使三十人以上的投资者购买了股票或者公司、企业债券的；

（三）不能及时清偿或者清退的；

（四）其他后果严重或者有其他严重情节的情形。

第三十五条 ［内幕交易、泄露内幕信息案（《刑法》第一百八十条第一款）］证券、期货交易内幕信息的知情人员、单位或者非法获取证券、期货交易内幕信息的人员、单位，在涉及证券的发行，证券、期货交易或者其他对证券、期货交易价格有重大影响的信息尚未公开前，买入或者卖出该证券，或者从事与该内幕信息有关的期货交易，或者泄露该信息，或者明示、暗示他人从事上述交易活动，涉嫌下列情形之一的，应予立案追诉：

（一）证券交易成交额累计在五十万元以上的；

（二）期货交易占用保证金数额累计在三十万元以上的；

（三）获利或者避免损失数额累计在十五万元以上的；

（四）多次进行内幕交易、泄露内幕信息的；

（五）其他情节严重的情形。

第三十六条　［利用未公开信息交易案（《刑法》第一百八十条第四款）］证券交易所、期货交易所、证券公司、期货公司、基金管理公司、商业银行、保险公司等金融机构的从业人员以及有关监管部门或者行业协会的工作人员，利用因职务便利获取的内幕信息以外的其他未公开的信息，违反规定，从事与该信息相关的证券、期货交易活动，或者明示、暗示他人从事相关交易活动，涉嫌下列情形之一的，应予立案追诉：

（一）证券交易成交额累计在五十万元以上的；

（二）期货交易占用保证金数额累计在三十万元以上的；

（三）获利或者避免损失数额累计在十五万元以上的；

（四）多次利用内幕信息以外的其他未公开信息进行交易活动的；

（五）其他情节严重的情形。

第三十七条　［编造并传播证券、期货交易虚假信息案（《刑法》第一百八十一条第一款）］编造并且传播影响证券、期货交易的虚假信息，扰乱证券、期货交易市场，涉嫌下列情形之一的，应予立案追诉：

（一）获利或者避免损失数额累计在五万元以上的；

（二）造成投资者直接经济损失数额在五万元以上的；

（三）致使交易价格和交易量异常波动的；

（四）虽未达到上述数额标准，但多次编造并且传播影响证券、期货交易的虚假信息的；

（五）其他造成严重后果的情形。

第三十八条　［诱骗投资者买卖证券、期货合约案（《刑法》第一百八十一条第二款）］证券交易所、期货交易所、证券公司、期货公司的从业人员，证券业协会、期货业协会或者证券期货监督管理部门的工作人员，故意提供虚假信息或者伪造、变造、销毁交易记录，诱骗投资者买卖证券、期货合约，涉嫌下列情形之一的，应予立案追诉：

（一）获利或者避免损失数额累计在五万元以上的；

（二）造成投资者直接经济损失数额在五万元以上的；

（三）致使交易价格和交易量异常波动的；

（四）其他造成严重后果的情形。

第三十九条 ［操纵证券、期货市场案（《刑法》第一百八十二条）］操纵证券、期货市场，涉嫌下列情形之一的，应予立案追诉：

（一）单独或者合谋，持有或者实际控制证券的流通股份数达到该证券的实际流通股份总量百分之三十以上，且在该证券连续二十个交易日内联合或者连续买卖股份数累计达到该证券同期总成交量百分之三十以上的；

（二）单独或者合谋，持有或者实际控制期货合约的数量超过期货交易所业务规则限定的持仓量百分之五十以上，且在该期货合约连续二十个交易日内联合或者连续买卖期货合约数累计达到该期货合约同期总成交量百分之三十以上的；

（三）与他人串通，以事先约定的时间、价格和方式相互进行证券或者期货合约交易，且在该证券或者期货合约连续二十个交易日内成交量累计达到该证券或者期货合约同期总成交量百分之二十以上的；

（四）在自己实际控制的账户之间进行证券交易，或者以自己为交易对象，自买自卖期货合约，且在该证券或者期货合约连续二十个交易日内成交量累计达到该证券或者期货合约同期总成交量百分之二十以上的；

（五）单独或者合谋，当日连续申报买入或者卖出同一证券、期货合约并在成交前撤回申报，撤回申报量占当日该种证券总申报量或者该种期货合约总申报量百分之五十以上的；

（六）上市公司及其董事、监事、高级管理人员、实际控制人、控股股东或者其他关联人单独或者合谋，利用信息优势，操纵该公司证券交易价格或者证券交易量的；

（七）证券公司、证券投资咨询机构、专业中介机构或者从业人员，违背有关从业禁止的规定，买卖或者持有相关证券，通过对证券或者其发行人、上市公司公开作出评价、预测或者投资建议，在该证券的交易中谋取利益，情节严重的；

（八）其他情节严重的情形。

第四十条 ［背信运用受托财产案（《刑法》第一百八十五条之一第一款）］商业银行、证券交易所、期货交易所、证券公司、期货公司、保险公司或者其他金融机构，违背受托义务，擅自运用客户资金或者其他委托、信托的财产，涉嫌下列情形之一的，应予立案追诉：

（一）擅自运用客户资金或者其他委托、信托的财产数额在三十万元以上的；

（二）虽未达到上述数额标准，但多次擅自运用客户资金或者其他委托、信托的财产，或者擅自运用多个客户资金或者其他委托、信托的财产的；

（三）其他情节严重的情形。

第四十一条　［违法运用资金案（《刑法》第一百八十五条之一第二款）］社会保障基金管理机构、住房公积金管理机构等公众资金管理机构，以及保险公司、保险资产管理公司、证券投资基金管理公司，违反国家规定运用资金，涉嫌下列情形之一的，应予立案追诉：

（一）违反国家规定运用资金数额在三十万元以上的；

（二）虽未达到上述数额标准，但多次违反国家规定运用资金的；

（三）其他情节严重的情形。

关于办理内幕交易、泄露信息刑事案件
具体应用法律若干问题的解释

（《最高人民法院、最高人民检察院关于办理内幕交易、泄露内幕信息刑事案件具体应用法律若干问题的解释》已于2011年10月31日由最高人民法院审判委员会第1529次会议、2012年2月27日由最高人民检察院第十一届检察委员会第72次会议通过，现予公布，自2012年6月1日起施行）

为维护证券、期货市场管理秩序，依法惩治证券、期货犯罪，根据《刑法》有关规定，现就办理内幕交易、泄露内幕信息刑事案件具体应用法律的若干问题解释如下：

第一条　下列人员应当认定为《刑法》第一百八十条第一款规定的"证券、期货交易内幕信息的知情人员"：

（一）《证券法》第七十四条规定的人员；

（二）《期货交易管理条例》第八十五条第十二项规定的人员。

第二条　具有下列行为的人员应当认定为《刑法》第一百八十条第一款规定的"非法获取证券、期货交易内幕信息的人员"：

（一）利用窃取、骗取、套取、窃听、利诱、刺探或者私下交易等手段获取内幕信息的；

（二）内幕信息知情人员的近亲属或者其他与内幕信息知情人员关系密切的人员，在内幕信息敏感期内，从事或者明示、暗示他人从事，或者泄露内幕信息导致他人从事与该内幕信息有关的证券、期货交易，相关交易行为明显异常，且无正当理由或者正当信息来源的；

（三）在内幕信息敏感期内，与内幕信息知情人员联络、接触，从事或者明示、暗示他人从事，或者泄露内幕信息导致他人从事与该内幕信息有关的证券、期货交易，相关交易行为明显异常，且无正当理由或者正当信息来源的。

第三条 本解释第二条第二项、第三项规定的"相关交易行为明显异常"，要综合以下情形，从时间吻合程度、交易背离程度和利益关联程度等方面予以认定：

（一）开户、销户、激活资金账户或者指定交易（托管）、撤销指定交易（转托管）的时间与该内幕信息形成、变化、公开时间基本一致的；

（二）资金变化与该内幕信息形成、变化、公开时间基本一致的；

（三）买入或者卖出与内幕信息有关的证券、期货合约时间与内幕信息的形成、变化和公开时间基本一致的；

（四）买入或者卖出与内幕信息有关的证券、期货合约时间与获悉内幕信息的时间基本一致的；

（五）买入或者卖出证券、期货合约行为明显与平时交易习惯不同的；

（六）买入或者卖出证券、期货合约行为，或者集中持有证券、期货合约行为与该证券、期货公开信息反映的基本面明显背离的；

（七）账户交易资金进出与该内幕信息知情人员或者非法获取人员有关联或者利害关系的；

（八）其他交易行为明显异常情形。

第四条 具有下列情形之一的，不属于《刑法》第一百八十条第一款规定的从事与内幕信息有关的证券、期货交易：

（一）持有或者通过协议、其他安排与他人共同持有上市公司百分之五以上股份的自然人、法人或者其他组织收购该上市公司股份的；

（二）按照事先订立的书面合同、指令、计划从事相关证券、期货交易的；

（三）依据已被他人披露的信息而交易的；

（四）交易具有其他正当理由或者正当信息来源的。

第五条 本解释所称"内幕信息敏感期"是指内幕信息自形成至公开的期间。

《证券法》第六十七条第二款所列"重大事件"的发生时间，第七十五条规定的"计划""方案"以及《期货交易管理条例》第八十五条第十一项规定的"政策""决定"等的形成时间，应当认定为内幕信息的形成之时。

影响内幕信息形成的动议、筹划、决策或者执行人员，其动议、筹划、决策或者执行初始时间，应当认定为内幕信息的形成之时。

内幕信息的公开，是指内幕信息在国务院证券、期货监督管理机构指定的报刊、网站等媒体披露。

第六条 在内幕信息敏感期内从事或者明示、暗示他人从事或者泄露内幕信息导致他人从事与该内幕信息有关的证券、期货交易，具有下列情形之一的，应当认定为《刑法》第一百八十条第一款规定的"情节严重"：

（一）证券交易成交额在五十万元以上的；

（二）期货交易占用保证金数额在三十万元以上的；

（三）获利或者避免损失数额在十五万元以上的；

（四）三次以上的；

（五）具有其他严重情节的。

第七条 在内幕信息敏感期内从事或者明示、暗示他人从事或者泄露内幕信息导致他人从事与该内幕信息有关的证券、期货交易，具有下列情形之一的，应当认定为《刑法》第一百八十条第一款规定的"情节特别严重"：

（一）证券交易成交额在二百五十万元以上的；

（二）期货交易占用保证金数额在一百五十万元以上的；

（三）获利或者避免损失数额在七十五万元以上的；

（四）具有其他特别严重情节的。

第八条 二次以上实施内幕交易或者泄露内幕信息行为，未经行政处理或者刑事处理的，应当对相关交易数额依法累计计算。

第九条 同一案件中，成交额、占用保证金额、获利或者避免损失额分别构成情节严重、情节特别严重的，按照处罚较重的数额定罪处罚。

构成共同犯罪的，按照共同犯罪行为人的成交总额、占用保证金总额、获利或者避免损失总额定罪处罚，但判处各被告人罚金的总额应掌握在获利或者避免损失总额的一倍以上五倍以下。

第十条 《刑法》第一百八十条第一款规定的"违法所得"，是指通过内幕交易行为所获利益或者避免的损失。

内幕信息的泄露人员或者内幕交易的明示、暗示人员未实际从事内幕交易的，其罚金数额按照因泄露而获悉内幕信息人员或者被明示、暗示人员从事内幕交易的违法所得计算。

第十一条 单位实施《刑法》第一百八十条第一款规定的行为，具有本解释第六条规定情形之一的，按照《刑法》第一百八十条第二款的规定定罪处罚。

关于整治非法证券活动有关问题的通知

（最高人民法院、最高人民检察院、公安部、中国证券监督管理委员会 2008 年 1 月 2 日公布 自公布之日起施行）

各省、自治区、直辖市高级人民法院、人民检察院、公安厅（局），解放军军事法院、军事检察院，新疆维吾尔自治区高级人民法院生产建设兵团分院，新疆生产建设兵团人民检察院、公安局，中国证监会各省、自治区、直辖市、计划单列市监管局：

二、明确法律政策界限，依法打击非法证券活动

（一）关于公司及其股东向社会公众擅自转让股票行为的性质认定。《证券法》第十条第三款规定："非公开发行证券，不得采用广告、公开劝诱和变相公开方式。"国办发 99 号文规定："严禁任何公司股东自行或委托他人以公开方式向社会公众转让股票。向特定对象转让股票，未依法报经证监会核准的，转让后，公司股东累计不得超过 200 人。"公司、公司股东违反上述规定，擅自向社会公众转让股票，应当追究其擅自发行股票的责任。公司与其股东合谋，实施上述行为的，公司与其股东共同承担责任。

（二）关于擅自发行证券的责任追究。未经依法核准，擅自发行证券，涉嫌犯罪的，依照《刑法》第一百七十九条之规定，以擅自发行股票、公司、企业债券罪追究刑事责任。未经依法核准，以发行证券为幌子，实施非法证券活动，涉嫌犯罪的，依照《刑法》第一百七十六条、第一百九十二条等规定，以非法吸收公众存款罪、集资诈骗罪等罪名追究刑事责任。未构成犯罪的，依照《证券法》和有关法律的规定给予行政处罚。

（三）关于非法经营证券业务的责任追究。任何单位和个人经营证券业务，必须经证监会批准。未经批准的，属于非法经营证券业务，应予以取缔；涉嫌犯罪的，依照《刑法》第二百二十五条之规定，以非法经营罪追究刑事责任。对于中介机构非法代理买卖非上市公司股票，涉嫌犯罪的，应当依照《刑法》第二百二十五条之规定，以非法经营罪追究刑事责任；所代理的非上市公司涉嫌擅自发行股票，构成犯罪的，应当依照《刑法》第一百七十九条之规定，以擅自发行股票罪追究刑事责任。非上市公司和中介机构共谋擅自发行股票，构成犯罪的，以擅自发行股票罪的共犯论处。未构成犯罪的，依照《证券法》和有关法律的规定给予行政处罚。

（四）关于非法证券活动性质的认定。非法证券活动是否涉嫌犯罪，由公安机关、司法机关认定。公安机关、司法机关认为需要有关行政主管机关进行性质认定的，行政主管机关应当出具认定意见。对因案情复杂、意见分歧，需要进行协调的，协调小组应当根据办案部门的要求，组织有关单位进行研究解决。

（五）关于修订后的《证券法》与修订前的《证券法》中针对擅自发行股票和非法经营证券业务规定的衔接。修订后的《证券法》与修订前的《证券法》针对擅自发行股票和非法经营证券业务的规定是一致的，是相互衔接的，因此在修订后的《证券法》实施之前发生的擅自发行股票和非法经营证券业务行为，也应予以追究。

（六）关于非法证券活动受害人的救济途径。根据 1998 年 3 月 25 日《国务院办公厅转发证监会关于清理整顿场外非法股票交易方案的通知》（国办发〔1998〕10 号）的规定，最高人民法院于 1998 年 12 月 4 日发布了《关于中止审

理、中止执行涉及场外非法股票交易经济纠纷案件的通知》（法〔1998〕145号），目的是为配合国家当时解决 STAQ、NET 交易系统发生的问题，而非针对目前非法证券活动所产生的纠纷。如果非法证券活动构成犯罪，被害人应当通过公安、司法机关刑事追赃程序追偿；如果非法证券活动仅是一般违法行为而没有构成犯罪，当事人符合《民事诉讼法》规定的起诉条件的，可以通过民事诉讼程序请求赔偿。

全国法院审理金融犯罪案件工作会谈纪要

（2001 年 1 月 21 日最高人民法院法〔2001〕8 号印发）

（一）关于单位犯罪问题

根据《刑法》和《最高人民法院关于审理单位犯罪案件具体应用法律有关问题的解释》的规定，以单位名义实施犯罪，违法所得归单位所有的，是单位犯罪。

1. 单位的分支机构或者内设机构、部门实施犯罪行为的处理。以单位的分支机构或者内设机构、部门的名义实施犯罪，违法所得也归分支机构或者内设机构、部门所有的，应认定为单位犯罪。不能因为单位的分支机构或者内设机构、部门没有可供执行罚金的财产，就不将其认定为单位犯罪，而按照个人犯罪处理。

2. 单位犯罪直接负责的主管人员和其他直接责任人员的认定：直接负责的主管人员，是在单位实施的犯罪中起决定、批准、授意、纵容、指挥等作用的人员，一般是单位的主管负责人，包括法定代表人。其他直接责任人员，是在单位犯罪中具体实施犯罪并起较大作用的人员，既可以是单位的经营管理人员，也可以是单位的职工，包括聘任、雇佣的人员。应当注意的是，在单位犯罪中，对于受单位领导指派或奉命而参与实施了一定犯罪行为的人员，一般不宜作为直接责任人员追究刑事责任。对单位犯罪中的直接负责的主管人员和其他直接责任人员，应根据其在单位犯罪中的地位、作用和犯罪情节，分别处以相应的刑罚，主管人员与直接责任人员，在个案中，不是当然的主、从犯关系，有的案件，主管人员与直接责任人员在实施犯罪行为的主从关系不明显的，可不分主、从犯。但具体案件可以分清主、从犯，且不分清主、从犯，在同一法定刑档次、幅度内量刑无法做到罪刑相适应的，应当分清主、从犯，依法处罚。

3. 对未作为单位犯罪起诉的单位犯罪案件的处理。对于应当认定为单位犯罪的案件，检察机关只作为自然人犯罪案件起诉的，人民法院应及时与检察机关协商，建议检察机关对犯罪单位补充起诉。如检察机关不补充起诉的，人民法院仍应依法审理，对被起诉的自然人根据指控的犯罪事实、证据及庭审查明的事实，依法按单位犯罪中的直接负责的主管人员或者其他直接责任人员追究刑事责任，并应引用刑罚分则关于单位犯罪追究直接负责的主管人员和其他直接责任人员刑事责任的有关条款。

4. 单位共同犯罪的处理。两个以上单位以共同故意实施的犯罪，应根据各单位在共同犯罪中的地位、作用大小，确定犯罪单位。

（五）财产刑的适用

金融犯罪是图利型犯罪，惩罚和预防此类犯罪，应当注重同时从经济上制裁犯罪分子。《刑法》对金融犯罪都规定了财产刑，人民法院应当严格依法判处。罚金的数额，应当根据被告人的犯罪情节，在法律规定的数额幅度内确定。对于具有从轻、减轻或者免除处罚情节的被告人，对于本应并处的罚金刑原则上也应当从轻、减轻或者免除。

单位金融犯罪中直接负责的主管人员和其他直接责任人员，是否适用罚金刑，应当根据《刑法》的具体规定。《刑法》分则条文规定有罚金刑，并规定对单位犯罪中直接负责的主管人员和其他直接责任人员依照自然人犯罪条款处罚的，应当判处罚金刑，但是对直接负责的主管人员和其他直接责任人员判处罚金的数额，应当低于对单位判处罚金的数额；《刑法》分则条文明确规定对单位犯罪中直接负责的主管人员和其他直接责任人员只判处自由刑的，不能附加判处罚金刑。

关于办理证券期货违法犯罪案件
工作若干问题的意见

（2011 年 4 月 27 日　最高人民法院、最高人民检察院、公安部、证监会　证监会〔2011〕30 号）

为加强办理证券期货违法犯罪案件工作，完善行政执法与刑事司法的衔接机制，进一步依法有效惩治证券期货违法犯罪，提出如下意见：

一、证券监管机构依据行政机关移送涉嫌犯罪案件的有关规定，在办理可能移送公安机关查处的证券期货违法案件过程中，经履行批准程序，可商请公安机关协助查询、复制被调查对象的户籍、出入境信息等资料，对有关涉案人员按照相关规定采取边控、报备措施。证券监管机构向公安机关提出请求时，应当明确协助办理的具体事项，提供案件情况及相关材料。

二、证券监管机构办理证券期货违法案件，案情重大、复杂、疑难的，可商请公安机关就案件性质、证据等问题提出参考意见；对有证据表明可能涉嫌犯罪的行为人可能逃匿或者销毁证据的，证券监管机构应当及时通知公安机关；涉嫌犯罪的，公安机关应当及时立案侦查。

三、证券监管机构与公安机关建立和完善协调会商机制。证券监管机构依据行政机关移送涉嫌犯罪案件的有关规定，在向公安机关移送重大、复杂、疑难的涉嫌证券期货犯罪案件前，应当启动协调会商机制，就行为性质认定、案件罪名适用、案件管辖等问题进行会商。

四、公安机关、人民检察院和人民法院在办理涉嫌证券期货犯罪案件过程中，可商请证券监管机构指派专业人员配合开展工作，协助查阅、复制有关专业资料。证券监管机构可以根据司法机关办案需要，依法就案件涉及的证券期货专业问题向司法机关出具认定意见。

五、司法机关对证券监管机构随案移送的物证、书证、鉴定结论、视听资料、现场笔录等证据要及时审查，作出是否立案的决定；随案移送的证据，经法定程序查证属实的，可作为定案的根据。

六、证券监管机构依据行政机关移送涉嫌犯罪案件的有关规定向公安机关移交证据，应当制作证据移交清单，双方经办人员应当签字确认，加盖公章，相关证据随证据移交清单一并移交。

七、对涉众型证券期货犯罪案件，在已收集的证据能够充分证明基本犯罪事实的前提下，公安机关可在被调查对象范围内按一定比例收集和调取书证、被害人陈述、证人证言等相关证据。

八、以证券交易所、期货交易所、证券登记结算机构、期货保证金监控机构以及证券公司、期货公司留存的证券期货委托记录和交易记录、登记存管结算资料等电子数据作为证据的，数据提供单位应以电子光盘或者其他载体记录相关原始数据，并说明制作方法、制作时间及制作人等信息，并由复制件制作人和原始电子数据持有人签名或盖章。

九、发行人、上市公司或者其他信息披露义务人在证券监管机构指定的信息披露媒体、信息披露义务人或证券交易所网站发布的信息披露公告，其打印件或据此制作的电子光盘，经核对无误后，说明其来源、制作人、制作时间、制作地点等的，可作为刑事证据使用，但有其他证据证明打印件或光盘内容与公告信息不一致的除外。

十、涉嫌证券期货犯罪的第一审案件，由中级人民法院管辖，同级人民检察院负责提起公诉，地（市）级以上公安机关负责立案侦查。

关于人民法院为企业兼并重组
提供司法保障的指导意见

（2014 年 6 月 3 日　最高人民法院发布〔2014〕7 号）

三、加强国有资产保护，依法保障企业资产的稳定与安全

11. 依法规制关联交易，严厉禁止不当利益输送。严格防范以关联交易的方式侵吞国有资产。要依照公司法等法律法规的规定依法妥当处理企业兼并重组中的关联交易行为。公司股东、董事、高级管理人员与公司之间从事的交易，符合法律法规规定的关联交易程序规则且不损害公司利益的，应当认定行为有效。对公司大股东、实际控制人或者公司董事等公司内部人员在兼并重组中利用特殊地位将不良资产注入公司，或者与公司进行不公平交易从而损害公司利益的行为，应当严格追究其法律责任。

12. 严厉打击企业兼并重组中的违法犯罪行为。各级人民法院要充分发挥刑事审判职能，坚持依法从严惩处的方针，严厉打击国有企业兼并重组中的贪污贿赂、挪用公款、滥用职权、非法经营等犯罪行为，依法严厉惩处非国有企业兼并重组中的职务侵占、挪用企业资金等犯罪行为，维护企业资产安全，同时，要努力挽回相关主体的经济损失。

关于维护互联网安全的决定

（2000 年 12 月 28 日第九届全国人民代表大会常务委员会第十九次会议通过）

三、为了维护社会主义市场经济秩序和社会管理秩序，对有下列行为之一，构成犯罪的，依照刑法有关规定追究刑事责任：

（四）利用互联网编造并传播影响证券、期货交易或者其他扰乱金融秩序的虚假信息。

关于公安部证券犯罪侦查局直属分局
办理证券期货领域刑事案件
适用刑事诉讼程序若干问题的通知

（2005 年 2 月 28 日　公通字〔2005〕11 号）

各省、自治区、直辖市高级人民法院、人民检察院、公安厅（局），新疆维

吾尔自治区高级人民法院生产建设兵团分院、新疆生产建设兵团人民检察院、公安局：

根据中央机构编制委员会办公室的批复，公安部在北京、大连、上海、武汉、深圳、成都设立证券犯罪侦查局直属分局（以下简称直属分局），直接承办证券期货领域重特大刑事案件，行使《刑事诉讼法》赋予公安机关的刑事侦查权。为保证各直属分局依法履行职责，与各行政执法部门、司法机关密切配合，切实加大打击证券期货领域犯罪的力度，现就各直属分局办理证券期货领域刑事案件适用刑事诉讼程序的若干问题通知如下：

一、直属分局管辖以下案件：

（一）欺诈发行股票、债券案件；

（二）上市公司提供虚假财会报告案件；

（三）内幕交易、泄露内幕信息案件；

（四）操纵证券、期货交易价格案件；

（五）公安部交办的其他经济犯罪案件。

直属分局在办理上述前4类案件中发现的其他经济犯罪案件，应当移送有管辖权的地方公安机关，但直属分局管辖更为适宜的，由公安部指定直属分局一并侦查。地方公安机关办案中发现的上述前4类证券期货犯罪案件，原则上由地方公安机关继续侦查，但涉嫌主罪属于上述前4类案件罪名的，应当呈报公安部，由公安部指定有关直属分局管辖。

二、各直属分局管辖地区分别是：

北京分局：北京、天津、河北、山西、新疆（含生产建设兵团）；

大连分局：辽宁、吉林、黑龙江、内蒙古；

上海分局：上海、江苏、浙江、安徽、山东；

武汉分局：河南、湖北、湖南、陕西、甘肃、宁夏；

深圳分局：福建、江西、广东、广西、海南；

成都分局：重庆、四川、贵州、云南、青海、西藏。

三、直属分局行使公安机关侦查权，依法对本通知第一条规定的刑事案件立案、侦查、预审。对犯罪嫌疑人分别依法决定传唤、拘传、取保候审、监视居住、拘留；认为需要逮捕的，提请人民检察院审查批准；对依法不追究刑事责任的不予立案，已经立案的予以撤销案件；对侦查终结应当起诉的案件，移送人民检察院审查决定；对不够刑事处罚的犯罪嫌疑人需要行政处理的，移送有关部门处理。

四、直属分局依照《刑事诉讼法》和《公安机关办理刑事案件程序规定》等有关规定出具和使用刑事法律文书，冠以"公安部证券犯罪侦查局 分局"字样，并加盖"公安部证券犯罪侦查局 分局"印章和分局局长印章。

五、直属分局在侦查办案过程中，需要提请批准逮捕犯罪嫌疑人的，应当按照《刑事诉讼法》及《公安机关办理刑事案件程序规定》的有关规定，制作相应的法律文书，连同有关案卷材料、证据，移送犯罪地或犯罪嫌疑人所在地的人民检察院审查批准。

六、直属分局侦查终结的案件，犯罪事实清楚，证据确实、充分的，应当按照《刑事诉讼法》的有关规定，制作《起诉意见书》，连同案卷材料、证据，一并移送犯罪地或犯罪嫌疑人所在地人民检察院审查决定。

七、人民检察院认为直属分局移送的案件，犯罪事实已经查清，证据确实、充分，依法应当追究刑事责任的，应当依照《刑事诉讼法》有关管辖的规定向人民法院提起公诉。人民法院应当依法作出判决。

八、案情重大、复杂或者确有特殊情况需要改变管辖的，人民法院可以依照《刑事诉讼法》第二十三条、第二十六条的规定决定。

九、对经侦查不构成犯罪和人民检察院依法不起诉或者人民法院依法宣告无罪、免予刑事处罚的刑事案件，需要追究行政责任的，依照有关行政法规的规定，移送有关部门处理。

本通知自下发之日起执行。各地公安、司法机关此前已经受理的案件仍由其继续办理。

关于证券监督管理机构申请
人民法院冻结资金账户、证券账户的若干规定

（2005 年 1 月 18 日由最高人民法院审判委员会第 1341 次会议通过 2005 年 4 月 29 日中华人民共和国最高人民法院公告公布，自 2005 年 5 月 1 日起施行 法释〔2005〕2 号）

根据《中华人民共和国行政诉讼法》《中华人民共和国证券法》《中华人民共和国证券投资基金法》及《期货交易管理暂行条例》等法律法规的有关规定，现就证券监督管理机构依法申请人民法院冻结资金账户、证券账户的有关问题规定如下：

第一条 中国证券监督管理委员会及其下属各省、自治区、直辖市、计划单列市证券监督管理局作为申请人，在履行证券、期货监督管理职责中，对有证据证明被申请人有转移或者隐匿违法资金、证券或者其他财产迹象，依法向人民法院申请冻结资金账户、证券账户的，人民法院应当依法受理。

第二条 申请人依法申请人民法院冻结资金账户、证券账户，应当提交申请书，并提供申请冻结的事实依据和法律、法规依据，被申请冻结的资金账户、证券账户的情况以及人民法院认为应当提供的其他材料。

第三条 申请人提供的事实依据主要包括下列材料：（一）银行转账单复印件；（二）财务凭证复印件；（三）举报材料复印件；（四）交易记录复印件；（五）证券监督管理机构认定意见书；（六）其他书证。

第四条 申请人民法院冻结资金账户、证券账户的，由申请人或者被申请人所在地的中级人民法院管辖。因特殊原因需要指定管辖的，由高级人民法院决定。

第五条 人民法院收到申请人的冻结申请后，对情况紧急的，应当在48小时内作出冻结或者不予受理的裁定。裁定冻结的，应当立即执行。

第六条 人民法院应当组成合议庭对冻结资金账户、证券账户的申请进行书面审查。有下列情形之一的，人民法院应当裁定不予受理：（一）超越法定职权；（二）明显缺乏事实依据；（三）明显违反法定程序；（四）适用法律、法规错误；（五）其他不宜冻结的情形。

第七条 申请人对人民法院不予受理或者被申请人对人民法院冻结的裁定有异议的，可以自收到裁定书之日起七日内向上一级人民法院申请复议。上一级人民法院应当自收到复议申请后的十五日内作出决定。复议期间不停止裁定的执行。

第八条 人民法院冻结资金账户、证券账户的期限为三个月。期满未申请继续冻结的，冻结自动解除。冻结期满后需要继续冻结的，申请人应当在期满之日的十日前向人民法院提出继续冻结的申请。人民法院应当在期满前作出是否继续冻结的裁定。

第九条 申请冻结资金账户、证券账户违法或者不当，给被申请人合法权益造成损失的，由申请人依法承担行政赔偿责任。

第十条 本规定自公布之日起实施。

关于查询、冻结、扣划证券和
证券交易结算资金有关问题的通知

（2008年1月10日最高人民法院、最高人民检察院、公安部、证监会发布）

各省、自治区、直辖市高级人民法院、人民检察院、公安厅（局），解放军军事法院、军事检察院，新疆维吾尔自治区高级人民法院生产建设兵团分院，新疆生产建设兵团人民检察院、公安局：

为维护正常的证券交易结算秩序，保护公民、法人和其他组织的合法权益，保障执法机关依法执行公务，根据《中华人民共和国刑事诉讼法》《中华人民共和国民事诉讼法》《中华人民共和国证券法》等法律以及司法解释的规定，现就人民法院、人民检察院、公安机关查询、冻结、扣划证券和证券交易结算资金的有关问题通知如下：

一、人民法院、人民检察院、公安机关在办理案件过程中，按照法定权限需要通过证券登记结算机构或者证券公司查询、冻结、扣划证券和证券交易结算资金的，证券登记结算机构或者证券公司应当依法予以协助。

二、人民法院要求证券登记结算机构或者证券公司协助查询、冻结、扣划证券和证券交易结算资金，人民检察院、公安机关要求证券登记结算机构或者证券公司协助查询、冻结证券和证券交易结算资金时，有关执法人员应当依法出具相关证件和有效法律文书。

执法人员证件齐全、手续完备的，证券登记结算机构或者证券公司应当签收有关法律文书并协助办理有关事项。

拒绝签收人民法院生效法律文书的，可以留置送达。

三、人民法院、人民检察院、公安机关可以依法向证券登记结算机构查询客户和证券公司的证券账户、证券交收账户和资金交收账户内已完成清算交收程序的余额、余额变动、开户资料等内容。

人民法院、人民检察院、公安机关可以依法向证券公司查询客户的证券账户和资金账户、证券交收账户和资金交收账户内的余额、余额变动、证券及资金流向、开户资料等内容。

查询自然人账户的，应当提供自然人姓名和身份证件号码；查询法人账户的，应当提供法人名称和营业执照或者法人注册登记证书号码。

证券登记结算机构或者证券公司应当出具书面查询结果并加盖业务专用章。查询机关对查询结果有疑问时，证券登记结算机构、证券公司在必要时应当进行书面解释并加盖业务专用章。

四、人民法院、人民检察院、公安机关按照法定权限冻结、扣划相关证券、资金时，应当明确拟冻结、扣划证券、资金所在的账户名称、账户号码、冻结期限，所冻结、扣划证券的名称、数量或者资金的数额。扣划时，还应当明确拟划入的账户名称、账号。

冻结证券和交易结算资金时，应当明确冻结的范围是否及于孳息。

本通知规定的以证券登记结算机构名义建立的各类专门清算交收账户不得整体冻结。

五、证券登记结算机构依法按照业务规则收取并存放于专门清算交收账户内的下列证券，不得冻结、扣划：

（一）证券登记结算机构设立的证券集中交收账户、专用清偿账户、专用处置账户内的证券。

（二）证券公司在证券登记结算机构开设的客户证券交收账户、自营证券交收账户和证券处置账户内的证券。

六、证券登记结算机构依法按照业务规则收取并存放于专门清算交收账户内的下列资金，不得冻结、扣划：

（一）证券登记结算机构设立的资金集中交收账户、专用清偿账户内的资金；

（二）证券登记结算机构依法收取的证券结算风险基金和结算互保金；

（三）证券登记结算机构在银行开设的结算备付金专用存款账户和新股发行验资专户内的资金，以及证券登记结算机构为新股发行网下申购配售对象开立的网下申购资金账户内的资金；

（四）证券公司在证券登记结算机构开设的客户资金交收账户内的资金；

（五）证券公司在证券登记结算机构开设的自营资金交收账户为最低限额自营结算备付金及根据成交结果确定的应付资金。

七、证券登记结算机构依法按照业务规则要求证券公司等结算参与人、投资者或者发行人提供的回购质押券、价差担保物、行权担保物、履约担保物等担保物，在交收完成之前，不得冻结、扣划。

八、证券公司在银行开立的自营资金账户内的资金可以冻结、扣划。

九、在证券公司托管的证券的冻结、扣划，既可以在托管的证券公司办理，也可以在证券登记结算机构办理。不同的执法机关同一交易日分别在证券公司、证券登记结算机构对同一笔证券办理冻结、扣划手续的，证券公司协助办理的为在先冻结、扣划。

冻结、扣划未在证券公司或者其他托管机构托管的证券或者证券公司自营证券的，由证券登记结算机构协助办理。

十、证券登记结算机构受理冻结、扣划要求后，应当在受理日对应的交收日交收程序完成后根据交收结果协助冻结、扣划。

证券公司受理冻结、扣划要求后，应当立即停止证券交易，冻结时已经下单但尚未撮合成功的应当采取撤单措施。冻结后，根据成交结果确定的用于交收的应付证券和应付资金可以进行正常交收。在交收程序完成后，对于剩余部分可以扣划。同时，证券公司应当根据成交结果计算出同等数额的应收资金或者应收证券交由执法机关冻结或者扣划。

十一、已被人民法院、人民检察院、公安机关冻结的证券或证券交易结算资金，其他人民法院、人民检察院、公安机关或者同一机关因不同案件可以进行轮候冻结。冻结解除的，登记在先的轮候冻结自动生效。

轮候冻结生效后，协助冻结的证券登记结算机构或者证券公司应当书面通知做出该轮候冻结的机关。

十二、冻结证券的期限不得超过二年，冻结交易结算资金的期限不得超过六个月。

需要延长冻结期限的，应当在冻结期限届满前办理续行冻结手续，每次续行冻结的期限不得超过前款规定的期限。

十三、不同的人民法院、人民检察院、公安机关对同一笔证券或者交易结算资金要求冻结、扣划或者轮候冻结时，证券登记结算机构或者证券公司应当按照送达协助冻结、扣划通知书的先后顺序办理协助事项。

十四、要求冻结、扣划的人民法院、人民检察院、公安机关之间，因冻结、扣划事项发生争议的，要求冻结、扣划的机关应当自行协商解决。协商不成的，由其共同上级机关决定；没有共同上级机关的，由其各自的上级机关协商解决。

在争议解决之前，协助冻结的证券登记结算机构或者证券公司应当按照争议机关所送达法律文书载明的最大标的范围对争议标的进行控制。

十五、依法应当予以协助而拒绝协助，或者向当事人通风报信，或者与当事人通谋转移、隐匿财产的，对有关的证券登记结算机构或者证券公司和直接责任人应当依法进行制裁。

十六、以前规定与本通知规定内容不一致的，以本通知为准。

十七、本通知中所规定的证券登记结算机构，是指中国证券登记结算有限责任公司及其分公司。

十八、本通知自 2008 年 3 月 1 日起实施。

二、证券法律篇

中华人民共和国公司法

（1993 年 12 月 29 日第八届全国人民代表大会常务委员会第五次会议通过　根据 1999 年 12 月 25 日第九届全国人民代表大会常务委员会第十三次会议《关于修改〈中华人民共和国公司法〉的决定》第一次修正　根据 2004 年 8 月 28 日第十届全国人民代表大会常务委员会第十一次会议《关于修改〈中华人民共和国公司法〉的决定》第二次修正。2005 年 10 月 27 日第十届全国人民代表大会常务委员会第十八次会议修订。2013 年 12 月 28 日第十二届全国人民代表大会常务委员会第六次会议通过《关于修改〈中华人民共和国海洋环境保护法〉等七部法律的决定》，2013 年 12 月 28 日中华人民共和国主席令第八号公布，自 2014 年 3 月 1 日起施行）

第十二章　法律责任

第一百九十八条　违反本法规定，虚报注册资本、提交虚假材料或者采取其他欺诈手段隐瞒重要事实取得公司登记的，由公司登记机关责令改正，对虚报注册资本的公司，处以虚报注册资本金额百分之五以上百分之十五以下的罚款；对提交虚假材料或者采取其他欺诈手段隐瞒重要事实的公司，处以五万元以上五十万元以下的罚款；情节严重的，撤销公司登记或者吊销营业执照。

第一百九十九条　公司的发起人、股东虚假出资，未交付或者未按期交付作为出资的货币或者非货币财产的，由公司登记机关责令改正，处以虚假出资金额百分之五以上百分之十五以下的罚款。

第二百条　公司的发起人、股东在公司成立后，抽逃其出资的，由公司登记机关责令改正，处以所抽逃出资金额百分之五以上百分之十五以下的罚款。

第二百零一条　公司违反本法规定，在法定的会计账簿以外另立会计账簿的，由县级以上人民政府财政部门责令改正，处以五万元以上五十万元以下的罚款。

第二百零二条　公司在依法向有关主管部门提供的财务会计报告等材料上作虚假记载或者隐瞒重要事实的，由有关主管部门对直接负责的主管人员和其他直接责任人员处以三万元以上三十万元以下的罚款。

第二百零三条　公司不依照本法规定提取法定公积金的，由县级以上人民政府财政部门责令如数补足应当提取的金额，可以对公司处以二十万元以下的罚款。

第二百零四条　公司在合并、分立、减少注册资本或者进行清算时，不依照本法规定通知或者公告债权人的，由公司登记机关责令改正，对公司处以一万元以上十万元以下的罚款。

公司在进行清算时，隐匿财产，对资产负债表或者财产清单作虚假记载或者在未清偿债务前分配公司财产的，由公司登记机关责令改正，对公司处以隐匿财产或者未清偿债务前分配公司财产金额百分之五以上百分之十以下的罚款；对直接负责的主管人员和其他直接责任人员处以一万元以上十万元以下的罚款。

第二百零五条　公司在清算期间开展与清算无关的经营活动的，由公司登记机关予以警告，没收违法所得。

第二百零六条　清算组不依照本法规定向公司登记机关报送清算报告，或者报送清算报告隐瞒重要事实或者有重大遗漏的，由公司登记机关责令改正。

清算组成员利用职权徇私舞弊、谋取非法收入或者侵占公司财产的，由公司登记机关责令退还公司财产，没收违法所得，并可以处以违法所得一倍以上五倍以下的罚款。

第二百零七条 承担资产评估、验资或者验证的机构提供虚假材料的，由公司登记机关没收违法所得，处以违法所得一倍以上五倍以下的罚款，并可以由有关主管部门依法责令该机构停业、吊销直接责任人员的资格证书，吊销营业执照。

承担资产评估、验资或者验证的机构因过失提供有重大遗漏的报告的，由公司登记机关责令改正，情节较重的，处以所得收入一倍以上五倍以下的罚款，并可以由有关主管部门依法责令该机构停业、吊销直接责任人员的资格证书，吊销营业执照。

承担资产评估、验资或者验证的机构因其出具的评估结果、验资或者验证证明不实，给公司债权人造成损失的，除能够证明自己没有过错的外，在其评估或者证明不实的金额范围内承担赔偿责任。

第二百零八条 公司登记机关对不符合本法规定条件的登记申请予以登记，或者对符合本法规定条件的登记申请不予登记的，对直接负责的主管人员和其他直接责任人员，依法给予行政处分。

第二百零九条 公司登记机关的上级部门强令公司登记机关对不符合本法规定条件的登记申请予以登记，或者对符合本法规定条件的登记申请不予登记的，或者对违法登记进行包庇的，对直接负责的主管人员和其他直接责任人员依法给予行政处分。

第二百一十条 未依法登记为有限责任公司或者股份有限公司，而冒用有限责任公司或者股份有限公司名义的，或者未依法登记为有限责任公司或者股份有限公司的分公司，而冒用有限责任公司或者股份有限公司的分公司名义的，由公司登记机关责令改正或者予以取缔，可以并处十万元以下的罚款。

第二百一十一条 公司成立后无正当理由超过六个月未开业的，或者开业后自行停业连续六个月以上的，可以由公司登记机关吊销营业执照。

公司登记事项发生变更时，未依照本法规定办理有关变更登记的，由公司登记机关责令限期登记；逾期不登记的，处以一万元以上十万元以下的罚款。

第二百一十二条 外国公司违反本法规定，擅自在中国境内设立分支机构的，由公司登记机关责令改正或者关闭，可以并处五万元以上二十万元以下的罚款。

第二百一十三条 利用公司名义从事危害国家安全、社会公共利益的严重违法行为的，吊销营业执照。

第二百一十四条 公司违反本法规定，应当承担民事赔偿责任和缴纳罚款、罚金的，其财产不足以支付时，先承担民事赔偿责任。

第二百一十五条 违反本法规定，构成犯罪的，依法追究刑事责任。

第十三章　附　则

第二百一十六条　本法下列用语的含义：

（一）高级管理人员，是指公司的经理、副经理、财务负责人，上市公司董事会秘书和公司章程规定的其他人员。

（二）控股股东，是指其出资额占有限责任公司资本总额百分之五十以上或者其持有的股份占股份有限公司股本总额百分之五十以上的股东；出资额或者持有股份的比例虽然不足百分之五十，但依其出资额或者持有的股份所享有的表决权已足以对股东会、股东大会的决议产生重大影响的股东。

（三）实际控制人，是指虽不是公司的股东，但通过投资关系、协议或者其他安排，能够实际支配公司行为的人。

（四）关联关系，是指公司控股股东、实际控制人、董事、监事、高级管理人员与其直接或者间接控制的企业之间的关系，以及可能导致公司利益转移的其他关系。但是，国家控股的企业之间不仅因为同受国家控股而具有关联关系。

第二百一十七条　外商投资的有限责任公司和股份有限公司适用本法；有关外商投资的法律另有规定的，适用其规定。

中华人民共和国证券法

（1998 年 12 月 29 日第九届全国人民代表大会常务委员会第六次会议通过　根据 2004 年 8 月 28 日第十届全国人民代表大会常务委员会第十一次会议《关于修改〈中华人民共和国证券法〉的决定》第一次修正　2005 年 10 月 27 日第十届全国人民代表大会常务委员会第十八次会议修订　根据 2013 年 6 月 29 日第十二届全国人民代表大会常务委员会第三次会议《关于修改〈中华人民共和国文物保护法〉等十二部法律的决定》第二次修正　根据 2014 年 8 月 31 日第十二届全国人民代表大会常务委员会第十次会议《关于修改〈中华人民共和国保险法〉等五部法律的决定》第三次修正）

第十一章　法律责任

第一百八十八条　未经法定机关核准，擅自公开或者变相公开发行证券的，责令停止发行，退还所募资金并加算银行同期存款利息，处以非法所募资金金额百分之一以上百分之五以下的罚款；对擅自公开或者变相公开发行证券设立的公司，由依法履行监督管理职责的机构或者部门会同县级以上地方人民政府予以取缔。对直接负责的主管人员和其他直接责任人员给予警告，并处以三万元以上三十万元以下的罚款。

第一百八十九条 发行人不符合发行条件，以欺骗手段骗取发行核准，尚未发行证券的，处以三十万元以上六十万元以下的罚款；已经发行证券的，处以非法所募资金金额百分之一以上百分之五以下的罚款。对直接负责的主管人员和其他直接责任人员处以三万元以上三十万元以下的罚款。

发行人的控股股东、实际控制人指使从事前款违法行为的，依照前款的规定处罚。

第一百九十条 证券公司承销或者代理买卖未经核准擅自公开发行的证券的，责令停止承销或者代理买卖，没收违法所得，并处以违法所得一倍以上五倍以下的罚款；没有违法所得或者违法所得不足三十万元的，处以三十万元以上六十万元以下的罚款。给投资者造成损失的，应当与发行人承担连带赔偿责任。对直接负责的主管人员和其他直接责任人员给予警告，撤销任职资格或者证券从业资格，并处以三万元以上三十万元以下的罚款。

第一百九十一条 证券公司承销证券，有下列行为之一的，责令改正，给予警告，没收违法所得，可以并处三十万元以上六十万元以下的罚款；情节严重的，暂停或者撤销相关业务许可。给其他证券承销机构或者投资者造成损失的，依法承担赔偿责任。对直接负责的主管人员和其他直接责任人员给予警告，可以并处三万元以上三十万元以下的罚款；情节严重的，撤销任职资格或者证券从业资格：

（一）进行虚假的或者误导投资者的广告或者其他宣传推介活动；

（二）以不正当竞争手段招揽承销业务；

（三）其他违反证券承销业务规定的行为。

第一百九十二条 保荐人出具有虚假记载、误导性陈述或者重大遗漏的保荐书，或者不履行其他法定职责的，责令改正，给予警告，没收业务收入，并处以业务收入一倍以上五倍以下的罚款；情节严重的，暂停或者撤销相关业务许可。对直接负责的主管人员和其他直接责任人员给予警告，并处以三万元以上三十万元以下的罚款；情节严重的，撤销任职资格或者证券从业资格。

第一百九十三条 发行人、上市公司或者其他信息披露义务人未按照规定披露信息，或者所披露的信息有虚假记载、误导性陈述或者重大遗漏的，责令改正，给予警告，并处以三十万元以上六十万元以下的罚款。对直接负责的主管人员和其他直接责任人员给予警告，并处以三万元以上三十万元以下的罚款。

发行人、上市公司或者其他信息披露义务人未按照规定报送有关报告，或者报送的报告有虚假记载、误导性陈述或者重大遗漏的，责令改正，给予警告，并处以三十万元以上六十万元以下的罚款。对直接负责的主管人员和其他直接责任人员给予警告，并处以三万元以上三十万元以下的罚款。

发行人、上市公司或者其他信息披露义务人的控股股东、实际控制人指使从事前两款违法行为的，依照前两款的规定处罚。

第一百九十四条 发行人、上市公司擅自改变公开发行证券所募集资金的用途的，责令改正，对直接负责的主管人员和其他直接责任人员给予警告，并处以三万元以上三十万元以下的罚款。

发行人、上市公司的控股股东、实际控制人指使从事前款违运行为的，给予警告，并处以三十万元以上六十万元以下的罚款。对直接负责的主管人员和其他直接责任人员依照前款的规定处罚。

第一百九十五条 上市公司的董事、监事、高级管理人员、持有上市公司股份百分之五以上的股东，违反本法第四十七条的规定买卖本公司股票的，给予警告，可以并处三万元以上十万元以下的罚款。

第一百九十六条 非法开设证券交易场所的，由县级以上人民政府予以取缔，没收违法所得，并处以违法所得一倍以上五倍以下的罚款；没有违法所得或者违法所得不足十万元的，处以十万元以上五十万元以下的罚款。对直接负责的主管人员和其他直接责任人员给予警告，并处以三万元以上三十万元以下的罚款。

第一百九十七条 未经批准，擅自设立证券公司或者非法经营证券业务的，由证券监督管理机构予以取缔，没收违法所得，并处以违法所得一倍以上五倍以下的罚款；没有违法所得或者违法所得不足三十万元的，处以三十万元以上六十万元以下的罚款。对直接负责的主管人员和其他直接责任人员给予警告，并处以三万元以上三十万元以下的罚款。

第一百九十八条 违反本法规定，聘任不具有任职资格、证券从业资格的人员的，由证券监督管理机构责令改正，给予警告，可以并处十万元以上三十万元以下的罚款；对直接负责的主管人员给予警告，可以并处三万元以上十万元以下的罚款。

第一百九十九条 法律、行政法规规定禁止参与股票交易的人员，直接或者以化名、借他人名义持有、买卖股票的，责令依法处理非法持有的股票，没收违法所得，并处以买卖股票等值以下的罚款；属于国家工作人员的，还应当依法给予行政处分。

第二百条 证券交易所、证券公司、证券登记结算机构、证券服务机构的从业人员或者证券业协会的工作人员，故意提供虚假资料，隐匿、伪造、篡改或者毁损交易记录，诱骗投资者买卖证券的，撤销证券从业资格，并处以三万元以上十万元以下的罚款；属于国家工作人员的，还应当依法给予行政处分。

第二百零一条 为股票的发行、上市、交易出具审计报告、资产评估报告或者法律意见书等文件的证券服务机构和人员，违反本法第四十五条的规定买卖股票的，责令依法处理非法持有的股票，没收违法所得，并处以买卖股票等值以下的罚款。

第二百零二条 证券交易内幕信息的知情人或者非法获取内幕信息的人，在涉及证券的发行、交易或者其他对证券的价格有重大影响的信息公开前，买卖该证券，或者泄露该信息，或者建议他人买卖该证券的，责令依法处理非法持有的证券，没收违法所得，并处以违法所得一倍以上五倍以下的罚款；没有违法所得或者违法所得不足三万元的，处以三万元以上六十万元以下的罚款。单位从事内幕交易的，还应当对直接负责的主管人员和其他直接责任人员给予警告，并处以三万元以上三十万元以下的罚款。证券监督管理机构工作人员进行内幕交易的，从重处罚。

第二百零三条 违反本法规定，操纵证券市场的，责令依法处理非法持有的证券，没收违法所得，并处以违法所得一倍以上五倍以下的罚款；没有违法所得或者违法所得不足三十万元的，处以三十万元以上三百万元以下的罚款。单位操纵证券市场的，还应当对直接负责的主管人员和其他直接责任人员给予警告，并处以十万元以上六十万元以下的罚款。

第二百零四条 违反法律规定，在限制转让期限内买卖证券的，责令改正，给予警告，并处以买卖证券等值以下的罚款。对直接负责的主管人员和其他直接责任人员给予警告，并处以三万元以上三十万元以下的罚款。

第二百零五条 证券公司违反本法规定，为客户买卖证券提供融资融券的，没收违法所得，暂停或者撤销相关业务许可，并处以非法融资融券等值以下的罚款。对直接负责的主管人员和其他直接责任人员给予警告，撤销任职资格或者证券从业资格，并处以三万元以上三十万元以下的罚款。

第二百零六条 违反本法第七十八条第一款、第三款的规定，扰乱证券市场的，由证券监督管理机构责令改正，没收违法所得，并处以违法所得一倍以上五倍以下的罚款；没有违法所得或者违法所得不足三万元的，处以三万元以上二十万元以下的罚款。

第二百零七条 违反本法第七十八条第二款的规定，在证券交易活动中作出虚假陈述或者信息误导的，责令改正，处以三万元以上二十万元以下的罚款；属于国家工作人员的，还应当依法给予行政处分。

第二百零八条 违反本法规定，法人以他人名义设立账户或者利用他人账户买卖证券的，责令改正，没收违法所得，并处以违法所得一倍以上五倍以下的罚款；没有违法所得或者违法所得不足三万元的，处以三万元以上三十万元以下的罚款。对直接负责的主管人员和其他直接责任人员给予警告，并处以三万元以上十万元以下的罚款。

证券公司为前款规定的违法行为提供自己或者他人的证券交易账户的，除依照前款的规定处罚外，还应当撤销直接负责的主管人员和其他直接责任人员的任职资格或者证券从业资格。

第二百零九条　证券公司违反本法规定，假借他人名义或者以个人名义从事证券自营业务的，责令改正，没收违法所得，并处以违法所得一倍以上五倍以下的罚款；没有违法所得或者违法所得不足三十万元的，处以三十万元以上六十万元以下的罚款；情节严重的，暂停或者撤销证券自营业务许可。对直接负责的主管人员和其他直接责任人员给予警告，撤销任职资格或者证券从业资格，并处以三万元以上十万元以下的罚款。

第二百一十条　证券公司违背客户的委托买卖证券、办理交易事项，或者违背客户真实意思表示，办理交易以外的其他事项的，责令改正，处以一万元以上十万元以下的罚款。给客户造成损失的，依法承担赔偿责任。

第二百一十一条　证券公司、证券登记结算机构挪用客户的资金或者证券，或者未经客户的委托，擅自为客户买卖证券的，责令改正，没收违法所得，并处以违法所得一倍以上五倍以下的罚款；没有违法所得或者违法所得不足十万元的，处以十万元以上六十万元以下的罚款；情节严重的，责令关闭或者撤销相关业务许可。对直接负责的主管人员和其他直接责任人员给予警告，撤销任职资格或者证券从业资格，并处以三万元以上三十万元以下的罚款。

第二百一十二条　证券公司办理经纪业务，接受客户的全权委托买卖证券的，或者证券公司对客户买卖证券的收益或者赔偿证券买卖的损失作出承诺的，责令改正，没收违法所得，并处以五万元以上二十万元以下的罚款，可以暂停或者撤销相关业务许可。对直接负责的主管人员和其他直接责任人员给予警告，并处以三万元以上十万元以下的罚款，可以撤销任职资格或者证券从业资格。

第二百一十三条　收购人未按照本法规定履行上市公司收购的公告、发出收购要约等义务的，责令改正，给予警告，并处以十万元以上三十万元以下的罚款；在改正前，收购人对其收购或者通过协议、其他安排与他人共同收购的股份不得行使表决权。对直接负责的主管人员和其他直接责任人员给予警告，并处以三万元以上三十万元以下的罚款。

第二百一十四条　收购人或者收购人的控股股东，利用上市公司收购，损害被收购公司及其股东的合法权益的，责令改正，给予警告；情节严重的，并处以十万元以上六十万元以下的罚款。给被收购公司及其股东造成损失的，依法承担赔偿责任。对直接负责的主管人员和其他直接责任人员给予警告，并处以三万元以上三十万元以下的罚款。

第二百一十五条　证券公司及其从业人员违反本法规定，私下接受客户委托买卖证券的，责令改正，给予警告，没收违法所得，并处以违法所得一倍以上五倍以下的罚款；没有违法所得或者违法所得不足十万元的，处以十万元以上三十万元以下的罚款。

第二百一十六条 证券公司违反规定，未经批准经营非上市证券的交易的，责令改正，没收违法所得，并处以违法所得一倍以上五倍以下的罚款。

第二百一十七条 证券公司成立后，无正当理由超过三个月未开始营业的，或者开业后自行停业连续三个月以上的，由公司登记机关吊销其公司营业执照。

第二百一十八条 证券公司违反本法第一百二十九条的规定，擅自设立、收购、撤销分支机构，或者合并、分立、停业、解散、破产，或者在境外设立、收购、参股证券经营机构的，责令改正，没收违法所得，并处以违法所得一倍以上五倍以下的罚款；没有违法所得或者违法所得不足十万元的，处以十万元以上六十万元以下的罚款。对直接负责的主管人员给予警告，并处以三万元以上十万元以下的罚款。

证券公司违反本法第一百二十九条的规定，擅自变更有关事项的，责令改正，并处以十万元以上三十万元以下的罚款。对直接负责的主管人员给予警告，并处以五万元以下的罚款。

第二百一十九条 证券公司违反本法规定，超出业务许可范围经营证券业务的，责令改正，没收违法所得，并处以违法所得一倍以上五倍以下的罚款；没有违法所得或者违法所得不足三十万元的，处以三十万元以上六十万元以下罚款；情节严重的，责令关闭。对直接负责的主管人员和其他直接责任人员给予警告，撤销任职资格或者证券从业资格，并处以三万元以上十万元以下的罚款。

第二百二十条 证券公司对其证券经纪业务、证券承销业务、证券自营业务、证券资产管理业务，不依法分开办理，混合操作的，责令改正，没收违法所得，并处以三十万元以上六十万元以下的罚款；情节严重的，撤销相关业务许可。对直接负责的主管人员和其他直接责任人员给予警告，并处以三万元以上十万元以下的罚款；情节严重的，撤销任职资格或者证券从业资格。

第二百二十一条 提交虚假证明文件或者采取其他欺诈手段隐瞒重要事实骗取证券业务许可的，或者证券公司在证券交易中有严重违法行为，不再具备经营资格的，由证券监督管理机构撤销证券业务许可。

第二百二十二条 证券公司或者其股东、实际控制人违反规定，拒不向证券监督管理机构报送或者提供经营管理信息和资料，或者报送、提供的经营管理信息和资料有虚假记载、误导性陈述或者重大遗漏的，责令改正，给予警告，并处以三万元以上三十万元以下的罚款，可以暂停或者撤销证券公司相关业务许可。对直接负责的主管人员和其他直接责任人员，给予警告，并处以三万元以下的罚款，可以撤销任职资格或者证券从业资格。

证券公司为其股东或者股东的关联人提供融资或者担保的，责令改正，给予警告，并处以十万元以上三十万元以下的罚款。对直接负责的主管人员和其他直接责任人员，处以三万元以上十万元以下的罚款。股东有过错的，在按照要求改正前，国务院证券监督管理机构可以限制其股东权利；拒不改正的，可以责令其转让所持证券公司股权。

第二百二十三条 证券服务机构未勤勉尽责，所制作、出具的文件有虚假记载、误导性陈述或者重大遗漏的，责令改正，没收业务收入，暂停或者撤销证券服务业务许可，并处以业务收入一倍以上五倍以下的罚款。对直接负责的主管人员和其他直接责任人员给予警告，撤销证券从业资格，并处以三万元以上十万元以下的罚款。

第二百二十四条 违反本法规定，发行、承销公司债券的，由国务院授权的部门依照本法有关规定予以处罚。

第二百二十五条 上市公司、证券公司、证券交易所、证券登记结算机构、证券服务机构，未按照有关规定保存有关文件和资料的，责令改正，给予警告，并处以三万元以上三十万元以下的罚款；隐匿、伪造、篡改或者毁损有关文件和资料的，给予警告，并处以三十万元以上六十万元以下的罚款。

第二百二十六条 未经国务院证券监督管理机构批准，擅自设立证券登记结算机构的，由证券监督管理机构予以取缔，没收违法所得，并处以违法所得一倍以上五倍以下的罚款。

投资咨询机构、财务顾问机构、资信评级机构、资产评估机构、会计师事务所未经批准，擅自从事证券服务业务的，责令改正，没收违法所得，并处以违法所得一倍以上五倍以下的罚款。

证券登记结算机构、证券服务机构违反本法规定或者依法制定的业务规则的，由证券监督管理机构责令改正，没收违法所得，并处以违法所得一倍以上五倍以下的罚款；没有违法所得或者违法所得不足十万元的，处以十万元以上三十万元以下的罚款；情节严重的，责令关闭或者撤销证券服务业务许可。

第二百二十七条 国务院证券监督管理机构或者国务院授权的部门有下列情形之一的，对直接负责的主管人员和其他直接责任人员，依法给予行政处分：

（一）对不符合本法规定的发行证券、设立证券公司等申请予以核准、批准的；

（二）违反规定采取本法第一百八十条规定的现场检查、调查取证、查询、冻结或者查封等措施的；

（三）违反规定对有关机构和人员实施行政处罚的；

（四）其他不依法履行职责的行为。

第二百二十八条 证券监督管理机构的工作人员和发行审核委员会的组成人员，不履行本法规定的职责，滥用职权、玩忽职守，利用职务便利牟取不正当利益，或者泄露所知悉的有关单位和个人的商业秘密的，依法追究法律责任。

第二百二十九条 证券交易所对不符合本法规定条件的证券上市申请予以审核同意的，给予警告，没收业务收入，并处以业务收入一倍以上五倍以下的罚款。对直接负责的主管人员和其他直接责任人员给予警告，并处以三万元以上三十万元以下的罚款。

第二百三十条 拒绝、阻碍证券监督管理机构及其工作人员依法行使监督检查、调查职权未使用暴力、威胁方法的，依法给予治安管理处罚。

第二百三十一条 违反本法规定，构成犯罪的，依法追究刑事责任。

第二百三十二条 违反本法规定，应当承担民事赔偿责任和缴纳罚款、罚金，其财产不足以同时支付时，先承担民事赔偿责任。

第二百三十三条 违反法律、行政法规或者国务院证券监督管理机构的有关规定，情节严重的，国务院证券监督管理机构可以对有关责任人员采取证券市场禁入的措施。

前款所称证券市场禁入，是指在一定期限内直至终身不得从事证券业务或者不得担任上市公司董事、监事、高级管理人员的制度。

第二百三十四条 依照本法收缴的罚款和没收的违法所得，全部上缴国库。

第二百三十五条 当事人对证券监督管理机构或者国务院授权的部门的处罚决定不服的，可以依法申请行政复议，或者依法直接向人民法院提起诉讼。

第十二章 附 则

第二百三十六条 本法施行前依照行政法规已批准在证券交易所上市交易的证券继续依法进行交易。

本法施行前依照行政法规和国务院金融行政管理部门的规定经批准设立的证券经营机构，不完全符合本法规定的，应当在规定的限期内达到本法规定的要求。具体实施办法，由国务院另行规定。

第二百三十七条 发行人申请核准公开发行股票、公司债券，应当按照规定缴纳审核费用。

第二百三十八条 境内企业直接或者间接到境外发行证券或者将其证券在境外上市交易，必须经国务院证券监督管理机构依照国务院的规定批准。

第二百三十九条 境内公司股票以外币认购和交易的，具体办法由国务院另行规定。

第二百四十条 本法自 2006 年 1 月 1 日起施行。

企业债券管理条例

（1993 年 8 月 2 日　国务院令第 121 号　根据 2011 年 1 月 8 日
《国务院关于废止和修改部分行政法规的决定》修订）

第二条　本条例适用于中华人民共和国境内具有法人资格的企业（以下简称企业）在境内发行的债券。但是，金融债券和外币债券除外。

除前款规定的企业外，任何单位和个人不得发行企业债券。

第三条　企业进行有偿筹集资金活动，必须通过公开发行企业债券的形式进行。但是，法律和国务院另有规定的除外。

第五条　本条例所称企业债券，是指企业依照法定程序发行、约定在一定期限内还本付息的有价证券。

第六条　企业债券的票面应当载明下列内容：

（一）企业的名称、住所；

（二）企业债券的面额；

（三）企业债券的利率；

（四）还本期限和方式；

（五）利息的支付方式；

（六）企业债券发行日期和编号；

（七）企业的印记和企业法定代表人的签章；

（八）审批机关批准发行的文号、日期。

第八条　企业债券持有人对企业的经营状况不承担责任。

第九条　企业债券可以转让、抵押和继承。

第十条　国家计划委员会会同中国人民银行、财政部、国务院证券委员会拟订全国企业债券发行的年度规模和规模内的各项指标，报国务院批准后，下达省、自治区、直辖市、计划单列市人民政府和国务院有关部门执行。

未经国务院同意，任何地方、部门不得擅自突破企业债券发行的年度规模，并不得擅自调整年度规模内的各项指标。

第十一条　企业发行企业债券必须按照本条例的规定进行审批；未经批准的，不得擅自发行和变相发行企业债券。

中央企业发行企业债券，由中国人民银行会同国家计划委员会审批；地方企业发行企业债券，由中国人民银行省、自治区、直辖市、计划单列市分行会同同级计划主管部门审批。

第十二条　企业发行企业债券必须符合下列条件：

（一）企业规模达到国家规定的要求；

（二）企业财务会计制度符合国家规定；

（三）具有偿债能力；

（四）企业经济效益良好，发行企业债券前连续三年盈利；

（五）所筹资金用途符合国家产业政策。

第十三条 企业发行企业债券应当制订发行章程。发行章程应当包括下列内容：

（一）企业的名称、住所、经营范围、法定代表人；

（二）企业近三年的生产经营状况和有关业务发展的基本情况；

（三）财务报告；

（四）企业自有资产净值；

（五）筹集资金的用途；

（六）效益预测；

（七）发行对象、时间、期限、方式；

（八）债券的种类及期限；

（九）债券的利率；

（十）债券总面额；

（十一）还本付息方式；

（十二）审批机关要求载明的其他事项。

第十四条 企业申请发行企业债券，应当向审批机关报送下列文件：

（一）发行企业债券的申请书；

（二）营业执照；

（三）发行章程；

（四）经会计师事务所审计的企业近三年的财务报告；

（五）审批机关要求提供的其他材料。

企业发行企业债券用于固定资产投资，按照国家有关规定需要经有关部门审批的，还应当报送有关部门的审批文件。

第十五条 企业发行企业债券应当公布经审批机关批准的发行章程。

企业发行企业债券，可以向经认可的债券评信机构申请信用评级。

第十六条 企业发行企业债券的总面额不得大于该企业的自有资产净值。

第十八条 企业债券的利率不得高于银行相同期限居民储蓄定期存款利率的百分之四十。

第十九条 任何单位不得以下列资金购买企业债券：

（一）财政预算拨款；

（二）银行贷款；

（三）国家规定不得用于购买企业债券的其他资金。

办理储蓄业务的机构不得将所吸收的储蓄存款用于购买企业债券。

第二十条 企业发行企业债券所筹资金应当按照审批机关批准的用途，用于本企业的生产经营。

企业发行企业债券所筹资金不得用于房地产买卖、股票买卖和期货交易等与本企业生产经营无关的风险性投资。

第二十一条 企业发行企业债券，应当由证券经营机构承销。

证券经营机构承销企业债券，应当对发行债券的企业的发行章程和其他有关文件的真实性、准确性、完整性进行核查。

第二十二条 企业债券的转让，应当在经批准的可以进行债券交易的场所进行。

第二十三条 非证券经营机构和个人不得经营企业债券的承销和转让业务。

第二十四条 单位和个人所得的企业债券利息收入，按照国家规定纳税。

第二十五条 中国人民银行及其分支机构和国家证券监督管理机构，依照规定的职责，负责对企业债券的发行和交易活动，进行监督检查。

第二十六条 未经批准发行或者变相发行企业债券的，以及未通过证券经营机构发行企业债券的，责令停止发行活动，退还非法所筹资金，处以相当于非法所筹资金金额百分之五以下的罚款。

第二十七条 超过批准数额发行企业债券的，责令退还超额发行部分或者核减相当于超额发行金额的贷款额度，处以相当于超额发行部分百分之五以下的罚款。

第二十八条 超过本条例第十八条规定的最高利率发行企业债券的，责令改正，处以相当于所筹资金金额百分之五以下的罚款。

第二十九条 用财政预算拨款、银行贷款或者国家规定不得用于购买企业债券的其他资金购买企业债券的，以及办理储蓄业务的机构用所吸收的储蓄存款购买企业债券的，责令收回该资金，处以相当于购买企业债券金额百分之五以下的罚款。

第三十条 未按批准用途使用发行企业债券所筹资金的，责令改正，没收其违反批准用途使用资金所获收益，并处以相当于违法使用资金金额百分之五以下的罚款。

第三十一条 非证券经营机构和个人经营企业债券的承销或者转让业务的，责令停止非法经营，没收非法所得，并处以承销或者转让企业债券金额百分之五以下的罚款。

第三十二条 本条例第二十六条、第二十七条、第二十八条、第二十九条、第三十条、第三十一条规定的处罚，由中国人民银行及其分支机构决定。

第三十三条 对本条例第二十六条、第二十七条、第二十八条、第二十九条、第三十条、第三十一条所列违法行为的单位的法定代表人和直接责任人员，由中国人民银行及其分支机构给予警告或者处以一万元以上十万元以下的罚款；构成犯罪的，依法追究刑事责任。

第三十四条 地方审批机关违反本条例规定，批准发行企业债券的，责令改正，给予通报批评，根据情况相应核减该地方企业债券的发行规模。

第三十五条 企业债券监督管理机关的工作人员玩忽职守、徇私舞弊的，给予行政处分；构成犯罪的，依法追究刑事责任。

第三十六条 发行企业债券的企业违反本条例规定，给他人造成损失的，应当依法承担民事赔偿责任。

中华人民共和国证券投资基金法

(2003 年 10 月 28 日第十届全国人民代表大会常务委员会第五次会议通过 2012 年 12 月 28 日第十一届全国人民代表大会常务委员会第三十次会议修订 2015 年 4 月 24 日根据《全国人民代表大会常务委员会关于修改〈中华人民共和国港口法〉等七部法律的决定》修正)

第十四章 法律责任

第一百一十九条 违反本法规定，未经批准擅自设立基金管理公司或者未经核准从事公开募集基金管理业务的，由证券监督管理机构予以取缔或者责令改正，没收违法所得，并处违法所得一倍以上五倍以下罚款；没有违法所得或者违法所得不足一百万元的，并处十万元以上一百万元以下罚款。对直接负责的主管人员和其他直接责任人员给予警告，并处三万元以上三十万元以下罚款。

基金管理公司违反本法规定，擅自变更持有百分之五以上股权的股东、实际控制人或者其他重大事项的，责令改正，没收违法所得，并处违法所得一倍以上五倍以下罚款；没有违法所得或者违法所得不足五十万元的，并处五万元以上五十万元以下罚款。对直接负责的主管人员给予警告，并处三万元以上十万元以下罚款。

第一百二十条 基金管理人的董事、监事、高级管理人员和其他从业人员，基金托管人的专门基金托管部门的高级管理人员和其他从业人员，未按照本法第十八条第一款规定申报的，责令改正，处三万元以上十万元以下罚款。

基金管理人、基金托管人违反本法第十八条第二款规定的，责令改正，处十万元以上一百万元以下罚款；对直接负责的主管人员和其他直接责任人员给予警告，暂停或者撤销基金从业资格，并处三万元以上三十万元以下罚款。

第一百二十一条　基金管理人的董事、监事、高级管理人员和其他从业人员，基金托管人的专门基金托管部门的高级管理人员和其他从业人员违反本法第十九条规定的，责令改正，没收违法所得，并处违法所得一倍以上五倍以下罚款；没有违法所得或者违法所得不足一百万元的，并处十万元以上一百万元以下罚款；情节严重的，撤销基金从业资格。

第一百二十二条　基金管理人、基金托管人违反本法规定，未对基金财产实行分别管理或者分账保管，责令改正，处五万元以上五十万元以下罚款；对直接负责的主管人员和其他直接责任人员给予警告，暂停或者撤销基金从业资格，并处三万元以上三十万元以下罚款。

第一百二十三条　基金管理人、基金托管人及其董事、监事、高级管理人员和其他从业人员有本法第二十一条所列行为之一的，责令改正，没收违法所得，并处违法所得一倍以上五倍以下罚款；没有违法所得或者违法所得不足一百万元的，并处十万元以上一百万元以下罚款；基金管理人、基金托管人有上述行为的，还应当对其直接负责的主管人员和其他直接责任人员给予警告，暂停或者撤销基金从业资格，并处三万元以上三十万元以下罚款。

基金管理人、基金托管人及其董事、监事、高级管理人员和其他从业人员侵占、挪用基金财产而取得的财产和收益，归入基金财产。但是，法律、行政法规另有规定的，依照其规定。

第一百二十四条　基金管理人的股东、实际控制人违反本法第二十四条规定的，责令改正，没收违法所得，并处违法所得一倍以上五倍以下罚款；没有违法所得或者违法所得不足一百万元的，并处十万元以上一百万元以下罚款；对直接负责的主管人员和其他直接责任人员给予警告，暂停或者撤销基金或证券从业资格，并处三万元以上三十万元以下罚款。

第一百二十五条　未经核准，擅自从事基金托管业务的，责令停止，没收违法所得，并处违法所得一倍以上五倍以下罚款；没有违法所得或者违法所得不足一百万元的，并处十万元以上一百万元以下罚款；对直接负责的主管人员和其他直接责任人员给予警告，并处三万元以上三十万元以下罚款。

第一百二十六条　基金管理人、基金托管人违反本法规定，相互出资或者持有股份的，责令改正，可以处十万元以下罚款。

第一百二十七条　违反本法规定，擅自公开或者变相公开募集基金的，责令停止，返还所募资金和加计的银行同期存款利息，没收违法所得，并处所募资金金额百分之一以上百分之五以下罚款。对直接负责的主管人员和其他直接责任人员给予警告，并处五万元以上五十万元以下罚款。

第一百二十八条　违反本法第六十条规定，动用募集的资金的，责令返还，没收违法所得，并处违法所得一倍以上五倍以下罚款；没有违法所得或者违法所得不足五十万元的，并处五万元以上五十万元以下罚款；对直接负责的主管人员和其他直接责任人员给予警告，并处三万元以上三十万元以下罚款。

第一百二十九条　基金管理人、基金托管人有本法第七十四条第一款第一项至第五项和第七项所列行为之一，或者违反本法第七十四条第二款规定的，责令改正，处十万元以上一百万元以下罚款；对直接负责的主管人员和其他直接责任人员给予警告，暂停或者撤销基金从业资格，并处三万元以上三十万元以下罚款。

基金管理人、基金托管人有前款行为，运用基金财产而取得的财产和收益，归入基金财产。但是，法律、行政法规另有规定的，依照其规定。

第一百三十条　基金管理人、基金托管人有本法第七十四条第一款第六项规定行为的，除依照《中华人民共和国证券法》的有关规定处罚外，对直接负责的主管人员和其他直接责任人员暂停或者撤销基金从业资格。

第一百三十一条　基金信息披露义务人不依法披露基金信息或者披露的信息有虚假记载、误导性陈述或者重大遗漏的，责令改正，没收违法所得，并处十万元以上一百万元以下罚款；对直接负责的主管人员和其他直接责任人员给予警告，暂停或者撤销基金从业资格，并处三万元以上三十万元以下罚款。

第一百三十二条　基金管理人或者基金托管人不按照规定召集基金份额持有人大会的，责令改正，可以处五万元以下罚款；对直接负责的主管人员和其他直接责任人员给予警告，暂停或者撤销基金从业资格。

第一百三十三条　违反本法规定，未经登记，使用"基金"或者"基金管理"字样或者近似名称进行证券投资活动的，没收违法所得，并处违法所得一倍以上五倍以下罚款；没有违法所得或者违法所得不足一百万元的，并处十万元以上一百万元以下罚款。对直接负责的主管人员和其他直接责任人员给予警告，并处三万元以上三十万元以下罚款。

第一百三十四条　违反本法规定，非公开募集基金募集完毕，基金管理人未备案的，处十万元以上三十万元以下罚款。对直接负责的主管人员和其他直接责任人员给予警告，并处三万元以上十万元以下罚款。

第一百三十五条　违反本法规定，向合格投资者之外的单位或者个人非公开募集资金或者转让基金份额的，没收违法所得，并处违法所得一倍以上五倍以下罚款；没有违法所得或者违法所得不足一百万元的，并处十万元以上一百万元以下罚款。对直接负责的主管人员和其他直接责任人员给予警告，并处三万元以上三十万元以下罚款。

第一百三十六条　违反本法规定，擅自从事公开募集基金的基金服务业务的，责令改正，没收违法所得，并处违法所得一倍以上五倍以下罚款；没有违法所得或者违法所得不足三十万元的，并处十万元以上三十万元以下罚款。对直接负责的主管人员和其他直接责任人员给予警告，并处三万元以上十万元以下罚款。

第一百三十七条　基金销售机构未向投资人充分揭示投资风险并误导其购买与其风险承担能力不相当的基金产品的，处十万元以上三十万元以下罚款；情节严重的，责令其停止基金服务业务。对直接负责的主管人员和其他直接责任人员给予警告，撤销基金从业资格，并处三万元以上十万元以下罚款。

第一百三十八条　基金销售支付机构未按照规定划付基金销售结算资金的，处十万元以上三十万元以下罚款；情节严重的，责令其停止基金服务业务。对直接负责的主管人员和其他直接责任人员给予警告，撤销基金从业资格，并处三万元以上十万元以下罚款。

第一百三十九条　挪用基金销售结算资金或者基金份额的，责令改正，没收违法所得，并处违法所得一倍以上五倍以下罚款；没有违法所得或者违法所得不足一百万元的，并处十万元以上一百万元以下罚款。对直接负责的主管人员和其他直接责任人员给予警告，并处三万元以上三十万元以下罚款。

第一百四十条　基金份额登记机构未妥善保存或者备份基金份额登记数据的，责令改正，给予警告，并处十万元以上三十万元以下罚款；情节严重的，责令其停止基金服务业务。对直接负责的主管人员和其他直接责任人员给予警告，撤销基金从业资格，并处三万元以上十万元以下罚款。

基金份额登记机构隐匿、伪造、篡改、毁损基金份额登记数据的，责令改正，处十万元以上一百万元以下罚款，并责令其停止基金服务业务。对直接负责的主管人员和其他直接责任人员给予警告，撤销基金从业资格，并处三万元以上三十万元以下罚款。

第一百四十一条　基金投资顾问机构、基金评价机构及其从业人员违反本法规定开展投资顾问、基金评价服务的，处十万元以上三十万元以下罚款；情节严重的，责令其停止基金服务业务。对直接负责的主管人员和其他直接责任人员给予警告，撤销基金从业资格，并处三万元以上十万元以下罚款。

第一百四十二条　信息技术系统服务机构未按照规定向国务院证券监督管理机构提供相关信息技术系统资料，或者提供的信息技术系统资料虚假、有重大遗漏的，责令改正，处三万元以上十万元以下罚款。对直接负责的主管人员和其他直接责任人员给予警告，并处一万元以上三万元以下罚款。

第一百四十三条　会计师事务所、律师事务所未勤勉尽责，所出具的文件有虚假记载、误导性陈述或者重大遗漏的，责令改正，没收业务收入，暂停或者撤销相关业务许可，并处业务收入一倍以上五倍以下罚款。对直接负责的主管人员和其他直接责任人员给予警告，并处三万元以上十万元以下罚款。

第一百四十四条 基金服务机构未建立应急等风险管理制度和灾难备份系统，或者泄露与基金份额持有人、基金投资运作相关的非公开信息的，处十万元以上三十万元以下罚款；情节严重的，责令其停止基金服务业务。对直接负责的主管人员和其他直接责任人员给予警告，撤销基金从业资格，并处三万元以上十万元以下罚款。

第一百四十五条 违反本法规定，给基金财产、基金份额持有人或者投资人造成损害的，依法承担赔偿责任。

基金管理人、基金托管人在履行各自职责的过程中，违反本法规定或者基金合同约定，给基金财产或者基金份额持有人造成损害的，应当分别对各自的行为依法承担赔偿责任；因共同行为给基金财产或者基金份额持有人造成损害的，应当承担连带赔偿责任。

第一百四十六条 证券监督管理机构工作人员玩忽职守、滥用职权、徇私舞弊或者利用职务上的便利索取或者收受他人财物的，依法给予行政处分。

第一百四十七条 拒绝、阻碍证券监督管理机构及其工作人员依法行使监督检查、调查职权未使用暴力、威胁方法的，依法给予治安管理处罚。

第一百四十八条 违反法律、行政法规或者国务院证券监督管理机构的有关规定，情节严重的，国务院证券监督管理机构可以对有关责任人员采取证券市场禁入的措施。

第一百四十九条 违反本法规定，构成犯罪的，依法追究刑事责任。

第一百五十条 违反本法规定，应当承担民事赔偿责任和缴纳罚款、罚金，其财产不足以同时支付时，先承担民事赔偿责任。

第一百五十一条 依照本法规定，基金管理人、基金托管人、基金服务机构应当承担的民事赔偿责任和缴纳的罚款、罚金，由基金管理人、基金托管人、基金服务机构以其固有财产承担。

依法收缴的罚款、罚金和没收的违法所得，应当全部上缴国库。

股票发行与交易管理暂行条例

（1993 年 4 月 22 日　国务院令第 112 号）

第七章　调查和处罚

第六十八条 对违反本条例规定的单位和个人，证监会有权进行调查或者会同国家有关部门进行调查；重大的案件，由证券委组织调查。

第六十九条 证监会可以对证券经营机构的业务活动进行检查。

第七十条　股份有限公司违反本条例规定，有下列行为之一的，根据不同情况，单处或者并处警告、责令退还非法所筹股款、没收非法所得、罚款；情节严重的，停止其发行股票资格：

（一）未经批准发行或者变相发行股票的；

（二）以欺骗或者其他不正当手段获准发行股票或者获准其股票在证券交易场所交易的；

（三）未按照规定方式、范围发行股票，或者在招股说明书失效后销售股票的；

（四）未经批准购回其发行在外的股票的。

对前款所列行为负有直接责任的股份有限公司的董事、监事和高级管理人员，给予警告或者处以三万元以上三十万元以下的罚款。

第七十一条　证券经营机构违反本条例规定，有下列行为之一的，根据不同情况，单处或者并处警告、没收非法获取的股票和其他非法所得、罚款；情节严重的，限制、暂停其证券经营业务或者撤销其证券经营业务许可：

（一）未按照规定的时间、程序、方式承销股票的；

（二）未按照规定发放股票认购申请表的；

（三）将客户的股票借与他人或者作为担保物的；

（四）收取不合理的佣金和其他费用的；

（五）以客户的名义为本机构买卖股票的；

（六）挪用客户保证金的；

（七）在代理客户买卖股票活动中，与客户分享股票交易的利润或者分担股票交易的损失，或者向客户提供避免损失的保证的；

（八）为股票交易提供融资的。

对前款所列行为负有责任的证券经营机构的主管人员和直接责任人员，给予警告或者处以三万元以上三十万元以下的罚款。

第七十二条　内幕人员和以不正当手段获取内幕信息的其他人员违反本条例规定，泄露内幕信息、根据内幕信息买卖股票或者向他人提出买卖股票的建议的，根据不同情况，没收非法获取的股票和其他非法所得，并处以五万元以上五十万元以下的罚款。

证券业从业人员、证券业管理人员和国家规定禁止买卖股票的其他人员违反本条例规定，直接或者间接持有、买卖股票的，除责令限期出售其持有的股票外，根据不同情况，单处或者并处警告、没收非法所得、五千元以上五万元以下的罚款。

第七十三条　会计师事务所、资产评估机构和律师事务所违反本条例规定，出具的文件有虚假、严重误导性内容或者有重大遗漏的，根据不同情况，单处或者并处警告、没收非法所得、罚款；情节严重的，暂停其从事证券业务或者撤销其从事证券业务许可。

对前款所列行为负有直接责任的注册会计师、专业评估人员和律师，给予警告或者处以三万元以上三十万元以下的罚款；情节严重的，撤销其从事证券业务的资格。

第七十四条 任何单位和个人违反本条例规定，有下列行为之一的，根据不同情况，单处或者并处警告、没收非法获取的股票和其他非法所得、罚款：

（一）在证券委批准可以进行股票交易的证券交易场所之外进行股票交易的；

（二）在股票发行、交易过程中，作出虚假、严重误导性陈述或者遗漏重大信息的；

（三）通过合谋或者集中资金操纵股票市场价格，或者以散布谣言等手段影响股票发行、交易的；

（四）为制造股票的虚假价格与他人串通，不转移股票的所有权或者实际控制，虚买虚卖的；

（五）出售或者要约出售其并不持有的股票，扰乱股票市场秩序的；

（六）利用职权或者其他不正当手段，索取或者强行买卖股票，或者协助他人买卖股票的；

（七）未经批准对股票及其指数的期权、期货进行交易的；

（八）未按照规定履行有关文件和信息的报告、公开、公布义务的；

（九）伪造、篡改或者销毁与股票发行、交易有关的业务记录、财务账簿等文件的；

（十）其他非法从事股票发行、交易及其相关活动的。

股份有限公司有前款所列行为，情节严重的，可以停止其发行股票的资格；证券经营机构有前款所列行为，情节严重的，可以限制、暂停其证券经营业务或者撤销其证券经营业务许可。

第七十五条 本条例第七十条、第七十一条、第七十二条、第七十四条规定的处罚，由证券委指定的机构决定；重大的案件的处罚，报证券委决定。本条例第七十三条规定的处罚，由有关部门在各自的职权范围内决定。

第七十六条 上市公司和证券交易所或者其他证券业自律性管理组织的会员及其工作人员违反本条例规定，除依照本条例规定给予行政处罚外，由证券交易所或者其他证券业自律性管理组织根据章程或者自律准则给予制裁。

第七十七条 违反本条例规定，给他人造成损失的，应当依法承担民事赔偿责任。

第七十八条 违反本条例规定，构成犯罪的，依法追究刑事责任。

公司债券发行与交易管理办法

（2015 年 1 月 15 日 证监会令第 113 号）

第五章 监督管理和法律责任

第五十八条 对违反法律法规及本办法规定的机构和人员，中国证监会可采取责令改正、监管谈话、出具警示函、责令公开说明、责令参加培训、责令定期报告、认定为不适当人选、暂不受理与行政许可有关的文件等相关监管措施；依法应予行政处罚的，依照《证券法》《行政处罚法》等法律法规和中国证监会的有关规定进行处罚；涉嫌犯罪的，依法移送司法机关，追究其刑事责任。

第五十九条 发行人、承销机构向不符合规定条件的投资者发行公司债券的，中国证监会可以对发行人、承销机构及其直接负责的主管人员和其他直接责任人员采取本办法第五十八条规定的相关监管措施；情节严重的，处以警告、罚款。

第六十条 非公开发行公司债券，发行人违反本办法第十五条规定的，中国证监会可以对发行人及其直接负责的主管人员和其他直接责任人员采取本办法第五十八条规定的相关监管措施；情节严重的，处以警告、罚款。

第六十一条 承销机构承销未经核准擅自公开发行的公司债券的，中国证监会可以采取十二至三十六个月暂不受理其证券承销业务有关文件等监管措施；对其直接负责的主管人员和其他直接责任人员，可以采取本办法第五十八条规定的相关监管措施。

第六十二条 除中国证监会另有规定外，承销或自行销售非公开发行公司债券未按规定进行备案的，中国证监会可以对承销机构及其直接负责的主管人员和其他直接责任人员采取本办法第五十八条规定的相关监管措施；情节严重的，处以警告、罚款。

第六十三条 承销机构在承销公司债券过程中，有下列行为之一的，中国证监会可以对承销机构及其直接负责的主管人员和其他直接责任人员采取本办法第五十八条规定的相关监管措施；情节严重的，可以对承销机构采取三至十二个月暂不受理其证券承销业务有关文件的监管措施：

（一）以不正当竞争手段招揽承销业务；

（二）从事本办法第三十八条规定禁止的行为；

（三）从事本办法第四十条规定禁止的行为；

（四）未按本办法及相关规定要求披露有关文件；

（五）未按照事先披露的原则和方式配售公司债券，或其他未依照披露文件实施的行为；

（六）未按照本办法及相关规定要求保留推介、定价、配售等承销过程中相关资料；

（七）其他违反承销业务规定的行为。

第六十四条 发行人有下列行为之一的，中国证监会可以对发行人及其直接负责的主管人员和其他直接责任人员采取本办法第五十八条规定的相关监管措施：

（一）从事本办法第三十八条规定禁止的行为；

（二）从事本办法第四十条规定禁止的行为；

（三）其他违反承销业务规定的行为。

第六十五条 非公开发行公司债券，发行人及其他信息披露义务人未按规定披露信息，或者所披露的信息存在虚假记载、误导性陈述或者重大遗漏的，依照《证券法》和中国证监会有关规定处理，对发行人、其他信息披露义务人及其直接负责的主管人员和其他直接责任人员可以采取本办法第五十八条规定的相关监管措施；情节严重的，处以警告、罚款。

第六十六条 发行人、债券受托管理人等违反本办法规定，损害债券持有人权益的，中国证监会可以对发行人、受托管理人及其直接负责的主管人员和其他直接责任人员采取本办法第五十八条规定的相关监管措施；情节严重的，处以警告、罚款。

第六十七条 发行人的控股股东滥用公司法人独立股东有限责任，损害债券持有人利益的，应当依法对公司债务承担连带责任。

上市公司信息披露管理办法

（2007 年 1 月 30 日　证监会令第 40 号）

第六章　监督管理与法律责任

第五十七条 中国证监会可以要求上市公司及其他信息披露义务人或者其董事、监事、高级管理人员对有关信息披露问题作出解释、说明或者提供相关资料，并要求上市公司提供保荐人或者证券服务机构的专业意见。

中国证监会对保荐人和证券服务机构出具的文件的真实性、准确性、完整性有疑义的，可以要求相关机构作出解释、补充，并调阅其工作底稿。

上市公司及其他信息披露义务人、保荐人和证券服务机构应当及时作出回复，并配合中国证监会的检查、调查。

第五十八条 上市公司董事、监事、高级管理人员应当对公司信息披露的真实性、准确性、完整性、及时性、公平性负责，但有充分证据表明其已经履行勤勉尽责义务的除外。

上市公司董事长、经理、董事会秘书，应当对公司临时报告信息披露的真实性、准确性、完整性、及时性、公平性承担主要责任。

上市公司董事长、经理、财务负责人应对公司财务报告的真实性、准确性、完整性、及时性、公平性承担主要责任。

第五十九条 信息披露义务人及其董事、监事、高级管理人员，上市公司的股东、实际控制人、收购人及其董事、监事、高级管理人员违反本办法的，中国证监会可以采取以下监管措施：

（一）责令改正；

（二）监管谈话；

（三）出具警示函；

（四）将其违法违规、不履行公开承诺等情况记入诚信档案并公布；

（五）认定为不适当人选；

（六）依法可以采取的其他监管措施。

第六十条 上市公司未按本办法规定制定上市公司信息披露事务管理制度的，中国证监会责令改正。拒不改正的，中国证监会给予警告、罚款。

第六十一条 信息披露义务人未在规定期限内履行信息披露义务，或者所披露的信息有虚假记载、误导性陈述或者重大遗漏的，中国证监会按照《证券法》第一百九十三条处罚。

第六十二条 信息披露义务人未在规定期限内报送有关报告，或者报送的报告有虚假记载、误导性陈述或者重大遗漏的，中国证监会按照《证券法》第一百九十三条处罚。

第六十三条 上市公司通过隐瞒关联关系或者采取其他手段，规避信息披露、报告义务的，中国证监会按照《证券法》第一百九十三条处罚。

第六十四条 上市公司股东、实际控制人未依法配合上市公司履行信息披露义务的，或者非法要求上市公司提供内幕信息的，中国证监会责令改正，给予警告、罚款。

第六十五条 为信息披露义务人履行信息披露义务出具专项文件的保荐人、证券服务机构及其人员，违反《证券法》、行政法规和中国证监会的规定，由中国证监会依法采取责令改正、监管谈话、出具警示函、记入诚信档案等监管措施；应当给予行政处罚的，中国证监会依法处罚。

第六十六条 任何机构和个人泄露上市公司内幕信息，或者利用内幕信息买卖证券及其衍生品种，中国证监会按照《证券法》第二百零一条、第二百零二条处罚。

第六十七条 任何机构和个人编制、传播虚假信息扰乱证券市场；媒体传播上市公司信息不真实、不客观的，中国证监会按照《证券法》第二百零六条处罚。

在证券及其衍生品种交易活动中作出虚假陈述或者信息误导的，中国证监会按照《证券法》第二百零七条处罚。

第六十八条 涉嫌利用新闻报道以及其他传播方式对上市公司进行敲诈勒索的，中国证监会责令改正，向有关部门发出监管建议函，由有关部门依法追究法律责任。

第六十九条 上市公司及其他信息披露义务人违反本办法的规定，情节严重的，中国证监会可以对有关责任人员采取证券市场禁入的措施。

第七十条 违反本办法，涉嫌犯罪的，依法移送司法机关，追究刑事责任。

第七章 附 则

第七十一条 本办法下列用语的含义：

（一）为信息披露义务人履行信息披露义务出具专项文件的保荐人、证券服务机构，是指为证券发行、上市、交易等证券业务活动制作、出具保荐书、审计报告、资产评估报告、法律意见书、财务顾问报告、资信评级报告等文件的保荐人、会计师事务所、资产评估机构、律师事务所、财务顾问机构、资信评级机构。

（二）及时，是指自起算日起或者触及披露时点的两个交易日内。

（三）上市公司的关联交易，是指上市公司或者其控股子公司与上市公司关联人之间发生的转移资源或者义务的事项。

关联人包括关联法人和关联自然人。

具有以下情形之一的法人，为上市公司的关联法人：

1. 直接或者间接地控制上市公司的法人；

2. 由前项所述法人直接或者间接控制的除上市公司及其控股子公司以外的法人；

3. 关联自然人直接或者间接控制的，或者担任董事、高级管理人员的，除上市公司及其控股子公司以外的法人；

4. 持有上市公司 5% 以上股份的法人或者一致行动人；

5. 在过去 12 个月内或者根据相关协议安排在未来 12 月内，存在上述情形之一的；

6. 中国证监会、证券交易所或者上市公司根据实质重于形式的原则认定的其他与上市公司有特殊关系，可能或者已经造成上市公司对其利益倾斜的法人。

具有以下情形之一的自然人，为上市公司的关联自然人：

1. 直接或者间接持有上市公司 5% 以上股份的自然人；

2. 上市公司董事、监事及高级管理人员；

3. 直接或者间接地控制上市公司的法人的董事、监事及高级管理人员；

4. 上述第 1、2 项所述人士的关系密切的家庭成员，包括配偶、父母、年满 18 周岁的子女及其配偶、兄弟姐妹及其配偶，配偶的父母、兄弟姐妹，子女配偶的父母；

5. 在过去 12 个月内或者根据相关协议安排在未来 12 个月内，存在上述情形之一的；

6. 中国证监会、证券交易所或者上市公司根据实质重于形式的原则认定的其他与上市公司有特殊关系，可能或者已经造成上市公司对其利益倾斜的自然人。

（四）指定媒体，是指中国证监会指定的报刊和网站。

信息披露违法行为行政责任认定规则

（2011 年 4 月 29 日　证监会公告〔2011〕11 号）

第一章　总　则

第二条　《证券法》规定的信息披露违法行为行政责任认定适用本规则。

第三条　信息披露义务人应当按照有关信息披露法律、行政法规、规章和规范性文件，以及证券交易所业务规则等规定，真实、准确、完整、及时、公平披露信息。

发行人、上市公司的董事、监事、高级管理人员应当为公司和全体股东的利益服务，诚实守信，忠实、勤勉地履行职责，独立作出适当判断，保护投资者的合法权益，保证信息披露真实、准确、完整、及时、公平。

第四条　认定信息披露违法行为行政责任，应当根据有关信息披露法律、行政法规、规章和规范性文件，以及证券交易所业务规则等规定，遵循专业标准和职业道德，运用逻辑判断和监管工作经验，审查运用证据，全面、客观、公正地认定事实，依法处理。

第五条　信息披露违法行为情节严重，涉嫌犯罪的，证监会依法移送司法机关追究刑事责任。

依法给予行政处罚或者采取市场禁入措施的，按照规定记入证券期货诚信档案。

依法不予处罚或者市场禁入的，可以根据情节采取相应的行政监管措施并记入证券期货诚信档案。

第六条 在信息披露中保荐人、证券服务机构及其人员未勤勉尽责，或者制作、出具的文件有虚假记载、误导性陈述或者重大遗漏的，证监会依法认定其责任和予以行政处罚。

第二章 信息披露违法行为认定

第七条 信息披露义务人未按照法律、行政法规、规章和规范性文件，以及证券交易所业务规则规定的信息披露（包括报告，下同）期限、方式等要求及时、公平披露信息，应当认定构成未按照规定披露信息的信息披露违法行为。

第八条 信息披露义务人在信息披露文件中对所披露内容进行不真实记载，包括发生业务不入账、虚构业务入账、不按照相关规定进行会计核算和编制财务会计报告，以及其他在信息披露中记载的事实与真实情况不符的，应当认定构成所披露的信息有虚假记载的信息披露违法行为。

第九条 信息披露义务人在信息披露文件中或者通过其他信息发布渠道、载体，作出不完整、不准确陈述，致使或者可能致使投资者对其投资行为发生错误判断的，应当认定构成所披露的信息有误导性陈述的信息披露违法行为。

第十条 信息披露义务人在信息披露文件中未按照法律、行政法规、规章和规范性文件以及证券交易所业务规则关于重大事件或者重要事项信息披露要求披露信息，遗漏重大事项的，应当认定构成所披露的信息有重大遗漏的信息披露违法行为。

第三章 信息披露义务人信息披露违法的责任认定

第十一条 信息披露义务人行为构成信息披露违法的，应当根据其违法行为的客观方面和主观方面等综合审查认定其责任。

第十二条 认定信息披露违法行为的客观方面通常要考虑以下情形：

（一）违法披露信息包括重大差错更正信息中虚增或者虚减资产、营业收入及净利润的数额及其占当期所披露数的比重，是否因此资不抵债，是否因此发生盈亏变化，是否因此满足证券发行、股权激励计划实施、利润承诺条件，是否因此避免被特别处理，是否因此满足取消特别处理要求，是否因此满足恢复上市交易条件等；

（二）未按照规定披露的重大担保、诉讼、仲裁、关联交易以及其他重大事项所涉及的数额及其占公司最近一期经审计总资产、净资产、营业收入的比重，未按照规定及时披露信息时间长短等；

（三）信息披露违法所涉及事项对投资者投资判断的影响大小；

（四）信息披露违法后果，包括是否导致欺诈发行、欺诈上市、骗取重大资产重组许可、收购要约豁免、暂停上市、终止上市，给上市公司、股东、债权人或者其他人造成直接损失数额大小，以及未按照规定披露信息造成该公司证券交易的异动程度等；

（五）信息披露违法的次数，是否多次提供虚假或者隐瞒重要事实的财务会计报告，或者多次对依法应当披露的其他重要信息不按照规定披露；

（六）社会影响的恶劣程度；

（七）其他需要考虑的情形。

第十三条 认定信息披露义务人信息披露违法主观方面通常要考虑以下情形：

（一）信息披露义务人为单位的，在单位内部是否存在违法共谋，信息披露违法所涉及的具体事项是否是经董事会、公司办公会等会议研究决定或者由负责人员决定实施的，是否只是单位内部个人行为造成的；

（二）信息披露义务人的主观状态，信息披露违法是否是故意的欺诈行为，是否是不够谨慎、疏忽大意的过失行为；

（三）信息披露违法行为发生后的态度，公司董事、监事、高级管理人员知道信息披露违法后是否继续掩饰，是否采取适当措施进行补救；

（四）与证券监管机构的配合程度，当发现信息披露违法后，公司董事、监事、高级管理人员是否向证监会报告，是否在调查中积极配合，是否对调查机关欺诈、隐瞒，是否有干扰、阻碍调查情况；

（五）其他需要考虑的情形。

第十四条 其他违法行为引起信息披露义务人信息披露违法的，通常综合考虑以下情形认定责任：

（一）信息披露义务人是否存在过错，有无实施信息披露违法行为的故意，是否存在信息披露违法的过失；

（二）信息披露义务人是否因违法行为直接获益或者以其他方式获取利益，是否因违法行为止损或者避损，公司投资者是否因该项违法行为遭受重大损失；

（三）信息披露违法责任是否能被其他违法行为责任所吸收，认定其他违法行为行政责任、刑事责任是否能更好体现对违法行为的惩处；

（四）其他需要考虑的情形。

前款所称其他违法行为，包括上市公司的董事、监事、高级管理人员违背对公司的忠实义务，利用职务便利，操纵上市公司从事损害公司利益行为；上市公司的控股股东或者实际控制人，指使上市公司董事、监事、高级管理人员从事损害公司利益行为；上市公司董事、监事、高级管理人员和持股5%以上股东违法买卖公司股票行为；公司工作人员挪用资金、职务侵占等行为；配合证券市场内幕交易、操纵市场以及其他可能致使信息披露义务人信息披露违法的行为。

第四章　信息披露违法行为责任人员及其责任认定

第十五条　发生信息披露违法行为的，依照法律、行政法规、规章规定，对负有保证信息披露真实、准确、完整、及时和公平义务的董事、监事、高级管理人员，应当视情形认定其为直接负责的主管人员或者其他直接责任人员承担行政责任，但其能够证明已尽忠实、勤勉义务，没有过错的除外。

第十六条　信息披露违法行为的责任人员可以提交公司章程，载明职责分工和职责履行情况的材料，相关会议纪要或者会议记录以及其他证据来证明自身没有过错。

第十七条　董事、监事、高级管理人员之外的其他人员，确有证据证明其行为与信息披露违法行为具有直接因果关系，包括实际承担或者履行董事、监事或者高级管理人员的职责，组织、参与、实施了公司信息披露违法行为或者直接导致信息披露违法的，应当视情形认定其为直接负责的主管人员或者其他直接责任人员。

第十八条　有证据证明因信息披露义务人受控股股东、实际控制人指使，未按照规定披露信息，或者所披露的信息有虚假记载、误导性陈述或者重大遗漏的，在认定信息披露义务人责任的同时，应当认定信息披露义务人控股股东、实际控制人的信息披露违法责任。信息披露义务人的控股股东、实际控制人是法人的，其负责人应当认定为直接负责的主管人员。

控股股东、实际控制人直接授意、指挥从事信息披露违法行为，或者隐瞒应当披露信息、不告知应当披露信息的，应当认定控股股东、实际控制人指使从事信息披露违法行为。

第十九条　信息披露违法责任人员的责任大小，可以从以下方面考虑责任人员与案件中认定的信息披露违法的事实、性质、情节、社会危害后果的关系，综合分析认定：

（一）在信息披露违法行为发生过程中所起的作用。对于认定的信息披露违法事项是起主要作用还是次要作用，是否组织、策划、参与、实施信息披露违法行为，是积极参加还是被动参加。

（二）知情程度和态度。对于信息披露违法所涉事项及其内容是否知情，是否反映、报告，是否采取措施有效避免或者减少损害后果，是否放任违法行为发生。

（三）职务、具体职责及履行职责情况。认定的信息披露违法事项是否与责任人员的职务、具体职责存在直接关系，责任人员是否忠实、勤勉履行职责，有无懈怠、放弃履行职责，是否履行职责预防、发现和阻止信息披露违法行为发生。

（四）专业背景。是否存在责任人员有专业背景，对于信息披露中与其专业背景有关违法事项应当发现而未予指出的情况，如专业会计人士对于会计问题、专业技术人员对于技术问题等未予指出。

（五）其他影响责任认定的情况。

第二十条 认定从轻或者减轻处罚的考虑情形：

（一）未直接参与信息披露违法行为；

（二）在信息披露违法行为被发现前，及时主动要求公司采取纠正措施或者向证券监管机构报告；

（三）在获悉公司信息披露违法后，向公司有关主管人员或者公司上级主管提出质疑并采取了适当措施；

（四）配合证券监管机构调查且有立功表现；

（五）受他人胁迫参与信息披露违法行为；

（六）其他需要考虑的情形。

第二十一条 认定为不予行政处罚的考虑情形：

（一）当事人对认定的信息披露违法事项提出具体异议记载于董事会、监事会、公司办公会会议记录等，并在上述会议中投反对票的；

（二）当事人在信息披露违法事实所涉及期间，由于不可抗力、失去人身自由等无法正常履行职责的；

（三）对公司信息披露违法行为不负有主要责任的人员在公司信息披露违法行为发生后及时向公司和证券交易所、证券监管机构报告的；

（四）其他需要考虑的情形。

第二十二条 任何下列情形，不得单独作为不予处罚情形认定：

（一）不直接从事经营管理；

（二）能力不足、无相关职业背景；

（三）任职时间短、不了解情况；

（四）相信专业机构或者专业人员出具的意见和报告；

（五）受到股东、实际控制人控制或者其他外部干预。

第二十三条 下列情形认定为应当从重处罚情形：

（一）不配合证券监管机构监管，或者拒绝、阻碍证券监管机构及其工作人员执法，甚至以暴力、威胁及其他手段干扰执法；

（二）在信息披露违法案件中变造、隐瞒、毁灭证据，或者提供伪证，妨碍调查；

（三）两次以上违反信息披露规定并受到行政处罚或者证券交易所纪律处分；

（四）在信息披露上有不良诚信记录并记入证券期货诚信档案；

（五）证监会认定的其他情形。

关于加强证券期货信息传播管理的若干规定

(1997 年 12 月 12 日　证监会、新闻出版署、邮电局、广电局、工商局、公安部发布　证监〔1997〕17 号)

第三条　本规定所称证券期货信息是指与证券期货市场相关，可能会对市场产生影响的信息，包括：

（一）国家颁布的法律、法规及政策性信息；

（二）证券期货主管部门发布的规章、规范性文件，发言人谈话，以及其他政策性信息；

（三）交易所、上市公司等按照法定程序发布的信息；

（四）有关证券期货市场的研究、报道等信息；

（五）分析并预测证券、期货市场及个股、期货品种或合约的行情走势，提供具体投资建议的分析文章、评论、报告等信息；

（六）中国证监会会同有关部门认定的其他信息。

第四条　传播证券期货信息，必须遵守国家法律、法规、规章，坚持客观、准确、完整和公正的原则。禁止任何单位和个人制造和传播证券期货市场虚假信息。

第五条　任何单位和个人未经新闻出版署批准，不得印刷、出版、销售载有证券期货信息的各类出版物；未经邮电部门批准不得开办以传播证券期货信息为内容的电话信息服务台和寻呼台；未经广播电视行政部门批准，不得开办以证券期货信息为内容的广播电视服务；未经工商行政管理部门核准不得从事证券期货计算机信息服务。内部报刊所载的证券期货信息只能限于内部使用，不得向社会公众提供。

省内发行报刊刊载证券期货信息的，应严格限定在本省范围内发行。

第六条　证券期货专业报刊不得向任何机构和个人出租版面，不得与个人合办栏目。与机构合办栏目，稿件的终审权在报刊社，报刊社不得准许合作方工作人员以本报刊社记者的身份从事采访活动。

第七条　证券期货专业报刊、经济类报刊刊发本规定第三条所述第（五）项信息时，必须对撰稿人是否具有经中国证监会批准的从事证券期货投资咨询业务的执业资格进行审查，撰稿人不能提供证明文件时，其稿件不得刊发。

证券期货专业报刊、经济类报刊刊发第三条所述第（五）项信息时，必须署明作者的真实单位和真实姓名。

第八条　综合类报刊开设证券期货专刊、专版或刊发第三条所述第（五）项信息，需经新闻出版署审批。

第九条　电台、电视台不得向任何机构和个人出租节目时间开办证券期货节目；不得与个人合办证券期货节目；聘请个人做证券期货节目主持人播发第三条所述第（五）项信息时，必须对被聘人员是否具备经中国证监会批准的从事证券期货投资咨询业务的执业资格进行审查，被聘人员不能提供证明文件时，电台、电视台不能聘其主持该类节目。与机构合办证券期货节目，节目的终审权在电台、电视台。电台、电视台不得准许合作方的工作人员以本电台、电视台记者身份从事采访活动。

第十条　电台、电视台播发第三条所述第（五）项信息时，必须对撰稿人是否具备经中国证监会批准的从事证券期货投资咨询业务的执业资格进行审查。撰稿人不能提供证明文件时，其稿件不得播发。

电台、电视台播发第三条所述第（五）项信息时，必须说明作者的真实单位和真实姓名。

第十一条　寻呼台不得发布第三条所述第（四）、（五）项信息。

第十二条　电话信息服务台、计算机信息服务公司聘请人员主持或传播第三条所述第（五）项信息时，被聘者或撰稿人必须是经中国证监会批准的具有从事证券期货投资咨询业务执业资格的咨询人员。

在其产品（软件）中刊载第三条所述第（五）项咨询报告时，报告撰稿人必须署名真实姓名，并且是经中国证监会批准的具有从事证券期货投资咨询业务执业资格的咨询人员。

第十三条　传播媒体有违反本规定的行为，由有关主管部门会同证券期货监督管理部门，根据各自的职能，视情节轻重，依法分别给予警告、罚款、责令暂停其传播第三条所述第（五）项信息，直至吊销其营业执照或刊号，并对直接责任人员和有关领导人员依法给予处罚；构成犯罪的，由司法机关依法追究刑事责任。

关于规范上市公司对外担保行为的通知

（2006 年 11 月 7 日　证监会、公安部、人民银行、国资委、海关总署、税务总局、工商总局、银监会　证监会发〔2006〕128 号）

一、规范上市公司对外担保行为，严格控制上市公司对外担保风险

（一）上市公司对外担保必须经董事会或股东大会审议。

（二）上市公司的《公司章程》应当明确股东大会、董事会审批对外担保的权限及违反审批权限、审议程序的责任追究制度。

（三）应由股东大会审批的对外担保，必须经董事会审议通过后，方可提交

股东大会审批。须经股东大会审批的对外担保，包括但不限于下列情形：

1. 上市公司及其控股子公司的对外担保总额，超过最近一期经审计净资产50%以后提供的任何担保；

2. 为资产负债率超过70%的担保对象提供的担保；

3. 单笔担保额超过最近一期经审计净资产10%的担保；

4. 对股东、实际控制人及其关联方提供的担保。

股东大会在审议为股东、实际控制人及其关联方提供的担保议案时，该股东或受该实际控制人支配的股东，不得参与该项表决，该项表决由出席股东大会的其他股东所持表决权的半数以上通过。

（四）应由董事会审批的对外担保，必须经出席董事会的三分之二以上董事审议同意并做出决议。

（五）上市公司董事会或股东大会审议批准的对外担保，必须在中国证监会指定信息披露报刊上及时披露，披露的内容包括董事会或股东大会决议、截止信息披露日上市公司及其控股子公司对外担保总额、上市公司对控股子公司提供担保的总额。

（六）上市公司在办理贷款担保业务时，应向银行业金融机构提交《公司章程》、有关该担保事项董事会决议或股东大会决议原件、刊登该担保事项信息的指定报刊等材料。

（七）上市公司控股子公司的对外担保，比照上述规定执行。上市公司控股子公司应在其董事会或股东大会做出决议后及时通知上市公司履行有关信息披露义务。

二、规范银行业金融机构贷款担保审批行为，有效防范银行业金融机构发放由上市公司提供担保的贷款风险

（一）各银行业金融机构应当严格依据《中华人民共和国担保法》《中华人民共和国公司法》《最高人民法院关于适用〈中华人民共和国担保法〉若干问题的解释》等法律法规，加强对由上市公司提供担保的贷款申请的审查，切实防范相关信贷风险，并及时将贷款、担保信息登录征信管理系统。

（二）各银行业金融机构必须依据本《通知》、上市公司《公司章程》及其他有关规定，认真审核以下事项：

1. 由上市公司提供担保的贷款申请的材料齐备性及合法合规性；

2. 上市公司对外担保履行董事会或股东大会审批程序的情况；

3. 上市公司对外担保履行信息披露义务的情况；

4. 上市公司的担保能力；

5. 贷款人的资信、偿还能力等其他事项。

（三）各银行业金融机构应根据《商业银行授信工作尽职指引》等规定完善

内部控制制度，控制贷款风险。

（四）对由上市公司控股子公司提供担保的贷款申请，比照上述规定执行。

三、加强监管协作，加大对涉及上市公司违规对外担保行为的责任追究力度

（一）中国证监会及其派出机构与中国银监会及其派出机构要加强监管协作，实施信息共享，共同建立监管协作机制，共同加大对上市公司隐瞒担保信息、违规担保和银行业金融机构违规发放贷款等行为的查处力度，依法追究相关当事人的法律责任。

（二）上市公司及其董事、监事、经理等高级管理人员违反本《通知》规定的，中国证监会责令其整改，并依法予以处罚；涉嫌犯罪的，移送司法机关予以处理。

（三）银行业金融机构违反法律、法规的，中国银监会依法对相关机构及当事人予以处罚；涉嫌犯罪的，移送司法机关追究法律责任。

四、其他

（一）各上市公司应当按照上述规定，修订和完善《公司章程》；各银行业金融机构应将上市公司对外担保纳入统一授信管理，严格按照有关规定进行审批和管理。

（二）本《通知》所称"银行业金融机构"，按《中华人民共和国银行业监督管理法》规定执行。所称"对外担保"，是指上市公司为他人提供的担保，包括上市公司对控股子公司的担保。所称"上市公司及其控股子公司的对外担保总额"，是指包括上市公司对控股子公司担保在内的上市公司对外担保总额与上市公司控股子公司对外担保总额之和。

（三）金融类上市公司不适用本《通知》规定。

（四）《关于上市公司为他人提供担保有关问题的通知》（证监公司字〔2000〕61号）、《关于规范上市公司与关联方资金往来及上市公司对外担保若干问题的通知》（证监发〔2003〕56号）中与本《通知》规定不一致的，按本《通知》执行。

证券投资者保护基金管理办法

（2016年4月19日 证监会令第124号修订）

第五章 管理和监督

第二十二条 基金公司应依法合规运作，按照安全、稳健的原则履行对基

金的管理职责，保证基金的安全。

基金的资金运用限于银行存款、购买政府债券、中央银行票据、中央企业债券、信用等级较高的金融机构发行的金融债券以及国务院批准的其他资金运用形式。

第二十三条 基金公司日常运营费用按照国家有关规定列支，具体支取范围、标准及预决算等由基金公司董事会制定，报财政部审批。

第二十四条 证监会负责基金公司的业务监管，监督基金的筹集、管理与使用。

财政部负责基金公司的国有资产管理和财务监督。

中国人民银行负责对基金公司向其借用再贷款资金的合规使用情况进行检查监督。

第二十五条 基金公司应建立科学的业绩考评制度，并将考核结果定期报送证监会、财政部、中国人民银行。

第二十六条 基金公司应建立信息报告制度，编制基金筹集、管理、使用的月报信息，报送证监会、财政部、中国人民银行。

基金公司每年应向财政部专题报告财务收支及预算、决算执行情况，接受财政部的监督检查。

基金公司每年应向中国人民银行专题报告再贷款资金的使用情况，接受中国人民银行的监督检查。

第二十七条 证监会应按年度向国务院报告基金公司运作和证券公司风险处置情况，同时抄送财政部、中国人民银行。

第二十八条 证券公司、托管清算机构应按规定用途使用基金，不得将基金挪作他用。

基金公司对使用基金的情况进行检查，并可委托中介机构进行专项审计。接受检查的证券公司或托管清算机构及有关单位、个人应予以配合。

第二十九条 基金公司、证券公司及托管清算机构应妥善保管基金的收划款凭证、兑付清单及原始凭证，确保原始档案的完整性，并建立基金核算台账。

第三十条 证监会负责监督证券公司按期足额缴纳基金以及按期向基金公司如实报送财务、业务等经营管理信息、资料和基金公司监测风险所需的涉及客户资金安全的数据、材料。

证券公司违反前款规定的，证监会应按有关规定进行处理。

第三十一条 对挪用、侵占或骗取基金的违法行为，依法严厉打击；对有关人员的失职行为，依法追究其责任；涉嫌犯罪的，移送司法机关依法追究其刑事责任。

三、期货法律篇

期货交易管理条例

（2007 年 2 月 7 日国务院第 168 次常务会议通过 2007 年 3 月
6 日国务院令第 489 号公布 根据 2012 年 10 月 24 日国务院
令第 627 号《关于修改〈期货交易管理条例〉的决定》第一
次修订 根据 2013 年 7 月 18 日国务院令第 638 号《关于废止
和修改部分行政法规的决定》第二次修订 根据 2016 年 2 月
6 日国务院令第 666 号《关于修改部分行政法规的决定》第三
次修订）

第七章 法律责任

第六十四条 期货交易所、非期货公司结算会员有下列行为之一的，责令
改正，给予警告，没收违法所得：

（一）违反规定接纳会员的；

（二）违反规定收取手续费的；

（三）违反规定使用、分配收益的；

（四）不按照规定公布即时行情的，或者发布价格预测信息的；

（五）不按照规定向国务院期货监督管理机构履行报告义务的；

（六）不按照规定向国务院期货监督管理机构报送有关文件、资料的；

（七）不按照规定建立、健全结算担保金制度的；

（八）不按照规定提取、管理和使用风险准备金的；

（九）违反国务院期货监督管理机构有关保证金安全存管监控规定的；

（十）限制会员实物交割总量的；

（十一）任用不具备资格的期货从业人员的；

（十二）违反国务院期货监督管理机构规定的其他行为。

有前款所列行为之一的，对直接负责的主管人员和其他直接责任人员给予
纪律处分，处 1 万元以上 10 万元以下的罚款。

有本条第一款第二项所列行为的，应当责令退还多收取的手续费。

期货保证金安全存管监控机构有本条第一款第五项、第六项、第九项、第
十一项、第十二项所列行为的，依照本条第一款、第二款的规定处罚、处分。

期货保证金存管银行有本条第一款第九项、第十二项所列行为的，依照本条第一款、第二款的规定处罚、处分。

第六十五条 期货交易所有下列行为之一的，责令改正，给予警告，没收违法所得，并处违法所得 1 倍以上 5 倍以下的罚款；没有违法所得或者违法所得不满 10 万元的，并处 10 万元以上 50 万元以下的罚款；情节严重的，责令停业整顿：

（一）未经批准，擅自办理本条例第十三条所列事项的；

（二）允许会员在保证金不足的情况下进行期货交易的；

（三）直接或者间接参与期货交易，或者违反规定从事与其职责无关的业务的；

（四）违反规定收取保证金，或者挪用保证金的；

（五）伪造、涂改或者不按照规定保存期货交易、结算、交割资料的；

（六）未建立或者未执行当日无负债结算、涨跌停板、持仓限额和大户持仓报告制度的；

（七）拒绝或者妨碍国务院期货监督管理机构监督检查的；

（八）违反国务院期货监督管理机构规定的其他行为。

有前款所列行为之一的，对直接负责的主管人员和其他直接责任人员给予纪律处分，处 1 万元以上 10 万元以下的罚款。

非期货公司结算会员有本条第一款第二项、第四项至第八项所列行为之一的，依照本条第一款、第二款的规定处罚、处分。

期货保证金安全存管监控机构有本条第一款第三项、第七项、第八项所列行为的，依照本条第一款、第二款的规定处罚、处分。

第六十六条 期货公司有下列行为之一的，责令改正，给予警告，没收违法所得，并处违法所得 1 倍以上 3 倍以下的罚款；没有违法所得或者违法所得不满 10 万元的，并处 10 万元以上 30 万元以下的罚款；情节严重的，责令停业整顿或者吊销期货业务许可证：

（一）接受不符合规定条件的单位或者个人委托的；

（二）允许客户在保证金不足的情况下进行期货交易的；

（三）未经批准，擅自办理本条例第十九条所列事项的；

（四）违反规定从事与期货业务无关的活动的；

（五）从事或者变相从事期货自营业务的；

（六）为其股东、实际控制人或者其他关联人提供融资，或者对外担保的；

（七）违反国务院期货监督管理机构有关保证金安全存管监控规定的；

（八）不按照规定向国务院期货监督管理机构履行报告义务或者报送有关文件、资料的；

（九）交易软件、结算软件不符合期货公司审慎经营和风险管理以及国务院期货监督管理机构有关保证金安全存管监控规定的要求的；

（十）不按照规定提取、管理和使用风险准备金的；

（十一）伪造、涂改或者不按照规定保存期货交易、结算、交割资料的；

（十二）任用不具备资格的期货从业人员的；

（十三）伪造、变造、出租、出借、买卖期货业务许可证或者经营许可证的；

（十四）进行混码交易的；

（十五）拒绝或者妨碍国务院期货监督管理机构监督检查的；

（十六）违反国务院期货监督管理机构规定的其他行为。

期货公司有前款所列行为之一的，对直接负责的主管人员和其他直接责任人员给予警告，并处1万元以上5万元以下的罚款；情节严重的，暂停或者撤销期货从业人员资格。

期货公司之外的其他期货经营机构有本条第一款第八项、第十二项、第十三项、第十五项、第十六项所列行为的，依照本条第一款、第二款的规定处罚。

期货公司的股东、实际控制人或者其他关联人未经批准擅自委托他人或者接受他人委托持有或者管理期货公司股权的，拒不配合国务院期货监督管理机构的检查，拒不按照规定履行报告义务、提供有关信息和资料，或者报送、提供的信息和资料有虚假记载、误导性陈述或者重大遗漏的，依照本条第一款、第二款的规定处罚。

第六十七条　期货公司有下列欺诈客户行为之一的，责令改正，给予警告，没收违法所得，并处违法所得1倍以上5倍以下的罚款；没有违法所得或者违法所得不满10万元的，并处10万元以上50万元以下的罚款；情节严重的，责令停业整顿或者吊销期货业务许可证：

（一）向客户作获利保证或者不按照规定向客户出示风险说明书的；

（二）在经纪业务中与客户约定分享利益、共担风险的；

（三）不按照规定接受客户委托或者不按照客户委托内容擅自进行期货交易的；

（四）隐瞒重要事项或者使用其他不正当手段，诱骗客户发出交易指令的；

（五）向客户提供虚假成交回报的；

（六）未将客户交易指令下达到期货交易所的；

（七）挪用客户保证金的；

（八）不按照规定在期货保证金存管银行开立保证金账户，或者违规划转客户保证金的；

（九）国务院期货监督管理机构规定的其他欺诈客户的行为。

期货公司有前款所列行为之一的，对直接负责的主管人员和其他直接责任人员给予警告，并处 1 万元以上 10 万元以下的罚款；情节严重的，暂停或者撤销期货从业人员资格。

任何单位或者个人编造并且传播有关期货交易的虚假信息，扰乱期货交易市场的，依照本条第一款、第二款的规定处罚。

第六十八条 期货公司及其他期货经营机构、非期货公司结算会员、期货保证金存管银行提供虚假申请文件或者采取其他欺诈手段隐瞒重要事实骗取期货业务许可的，撤销其期货业务许可，没收违法所得。

第六十九条 期货交易内幕信息的知情人或者非法获取期货交易内幕信息的人，在对期货交易价格有重大影响的信息尚未公开前，利用内幕信息从事期货交易，或者向他人泄露内幕信息，使他人利用内幕信息进行期货交易的，没收违法所得，并处违法所得 1 倍以上 5 倍以下的罚款；没有违法所得或者违法所得不满 10 万元的，处 10 万元以上 50 万元以下的罚款。单位从事内幕交易的，还应当对直接负责的主管人员和其他直接责任人员给予警告，并处 3 万元以上 30 万元以下的罚款。

国务院期货监督管理机构、期货交易所和期货保证金安全存管监控机构的工作人员进行内幕交易的，从重处罚。

第七十条 任何单位或者个人有下列行为之一，操纵期货交易价格的，责令改正，没收违法所得，并处违法所得 1 倍以上 5 倍以下的罚款；没有违法所得或者违法所得不满 20 万元的，处 20 万元以上 100 万元以下的罚款：

（一）单独或者合谋，集中资金优势、持仓优势或者利用信息优势联合或者连续买卖合约，操纵期货交易价格的；

（二）蓄意串通，按事先约定的时间、价格和方式相互进行期货交易，影响期货交易价格或者期货交易量的；

（三）以自己为交易对象，自买自卖，影响期货交易价格或者期货交易量的；

（四）为影响期货市场行情囤积现货的；

（五）国务院期货监督管理机构规定的其他操纵期货交易价格的行为。

单位有前款所列行为之一的，对直接负责的主管人员和其他直接责任人员给予警告，并处 1 万元以上 10 万元以下的罚款。

第七十一条 交割仓库有本条例第三十六条第二款所列行为之一的，责令改正，给予警告，没收违法所得，并处违法所得 1 倍以上 5 倍以下的罚款；没有违法所得或者违法所得不满 10 万元的，并处 10 万元以上 50 万元以下的罚款；情节严重的，责令期货交易所暂停或者取消其交割仓库资格。对直接负责的主管人员和其他直接责任人员给予警告，并处 1 万元以上 10 万元以下的罚款。

第七十二条　国有以及国有控股企业违反本条例和国务院国有资产监督管理机构以及其他有关部门关于企业以国有资产进入期货市场的有关规定进行期货交易，或者单位、个人违规使用信贷资金、财政资金进行期货交易的，给予警告，没收违法所得，并处违法所得 1 倍以上 5 倍以下的罚款；没有违法所得或者违法所得不满 10 万元的，并处 10 万元以上 50 万元以下的罚款。对直接负责的主管人员和其他直接责任人员给予降级直至开除的纪律处分。

第七十三条　境内单位或者个人违反规定从事境外期货交易的，责令改正，给予警告，没收违法所得，并处违法所得 1 倍以上 5 倍以下的罚款；没有违法所得或者违法所得不满 20 万元的，并处 20 万元以上 100 万元以下的罚款；情节严重的，暂停其境外期货交易。对单位直接负责的主管人员和其他直接责任人员给予警告，并处 1 万元以上 10 万元以下的罚款。

第七十四条　非法设立期货交易场所或者以其他形式组织期货交易活动的，由所在地县级以上地方人民政府予以取缔，没收违法所得，并处违法所得 1 倍以上 5 倍以下的罚款；没有违法所得或者违法所得不满 20 万元的，处 20 万元以上 100 万元以下的罚款。对单位直接负责的主管人员和其他直接责任人员给予警告，并处 1 万元以上 10 万元以下的罚款。

非法设立期货公司及其他期货经营机构，或者擅自从事期货业务的，予以取缔，没收违法所得，并处违法所得 1 倍以上 5 倍以下的罚款；没有违法所得或者违法所得不满 20 万元的，处 20 万元以上 100 万元以下的罚款。对单位直接负责的主管人员和其他直接责任人员给予警告，并处 1 万元以上 10 万元以下的罚款。

第七十五条　期货公司的交易软件、结算软件供应商拒不配合国务院期货监督管理机构调查，或者未按照规定向国务院期货监督管理机构提供相关软件资料，或者提供的软件资料有虚假、重大遗漏的，责令改正，处 3 万元以上 10 万元以下的罚款。对直接负责的主管人员和其他直接责任人员给予警告，并处 1 万元以上 5 万元以下的罚款。

第七十六条　会计师事务所、律师事务所、资产评估机构等中介服务机构未勤勉尽责，所出具的文件有虚假记载、误导性陈述或者重大遗漏的，责令改正，没收业务收入，暂停或者撤销相关业务许可，并处业务收入 1 倍以上 5 倍以下的罚款。对直接负责的主管人员和其他直接责任人员给予警告，并处 3 万元以上 10 万元以下的罚款。

第七十七条　任何单位或者个人违反本条例规定，情节严重的，由国务院期货监督管理机构宣布该个人、该单位或者该单位的直接责任人员为期货市场禁止进入者。

第七十八条　国务院期货监督管理机构、期货交易所、期货保证金安全存管监控机构和期货保证金存管银行等相关单位的工作人员，泄露知悉的国家秘密或者会员、客户商业秘密，或者徇私舞弊、玩忽职守、滥用职权、收受贿赂的，依法给予行政处分或者纪律处分。

第七十九条 违反本条例规定，构成犯罪的，依法追究刑事责任。

第八十条 对本条例规定的违法行为的行政处罚，除本条例已有规定的外，由国务院期货监督管理机构决定；涉及其他有关部门法定职权的，国务院期货监督管理机构应当会同其他有关部门处理；属于其他有关部门法定职权的，国务院期货监督管理机构应当移交其他有关部门处理。

期货公司监督管理办法

（2014 年 10 月 29 日　　证监会令第 110 号）

第七章　法律责任

第九十二条 期货公司及其分支机构接受未办理开户手续的单位或者个人委托进行期货交易，或者将客户的资金账号、交易编码借给其他单位或者个人使用的，给予警告，单处或者并处 3 万元以下罚款。

第九十三条 期货公司及其分支机构有下列行为之一的，根据《期货交易管理条例》第六十七条处罚：

（一）未按规定实行投资者适当性管理制度，损害客户合法权益；

（二）未按规定将客户资产与期货公司自有资产相互独立、分别管理；

（三）在期货保证金账户和期货交易所专用结算账户之外存放客户保证金；

（四）占用客户保证金；

（五）向期货保证金安全存管监控机构报送的信息存在虚假记载、误导性陈述或者重大遗漏；

（六）违反期货保证金安全存管监控管理相关规定，损害客户合法权益；

（七）未按规定缴存结算担保金，或者未能维持最低数额的结算准备金等专用资金；

（八）在传递交易指令前未对客户账户资金和持仓进行验证；

（九）违反中国证监会有关结算业务管理规定，损害其他期货公司及其客户合法权益；

（十）信息系统不符合规定，损害客户合法权益；

（十一）违反中国证监会风险监管指标规定；

（十二）违反规定从事期货投资咨询或者资产管理业务，情节严重的；

（十三）违反规定委托或者接受其他机构委托从事中间介绍业务；

（十四）对股东、实际控制人及其关联人降低风险管理要求，侵害其他客户合法权益；

（十五）以合资、合作、联营方式设立分支机构，或者将分支机构承包、出租给他人，或者违反分支机构集中统一管理规定；

（十六）拒不配合、阻碍或者破坏中国证监会及其派出机构的监督管理；

（十七）违反期货投资者保障基金管理规定。

第九十四条　期货公司及其分支机构有下列情形之一的，根据《期货交易管理条例》第六十八条处罚：

（一）发布虚假广告或者进行虚假宣传，诱骗客户参与期货交易；

（二）不按照规定变更或者撤销期货保证金账户，或者不按照规定方式向客户披露期货保证金账户信息。

第九十五条　会计师事务所、律师事务所、资产评估机构等中介服务机构不按照规定履行报告义务，提供或者出具的材料、报告、意见不完整，责令改正，没收业务收入，单处或者并处 3 万元以下罚款。对直接负责的主管人员和其他责任人员给予警告，并处 3 万元以下罚款。

第九十六条　未经中国证监会或其派出机构批准，任何个人或者单位及其关联人擅自持有期货公司 5% 以上股权，或者通过提供虚假申请材料等方式成为期货公司股东，情节严重的，给予警告，单处或者并处 3 万元以下罚款。

期货交易所管理办法

（2007 年 4 月 9 日　证监会令第 42 号）

第六章　监督管理

第九十三条　期货交易所制定或者修改章程、交易规则，上市、中止、取消或者恢复交易品种，上市、修改或者终止合约，应当经中国证监会批准。

第九十四条　期货交易所应当对违反期货交易所交易规则及其实施细则的行为制定查处办法，并报中国证监会批准。

期货交易所对会员及其客户、指定交割仓库、期货保证金存管银行及期货市场其他参与者与期货业务有关的违规行为，应当在前款所称办法规定的职责范围内及时予以查处；超出前款所称办法规定的职责范围的，应当向中国证监会报告。

第九十五条　期货交易所制定或者修改交易规则的实施细则，应当征求中国证监会的意见，并在正式发布实施前，报告中国证监会。

第九十六条　期货交易所的交易结算系统和交易结算业务应当满足期货保证金安全存管监控的要求，真实、准确和完整地反映会员保证金的变动情况。

第九十七条　期货交易所应当按照中国证监会有关期货保证金安全存管监控的规定，向期货保证金安全存管监控机构报送相关信息。

第九十八条　公司制期货交易所收购本期货交易所股份、股东转让所持股份或者对其股份进行其他处置，应当经中国证监会批准。

第九十九条　期货交易所的高级管理人员应当具备中国证监会要求的条件。未经中国证监会批准，期货交易所的理事长、副理事长、董事长、副董事长、监事会主席、监事会副主席、总经理、副总经理、董事会秘书不得在任何营利性组织中兼职。

未经批准，期货交易所的其他工作人员和非会员理事不得以任何形式在期货交易所会员单位及其他与期货交易有关的营利性组织兼职。

第一百条　期货交易所工作人员应当自觉遵守有关法律、行政法规、规章和政策，恪尽职守，勤勉尽责，诚实信用，具有良好的职业操守。

期货交易所工作人员不得从事期货交易，不得泄漏内幕消息或者利用内幕消息获得非法利益，不得从期货交易所会员、客户处谋取利益。

期货交易所的工作人员履行职务，遇有与本人或者其亲属有利害关系的情形时，应当回避。

第一百零一条　期货交易所的所得收益按照国家有关规定管理和使用，但应当首先用于保证期货交易场所、设施的运行和改善。

第一百零二条　期货交易所应当向中国证监会履行下列报告义务：

（一）每一年度结束后 4 个月内提交经具有证券、期货相关业务资格的会计师事务所审计的年度财务报告；

（二）每一季度结束后 15 日内、每一年度结束后 30 日内提交有关经营情况和有关法律、行政法规、规章、政策执行情况的季度和年度工作报告；

（三）中国证监会规定的其他事项。

第一百零三条　发生下列重大事项，期货交易所应当及时向中国证监会报告：

（一）发现期货交易所工作人员存在或者可能存在严重违反国家有关法律、行政法规、规章、政策的行为；

（二）期货交易所涉及占其净资产 10% 以上或者对其经营风险有较大影响的诉讼；

（三）期货交易所的重大财务支出、投资事项以及可能带来较大财务或者经营风险的重大财务决策；

（四）中国证监会规定的其他事项。

第一百零四条　中国证监会可以根据市场情况调整期货交易所收取的保证金标准，暂停、恢复或者取消某一期货交易品种的交易。

第一百零五条　中国证监会认为期货市场出现异常情况的，可以决定采取延迟开市、暂停交易、提前闭市等必要的风险处置措施。

第一百零六条　中国证监会认为有必要的，可以对期货交易所高级管理人员实施提示。

第一百零七条　中国证监会派出机构对期货交易所会员进行风险处置，采取监管措施的，经中国证监会批准，期货交易所应当在限制会员资金划转、限制会员开仓、移仓和强行平仓等方面予以配合。

第一百零八条　中国证监会可以向期货交易所派驻督察员。督察员依照中国证监会的有关规定履行职责。

督察员履行职责，期货交易所应当予以配合。

第一百零九条　期货交易所应当按照国家有关规定及时缴纳期货市场监管费。

第七章　法律责任

第一百一十条　期货交易所未按照本办法第十五条、第三十五条、第五十二条、第六十八条、第八十八条、第九十五条、第一百零二条和第一百零三条的规定履行报告义务，或者未按照本办法第二十三条、第三十条、第三十八条、第四十三条、第五十一条和第九十七条的规定报送有关文件、资料和信息的，根据《期货交易管理条例》第六十八条处罚。

第一百一十一条　期货交易所有下列行为之一的，根据《期货交易管理条例》第六十九条处罚：

（一）未经批准变更名称或者注册资本；

（二）未经批准设立分所或者其他任何交易场所；

（三）违反有价证券充抵保证金规定；

（四）不按照规定对会员进行检查；

（五）未建立或者未执行客户交易编码制度、保证金管理制度；

（六）交易结算系统和交易结算业务不符合本办法第九十六条的规定。

第一百一十二条　期货交易所工作人员违反本办法第一百条规定的，根据《期货交易管理条例》第八十二条处罚。

期货从业人员管理办法

（2007 年 7 月 4 日　证监会令第 48 号）

第五章　罚　则

第三十一条　未取得从业资格，擅自从事期货业务的，中国证监会责令改正，给予警告，单处或者并处 3 万元以下罚款。

第三十二条　有下列行为之一的，中国证监会根据《期货交易管理条例》第七十条处罚：

（一）任用无从业资格的人员从事期货业务；

（二）在办理从业资格申请过程中弄虚作假；

（三）不履行本办法第二十三条规定的配合义务；

（四）不按照本办法第二十七条的规定履行报告义务或者报告材料存在虚假内容。

第三十三条　违反本办法第十九条的规定，对期货从业人员进行打击报复的，中国证监会根据《期货交易管理条例》第七十条、第八十一条处罚。

第三十四条　期货从业人员违法违规的，中国证监会依法给予行政处罚。但因被迫执行违法违规指令而按照本办法第十九条第二款的规定履行了报告义务的，可以从轻、减轻或者免予行政处罚。

第三十五条　协会工作人员不按本办法规定履行职责，徇私舞弊、玩忽职守或者故意刁难有关当事人的，协会应当给予纪律处分。

关于严厉打击以证券期货投资为名
进行违法犯罪活动的通知

（2001 年 8 月 31 日　国办发〔2001〕64 号）

各省、自治区、直辖市人民政府，国务院各部委、各直属机构：

近两年来，以证券期货投资为名进行的违法犯罪活动屡有发生，个别地区甚至到了十分猖獗的地步，不但扰乱了国民经济的正常秩序，而且严重影响了社会稳定。今年重点打击的"兰州证券黑市"就是这类违法犯罪活动的典型。该类违法犯罪活动主要有以下三个特点：一是从事违法犯罪活动的机构未经主管部门批准，营业地点和公司名称频繁变更、隐蔽性很强；二是涉案机构并未与证券交易系统联网，而是打着"投资咨询"和"代客理财"等招牌，以高额回报为诱饵，采用在内部系统模拟证券交易等欺诈手法进行诈骗；三是部分入场参与者虽然对这些机构的非法性质有所了解，却仍因心存侥幸涉足其中。据不完全统计，从 1999 年至 2000 年，全国共发生此类案件 216 起，对正常的经济秩序和社会稳定构成了极大的威胁，必须坚决予以打击。为落实《国务院关于整顿和规范市场经济秩序的决定》（国发〔2001〕11 号），经国务院同意，现就有关事项通知如下：

一、统一思想，周密部署，尽快遏制以证券期货投资为名进行的违法犯罪活动

打击以证券期货投资为名进行的违法犯罪活动，难度大、敏感度高、涉及面广。各地区、各部门一定要统一思想，充分认识此类违法犯罪活动的严重性和危害性，并按照本通知的要求，立即部署打击以证券期货投资为名进行违法犯罪活动的有关工作。各地区要尽快成立由政府有关负责同志牵头，当地证券监管、工商行政管理部门和公安机关组成的领导小组，统筹安排、周密部署，根据《刑法》《证券法》和《非法金融机构和非法金融业务活动取缔办法》等法律法规和规章的相关规定，对以证券期货投资为名进行的违法犯罪活动从重、从快地给予严厉打击，发现一起，查处一起，力争在年内使此类违法犯罪活动得到有效遏制。

二、明确职责分工，加强协作配合，形成打击合力

各省、自治区、直辖市人民政府要结合本地实际，制订专项打击工作的具体步骤和方案。各地证券监管、工商行政管理部门和公安机关要树立大局观念，在当地政府的统一领导下，明确职责分工，互相配合，排除干扰，迅速开展查处、取缔工作。证券监管部门和工商行政管理部门要依照各自的职责，做好对非法证券期货经营者违法违规行为的初步调查工作，公安机关要视情况提前介入，对涉嫌犯罪及时立案查处。证券监管、工商行政管理部门和公安机关的执法工作人员必须恪尽职守、秉公执法，凡因监管不力、执法不严、玩忽职守、徇私舞弊、贻误工作的，应追究责任、严肃处理；构成犯罪的，依法追究刑事责任。

三、正确适用法律，把握政策界限

（一）对超出核准的经营范围，非法从事或变相非法从事证券期货交易活动，非法经营境外期货、外汇期货业务的，以涉嫌非法经营罪立案查处。

（二）对未经证券监管部门批准和工商行政管理部门登记注册，擅自设立证券期货机构的，以涉嫌擅自设立金融机构罪立案查处。

（三）对以"投资咨询""代客理财"等为招牌，以高额回报、赠送礼品、虚假融资、减免手续费、提供"免费午餐"等为诱饵吸纳客户资金，采用内部模拟证券期货交易等手法，非法侵占他人财产的，以涉嫌集资诈骗罪立案查处。

（四）非法证券期货经营者对受害人有暴力、威胁、非法拘禁等侵犯公民人身权利的行为，或以暴力、威胁手段阻碍国家机关工作人员依法执行公务，情节严重，构成犯罪的，依法追究刑事责任。

（五）对以证券期货投资为名进行违法犯罪活动的机构，由证券监管部门、工商行政管理部门依法取缔、吊销其营业执照。

四、加强法制宣传和对投资者的教育，把握新闻舆论导向，维护社会稳定

各地区、各部门要根据整顿和规范市场经济秩序形势的需要，通过各种宣传手段，加强正面宣传和证券期货法律法规教育。要运用报刊、电台、电视等多种形式，公布本地区合法证券期货交易机构的名称、地址、电话，提醒投资者到合法的证券经营机构参与证券投资，防止上当受骗。要向社会重申《非法金融机构和非法金融业务活动取缔办法》第十八条有关"因参与非法金融业务活动受到的损失，由参与者自行承担"的规定，各级政府、各有关部门不承担任何赔偿责任。要结合已查处的典型案例，不失时机地做好受骗群众的说服教育工作。各级新闻管理部门，要加强对相关新闻报道的管理和从业人员的职业道德教育，把握正确的舆论导向，防止少数别有用心的人为达到让政府赔偿的目的，恶意炒作，转嫁责任，制造事端，破坏安定团结的大好局面。

以上各项工作，各省、自治区、直辖市人民政府应于10月底以前向国务院报告落实情况，国务院将组织有关部门进行检查。各地区、各部门在执行本通知的过程中如发现重大问题，应及时向国务院报告；同时，要从中吸取经验教训，完善监管措施，进一步加大对以证券期货投资为名进行违法犯罪活动的打击力度，从根本上防止此类违法犯罪活动死灰复燃，坚决维护市场经济的正常秩序。

关于严厉查处非法外汇期货和外汇按金交易活动的通知

（1994年10月28日　证监会、外管局、工商局、公安部　证监发字〔1994〕165号）

各省、自治区、直辖市、计划单列市、经济特区期货监管部门、外汇管理分局、工商行政管理局、公安厅（局）：

近两年来，一些单位未经中国证监会和国家外汇管理局批准，也未在国家工商行政管理局登记注册，擅自从事外汇期货和外汇按金交易，有的境内单位和个人与境外不法分子相勾结，以期货咨询及培训为名，私自在境内非法经营外汇期货和外汇按金交易；有的以误导下单、私下对冲、对赌、吃点等

欺诈手段，骗取客户资金；有的大量进行逃汇套汇活动，甚至卷走客户保证金潜逃。这些非法交易活动，不仅扰乱了金融管理秩序，造成了外汇流失，而且引起了大量经济纠纷，举报、投诉事件不断增加。为了稳定社会秩序和金融秩序，根据国务院办公厅国办发〔1994〕69号文件精神，现就有关问题通知如下：

一、凡未经中国证监会和国家外汇管理局批准，且未在国家工商行政管理局登记注册的金融机构、期货经纪公司及其他机构擅自开展外汇期货和外汇按金交易，属于违法行为；客户（单位和个人）委托未经批准登记的机构进行外汇期货和外汇按金交易，无论以外币或人民币作保证金也属违法行为。依据《违反外汇管理处罚施行细则》（以下简称《施行细则》）的规定，组织和参与这种交易，属于私自经营外汇业务和私自买卖外汇，构成扰乱金融行为。未经批准，擅自从事外汇期货和外汇按金交易的双方不受法律保护。

二、各金融机构、期货经纪公司及其他机构从事外汇期货和外汇按金交易，必须经中国证监会和国家外汇管理局批准。各地超越权限擅自批准的，一律无效。未经批准，任何单位一律不得经营外汇期货和外汇按金交易。

三、各地期货监管部门应会同当地外汇管理、工商行政管理和公安等部门，在地方政府大力支持下，迅速采取措施，对非法外汇期货和外汇按金交易活动严肃查处，坚决取缔。

对从事非法外汇期货和外汇按金交易的经营机构，应责令其自本通知下发之日起，一律不得接受新客户和新订单，对于尚未平仓合约，可在交割日前平仓或在交割日进行实物交割。各地要严格防止违法人员携款潜逃。对于以欺诈手段骗取客户资金的，除没收其非法所得外，由外汇管理部门按《施行细则》予以罚款，构成犯罪的，依法追究刑事责任。凡以经营商品期货、外汇信息、投资咨询为名，实际进行外汇期货和外汇按金交易活动的机构，工商行政管理机关应视情节轻重，依法给予罚款、没收非法所得、吊销营业执照等处罚。

四、对拒不停业或以改换经营地点等方式继续进行非法外汇期货和外汇按金交易的，一经发现，期货监管、外汇管理、工商行政管理和公安部门应对其从重处罚。

五、这次查处的重点是非法进行外汇期货及外汇按金交易的机构。对客户要做好宣传教育工作，疏导其尽快平仓，对于不听劝告继续参与外汇期货和外汇按金交易的，可以给予适当的处罚，并将有关情况进行通报。

六、各地期货监管、外汇管理、工商行政管理和公安部门，应协调一致，积极配合，共同做好工作，并及时向上级机关通报有关情况。

期货经纪公司客户保证金封闭管理暂行办法

（2004 年 7 月 20 日　证监期货字〔2004〕45 号）

第五章　监管措施

第二十九条　期货公司有下列行为之一的，中国证监会派出机构应责令其限期改正，情节严重的，向期货公司下发《监管建议函》、暂缓受理其其他业务申请：

（一）在保证金专用账户之外存放保证金；

（二）擅自将资金划出保证金封闭圈；

（三）通过主办结算银行专用自有资金账户以外的账户划拨自有资金进出保证金封闭圈；

（四）擅自为客户出金到指定账户以外的账户而没有专项说明；

（五）提供虚假客户权益；

（六）以质押等方式，变相挪用占用保证金；

（七）其他违反本办法的行为。

对前款行为的直接责任人员、负有领导责任的期货公司高级管理人员进行监管谈话，情节严重的，可建议期货公司撤销相关责任人员的职务或暂停履行职责。

期货公司有前款所列行为，构成挪用保证金的，按照《期货交易管理暂行条例》第六十条进行处罚。

第三十条　期货公司有下列行为之一的，中国证监会派出机构应责令其自查并限期改正：

（一）违规开设保证金专用账户、专用自有资金账户；

（二）未在规定的时间内向中国证监会派出机构报告主办、协办结算银行的指定和变更，保证金专用账户、专用自有资金账户的开设和变更；

（三）未及时注销不再使用的保证金专用账户和专用自有资金账户；

（四）未按照本办法第十三、十四、十六、十八条的规定，向结算银行提供说明及有关凭证；

（五）未按期向中国证监会派出机构报告客户权益等有关数据。

对前款行为的直接责任人员、负有领导责任的期货公司高级管理人员进行监管谈话。

第三十一条　结算银行有下列行为之一的，责令限期改正，情节严重的，中国证监会及其派出机构可以要求期货公司更换结算银行，情节特别严重的，中国证监会可建议期货交易所解除与其签订的《期货结算协议书》：

（一）未能严格履行本办法所规定义务对保证金划拨进行有效监督；

（二）对已发现的期货公司挪用保证金行为来及时报告中国证监会派出机构；

（三）未及时完整地向中国证监会派出机构报送期货公司保证金专用账户或公司在期货交易所所在地开设的专用资金账户有关资料；

（四）向中国证监会派出机构提供虚假的保证金专用账户或期货公司专用自有资金账户资料；

（五）参与以质押等方式变相挪用占用客户保证金。

第三十二条 期货交易所未能严格履行本办法规定的义务，影响中国证监会及其派出机构对期货公司保证金封闭圈的监管，责令其限期整改。

期货公司期货投资咨询业务试行办法

（2011 年 3 月 23 日 证监会令第 70 号）

第五章 监督管理和法律责任

第二十八条 期货公司应当按照规定的内容与格式要求，每月向住所地中国证监会派出机构报送期货投资咨询业务信息。

第二十九条 期货公司首席风险官负责监督期货投资咨询业务管理制度的制定和执行，对期货投资咨询业务的合规性定期检查，并依法履行督促整改和报告职责。

期货公司首席风险官向住所地中国证监会派出机构报送的季度报告、年度报告中，应当包括本公司期货投资咨询业务的合规性及其检查情况，并重点就防范利益冲突作出说明。

第三十条 中国证监会及其派出机构按照审慎监管原则，定期或者不定期对期货公司期货投资咨询业务进行检查。

第三十一条 期货公司未取得规定资格从事期货投资咨询业务活动的，或者任用不具备相应资格的人员从事期货投资咨询业务活动的，责令改正；情节严重的，根据《期货交易管理条例》第七十条的规定处罚。

第三十二条 期货公司或其从业人员开展期货投资咨询业务出现下列情形之一的，中国证监会及其派出机构可以针对具体情况，根据《期货交易管理条例》第五十九条的规定采取相应监管措施：

（一）对期货投资咨询服务能力进行虚假、误导性宣传，欺诈或者误导客户；

（二）高级管理人员缺位或者业务部门人员低于规定要求；

（三）以个人名义为客户提供期货投资咨询服务；

（四）违反本办法第十三条规定；

（五）未按照规定建立防范利益冲突的管理制度、机制；

（六）未有效执行防范利益冲突管理制度、机制且处置失当，导致发生重大利益冲突事件；

（七）利用研究报告、资讯信息为自身及其他利益相关方谋取不当利益；

（八）其他不符合本办法规定的情形。

期货公司或其从业人员出现前款所列情形之一，情节严重的，根据《期货交易管理条例》第七十条、第七十一条、第七十三条、第七十四条相关规定处罚；涉嫌犯罪的，依法移送司法机关。

股票期权交易试点管理办法

（2015 年 1 月 9 日　证监会令第 112 号）

第二十三条　（异常情况风险处置）当出现不可抗力、市场操纵、技术系统故障等异常情况，影响股票期权交易正常秩序时，证券交易所可以按照业务规则规定的权限和程序，决定采取下列紧急措施：

（一）调整保证金；

（二）调整涨跌停板幅度；

（三）调整经营机构或者投资者的持仓限额；

（四）限制经营机构或投资者开仓，或要求其限期平仓；

（五）暂时停止股票期权合约的交易；

（六）其他紧急措施。

出现前款所述情形，导致或者可能导致股票期权重大结算风险时，证券登记结算机构可以按照业务规则规定的权限和程序，决定采取限制出金或入金、强行平仓或其他紧急措施。

证券交易所、证券登记结算机构根据本条规定采取上述措施，应当立即报告中国证监会、向市场公告，并积极协助、配合对方履行相应职责。因采取上述措施发生的有关费用、损失，由相关主体根据相关业务规则、经纪合同的规定承担。

第二十四条　（市场协作）证券交易所、证券登记结算机构、保证金安全存管监控机构应当根据各自职责，建立股票期权市场与其他证券、期货等相关市场以及监管机构之间的信息共享、市场监测、风险控制、打击违法违规等协作机制。

证券交易所、证券登记结算机构、保证金安全存管监控机构发现股票期权交易活动中存在违法违规行为的，应当及时向中国证监会报告，并按照有关规定通报派出机构。

第二十五条 （特殊的违规行为）任何单位或者个人不得编造、传播有关股票期权交易的虚假信息扰乱市场秩序，不得通过《期货交易管理条例》第七十一条规定的手段以及操纵相关标的物市场等手段操纵股票期权市场，不得利用《期货交易管理条例》第八十二条第（十一）项规定的内幕信息、相关标的物市场的内幕信息以及其他未公开信息从事股票期权交易，或者向他人泄露上述信息、使他人利用上述信息从事股票期权交易。

任何单位或者个人不得通过操纵股票期权市场等手段操纵相关标的物市场，不得利用股票期权市场的内幕信息从事相关标的物交易，或者向他人泄露上述信息、使他人利用上述信息从事相关标的物交易。

第二十六条 （功能监管）证券交易所、证券登记结算机构开展股票期权交易与结算业务时，相关业务活动依照《期货交易管理条例》关于期货交易所开展期货交易的有关监管要求和法律责任执行。

除法律法规及中国证监会另有规定外，证券公司从事股票期权经纪业务时，相关业务活动参照适用期货公司从事期货经纪业务的有关监管要求和法律责任；期货公司从事与股票期权备兑开仓以及行权相关的证券现货经纪业务时，相关业务活动参照适用证券公司从事证券经纪业务的有关监管要求和法律责任。

第二十七条 （监管措施与法律责任）任何单位或者个人违反期货法律、法规、规章以及本办法，中国证监会及其派出机构按照《期货交易管理条例》以及中国证监会的相关规定对其采取责令改正、监管谈话、出具警示函等监管措施；应当给予处罚的，按照《期货交易管理条例》以及中国证监会的相关规定进行处罚；涉嫌犯罪的，依法移送司法机关追究刑事责任。

任何单位或者个人违反本办法第二十五条第二款的规定，操纵相关标的物市场或者进行相关标的物内幕交易的，中国证监会及其派出机构按照《证券法》以及中国证监会的相关规定对其采取责令改正、监管谈话、出具警示函等监管措施；应当给予处罚的，按照《证券法》以及中国证监会的相关规定进行处罚；涉嫌犯罪的，依法移送司法机关追究刑事责任。

任何单位或者个人违反本办法以及《期货交易管理条例》的规定，在股票期权交易中从事违法违规行为，给投资者造成损失的，应当依法承担赔偿责任。

四、综合性法律篇

中华人民共和国会计法

(1993 年 10 月 31 日 第八届全国人民代表大会常务委员会第四次会议通过 根据 2014 年 8 月 31 日第十二届全国人民代表大会常务委员会第十次会议《关于修改〈中华人民共和国保险法〉等五部法律的决定》修正)

第六章 法律责任

第四十二条 违反本法规定，有下列行为之一的，由县级以上人民政府财政部门责令限期改正，可以对单位并处三千元以上五万元以下的罚款；对其直接负责的主管人员和其他直接责任人员，可以处二千元以上二万元以下的罚款；属于国家工作人员的，还应当由其所在单位或者有关单位依法给予行政处分：

（一）不依法设置会计账簿的；

（二）私设会计账簿的；

（三）未按照规定填制、取得原始凭证或者填制、取得的原始凭证不符合规定的；

（四）以未经审核的会计凭证为依据登记会计账簿或者登记会计账簿不符合规定的；

（五）随意变更会计处理方法的；

（六）向不同的会计资料使用者提供的财务会计报告编制依据不一致的；

（七）未按照规定使用会计记录文字或者记账本位币的；

（八）未按照规定保管会计资料，致使会计资料毁损、灭失的；

（九）未按照规定建立并实施单位内部会计监督制度或者拒绝依法实施的监督或者不如实提供有关会计资料及有关情况的；

（十）任用会计人员不符合本法规定的。

有前款所列行为之一，构成犯罪的，依法追究刑事责任。

会计人员有第一款所列行为之一，情节严重的，由县级以上人民政府财政部门吊销会计从业资格证书。

有关法律对第一款所列行为的处罚另有规定的，依照有关法律的规定办理。

第四十三条　伪造、变造会计凭证、会计账簿，编制虚假财务会计报告，构成犯罪的，依法追究刑事责任。

有前款行为，尚不构成犯罪的，由县级以上人民政府财政部门予以通报，可以对单位并处五千元以上十万元以下的罚款；对其直接负责的主管人员和其他直接责任人员，可以处三千元以上五万元以下的罚款；属于国家工作人员的，还应当由其所在单位或者有关单位依法给予撤职直至开除的行政处分；对其中的会计人员，并由县级以上人民政府财政部门吊销会计从业资格证书。

第四十四条　隐匿或者故意销毁依法应当保存的会计凭证、会计账簿、财务会计报告，构成犯罪的，依法追究刑事责任。

有前款行为，尚不构成犯罪的，由县级以上人民政府财政部门予以通报，可以对单位并处五千元以上十万元以下的罚款；对其直接负责的主管人员和其他直接责任人员，可以处三千元以上五万元以下的罚款；属于国家工作人员的，还应当由其所在单位或者有关单位依法给予撤职直至开除的行政处分；对其中的会计人员，并由县级以上人民政府财政部门吊销会计从业资格证书。

第四十五条　授意、指使、强令会计机构、会计人员及其他人员伪造、变造会计凭证、会计账簿，编制虚假财务会计报告或者隐匿、故意销毁依法应当保存的会计凭证、会计账簿、财务会计报告，构成犯罪的，依法追究刑事责任；尚不构成犯罪的，可以处五千元以上五万元以下的罚款；属于国家工作人员的，还应当由其所在单位或者有关单位依法给予降级、撤职、开除的行政处分。

第四十六条　单位负责人对依法履行职责、抵制违反本法规定行为的会计人员以降级、撤职、调离工作岗位、解聘或者开除等方式实行打击报复，构成犯罪的，依法追究刑事责任；尚不构成犯罪的，由其所在单位或者有关单位依法给予行政处分。对受打击报复的会计人员，应当恢复其名誉和原有职务、级别。

第四十七条　财政部门及有关行政部门的工作人员在实施监督管理中滥用职权、玩忽职守、徇私舞弊或者泄露国家秘密、商业秘密，构成犯罪的，依法追究刑事责任；尚不构成犯罪的，依法给予行政处分。

第四十八条　违反本法第三十条规定，将检举人姓名和检举材料转给被检举单位和被检举人个人的，由所在单位或者有关单位依法给予行政处分。

第四十九条　违反本法规定，同时违反其他法律规定的，由有关部门在各自职权范围内依法进行处罚。

企业财务会计报告条例

（2000 年 6 月 21 日　　国务院令第 287 号）

第五章　法律责任

第三十九条　违反本条例规定，有下列行为之一的，由县级以上人民政府财政部门责令限期改正，对企业可以处 3 000 元以上 5 万元以下的罚款；对直接负责的主管人员和其他直接责任人员，可以处 2 000 元以上 2 万元以下的罚款；属于国家工作人员的，并依法给予行政处分或者纪律处分：

（一）随意改变会计要素的确认和计量标准的；

（二）随意改变财务会计报告的编制基础、编制依据、编制原则和方法的；

（三）提前或者延迟结账日结账的；

（四）在编制年度财务会计报告前，未按照本条例规定全面清查资产、核实债务的；

（五）拒绝财政部门和其他有关部门对财务会计报告依法进行的监督检查，或者不如实提供有关情况的。

会计人员有前款所列行为之一，情节严重的，由县级以上人民政府财政部门吊销会计从业资格证书。

第四十条　企业编制、对外提供虚假的或者隐瞒重要事实的财务会计报告，构成犯罪的，依法追究刑事责任。

有前款行为，尚不构成犯罪的，由县级以上人民政府财政部门予以通报，对企业可以处 5 000 元以上 10 万元以下的罚款；对直接负责的主管人员和其他直接责任人员，可以处 3 000 元以上 5 万元以下的罚款；属于国家工作人员的，并依法给予撤职直至开除的行政处分或者纪律处分；对其中的会计人员，情节严重的，并由县级以上人民政府财政部门吊销会计从业资格证书。

第四十一条　授意、指使、强令会计机构、会计人员及其他人员编制、对外提供虚假的或者隐瞒重要事实的财务会计报告，或者隐匿、故意销毁依法应当保存的财务会计报告，构成犯罪的，依法追究刑事责任；尚不构成犯罪的，可以处 5 000 元以上 5 万元以下的罚款；属于国家工作人员的，并依法给予降级、撤职、开除的行政处分或者纪律处分。

第四十二条　违反本条例的规定，要求企业向其提供部分或者全部财务会计报告及其有关数据的，由县级以上人民政府责令改正。

第四十三条　违反本条例规定，同时违反其他法律、行政法规规定的，由有关部门在各自的职权范围内依法给予处罚。

证券市场禁入规定

（2006 年 3 月 7 日中国证券监督管理委员会第 173 次主席办公
会议审议通过　根据 2015 年 5 月 18 日中国证券监督管理委员
会《关于修改〈证券市场禁入规定〉的决定》修订）

第一条　为了维护证券市场秩序，保护投资者合法权益和社会公众利益，促进证券市场健康稳定发展，根据《中华人民共和国证券法》等法律、行政法规，制定本规定。

第二条　中国证券监督管理委员会（以下简称中国证监会）对违反法律、行政法规或者中国证监会有关规定的有关责任人员采取证券市场禁入措施，以事实为依据，遵循公开、公平、公正的原则。

第三条　下列人员违反法律、行政法规或者中国证监会有关规定，情节严重的，中国证监会可以根据情节严重的程度，采取证券市场禁入措施：

（一）发行人、上市公司、非上市公众公司的董事、监事、高级管理人员，其他信息披露义务人或者其他信息披露义务人的董事、监事、高级管理人员；

（二）发行人、上市公司、非上市公众公司的控股股东、实际控制人，或者发行人、上市公司、非上市公众公司控股股东、实际控制人的董事、监事、高级管理人员；

（三）证券公司的董事、监事、高级管理人员及其内设业务部门负责人、分支机构负责人或者其他证券从业人员；

（四）证券公司的控股股东、实际控制人或者证券公司控股股东、实际控制人的董事、监事、高级管理人员；

（五）证券服务机构的董事、监事、高级管理人员等从事证券服务业务的人员和证券服务机构的实际控制人或者证券服务机构实际控制人的董事、监事、高级管理人员；

（六）证券投资基金管理人、证券投资基金托管人的董事、监事、高级管理人员及其内设业务部门、分支机构负责人或者其他证券投资基金从业人员；

（七）中国证监会认定的其他违反法律、行政法规或者中国证监会有关规定的有关责任人员。

第四条　被中国证监会采取证券市场禁入措施的人员，在禁入期间内，除不得继续在原机构从事证券业务或者担任原上市公司、非上市公众公司董事、监事、高级管理人员职务外，也不得在其他任何机构中从事证券业务或者担任其他上市公司、非上市公众公司董事、监事、高级管理人员职务。被采取证券市场禁入措施的人员，应当在收到中国证监会作出的证券市场禁入决定后立即停止从事证券业务或者停止履行上市公司、非上市公众公司董事、监事、高级管理人员职务，并由其所在机构按规定的程序解除其被禁止担任的职务。

第五条 违反法律、行政法规或者中国证监会有关规定，情节严重的，可以对有关责任人员采取 3~5 年的证券市场禁入措施；行为恶劣、严重扰乱证券市场秩序、严重损害投资者利益或者在重大违法活动中起主要作用等情节较为严重的，可以对有关责任人员采取 5~10 年的证券市场禁入措施；有下列情形之一的，可以对有关责任人员采取终身的证券市场禁入措施：

（一）严重违反法律、行政法规或者中国证监会有关规定，构成犯罪的；

（二）从事保荐、承销、资产管理、融资融券等证券业务及其他证券服务业务，负有法定职责的人员，故意不履行法律、行政法规或者中国证监会规定的义务，并造成特别严重后果的；

（三）违反法律、行政法规或者中国证监会有关规定，采取隐瞒、编造重要事实等特别恶劣手段，或者涉案数额特别巨大的；

（四）违反法律、行政法规或者中国证监会有关规定，从事欺诈发行、内幕交易、操纵市场等违法行为，严重扰乱证券、期货市场秩序并造成严重社会影响，或者获取违法所得等不当利益数额特别巨大，或者致使投资者利益遭受特别严重损害的；

（五）违反法律、行政法规或者中国证监会有关规定，情节严重，应当采取证券市场禁入措施，且存在故意出具虚假重要证据，隐瞒、毁损重要证据等阻碍、抗拒证券监督管理机构及其工作人员依法行使监督检查、调查职权行为的；

（六）因违反法律、行政法规或者中国证监会有关规定，5~6 年内被中国证监会给予除警告之外的行政处罚 3 次以上，或者 5 年内曾经被采取证券市场禁入措施的；

（七）组织、策划、领导或者实施重大违反法律、行政法规或者中国证监会有关规定的活动的；

（八）其他违反法律、行政法规或者中国证监会有关规定，情节特别严重的。

第六条 违反法律、行政法规或者中国证监会有关规定，情节严重的，可以单独对有关责任人员采取证券市场禁入措施，或者一并依法进行行政处罚；涉嫌犯罪的，依法移送公安机关、人民检察院，并可同时采取证券市场禁入措施。

第七条 有下列情形之一的，可以对有关责任人员从轻、减轻或者免予采取证券市场禁入措施：

（一）主动消除或者减轻违法行为危害后果的；

（二）配合查处违法行为有立功表现的；

（三）受他人指使、胁迫有违法行为，且能主动交待违法行为的；

（四）其他可以从轻、减轻或者免予采取证券市场禁入措施的。

第八条　共同违反法律、行政法规或者中国证监会有关规定，需要采取证券市场禁入措施的，对负次要责任的人员，可以比照应负主要责任的人员，适当从轻、减轻或者免予采取证券市场禁入措施。

第九条　中国证监会采取证券市场禁入措施前，应当告知当事人采取证券市场禁入措施的事实、理由及依据，并告知当事人有陈述、申辩和要求举行听证的权利。

第十条　被采取证券市场禁入措施者因同一违法行为同时被认定有罪或者进行行政处罚的，如果对其所作有罪认定或行政处罚决定被依法撤销或者变更，并因此影响证券市场禁入措施的事实基础或者合法性、适当性的，依法撤销或者变更证券市场禁入措施。

第十一条　被中国证监会采取证券市场禁入措施的人员，中国证监会将通过中国证监会网站或指定媒体向社会公布，并记入被认定为证券市场禁入者的诚信档案。

第十二条　中国证监会依法宣布个人或者单位的直接责任人员为期货市场禁止进入者的，可以参照本规定执行。

第十三条　本规定自 2006 年 7 月 10 日起施行。1997 年 3 月 3 日中国证监会发布施行的《证券市场禁入暂行规定》（证监〔1997〕7 号）同时废止。

证券、期货投资咨询管理暂行办法

（1997 年 12 月 25 日　证委发〔1997〕96 号）

第五章　罚　则

第三十二条　未经中国证监会许可，擅自从事本办法第二条规定的证券、期货投资咨询业务的，由地方证管办（证监会）责令停止，并处没收违法所得和违法所得等值以下的罚款。

第三十三条　证券、期货投资咨询机构有下列行为之一的，由地方证管办（证监会）处 1 万元以上，5 万元以下的罚款；情节严重的，地方证管办（证监会）应当向中国证监会报告，由中国证监会作出暂停或者撤销其业务资格的处罚：

（一）向证券监管部门报送的文件、资料有虚假陈述或者重大遗漏的；

（二）未按照本办法规定履行报告和年检义务的；

（三）未按照本办法规定履行对本机构有关情况发生变化的变更手续的；

（四）本机构证券、期货投资咨询人员违反本办法规定，受到证券监管部门行政处罚的；

（五）干扰、阻碍地方证管办（证监会）检查、调查，或者隐瞒、销毁证据的。

第三十四条 证券、期货投资咨询机构违反本办法第十八条、第十九条、第二十条、第二十一条、第二十二条、第二十三条、第二十四条、第二十五条、第二十八条规定的，由地方证管办（证监会）单处或者并处警告、没收违法所得、1 万元以上 10 万元以下罚款；情节严重的，地方证管办（证监会）应当向中国证监会报告，由中国证监会作出暂停或者撤销业务资格的处罚；构成犯罪的，依法追究刑事责任。

第三十五条 证券经营机构、期货经纪机构违反本办法第二十六条规定的，由地方证管办（证监会）责令改正，并处以警告或者 1 万元以上 5 万元以下罚款。

第三十六条 证券、期货投资咨询人员违反本办法第十八条、第十九条、第二十条、第二十一条、第二十二条、第二十四条的规定或者未按本办法规定向证券主管部门履行报告、年检义务的，由地方证管办（证监会）单处或者并处警告、没收违法所得、1 万元以上 3 万元以下罚款；情节严重的，地方证管办（证监会）应当向中国证监会报告，由中国证监会作出暂停或者撤销其业务资格的处罚；构成犯罪的，依法追究刑事责任。

第三十七条 中国证监会和地方证管办（证监会）的工作人员玩忽职守、滥用职权、徇私舞弊，构成犯罪的，依法追究刑事责任；尚不构成犯罪的，依法给予行政处分。

关于加强证券期货信息传播管理的若干规定

（2010 年 12 月 17 日 新闻出版总署、证监会 新出联〔2010〕17 号）

第一条 为进一步加强对证券期货信息传播的管理，规范报刊证券期货信息传播行为，保护投资者和社会公众合法权益，营造有利于维护资本市场稳定健康发展的良好舆论氛围，依据《中华人民共和国证券法》《出版管理条例》等有关法律、法规，制定本规定。

第二条 本规定所称证券期货信息是指与证券期货市场相关，可能会对市场产生影响的信息，包括：

（一）有关证券期货市场运行和监管的法律、法规、规章、规范性文件及其草案；

（二）证券期货交易所、证券期货行业协会、上市公司、证券期货经营机构等按照法定程序发布的信息；

（三）证券期货市场走势分析及对具体证券、期货品种或合约发表评论意见、分析文章等信息；

（四）证券期货信息类产品广告宣传信息；

（五）证券投资基金评价信息；

（六）证券期货监管部门会同有关部门认定的其他信息。

第三条　传播证券期货信息，必须遵守国家法律、法规、规章，坚持正确的舆论导向，遵循真实、客观、禁止误导的原则。报刊从事证券期货信息传播的报道宗旨及报道内容必须做到：

（一）牢固树立政治意识、大局意识、责任意识，自觉维护资本市场正常秩序，促进资本市场稳定健康发展；

（二）正确宣传有关证券、期货市场的方针、政策、法规、规章；

（三）客观、准确、完整和公正地传播有关证券、期货市场的信息；

（四）重视引导投资者理性投资；

（五）禁止编造和传播证券期货市场虚假不实信息，扰乱证券期货市场秩序。

第四条　从事证券期货新闻采访的记者，须持有新闻出版总署统一核发的新闻记者证，在新闻采访中应主动向采访对象出示，充分听取各方意见，努力确保新闻事实全面准确无误。

第五条　严格报刊新闻采编管理，确保信息来源合法真实。

（一）涉及证券期货市场改革监管重要政策的报道，须严格以证券期货监管部门正式发布的信息为依据。

（二）审慎报道可能影响投资者预期和市场稳定运行的新闻题材。涉及证券期货行业重要政策及其他可能影响市场稳定的重要信息，须事先向证券期货监管部门核实；涉及上市公司等市场主体的重要新闻信息应向所涉对象事先核实。

（三）记者报道证券期货市场新闻事件应尽量进行全面采访，并对信息源多渠道核实，信息来源应相互印证、真实可靠。严禁依据道听途说制造或编造新闻，不得凭借猜测想象炮制或歪曲新闻事实，避免误导性陈述。

（四）建立健全证券期货新闻转载审核管理制度，报刊转载证券期货新闻信息必须事先核实，确保新闻事实真实准确后方可转载；不得转载未经核实的新闻报道、社会自由来稿和互联网信息；不得摘转内部资料或非法出版物上的内容；不得随意转载境外媒体信息。

第六条　报刊刊发内容涉及具体证券、期货品种或者合约的评论意见或行情走势分析的，报刊出版单位应当对相关撰稿机构及人员是否具备证券期货投资咨询业务资格进行核实，并注明相关撰稿人员的证券期货投资咨询执业资格证书编码及所属机构全称。

第七条　报刊出版单位应当加强对提供证券期货信息的软件、终端等证券期货信息类产品广告的审查管理。报刊刊载涉及提供证券期货投资建议或者类似功能服务的软件、终端等证券期货信息类产品的广告，报刊出版单位应当核实广告发布人是否具备证券期货投资咨询业务资格，刊载广告应注明广告发布人名称和证券期货投资咨询业务资格证书编码。防止有关产品广告以夸大虚假营销误导投资者，防止不法机构利用有关产品广告招揽客户、从事非法证券活动。

第八条　报刊出版单位引用或发布基金评价结果的，应当引用具备中国证券业协会会员资格的基金评价机构提供的基金评价结果。

第九条　报刊出版单位及主管主办单位须加强对报刊所属新闻网站的运营管理，建立证券期货互联网新闻信息内容管理责任制度，规范互联网资本市场新闻信息服务工作。

第十条　证券期货类报刊和开设证券期货专刊、专版的报刊要建立健全从事证券期货新闻采编人员的岗位规范，配备专业财经采编力量。总编辑、主编及主要采编人员应具有 5 年以上新闻专业工作经历，熟悉证券期货业务。从事证券期货领域报道的记者原则上需具备 2 年以上财经领域报道经验或证券期货从业经历。见习记者、实习记者及试用人员不得单独从事证券期货新闻采访报道。

第十一条　证券期货类报刊和开设证券期货专刊、专版的报刊出版单位，要强化证券期货业务知识和法律法规培训，从事证券期货新闻报道的采编人员，需参加由省级以上新闻出版行政部门、证券期货监管部门组织的证券期货业务知识培训。

第十二条　证券期货监管部门应坚持政务公开，主动加强对资本市场重要政策的发布力度，加强与新闻媒体的沟通联系，及时回应市场热点问题。

第十三条　证券期货监管部门应督促上市公司、证券期货经营机构等市场主体完善信息披露制度，健全重要新闻信息发布机制，主动接受舆论监督，为新闻记者采访提供便利。

第十四条　新闻出版行政部门与同级证券期货监管部门应共同建立沟通联系机制、重大新闻舆情动态通报机制和重大事件应急处置机制，加强监管协作，组织引导报刊及时客观准确报道资本市场新闻信息，及时妥善处置非法不良信息。

第十五条 新闻出版行政部门应会同同级证券期货监管部门加强对证券期货类报刊审读工作的组织和指导，将报刊涉及证券期货的新闻报道纳入审读重点，在人员、经费、场地上予以重点保证，严格执行重大情况报告制度。

证券期货监管部门应当建立针对证券期货信息类产品广告的日常监测机制，定期向同级新闻出版行政部门通报情况，及时协调有关部门对报刊出版单位刊发虚假违法广告予以处理。

第十六条 证券期货信息传播监督管理实行主管主办单位负责制度和属地监管原则。各级新闻出版行政部门应加强对涉及证券期货新闻报道报刊的出版质量评估工作，各级证券期货监管部门要积极配合新闻出版行政部门完善证券期货领域新闻采编人员不良记录数据库。

第十七条 各级新闻出版行政部门应采取切实措施坚决制止各类报刊违规出版证券期货专刊、副刊、增刊，坚决取缔各类非法证券期货信息出版活动。严格禁止任何形式的有偿新闻，严禁报刊出版单位采用"公开曝光""编发内参"或"评奖排名"等方式谋取不正当利益。

第十八条 报刊出版单位违规刊发证券期货信息，报刊从业人员编造、传播虚假不实信息，扰乱证券期货市场的，或者利用传播证券期货市场信息进行内幕交易和操纵市场的，由证券期货监管部门、新闻出版行政部门视其情节轻重，按照《证券法》《出版管理条例》等法律法规规定对有关单位和人员予以处罚。构成犯罪的，由司法机关依法追究刑事责任。

第十九条 本规定自 2011 年 2 月 1 日起执行。

证券期货业信息安全保障管理办法

（2012 年 9 月 24 日   证监会令第 82 号）

第一章 总 则

第一条 为了保障证券期货信息系统安全运行，加强证券期货业信息安全管理工作，促进证券期货市场稳定健康发展，保护投资者合法权益，根据《证券法》《证券投资基金法》《期货交易管理条例》及信息安全保障相关的法律、行政法规，制定本办法。

第二条 证券期货业信息安全保障、管理、监督等工作适用本办法。

第三条 证券期货业信息安全保障工作实行"谁运行、谁负责，谁使用、谁负责"、安全优先、保障发展的原则。

第四条 证券期货业信息安全保障的责任主体应当执行国家信息安全相关

法律、行政法规和行业相关技术管理规定、技术规则、技术指引和技术标准，开展信息安全工作，保护投资者交易安全和数据安全，并对本机构信息系统安全运行承担责任。

前款所称责任主体，包括承担证券期货市场公共职能的机构、承担证券期货行业信息技术公共基础设施运营的机构等证券期货市场核心机构及其下属机构（以下简称核心机构），证券公司、期货公司、基金管理公司、证券期货服务机构等证券期货经营机构（以下简称经营机构）。

第五条 开展证券客户交易结算资金第三方存管业务，银证、银期、银基转账和结算业务，基金托管和销售业务的机构应当按照有关规定保障相关业务系统的安全运行。

第六条 为证券期货业提供软硬件产品或者技术服务的供应商（以下简称供应商），应当保证所提供的软硬件产品或者技术服务符合国家及证券期货业信息安全相关的技术管理规定、技术规则、技术指引和技术标准。

第七条 中国证监会支持、协助国家信息安全管理部门组织实施信息安全相关法律、行政法规，依法对证券期货业信息安全保障工作实施监督管理。

中国证监会派出机构按照授权履行监督管理职责。

第八条 中国证监会及其派出机构与国家信息安全管理部门、相关行业管理部门建立信息安全协调机制，与国家有关专业安全机构和标准化组织建立信息安全合作机制。

第九条 证券、期货、证券投资基金等行业协会（以下简称证券期货行业协会）依照本办法的规定，对会员的信息安全工作实行自律管理。

第十条 核心机构依照本办法的规定，对市场相关主体关联信息系统的安全保障工作进行督促、指导。

第二章 基本要求

第十一条 核心机构和经营机构应当具有合格的基础设施。机房、电力、空调、消防、通信等基础设施的建设符合行业信息安全管理的有关规定。

第十二条 核心机构和经营机构应当设置合理的网络结构，划分安全区域，各安全区域之间应当进行有效隔离，并具有防范、监控和阻断来自内外部网络攻击破坏的能力。

第十三条 核心机构和经营机构应当建立符合业务要求的信息系统。信息系统应当具有合理的架构，足够的性能、容量、可靠性、扩展性和安全性，能够支持业务的运行和发展。

第十四条 核心机构应当对交易、行情、开户、结算、风控、通信等重要信息系统具有自主开发能力，拥有执行程序和源代码并安全可靠存放，在重要信息系统上线前对执行程序和源代码进行严格的审查和测试。

第十五条 核心机构和经营机构应当具有防范木马、病毒等恶意代码的能力，防止恶意代码对信息系统造成破坏，防止信息泄露或者被篡改。

第十六条 核心机构和经营机构应当建立完善的信息技术治理架构，明确信息技术决策、管理、执行和内部监督的权责机制。

第十七条 核心机构和经营机构应当建立完善的信息技术管理制度和操作规程，并严格执行。

第十八条 核心机构应当制定本机构与市场相关主体信息系统安全互联的技术规则，并报中国证监会备案。

核心机构依法督促市场相关主体执行技术规则。

第十九条 核心机构应当提供多种互为备份的远程接入方式，保证市场相关主体安全接入，并对市场相关主体的远程接入进行监控与管理。

第三章 持续保障要求

第二十条 核心机构和经营机构应当保障充足、稳定的信息技术经费投入，配备足够的信息技术人员。

第二十一条 核心机构和经营机构应当根据行业规划和本机构发展战略，制定信息化与信息安全发展规划，满足业务发展和信息安全管理的需要。

第二十二条 核心机构和经营机构开展信息系统新建、升级、变更、换代等建设项目，应当进行充分论证和测试。

第二十三条 核心机构交易、行情、开户、结算、通信等重要信息系统上线或者进行重大升级变更时，应当组织市场相关主体进行联网测试，并按规定进行报告。

第二十四条 核心机构和经营机构应当规范开展信息技术基础设施和重要信息系统的运行维护，保障系统安全稳定运行。

第二十五条 核心机构应当指导市场相关主体正确运行维护与本机构互联的系统和通信设施。

第二十六条 核心机构和经营机构应当建立数据备份设施，并按照规定在同城和异地保存备份数据。

第二十七条 核心机构和经营机构应当建立重要信息系统的故障备份设施和灾难备份设施，保证业务活动连续。

第二十八条 核心机构和经营机构应当按照规定向中国证监会指定的证券期货业数据中心报送数据。报送的数据必须真实、完整、准确、及时。

证券期货业数据中心应当按照中国证监会的有关规定开展行业数据的集中保存工作，确保数据的安全、完整、可靠。

第二十九条 核心机构负责建设和运营行业信息技术公共基础设施。

第三十条 核心机构和经营机构应当加强信息安全保密管理，保障投资者信息安全。

第三十一条 核心机构和经营机构应当建立网络与信息安全风险检测、监测、评估和预警机制，发现风险隐患应当及时处置，并按照规定进行报告。

第三十二条 核心机构和经营机构应当建立信息安全应急处置机制，及时处置突发信息安全事件，尽快恢复信息系统的正常运行，并按照规定进行报告，不得迟报、漏报、瞒报。

核心机构和经营机构应当对信息安全事件进行内部调查、责任追究和采取整改措施，并配合中国证监会及其派出机构对事件进行调查处理。

与核心机构和经营机构发生信息安全事件相关的软硬件产品或者技术服务供应商，应当配合相关调查工作。

第三十三条 核心机构应当每年组织市场相关主体进行一次信息安全应急演练，并于实施前 15 个工作日向中国证监会报告。

第三十四条 核心机构和经营机构应当对信息技术人员进行培训，确保其具有履行岗位职责的能力。

第三十五条 核心机构和经营机构应当建立信息安全内部审计制度，定期开展内部审计，对发现的问题进行整改。

第四章 产品及服务采购要求

第三十六条 核心机构和经营机构应当建立供应商管理制度，定期对供应商的资质、专业经验、产品和服务的质量进行了解和评估。

第三十七条 核心机构和经营机构在采购软硬件产品或者技术服务时，应当与供应商签订合同和保密协议，并在合同和保密协议中明确约定信息安全和保密的权利和义务。

涉及证券期货交易、行情、开户、结算等软件产品或者技术服务的采购合同，应当约定供应商须接受中国证监会及其派出机构的信息安全延伸检查。

第三十八条 核心机构和经营机构采购的软硬件产品或者技术服务应当满足审慎经营和风险管理的要求。软硬件产品或者技术服务不符合要求，影响核心机构和经营机构持续经营的，中国证监会有权要求核心机构和经营机构予以改进或者更换。

第五章 行业自律

第三十九条 证券期货行业协会应当制定信息技术指引，督促、引导会员执行国家和行业信息安全相关规定和技术标准。

第四十条　证券期货行业协会应当引导行业加强信息技术人才队伍建设，定期组织信息技术培训和交流，提高信息技术人员执业素质。

第四十一条　证券期货行业协会应当引导鼓励行业信息技术研究与创新，增强自主可控能力，组织开展科技奖励，促进行业科技进步。

第四十二条　证券期货行业协会应当引导供应商规范参与行业信息化与信息安全工作，促进市场公平竞争，促进供应商与市场相关主体共同发展。

第六章　监督管理

第四十三条　中国证监会建立统一组织、分级负责的信息安全监督管理体制。

中国证监会信息安全管理部门负责证券期货业信息安全工作的组织、协调和指导；相关业务监管部门依照职责范围对核心机构和经营机构的信息安全进行监督、检查；派出机构根据授权对辖区内经营机构的信息安全进行监督、检查。

第四十四条　中国证监会依法组织制定证券期货业信息安全管理规定和技术标准。

第四十五条　中国证监会及其派出机构依照职责范围，对核心机构和经营机构进行信息安全检查或者委托国家、行业有关专业安全机构进行安全检查。核心机构和经营机构应当配合检查。

核心机构和经营机构的信息安全管理不能达到规定要求的，中国证监会及其派出机构责令其限期改正，改正前可以暂停或者限制其部分或者全部证券期货经营业务活动。

第四十六条　中国证监会及其派出机构可以要求核心机构和经营机构提供信息安全相关资料。

核心机构和经营机构应当及时、准确、完整地提供相关资料。

第四十七条　中国证监会组织制定证券期货业信息安全应急预案，督促、指导行业开展信息安全应急工作。

第四十八条　中国证监会有权对核心机构、经营机构的信息安全事件进行调查处理。

对于损害投资者合法权益或者影响证券期货市场安全稳定运行的信息安全事件，中国证监会依法对相关单位采取监督管理措施或者行政处罚。

第四十九条　中国证监会对发现的系统漏洞、安全隐患、产品缺陷进行全行业通报。

第五十条　核心机构和经营机构违反本办法规定，中国证监会可以视情节，依法对其采取责令改正、监管谈话、出具警示函、公开谴责、责令定期报告、责令处分有关人员、撤销任职资格、暂停或者限制证券期货经营业务活动等措施；情节严重的，给予警告、罚款。

第七章 附 则

第五十一条 本办法自 2012 年 11 月 1 日起施行。《证券期货业信息安全保障管理暂行办法》（证监信息字〔2005〕5 号）同时废止。

行政执法机关移送涉嫌犯罪案件的规定

（2001 年 7 月 9 日 国务院令第 310 号）

第一条 为了保证行政执法机关向公安机关及时移送涉嫌犯罪案件，依法惩罚破坏社会主义市场经济秩序罪、妨害社会管理秩序罪以及其他罪，保障社会主义建设事业顺利进行，制定本规定。

第二条 本规定所称行政执法机关，是指依照法律、法规或者规章的规定，对破坏社会主义市场经济秩序、妨害社会管理秩序以及其他违法行为具有行政处罚权的行政机关，以及法律、法规授权的具有管理公共事务职能、在法定授权范围内实施行政处罚的组织。

第三条 行政执法机关在依法查处违法行为过程中，发现违法事实涉及的金额、违法事实的情节、违法事实造成的后果等，根据刑法关于破坏社会主义市场经济秩序罪、妨害社会管理秩序罪等罪的规定和最高人民法院、最高人民检察院关于破坏社会主义市场经济秩序罪、妨害社会管理秩序罪等罪的司法解释以及最高人民检察院、公安部关于经济犯罪案件的追诉标准等规定，涉嫌构成犯罪，依法需要追究刑事责任的，必须依照本规定向公安机关移送。

第四条 行政执法机关在查处违法行为过程中，必须妥善保存所收集的与违法行为有关的证据。

行政执法机关对查获的涉案物品，应当如实填写涉案物品清单，并按照国家有关规定予以处理。对易腐烂、变质等不宜或者不易保管的涉案物品，应当采取必要措施，留取证据；对需要进行检验、鉴定的涉案物品，应当由法定检验、鉴定机构进行检验、鉴定，并出具检验报告或者鉴定结论。

第五条 行政执法机关对应当向公安机关移送的涉嫌犯罪案件，应当立即指定 2 名或者 2 名以上行政执法人员组成专案组专门负责，核实情况后提出移送涉嫌犯罪案件的书面报告，报经本机关正职负责人或者主持工作的负责人审批。

行政执法机关正职负责人或者主持工作的负责人应当自接到报告之日起 3 日内作出批准移送或者不批准移送的决定。决定批准的，应当在 24 小时内向同级公安机关移送；决定不批准的，应当将不予批准的理由记录在案。

第六条 行政执法机关向公安机关移送涉嫌犯罪案件，应当附有下列材料：

（一）涉嫌犯罪案件移送书；

（二）涉嫌犯罪案件情况的调查报告；

（三）涉案物品清单；

（四）有关检验报告或者鉴定结论；

（五）其他有关涉嫌犯罪的材料。

第七条 公安机关对行政执法机关移送的涉嫌犯罪案件，应当在涉嫌犯罪案件移送书的回执上签字；其中，不属于本机关管辖的，应当在 24 小时内转送有管辖权的机关，并书面告知移送案件的行政执法机关。

第八条 公安机关应当自接受行政执法机关移送的涉嫌犯罪案件之日起 3 日内，依照刑法、刑事诉讼法以及最高人民法院、最高人民检察院关于立案标准和公安部关于公安机关办理刑事案件程序的规定，对所移送的案件进行审查。认为有犯罪事实，需要追究刑事责任，依法决定立案的，应当书面通知移送案件的行政执法机关；认为没有犯罪事实，或者犯罪事实显著轻微，不需要追究刑事责任，依法不予立案的，应当说明理由，并书面通知移送案件的行政执法机关，相应退回案卷材料。

第九条 行政执法机关接到公安机关不予立案的通知书后，认为依法应当由公安机关决定立案的，可以自接到不予立案通知书之日起 3 日内，提请作出不予立案决定的公安机关复议，也可以建议人民检察院依法进行立案监督。

作出不予立案决定的公安机关应当自收到行政执法机关提请复议的文件之日起 3 日内作出立案或者不予立案的决定，并书面通知移送案件的行政执法机关。移送案件的行政执法机关对公安机关不予立案的复议决定仍有异议的，应当自收到复议决定通知书之日起 3 日内建议人民检察院依法进行立案监督。

公安机关应当接受人民检察院依法进行的立案监督。

第十条 行政执法机关对公安机关决定不予立案的案件，应当依法作出处理；其中，依照有关法律、法规或者规章的规定应当给予行政处罚的，应当依法实施行政处罚。

第十一条 行政执法机关对应当向公安机关移送的涉嫌犯罪案件，不得以行政处罚代替移送。

行政执法机关向公安机关移送涉嫌犯罪案件前已经作出的警告，责令停产停业，暂扣或者吊销许可证、暂扣或者吊销执照的行政处罚决定，不停止执行。

依照行政处罚法的规定，行政执法机关向公安机关移送涉嫌犯罪案件前，已经依法给予当事人罚款的，人民法院判处罚金时，依法折抵相应罚金。

第十二条 行政执法机关对公安机关决定立案的案件，应当自接到立案通知书之日起 3 日内将涉案物品以及与案件有关的其他材料移交公安机关，并办结交接手续；法律、行政法规另有规定的，依照其规定。

第十三条　公安机关对发现的违法行为，经审查，没有犯罪事实，或者立案侦查后认为犯罪事实显著轻微，不需要追究刑事责任，但依法应当追究行政责任的，应当及时将案件移送同级行政执法机关，有关行政执法机关应当依法作出处理。

第十四条　行政执法机关移送涉嫌犯罪案件，应当接受人民检察院和监察机关依法实施的监督。

任何单位和个人对行政执法机关违反本规定，应当向公安机关移送涉嫌犯罪案件而不移送的，有权向人民检察院、监察机关或者上级行政执法机关举报。

第十五条　行政执法机关违反本规定，隐匿、私分、销毁涉案物品的，由本级或者上级人民政府，或者实行垂直管理的上级行政执法机关，对其正职负责人根据情节轻重，给予降级以上的行政处分；构成犯罪的，依法追究刑事责任。

对前款所列行为直接负责的主管人员和其他直接责任人员，比照前款的规定给予行政处分；构成犯罪的，依法追究刑事责任。

第十六条　行政执法机关违反本规定，逾期不将案件移送公安机关的，由本级或者上级人民政府，或者实行垂直管理的上级行政执法机关，责令限期移送，并对其正职负责人或者主持工作的负责人根据情节轻重，给予记过以上的行政处分；构成犯罪的，依法追究刑事责任。

行政执法机关违反本规定，对应当向公安机关移送的案件不移送，或者以行政处罚代替移送的，由本级或者上级人民政府，或者实行垂直管理的上级行政执法机关，责令改正，给予通报；拒不改正的，对其正职负责人或者主持工作的负责人给予记过以上的行政处分；构成犯罪的，依法追究刑事责任。

对本条第一款、第二款所列行为直接负责的主管人员和其他直接责任人员，分别比照前两款的规定给予行政处分；构成犯罪的，依法追究刑事责任。

第十七条　公安机关违反本规定，不接受行政执法机关移送的涉嫌犯罪案件，或者逾期不作出立案或者不予立案的决定的，除由人民检察院依法实施立案监督外，由本级或者上级人民政府责令改正，对其正职负责人根据情节轻重，给予记过以上的行政处分；构成犯罪的，依法追究刑事责任。

对前款所列行为直接负责的主管人员和其他直接责任人员，比照前款的规定给予行政处分；构成犯罪的，依法追究刑事责任。

第十八条　行政执法机关在依法查处违法行为过程中，发现贪污贿赂、国家工作人员渎职或者国家机关工作人员利用职权侵犯公民人身权利和民主权利等违法行为，涉嫌构成犯罪的，应当比照本规定及时将案件移送人民检察院。

第十九条　本规定自公布之日起施行。

关于在行政执法中及时移送
涉嫌犯罪案件的意见

（2006 年 1 月 26 日　最高人民检察院、全国整顿和规范市场
经济秩序领导小组办公室、公安部、监察部、高检会〔2006〕
2 号）

为了完善行政执法与刑事司法相衔接工作机制，加大对破坏社会主义市场经济秩序犯罪、妨害社会管理秩序犯罪以及其他犯罪的打击力度，根据《中华人民共和国刑事诉讼法》、国务院《行政执法机关移送涉嫌犯罪案件的规定》等有关规定，现就在行政执法中及时移送涉嫌犯罪案件提出如下意见：

一、行政执法机关在查办案件过程中，对符合刑事追诉标准、涉嫌犯罪的案件，应当制作《涉嫌犯罪案件移送书》，及时将案件向同级公安机关移送，并抄送同级人民检察院。对未能及时移送并已作出行政处罚的涉嫌犯罪案件，行政执法机关应当于作出行政处罚十日以内向同级公安机关、人民检察院抄送《行政处罚决定书》副本，并书面告知相关权利人。

现场查获的涉案货值或者案件其他情节明显达到刑事追诉标准、涉嫌犯罪的，应当立即移送公安机关查处。

二、任何单位和个人发现行政执法机关不按规定向公安机关移送涉嫌犯罪案件，向公安机关、人民检察院、监察机关或者上级行政执法机关举报的，公安机关、人民检察院、监察机关或者上级行政执法机关应当根据有关规定及时处理，并向举报人反馈处理结果。

三、人民检察院接到控告、举报或者发现行政执法机关不移送涉嫌犯罪案件，经审查或者调查后认为情况基本属实的，可以向行政执法机关查询案件情况、要求行政执法机关提供有关案件材料或者派员查阅案卷材料，行政执法机关应当配合。确属应当移送公安机关而不移送的，人民检察院应当向行政执法机关提出移送的书面意见，行政执法机关应当移送。

四、行政执法机关在查办案件过程中，应当妥善保存案件的相关证据。对易腐烂、变质、灭失等不宜或者不易保管的涉案物品，应当采取必要措施固定证据；对需要进行检验、鉴定的涉案物品，应当由有关部门或者机构依法检验、鉴定，并出具检验报告或者鉴定结论。

行政执法机关向公安机关移送涉嫌犯罪的案件，应当附涉嫌犯罪案件的调查报告、涉案物品清单、有关检验报告或者鉴定结论及其他有关涉嫌犯罪的材料。

五、对行政执法机关移送的涉嫌犯罪案件，公安机关应当及时审查，自受理之日起十日以内作出立案或者不立案的决定；案情重大、复杂的，可以在受理之日起三十日以内作出立案或者不立案的决定。公安机关作出立案或者不立案决定，应当书面告知移送案件的行政执法机关、同级人民检察院及相关权利人。

公安机关对不属于本机关管辖的案件，应当在二十四小时以内转送有管辖权的机关，并书面告知移送案件的行政执法机关、同级人民检察院及相关权利人。

六、行政执法机关对公安机关决定立案的案件，应当自接到立案通知书之日起三日以内将涉案物品以及与案件有关的其他材料移送公安机关，并办理交接手续；法律、行政法规另有规定的，依照其规定办理。

七、行政执法机关对公安机关不立案决定有异议的，在接到不立案通知书后的三日以内，可以向作出不立案决定的公安机关提请复议，也可以建议人民检察院依法进行立案监督。

公安机关接到行政执法机关提请复议书后，应当在三日以内作出复议决定，并书面告知提请复议的行政执法机关。行政执法机关对公安机关不立案的复议决定仍有异议的，可以在接到复议决定书后的三日以内，建议人民检察院依法进行立案监督。

八、人民检察院接到行政执法机关提出的对涉嫌犯罪案件进行立案监督的建议后，应当要求公安机关说明不立案理由，公安机关应当在七日以内向人民检察院作出书面说明。对公安机关的说明，人民检察院应当进行审查，必要时可以进行调查，认为公安机关不立案理由成立的，应当将审查结论书面告知提出立案监督建议的行政执法机关；认为公安机关不立案理由不能成立的，应当通知公安机关立案。公安机关接到立案通知书后应当在十五日以内立案，同时将立案决定书送达人民检察院，并书面告知行政执法机关。

九、公安机关对发现的违法行为，经审查，没有犯罪事实，或者立案侦查后认为犯罪情节显著轻微，不需要追究刑事责任，但依法应当追究行政责任的，应当及时将案件移送行政执法机关，有关行政执法机关应当依法作出处理，并将处理结果书面告知公安机关和人民检察院。

十、行政执法机关对案情复杂、疑难，性质难以认定的案件，可以向公安机关、人民检察院咨询，公安机关、人民检察院应当认真研究，在七日以内回复意见。对有证据表明可能涉嫌犯罪的行为人可能逃匿或者销毁证据，需要公安机关参与、配合的，行政执法机关可以商请公安机关提前介入，公安机关可以派员介入。对涉嫌犯罪的，公安机关应当及时依法立案侦查。

十一、对重大、有影响的涉嫌犯罪案件，人民检察院可以根据公安机关的请求派员介入公安机关的侦查，参加案件讨论，审查相关案件材料，提出取证建议，并对侦查活动实施法律监督。

十二、行政执法机关在依法查处违法行为过程中，发现国家工作人员贪污贿赂或者国家机关工作人员渎职等违纪、犯罪线索的，应当根据案件的性质，及时向监察机关或者人民检察院移送。监察机关、人民检察院应当认真审查，依纪、依法处理，并将处理结果书面告知移送案件线索的行政执法机关。

十三、监察机关依法对行政执法机关查处违法案件和移送涉嫌犯罪案件工作进行监督，发现违纪、违法问题的，依照有关规定进行处理。发现涉嫌职务犯罪的，应当及时移送人民检察院。

十四、人民检察院依法对行政执法机关移送涉嫌犯罪案件情况实施监督，发现行政执法人员徇私舞弊，对依法应当移送的涉嫌犯罪案件不移送，情节严重，构成犯罪的，应当依照刑法有关的规定追究其刑事责任。

十五、国家机关工作人员以及在依照法律、法规规定行使国家行政管理职权的组织中从事公务的人员，或者在受国家机关委托代表国家机关行使职权的组织中从事公务的人员，或者虽未列入国家机关人员编制但在国家机关中从事公务的人员，利用职权干预行政执法机关和公安机关执法，阻挠案件移送和刑事追诉，构成犯罪的，人民检察院应当依照刑法关于渎职罪的规定追究其刑事责任。国家行政机关和法律、法规授权的具有管理公共事务职能的组织以及国家行政机关依法委托的组织及其工勤人员以外的工作人员，利用职权干预行政执法机关和公安机关执法，阻挠案件移送和刑事追诉，构成违纪的，监察机关应当依法追究其纪律责任。

十六、在查办违法犯罪案件工作中，公安机关、监察机关、行政执法机关和人民检察院应当建立联席会议、情况通报、信息共享等机制，加强联系，密切配合，各司其职，相互制约，保证准确有效地执行法律。

十七、本意见所称行政执法机关，是指依照法律、法规或者规章的规定，对破坏社会主义市场经济秩序、妨害社会管理秩序以及其他违法行为具有行政处罚权的行政机关，以及法律、法规授权的具有管理公共事务职能、在法定授权范围内实施行政处罚的组织，不包括公安机关、监察机关。

关于在打击证券期货违法犯罪中
加强执法协作的通知

（2006 年 3 月 2 日　中国证券监督管理委员会、公安部　证监发〔2006〕17 号）

为保障打击证券期货违法犯罪工作的顺利进行，维护资本市场正常秩序，保护投资者合法权益，根据《中华人民共和国证券法》（以下简称《证券法》）、《中华人民共和国治安管理处罚法》（以下简称《治安管理处罚法》）、《行政执法机关移送涉嫌犯罪案件的规定》（国务院令第310号，以下简称《移送规定》）等法律法规的规定，以及国务院关于加强打击经济犯罪执法协作的指示精神，现就证券监管机关和公安机关在打击证券期货违法犯罪中加强执法协作的有关问题通知如下：

一、各级证券监管机关和公安机关要认真学习、贯彻《证券法》《治安管理处罚法》等法律法规，充分认识打击证券期货违法犯罪的重要意义，积极开展执法协作，不断完善执法协作机制，提高打击证券期货违法犯罪的能力。

二、对阻碍证券监管人员进入相关工作场所进行检查、调查和依法行使查阅、复制、查询、冻结、查封、限制交易等职权，阻碍或拒不接受证券监管人员询问，涉嫌违反治安管理行为的，证券监管机关应当及时收集有关证据，制作《阻碍证券行政执法案件移送函》，向县级以上公安机关移送有关证据和材料，公安机关应当及时依法查处。

三、对证券监管机关移送的阻碍证券行政执法的违反治安管理案件，公安机关应当及时受理、登记，并依法调查处理。属于违反治安管理行为的，给予治安管理处罚；不属于违反治安管理行为的，应当书面告知移送案件的证券监管机关；构成犯罪的，依法追究刑事责任。

四、对隐藏、转移、变卖或者毁损证券监管机关依法扣押、查封、冻结的财物，伪造、隐匿、毁灭证据或者提供虚假证言、谎报案情，影响证券监管机关依法办案的，公安机关应当依法给予治安管理处罚。构成犯罪的，依法追究刑事责任。

五、证券监管机关在日常监管和调查证券期货违法案件过程中，对可能涉嫌经济犯罪的线索，应当及时向公安机关通报，商请公安机关配合开展调查工作。公安机关可依照有关规定采取下列措施：

（一）对案件的查处进行会商；

（二）协助证券监管机关调查人员查阅、复制被调查对象的户籍、出入境信息等资料；

（三）对涉嫌经济犯罪的线索，依照《公安机关办理经济犯罪案件的若干规定》进行立案审查并开展相应的调查；

（四）依法可以采取的其他措施。

六、证券监管机关在依法履行职责时，需要对有关涉案人员采取口岸查控、报备等限制出境措施的，报经中国证监会同意后，按照公安部的有关规定办理。对需要继续限制出境的，应提前10个工作日办理。

七、中国证监会对涉嫌犯罪的证券期货案件，应按《移送规定》的有关规定，及时向公安部移送。为方便工作的衔接，中国证监会移送重大、复杂、疑难的涉嫌犯罪案件前，应与公安部就案件的认定和处理意见提前会商。

八、中国证监会向公安部移送涉嫌犯罪案件，应依照《移送规定》的有关规定，附下列材料：

（一）涉嫌犯罪案件移送书；

（二）涉嫌犯罪案件情况的调查报告；

（三）涉案物品清单及主要证据目录；

（四）有关的认定意见和鉴定结论；

（五）其他有关涉嫌犯罪的材料。

九、对中国证监会移送的案件，公安部应当依照《移送规定》受理并及时进行审查。依法决定立案的，应书面通知移送机关；对依法不予立案的，应当书面说明理由，并书面通知移送机关，相应退回案卷材料。

十、公安机关在办理证券监管机关移送的证券犯罪案件过程中，需证券监管机关协助的，可以商请证券监管机关对侦查提供协助。商请证券监管机关协助侦查，由公安部有关部门统一向中国证监会有关部门发函联系。

十一、中国证监会有关部门收到公安部有关部门协助侦查的来函后，应当积极配合，根据案情需要，可依法采取下列措施：

（一）商请有关部门或指定派出机构专业人员协助侦查；

（二）需要出具专业认定意见的，作出或提请有关部门、机构作出认定；

（三）协助侦查人员查阅、复制有关专业资料；

（四）依法可以采取的其他措施。

十二、公安机关在办理证券监管机关移送的案件时，如需在交易所、登记结算公司查询、复制有关资料，交易所、登记结算公司应积极配合，依照证券监管机关有关规定执行。

十三、公安机关对证券监管机关移送的案件，立案侦查后认为没有犯罪事实或者犯罪情节显著轻微，不认为是犯罪的，以及其他依法不需要追究刑事责任的，应当撤销案件并及时向证券监管机关通报有关情况，退回有关案卷。

十四、公安机关在侦查工作中发现的证券违法违规线索和案件，应当及时向证券监管机关移送。证券监管机关对公安机关移送的案件应当受理并及时进行审查。依法决定立案查处的，应当书面通知移送机关，并及时向对方通报查处情况；依法不予立案的，应当书面说明理由，并书面通知移送机关，相应退回案卷材料。

十五、证券监管机关与公安机关之间应建立情报信息交流机制和工作联系会商机制，及时通报情报信息、市场动态和双方在执法中发现的问题，会商重要案件和其他重要事项。

十六、本通知自发布之日起施行。各地在执行中遇到的情况和问题，请及时报告中国证监会和公安部。